JN422198

2011년도
대한민국학술원 선정
우수학술도서
이 도서는 대한민국학술원에서 선정한
"2011년도 우수학술도서"로서 교육과학기술부의
지원으로 구입 배부한 것임.

行政法基本研究 Ⅲ

金重權 著

法 文 社

Basic Studies of Administrative Law Ⅲ

Kim, Jung-Kwon
Professor of Law
Law School, Chung-Ang University

2011
Bobmun Sa
Paju Bookcity, Korea

머 리 말

Ⅰ.

이 책은 그동안 행정법총론과 개별행정법의 분야에서 발표한 拙稿(연구논문, 판례평석, 번역논문)를 나름의 체계로 集成한 것이다. 이미 출간된 「행정법기본연구Ⅰ」(2008)과 「행정법기본연구Ⅱ」(2009)의 후속이기에, 그곳에 수록하지 못한 글과 최근에 새롭게 작성한 글을 集成하였다. 연구자의 삶을 시작하면서 가지 않는 길을 가겠다고 다짐한 이래 행정법의 주요쟁점에 관해 나름대로 공론화를 시도하여 왔다. 이런 시도를 통해 행정법발전의 병목을 초래하는 많은 스테레오타입을 확인하였고, 동시에 이들을 극복하기 위한 나름의 방도를 전개하였다. 여전히 생경하게 받아들여지곤 하지만, 최근 이런 시도가 판례상으로 긍정되기도 한다. 申告制와 관련한 코페르니쿠스적 轉換을 가져다 준 대법원 2010.11.18. 선고 2008두167전원합의체판결이 대표적인 예이다. 물론 行政介入請求權의 법리를 부정하는 판례(대법원 1997.9.12. 선고 96누6219판결; 1999.12.7. 선고 97누17568판결; 2006.6.30. 선고 2004두701판결)처럼 그렇지 않은 예도 있다.

무릇 질서이념으로서의 일반행정법은 개별법제도상의 정렬의 상관관계, 지속적인 발전계보와 적합성을 항상 재차 확인하는 데 이바지한다. 따라서 당연히 그것의 바탕은 일반화되어야 할 분석적 사고의 합리화효력에 관한 통찰이다(Schmidt-Aßmann, Das allgemeine Verwaltungsrecht als Ordnungsidee, 2.Aufl., 2004, S.1). 다른 法域과는 달리 통일된 법전을 갖지 않은 행정법은 그 자체가 학설집적의 所産이긴 해도, 합리성과 일관성에서 의심스러운 주장이 학설로 주창되거나 실정법의 해석에서 생각할 수 있는 하나의 관점까지도 언필칭 학설로 명기됨으로써, 행정법의 이해와 존재이유에 대해 심각한 의문이 제기되곤 한다. 시대흐름에 따라 당연히 국가의 모습은 물론 그것의 내외여건 역시 변모하였다. 근대국가의 질서행정에서 비롯된 행정법 역시 부단히 이런 변화에 조응하지 않으면 아니 된다. 특히 申告制나 認可制에서 기왕의 입장을 벗어난 새로운 판례의 출현은, 현하의 행정법도그마틱이 종전과 다른 급격한 변화를 겪고 있음을 잘 보여준다. 제비 한 마리를 두고서 봄이 왔다고 말하는 것은 성급하듯이, 최근의 이런 변화를 과대평가해선 곤란하지만, -끝내 봄은 오고야 말듯이- 이런 拔本的 變化는 불원간 행정법의 전영역에서 패러다임의 교체를 가져다줄 것이다. 이 점에서 「행정법기본연구Ⅰ」, 「행정법기본연구Ⅱ」 그리고 「행정법기본연구Ⅲ」은 이제까지의 公法

및 行政法과의 만남을 총정리한 것이거니와, 동시에 새로운 패러다임 마련을 위한 준비이기도 하다.

Ⅱ.

행정법총론, 개별행정법의 분야에서 그동안 발표한 총 23편의 졸고를 아래와 같이 체계화하였다.

공법과 사법의 구별에 관한 제 논의는 구체적인 구별의 기준을 제시하기보다는 양 법체제의 특성을 대비시키는 데 그친 느낌이다. 공법규정으로서의 성질결정의 물음과 공법에로의 귀속의 물음은 엄연히 구분되어야 한다. 전자가 구별기준의 차원이라면, 후자는 공법규정의 적용영역의 차원이다. 따라서 '行政法의 對象과 範圍(公法과 私法의 區別)'에선 행정법의 위상을 새로이 정립한 것을 바탕으로 행정법의 대상과 범위를 새롭게 설정하였다.

행정행위개념은 19세기 독일 행정법학의 창조물이다. 절차적 권리를 보장하고 행정결정의 투명성을 구축하여 효과적인 권리구제의 체계가 보완됨으로써, 행정행위는 21세기의 시민사회와 리스크사회에서도 여전히 행정의 현대적 수단으로서 기능하고 있다. 따라서 '行政行爲(行政處分)의 意義와 種類'에선 우리 실정법상의 처분정의와 더불어 대상적격에 관한 판례의 기조를 함께 고려하여, 행정행위의 개념적 징표에 관하여 논의하고 아울러 행정행위의 종류까지 연계시켜 전개하였다.

대법원 2002.7.9. 선고 2002두1748판결과 서울고등법원 2003.4.22. 선고 2002누9683판결과는 달리, 대법원 2009.6.18. 선고 2008두10997전원합의체판결은 현재의 거주사실에 주안점을 두는 식으로 기조를 완전히 바꾸었다. '住民登錄轉入申告拒否의 法的 問題點에 관한 小考'에선 공히 수리를 요하는 신고식의 접근을 강구하는 이들 판례의 문제점을 검토하였다.

행정법도그마틱차원에서 사권형성적 행정행위에 대해 별로 주목하지 않는다. 사권형성적 행정행위의 도그마틱의 역사는, 이런 무관심으로 그것을 비공법적 제도로 인식한 접근에서 벗어나 그것을 사적 영역에 대한 국가개입모델로 설정하려는 역사이다. '私權形成的 行政行爲-行政行爲에 의한 直接的 私權形成'에선 공법과 사법의 맞물림(연결) 현상에 즈음하여, 사권형성적 행정행위에 관한 기본도그마틱을 정립하였다.

기왕의 선행 작업을 바탕으로 행정행위하자론의 기조-무효기준-를 비판적으로 검토하고 이를 새롭게 정립하고자 한다. 무효인 행정행위는 독일 행정법의 전형적인 법적 모습이다. 그것은 독일에서 행정재판의 발전에 맞춰 전개되어 왔다. 그러나 重大明白性說에서의 명백성기준은 인식주체의 불확정성, 그 의미와 필요성에서 심각한 의문이 제시될 뿐만 아니라, 심각한 헌법적 문제점까지 안고 있다. 따라서 '行政行爲瑕疵論의 改革에 관한 小考'에선 하자의 중대성만으로도 체계적인 행정행위하자론을 정립하고자 하였다.

독일과는 달리 우리의 경우 행정행위하자론 자체가 처음부터 전적으로 학설과 도그마틱에 맡겨져 있다. 그럼에도 불구하고, 행정행위의 하자 전체에 대한 문헌상의 논의는 殆無하다. 행정행위하자론이 확고히 정립되어 있지 않는 현실에서, 무효사유의 설득력이 없는 확대가능성은 상존하고 있다. 따라서 '行政行爲의 違法事由의 批判的 分析에 관한 小考'에선 行政行爲瑕疵論을 개혁하기 위한 착안점으로 기왕의 중대명백성설을 비판한 것을 바탕으로, 판례와 문헌상의 위법사유를 비판적으로 분석하였다.

공시지가결정의 법적 성질 문제는 행정법의 대표적 쟁점이다. 언필칭 권리구제확대를 기치로 처분성확대를 모색하는 것이 자연스럽다 하더라도, 처분성인정의 후속효과(불가쟁력의 발생)를 간과해선 곤란하다. 대법원 2008.8.21. 선고 2007두13845판결이 표준지공시지가결정과 수용재결간에 하자승계를 인정함에 따라, '標準地公示地價決定과 收用裁決간의 瑕疵承繼認定의 意義'에선 공시지가결정의 처분성 문제를 새롭게 곱씹어 보고자 하였다.

대법원 2006.9.22. 선고 2005두2506판결 그 자체에선 분명히 나타나지 않음에도 불구하고, 다수 문헌들은 오히려 관련 문제를 행정입법 특히 행정규칙의 차원에서 다룬다. 다수 문헌의 기조인, 고시의 행정입법적(특히 행정규칙적) 인식은 간과할 수 없는 오해의 초기조건에 해당한다. '條文形式을 띤 告示의 處分性 認定에 따른 問題點에 관한 小考'에선 이런 기조가 과연 바람직한지를, 현행법제상의 고시의 성질에 견줘 비판적으로 검토하였다.

리스크형성적 국가와 정보제공적 국가는 새로운 현상이다. 국가행정의 이런 새로운 모습은 사전배려적인 보호와 리스크에 대한 계몽을 특징적으로 나타낸다. 따라서 국가의 정보행위란 교육적 작용형식에 관한 논구는, 리스크행정법에서 반드시 필요한 체계화를 위한 結晶化點이다. '公法의 作用形式으로서의 國家情報行爲'에선 이런 새로운 작용형식이 과연 성립하였는지 그리고 어느 정도로 성립하였는지, 그리고 그러한 작용형식의 윤곽은 어떠한지를 살펴보았다.

행정정보화 · 자동화와 관련한 행정법적 문제들을 다룸에 있어, 조직법 · 작용법 · 절차법 · 책임법상의 기존의 패러다임이 별 의문이 없이 혹은 수정해서 통용될 수 있는지, 아니면 새로운 패러다임이 창안되어야 하는지 심도 있게 논의하여야 한다. '行政自動化와 行政節次'에선 행정절차법을 중심으로 행정자동결정의 절차법적 문제에 관하여 해석론적 · 입법론적 해결책을 탐구하여, 행정절차법을 나날이 발전하는 정보통신기술의 수준에 상응하게 정립하도록 도모하였다.

종래 헌법 제86조에 따른 국회의 동의없이 선임된 자는 결코 국무총리의 권한을 행사할 수 없고 행사해서도 아니 된다는 것이, 국무총리서리제의 위헌성에 대한 결정적인 논거이다. 법률의 불비 그 자체에서 바로 위헌을 도출하는 것은 문제가 있다. '國務總理闕位의 公法的 問題點에 관한 小考'에선 국무총리선임절차에서의 대통령임명의 법적 성질을 기초로 하여, 국회의 동의를 받지 않은 국무총리서리가 수행할 수 있는 업무를 검토하였다.

대법원 2005.6.24. 선고 2004두10968판결은 전적으로 지방공무원법 제30조의2 제2항에 의한 인사교류만을 문제 삼아, 도지사의 인사교류안 작성과 그에 따른 인사교류의 권고가 전혀 이루어지지 않은 점을 인사교류처분의 무효사유(중대명백한 하자)로 판단하였다. 그러나 동판결은 지방공무원법 제30조의2 제2항의 성격, 동법 제29조의3과 동법 제30조의2 제2항의 관계, 전출결정의 본질에 관해 깊이 있게 논의하지 않았다. '人事交流計劃이 결여된 轉出決定(命令)의 效力에 관한 小考'에선 전출결정과 전입결정의 본질 및 지방공무원법 제29조의 3과 동법 제30조의2 제2항의 체계를 살펴본 다음, 동판결의 문제점을 검토하였다.

지금껏 조례제정권에 관한 논의는 법현실상으론 소수이자 예외적 존재라 할 수 있는 자치조례에 맞춰져 있다. 위임조례가 다반사인 법현실에 비추어 관련 논의는 당연히 원천적 · 대상적 한계를 갖는다. 따라서 '都市計劃條例의 規律(規定)의 範圍의 問題點에 관한 小考'에선 조례제정권에 관한 논의의 방향을 위임조례 그 자체에 두고서 관련 법제의 문제점과 정비방안을 살펴보았다.

'山林毁損許可의 法的 性質'에선 허가제와 관련한 문헌과 판례의 태도가 과연 오늘날 별다른 의문 없이 통용될 수 있을까 하는 소박한 의구심을 갖고서 대법원 1997.9.12. 선고 97누1228판결의 문제점을 검토하였다. 허가, 예외적 승인 및 특허를 지금처럼 단선적으로만 비교하여 그들의 차이점을 애써 강조하려는 태도는 이제 지양되어야 한다. 관련 법규정에 천착하면서 그간에 발전된 법이론을 투영시켜 문제해결을 강구해야 한다.

일찍이 필자는 새만금판결(대법원 2006.3.16. 선고 2006두330판결 등)을 두고서, 개입수권규정에 대한 접근에서 결과적으로 기왕의 입장(대법원 1997.9.12. 선고 96누6219 판결; 1999.12.7. 선고 97누17568판결)에서 벗어났기에, 行政介入請求權과 行政行爲의 再

審의 法理에 관한 모멘텀이 마련되었다고 호평하였다. '採石許可에 따른 適地復舊上의 山林所有者의 法的 地位'에선 이런 변화를 원위치로 돌리는 대법원 2006.6.30. 선고 2004두701판결의 문제점을 검토하였다.

대법원 1999.10.22. 선고 98두18435판결의 중요성은, 신고와 관련한 제3자 보호문제가 처음으로 나타났다는 점에 있다. 그럼에도 대법원은 기왕의 자기완결적 신고의 공식인 수리행위의 불처분성을 확고히 할 뿐 건축법상의 건축신고가 행정행위의 효과를 의제시킨다는 점과 그것이 신고인은 물론 隣人에게 어떤 의미를 갖는지를 전혀 고려하지 않았다. '建築許可擬制的 建築申告와 一般的인 建築申告의 差異點에 관한 小考'에선 허가의제적 신고의 문제를 통해 기왕의 신고틀(자기완결적 신고와 수리를 요하는 신고)을 타개하고자 하였다. 아울러 필자가 일관되게 주장한 대로 자기완결적 신고를 완전히 부정하는 대법원 2010.11.18. 선고 2008두167전원합의체판결의 意義도 살펴보았다.

관리처분계획인가에 대해 판례는 기왕의 인가론을 대입하여 접근을 하였는데, 서울고등법원 2008.10.2. 선고 2008나12943판결은 이런 접근을 분명히 거부하고 오로지 인가처분을 대상으로 삼아 행정소송의 차원에서 다투어야 한다는 입장을 견지하였다. 현하의 행정법도그마틱적 상황은 인가에 관해 충분한 이해를 제고하기엔 턱없이 부족하기에, '管理處分計劃에 관한 總會決議의 爭訟方法'에선 인가에 관한 공론의 장을 마련하기 위하여 관련 문제에 접근하였다.

일찍이 새만금판결이 행정개입청구권과 행정행위의 재심사의 법리에서 접근하였지만, 행정개입청구권의 법리는 이미 대법원 2006.6.30. 선고 2004두701판결에서, 행정행위의 재심사의 법리는 대법원 2007.4.26. 선고 2005두11104판결에서 확실히 消失되어 버렸다. '用途廢止公共施設의 無償讓渡申請의 拒否에 관한 小考'에선 대상판결의 문제점을 비판적으로 검토하였다.

공법상의 리스크조종의 경우 본질적으론 제3자의 보호법익을 고려한 리스크축소가 관건이다. '公法上의 리스크操縱'에선 공법적 리스크조종의 유형을 바탕으로, 전문적 감시절차, 포괄적인 공(법)적 리스크조종 그리고 간접적으로 행해지는 리스크조종, 고권적 리스크조종의 유럽화를 살펴보고자 하였다.

국가의 의약품감시는 危險防止라는 전통적인 국가임무로부터 발전되어온 행정유형, 즉 리스크行政에 해당한다. 이러한 새로운 행정유형은 환경법, 과학기술상의 안전법 그리고 건강보호를 위한 제조물감시 등에서 중요한 역할을 수행한다. 그것의 두드러진 특징은 그때그때의 안전상의 중요점을 특별하게 확장함에 있다. '리스크行政의 대표인 醫藥品法에 관한 小考'에선 이런 리스크행정의 특징을 여러 측면에서 구체적으로 살펴봄으로써 그것이 일반행정법에 대해 미친 영향과 자극을 가늠하여 보고자 한다.

행정결정에서 행정적 판단여지 문제는 행정법의 핵심주제이다. 그런데 리스크결정의 경우 사안의 숙명적인 불확실성으로 인해 부단히 현재의 과학기술에 의거할 수밖에 없다. '醫藥品法의 諸 決定에서의 判斷餘地에 관한 小考'에선 독일의 기술안전법에서의 행정적 판단여지에 관한 논의가 그들 의약품법상의 결정에 이전될 수 있는지를 살펴보고자 하였다.

환경행정법과 리스크행정법에서 점차 문제가 제기되는 점은, 과연 현재의 作用(行爲)形式의 수준이 효과적이며, 법치국가적 활동을 보장하는 데 충분한지 여부이다. 리스크결정의 영역에서 행정행위 역시 변화를 겪고 있다. 즉, 그것의 존속력은 의약품시판을 잠정적으로 허용하는 것으로 축소된다. '리스크행정에서 行政行爲에 의한 個別事件規律에 관한 小考'에선 리스크행정의 작용형식으로서의 暫定的 行政行爲를 해명하고자 하였다.

환경영향평가의 不實施와 不實을 −정당하게− 기본적으로 절차하자에 연동시켜 접근하는 가운데, 대법원 2006.6.30. 선고 2005두14363판결은 환경영향평가의 不實施를 무효사유로 판단하였다. 그에 따른 도그마틱적 대가가 너무 크다. '環境影響評價가 결여된 行政行爲의 效力에 관한 小考'에선 행정절차와 사법적 권리보호를 내용으로 한 전체시스템을 고찰의 기본지평으로 삼아, 탈규제화 경향과도 相馳되는 대상판결의 문제점을 검토하였다.

「행정법기본연구 Ⅰ」 및 「행정법기본연구 Ⅱ」와 마찬가지로 원래의 발표논문을 중심으로 하되, 시차를 감안하여 그것에 약간의 가감을 하였고, 나아가 追論을 통해 그동안의 進化를 적극 반영하였다. 다만 자칫 쟁점이 모호해질 수 있기에, 개별논제의 참고문헌은 발표 당시의 것을 그대로 유지하되, 발표 이후에 나온 관련 문헌을 追記하였다. 혹시나 오해를 빚는다면 깊은 혜량을 빕니다.

Ⅲ.

행정법의 매력은 비록 규범적 관점이 그것의 기본이긴 해도 그 대상인 행정목적과 정책을 함께 아우르는 데 있다. '행정법'은 행정'법'인 동시에 '행정'법이다. 따라서 행정목적과 정책을 법치국가원리의 구체화를 통해 실현시킬 수 없다면, 행정법은 그 존재이유에서 심각한 의문에 봉착한다. 무릇 변화와 개혁의 요구는 내부에서 그리고 외부로부터 비롯된다. 우리 행정법의 경우 특히 과거 제3공화국 이래 조성된 기본틀이 민주적 법치국가원리는 물론 그동안 변화된 국가기능을 구현하는 데 있어서 종종 난맥을 자아내고 있다. 더욱이 그 기본틀은 새로이 유입된 이른바 규제완화의 사조를 -그것의 당위성은 별개로- 성찰하면서 수용하지도 못하고 있다. 또한 비록 유럽화와 같은 외생변수는 없지만, 마치 국제법이나 타국의 행정법이 자국의 행정법이 되는 양 내외법의 경계를 허물 FTA체제가 등장하였다. 이처럼 지금 행정법은 대내외적 변화의 소용돌이의 한가운데에 위치하고 있다. 당연히 그것에 대해 부단한 개혁이 전방위적으로 요구되고 있다. 따라서 기존의 기본틀에 대한 재고는 물론 시대경향에 대한 성찰과 새로운 자리매김이 요구되고 있다. 이는 다름 아닌 行政法의 拔本的 改革 및 變革일 따름이다.

인생이란 자신의 선택을 입증하기엔 결코 길지 않다곤 하지만, 2010년은 개인적으로 法學을 만난 지 30년이 되고, 公法 · 行政法을 만난 지 25년이 된다. 돌이켜보니, 비록 「행정법기본연구Ⅲ」까지 나왔지만, 결코 짧다곤 할 수 없는 그동안에 나 자신 연구자로서 과연 최선을 다하였는지 확신이 들지 않는다. 근자에 들어와 많은 公法的 · 行政法的 주제에 대해 시급한 또는 근본적인 검토가 요구되고 있음에도 불구하고, 종종 안일과 나태함으로 이들을 뒤로 물리곤 하였다. 이에 지난 시절, 나 자신 학문외적인 것에, 또는 -정책적 관점을 배제하고- 단지 법적인 것에만, 그리고 -다른 법영역을 감안하지 않은 채- 오로지 公法的 · 行政法的인 것에만, 나아가 -여러 국가의 법제를 종합적으로 조망하기보다는- 전적으로 독일 행정법에 대해서만 관심을 고정하였는지 반문하여 본다. 또한 그동안 公法的 · 行政法的 물음에 대해 충분한 망설임의 시간을 갖지 않은 채 설익은 답을 제시하려 하진 않았는지 자문하여 본다. 이 점에서 研究年을 맞이한 2010년은 개인적으로 여러 측면에서 轉機를 가져다주었다. 특히 미국 연방대법원의 행정판례를 직접 접하면서 행정법적 공통분모를 많이 발견하곤 하였다. 새삼 가야할 길은 너무나 멀고, 해야 할 일 역시 너무나 많으며, 능력은 너무도 일천하다는 것을 절실히 느낀다. 개인적으로 著者가 된다는 것, 그리고 이처럼 자신의 글을 일련의 시리즈로 集成할 기회를 갖는다는 것은 비할 수 없는 기쁨이고 영광이다. 그러나 동시에 법치국가원리를 구체화하는 행정법의 임무가 제대로 발휘될 수 있게 행정법을 구축해야 한다는 부담을 강하게 느낀다. 앞으로 존경하는 江湖諸賢의 叱正을 받으면서 行政法의 拔本的 改革을 실현하는 데 공부의 초점을 맞추고자 한다.

이 자리에 오기까지 어느 곳에서나 정말 많은 분들의 도움을 받았다. 그 분들이 없었다면 지금의 나는 존재하지 않는다. 먼저 金南辰 선생님께서는 행정법학에 입문한 신출내기 대학원생 때부터 지금까지 늘 학문적 자극과 격려로 이끌어 주신다. 기왕의 접근에서 벗어나 항상 日新又日新의 자세로 행정법학을 대하도록 가르쳐 주신 점에 깊이 감사를 드린다. 대학원에서 영미행정법을 통해 또 다른 문제인식에 눈을 뜨게 하여 주신 李尙圭 선생님께도 그 가르침에 깊이 감사를 드린다. 그리고 지금의 나의 원형을 결정적으로 만들어 주신 고려대학교 법과대학의 여러 선생님들께도 깊이 감사를 드린다. 또한 학교생활에서 동료교수로서 많은 도움을 주셨던, 그리고 주시는 충북대학교 법과대학과 중앙대학교 법학전문대학원의 여러 선생님들께도 깊이 감사를 드린다. 특히 好學의 자세를 잃지 않도록, 이 책의 題字를 써 주신 權寧禹 선생님께 깊이 감사를 드린다. 그리고 새삼 여기서 존함을 올리지 않더라도, 소중한 많은 인연에 다시 머리 숙여 깊이 감사를 드린다. 淺學菲才로 학자의 본연을 다하기란 처음부터 일정한 한계가 있다고 自認한 이상, 펜으로나마 눌린 자를 쳐들고 굽은 것을 펴기 위하여 교수로서의 직업적 임무나마 최대한 성실하게 수행하여 그 은혜에 보답할 것을 가슴에 새긴다. 아울러 사사롭게 기쁨은 배가, 어려움은 반감시켜준 가족(손경수, 지연, 준형)에게도 고마움을 전한다.

끝으로 이 책은 분단의 역사수레바퀴로 인해 굴절된 인생의 道程 끝에 낯선 저 남단에 흔적을 남기신 선친께 바치는 작은 보답이다.

2010년 11월

꽃피는 동네에서 연평도 충돌 소식을 접하는,
극단적이고 불편한 대비상황이 다시는 일어나지 않길 바라면서

金 重 權

차　례

제 1 편　行政法總論

제 2 편 個別行政法 Ⅰ(行政組織法 · 公務員法 · 地方自治法)

제 3 편 個別行政法 II(建築行政法 등)

제 1 편 行政法總論

제 1 장

行政法의 對象과 範圍(公法과 私法의 區別)

Ⅰ. 公法과 私法의 區別의 意義

1. 구별에 관한 논의

법질서는 두 가지의 大法域인 공법과 사법으로 나뉜다. 국내공법은 헌법과 행정법(및 형법)으로 이루어지기에, (협의의) 행정법은 공법의 부분영역이다. 그렇지만 공법과 사법의 구별에 대한 회의론이 비등하다. 즉, 양자의 구별은 "거의 완전히 붕괴되었다", "존재의 정당성마저 상실하였다"는 견해가 문헌상 자주 주장되고 있다.[1] 否認論에서 지적되는 것은 다음과 같다: 법질서의 이원화는 관헌국가와 시민사회의 구분이란 낡은 사고에 바탕을 둔다는 점, (가령 국가적 권력 또는 사회적 권력 앞에서의 개인의 보호필요성처럼) 공법과 사법에서 동일한 문제제기가 발생한다는 점, 공법관계도 법률관계이어서 사법관계와 근본적 차이가 없다는 점, 공법과 사법의 각기 다른 특성이 심하게 완화된 점(예: 노동법, 경제법과 사회법).

대륙법계국가의 특징인 사법과 공법의 구별은 근대국가의 동반현상이다.[2] 독일에선 그것이 절대주의시대에 비로소 성립한 것이 아니라, 그 이전에 성립하였을 정도로,

1) 대표적으로 Wiethölter, Rechtswissenschaft, 1968, S.23, S.167f.

2) 영국의 경우엔 본래 양자의 구별을 인정하지 않았지만, 대륙법에서처럼 구별을 강조하고, 독일과 프랑스의 행정법학에서 도움을 구하려는 문헌도 상당하다. 대표적으로 P.P. Craig, Administrative Law, 1983, S.11ff.; P. Cane, Administrative Law, 1986, S.4ff.

집행권의 특별법으로서 확고히 자리를 잡았다.[3] 즉, 독일에선 법의 公法과 私法에로의 二元化가 오랜 역사적 과정에서 법질서내의 질적 차별화로 서서히 이루어졌다(實定法상의 二元化). 역사적 산물로서의 이원화의 바탕에는, 한편으론 국가와 사회의 분리의 중요성과 다른 한편으론 이데올로기적 영향의[4] 중요성이 있다. 그리하여 국가에 대해선 개인에서와는 다른 규율이 통용되어야 한다는 것이다. -비록 공법과 사법상으로 다수의 실체적 겹침이나 기타의 近似가 존재한다 하더라도- 법적으로 보자면, 국가와 사회의 이원화의 불가피성은 지금껏 아무런 변화가 없다. 즉, 국가권력의 주체는 여전히 인간적 자유의 행사가 아니라, 권한의 행사로 활동을 한다.[5] 私人은 원칙적으로(즉, 사법적 근본(원칙)질서의 한계 안에서) 私的自治를 누리지만, 모든 국가 활동은 정당성에 바탕을 둔다.[6] 이에 따라 국가로선 헌법에 의해 원칙적으로 사인의 경우에서와는 다른 원칙의 지배를 받는다. 예컨대 민주주의원리, 법치국가원리, 법률적합성의 원칙, 사회국가원리 및 기본권은 (직접으로) 국가만을 구속하지, 기타의 권리주체를 구속하진 않는다. 다른 한편, 국가의 평화보장기능과 공공복리책임으로 인해, 국가에 대해 특별한 권능(가령 과세권이나 경찰처분의 발동)의 부여가 명해진다. 그리하여 국가의 직무법(Amtsrecht)으로서의 公法과 '萬人法'(Jedermannsrecht)으로서의 私法간에는 일단 구별하여 접근하는 것이 본질에 맞다.[7]

2. 구별의 실제적 필요성

실정법상 공법과 사법의 구별은, 새로운 인식에 이르는 발견을 돕는 식의(heuristisch) 가치를 가질 뿐더러, 행정청과 법원이 결정이나 판결을 내리는 체제를 형성하기도 한다.[8] 즉, 양 法域상으로 實體法的 차원에선 적용될 법규정과 법원리가 다르며, 爭訟法的 차원에선 분쟁해결을 위한 쟁송수단(권리구제방도)이 다르다. 그 결과 양자의 구분은 결국 권리구제방도의 선택과 결정을 위해서 필요하다.[9] 예컨대, 다툼

---

3) Vgl. 정호경, 공 · 사법 구별의 역사와 의미에 관한 일 고찰(1), 법학논총(한양대학교) 제23집 제1호(2006.06), 203면 이하; Stolleis, Geschichte des öffentlichen Rechts in Deutschland, Bd.1, 1988, S.126ff., S.394ff.; dens., Öffentliches Recht und Privatrecht im Prozeß der Entstehung des modernen Staates, in: Hoffmann-Riem/Schmidt-Aßmann(Hrsg.), Öffentliches Recht und Privatrecht als wechselseitige Auffangordnungen, 1996, S.41ff.

4) 이는 '자유의 법으로서의 사법', '강제의 법으로서의 공법'이란 표제에서 잘 나타난다.

5) Vgl. BVerfGE 61, 82, 101; 68, 193, 206.

6) 이 점은 입법자는 물론 형성여지가 부여된 행정에 대해서도 통용되기에, 가령 완성된 형태의 裁量論이 공법엔 존재하지만, 결코 사법엔 존재하지 않는다.

7) Ehlers, Verwaltung und Verwaltungsrecht, in: Erichsen/Ehlers, Allg. VerwR, 13.Aufl., 2006, §3 Rn.18ff.

8) 한편 우리의 경우 양자구별의 근거를 법률상의 제도적 차원에서 구하지만, 독일의 경우엔 헌법적 근거(기본법 제33조 제4항 등)를 출발점으로 삼는다.

9) 대표문헌으로 이홍훈, 행정소송과 민사소송, 한국공법이론의 새로운 전개(목촌 김도창 박사 팔순기념논문

의 대상이 공법상의 법률관계이라면, 여기엔 行政訴訟法이 적용된다(동법 제1조 참조). 나아가 관할법원에서도 차이가 난다. 왜냐하면 현행 법원조직법상 1998.3.1부터 행정사건의 경우 제1심을 행정법원이나 지방법원본원의 관할로 규정하고 있기 때문이다. 특히 최근 확대가능성이 제시되는 당사자소송의 경우에는 관할문제가 도드라진다(후술). 처분, 신고 등의 행정절차에 관해선 행정절차법이 통용되기에(동법 제3조), 사법에서의 행정활동의 경우 행정절차법이 통용되지 않는다. 따라서 행정절차법의 적용여부는 행정활동이 공법에 귀속될 수 있는지 여부에 좌우된다. 그리고 행정행위(행정처분)는 공법영역에서 성립한다.[10] 공법과 사법은 이 밖에도 집행과 관련해서 나뉜다. 원칙적으로 자력집행이 배제되기에, 사법적 청구권은 국가적 강제력에 의거해서 실현되는(타력집행) 반면, 행정청이 행정행위(하명처분)로써 활동한 경우엔, 행정청은 스스로 그것을 집행할 수 있다(자력집행). 행정의 위법한 활동은 공법이나 사법에 의거하여 구별되는 법효과를 발생시킨다. 공무원이 직무를 집행함에 있어서의 불법행위를 행한 경우엔 국가책임법으로서 국가배상법규정이, 사법적 행정활동에서 불법행위를 행한 경우엔 민법상의 배상책임규정이 적용된다. 한편 여기서 구별의 필요성에 관한 개개의 내용은 역으로 공법이나 사법에로의 귀속기준으로 동원될 수 있다.

3. 외국 특히 유럽공동체법상의 구별에 관한 논의[11]

유럽공동체가 스스로 활동에 나선 경우, 그의 활동은 통상 공동체법에 의거하여 정해진다. 유럽공동체헌법(EGV) 제238조나 유럽공동체의 여러 지침(Richtlinien)[12]이 보여주듯이, 공법과 사법간의 구분은 유럽공동체법에 대해서도 새롭지 않다. 하지만 현행 유럽공동체법은 원칙적으로 공법과 사법을 구별하지 않으며, 그리하여 동법에선 여태 양자구별에 대해서 체계형성적 의의가 주어지지 않았다.[13] 이는 유럽공동체나 회원국국민이 행동할 수 있는, 바탕이 되는 공동체법적 사법질서가 존재하지 않는 데서 기인한다. (가령 직접적 자금지원을 교부할 목적으로 또는 비품을 구입하기 위하여) 공동체가 사법적으로 활동하고자 하고, 또한 그것이 허용되는 경우엔, 공동체는 (적어도 원칙적

집), 2005, 459면 이하 참조.

10) 여기서 과연 사법영역에선 행정행위가 존재할 수 없는지가 문제된다. 공법적 표시나 사법적 표시를 나타내는 것은, 원칙적으로 국가권력주체의 법적 가능태의 범주안에 있다. 공행주체가 분명한 형식선택을 행하였으면, 공법 내지 사법을 택하는 것이 허용되는지 여부에 상관없이, 그 선택된 법체제가 통용된다. 문제되는 조치의 적법성과 그것의 법적 성질은 분리되어야 한다(후술).

11) Vgl. Ehlers, Verwaltung und Verwaltungsrecht, §3 Rn.13, Rn.52.

12) Vgl. ABl L 210/1 v.21.7.1983; ABl C 264/22 v. 16.10.1989.

13) 그러나 이 점이 구별부인의 논거로 동원될 수 없다. 일부에선 유럽적 규준이 극히 특징적인 것은 아니라고 지적된다. Vgl. Burgi, Öffentliches Recht und Privatrecht, in: Hoffmann-Riem/Schmidt-Aßmann/Voßkuhle (Hrsg.), Grundlagen des Verwaltungsrechts, Bd. I, 2006, §18 Rn.30.

으론) 회원국의 國內私法을 사용하여야 한다.[14] 따라서 공법과 사법의 구별을 위해 전개된 후술할 주체이론을 일관되게 공동체차원에 대입하면, 유럽공동체법은 압도적으로 공법에 귀속될 수밖에 없을 것이다. 왜냐하면 적어도 유럽공동체의 법규상의 적시된 受範者(受命者)는 원칙적으로 유럽공동체나 회원국일 뿐이기 때문이다. 전반적으로 볼 때, 전적으로 사권주체에 대해 권리/의무를 지우는 공동체의 명령(EG-Verordnung)만이 사법적 성질을 가져야 한다.[15]

유럽공동체헌법 제238조, 제282조 등에 의거해서 공동체는 회원국법을 사용할 수 있다. 이때 (특히 계약적 활동에서) 구별을 견지하는 독일법이 적용될 것 같으면, 공법이나 사법의 적용여부의 물음이 제기된다. 그런데 유럽공동체법상의 규범이 내국법영역에서 공법이나 사법에 귀속할지에 대해서 유럽공동체법은 관심이 없다. -예외를 제외하고선- 공법과 사법간의 구별여부 및 공법이나 사법의 적용여부를 회원국에게 맡겼다.[16] 유럽공동체법(지침의 경우)이 국내법에서의 전환을 필요로 하면, 당해 국내법의 법적 성질은 국내법에 따라 판단된다. 유럽공동체의 공공발주지침이 회원국으로 하여금 국가의 공공발주를 공법에 의거하도록 강제하지 않는다.[17] 유럽법으로선 개별 회원국에서의 상이한 출발상황을 고려해야 하고, 그래서 많은 분야에서 법체제와 무관한 착안점이 유럽법의 기초가 되곤 한다. 그리하여 핵심적인 질서요소로서의 법체제의 역할은 감소한다. 나아가 유럽공동체의 탈규제화/자유화의 입법으로 인해, 간접적으로 공법체제와 사법체제의 범위가 영향을 받는다. 그리하여 (가령 독일의 경우) 특별한 정도로 유럽화된 분야에선, 단일의 법체제가 통용되기보다는, 공법과 사법의 균형이 잡힌 혼합관계를 가진 법영역이 자연히 증가하였다.[18] 하지만 이런 경향을 두고서 공·사법의 구별이란 이젠 시대낙후적인 것이라고 단언할 순 없다.

4. 소결: 새로운 인식을 위한 환경적 변화

사실 양자관계를 두고서 전개되는 '이원론'과 '일원론'의 논쟁은 과거와는 달리 그 명칭만큼이나 치열하지 않다. 그저 공법의 본질을 이해하기 위한 바탕으로 보는 것이

---

14) 유럽공동체의 권리능력에 관해선 유럽공동체헌법(EGV) 제281조, 제282조 참조.

15) 사법영역에서의 유럽공동체의 법제정권에 관해선 vgl. Deckert/Lilienthal, EWS, 1999, 121ff.; Basedow, AcP 200(2000), S.445(473ff.).

16) Kadelbach, Allgemeines Verwaltungsrecht unter Europäischem Einfluss, 1999, S.350ff.

17) EuGH Slg 1999, Ⅰ-7671 Rn.48-Alcatel Austria; EuGH EuZW 2004, 606 Rn.21-Kommission/Österreich. 그래서 독일의 경우 우리의 공공계약 및 입찰참가제한에 해당하는 공공발주 및 발주제한을 비롯한 전체 과정을, 유럽공동체법에 따라 관련 법규정에 공법적 요소가 가미되었음에도 불구하고, 지배적으론 여전히 사법적 견지에서 바라본다.

18) Burgi, Öffentliches Recht und Privatrecht, §18 Rn.31.

바람직하다. 이미 공법 자체가 근대서구에서 확립된 국가와 사회의 二分에서 기인한다는 점에서, 그 구별양상의 변화는 바로 공법의 현재 모습에 그대로 투영된다.[19] 따라서 비록 공법과 사법 양자를 하나의 공통법(Gemeinrecht)에서 결합시키려는 시도도 종종 있지만,[20] 오히려 단일모델보다 차별적인 법인식이 생활관계(사안)의 다양성을 더 잘 포착한다. 이미 실정법상으로 제도화된 이런 상황에서, 양자의 구별 자체를 부인하는 것이 도리어 혼란을 자아낼 수 있다. –공법의 이데올로기적 측면을 고려한 즉– 개인적 사적자치의 보호자격인 자유권적 기본권으로선, 자칫 시민을 위한 그것의 정당성을 상실할 우려가 있다.[21]

그런데 지금 행정소송법개정과 관련해서, 대법원의 개정안과 법무부의 개정안 공히 지금까지 활성화되지 않은 당사자소송의 운용에 커다란 변화를 주고자 한다. 그리하여 당사자소송의 예로 행정상 손실보상, 처분 등의 위법으로 인한 손해배상 · 부당이득반환을 든다(법무부 행정소송법개정안 제3조 제2호). 이로써 종래 민소지향적인 태도로 인해 (비록 근래 바뀌긴 했어도) 사실상 휴면상태나 다름없던 당사자소송의 활성화가 기대되고, 이에 맞춰 기왕에 사법관계로 보았던 것(예: 국가배상청구사건)이 공법관계로 바뀔 것으로 예상된다.[22] 법률개정이 확정되기 전에, 이미 공법의 확장이 행해졌다. 즉, 대법원 2006.5.18. 선고 2004다6207 전원합의체판결이다. 여기서 법원은 하천법상의 손실보상청구권을 공법상 권리로 보아 당사자소송의 대상이 된다고 판시함으로써, 종래 민사소송으로 다루던 입장을 바꾸었다.[23] 종래 당사자소송은 그 예가 많지 않고, 그 자체도 민소지향적으로 운영되었기에, 상대적으로 행정소송으로서의 당사자소송과 민사소송간의 차이점이 크게 부각되지 않았다. 그러나 분명 현행 행정소송법상으로 양자간에는 소변경 등에서 몇 가지 결정적인 중요한 차이가 있다.[24] 일본의 경

---

19) 여기서 구별의 문제를 양자택일적 차원에서 바라보는 태도를 지양하지 않고선 양자간의 교호적 상관관계를 제대로 포착할 수 없다. 왜냐하면 나름의 구별을 견지하지 않고선, 자칫 이런 융합적 법현실에 법적 사고가 매몰될 수 있기 때문이다.

20) M. Bullinger, Öffentliches Recht und Privatrecht in Geschichte und Gegenwart, in: FS für F. Rittner, 1991, S.69ff.

21) Vgl. Wolff/Bachof/Stober, VerwR I, 11.Aufl., 1999, §22 Rn.4b.

22) 그러나 여기선 사법과 공법을 대립적 관점에서 접근하면 곤란하다.

23) 이에 대한 평석으로 배병호, 改正河川法 附則 第2條 등에 의한 損失補償請求와 當事者訴訟, 행정판례연구 제12집, 2007, 232면 이하; 하명호, 1984.12.31. 전에 하천구역으로 편입된 토지에 대한 손실보상청구의 소송형태, 특별법연구 제8권, 2006., 417면 이하.

24) i) 항고소송으로 심리중 그것을 당사자소송으론 소변경할 순 있지만, 민사소송으론 할 수 없다. ii) 당사자소송에는 관련 민사소송청구를 병합할 수 있지만, 민사소송에는 관련 당사자소송을 병합할 수 없다. iii) 행정청이 당사자소송의 경우에는 소송참가의 길이 있지만, 민사소송의 경우에는 허용되지 않는다. iv) 당사자소송의 경우 직권탐지주의가 통용되나, 민사소송의 경우엔 시종 변론주의가 지배한다. v) 당사자소송의 경우 판결의 기속력이 당해 행정주체 산하의 행정청에게도 미치지만, 민사소송의 경우엔 당사자에게만 미친다. 상세는 백윤기, 당사자소송의 대상, 행정판례연구 제4집, 1999, 359면.

우 공 · 사법일원론이 지배적이어서 자연 당사자소송무용론이 팽배한 반면,[25] 우리의 경우에는 당사자소송활용론이 다수입장이고 그것이 현실화되는 과정이다.[26] 그리고 우리의 경우 일반법원과 행정법원의 독립된 사물관할이 견지되는 독일과는 전혀 다른 법원시스템을 갖고 있다. 그리하여 독일의 경우 양자의 구별이 궁극적으로 법원의 관할의 문제로 귀착하지만, 우리의 경우엔 상대적으로 실체법적 측면이 더 강하게 부각된다.[27] 그리고 최근 행정처분의 확대화경향이 두드러지는 등 행정사건을 대하는 법원의 태도가 이전보다 적극적인 양상을 띠어서, 공법과 사법의 구별은 다른 양상을 띤다. 결론적으로 법적, 법외적 상황의 변화에 즈음하여, 공법과 사법의 구별 要否에 전적으로 초점을 맞춘 논의에서 벗어나야 한다. 또한 이론적 정합성을 견지하면서 국민의 권익구제에 이바지하는 권리구제체제의 구축이 요구된다.[28]

Ⅱ. 交互的 包容(包括)秩序로서의 公法과 私法

1. 사법에 대한 공법의 영향

공법은 사법에 대해 매우 강한 정도로 영향을 미친다.[29] 따라서 행정이 사법을 사용하더라도, 결코 사법이 행정의 활동양상을 전적으로 규율하는 것은 아니며, 오히려 행정사법이 통용된다.[30] 이를 넘어서 헌법과 행정법은 다수의 광범한 효과를 사법에

---

25) 동지: 천병태, 공권개념의 재검토, 고시연구 1987.10., 113면-114면.

26) 그리하여 문헌상으로 당사자소송활용론이 대세인 것과는 달리, 민사소송이라면 큰 어려움 없이 대처할 수 있는 관할문제가 당사자소송의 확대인정으로 말미암아 도리어 복잡해질 뿐만 아니라, 결과적으로 권리구제가능성을 저해한다고 실무에서는 지적되곤 한다. 전자의 입장에서 담보되는 이론적 설득력의 제고 및 재판결과의 통일성이라는 긍정적인 측면과 후자의 입장에서 지적되는 부정적인 측면의 조화를 이루는 것이 관건이다. 여기서 당사자소송제도 전반에 관한 다른 차원에서의 심층적인 논의가 필요하다. 대표적 문헌으로 백윤기, 당사자소송개설, 주석 행정소송법(김철용/최광율 편집대표), 2004, 1085면 이하; 안철상, 공법상 당사자소송에 관한 연구, 건국대학교 대학원 박사학위논문, 2004.

27) 예를 들면, 국가배상규정이 일반 민법전에 편제되어 있고, 기본법에 의해 국가배상사건이 민사사건으로 다루어지는 독일과는 달리, 우리의 경우 국가배상법의 성질에 견줘 그것이 공법사건 또는 민사사건인지 여부가 다투어진다. 여기선 우리가 독일과 다른 법원조직을 갖는 점을 고려하여, 사안을 대립적으로 접근하는 것은 곤란하다.

28) 가령 관할위반에 대한 신축적인 접근이 필요하다. 대법원 1997.5.30. 선고 95다28960판결: 행정소송법 제7조는 원고의 고의 또는 중대한 과실 없이 행정소송이 심급을 달리하는 법원에 잘못 제기된 경우에 민사소송법 제31조 제1항을 적용하여 이를 관할 법원에 이송하도록 규정하고 있을 뿐 아니라, 관할 위반의 소를 부적법하다고 하여 각하하는 것보다 관할 법원에 이송하는 것이 당사자의 권리구제나 소송경제의 측면에서 바람직하다고 할 것이므로, 원고가 고의 또는 중대한 과실 없이 행정소송으로 제기하여야 할 사건을 민사소송으로 잘못 제기한 경우, 수소법원으로서는 만약 그 행정소송에 대한 관할도 동시에 가지고 있다면 이를 행정소송으로 심리 · 판단하여야 하고 (대법원 1996. 2. 15. 선고 94다31235 판결 참조), 그 행정소송에 대한 관할을 가지고 있지 아니하다면 당해 소송이 이미 행정소송으로서의 전심절차 및 제소기간을 도과하였거나 행정소송의 대상이 되는 처분 등이 존재하지도 아니한 상태에 있는 등 행정소송으로서의 소송요건을 결하고 있음이 명백하여 행정소송으로 제기되었더라도 어차피 부적법하게 되는 경우가 아닌 이상 이를 부적법한 소라고 하여 각하할 것이 아니라 관할 법원에 이송하여야 할 것이다.

29) 그리하여 사법학자로부터 공법이 사법에 대해 침탈을 강구한다고 질책이 가해지며(Diederichsen, in: Vhdl des 56. DJT, Bd. Ⅱ, 1986, L48, 69), 사법적 '原性岩'을 공법적 '파편'으로부터 구출할 필요가 있다고까지(Medicus, NuR 1990, 150) 강변된다.

펼쳐 보인다. 즉, 헌법과 관련해선, 소위 기본권의 간접적인 제3자효가 언급되며, 또한 행정법은 다음과 같이 私法拘束的 효과와 증빙적 효과를 나타낼 수 있다.[31)]

전자의 경우를 보자면, 행정법이나 (행정의 공법규율과 연계된) 사법이 사법형성적 효과를 다양하게 명시적으로 규정하고 있다. 사법적 법률행위의 유효성을 행정청의 인가에 의존케 하는 인가제가 대표적인 예인데, 이밖에 행정행위만으로도 직접적인 사권형성이 빚어지기도 한다.[32)] 징발법에 따라 징발집행통지서가 피징발자에게 교부되면, 피징발자로선 징발목적물이 징발관에게 인계완료될 때까지 징발관의 허가없인 그것을 대여, 양도를 하지 못한다(징발법 제10조). 식품위생법상으로 종전의 영업자에 대한 행정제재처분효과는 원칙적으로 일정기간 양수인 등에게 승계된다(동법 제61조). 농지의 소유자는 농업경영에 이용하지 않는 농지 등을 처분할 의무를 진다(농지법 제10조 이하). 나아가 행정에겐 사인의 계약적 합의를 수정하거나 무효화하는 권능이 부여되기도 한다(예: '독점규제 및 공정거래에 관한 법률' 제19조 제4항, 제24조, 제30조, 제34조). 또한 사법적 규범의 구성요건적 징표(사안성립징표)가 행정법의 규정이나 행정법적 활동에 빈번히 연계된다. 가령 제조물책임법 제4조 제3호에 의해서, 제조물의 결함이 제조물의 공급시의 법령이 정하는 기준을 준수함으로써 발생한 경우엔 원칙적으로 책임이 면해진다.[33)]

행정법적 규율이 사법영역에서 청구권성립요건을 위한 근거점으로, 즉, 증빙(Indiz)으로 이용될 때, 행정법의 증빙적 효과가 존재한다. 이는 행정법적 규준이 증거평가에서 고려되는 것을 의미하며, 행정법적 규준의 위반은 유리한 증거로 또는 불리한 증거로 영향을 미친다. 가령 행정법적 규준의 위반이 국가배상책임의 성립에서 요구되는 직무상의 불법행위의 성부에 직접적으로 영향을 미치며, 일조권에 관한 공법상의 규율이 사법상의 수인한도를 판단하는 데 이바지한다.[34)]

2. 공법에 대한 사법의 영향

공법 역시 명시적으로 혹은 묵시적으로 사법의 적용(준용)지시(Verweisung)를 할 수

30) 프랑스행정법에서도 비록 행정사법의 법리가 공식적으로 거론되진 않지만, 실질적으론 인정하고 있다고 한다. 김동희 행정법Ⅰ, 2007, 78면.

31) 행정법의 규준은 사법구속적 효과의 측면에선 사법상으로 반드시 고려되어야 하지만, 증빙적 효과의 측면에선 그것은 유의해야 할 근거점일 뿐이다. Ehlers, Verwaltung und Verwaltungsrecht, §3 Rn.66ff.; Jarass, Verwaltungsrecht als Vorgaben für Zivil- und Strafrecht, VVDStRL 50(1991), S.238(250ff.).

32) 사권형성적 행정행위에 관해선 졸고, 사권형성적 행정행위와 그 폐지의 문제점에 관한 소고, 행정판례연구 제11집, 2006, 151면 이하(행정법기본연구Ⅰ, 271면 이하) 참조.

33) 독일 제조물책임법(ProdHaftG) 제1조 제2항 제4호도 동일하다.

34) 석호철, 공법적 측면에서 본 일조권보호, 행정판례연구 제6집, 2001, 258면-259면.

있다.[35] 각종 개별공법에서 규정하고 있는 (협회를 포함한) 공법인에 대해서 보충적으로 민법의 법인규정이 준용되도록 규정하고 있는 예가 많으며, 또한 연대납세의무에 관해선 민법 제413조 등이 준용되도록 규정되어 있다(국세기본법 제25조의2). 독일의 경우 그들 행정절차법 제62조 제2문은, 민법규정이 일정한 요건하에서 공법계약에 적용된다는 명시적인 적용지시를 담고 있다. 그리고 헌법 제23조 제1항상의 재산권보장규정은 묵시적으로 사법의 적용지시를 규정한 것으로 봄직하다. 왜냐하면 동규정상의 재산권은 공법에 뿐만 아니라, 특히 사법에 의해서도 결정되기 때문이다.[36] 이런 적용(준용)지시의 메카니즘을 넘어 사법 자체도 행정법에 영향을 미칠 수 있다. 특히 조세실체법은 많은 부분에서 사법적 규준의 도움을 받고 있다. 나아가 사법의 규정은 많은 경우에 공법에서의 해석과 흠결보완을 위하여 동원될 수 있다: 그것이 (공법에도 통용되는) 일반적인 법감정을 반영한 것이든, 유추결론의 방법으로 공법에로 이전될 수 있든.[37] 그런데 –사법적 행정의 사법적 · 공법적 구속처럼– 공법적 규범과 사법적 규범이 나란히 적용될 수 있고, 공법이 사법적 활동을 조종할 수 있긴 하나, 역으로 사법적 규범이 공법적 행위를 명하거나 금지할 순 없다. 왜냐하면 그것은 (특별한 권리와 의무가 특별법에서 생겨날 수 있지 일반적인 사법에서 생겨날 순 없다는) 공법의 특별성에 모순되기 때문이다.[38]

3. 공법과 사법의 협력체제에서의 행정법의 위상

이상처럼 법현실에선 공법에 의한 사법의 사용이 날로 증대되고, 동시에 사법에 대한 공법의 진출 역시 날로 증대되고 있다. 범주론적 접근을 고수할 경우엔 자칫 구별에 관한 논의가 법현실로부터 유리될 수 있다. 그런데 비록 실정법상의 이원화에 의거하여 공법과 사법을 구별하더라도, 그것의 범주를 구별하는 것만으로 모든 문제점이 해소되지 않는다. 나아가 설령 공법이나 사법 가운데 하나가 통용된다 하더라도, 이것이 법형성에 있어서 다른 法域은 그다지 중요치 않다는 것을 의미하진 않는다. 양자의 구별 문제를 양자간의 우열의 문제로 확대하여선 곤란하다. 양자는 형상과 기능에서 구별되지, 위계에선 구별되진 않는다.[39] 양 법체제(Rechtsregime)는 통일된 법질서의 부분영역으로서 다양한 방법으로 상호 영향을 미친다. 따라서 양자의 대립성을 과장

35) 적용(준용)지시에 관해선 졸고, 다른 법규범의 적용 준용(지시)의 공법적 문제점에 관한 소고, 법제연구 제20호, 2001.6. 137면 이하(행정법기본연구 I, 157면 이하) 참조.

36) Vgl. BVerfGE 58, 300, 335; Ehlers, Eigentumsschutz, Sozialbindung und Enteignung bei der Nutzung von Boden und Umwelt, VVDStRL 51(1992), S.211(217).

37) 김남진/김연태, 행정법 I, 2007, 116면 이하; 김철용, 행정법 I, 2007, 117면 이하.

38) Ehlers, Verwaltung und Verwaltungsrecht, §3 Rn.49.

39) Burgi, Öffentliches Recht und Privatrecht, §18 Rn.2.

해서 표현하는 것은 피해야 한다: "사법과 공법은 한 어머니의 동일한 자식이다"(Otto v. Gierke).[40]

공법과 사법간에 규범 · 평가상의 불일치가 생길 수 있다.[41] 모순이 없어야 한다는 것이 법질서의 중요한 부분이기 때문에, 그런 법적 평가상의 모순은 가능한 한 피해야 한다. 공법과 사법은 종종 대립적인 것이 아니라,–경우에 따라선 공동법의 긍정으로 표현되긴 하나–협력적으로 영향을 미친다. 가령 隣人法에서 공법은 대강의 조종을 떠맡고, 사법은 세부조종을 떠맡는 식이다. 요컨대 양자의 구별을 전제로 하면서도, 이들을 교호적 포용(포괄)질서(wechselseitige Auffangordnungen)로서 인식하여야 한다.[42]

이처럼 공법과 사법을 전체법질서의 부분으로서 교호적 포용질서로서 파악할 때, 행정법의 이해는 바뀔 수밖에 없다. 행정의 법(das Recht der Verwaltung)이 우러나오는 법체제가 바로 공법과 사법이다. 따라서 행정법(das Verwaltungsrecht)을 공법의 부분영역으로만 명명할 순 없고, (공법과 사법의 그때그때의 해당 법규로부터 성립하는) '행정의 법'으로서 명명하여야 한다.[43] 비슷한 맥락에서 행정법을 광의와 협의에서 파악하기도 한다. 즉, 광의의 행정법은 (조직적 의미에서의) 공행정이 활동하는 데 따르는 법규의 총체개념으로, 협의의 그것은 공행정주체의 고권적 권한과 관련한 법규(공법규정)의 총체개념으로 정의를 내린다.[44] 한편 대부분의 행정법 문헌들이 행정법을 '행정에 관한 공법'으로 설정한 다음, 행정의 사법작용을 중심으로 한 행정사법의 문제를 다룬다. 그러나 이상에서 확인할 수 있듯이, 새로운 경향을 바르게 반영하기 위해선, 이런 도식적 접근이 고쳐져야 한다. 마땅히 함께 다루어야 할 행정의 사법적 활동, 즉 私法的

---

40) Die soziale Aufgabe des Privatrechts, 1889, Neudruck 1948, S.34(Burgi, Öffentliches Recht und Privatrecht, §18 Rn.1에서 재인용).

41) 가령 독일 BGH의 개구리연못판결(Froschteichfall)이 좋은 예이다. 인인이 조성한 연못에 서식하는 개구리의 울음이 상린관계에서의 사법적 청구권이 성립할 정도로 지나치다 하더라도, 자연보호법이 그 인인에게 개구리 울음에 상응한 행동개시를 금할 경우엔, (원고로선) 그 인인에 대해서 개구리의 울음에 대해 조치를 해줄 것을 요구할 청구권을 갖지 않는다고 판시하였다(BGH NJW 1993, 925ff.). 하지만 통상 공법은 그런 경우에 개별경우에서 면제를 가능케 하는 완화조항을 두고 있다.

42) 이에 관한 논문모음으로 vgl. Hoffmann-Riem/Schmidt-Aßmann(Hrsg.), Öffentliches Recht und Privatrecht als wechselseitige Auffangordnungen, 1996. 그러나 이런 접근에 비판적인 문헌도 있다: Spannowsky, Rezension von Hoffmann-Riem/Schmidt-Aßmann(Hrsg.), Öffentliches Recht und Privatrecht als wechselseitige Auffangordnungen, AöR 123(1998), 307ff.; C. Callies, Öffentliches und privates Nachbarrecht als wechselseitige Auffangordnungen DV Bd. 34(2001), S.169(192ff.); Stelkens, Verwaltungsprivatrecht, 2005, 345f.

43) 그리하여 법체제로서의 사법을 공법과 결합하여 활용하는 것이 주된 관심대상이 되어야 하지만, 여기선 지면관계상 그에 관해 깊이 들어가진 않는다. Vgl. Schmidt-Aßmann, Öffentliches Recht und Privatrecht: Ihre Funktionen als wechselseitige Auffangordnungen, in: Hoffmann-Riem/Schmidt-Aßmann(Hrsg.), Öffentliches Recht und Privatrecht als wechselseitige Auffangordnungen, 1996, S.16ff.; Burgi, Öffentliches Recht und Privatrecht, §18 Rn.34ff.

44) Wolff/Bachof/Stober, VerwR I, §22 Rn.7. 반면 Ehlers는 매우 좁게 파악하여 '공법의 부분영역으로서의 행정법'이란 표제를 붙인다. Ders., Verwaltung und Verwaltungsrecht, §3 Rn.10ff.

行政에 관한 논의는 지면관계상 생략하고,[45] 여기선 공법적인 측면에 초점을 맞춘다.

Ⅲ. 公法과 私法의 區別理論

1. 구별이론

법학적 이론의 요청은 당연히 자연과학에서와는 다르고, 현행법의 행사가능성과 아울러 모순이 없음을 보장하는 목표에 기여한다.[46] 물론 이론을 단순한 (임의로 고려나 제외할 수 있는) "시검석"으로 활용하는 것은 방법론상으로 허용되지 않는다.[47] 여기선 공법 · 사법의 구별은 어디까지나 실정법을 바탕으로 하여야 한다는 점을 유의하여야 한다.[48]

(1) 이익이론

이 이론은 (우세한)공익에 대해선 공법을, (우세한)사익에 대해선 사법을 대입시킨다. 즉, 법이 규율하는 목적에 기준을 두어, 공익에 봉사하는 법이 公法이고 사익에 봉사하는 법이 私法이라고 한다. 그러나 이처럼 동일시 여기는 것은, 규범상황 및 오늘날의 국가현실과는 완전히 벗어난다. 이익이론은 다음의 세 가지 상황으로 인해 유용하지 않다. i) 공행정은 규정에 맞춰 공익을 위하여 활동하긴 하나, 활동 모두에서 공법형식을 취하진 않는다. 그것이 사법의 형식을 사용하더라도, 공임무의 수행 그리고 공익추구에는 아무런 변함이 없다. ii) 사인 역시 사법의 형식으로 공익을 추구할 수 있다. iii) 많은 공법규정이 사익에도 기여한다. 주관적 공권의 도그마틱적 전개는, 공권이 전적으로 공익만에 기여하는 것이 아니라, 개개인에게 법적 지위를 부여할 수 있다는 인식을 바탕으로 한다. 이런 법형상은 공법과 공익을 동일시 여긴다면 이론상 성립할 수 없을 것이다.

---

45) 최근문헌으로 김남진, 행정의 사법적 활동과 공법에 의한 구속, 고시연구 2000.10.; 정하중, 사법행정의 기본권구속, 서강법학연구 제2권, 2000.3.; 박정훈, 행정법의 체계와 방법론, 2005, 163면 이하; 졸고, 사법형식의 행정(사법적 행정)의 공법적 · 사법적 구속에 관한 소고, 고시계 2007.3., 25면 이하(행정법기본연구 I, 33면 이하) 참조.

46) Vgl. K. Larenz, Methodenlehre der Rechtswissenschaft, S.451.

47) 독일에서 공 · 사법구별을 위하여 판례와 문헌은 다수의 이론을 전개하였다. 이미 1904년에 17개의 구별이론이 거론되었으며, 오늘날 몇 개가 추가되었다. 그러나 전반적으로 3-4가지 이론만이 다투어진다: 입법권한이론, 이익이론, 종속(복종)이론, 주체이론. 독일 법원은 여태 이런 이론의 하나로 개괄적으로 확정하는 것을 피하고, 오히려 사안형성에 따라 이런 저런 착안점을 사용하거나 일반적인 구별기준의 동원을 완전히 포기하였다. 판례의 비판으로 vgl. Bachof, Über öffentliche Recht, in: Festgabe aus Anlaß des 25jährigen Bestehens des Bundesverwaltungsgerichts, 1978, S.1(6).

48) 한편 공법과 사법의 기능, 성격, 발현, 강점과 취약점 등에 관한 논의가 선행되어야 한다. Vgl. Trute, Verzahnungen von öffentlichem Recht und privatem Recht, in: Hoffmann-Riem/Schmidt-Aßmann(Hrsg.), Öffentliches Recht und Privatrecht als wechselseitige Auffangordnungen, 1996, S.167ff.; Burgi, Öffentliches Recht und Privatrecht, §18 Rn.7ff.

이런 상황을 고려한 즉, 공익적 관점이 -공법과 사법간의 구분문제를 추상적이고 모순 없는 방식으로 해결하는 데 적합하다는 의미의- '理論'(Theori)으로 심화되지 못함은 그다지 놀라운 일이 아니다. 이 입장에 서는 문헌을 찾고자 하지만 徒勞에 그친다.[49] 요컨대 이익이론은 법학적 이론에 대해 요구되는 사항을 충족하지 못할뿐더러, 문헌과 판례상으로도 주장되고 있지 않다.[50]

(2) 종속이론(복종이론)

관계자의 관계에 초점을 맞추는 이 이론에 의하면, 공법의 특징은 상하관계이고, 사법의 특징은 대등관계라고 한다. 앞서의 이익이론과는 대조적으로 이는 독일 판례상으로 오랫동안 "지배적인 것"으로 적용되고,[51] 문헌상으로 주장되고 있다.[52]

이에 대한 근본적인 의문은 다음과 같다: i) 동 이론은 순환론에 바탕을 두고 있다고 異議가 제기된다. 판단척도로 상하관계인지 대등관계인지 여부는 오로지 법규범으로만 생겨날 수 있는데, 지금 그 규범의 귀속이 문제된다는 점이다. 이런 순환론적 결함을 제거하기 위해선, 국가란 시민에 대해 선험적으로 우월하고 따라서 시민은 헌법이전부터 국가에 대해서 종속관계에 선다는 전제를 설정하여야 한다. 이런 전제하에서 상하관계는 공법규정에 의해서 만들어지는 것이 아니라, 형성되어진다고 한다. 그러나 이런 주장은 오늘날 결정적으로 맞지 않다. 왜냐하면 그것이 臣民과 官憲의 관계로 파악한 과거의 관헌국가시대에나 통용될 법한 주장이기 때문이다. ii) 동 이론은 사법에서도 친자관계처럼 종속관계가 존재하기에 내용상으로 맞지 않다. 물론 계약상의 복종관계의 경우엔, 그것이 대등관계의 행위에 기초하여 사적 자치의 발산에 해당하기에 문제가 없다. iii) 동 이론에 대한 결정적인 異議는 그것의 불완전성이다. 즉, 오늘날 '협력적 활동'이 전면 부각되듯이, (공법계약으로서의) 행정계약법의 중요성이 증대하는데, 이익이론은 행정계약법의 전체 영역을 없애버린다. 결론적으로 종속관계는 공법의 적용의 결과인 점에서, 원인과 효과를 잘못 판단한 동이론 또한 구별이론상의 요구를 충족치 못하고, 양자구별을 위한 이론적 제안으로선 유용하지 않다고 하겠다.[53]

---

49) 행정법문헌상으로 "이익이론"이 늘 언급은 되지만, 이를 주창하는 자가 구체적으로 거명되지 않는다. 특기할만하다. 독일 연방행정법원만이 초기 판례에서 가끔 공익을 근거점으로 삼았다고 한다.

50) J. Ipsen/T.Koch, Öffentliches und privates Recht-Abgrenzungsprobleme bei der Benutzung öffentlicher Einrichtungen, JuS 1992, S.809(810).

51) 독일 제국법원에 의해 주장되었던(vgl. RGZ 166, 218, 226; 167, 281, 287) 이 이론은, 연방최고법원은(BGHZ 14, 222, 226; 27, 283; BGH NJW 1988, S.1264) 물론 연방행정법원에서도(BVerwGE 29, 159, 161) 구분기준으로 기여하였다.

52) Vgl. F. Fleiner, Institutionen des Deutschen Verwaltungsrechts, 1928, S.47f.; W. Jellinek, Verwaltungsrecht, 1931, S.47ff.; E. Forsthoff, Lehrbuch des Verwaltungsrechts, Bd.1, 1973, S.113.

53) 대표적으로 F.-J. Peine, Allg. VerwR 8. Aufl., 2006, §3 Rn.119; J. Ipsen, Allg. VerwR 4. Aufl., 2005, §1

(3) (수정된) 주체이론

귀속이론이나 특별법이론이라고도 불리는 (수정된) 주체이론은 누가 어떤 법에 의거하여 활동하는지에 따라 구별한다: 전적으로 국가나 기타 공권력주체에 대해서만 권리/의무를 부여하는 법규는 공법에 속하고, 모든 이에게 통용되는 법규는 사법에 속한다. 따라서 공법은 귀속주체가 전적으로 고권주체인 법규의 총체를 의미한다. 그리하여 공법은 국가의 특별법이요, 사법은 만인법이 된다. 일방이 공행정주체이면 단박에 공법으로 본 과거의 주체이론과는 달리, 국가도 사법의 적용을 받는 만인이 될 수 있다는 점을 인정한다. 1950년대에 H. J. Wolff에 의해[54] 주장된 (과거의 주체이론과 다른 의미의) 주체이론은, 1970년대에 Bettermann 등에[55] 의해 약간의 수정을 경험한다. 그리하여 규준이 되는 것은, 법규범이 단지 고권주체를 인식하였는지 여부가 아니라, 고권주체 그 자체를 귀속주체로서 인식하였는지-즉, 공권력주체로서의 특성을 지닌 고권주체에 대해서 권리/의무를 부여하였는지- 여부이다.[56]

사실상 결정적인 기준은 '공권력'과의 연계이다.[57] 이런 기준이 고찰의 핵심이 되면서, 공법과 사법의 상이한 기능이 고려된다: 공법은 개인에 대한 국가적 권능의 성립과 제한에 이바지함과 아울러, 개인에 대해서 (국가적) 권능을 일방적으로 관철할 권리/의무를 국가에 부여한다. 반면 사법은 개인의 사적자치를 전제로 하고, 사인간의 이익충돌을 해소하는 데 도움이 되는 규율을 마련한다.

(수정된) 주체이론 역시 유용성이란 점에서 다음과 같은 異議가 제기된다: 공법에 의거하여 활동하는 자는 공권력으로써 활동하며, 이를 위해 공법이 그에게 권리를 부여한다는 것은 일종의 순환논법이다. 언제 공법이 존재하는지는, 언제 누가 공권력으로써 활동하는지에 따라 결정된다는 것이다. 이로써 결정이 내려져야 할 대상이 결정의 가능성을 위한 조건이 되어 버린다.

Rn.27ff.; H. Maurer, Allg. VerwR 16. Aufl., 2006, §3 Rn.16.

54) Ders., Der Unterschied zwischen öffentlichem und privatem Recht, AöR 76(1950/51), S.205ff.

55) Ders., Vom Rechtsschutz und Rechtsweg des Bürgers gegen Rundfunk-Rufmord, NJW 1977, S.513ff.; Bachof, Über öffentliches Recht, BVerwG-Festgabe 1978, S.9ff.

56) Wolff의 입장과 Bettermann/Bachof의 입장의 차이점은 독일 민법 928조 제2항상의 국가의 先占權(Aneignungsrecht)의 법적 성질에서 극명하게 드러난다. 즉, 전자의 입장에 의하면 국가에 대해서만 권리를 부여하기에 공법이 되어야 한다. 반면 후자의 입장에 의하면, 그것이 고권주체로서가 아니라, 재산주체나 민사법률행위에 참여한 자로서의 국가에게 인정되기에 사법이 되어야 한다. 전자의 입장은 형식적 주체이론에 해당하며, 후자의 입장은 실질적 주체이론에 해당하는 셈이다. 이에 관한 논의는 vgl. Ehlers, Verwaltung und Verwaltungsrecht, §3 Rn.18ff.

57) 한편 현대민주국가에선 官憲國家의 殘痕인 '고권적'이란 표현은 '공권력행사', '행정적', '공법적'이란 표현으로 대체되어야 한다고 주장된다. Vgl. Emmerich-Fritsche, Kritische Thesen zur Legaldefinition des Verwaltungsakts, NVwZ 2006, 762ff.

2. 소결-현재 논의의 문제점

구별이론의 어느 것도 설득력이 있는 구별기준을 제공하지 못한다. 따라서 개별사건에서 어떤 이론이 동원되어야 할지의 물음에 대해서 독일에서조차 통설이 없다는 것이 전혀 놀랍지 않다. 그리하여 여러 구별이론은 서로 다양하게 결합되고 있다: 가령 주체이론과 종속이론과의 결합, 주체이론과 이익이론과의 결합, 종속이론과 이익이론과의 결합. 다만 전체로 보아 판례상으론 항상 종속(복종)이론이 가장 만연한 것 같지만, 문헌상으론 (수정된) 주체이론이 우세하다. 독일에선 최근 구별을 위한 여러 이론이 전개되었지만,[58] 실제론 그 노력에 비하면 구별이론적 가치는 그다지 높지 않다. 비슷한 맥락에서 우리의 경우에도 복수의 기준을 통해 구별을 도모해야 한다는 이른바 복수기준설이 다수설로 주장된다. 또한 다소간 동요하거나 일관되지 않는 판례는 이론 가운데 어느 하나를 고집하는 것이 아니라, 문제의 경우를 여러 상이한 관점에서 포착하고 정렬하고자 한다. 하지만 이런 결론은 법도그마틱의 차원에선 완전히 불만족스럽다. 결론적으로 여기선 여러 관점과 결합될 수 있는 (수정된) 주체이론을 바탕으로 구체적인 귀속기준을 제시한다(후술). 사실 개별사건에서 여러 상이한 구별이론을 동시에 동원하는 것은 통상 불필요하다.

그런데 公法과 私法의 구분이 어렵다고 하나, 일상적인 행정사건의 해결에 있어서 그것이 항상 難題로서 등장하진 않는다. 오히려 행정사건에 있어서 公·私法의 구분이 문제로서 등장하는 경우는 드물다. 특정 법규범의 성질을 둘러싼 물음은 그 자체가 별 문제가 되지 않는다. 구체적 사건이 경찰법, 영업법 등 개입(침해)행정에서 발생한 경우엔, 규준이 되는 법률은 공법에 속하고 해서 공법적 분쟁이 존재한다고 짧게 언급하면 족하다. 단지 해당 규범이 공법이나 사법에 속한지가 불분명한 드문 경우엔 이론에 귀착되어야 한다. 법규범이 공법인지 사법인지 여부는 수정된 주체이론에 의거해선 대개 큰 어려움 없이 확인될 수 있다. 법규범을 통해 공권력주체에게 전적으로 권리나 의무가 부여되었는지 여부를 대개 알 수 있다. 비록 사법에서 연유한 법개념이나 용어가 사용되더라도, 법규범이 국가 등 공권력주체에 대해서 의무나 권리를 부여한 경우에는 그 규범은 공법적 성질을 갖는다.[59] 여기서 문제가 되는 것이 소위 관리관계

58) 중요성이론은 전체 사회생활이나 근본물음과 관련이 있는 규율은 공법으로, 덜 중요한 세부규율은 사법으로 여긴다. 전통이론은 변화의 주요한 이유가 없을 땐 이제까지의 법규성질이 통용되는 것으로 하자는 것이고, 옹호자이론(대리인이론)은 법관계에 참여한 자 가운데 적어도 한(一) 권리주체가 공공복리의 옹호자로서 등장하는 법관계를 정해놓은 법규범의 총체를 공법으로 본다. 권한이론에 의하면, 법규가 국가적 활동의 권한을 부여한 경우 그 법규범은 공법에 속한다. 중요성이론이나 전통이론은 실제에서 유용한 연결점을 제공하긴 하나 도그마틱적으로 확고한 구별이론인 양 오해해선 곤란하다. 옹호자이론은 실상 논쟁거리인 공공복리에 물음을 이전시키는 셈이어서 과거의 이익이론에 다를 바 없다. 이에 대한 개관으로 vgl. Maurer, Allg. VerwR, §3 Rn.19.

59) 독일의 예로, 일정한 요건하에 게마인데에게 부여된 先買權(Vorkaufsrecht, §§24ff. BauGB)은 공법적 성질

의 문제이다(후술).

Ⅳ. 公法과 私法의 適用領域: 법체제의 귀속 물음

공법과 사법의 구별에 관한 제 논의는 구체적인 구별의 기준을 제시하기보다는 양 법체제의 특성을 대비시키는 데 그친 느낌이다. 공법규정으로서의 성질결정의 물음과 공법에로의 귀속의 물음은 엄연히 구분되어야 한다. 전자가 구별기준의 차원이라면, 후자는 공법규정의 적용영역의 차원이다. 요컨대 공법과 사법의 구별은 실무상으론 성질의 문제가 아니라, 귀속의 문제인 셈이다.[60] 일반적인 원칙을 다루기 전에, 문제되는 구체적인 법규에로의 포섭이 존재하여야 한다. 전반적인 귀속물음의 광범한 부분은 단순한 포섭의 방법으로 답해질 수 있다. 가령 개입적 성질을 갖는 행정활동의 귀속이 관건인 경우엔, 원칙적으로 공법적 규범만이 동원된다. 반면 행정이 사법적 활동의 일환으로 판단될 수 있는 법규를 추구하는 경우엔, 전적으로 사법만이 바탕이 된다.[61] 결국 귀속이 문제가 되는 것은, 대개 구체적인 사건(경우)을 위한 법규범이 없거나 상반된 공법과 사법의 두 가지 법규범이 존재하여서 그것이 어떤 법규범이나 法域에 속하여야 할지가 의문스러운 경우이다. 해당 법규범의 공법적, 사법적 성질이 문제되어서 생기진 않는다.

1. 조직형식과 작용형식간의 상관관계: 특히 관리관계의 문제

사권주체는 공무위탁을 통해 공무수탁사인으로 인정받기 전에는 공법적 활동을 할 수 없다.[62] 반면 공행정주체라고 하여 항상 공권력행사만이 존재하는 것은 아니며, 사법적 영역(광의의 국고영역)에선 사권주체로서 나설 수 있다.[63] 나아가 급부행정에서

을 갖는다.

60) 여기서 새롭게 등장하는 문제가 행정의 계약적 활동이다. 당사자소송의 활성화 움직임에 연계하여, 그런 활동의 공법이나 사법에로의 귀속이 행정법학의 당면과제임에도 불구하고, 그것에 관한 논의가 태부족하다. 최근의 주목할 문헌으로 김남진, 행정계약 · 공법상계약 · 행정법상계약, 고시계, 2007.7., 18면 이하: 김대인, 행정계약법의 이해, 2007.

61) 대법원 1982.3.9. 선고 80다2545 판결: 원고조합이 농지개량사업의 시행으로 인하여 조성된 재산 중 농지개량사업에 공하지 아니하는 이 사건 매립지를 분배함에 있어서 농촌근대화촉진법에 제한규정이 있다 하더라도 위 분배계약의 내용과 방법 및 위 법에 위 분배계약 체결에 관한 분쟁에 대하여는 이의 등 그 해결에 관한 특별규정이 없는 점 등을 종합 고찰하면 이 사건 토지의 분배행위는 행정 목적달성을 위하여 공권력의 발동으로써 행한 권력행위가 아니고 사법상의 법률행위에 속한다고 할 것이고, 따라서 위 분배처분을 취소한 조치 역시 사법상의 법률행위라고 할 것이다.

62) 가령 한국증권업협회의 협회등록취소결정(참고: 서울행정법원 2001.9.18. 선고 2001아1428결정). 이에 관해선 박해식, 한국증권업협회가 한 협회등록취소결정의 법적 성격, 법조 통권 제546 · 547호, 2002.3 · 4. 참조.

63) 대법원 1982.3.9. 선고 80다2545판결: 원고 조합이 농촌근대화촉진법에 의하여 설립된 특수법인이라 하더라도 그가 하는 행위는 전부가 공법적 관계에서 하는 것이 아니고, 경우에 따라서는 사법적 관계에서 일반개인과

관리주체(특히 공기업)의 조직형식이 공법적이라고 하여, 그것의 모든 대외적 법률관계를 공법관계로 구성하여선 아니 된다. 왜냐하면 작용형식선택의 자유가 인정되기 때문이다(이중적 형식선택의 자유).[64] 그러나 국가 등이 공행정주체로서가 아니라 사권주체로서 활동하는 광의의 국고작용(사법적 활동 전반)에선, -국고적 특권이 인정되는 경우가 아니라면- 시종 사법관계가 지배한다. 여기선 조직형식의 선택이 다름 아닌 작용형식의 물음까지 결정을 내린 셈이다.[65]

우리의 경우 형식선택의 자유와 관련하여 이른바 管理關係의 정체성이 규명되어야 한다. 그것이 특별규범으로서의 공법법규의 존재로 인해 비로소 인정됨에도 불구하고 통상 그것을 범주적 차원에서 접근함으로써,[66] 해당 주체의 모든 법률관계가 공법관계로 여겨지는 등 심각한 오해가 유발되었다. 그 결과 행정법도그마틱상으로도 중대한 난맥이 빚어지곤 한다.[67] 요컨대 관리관계 개념을 급부행정영역에서의 행정작용상의 특징(비권력성, 비일방성, 공법계약적 관계설정의 가능성, 사법관계의 형성가능성 등)을 강조하는 차원에서 사용하면 모르겠지만, 그것을 공법관계로서 범주적으로 설정하는 것은 곤란하다.[68] 행정의 사법적 활동에 관한 바른 이해를 바탕으로, 이상에서 본 조직형식과 작용형식간의 상관관계도 고려해야 한다.

조직형식과 관련하여 '政府投資機關의 入札參加制限行爲의 法的 性質'이 문제된다. 1999.2.5.자 政府投資機關管理基本法(이하 '政投法'이라 한다)의 개정에서 입찰참가제한행위에 관한 규정(동법 제20조 제2항, 제3항)을 둔 이후엔 그것의 처분성이 주장되고 있으며, 나아가 개정법상황에선 판례가 당연히 처분으로 볼 것이라 전망되기도 한다.[69]

같은 자격으로 물건을 매매할 수가 있다.

64) 독일에서 통설적 지지를 받는 형식선택의 자유설은 오늘날 증가하는 비판에 봉착하고 있다. 우선 형식선택의 자유(Formenfreiheit)란 용어표현과 관련해서, 형식이 아닌 법체제의 선택이라고, 또한 국가권력의 주체에겐 결코 "자유"가 아니라, 기껏해야 의무구속적인 형성여지가 주어진다고 지적된다. 그리고 내용적으로도 비판되는 점은, 행정을 규율하기 위해 고유하게 만들어진 법체제(가령 공법적 활동에 대해서만 통용되는 행정절차법규정)를 행정 스스로 현저한 범위에서 면할 수 있게 허용한다는 것이다. 이에 공법의 원칙적 통용설이 강력히 주장되고 있다. 특히 Ehlers는 공법이란 국가의 직무법 해당하여서, 국가로선 이런 직무법을 임의로 면하여선 아니 된다는 점을 들어, 행정의 형식선택의 자유는 그것이 실정법률로부터 혹은 적어도 관습법으로부터 도출될 수 있는 경우에만 주어질 수 있다고 주장한다. 이런 사정에 관해선 vgl. Ehlers, Verwaltung und Verwaltungsrecht, §3 Rn.35, 39ff.

65) Schmidt-Aßmann/Röhl, Kommunalrecht, in: Schmidt-Aßmann(Hrsg.), Bes. VerwR,, 13.Aufl., 2005, 1.Kap. Rn.113.

66) 가령 대법원 1988.4.27. 선고 87누915판결: 「실권 또는 실효의 법리는 법의 일반원리인 신의성실의 원칙에 바탕을 둔 파생원칙인 것이므로 공법관계 가운데 관리관계는 물론이고 권력관계에도 적용되어야 함을 배제할 수는 없다 하겠으나 …」

67) 관리개념의 문제점에 관한 상세는 류지태, 행정법신론, 2006, 24면. 비슷한 지적으로 박윤흔, 행정법강의(상), 2004, 114면 이하; 홍정선, 행정법원론(상), 2007, 113면.

68) 여기서 권력관계에 대비시켜 관리관계를 '단순고권행정관계' 또는 '비권력적 행정법관계'로 命名하기도 하는데, 전자의 경우엔 본래 행정사실행위를 둘러싼 법률관계를 일컫는 것이어서 오해를 빚을 수 있다.

69) 참고문헌: 홍준형, 입찰참가자격제한조치의 법적 성질, 법제, 1997.7., 13면 이하; 이광윤, 공기업의 입찰참가자격제한행위의 법적 성질, 법제, 2001.6., 3면 이하; 김남진, 공사 등의 입찰참가자격정지의 성질, 고시연구 2001.10., 133면 이하; 이원우, 항고소송의 대상인 처분의 개념요소로서 행정청, 저스티스 제68호, 2002.8., 160면

이런 상황에서 서울고법 2005.9.7. 선고 2003누9734판결은 물론 행정심판사건(2006.4.10. 의결 행정심판재결례 200601311. 여기서의 피청구인이 한국전력공사인데, 대법원 99부3결정의 피고 역시 한국전력공사이다)에서도 그것의 처분성이 인정되었다. 그러나 입찰에 따른 후속 법률관계는 사법관계이고, 이런 기조는 정부투자기관이 당사자가 되는 계약의 경우에도 정부투자기관의 법적 성질을 떠나서 당연히 통용된다. 법률관계의 법적 성질과 무관하게, 그것의 성립여부결정의 법적 성질을 논하는 것은 곤란하다. 그리고 법인체형공기업인 정부투자기관은 정부가 출자하며, 국가의 감독을 받으며, 근거법률에 의해 성립하기도 한다는 점에서 공적인 성격을 지니지만, 행정청형공기업과는 달리 국가의 행정조직밖에 위치하며 그 존재형식은 사법인(사권주체)이다.[70] 공법의 작용형식을 사용할 권능이 결여되기에, 이런 기관은 -공무수탁사인에 해당하는 경우를 제외하고선- 사법적으로만 활동할 수 있다.[71]

2. 실체적 상관관계이론(Sachzusammenhangstheori)의 적용

이상에서 보았듯이 오늘날의 지배적 견해에 의해, 공법적으로 조직화된 행정단위의 활동은 -행정이 사법체제선택의 권능(소위 형식선택자유)을 행사하지 않았더라면- 공법에 원칙적으로 귀속되어야 한다는 것이 그 출발점이 된다. 또한 판단대상 활동이, 공법법규에 분명히 귀속될 수 있는 활동과 분리할 수 없는 실체적 상관관계에 있을 땐, 그것은 공법에 귀속되어야 한다는 소위 실체적 상관관계이론(Sachzusammenhangs-theori)이 중요한 도움을 준다.[72] 이를 통해서 가령 행정구성원이 직무수행과 관련되어 행한 공적 견해표명 등은 별다른 어려움 없이 공법에로 귀속될 수 있다.[73] 다만 예외적으로 사법계약의 청산과 상관관계가 있는 견해표명이 행해진 경우에는 사법에로의 귀속이 이루어진다.[74]

일종의 어림원칙(Faustregel, rule of thumb)으로 여겨지는 실체적 상관관계이론은 다름 아닌 공권력작용과의 일체성에서 공법적 착안점을 찾고자 하는데, 이는 종래 국가배상청구권과 행정상손실보상청구권의 법적 성질과 관련하여 주장된 공권설의 입장을

이하; 박정훈, 부정당업자의 입찰참가자격제한의 법적 제문제, 서울대 법학, 제46권 제1호, 2004.12., 282면 이하.

70) 사법인과 공법인의 구별에 관해선 특히 박해식, 한국증권업협회가 한 협회등록취소결정의 법적 성격, 법조 통권 제546, 2002.3., 42면 이하 참조.

71) 상세는 졸고, 정부투자기관의 입찰참가제한행위의 법적 성질에 관한 소고, 법률신문 3486호, 2006.8.31.

72) Burgi, Öffentliches Recht und Privatrecht, §18 Rn.26; Wolff/Bachof/Stober, VerwR I, §22 Rn.45.

73) 따라서 그런 견해표명으로 명예를 훼손당한 자는 공법상의 결과제거청구권을 토대로 당사자소송을 통해 그것의 철회를 도모하여야 한다. 김남진/ 김연태, 앞의 책, 579면.

74) VGH BW, VBlBW 1998, S.100.

75) Ehlers, Verwaltung und Verwaltungsrecht, §3 Rn.79.

더욱 강하게 뒷받침할 것이다. 행정쟁송의 제도적 실효성을 애써 간과하지 않는다면, 실체적 상관관계이론을 통해서 많은 경우가 손쉽게 공법관계로 귀착될 수 있다(후술).

3. 소위 국고적 특권(Fiskusprivilegien)의 경우

행정이 사법적 작용형식을 사용하면, 행정은 원칙적으로 성립요건의 충족시에 사법에 구속된다. 행정으로선 국가적 성격이라는 이유만으로 자신을 우대하는(특권을 주는) 특별한 지위를 요구할 순 없다.[75] 자신 임무를 사법적 수단으로 수행하도록 결정을 내렸다면, 행정으로선 이로부터 비롯된 결과가 혹시 원치 않은 것일지언정 받아들여야 한다.[76] 이런 이유에서 행정으로선 '사법에로 도피'함에 있어선, 逃避行裝(Fluchtgepäck)으로서 高權(Hoheitsrecht)을 챙겨선 아니 된다.[77] 그렇다고 하여 이것이 사법의 '국고적 특권(특전)(Fiskusprivilegien)'을 배제하는 것은 아니며,[78] 정당화가 필요한 예외 경우에는 허용된다. 다만 다른 이에게 부담을 과하지 않는 법률행위상의 특혜가 '국고적 특권'으로 행정에 대해 부여될 땐, 그 자체가 문제되지 않는다.[79]

국고적 특권은 실체법적인 것과 절차법적인 것은 나뉘는데, 전자는 우리 민법 제80조 제3항(해산법인의 잔여재산의 귀속), 제252조 제2항(무주부동산의 국유) 등이 해당하고, 후자는 민사소송법, 민사집행법, 파산법, 등기법상으로 행정주체에 대해서 특별한 지위를 부여하는 것이 해당한다.[80] 절차법적 국고적 특권은 해당 법영역 그 자체가 공법에 속하여서, 별 다툼 없이 공법규정에 속한다. 반면 실체법적 국고적 특권의 경우 논의가 활발하다. -공법을 단지 '국가의 특별법'으로 인식하는- H.J. Wolff가 주장한 본래 버전의 주체이론에 의거하여 접근하면 공법에 속할 수밖에 없지만, 수정된 주체이

---

76) BVerfGE 27, S.364(374). 비슷한 맥락에서 우리의 판례(대법원 2006.10.13. 선고 2006두7096 판결) 역시 「구 공공용지의 취득 및 손실보상에 관한 특례법(2002. 2. 4. 법률 제6656호 공익사업을 위한 토지 등의 취득 및 보상에 관한 법률 부칙 제2조로 폐지)에 따른 토지 등의 협의취득은 공공사업에 필요한 토지 등을 그 소유자와의 협의에 의하여 취득하는 것으로서 공공기관이 사경제주체로서 행하는 사법상 매매 내지 사법상 계약의 실질을 가지는 것이므로, 그 협의취득시 건물소유자가 매매대상 건물에 대한 철거의무를 부담하겠다는 취지의 약정을 하였다고 하더라도 이러한 철거의무는 공법상의 의무가 될 수 없고, 이 경우에도 행정대집행법을 준용하여 대집행을 허용하는 별도의 규정이 없는 한 위와 같은 철거의무는 행정대집행법에 의한 대집행의 대상이 되지 않는다.」고 판시하였다. 한편 정준현 교수는 여기서의 협의취득을 공법계약으로 보고서 행정대집행이 통용될 수 있다고 한다. 동인, 소위 '공익사업법'상 협의취득의 법적 성질, 행정판례연구회 제215차 월례발표회, 2007. 2. 23.

77) 다만 私法的 債權을 행정행위를 발하는 방법으로 관철하는 것이 부인되어 위법이라 하더라도, 그 귀속법체제는 여전히 공법이 된다(후술)

78) 예로 BVerfGE 18, S.121(125).

79) 예컨대 우리 민법 제80조 제3항(해산법인의 잔여재산의 귀속), 제252조 제2항(무주부동산의 국유), 독일 민법 제45조 제3항(사단재산의 귀속), 제928조 제2항(소유권포기에 따른 국고의 선점), 제981조(경매대금의 수령) 등이 여기에 해당한다.

80) Vgl. § 882 a ZPO, §15 Nr.3 EGZPO, §12 InsO, §3 Abs.2 GBO. 우리의 경우 이에 해당하는 것을 찾기가 어렵다.

81) 논의상황에 관해선 vgl. Stelkens, Verwaltungsprivatrecht, S.331 Fn.5, 9.

론에 의하면 당연히 사법관계이다.[81] 한편 독일 NRW의 주행정집행법 제1조 제2항은 민법의 금전채권을 일정 요건하에 행정강제의 방법으로 강제집행(징수)하는 것을 허용하는데, 이 역시 절차법적 국고적 특권에 해당한다. 비슷한 예로 국유재산법 제38조 제4항은 잡종재산의 대부료 등의 미납에 대해서 국세징수법 제23조 등의 체납처분에 관한 규정의 준용을 허용하고 있다. 이런 절차법적 국고적 특권의 법적 성질이 문제된다. 판례는 잡종재산인 국유림에 관한 대부료의 납입고지를 사법상의 이행청구로 보는데,[82] 이는 사법적인 대부계약의 성질에 부합한다. 대부료의 연체료징수는 물론 미납에 대한 체납처분절차의 경우 공권력주체로서의 국가 등에게 특권이 부여되기에 이들 규정은 당연히 공법적 성격을 가져야 하고, 관련 법률관계도 공법관계가 되어야 한다. 그런데 문제는 동법이 준용메카니즘을 동원한 점이다. 준용의 효과를 규범의 위계상으로 보면, 편입된 준용대상규범(여기선 국세징수법 제23조 등의 체납처분에 관한 규정)의 내용은 준용근거규범(여기선 국유재산법 제38조 제4항)의 효력과 위계를 같이하며, 그것의 쟁송법적 효과는, 준용의 대상규범의 내용이 준용의 근거규범 자체의 불가분적 요소가 되어 버리는 데 있다. 즉, 권리구제는 준용근거규범에 의해서 정해진다. 따라서 설령 체납처분절차가 진행되더라도 그것은 사법적 성격을 갖는다.[83]

4. 구체적 귀속기준

대부분의 문헌이 공법과 사법의 구별의 문제가 성질결정의 물음이 아닌 귀속의 물음으로 보아야 한다고 정당하게 강조하면서도, 구체적인 귀속기준의 설정에선 상대적으로 소극적이다. 여기선 어떤 활동을 공법이나 사법에 귀속시키기 위해선, 우선 세 가지 기준(작용형식, 행정청의 의사, 법적 근거)을 고려해야 한다.[84]

(1) 작용형식

행정이 선택한 작용형식이 우선 가늠잣대가 된다. 특히 문제가 되는 것은 행정의 계약적 활동이다. 왜냐하면 행정의 사법적 작용형식은 계약으로만 이루어지고, 작용형식을 선택할 자유가 행정에 대해 인정되기 때문이다. 행정의 형식선택의 자유가 인정된다고 해서, 이것이 계약에 통용되는 법체제를 자유로이 정할 수 있는 권리를 의미하는 것은 아니다. 따라서 행정이 체결한 계약이 공법 또는 사법에 귀속되는지 여부는 객관적 기준에 의거하여 가늠되어야 한다. 종속이론은 애당초 별 역할하지 못하고,

82) 대법원 1993.12.21. 선고 93누13735판결 등.
83) 반론: 박균성, 행정법론(상), 2007, 68면.
84) J. Ipsen, Allg. VerwR, §1 Rn.39ff.
85) VGH BW NVwZ 1993, 903.

(수정된) 주체이론의 기준이 결정적이다. 그래서 행정계약이 공법규범을 집행하는 한에 있어서 분명한 공법귀속이 드러난다. 계약을 통해서 행정행위를 대체하거나 행정행위의 발급이 약속되어 있을 땐, 규범집행적 계약이 존재한다.[85] –(수정된) 주체이론을 보완하여– 계약의 규율대상이 공법에 속하는 권리/의무와 밀접한 상관관계가 있는 계약 역시 공법에 속할 수 있다.[86] 궁극적으로 공법에로의 귀속을 위해 결정적인 것은, 바로 공법적 권리/의무와의 실체적 상관관계의 밀접성이다.[87]

그런데 행정활동의 형식으로부터 아무런 의문 없이 어떠한 법체제가 도출되는 경우엔, 설령 취한 작용형식(법형식)이 틀렸다 즉, 위법이라 하더라도, 그 작용형식이 법체제판단의 규준이 된다.[88] 가령 행정청이 사법적인 청구권을 행정행위를 통해서 확정할 경우, 공법의 이런 법형식은 형식선택의 남용이어서 분명히 위법이다. 그럼에도 불구하고 이런 법형식의 동원을 둘러싼 다툼은 공법에 귀속시켜야 한다.[89] 왜냐하면 법체제로의 귀속은 법형식(여기선 법적 성질과 동의어이다)에 의거하지, 활동의 적법성에 좌우되지 않기 때문이다. 즉, 법적 성질을 위해 결정적인 것은, 행정주체가 행한 것 그 자체일 뿐, 그가 행해야 할 것도, 행할 수 있는 것도 아니다.[90] 물론 여기서 요구되는 점은, 판단된 그 법형식이 그 자체로선 아무런 의문점이 없거나 해석이 불필요하여야 한다. 통상 행정청이 자신의 조치를 '결정'이나 유사한 것으로 나타내고, 그것에 불복고지를 덧붙이는 경우가 이에 해당한다. 따라서 비록 사법적 청구권이 주장되고 그래서 행정으로선 전혀 행정행위를 발할 권능을 가지지 않더라도, 행정행위가 존재할 수 있다.[91] 마찬가지로 행정처분이 동원될 수 있음에도 불구하고, 행정청이 그에 갈음하

86) BVerwGE 42, 331, 332f.; 111, 162, 164f. 그리하여 일방의 주된 급부만을 규율하고 타방의 반대급부는 명시하지 않은, '不完全 交換契約'(Hinkende Austauschverträge) 역시 공법계약에 해당한다.

87) Gurlit, Verwaltungshandeln und Verwaltungsrechtsverhältnis, in: Erichsen/Ehlers, Allg. VerwR, §29 Rn.4.

88) 여기서 유의해야 할 점은, 하나의 조치가 때론 공법적 성질로 때론 사법적 성질을 갖는 양성적 조치의 존재는 부인되어야 한다. 조치와 법관계를 구분하되, 광의의 법관계를 염두에 두면, 양성적 조치의 인정에 따른 논란을 불식시킬 수 있다. 또 유의해야 할 점은, 행정활동의 성질이 활동자의 사고에서 벗어난 인과진행으로 영향을 받지 않는다. 조치의 법적 성질은 행하는 시점에 따라 정해진다. 행정이 공법적으로 활동하고자 하면, 사소한 변형(aberratio ictus)이 있더라도 대처방식의 공법적 성질에는 의문이 깃들지 않는다. Vgl. Ehlers, Verwaltung und Verwaltungsrecht, §3 Rn.49ff.

89) 참조판례: 대법원 1975.4.22. 선고 73누215판결: 임대국유대지상의 사인소유의 건물에 대한 철거계고처분은 법에 근거 없는 처분으로써 그 하자가 중대하고 명백한 것이어서 당연무효라 할 것이고, 당연무효인 행정처분의 취소를 소구하였을 경우에 법원으로서는 무효확인을 구하는 취지로 취소를 구하고 있는가의 여부를 석명하여 무효확인을 구하는 취지로 취소를 구하고 있다면 소원 등 제소전 절차를 밟을 필요가 없다.

90) Vgl. BGH NJW 1997, S.328(329).

91) Ehlers, Verwaltung und Verwaltungsrecht, §3 Rn.51; Druschel, Verwaltungsaktsbefugnis, 1999, S.112f.; BVerwGE 13, S.307(308f.); 17, S.242ff.; 30, S.211ff. 그러나 Stelkens는 이 문제를 실체적 행정행위와 쟁송적 행정행위의 구분의 차원에서 접근하여, 후자에선 행정이 행정행위를 발할 수 없다고 보되, 쟁송상으로 마치 그것을 발한 것인 양 다루어야 한다고 강변한다. Stelkens, in: Stelkens/Bonk/Sachs, VwVfG 6.Aufl., 2001, §35 Rn.13ff.; Stelkens, Verwaltungsprivatrecht, S.127ff.

92) 참고로 대법원 1992.4.14. 선고 91다42197판결은, 민사소송으로 제기한 금원청구가 변상금부과처분에 해당

여 사법적 법률행위를 한 경우엔 일단 그 선택된 법체제의 지배를 받는다.[92]

한편 일찍이 대법원 1960.9.26. 선고 4291행상151판결이, "군수의 위토인허 취소처분은 농지개혁법(폐) 적용에 관한 처분이어서 행정소송의 대상이 되지 아니한다"고 판시하였다. 이를 기화로 농지개혁법 실시에 관한 분쟁은 공법상의 권리관계에 관한 소송으로 보지 않고 일반 민사소송사항으로 다루어야 한다는 것이 법원의 견해로 굳어졌다.[93] 헌법에 의거하여 농지를 농민에게 적정히 분배함으로써 농가경제의 자립과 농업생산력의 증진으로 인한 농민생활의 향상 내지 국민경제의 균형과 발전을 기함을 목적으로 하는 농지개혁법이 공법에 속하는 것은 자명하다. 동법 제11조에 의한 농지배분처분은 오늘날의 관점에선 일종의 단독적 사권형성적 행정행위에 해당한다. 따라서 이상의 판례에 관한 비판적 관점이 부기되어야 한다.

(2) 행정청의 의사

두 번째로 명료성의 결여로 작용형식의 분명한 귀속이 허용되지 않을 경우에는, 자명하게 해석의 일반원칙에 따라서 의사표시에 바탕을 두고서, 행정이 무엇을 하려는지 탐문하여야 한다. 즉, 행정의 의사표시(Wille der Behörde)가 일반원칙에 의하여 해석되어야 한다. 행정의 법률구속에 의거하여, -설령 의심스럽더라도- 그 의사가 적법한 활동을 목표로 삼았다고 보아야 한다. 즉, -사법적으로 활동하려는 의사가 나타나지 않는 한- (공법법규에 의해 과해진 임무나 권한의 이행과 상관관계에 있는) 공행정의 모든 활동은 공법에 따라 판단되어야 한다(공법추정의 원칙). 행정활동이 법적 구속을 소홀히 할 수도 있다. 따라서 이런 추정원칙을 (행정청이) 명백히 의도하지 않은 작용형식과 작용내용조차도 행정청에게 맡기는 식으로 확대되어선 곤란하다.[94]

(3) 법적 근거

세 번째로 이상의 기준을 갖고서도 어떤 법제도에로의 귀속이 불분명하면, (수정된) 주체이론(특별법이론)을 이용하여 판단을 내려야 한다. 즉, 구체적 사건이 발생한 전체 상관관계, 행정활동의 목적과 목표를 고려해야 한다. 유의할 점으로, 마치 '이익이론'이 제시하듯이, 단지 공적 임무를 수행한다고 해서 이로부터 공법을 도출하는 것은 적절치 않다. 국가기관은 이미 그 정의상으로 공적 임무를 수행하기 때문이다. 요컨대 행정활동이 어떠한 목표를 추구하는지가 관건이 되는 것이 아니라, 그 활동이 어떠한

한다고 볼 수 없고, 별 어려움 없이 민법상의 부당이득금반환청구로 이해될 경우엔, 민사사건이어서 국유재산법 제51조 제1항이 적용되지 않는다고 판시하였다.

93) 대법원 1962.5.24. 선고 62다160판결; 1964.6.2선고 63누190판결; 1977.4.26. 선고 76누111판결.

94) Vgl. J. Ipsen/T. Koch, a.a.O., S.814.

95) 판례전반에 관해선 이홍훈, 앞의 글, 474면 이하.

법규범을 목표로 삼는지 여부가 가늠잣대이다. 해당 법규범이 만인에 대해 권리/의무를 부여하면, 그 활동은 사법에 귀속시켜야 하고, 관련 청구권의 실현은 일반법원에서 추구되어야 한다. 반면 (사권주체가 아닌) 공행정주체가 반드시 참여하는 법률관계가 존재하면, 그 활동은 공법에 귀속되어야 한다.

V. 判例上의 公法과 私法의 區別

판례상의 공법과 사법의 구별은 재판방식(쟁송형태)의 물음으로 귀착된다. 판례의 경향을 검토하는 데[95] 유의할 점이 있다. 법원이 종전과는 달리 행정처분성의 확대를 도모함으로써 항고소송의 적용례가 증가하였으며, 또한 전술한 바와 같은 판례상의 변화(대법원 2006.5.18. 선고 2004다6207판결)와 행정소송법개정의 움직임에 힘입어, 하천법상의 손실보상청구사건은 물론 종래 사법상 권리의 문제로 보아 민사소송으로 다루었던 많은 경우가 변화를 겪을 것이다. 즉, 처분성확대와 공법관계의 확대가 병행된다.

1. 항고소송의 사례

우선 문제가 되는 사안은 법률관계의 창설여부와 존속이 구별되는 경우인데, 연금지급, 보조금지급, 손실보상금지급을 중심으로 다투어지는 상황이다. 즉, 결과물(존속하는 법률관계)에 초점을 맞추어 순전히 민사관계(민사소송)나 공법관계(당사자소송)로 볼 것인지, 아니면 법률관계의 개시에 공법적 측면을 개재시킬 것인지가 관건이다.

판례는 연금지급에 관한 결정은 공법상의 권리인 수급권을 구체적으로 성립시키는 행정처분에 해당하고, 그것의 구체적인 지급여부는 공법상의 법률관계에 관한 당사자소송의 대상으로 본다(일종의 이단계적 구조).[96] 조세범처벌법상의 교부금지급과[97] 구

---

96) 대법원 1995.9.15. 선고 93누18532판결: 군인연금법 제10조, 제5조, 같은법시행령 제45조, 제46조의 각 규정을 종합하면, 같은 법에 의한 상이연금 등의 급여를 받을 권리는 법령의 규정에 의하여 직접 발생하는 것이 아니라 위와 같은 급여를 받으려고 하는 자가 소속하였던 군의 참모총장의 확인을 얻어 청구하는 바에 의하여 국방부장관이 인정함으로써 비로소 구체적인 권리가 발생하고, 위와 같은 급여를 받으려고 하는 자는 우선 관계 법령에 따라 국방부장관에게 그 권리의 인정을 청구하여 국방부장관이 그 인정 청구를 거부하거나 청구 중의 일부만을 인정하는 처분을 하는 경우 그 처분을 대상으로 항고소송을 제기하는 등으로 구체적 권리를 인정받은 다음 비로소 당사자소송으로 그 급여의 지급을 구하여야 할 것이고, 구체적인 권리가 발생하지 않은 상태에서 곧바로 국가를 상대로 한 당사자소송으로 그 권리의 확인이나 급여의 지급을 소구하는 것은 허용되지 아니한다. 동지판례: 대법원 2004.12.24. 선고 2003두15195판결; 2003.9.5. 선고 2002두3522판결; 1996.12.6. 선고 96누6417판결; 1992.12.24. 선고 92누3335판결; 1987.12.8. 선고 87다카2000판결.

97) 대법원 1996.4.23. 선고 95다53775판결: 조세범처벌절차법 제16조, 같은법시행령 제6조 제1항 소정의 자료제공자로서는 세무관청을 상대로 교부금 지급신청을 하여 세무관청이 교부금을 지급하지 아니하기로 하는 처분을 하면 그 취소를 구하는 항고소송을 제기할 수 있을 뿐, 그 법령 규정들에 기하여 곧바로 대한민국을 상대로 교부금의 지급을 청구하는 민사소송을 제기하는 것은 허용되지 않는다.

98) 대법원 2003.9.5. 선고 2002두3522판결. 이에 대한 평석으로 선정원, 사회복지법상 행정청의 금전지급의 거

군인연금법령상 퇴역연금 등의 급여청구권의 경우도[98] 마찬가지이다. 종전에 재개발조합을 상대로 한 조합원자격 또는 수분양권 등의 확인을 민사소송에 의하여 구할 수 있다는 취지의 종전의 견해(대법원1994.12.27. 선고 94다37431판결 등 다수)를, 대법원 1996.2.15. 선고 94다31235판결로써[99] 변경하였다. 공공사업시행자가 '공공용지취득 및 손실보상에 관한 특례법'의 규정에 따른 이주대책자신청에 대해서 이를 제외하거나 거부조치를 하여 그 수분양권의 존부를 다툴 경우, 과거(대법원 1992.7.28. 선고 92다14968판결)와는 달리 우선 제외/거부처분의 취소를 구해야 한다.[100] 또한 구 농촌근대화촉진법 제156조(1994.12.22. 법률 제4823호 농어촌정비법 부칙에 의하여 삭제) 소정의 농지개량사업 또는 농가주택개량사업의 시행으로 인하여 손실을 받은 이해관계인은, 곧바로 민사소송으로 농지개량사업 또는 농가주택개량사업의 시행자를 상대로 하여 손실보상금청구를 할 수가 없다.[101]

그리고 일찍이 법원은 특별법으로서의 귀속재산관리법의 성격을 반영하여, 관재당국의 소관 귀속재산에 관하여 임대 및 불하에 관한 계약을 체결하거나 혹은 동 각 계약을 취소하는 행위는 행정처분이므로 일반 민사소송으로 그 효력을 다툴 수 없다고 판시하였다.[102] 또한 국·공유재산의 사용·수익허가취소를 순전히 사경제주체로서 행하는 사법상의 행위가 아니라, 관리청이 공권력을 가진 우월적 지위에서 행하여 항고소송의 대상이 되는 행정처분로 판시하였다.[103] 또한 국유재산법 제51조 제1항에

부 및 변경행위의 법적 성질과 소송형식의 선택기준, 행정법연구 제13호(2005.상반기), 2005.5., 223면-240면.

99) 구 도시재개발법(1995.12.29. 법률 제5116호로 전문 개정되기 전의 것)에 의한 재개발조합은 조합원에 대한 법률관계에서 적어도 특수한 존립목적을 부여받은 특수한 행정주체로서 국가의 감독하에 그 존립 목적인 특정한 공공사무를 행하고 있다고 볼 수 있는 범위 내에서는 공법상의 권리의무 관계에 서 있다. 따라서 조합을 상대로 한 쟁송에 있어서 강제가입제를 특색으로 한 조합원의 자격 인정 여부에 관하여 다툼이 있는 경우에는 그 단계에서는 아직 조합의 어떠한 처분 등이 개입될 여지는 없으므로 공법상의 당사자소송에 의하여 그 조합원 자격의 확인을 구할 수 있고, 한편 분양신청 후에 정하여진 관리처분계획의 내용에 관하여 다툼이 있는 경우에는 그 관리처분계획은 토지 등의 소유자에게 구체적이고 결정적인 영향을 미치는 것으로서 조합이 행한 처분에 해당하므로 항고소송에 의하여 관리처분계획 또는 그 내용인 분양거부처분 등의 취소를 구할 수 있으나, 설령 조합원의 자격이 인정된다 하더라도 분양신청을 하지 아니하거나 분양을 희망하지 아니할 때에는 금전으로 청산하게 되므로(같은 법 제44조), 대지 또는 건축시설에 대한 수분양권의 취득을 희망하는 토지 등의 소유자가 한 분양신청에 대하여 조합이 분양대상자가 아니라고 하여 관리처분계획에 의하여 이를 제외시키거나 원하는 내용의 분양대상자로 결정하지 아니한 경우, 토지 등의 소유자에게 원하는 내용의 구체적인 수분양권이 직접 발생한 것이라고는 볼 수 없어서 곧바로 조합을 상대로 하여 민사소송이나 공법상 당사자소송으로 수분양권의 확인을 구하는 것은 허용될 수 없다. 이에 대한 평석으로 오진환, 재개발조합원의 수분양권 확인 청구, 국민과 사법(윤관 대법원장 퇴임기념논문집), 1999, 650면-652면.

100) 대법원 1994.5.20. 선고 92다35783판결. 이에 대한 평석으로 김남진, 공특법상 이주자의 법적지위, 판례월보 제291호(1994.12), 22면-29면; 조용호, '공공용지의 취득 및 손실보상에 관한 특례법'상 이주자의 지위, 국민과 사법(윤관 대법원장 퇴임기념논문집), 1999, 615면-620면.

101) 대법원 1995.3.3. 선고 93다55296판결.

102) 대법원 1960.3.31. 4292민상398판결.

103) 대법원 1997.4.11. 선고 96누17325판결: 동지판례: 대법원 2006.3.9. 선고 2004다31074판결. 이에 대한 평석으로 이주원, 행정재산의 사용·수익에 대한 허가의 법적 성질(국유재산법 제24조 제1항), 대법원판례해설 제61호(2006 상반기), 2006.12., 186면-203면. 반론: 이상규, 신행정법론(하), 1995, 429면; 홍정선, 행정법원론(하),

의한 국유재산의 무단점유자에 대한 변상금부과는 관리청이 공권력을 가진 우월적 지위에서 행하는 것으로서 행정처분이라고 보아야 하고, 그 부과처분에 의한 변상금징수권은 공법상의 권리로서 사법상의 채권과는 그 성질을 달리한다고 판시하였다.[104]

한편 법원은 특별한 계약의 방법이 아닌 임용의 방식으로 정원외의 일종의 임시직 공무원을 임용한 경우 그 법률관계를 공법상의 근무관계로 본다. 그리하여 공립교육기관의 장에 의하여 공립유치원의 임용기간을 정한 전임강사로 임용되어 지방자치단체로부터 보수를 지급받으면서 공무원복무규정을 적용받고 사실상 유치원 교사의 업무를 담당하여 온 유치원 교사의 자격이 있는 자에 대한 해임처분의 시정 및 수령지체된 보수의 지급을 구하는 소송의 경우, 행정소송의 대상이지 민사소송의 대상이 아니다.[105] 국가나 지방자치단체에 근무하는 청원경찰의 경우도 동일하다.[106]

2. 당사자소송의 사례

일찍이 판례는 '광주민주화운동관련자 보상 등에 관한 법률'에 의한 보상 등에 관한 권리는 법률이 특별히 인정하고 있는 공법상의 권리이어서, 광주민주화운동관련자보상심의위원회의 결정은 취소소송의 대상이 되는 행정처분이 될 수 없으며, 보상금 지급에 관한 소송으로 곧바로 당사자소송에 의거할 수 있다고 판시하였다.[107] 마찬가지로 석탄광업자가 석탄산업합리화사업단에 대하여 갖는 석탄가격안정지원금지급청구권을 석탄사업법령에 의하여 정책적으로 당연히 부여되는 공법상의 권리로 보고서, 이를 구하는 소송은 공법상의 법률관계에 관한 소송인 공법상의 당사자소송에 해당한

2007, 502면.

104) 대법원 1992.4.14. 선고 91다42197판결; 1988.2.23. 선고 87누1046, 1047판결; 1989.11.24. 선고 89누787판결.

105) 대법원 1991.5.10. 선고 90다10766판결. 이에 대한 평석으로 박병휴, 공립국민학교부설유치원에 전임강사로 임용된 자의 법적지위와 신분상의 불이익처분에 대한 구제방법, 대법원판례해설 제15호(91년 상반기), 19992.6., 227면-239면.

106) 대법원 1993.7.13. 선고 92다47564판결: 국가나 지방자치단체에 근무하는 청원경찰은 국가공무원법이나 지방공무원법상의 공무원은 아니지만, 다른 청원경찰과는 달리 그 임용권자가 행정기관의 장이고, 국가나 지방자치단체로부터 보수를 받으며, 산업재해보상보험법이나 근로기준법이 아닌 공무원연금법에 따른 재해보상과 퇴직급여를 지급받고, 직무상의 불법행위에 대하여도 민법이 아닌 국가배상법이 적용되는 등의 특질이 있으며 그외 임용자격, 직무, 복무의무 내용 등을 종합하여 볼때, 그 근무관계를 사법상의 고용계약관계로 보기는 어려우므로 그에 대한징계처분의 시정을 구하는 소는 행정소송의 대상이지 민사소송의 대상이 아니다.

107) 대법원 1992.12.24. 선고 92누3335판결: '광주민주화운동관련자 보상 등에 관한 법률' 제15조 본문의 규정에서 말하는 광주민주화운동관련자보상심의위원회의 결정을 거치는 것은 보상금 지급에 관한 소송을 제기하기 위한 전치요건에 불과하다고 할 것이므로 위 보상심의위원회의 결정은 취소소송의 대상이 되는 행정처분이라고 할 수 없다. 같은 법에 의거하여 관련자 및 유족들이 갖게 되는 보상 등에 관한 권리는 헌법 제23조 제3항에 따른 재산권침해에 대한 손실보상청구나 국가배상법에 따른 손해배상청구와는 그 성질을 달리하는 것으로서 법률이 특별히 인정하고 있는 공법상의 권리라고 하여야 할 것이므로 그에 관한 소송은 행정소송법 제3조 제2호 소정의 당사자소송에 의하여야 할 것이며 보상금 등의 지급에 관한 법률관계의 주체는 대한민국이다.

108) 대법원 1997.5.30. 선고 95다28960판결. 판례의 논증을 적극 찬동하는 입장으로 백윤기, 당사자소송의 대

다고 판시하였다.[108] 공히 여기선 앞서의 연금지급결정 건과 같은 경우(대법원 1995.9.15. 선고 93누18532판결 등)와는 다르게, 법령에서 직접적으로 공권이 성립한다는 논증을 하였다.[109] 그런데 하급심은 '민주화운동관련자 명예회복 및 보상 등에 관한 법률'에 따른 민주화운동관련자명예회복및보상심의위원회의 (보상금지급요건 내지 자격에 관한) 결정에 대해선 직접 항고소송을 제기할 수 있다고 판시하였다.[110]

한편 연금지급과 관련해선 이미 연금지급결정이 확정된 다음엔 그것의 구체적 지급을 둘러싼 다툼(가령 공무원연금법령의 개정 등으로 퇴직연금 중 일부 금액의 지급이 정지된 경우)은, 공법상의 법률관계에 관한 것으로 보아 당사자소송이 주효하다.[111]

그리고 판례상으로 지방전문직공무원의 채용,[112] 시립합창단원의 위촉,[113] 공중보건의사의 채용계약과,[114] 서울특별시립무용단 단원의 위촉은[115] 공법상의 근로계약에

상, 354면-357면. 그리고 동판결에 대한 평석으로 김남진, 공법 · 사법, 공권 · 사권의 구별기준 등, 판례월보 제329호, 1998.2., 25면-31면.

109) 그런데 양자의 근거법령의 구조가 다르다. 후자의 판시부분: 「이와 같은 위임규정에 의하여 피고가 정한 1993년도 석탄가격안정지원금 지급요령(1993.8.11.부터 시행)에 의하면, 피고는 석탄 생산량에 대한 수송 및 판매실적이 있는 석탄광업자(석탄의 탐사 · 채굴 · 선탄 등의 사업을 영위하는 석탄광업권자 · 조광권자 · 계속 작업권자)에게 그의 신청에 의하여 연간 석탄 판매물량(t)에 11등급의 탄질에 따라 정해진 t당 금액을 곱하여 산정한 석탄가격안정지원금(석탄 철도수송비 · 공로수송비 · 생산안정지원금 등의 일부 또는 전부, 이하 '지원금'이라 한다)을 지급하도록 규정되어 있는 바)」이 시사하듯이, 여기선 법령에 의해 석탄광업자에 해당하면 급부관계(지원금지급의무와 수급권)의 성립에는 하등 문제가 없다. 그러나 '광주민주화운동관련자 보상 등에 관한 법률'에 의한 보상구조는 그렇지 않다. 여기선 보상심의위원회의 결정을 통해서 보상금지급관계가 먼저 성립하여야 한다. 따라서 동결정은 행정처분이 되어야 한다.

110) 서울고등법원 2005.12.1. 선고 2005누8254판결; 서울행정법원 2004.3.24. 선고 2004구합35196판결. 여기선 소송형태를 둘러싼 논의가 활발하다. 그런데 동법률은 관련자성인정결정과 보상금등지급결정을 분리하고 있다(동법률 제4조 제2항). 전자는 확인적 행정행위이다. 관련자성부인결정은 일종의 기각결정으로서 당연히 거부처분취소소송으로 다투어야 한다. 문제는 관련자성인정결정에 따른 보상금등지급결정이 내려졌을 때인데, 여기선 지급결정 자체보다는 그로 인해 형성된 구체적인 급부관계(지급의무와 수급권)에 초점을 맞추어야 한다. 따라서 다툼의 대상은 급부관계인 공법관계가 되어야 하고, 당연히 보상금등의 증액을 다투는 소송유형은 당사자소송이 된다. 다만 당초처분의 존재가 문제되기에, 결국 '처분 등을 원인으로 하는 법률관계에 관한 소송'이란 의미에서의 형식적 당사자소송의 문제가 되어 버린다. 대부분의 문헌은 형식적 당사자소송의 허용성에서 행정소송법 제3조 제2호만으로는 부족하고, 개별법규정을 요구한다(반론: 이상규, 신행정법론(상), 804-805면). 그런데 관련자성인정 및 보상금등지급의 결정(처분)을 내리는 자와 그것을 지급하는 자가 동일하다는 점에서, 기왕의 형식적 당사자소송의 예와는 확연히 다르다. 따라서 관련자성인정결정(인용결정)이 보상금등지급결정으로 흡수되는 식의 논증을 통해서, 궁극적으로 당사자소송의 유형을 동원하도록 하더라도, 행정행위의 공정력 및 구성요건적 효력에 저촉되지 않는다. 요컨대 인용결정에 따른 보상금증액을 다투는데 곧바로 당사자소송을 동원할 수 있다고 보아야 한다(동지: 조해현, '민주화운동관련자 명예회복 및 보상 등에 관한 법률'에 기한 행정소송의 형태, 행정판례연구 제11집, 2006, 315면 이하). 관련 논의에 관해선 특히; 이현수, 민주화보상법상 금전적 구제의 법적 성격: 보상심의위원회의 심의결정의 법적 성격 및 이에 대한 소송유형을 중심으로, 공법연구 제34집 제1호(2005.11), 199면 이하; 김동석, '민주화운동관련자 명예회복 및 보상 등에 관한 법률'에 기한 행정소송에 있어서의 몇 가지 문제, 인권과 정의 제307호(2002,3.), 32면 이하 참조.

111) 대법원 2004.12.24. 선고 2003두15195판결.

112) 대법원 1993.9.14. 선고 92누4611판결. 이에 대한 평석으로 백윤기, 전문직공무원 채용해지에 대한 쟁송, 재판의 한 길(김용준 헌법재판소장 화갑기념논문집), 1998, 903면-918면.

113) 대법원 2001.12.11. 선고 2001두7794판결.

114) 대법원 1996.5.31. 선고 95누10617판결. 이에 대한 평석으로 조용호, 공중보건의사 채용계약해지에 대한 쟁송, 대법원판례해설 제25호(96년 상반기), 1996.11., 397면-406면.

115) 대법원 1995.12.22. 선고 95누4636판결.

해당하고, 그것에 관한 다툼은 공법상의 당사자소송이 주효하다. 문제가 되는 것이 공법인과 그 직원과의 관계이다. 판례는 공공조합인 농지개량조합과 그 직원과의 관계를 공법상의 특별권력관계로 보는 반면[116] 공무원및사립학교교직원의료보험관리공단 직원의 근무관계는 공법관계가 아니라 사법관계로 본다.[117] 공법단체는 간접적인 국가조직이긴 하나, 그 맡겨진 공권력발동에 관해서만 공행정주체일 뿐이다. 그 내부적 관계까지 법률의 위임 없이 공법관계로 받아들일 순 없다. 이 점에서 전자의 판례는 바람직하지 않다.[118]

토지수용법 제75조의2 제2항에 의하여 사업시행자가 환매권자를 상대로 하는 환매가격의 증감에 관한 소송은 물론, 동조항에 의한 보상금증감청구의 소송은 공법상 당사자소송에 해당한다.[119]

3. 민사소송의 사례

당연무효인 조세부과에 의해 기 납부세금에 관한 (부당이득)반환청구사건과[120] 개발부담금부과처분의 직권취소를 이유로 한 부당이득반환청구사건에서[121] 법원은 시종

---

116) 대법원 1977.7.26. 선고 76다3022판결: 농지개량조합은 농촌근대화촉진법의 제3조, 제9조, 제10조, 제19조, 제36조, 제39조, 제42조- 제46조, 및 제53조를 종합하여 보면 공법인이라 할 것이고, 같은 법 제36조의 규정에 근거하여 제정된 것으로 여겨지는 농지개량조합 인사규정 (농수산부 훈령 제294호, 제312호)에 농지개량조합의 직원은 도지사가 시행하는 공개경쟁채용의 방법으로 임명하도록 되었고 (제7조, 제9조) 이러한 직원의 임용자격, 복무상의 의무, 그 신분보장 및 징계처분에 관하여는 공무원에 관한 것과 같은 엄격한 규정 (제8조, 제3장, 제5장, 제6장)을 두고 있는 취지 목적으로 미루어 보면, 농지개량조합과 그 직원과의 관계는 사법상의 근로계약 관계가 아닌 공법상의 특별권력관계로 규율지워지고 있다고 인정된다 할 것이다. 동지: 대법원 1995.6.9. 선고 94누10870 판결. 이에 대한 평석으로 조용호, 징계쟁송중인 농지개량조합직원의 조합장선거에의 입후보가 신분관계에 미치는 영향, 법조 제44권 제11호(통권 제470호), 1995.11., 155면-168면.

117) 대법원 1993.11.23. 선고 93누15212판결. 한편 원심인 서울고법 1993.6.17. 선고 93구7886판결은, "피고는 공무원및사립학교교직원의료보험법에 의하여 설립된 공법인에 불과하다고 하여야 할 것이고 그렇다면 피고가 그 소속의 직원을 채용하는 법률관계 역시 위 법과 그 정관에 정하여진 바에 따라 규율되어야 한다고 할 것인 바, 위 법 제23조는 이사장은 정관의 정하는 바에 의하여 직원을 임면한다고 규정하고 있을 뿐 피고 소속의 직원의 신분을 공무원으로 한다는 아무런 규정이 없으며, 피고 정관(을 제2호증) 제11조는 공단의 직원은 인사규정이 정하는 바에 따라 이사장이 임면한다고 규정하고 있고 이에 의하여 마련된 피고의 인사규정(을제3호증)은 피고 직원에 대한 임용, 복무, 징계 기타 인사관리의 기준을 상세하게 규정하고 있으나, 피고 소속 직원을 공무원으로 규정하였다고 볼만한 아무런 규정이 없다(위 정관이나 인사규정에서 그 소속직원을 공무원으로 규정하고 있다고 하여도 법률의 위임규정이 없이 피고 직원의 신분이 공무원이 될 수도 없을 것이다.)"고 판시하였는데, 다소간 대법원 1977.7.26. 선고 76다3022판결과 차이가 난다. 서울고법 1989.3.3. 선고 88구12112 제4특별부판결 역시 서울시 지하철공사직원의 근무관계를 사법관계로 판시하였다.

118) 여기서 대법원 1993.11.23. 선고 93누15212판결의 원심인 서울고법 1993.6.17. 선고 93구7886판결이 판시한 부분(위 정관이나 인사규정에서 그 소속직원을 공무원으로 규정하고 있다고 하여도 법률의 위임규정이 없이 피고 직원의 신분이 공무원이 될 수도 없을 것이다)이 바른 방향을 제시한다.

119) 대법원 2000.11.28. 선고 99두3416판결; 대법원 1991.11.26. 선고 91누285판결.

120) 대법원 1995.4.28. 선고 94다55019판결; 1991.2.6. 선고 90프2판결.

121) 대법원 1995.12.22. 선고 94다51253판결; 개발부담금 부과처분이 취소된 이상 그 후의 부당이득으로서의 과오납금 반환에 관한 법률관계는 단순한 민사 관계에 불과한 것이고, 행정소송 절차에 따라야 하는 관계로 볼 수 없다.

122) 대법원 1989.6.15. 선고 88누6436 전원합의체판결: (다수의견) 국세기본법 제51조 및 제52조 국세환급금

민사상의 부당이득반환사건으로 접근한다. 이런 입장은 일찍이 독립된 의의를 갖는 공법적 부당이득반환청구제도를 상정하지 않은 대법원 1969.12.9. 선고 69다1700 제1부 판결에서 연유한다. 같은 맥락에서 대법원은 국세기본법 제51조 및 제52조의 국세환급금 및 국세가산금 결정이나 환급 거부 결정에 대해서 행정처분성을 부인하고, 민사소송인 부당이득반환청구의 소에 의하여야 한다고 판시하였다.[122] 아울러 국세환급금의 충당에 대해서도 동일하게 판시하였다.[123] 외부법인 당해 규정을 내부적 사무처리절차규정에 불과하다고 판시한 것이 보여주듯이, 목전의 결과에 너무 몰입한 나머지 전체 법률관계의 이해가 왜곡될 수 있음을 증명하는 대표적인 사례이다. 이 모든 것의 출발점인 대법원 1969.12.9. 선고 69다1700 제1부 판결의 기조를 수정하는 것이 요구된다.

'국가를 당사자로 하는 계약에 관한 법률'에 따른 일련의 법적 행위의 성질이 문제된다. 판례는 국가 등이 당사자가 되는 이른바 공공계약을 사경제의 주체로서 상대방과 대등한 위치에서 체결하는 *私法上*의 계약으로 보고서, 그 본질적인 내용은 사인 간의 계약과 다를 바가 없으므로, 그에 관한 법령에 특별한 정함이 있는 경우를 제외하고는 사적 자치와 계약자유의 원칙 등 사법의 원리가 그대로 적용된다고 판시한다. 또한 동법령상의 입찰절차나 낙찰자 결정기준에 관한 규정을, 국가가 사인과의 사이의 계약관계를 공정하고 합리적 · 효율적으로 처리할 수 있도록 관계 공무원이 지켜야 할 계약사무처리에 관한 필요한 사항을 규정한 것으로, 국가의 내부규정에 불과하다고 판시한다.[124] 일찍이 예산회계법에 따라 체결되는 계약을 사법상의 계약으로 보고서,

---

및 국세가산금결정에 관한 규정은 이미 납세의무자의 환급청구권이 확정된 국세환급금 및 가산금에 대하여 내부적 사무처리절차로서 과세관청의 환급절차를 규정한 것에 지나지 않고 그 규정에 의한 국세환급금(가산금 포함)결정에 의하여 비로소 환급청구권이 확정되는 것은 아니므로, 국세환급금결정이나 이 결정을 구하는 신청에 대한 환급거부결정 등은 납세의무자가 갖는 환급청구권의 존부나 범위에 구체적이고 직접적인 영향을 미치는 처분이 아니어서 항고소송의 대상이 되는 처분이라고 볼 수 없다. 동 판례에 대한 평석으로 조헌수, 국세환급거부결정의 법적 성질, 행정판례연구 제1집, 1992, 141면-150면; 소순무, 환급거부결정에 대한 취소소송, 조세판례백선, 2005, 109면-114면; 김교창, 국세환급거부처분에 대한 불복방법, 인권과 정의 제156호(1989.8), 121면-124면; 한홍남, 세무서장의 국세환급거부처분이 항고소송(행정소송)의 대상이 되는 행정처분인지 여부, 국세 제270호(1989.08), 44면-46면. 동지판례: 대법원 1990.4.27. 선고 89누2912 판결; 1990.2.13. 선고 88누6610 판결.

123) 대법원 1994.12.2. 선고 92누14250 판결: 국세환급금의 충당은 국세기본법 제51조 제2항, 같은법시행령 제31조 등에 그 요건이나 절차, 방법이 따로 정하여져 있고 그 효과로 같은 법 제26조 제1호가 납세의무의 소멸을 규정하고 있으나, 그 충당이 납세의무자가 갖는 환급청구권의 존부나 범위 또는 소멸에 구체적이고 직접적인 영향을 미치는 처분이라기보다는 국가의 환급금 채무와 조세채권이 대등액에서 소멸되는 점에서 오히려 민법상의 상계와 비슷하고, 소멸대상인 조세채권이 존재하지 아니하거나 당연무효 또는 취소되는 경우에는 그 충당의 효력이 없는 것으로서 이러한 사유가 있는 경우에 납세의무자로서는 충당의 효력이 없음을 주장하여 언제든지 민사소송에 의하여 이미 결정된 국세환급금의 반환을 청구할 수 있다고 할 것이므로, 이는 국세환급결정이나 그 국세환급신청에 대한 거부결정과 마찬가지로 항고소송의 대상이 되는 처분이라고 할 수 없다. 동지판례: 대법원 2005.6.10. 선고 2005다15482 판결; 2004.3.25. 선고 2003다6443판결(이에 대한 평석으로 성열우, 국세환급금의 충당 및 양도의 효력, 대법원판례해설 제49호((2004 상반기), 2004.12., 482면-496면).

124) 대법원 2001.12.11. 선고 2001다33604판결. 이 판례에 대한 공법적 관점에서의 비판으로 박정훈, 행정법의 체계와 방법론, 163면 이하 참조. 여기서 박정훈 교수는 공법의 징표를 형식적인 권력의 요소가 아니라, 실질적인

동법상의 입찰보증금의 국고귀속조치를 사권주체로서 국가가 행한 사법적 행위로 판시하였다.[125] 이처럼 예산회계법 또는 지방재정법에 따라 지방자치단체가 당사자가 되어 체결하는 계약에 관한 분쟁은 행정소송의 대상이 될 수 없다고 보면,[126] 동법 제27조에 따른 행정청의 입찰참가제한조치를 행정처분으로 보는 판례의 태도는[127] 이익이론이나 과거의 구 주체이론을 취하지 않고선 정당화될 수가 없다. 요컨대 이처럼 공공계약을 사법상 계약을 볼 때, -명문으로 취소소송의 대상이 됨을 규정하는 식으로 구태여 二段階理論의 성립을 규정하지 않는 한- 낙찰자결정(國家契約法 제10조)은 물론 입찰의 참가배제(제한) 역시 공공계약의 사법적 준비행위에 불과하다. 이 점에서 國家契約法상의 행정청에 의한 참가제한행위를 처분으로 보는 판례의 태도는 再考되어야 한다.[128]

한편 판례상으로 어업권상실로 인한 수산업법 제81조 제1항 제1호에 따른 손실보상청구권,[129] 징발보상청구권,[130] 특정다목적댐법 제41조 소정의 요건에 해당하여 청구하는 손실보상사건,[131] 간접손실보상청구사건,[132] 토지구획정리사업에 의한 토지수

이익 · 기능의 요소를 중심으로 파악하여야 한다고 강조한다(223면). 또 다른 평석으로 홍기태, 국가 또는 지방자치단체가 실시하는 경쟁입찰의 적격심사에 잘못이 있는 경우의 사법심사, 민사재판의 제문제 제12권, 2003, 30면-54면; 선재성, 공공계약에서 낙찰자결정과 계약이 무효가 되는 사유, 대법원판례해설 제38호(2001 하반기), 2002.6., 46면-68면. 동지: 대법원 2006.6.19. 자 2006마117결정대법원 1996.12.20. 선고 96누14708판결.

125) 대법원 1983.12.27. 선고 81누366판결.

126) 대법원 1996.12.20. 선고 96누14708판결.

127) 대법원 1999.3.9. 선고 98두18565결정 등.

128) 同旨: 이상규, 입찰참가자격제한행위의 법적 성질, 행정판례연구 I, 1992, 127면 이하.

129) 대법원 1996.7.26. 선고 94누13848판결; 1998.1.20. 95다29161판결; 1998.2.27. 선고 97다46450판결; 2000.5.26. 선고 99다37382판결 등: 수산업법 제81조 제1항 제1호는 같은 법 제34조 제1항 제1호 내지 제5호와 제35조 제8호(제34조 제1항 제1호 내지 제5호에 해당하는 경우에 한한다.)의 규정에 해당되는 사유로 인하여 면허 · 허가 또는 신고한 어업에 대한 처분을 받았거나 당해 사유로 인하여 제14조의 규정에 의한 어업면허의 유효기간의 연장이 허가되지 아니함으로써 손실을 입은 자는 그 처분을 행한 행정관청에 대하여 보상을 청구할 수 있다고 규정하고 있으므로, 면허 · 허가 또는 신고한 어업에 대한 위와 같은 처분으로 인하여 손실을 입은 자는 처분을 한 행정관청 또는 그 처분을 요청한 행정관청이 속한 권리주체인 지방자치단체 또는 국가를 상대로 민사소송으로 손실보상금지급청구를 할 수 있고, 이러한 법리는 농어촌진흥공사가 농업을 목적으로 하는 매립 또는 간척사업을 시행함으로 인하여 같은 법 제44조의 규정에 의한 어업의 신고를 한 자가 더 이상 신고한 어업에 종사하지 못하게 되어 손실을 입은 경우에도 같이 보아야 한다.

130) 대법원 1969.12.30. 선고 69다9판결; 1970.3.24. 선고, 69다1561판결.

131) 대법원 1997.9.5. 선고 96누1597판결: 특정다목적댐법 제41조는 "댐 건설로 인하여 손실을 받은 자가 있을 때에는 건설부장관은 적정한 보상을 하여야 한다."고 규정하고 있으나, 본래 당해 광업권자들은 남강다목적댐의 보강댐의 건설로 인하여 광업권자들이 보유하는 광업권의 광구 구역 일부가 수몰됨으로써 입은 손실에 대한 금전적 보상을 받고자 하는 것인데 위 법은 그 보상금의 결정 방법, 불복절차 등에 관하여는 아무런 규정도 마련하고 있지 아니하므로, 당해 광업권자들과 같이 특정다목적댐법 제41조 소정의 요건에 해당한다고 하여 보상을 청구하려는 자는 행정관청이 그 보상청구를 거부하거나 보상금액을 결정한 경우라도 이에 대한 항고소송을 제기할 것이 아니라 건설부장관이 속한 권리주체인 국가를 상대로 직접 손실보상금지급청구를 함이 상당하다.

132) 대법원 1999.6.11. 선고 97다56150판결: (공공사업의 시행 결과 공공사업의 기업지 밖에서 발생한) 간접손실은 사법상의 권리인 영업권 등에 대한 손실을 본질적 내용으로 하고 있는 것으로서 그 보상청구권은 공법상의 권리가 아니라 사법상의 권리이고 그 보상금의 결정 방법, 불복절차 등에 관하여 아무런 규정도 마련되어 있지 아니하므로, 그 보상을 청구하려는 자는 사업시행자가 보상청구를 거부하거나 보상금액을 결정한 경우라도 이에 대하여 행정소송을 제기할 것이 아니라, 사업시행자를 상대로 민사소송으로 직접 손실보상금 지급청구를 하여야 한다.

용에 따른 보상청구사건은[133] 민사소송절차가 지배한다. 하지만 불원간 행정소송법을 중심으로 한 변화로 인해 행정소송절차(당사자소송)로 이행할 것이다. '공익사업을 위한 토지 등의 취득 및 보상에 관한 법률' 등의 환매권에 대해서 판례는 사권으로 접근한다.[134] 그러나 공익사업변환제도를 통해 환매권행사가 제한되는 점을 감안할 뿐만 아니라, 앞에서 본 실체적 상관관계이론 및 (수정된) 주체이론에 의하면 공권에 해당할 수 있다.[135]

* 조해현(편집대표), 행정소송(I), 2008, 449면-480면 소수.
* 참고문헌: 김남진, 국가배상사건인가 일반민사사건인가, 법률신문 제3891호, 2010.11.25.; 박정훈, 공·사법 구별의 방법론적 의의와 한계: 프랑스와 독일에서의 발전과정을 참고하여, 공법연구 제37집 제3호(2009. 2.), 83면 이하.

---

133) 대법원 1969.5.19. 67다2038판결.

134) 대법원 1992.4.24. 선고 92다4673판결: '징발재산정리에 관한 특별조치법' 제20조 소정의 환매권은 일종의 형성권으로서 그 존속기간은 제척기간으로 보아야 할 것이며, 위 환매권은 재판상이든 재판외이든 그 기간 내에 행사하면 이로써 매매의 효력이 생기고, 위 매매는 같은 조 제1항에 적힌 환매권자와 국가 간의 사법상의 매매라 할 것이다. 헌법재판소 2006.11.30. 자 2005헌가20 전원재판부: 환매권은 개별법규가 인정한 민사법상의 권리이다(대법원 1992.4.24. 선고 92다4673판결; 헌재 1994.2.24. 92헌마283, 판례집 6-1, 107, 114),

135) 동지: 김남진, 행정법의 기본문제, 1994, 1179면; 홍정선, 행정법원론(하), 2007, 604면; 류지태, 행정법신론, 929면.

제 2 장

行政行爲(行政處分)의 意義와 種類

Ⅰ. 行政作用法의 基礎[1)]

1. 行政作用法의 意義와 作用形式의 任務

행정은 자신의 임무를 실행하기 위하여 명령, 금지, 허가, 승인, 지침, 행정규칙, 지시를 발하거나, 계약과 협상을 체결하거나, 계획을 수립시행하거나, 경고나 견해표명을 행한다. 이러한 행정작용형식은 법률과 더불어 행정법관계를 안정화시키며 확고하게 만드는 요인이 되는데. 이것이 법치국가적 행정을 과거 경찰국가적 그것으로부터 絶緣시킨다. 요컨대 행정의 법적 작용형식은 일종의 여러 가지 門(Tore)이다. 행정상의 다양성으로 인해 개관할 수 없고 無定形한 행정활동은 이 문들을 지나서 법의 질서세계로 들어선다. 따라서 법적으로 정연하고 법적 판단을 가능케 하는 행정작용형식을 전개하고 鑄造하는 것은, 법치국가에서 행정법학과 행정실무가 띤 두드러진 특징이자, 지속적인 임무이다.[2)] 따라서 행정의 공법적 작용형식론(Handlungsformenlehre)은 일반행정법의 핵심이다. 아울러 형식화사고(Formungsidee)와 체계사고(Systemidee)를 결합시킨 데 바탕을 두고 있는 행정작용형식론은 대륙법적 사고의 전형적인 특징

---

1) 여기서 먼저 확인해야 할 점이 있다. 이미 논제와 관련해서 판례를 중심으로 더할 나위 없게 포괄적으로 다룬 문헌이 있다(조용호, 항고소송의 대상인 행정처분, 행정소송에 관한 제문제(상), 재판자료 제67집, 1995.4., 90면 이하). 따라서 여기선 시간적으로 그 후에 새롭게 전개된 논의를 중심으로 소개하고자 한다.

2) F. Ossenbühl, Die Handlungsformen der Verwaltung, JuS 1979, S.681.

이다.[3)]

작용형식(론)의 과제이자 임무는, 행정활동을 합리화하는 것, 법에 알맞은 결정을 장려하는 것, 기본적인 사실 · 평가의 문제를 신뢰할 수 있는 도그마적 구조로 조정하는 것, 행정활동에 관한 법적 통제를 유도하여 개관가능하게 만드는 것이다.[4)] 따라서 작용형식의 형성은 법적용과 법실현의 과정을 위하여 막대한 '負擔減輕機能'(Entlastungsfunktion)을 발휘한다. 물론 이런 부담감경기능은 작용형식의 분류가 의심스러울 때는 당연히 부인된다. 궁극적으로 작용형식은 법치국가원리의 구현에 기여한다. 그것은 행정으로 하여금 결정의 올바름과 정당성을 위하여 일정한 절차상의 원칙(규정)에 구속되게끔 한다. 즉, 무정형인 행정활동을 '형식으로' 인도함으로써 사전에 권리의 침해를 저지할 뿐만 아니라, 법적 가치의 적극적 실현을 보장하기도 한다.[5)]

2. 권리구제방도를 嚮導하는 行政作用形式

행정작용형식의 체계는 이론적으로 다양한 착안점에서 전개할 수 있다. 공통된 적법성요건, 공통된 법효과와 공통된 하자효과가 독립된 작용형식을 성립케 하는 유형화징표이다. 본시 연계된 효과(Wirkungen)와 법적 결과(Rechtsfolgen)에 의해서 鑄造된 작용형식이 문제되었기에, 작용형식은 본래 하자유형체계에서 비롯되었다.[6)] 공법에선 오래 전부터 현행 법질서와의 모든 相違를 '법하자'(Rechtsfehler) 즉, '위법'(Rechtswidrigkeit)으로 여겼다. 하자결과(Fehlerfolgen)의 개념이란, 절차법이나 실체법에 반하는 국가행위의 법적 운명에 관한 물음 즉, 법하자에 대한 제재수단에 관해서 추상적으로 만들어진 집합명사이다. 요컨대 현행의 권리보호체제하에서 하자결과(효과)에는 무효, 消效可能性(취소가능성, 폐지가능성), 무결과(Folgenlosigkeit, 대단치 않음, 유효) 뿐만 아니라, 원상회복청구권(부작위청구권도 포함하여)과 (원상회복불가능시엔) 손실보상청구권도 포함된다. 그리하여 하자결과의 관점에서 행정의 작용형식체계는 행정행위, 법률하위적 규범, 공법계약, 그리고 사실행위의 네 가지 유형으로 완성된다.[7)] 그에 따른 권리구제방도와 관련해서. 행정행위, 법률하위적 법규범에 대해선 각기 항

---

3) E. Schmidt-Aßmann, Die Lehre von den Rechtsformen des Verwaltungshandelns, DVBl.1989, S. 533.

4) 작용형식론의 일반적 기능에 관해선 vgl. E. Schmidt-Aßmann, a.a.O. S.533f.; P. Krause, Rechtsformen des Verwaltungshandelns, 1974, S.14ff.; F. Ossenbühl, a.a.O., S.681.

5) P. Krause, a.a.O., S.15f.

6) 작용유형과 하자효과체계와의 상관관계에 관해선 vgl. H. Hill, Das fehlerhafte Verfahren und seine Folgen im Verwaltungsrecht, 1986, S.341. 한편 E. Schmidt-Aßmann은 행정작용형식론의 하자효과중심성을 견지하되, 추가적인 착안점으로 절차사고나 활동의 목적성이 더해질 것을 강조한다. Ders., a.a.O., S.533(537f.).

7) 상세는 졸고, 行政의 作用形式의 體系에 관한 小考, 공법연구 제30집 제4호, 2002.6., 297면 이하(행정법기본연구 I, 187면 이하) 참조.

고소송, 규범통제가, 공법계약과 사실행위에 대해선 당사자소송(독일의 경우엔 일반이행소송)이 강구된다(이를테면 법형식과 권리구제방도의 牽聯關係). 요컨대 입법자는 그가 택한 法形式을 통해서 司法的 권리보호의 방법(재판방식)을 정한 셈이 된다.[8)]

Ⅱ. 行政作用形式의 가늠잣대 -形式인가 實質인가?[9)]

1. 行政作用의 歸屬이 問題되는 狀況-법형식과 실질(실체)의 交錯

우리네 행정실무나 실정법에선, 행정행위란 명칭보다는 처분이나 결정 등이 애용되고 있고, 조건이 부관의 통칭이 되고 있듯이, 강학상의 행정행위나 법률하위적 규범(행정규범, 행정입법)이 실제적으론 다양하게 불려진다. 형식과 내용의 間隙이 일상화된 행정현실에서 그런 무정형의 행정활동을 유형화된 작용형식의 체계로 인도하는 것이 바로 행정작용법론이다. 여기서 문제가 되는 것은 주로 형식인데, 법률하위적 규범(명령)이란 작용형식(법형식)은 실정법적 근거에서 그 존재형식이 대통령, 총리령, 부령, 조례, 규칙에 한정된다. 반면 행정행위란 작용형식은 허가나 특허 등과 같은 특정적인 개념뿐만 아니라, 처분, 결정, 조치 등처럼 그렇지 않은 개념형식으로도 존재한다. 그런데 형식과 내용의 불일치가 문제될 수 있는 상황이란 구체적으로 어떤 경우인가?

우선 형식은 법규범인데, 내용은 개별사건적 규율 즉, 행정행위적 규율인 경우와 형식은 행정행위인데, 내용은 일반추상적 규율 즉, 법규범적 규율인 경우로 크게 나뉜다.[10)] 후자의 경우에 ⅰ) 하명이나 특허처럼 특정화된 개념이 사용되었을 때는 일단 취소소송이 동원될 수 있으나, 원고적격과 대상적격의 결여로 무위로 돌아 갈 공산이 클 것이며, ⅱ) 만약 조치와 같이 특정성이 떨어지는 개념이 사용되었을 때는 원고적격과 대상적격의 결여가 더하기에, 애초부터 취소소송이 강구되지 않을 것이다. 문제는 전자의 경우인데, 여기서도 ⅲ) 대통령령 등과 같은 ('법령 등 공포에 관한 법률' 등에서 제정절차가 규정되어 있다는 의미에서) 법정화된 즉, 공인된 법규범이 동원된 경우와, ⅳ) -법정화된 법규범의 형식을 띠지 않는 한에 있어서- 지침이나 고시 등과 같은 비정식적 법규범이 동원된 경우로 나뉜다. ⅳ)의 경우엔 취한 형식이 그 내용에 그다지 영향을 미치지 않기에 당연히 내용(실질)이 해당 행정활동의 법적 성질을 가늠한다(후

---

8) v. Mutius, Rechtsnorm und Verwaltungsakt, in: FS für H.J. Wolff z.75. Geburtstag, 1973, S.181.

9) 이하의 내용은 졸고, 措置的 命令 내지 個別事件規律的 命令에 대한 權利保護에 관한 小考, 법조, 2002.11. 90면 이하(행정법기본연구 Ⅰ, 434면 이하) 참조.

10) 후자의 경우와 관련하여 문제되는 것이 바로 일반구체적 규율로서의 '일반처분'이다. 요컨대 행정행위와 법규범간에 실질적 측면에서 한계설정이 모호한 경우에, 국민의 효과적인 권리구제의 가능성과 더불어 법적 안전성(특히 규범의 경우엔 하자시에 무효도그마가 통용된다는 점을 고려해야 한다)을 위하여 해결수단으로 등장한 것이 바로 '일반처분'이다.

술). 독일 문헌과 판례상에서 주된 논란거리이고, '두밀분교폐지조례'와 관련한 우리 판례 등에서도 문제가 되는 경우가 바로 iii)의 경우이다.

2. 가늠잣대에 관한 論議

독일의 경우에, 규범과 집행이 錯綜하는 법현상(가령 個別事件規律的 命令)에 즈음한 권리구제방법과 관련해서, 그 가늠잣대가 (우리나 일본에서와는 다른 의미의) 형식적 행정행위 개념이냐 아니면 실질적 행정행위 개념이냐를 둘러 싼 논의가 전개되었다.[11] 독일의 과거 지배적 입장은 실질에 초점을 맞춰, 독일 행정절차법 제35조에 따라서 실체법에서든 쟁송법에서든 행정행위의 존부를 위해선 행정조치의 형식이 아니라 그 내용이 규준이 된다는 점과, 따라서 행정행위개념은 실체적으로 파악해야 한다는 점을 주장한다. 그러나 오늘날의 지배적 입장은 형식을 일차적 규준으로 삼는다. 그리하여 행정행위와 같은 '個別事件的 規律'이 법률, 법규명령, 조례의 형식으로 발해진 경우에 내용적으론 행정행위에 해당할 순 있겠지만, 결코 형식상으론 행정행위가 아니며, 따라서 행정행위처럼 쟁송취소의 대상은 될 수 없고, 규범통제의 방법을 취해야 한다고 한다. 반면 만약 법규명령으로 발해야 할 것을 잘못하여 법규명령 대신에 행정행위로 발하였다면, (위법한 행정행위로서) 그것의 쟁송취소가 허용되고, (본안에서) 이유 있다고 한다. 즉, 행정행위와 명령의 구분을 위해선, 우선적으로 문제의 규율의 외부적 형식에 좌우되어야 하되, 다만 그 형식이 다의적이거나 −형식선택의 자유를 전제로 하여− 권리보호를 제한하기 위한 명백한 형식남용이 있는 경우에만 규율의 실질을 목표로 삼아야 한다고 주장된다.

이른바 '법규명령형식의 행정규칙'을 통해서 알 수 있듯이, 우리의 판례는 기본적으로 실질에 절대적 비중을 둔다. 그리하여 '두밀분교통폐합조례사건'에 관한 대법원 1996.9.20. 선고 95누7994 · 95누8003판결은 이제까지 의례적 논의에 머물렀던 이른바 '처분적' 명령(조례)의 존재를 처음으로 시인하였다.[12] 종래 광범하게 행하여졌던 법규헌법소원심판이 적어도 조례의 경우에는 보충성의 원칙으로 인해 더 이상 허용되지 않게 되었다. 법원으로선 법규헌법소원심판에 대해서 처분성확대를 통해 크로스카운터 펀치를 날린 셈이었다. 그 후 서울행정법원 제1부 2005.9.1. 선고 2004구합5911

11) 독일에서의 형식적 행정행위(der formelle Verwaltungsakt)에 관한 논의는 일부 문헌에서 부분적으로 소개되긴 하였지만, 일본에서의 그것과 대비한 전개는 행해지지 않았다: 특히 선정원, "독일 행정법상 행정행위 확장이론들의 등장과 발전", 공법연구 제27집 제2호, 1999.6., 519면 이하.

12) 그러나 곧바로 처분성이 인정되는 양 誤解를 낳는 '처분적' 명령(조례)이란 용어는 하루바삐 시정되어야 한다. 日人學者(山田 晟)의 "ドイツ法律用語辭典"(1984)에서도 'Maßnahmegesetz'을 措置法으로 바르게 옮겨 놓고 있다(p.251).

判決은, '관세법 제51조의 규정에 의한 인도네시아 · 중국산 정보용지 및 백상지에 대한 덤핑방지관세부과에 관한 규칙'의 일부 내용에 대해서 처분성을 인정하였다. 그리하여 이제는 법규명령의 전형인 시행규칙까지도 처분성의 인정가능성이 열리게 되었다.[13] '두밀분교통폐합조례사건' 판결 이후 10년 만에 '조치적(처분적)' 명령이 행정작용형식의 하나(법규범형식의 행정처분)로 자리를 잡은 셈이다.

이를 두고서 결과적으로 법규에 대한 헌법재판의 가능성을 축소하긴 했지만, 법원이 전향적으로 처분성확대를 도모하였다고 호평할 수 있다. 그렇지만, 현행의 공법질서 특히 규범체계로선 심각한 난맥상에 처하게 되었다. 입법자가 선택한 규범으로서의 법적 성격이 법원의 판단에 의해서 부인되는 결과가 빚어진 것이다. 종래 법형식의 선택이 법적으로 특히 권리구제의 측면에서 어떤 법적 결과를 초래하는지, 그리고 법형식과 그 실질이 불일치할 때 무엇이 최종적인 가늠자가 되는지에 관한 활발한 논의가 殆無하였다. 결론적으로 권리구제의 확대를 도모하기 위한 처분성의 확대인정 자체는 異論이 있을 순 없지만, 법집행행위를 무색케 만드는 과도한 처분성인정은 규범통제의 항고소송화는 물론, 규범과 집행행위의 구분을 소멸시켜 행정작용법론의 不全까지도 초래할 수 있다. 법규범의 형식을 갖는 한, 그것의 법적 취급은 시종 법규범으로서의 위상에 맞추어야 한다.[14]

3. 告示의 法的 性質의 문제[15]

고시의 법적 성질에 관한 논의가 분분하다. 고시가 종종 행정결정의 존재(성립)요건의 모습으로도 등장하거니와, 여기에 일련의 고시에 대해서 판례가 명백히 처분성을 인정함으로써,[16] 고시의 본질에 관한 의구심이 강하게 제기된다. 독립된 의미를 갖는(즉, 결정 · 고시처분이 아닌) 고시의 경우, 그것을 일의적으로 행정규칙으로 조명하는 문헌이 있는 반면, 다양한 법적 성질(법규명령, 행정규칙, 행정행위, 사실행위)의 가능성을 전제로 하여 바라보기도 한다. 그런데 고시를 행정규칙으로 상정하거나 행정입법(법규명령/행정규칙)으로 상정하여 사안에 접근할 땐, 그것의 처분성인정으로 인해 행정입법 자체에 대한 사법통제에 획기적인 변화가 초래될 수 있다. 즉, 고시를 행정입법으로 전제한 다음에, 그것은 물론 법규명령에 대해서 과도하게 처분성을 인정하면, 행정입

---

13) 이에 대한 공감문헌으로 권순일, 재정경제부령에 의한 덤핑방지관세부과조치의 처분성 재론-기능적 관점에서-, 행정판례연구 제12집, 반면 비판으론 졸고, 이른바 처분적 시행규칙의 문제점에 관한 소고, 법률신문 3478호, 2006.7.27.

14) 김남진 교수 역시 법규명령이나 조례가 "처분"의 성질을 갖는다 하더라도, '규범통제'라는 正道를 통해 문제를 해결해야 함을 역설한다. 동인, 행정상 확인소송의 가능성과 활용범위, 고시연구, 2005.5, 22면 주15).

15) 졸고, 행정법상의 고시의 법적 성질에 관한 소고, 고시계 2008.3. 참조.

16) 이른바 준법률행위적 행정행위의 일종으로서 '통지처분'이 암묵적으로 전제되어 있다고 볼 수 있다.

법과 행정행위의 구분의 경계가 무의미하게 될 뿐만 아니라, 심지어 행정작용법론 전체가 임기응변적 상황에 처하게 된다. 告示는 불특정다수를 직접적, 간접적 상대로 한 '알림'이되, 본래 그 자체로선 알림의 양식은 고려되지 않는다. 그런데 대부분의 국법행위가 문서에 의한 것이어서 사무관리규정(일부개정 2006.6.12. 대통령령 제19513호) 제7조에 의해, 고시는 공고문서의 종류로서 행정기관이 법령이 정하는 바에 따라 일정한 사항을 일반에게 알리기 위한 문서를 말한다. 고시의 경우엔 알리는 데 초점이 모아질 뿐, 그것의 형식은 그다지 중요하지 않다. 이런 사정에 비추어, 고시를 행정규칙이나 법규명령에 설정한 다음에 논의를 전개할 것 같으면, 자칫 고시의 형상에 관한 심각한 혼란은 물론, 행정법도그마틱의 심각한 歪曲이 빚어질 수 있다. 요컨대 고시는 일반에 대한 알림 그 자체일 뿐, 그것이 일정한 법형상(법형식)을 의미하진 않는다.[17] 그리하여 실정법상의 고시는, 독립된 의미를 가짐을 전제로 하여, 고시되는 내용에 견주어 그 법적 성질이 판단되어야 한다(후술할 통보처분 참조).

그런데 대법원 2006.9.22. 선고 2005두2506판결은 물론, 대법원 2003.10.9.자 2003무23결정[18]과 대법원 2004. 5. 12.자 2003무41결정은 「어떠한 고시가 일반적 · 추상적 성격을 가질 때에는 법규명령 또는 행정규칙에 해당할 것이지만, 다른 집행행위의 매개 없이 그 자체로서 직접 국민의 구체적인 권리의무나 법률관계를 규율하는 성격을 가질 때에는 행정처분에 해당한다」고 판시하였다. 유사조문형식의 고시의 처분성을 인정한 리딩판결인 대법원 2003.10.9.자 2003무23결정에서 비롯된 이들은, '두밀분교통폐합조례사건'(대법원 1996.9.20. 선고 95누7994판결 · 95누8003판결)에서의 판시와 외양상 흡사하기에, 자칫 행정입법적 고시를 전제로 한 것인 양 오해를 빚을 수 있다. (대법원 2006.9.22. 선고 2005두2506판결에서의) "보건복지부장관이 제1항의 규정에 의한 요양급여대상을 급여목록표로 정하여 고시한 것"(약제급여 · 비급여목록및급여상한금액표)의 법적 성질이 문제된다. 그것의 별표 1.에서 보듯이 그 자체상으로 코드, 품명, 업소명, 규격 단위, 상환금액 등이 구체적으로 적시되어 있다. 요컨대 '약제급여 · 비급여목록 및 급여상한금액표'는 그 자체가 전형적인 개별구체적인 규율로서의 행정처분으로 보는 데, 하등의 문제점이 없다.[19] (대법원 2003. 10. 9.자 2003무23결정에서의)

---

17) 동지: 김남진, 행정법 I , 2001, 191면 이하; 박윤흔, 행정법강의(상), 2004, 248면 이하; 홍정선, 행정법원론(상), 2007, 237면; 김원주, 행정규칙의 성질과 효력, 고시계, 1988.6., 53면.

18) 이에 대한 평석으로 박해식, 고시의 처분성과 제약회사의 당사자적격, 대법원판례해설 제47호(2003 하반기), 2004.7., 642면-658면; 정성태, 법규명령의 처분성, 행정판례연구 제10집, 2005, 3면-18면.

19) 졸고, 條文形式을 띤 告示의 處分性 認定에 따른 問題點에 관한 小考, 저스티스 통권 제98호, 2007.6., 286면 이하(본서 165면 이하) 참조. 한편 박균성 교수는 2005두2506 판결과 관련해서, 당해 고시를 집행적 법규명령으로 보고서 그것의 처분성을 인정하였다. 동인, 명령 · 규칙에 대한 항고소송, 사법 제2호, 2007년 12., 267면 이하. 반면 장태주 교수는 동고시를 일반적 · 구체적 규율로서의 일반처분으로 파악한다. 동인, 행정법개론, 2007, 336면.

'항정신병 치료제의 요양급여 인정기준에 관한 보건복지부 고시(보건복지부 고시 제2002-57호)' 역시 마찬가지이다. 이들 사안에서 고시의 처분성을 논증할 때, 조치적(이른바 처분적) 명령에서의 논증을 동원하는 것은, 불필요하거니와 도리어 행정법도그마틱의 왜곡을 가져다 줄 수 있다. 공고문서인 고시가 지시문서인양 조문형식을 가져서 오해가 빚어졌다.

Ⅲ. 行政行爲의 意義

1. 행정행위와 행정처분과의 관계

(1) 관련 입법례

* 독일 행정절차법 제35조: 「행정행위(Verwaltungsakt)는 행정청이 공법의 영역에서 개별적 경우를 규율하기 위하여 발하고 외부에 대하여 직접적 효과를 발생시키는 모든 처분(Verfügung), 결정(Entscheidung) 또는 기타의 고권적 조치(hoheitliche Manahme)를 말한다. 일반처분(Allgemeinverfügung)이란, 일반적 징표에 의하여 특정되거나 특정될 수 있는 인적 범위를 대상으로 한 행정행위 및 물건의 공법상의 성질 또는 공중에 의한 그 이용에 관계되는 행정행위를 말한다」

* 미국 통일법전(U.S.C.) 제551조 제13항: 「agency action이란 행정기관의 규칙 · 처분 · 인가 · 제재 · 구제 기타 이에 상당하는 행위나 그것의 거부행위 · 부작위의 전부 또는 일부를 말한다」

* 일본 행정수속법 제2조 제2호(행정사건소송법 제3조 제2호): 「처분이란 행정청의 처분 그밖에 공권력행사에 해당하는 행위를 말한다」

* 현행 행정소송법 제2조 제1호(행정심판법 제2조 제1항 제1호, 행정절차법 제2조 제2호): 「'처분 등'이라 함은 행정청이 행하는 구체적 사실에 관한 법집행으로서의 공권력의 행사 또는 그 거부와 그 밖에 이에 준하는 행정작용(이하 '처분'이라 한다) 및 행정심판에 대한 재결을 말한다」

* 대법원 행정소송법 개정안 제2조 제1호: 「'처분'이라 함은 행정청이 행하는 구체적 사실에 관한 공권력의 행사 또는 그 거부와 그 밖에 이에 준하는 행정작용을 말한다」

* 대법원 행정소송법 개정시안 제2조 제1호: 「'행정행위 등'이라 함은 행정청이 행하는 법적 · 사실적 행위로서의 공권력의 행사 또는 그 거부와 그 밖에 이에 준하는 행정작용(이하 '행정행위'라 한다) 및 행정심판에 대한 재결을 말한다」

(2) 행정행위개념의 성립역사

행정행위 개념은 비록 위의 대법원개정시안에서 채용하긴 하였지만, 본래 실정법상의 개념이 아니라 학문상의 개념이다. 실정법상으로는 그에 해당하여선 행정처분 또는 처분이라는 용어가 많이 사용되고 있다.[20] 행정행위개념은 19세기 독일 행정법학의 창조물이다. 즉, O. Mayer가 행정행위를 '개개의 사건에서 신민에 대해서 무엇이 그를 위하여 적법할 것인지를 정하는 행정에 속하는 관헌적 발언(Ausspruch)'이라 정의내림으로써, 그것의 본질적인 형상을 만들었다.[21] 한편 행정행위에 대해서, 입헌군주시대에 전개된 관헌국가적 권력수단이어서 민주적 법치국가적 공동체의 행정엔 맞지 않는다고 의문을 제기하곤 하지만,[22] 이는 행정행위의 실제적 중요성을 간과한 것이다. 본래 O. Mayer는 법적 안정성의 고려에 바탕을 두고서, 행정활동을 법치국가 원리에서 구속하고 제한하기 위하여 행정행위를 만들었다. 행정행위의 이런 법치국가적 기능은 오늘날에도 여전하다.

행정행위의 개념이 행정재판제도를 가지는 프랑스, 독일 등에서 형성되어 발전된 것은, 그것이 행정법을 공법으로서 자리매김하여 성립시킨 역사적 소산임을 증명한다. 따라서 종래 행정재판제도를 가지지 않으며, 공·사법 이원적 법체계를 부인하였던 영·미에선, 특별히 행정행위라는 개념을 구성할 필요가 없었다. 당연히 미국 등에서 사용하는 'agency action'나 'administrative act' 등의 용어가 비록 행정행위로 번역되긴 하지만, 우리 행정법상의 그것과는 기본적으로 성질이나 범주를 달리한다는 점을 유의해야 한다. 일종의 '광의의 행정행위개념'에 가깝다고 할 수 있다.[23]

(3) '형식적 행정행위'를 둘러싼 논의

행정행위의 개념을 둘러싸고 최광의적, 광의적, 협의적, 최협의적 이해가 운위되는데, 지금에 와선 행정작용형식론의 차원에서 그것은 최협의적 이해로 통일되었다. 그렇지만 강학상의 행정행위(실체법적 행정행위 개념)를 쟁송법상의 처분(쟁송법적 행정행위개념)에 견주어 일치여부가 다투어진다.[24] 즉, 양자를 같다고 보면서 그 처분과 다른

---

20) 독일의 경우에도 개별법에서 '행정행위'(Verwaltungsakt)란 용어가 드물게 규정되긴 하나, 우리와 마찬가지로 결정(Entscheidung), 처분(Verfügung), 조치(Maßnahme) 등이 사용되기에 형식과 내용의 불일치가 종종 문제된다. 일부에선 행정행위란 용어를 통일적으로 사용할 것을 주장하기도 한다.

21) Ders., Deutsches Verwaltungsrecht, Bd. Ⅰ, 1. Aufl., 1895, S.95.

22) 독일에선 대표적으로 W. Brohm이 전통적인 행정행위개념의 완전한 포기를 주장한다. 그는 결정과정을 착안점으로 삼아 행정행위를 '-시민에 대한 규율을 담는지 여부와 무관하게- 고권적 권한을 행사하는 범위내에서 의사형성과정이나 정보처리과정을 행정이 구속적으로 종결한 것'으로 정의를 내렸다(VVDStRL 30, 1972, 286, 320, 325).

23) 상세는 김남진, 행정법의 기본문제, 1994, 45면 이하 참조.

24) 이 물음의 지원지인 일본의 관련 문헌상황에 관해선 특히 김유환, 강학상 행정행위와 쟁송법상 처분, 행정작용법(김동희 교수 정년기념논문집), 2005, 80면 주2); 김창조, 취소소송의 소의 이익-일본법제를 중심으로-, 경북

행정작용(특히 행정입법)과의 구별의 징표를 철저히 탐구하려는 일원설(실체법상 처분개념설)과, 양자를 다르다고 보아 후자의 내포를 확대하려고 노력하는 이원설(쟁송법상 처분개념설)의 대립이 있다. 특히 이원설은, 일본에서 주창된 (독일에서와는 다른 의미의) '형식적 행정행위론'을 적극적으로 수용한다(쟁송법상 처분개념=실체법상 처분(행정행위) 개념+형식적 행정행위). '형식적 행정행위'의 이해가 분분하지만, 통상 '학문상의 행정행위에 포섭될 수 없는 행정작용을 국민의 실효적인 권익구제라는 관점에서 쟁송법상 '처분'으로 파악함으로써 그에 대한 항고쟁송의 제기를 가능하게 하기 위한 형식적 · 기술적 의미 행정행위'로 이해된다. 그리하여 행위 자체가 공권력의 실체를 가지고 있지 않지만, 실질적으로 국민생활을 '일방적으로 규율하거나' 행정목적을 위하여 국민의 권리 · 이익에 계속적으로 '사실상의 지배력'을 미치는 경우에, 그것을 인정한다.[25] 형식적 행정행위에 해당하는 것으로선, 행정규칙, 행정지도, 행정상 입법, 행정계획, 일반처분 등이 거론된다.

(4) 소 결

행정재판제도에 연계되어 형성, 발전되었기에, 행정행위의 존재는 취소소송의 대상으로서 권리구제의 출발점으로 여겨졌다(행정행위의 쟁송법적 기능). 과거 독일의 경우처럼 취소소송의 대상에서 열거주의가 지배하면, 강학상의 행정행위 개념과 쟁송법상의 처분개념의 불일치는 생기지 않는다. 항고소송 특히 처분에 대한 취소소송중심주의가 지배하고, 여기에 취소소송대상의 개괄주의가 통용될 때, 다수 문헌이 이원설을 취함으로써, 언필칭 권리구제확대를 기치로 내세워 쟁송상의 처분을 새롭게 정립, 이해하고자 시도하는 것은[26] 자연스런 일이었다.

그러나 여기에는 몇 가지 곱씹어 볼 점이 있다. 먼저 독일의 행정행위 개념은 물론, 우리의 처분개념은 발전된 최협의의 행정행위개념을 입법화한 것이다. 그리고 행정행위(처분)의 개념적 징표는 그 자체가 해석을 통해 -한계를 넘지 않되- '수범자에게 유리하게' 확장될 수 있다는 점이다.[27] 더군다나 우리의 처분개념의 '그 밖에 이에 준하는 행정작용' 부분은 처분성확대의 가능성을 제도화하고 있다.[28] 또한 가령 행정계획

대학교 대학원 법학박사학위논문, 20면 이하 참조.

25) 대표적으로 김도창, 일반행정법론(상), 제4전정판, 1992, 360면 이하.

26) 한편 강학상의 행정행위개념을 갖고서 쟁송법상의 처분개념을 바라보는 대부분의 입장과는 달리 김유환 교수는 후자에서 전자를 바라보려는 시도를 한다. 동인, 앞의 글, 80면 이하. 동지: 윤세창/이호승, 행정법(상), 1993, 188면 이하.

27) 이 점에서 원고적격의 심사와 마찬가지로 대상적격의 심사에서 엄격한 태도를 견지하는 것은 문제가 있다. 독일에서처럼 요건심사단계에선 '가능성 정도'로 접근하는 것이 바람직하다.

28) 그러나 자칫 이것이 쟁송법상의 처분개념이 실체법상의 그것과 다르다는 구실이 되어 행정행위의 개념적 징표를 무력화할 수 있는 점을 유의하여야 한다. '이에 준하는' 것의 의미는 결코 전형적인 처분개념의 외연을 넘어선 아니 된다는 것이다. 그런데 일부에선 이것이 '형식적 행정행위'를 의미한다고 한다. 김유환, 주석 행정소송법(김철

의 경우에도 그 자체에서 처분적 징표를 추출하면 처분성을 인정하는 데 아무런 어려움이 없다. 그리고 현재 행정소송법을 개정함에 있어선, 종래 휴면상태나 다를 바 없었던 당사자소송을 활성화하는 데 의견의 일치를 보고 있다. 이젠 항고소송만이 유효한 권리구제수단은 아니며, 그에 따라 이원설이 제시하는 권리구제가능성의 확대의 근거는 약화되었다. 사실 지금까지 당사자소송의 존재를 무시하였을 따름이다.[29] 따라서 이젠 더 이상 행정행위를 권리보호의 이유에서 필요 이상으로 과도하게 넓게 해설할 이유가 없다. 심지어 행정행위의 존재는 권리보호의 가능성을 제한하기도 하는데, 이유인 즉, 행정행위를 대상으로 한 취소소송에는 제소기간의 적용을 받기 때문이다.

일찍이 대법원 1967.6.27. 선고 67누44판결은「원래 행정소송은 구체적인 권리의무에 관한 분쟁을 전제로 하여 제기되는 것이므로, 항고소송의 대상이 되는 행정처분은 행정청의 공법상의 행위로서 특정사항에 대하여 법규에 의한 권리의 설정 또는 의무의 부담을 명하며, 기타 법률상의 효과를 발생케 하는 등의 국민의 권리의무에 직접 관계가 있는 행위를 말한다고 해석하여야 할 것이므로 특별한 사정이 없는 한, 행정권 내부에 있어서의 행위라든가 알선, 권유, 사실상의 통지 등과 같이 상대방 또는 기타 관계자들의 법률상 지위에 직접적으로 법률적 변동을 일으키지 않는 행위 등은 항고소송의 대상이 될 수 없다고 해석하여야 할 것이다.」고 판시하였고, 이 같은 태도는 지금까지 요지부동이다.[30] 행정소송법상 처분개념정의가 없음에도 불구하고, 판례는 강학상의 (최협의의) 행정행위개념을 취하였다. 일부에선 처분개념정의를 둔 1984년 이후엔 새롭게 처분을 이해하여야 한다고 하면서, –특히 '그 밖에 이에 준하는 행정작용' 부분을 강조하면서– 기왕의 대법원 1967.6.27. 선고 67누44판결과 같이 논증하는 것에 대해서 매우 비판적이다.[31] 그러나 판례의 이해와 입장이 행정소송법상의 처분개

용/최광률 편집대표), 2004, 538면.

29) 비록 우리 헌법이 독일 기본법 제19조 제4항과 같은 효과적인 권리보호의 보장을 규정하고 있지 않지만, 법치국가원리를 구현하기 위해선, 헌법상의 재판청구권(제27조)의 기능을 포괄적인 사법적 권리보호의 보장에서 바라보아야 한다. 왜냐하면 적격인(적법한, statthaft) 소는 항상 소의 허용성하에서 심사되기 때문이다. 따라서 행정소송법 제4조에 대해 열거적 성격을 부여하는 것은 이에 위배된다. 헌법상의 재판청구권이 소송의 길을 보장하는 것을 담고 있다고 보면, 법조항의 열거적 또는 예시적 성격에만 초점을 맞춰 논의하는 것은 바람직하지 않다. 오히려 소송의 길을 보장하는 含意를 제대로 구현하지 못하는 현재의 입법상황에 눈을 돌려야 한다. 취소소송의 대상에서 받아들여진 열거주의의 극복이 왜 소송의 종류에선 통용되지 않는가? 독일 행정법원법 제40조는 법률상으로 다른 재판권이 정해져 있지 않는 한에 있어서 비헌법적 종류의 모든 공법적 다툼에서 행정소송의 길이 주어진다는 점을 명백히 한다. 그것의 헌법적 배경은 기본법 제19조 제4항, 법률에 의한 법관의 원칙, 법치국가원리에 있다. 재판청구권이 표방하듯이, 공권력에 대한 흠결이 없는 개인적 권리보호의 원칙을 실현하기 위해선 행정소송의 종류상의 개괄조항이 반드시 마련되어야 하고, 그리하여 이 규정이 행정소송법의 중심규범(Schlüsselnorm)로서 행정소송법의 발전을 견인하여야 한다.

30) 대법원 1993.10.26. 선고 93누6331 판결 등.

31) 대표적으로 김남진, 대법원의 처분개념에 대한 의문, 법률신문 제2844호(1999.12.13.); 김철용, 행정법 Ⅰ, 2007, 635.

념정의에 그대로 반영되었다고 하는 것이 타당하다. '그 밖에 이에 준하는 행정작용'은 해석을 통해서도 가능한 처분성확대를 굳이 규정한 데 불과하다는 점에서, 판례의 기왕의 논증은 -거부처분인정에서 원고적격적 물음을 가미한 것이 문제이긴 하나- 문제가 되지 않는다.

최근 판례는 처분성확대를 기하고 있다. 이를 두고서 강학상의 행정행위개념(실체법상 처분개념설)에서 벗어나는 경향으로 보는 것은 바람직하지 않다. 이제까지의 학문적 논의를 수용하여 진화한 결과일 뿐이다.[32] 판례의 기조는 일원설임에도 불구하고,[33] 교과서상의 행정행위 개념에 관한 제 논의가 행정행위 개념과 쟁송법상의 처분개념과의 일치여부에 관한 필요 이상의 불필요한 논의를 유발한 측면이 있다. 이 점에서 행정행위 개념의 廣狹을 둘러싼 무익한 논의를 하루바삐 그쳐야 한다. 요컨대 처분의 개념적 징표에 관한 설득력 있는 해석을 통하여 처분성확대를 기하기보다는, 범주적 접근(가령 행정입법이나 행정계획 등)으로 처분자체의 틀을 확대하려는 것이, 종래 이원설이 갖는 치명적 결함이자 한계이며, 그로 인해 도리어 행정처분의 이해에 난맥을 빚어졌다 하겠다. 이제 행정행위구속적인 行政救濟觀을 버리고, 그것의 개념적 징표를 바르게 해석, 적용하는 데 초점을 모아야 한다.

2. 행정행위(행정처분)의 기능

실정법상의 행정행위의 개념결정(정의)의 의미는, 행정행위의 제 기능을 전제하여야만 바르게 접근할 수 있다. 전통적으로 다음의 4가지의 주된 기능으로 나뉘는데,[34] 이들 기능과 그에 포함된 특수한 법효과를 행정절차법, 행정소송법에서의 행정처분 개념을 해석, 적용함에 있어서 고려해야 한다. 요컨대 행정행위의 개개의 징표와 세분화된 도그마틱적 측면을 심사함에 있어서, 행정행위의 기능을 결코 간과하여선 아니 된다.

(1) 실체법적 기능(규율기능)

행정법의 실체법적 기능은 행정행위의 개별화기능과 명확화기능이 해당된다. 전통적으로 이런 기능은 O. Mayer의 법적 안정성의 고려에 연결된다. 따라서 행정행위를 통해서, 개입행정에선 법률상 확정된 의무가, 급부행정에선 법률상의 청구권이 구속적으로 구체화되며, 그리하여 행정청의 포섭의 결과가 확정된다.[35] 이런 행정행위의

---

32) 대표적으로 지목변경신청의 거부에 대한 대법원 2004.4.22. 선고 2003누9015 전원합의체판결.

33) 동지: 정하중, 행정법총론, 2005, 179면.

34) 김남진/김연태, 행정법 I, 2007, 183면이하; H. Maurer, Allg. VerwR, 16. Aufl., 2006, §9 Rn.37ff.; W. Kahl, Der Verwaltungsakt-Bedeutung und Begriff, Jura 2001, S.505.

규율기능은 행정행위의 제 구속력(공정력, 구성요건적 효력, 존속력, 기결력 등)을 발생시킨다.[36]

(2) 절차법적 기능

행정절차법적으로 행정행위는 행정절차법의 적용을 나타내며, 동시에 동법에 따른 행정절차를 종결한다, 동법 제2조상의 행정행위(행정처분)가 존재하면, 형식적, 절차적 적법성요청(예: 사전통지, 의견청취, 이유제시, 방식 등)은 당연히 행정절차법상의 관계 규정을 목표로 한다.[37] 행정행위를 행정절차에 삽입시킨 것은, 이런 차원을 넘는다. 즉, -신청을 통해서 행정행위의 발급상의 절차를 진행하는 것이 보여주듯이- 행정절차의 결과조율효과와 (이를 통한) 정당화효과에 관한 인식을 실제적으로 통용되게 할 뿐더러, 협력적인 절차진행을 법적으로 구조화한다. 요컨대 행정행위는 한편으론 (절차법적)인식행위로서 행정절차를 나타내는 반면에, 다른 한편으론 (실체법적) 규율로서 행정과 시민간의 법관계를 정한다. 그래서 흡사 행정행위는 결정발견이 법형성에로 이행되는 근거점이 된다.

(3) 명의기능

행정행위의 명의기능은 절차법에 속한다. 행정행위는 처분청 스스로에 의해서 -법원으로부터 명의를 얻을 필요 없이- 직접적으로 그것에 의거하여 집행될 수 있다. 즉, 행정은 이로 인해 집행명의를 스스로 얻을 수 있으며, 경우에 따라선 (행정행위의) 위법에도 불구하고 스스로 집행할 수 있다.[38] 물론 이 같은 명의기능은 행정행위에 의해 '청구권'이 확인되어야 하기에 행정행위 가운데 하명처분에만 통용된다.

(4) 행정쟁송적 기능

행정소송법 제3조와 제12조에 의해, 행정행위는 권리구제(권리보호)를 개시하는 기능을 발휘한다. 대상적격의 문제와 관련해서 "행정행위"의 성립징표의 심사가 중요하다. 왜냐하면 행정행위의 인정에 따른 해당규정(가령 소송유형, 제소기간, 가구제 등)이 문제되기 때문이다.[39] 과거엔 행정행위의 존부가 그에 대한 권리구제방도의 개시를

---

35) 그런데 현대의 혁신개방적이고 개혁지향적인 행정법에선 이런 관점이 결코 틀리진 않지만, 과거처럼 확고하진 않다. 즉, 행정행위를 통한 개별화와 명확화가 개별조항적 규율내용에 연계해서만 달성되지는 않는다(가령 행정행위를 통해 다극적 법관계가 만들어진다든지, 협상적 요소가 가미되어 행정행위가 협력적 행정활동의 수단으로서 기능한다든지 하는 식으로).

36) Kahl, a.a.O., S.505.

37) 우리 행정절차법과는 달리 독일 행정절차법의 경우엔 여기에 실체적 적법성요청까지 담고 있다.

38) 한편 독일 행정강제집행법(VwVG)이 행정강제집행에서의 명의로서 불가쟁력적 행정행위를 요구하지만(동법 제6조 제1항), 우리의 행정대집행법은 아무런 언급을 하지 않는다. 이는 법치국가원리에 위배될 소지가 있다.

39) 이 물음은 앞으로 행정소송법이 개정되어 의무이행소송이 도입되면 더욱 중요할 것이다.

좌우하였다면, 지금은 권리구제의 방법에 영향을 미친다. 다만 우리의 경우 독일 행정법원법 제40조 제1문상의 소송종류상의 개괄주의를 취하지 않고,[40] 여전히 소송종류 정원제를 고수하기에, 대상적격의 문제가 독일에서보다는 더 심각한 점을 유의해야 한다.

3. 행정행위(행정처분)의 위상

행정행위는 일단 행정의 능률에 이바지한다. 행정은 이로써 특히 현대 행정의 대량현상을 처리하기 위하여 적합한 부분적으론 심지어 필요불가결한 규율수단을 갖는다. 행정은 -무효가 아닌 한에 있어서- 자신이 발한 행정행위가 효력을 발생하고, -소제기에 따른 집행정지결정이 내려지지 않는 한- 준수되어야 하고, 집행될 수 있다는 점에 출발점을 삼을 수 있다. 다른 한편으론 행정행위는 시민의 이익에도 이바지한다. 왜냐하면 행정행위는 시민들의 권리와 의무를 명확하게 정하고, 아울러 설령 행정행위가 위법할지라도 -취소되기 전에는- 시민들로선 자신의 추후조치의 근거가 곧바로 상실되지 않게 하는 안정판의 기능을 하기 하기 때문이다. 전체적으로 행정행위는 국가와 시민간의 분명하고 안정된 관계를 제공함으로써, 법적 안정성의 원칙에 그것의 정당성의 근거를 두게 한다.[41]

그러나 최근에 환경법과 안전법에서 급속히 진행된 전개상황에서, 행정행위의 기능부전에 터 잡아 새로운 법형식의 행정작용에로의 움직임이 나타난다. 여기서 특별히 다음의 문제 상황이 두드러진다.[42] 첫째로 오늘날 양극적인 행정법관계이외에 다극적 규율목표와 법효과를 지닌 행정법관계가 눈에 띄게 출현함으로써, 행정행위의 능력이 한계에 도달하였다고 인식하게 되었다. 주로 경직성, 윤곽상실, 절차적 성격의 결여가 비판되지만, 이 비판은 개개의 문제에 관한 것이지, 행정행위의 존재에 관한 일반적 정당성과는 직접적 관련이 없다. 가령 최근 비공식적 국가 내지 협력적 국가에 관해 널리 논의되더라도 행정행위의 의의가 현격히 저하되진 않았다. 오히려 행정행

---

40) 독일의 경우에도 종전에는 행정행위의 존재가 취소소송의 허용요건일 뿐만 아니라, 행정쟁송의 허용요건이기도 하였다. 그로 인해 -개념적으로가 아니라, 사실적으로 즉, 객관적으로 보아 결코 행정행위에 속할 수 없는 결정(가령 통지, 감정, 지급 등)까지 포함시키는 등- 광범한 권리보호에 유리하게끔 행정행위의 확장이 과도하게 초래되었다. 그러나 1960년에 발해진 그들 행정법원법은 행정행위뿐만 아니라, 모든 공법적 다툼에 대해 쟁송방법을 열어 놓았다(동법 제40조 제1문, 소송종류의 개괄주의). 따라서 행정행위는 특유의 권리보호적 기능을 상실하였고, 이젠 더 이상 행정행위를 권리보호를 내세워 넓게 해석할 이유가 없다고 한다. H. Maurer, Allg. VerwR, §9 Rn.38f.

41) 이는 행정행위의 명확화기능과 안전화기능을 내용으로 하는 행정행위의 실체법적 기능에 해당한다. Vgl. Rüfner, VVDStRL 28(1970), 205.

42) Vgl. Di Fabio, System der Handlungsformen und Fehlerfolgenlehre in: Becker-Schwarze/Köck/Kupka/v. Schwanenflügel(Hrsg.), Wandel der Handlungsformen im Öffentlichen Recht, 1991, S.47(49f.). 따라서 작용형식론에 대한 異議와 비판에 대한 抗辯이 많은 시사점을 제공한다. Vgl. E. Schmidt-Aßmann, a.a.O., S.533(535ff.).

위 자체는 후술할 잠정적 행정행위, 사전배려적 행정행위, 국제적 행정행위 등을 수용함으로써, 주목할 만한 개혁(에로의)개방성과 탄력성에 의거하여 작용형식 아래에서 진정한 생존의 명수로 발전하였다.[43] 둘째로 불확실하에서 결정이 내려지는 행정영역에선 예비결정이나 부분인허처럼 연속적이고 단계적인 규율과, 잠정적인 규율의 필요성이 점증하였다.[44] 비록 다단계적 절차에 따른 단계적 허가(gestufte Genehmigungen)[45] -예비결정과 부분허가-와 잠정적 행정행위를 독립된 행위형식으로 보지 않으려 한다 하더라도, 양자에 있어서 행정행위의 존속력과 기속력과 관련하여 의미 있는 변화가 행해졌다는 점은 자명하다. 생각건대 절차적 권리를 보장하고 행정결정의 투명성을 구축하여 효과적인 권리구제의 체계가 보완됨으로써, 행정행위는 21세기의 시민사회와 리스크사회에서도 여전히 행정의 현대적 수단으로서 기능할 것이다.[46]

Ⅳ. 行政行爲(行政處分)의 槪念的 徵表

행정행위(처분)의 개념적 징표는 문헌상 크게 차이가 없다.[47] 여기선 우리 실정법상의 처분정의와 더불어 대상적격에 관한 판례의 기조[48]를 함께 고려하여, 다음을 개념적 징표로 하여 전개하고자 한다: ⅰ) 행정청, ⅱ) "구체적 사실"에 관한 규율, ⅲ) "법효과를 발생하는 규율로서의 성질, ⅳ) "공권력"의 행사, ⅴ) 대외적으로 직접적인 법효과의 발생.[49]

---

43) Vgl. Schoch, in: Hoffmann-Riem/Schmidt-Aßmann(Hrsg.), Innovation und Flexibilität des Verwaltungshandelens, 1994, S.199(231ff).

44) 잠정적인 규율의 필요성은 특히 리스크행정의 영역에서 '수정유보'로서 소개되었다. 이에 관해선 vgl. Di Fabio, Risikoentscheidungen im Rechtsstaat, 1994, S.307ff.

45) 여기서 용어상 구분해야 할 것이 다단계적 행정행위(mehrstufiger VA)이다(후술).

46) Vgl. K.-H. Ladeuer, Die Zukunft des Verwaltungsakts, VerwArch.86(1995), S.511ff.; E. Schmidt-Aßmann, Das allgemeine Verwaltungsrecht als Ordnungsidee, 1998, 6.Kap. Rn.46.

47) 대표적 문헌을 보면, 김남진/김연태, 행정법Ⅰ, 178면 이하는 1. 행정청, 2. 구체적 사실, 3. 규율(법적 행위), 4. 대외적, 5. 공권력의 발동으로 행하는 일방적 공법행위로, 김철용, 앞의 책, 187면 이하는 1. 행정청의 행위, 2. 구체적 사실에 관한 법집행행위, 3. 외부에 대하여 행하는 행위, 4. 행정객체에 대하여 직접적인 법적 효과를 발생시키는 행위, 5. 권력적 행위인 공법행위로, 김동희, 행정법 Ⅰ, 2007, 239면 이하는 1. 행정청의 행위, 2. 구체적 사실에 관한 규율행위, 3. 외부에 대하여 직접적인 법적 효과를 발생시키는 행위, 4. 권력적 단독행위로 적시하고 있다.

48) 始原이 되는 대법원 1967.6.27. 선고 67누44판결 등.

49) 김유환 교수는 '행정청이 행하는 구체적 사실에 관한 법집행으로서의 공권력의 행사'를 공권력성, 법적 행위성, 외부효과성 및 직접효과성, 행정청에 의한 행위 그리고 구체적 법집행성으로 구분하되, 법적 행위성과 외부효과성을 '공권력의 행사'에, 직접효과성을 '구체적 사실에 관한 법집행행위'에 포함시켜 논증한다. 동인, 주석 행정소송법(김철용/최광률 편집대표), 2004, 525면 이하 참조.

1. '행정청'의 행위

행정청은 일반적으로 「지방자치단체, 국가 등 행정주체의 의사를 결정 · 표시할 수 있는 권한을 가진 행정기관」의 뜻으로 새겨지고 있다.[50] 獨任制하에선 행정관서의 장이 그에 해당한다. 또한 정부조직법에서는 '행정기관', '행정기관의 장'등의 용어를 사용하고 있다(동법 제5조, 제6조 등 참조). 행정청은 단독기관(예: 행정자치부장관 · 산림청장 · 세무서장 등)임이 보통이나, 합의제기관(예: 토지수용위원회 · 소청심사위원회 · 국가배상심의회 등)도 있다. 행정청은 법(권리)주체 그 자체가 아니라, 권리주체를 위하여 활동하는 부처(기관, 부서)이고, 공법인이 아니라, 안에서 활동하는 사람의 활동이 귀속되는 부서(기관) 그 자체이다. 그리하여 행정청개념이 부분적으론 기관과 일치하기 때문에, 모든 행정청이 동시에 기관은 되지만, 모든 기관이 행정청은 아니다.

여기서의 행정청은 실질적 · 기능적 의미에서 접근하여야 하고, 조직법상의 그것을 요구하지 않는다.[51] 즉, 행정청개념은 의식적으로 광범하게 파악되어, 공행정의 임무를 수행하는 모든 부서를 의미한다.[52] 다만 기능적인 행정청개념은 통상 어느 정도의 조직상의 독립성을 요건으로 한다.[53] 그리고 국가의 행정조직에 속한 부서에 한하지 않으며, 국회 · 법원의 기관도 공행정임무를 수행할 땐 행정청으로 기능할 수 있다(직

---

50) 한편 행정절차법은 '행정청'을 「행정에 관한 의사를 결정하여 표시하는 국가 또는 지방자치단체의 기관 기타 법령 또는 자치법규에 의하여 행정권한을 가지고 있거나 위임 또는 위탁받은 공공단체나 그 기관 또는 사인」으로 정의하고 있으며(제2조 제1호), 행정심판법(제2조 제2항)과 행정소송법(제2조 제2항)은 각각 「이 법을 적용함에 있어서 행정청에는 법령에 의하여 행정권한의 위임 또는 위탁을 받은 행정기관, 공공단체 및 그 기관 또는 사인이 포함된다」라고 규정하고 있다.

51) 한편 각종의 증명이나 등기건에서의 행정적인 사법행위(die administrativen Justizakte)는 실질적으론 행정행위일 수 있기에, 취소소송의 대상여부가 문제될 수 있다. 행정절차법이나 행정소송법에서의 명시적인 배제규정이 없는 한, 실질적, 기능적 접근만을 고수하면 곤혹스런 결론에 다다른다. 지금과 같은 입법부재상황에선 독일에서 논의되는 (일본에서의 논의와는 다른 성격의) 형식적 행정행위개념이 주효할 수 있다.

52) 한편 기능적 행정청개념에 연계하여 '政府投資機關의 入札參加制限行爲의 法的 性質'이 문제된다. 종래 판례는 행정청이 행한 경우와는 달리 정부투자기관이 행한 입찰참가제한은 사법적 효력만을 갖는 통지에 불과하다고 판시하였다(대법원 1999.11.26. 선고 99부3결정 등) 그런데 1999.2.5.자 舊 政府投資機關管理基本法(이하 '政投法'이라 한다)의 개정에서 입찰참가제한행위에 관한 규정(동법 제20조 제2항, 제3항)을 둔 이후엔 그것의 처분성이 주장되고 있으며(홍준형, 입찰참가자격제한조치의 법적 성질, 법제, 1997.7., 13면 이하; 이광윤, 공기업의 입찰참가자격제한행위의 법적 성질, 법제, 2001.6., 3면 이하; 김남진, 공사 등의 입찰참가자격정지의 성질, 고시연구 2001.10., 133면 이하; 이원우, 항고소송의 대상인 처분의 개념요소로서 행정청, 저스티스 제68호, 2002.8., 160면 이하; 박정훈, "부정당업자의 입찰참가자격제한의 법적 제문제", 서울대 법학, 제46권 제1호, 2004.12., 282면 이하 참조), 나아가 개정법상황에선 판례가 당연히 처분으로 볼 것이라 전망되기도 한다. 이런 상황에서 서울고법 2005.9.7. 선고 2003누9734판결은 물론, 행정심판사건(2006.4.10. 의결 행정심판재결례 200601311. 여기서의 피청구인이 한국전력공사인데, 대법원 99부3결정의 피고 역시 한국전력공사이다)에서도 그것의 처분성이 인정되었다. 그런데 법인체형공기업인 정부투자기관은 정부가 출자하며, 국가의 감독을 받으며, 근거법률에 의해 성립하기도 한다는 점에서 공적인 성격을 지니지만, 행정청형공기업과는 달리 국가의 행정조직밖에 위치하며 그 존재형식은 사법인(사법주체)이다. 공법의 작용형식을 사용할 권능이 결여되기에, 이런 기관은 사법적으로만 활동할 수 있다. 이에 동법상의 입찰참가제한을 행정처분으로 보는 것은 당연히 再考되어야 한다. 상세는 졸고, 정부투자기관의 입찰참가제한행위의 법적 성질에 관한 소고, 법률신문 제3486호, 2006.8.31.

53) 보조기관(국장 등)의 경우 이런 독립성이 전제되어야 행정청이 될 수 있다.

원의 임명 등).[54] 또한 공공단체, 공무수탁사인(Beliehener)도 위임, 위탁으로 통해서 행정처분을 발할 수 있다.

2. '구체적 사실'(개별경우)에 관한 규율

(1) 규범과의 구별지표로서의 규율의 개별 · 구체성

구체적 사실에 관한 법집행이란, 개별경우(사건)(Einzelfall)에 대해서 일정한 규율(조치)을 한다는 것을 의미한다. "구체적 사실에 관한" 징표는 달리 말하자면 "개별경우" 징표라 할 수 있다. 따라서 개별경우(사건)규율만이 행정행위가 될 수 있다. 행정행위는 −다른 효력요건과 권리보호형식이 통용되는− 행정의 규범적 작용형식(법규범: 법규명령, 조례 등)과 구분된다. 특히 후자의 경우 행정행위와는 달리 위법할 땐 처음부터(ex tunc) 무효가 된다(무효도그마의 원칙). 따라서 '개별경우(사건)'의 개념징표는 양자의 구분의 결정적인 잣대이다.[55] 이 징표는 행정행위로 보아야 할 고권적 조치의 수범자의 숫자를 확정하는 임무를 지닌다. 즉, 법규범은 불특정 다수의 사건과 사람과 관련이 있기에, 일반 · 추상적 규율(generell−abstrakte Regelung)에 해당한다. 반면 구체적 사안과 관련하고 일정한 사람을 목표로 삼는 경우에 비로소 행정행위가 존재하기에, 그것은 개인 · 구체적 규율(individuell−konkrete Regelung)에 해당한다. 여기에서 일반적인가 개인적인가는 '규율의 상대방'에 관한 것이다. 즉, 수범자(행정행위의 규율상대방)가 불특정다수인인 경우를 '일반적'이라 하고, 특정인인(또는 특정가능한) 경우를 '개인적'이라 한다.[56] 그리고 추상적인가 구체적인가는 규율의 내용과 관련하여 '적용되는 경우(사건, 사안)'에 관한 것이다. 즉, 불특정다수의 사안에 반복적으로 적용되는 것

---

54) 그런데 서울고법 1993.2.18. 선고 92구3672 제2특별부판결은, 지방의회의 소속의원에 대한 제명에 대해서, "집행기관의 처분을 기다리지 아니하고 바로 의원으로서의 지위를 상실시키는 법률효과를 가져와 지방주민에 의한 선거의 효과를 부정하는 결과를 낳게 되는 것이기 때문에 단순한 의회 내부규율의 문제를 떠나 일반시민법질서에 속하는 법률적 쟁송으로서 행정처분의 일종에 속한다"고 판시하였고, 상고심인 대법원 1993.11.26. 선고 93누7341 판결 역시 동일한 입장을 취하였다. 이에 대한 평석으로 석호철, 지방의회의 의원제명의결에 대한 쟁송방법, 법조 제43권 제4호(통권451호), 1994.4., 137면−148면. 비슷한 맥락에서 대법원 1994.10.11. 94두23결정은 지방의회 의장에 대한 불신임의결이, 대법원 1995.1.12. 선고 94누2602 판결은지방의회의 의장선임의결이 행정처분으로서 항고소송의 대상이 된다고 판시하였다. 참고문헌: 윤영선, 일반 행정소송사건의 쟁점, (1998년도)특별실무 법관 연수 자료, 1998.4., 1면−19면; 송영천, 지방자치제 시행과 관련한 각종 쟁송의 제 문제, 저스티스 제69호, 2002.10., 32면−72면.

55) 유의할 점은 여기서의 논의전개는, 입법자가 규준적인 법형식을 정하지 않은 경우에 한한다는 점이다. 범규범이 개별사건규율적 성질을 지니더라도 그것은 규범일 따름이지 행정행위가 될 수 없다. 즉, 소정의 절차에 의해 발해진 행정청의 명령(Verordnung)은 내용과 관계없이 행정행위가 결코 아니다. 그것이 개별사건적 규율로서 무효인지 여부는 다른 물음이다(F.−J. Peine, Allg. VerwR, 8.Aufl., 2006, Rn.375). 전술한 것처럼, 우리 판례와 대부분의 문헌은 전적으로 실질적 접근을 하여 이런 명령을 행정행위로 본다.

56) 여기서 가늠선은 사람의 다수여부가 아니라, 불특정인 수범자(상대방) 범주와 특정가능한 수범자 범주 여부에 있다. 규율의 수범자 범주가 객관적으로 확고하지 않을 경우 즉, 그래서 그것이 불확정(개방적)인 경우엔, 일반적 규율에 해당하고, 반면 그것이 확고한 경우 즉, 그래서 그것이 완결적 경우엔 그 규율이 개별적이다.

을 '추상적'이라 하고, 시간적 · 공간적으로 특정한 경우(사건)안에 적용되는 것을 '구체적'이라 한다.

(2) 개인 · 추상적 규율의 문제

이처럼 행정행위와 법규범간의 나눔이 규율내용(규준: 추상적-구체적)과 규율수범자(규준: 일반적-개인적)의 지표에 따라 행해질 때, 가능한 네 가지의 조합 가운데 두 가지(일반 · 추상적 규율, 개인 · 구체적 규율)는 다툼의 여지가 없다. 관건은 개인 · 추상적 규율과 일반 · 구체적 규율인데, 그 중에서도 후자는 상대적으로 덜 문제가 된다. 우리에겐 낯선 사안이긴 하나, 독일의 사례를 견주어 보자면, 자신이 운영하는 냉각탑으로부터 생겨난 수증기로 빙판이 생길 때마다 살포제(Streumittel)로 顚覆危險을 제거할 것을 그 해당 기업에 대해 下命한 경우가[57] 이에 해당한다. 동 하명은 개인적 수범자을 향하지만, 살포의무의 범위와 관련해선 추상적이다.[58] 독일에선, '개별경우'의 징표가 수범자와 관련해서도 이해될 수 있기에, 해당사안을 행정행위에서 출발하는 데 의견이 일치하고 있다.

(3) 일반 · 구체적 규율(일반처분)과 물적 행정행위의 문제

문제는 일반 · 구체적 규율이다. 가령 특정 장소에서 예정된 시위에 참가를 금지하는 경찰금지(집회금지)가 이에 해당한다. 특정한 생활사안을 포함하기에 구체적이고, 시위참가자가 처음부터 확정될 수 없기에 일반적이다. 이런 일반 · 구체적 규율을 법규범(명령)으로 성질을 부여하면, 처음부터 이런 법규범은 적법성을 가질 수 없다. 왜냐하면 행정청으로서 경찰은 법규범을 발할 아무런 권한을 갖고 있지 않기 때문이다. 법규범의 제정은 입법부의 소관이고 행정으로선 위임의 경우에만 관장할 수 있다. 이런 종류의 규율의 법적 성질이 무엇인지는, 행정행위의 두 가지 징표(인적 기준과 사물(사건)적 기준) 가운데 어느 것이 규준인지에 좌우된다.[59]

독일 행정절차법 제35조 제1문는 특별히 인적 범주에 해당하는 표현을 사용하지 않고 단지 '개별경우(사건)'이라고 기술함으로써, 명백히 사물적 기준에 의거하여 규율의 구체성을 규준으로 삼는다. 나아가 그들은 동조 제2문에서 세 가지 유형의 일반처

57) OVG NRW OVGE 16, 289.

58) 그러나 일부에선 사안에서 추상적-개인적 규율 그 자체가 불필요하다고 여긴다. 이유인 즉, 동 하명이 실제적으론 추상적이지 않고, 구체적인 활동의무를 규율한다고 한다. H. Maurer, Allg. VerwR, §9 Rn.38f.

59) 독일에선 일부는 수범자의 개인적 성질을 규준으로 삼을 것을 주장하지만(Obermayer, NJW 1980, 2386ff,; Vogel, BayVBl.1977, 619f.), 다수는 규율의 구체성을 내세운다(Kopp/Ramsauer, VwVfG Kommentar, 8.Aufl. 2003, §35 Rn.68ff.). 엄밀히 보자면, 전자의 견해가 확실히 개인성(특정의 사람이나 발급시에 한정적인 인적 범주)을 통해 비교적 쉽게 확인가능하다는 이점을 지닐뿐더러, 법의 대인적 구조에도 부합한다. 그러나 이런 규율을 행정행위로 볼 경우, 필연적으로 법규와의 결정적인 구분기준으로서 규율의 개인적 성격을 포기하고, 그 대신 규율의 구체성을 목표로 삼을 수밖에 없다.

분(Allgemeinverfügung)을 명문화함으로써, 개별경우 징표의 요청을 제도적으로 완화시켰다. 우리의 경우에도 실정법상의 개념정의는 물론 판례상으로도 경우의 특정성과 구체성을 언급할 뿐, 상대방의 특정성(개인성)에 관해선 달리 언급하지 않는다. 따라서 구체적 생활사안을 포착하는 모든 규율이 "개별경우"의 징표를 충족하기에, 불특정다수를 상대로 한 일반 · 구체적 규율까지도 여기(구체적 사실의 법집행: 개별경우)에 포함시킬 수 있다고 보아야 한다.[60)]

우리의 경우 과도한 실질주의적 논증이 팽배하고, 규범통제에 익숙하지 않을뿐더러, 법규범과 행정행위간의 구별근거에 대한 인식도 그다지 강하지 않다. 반면 –우리로선 선뜻 이해하기 어려운 교통표지판의 격렬한 논쟁이 보여주듯이– 법규범과 법집행행위간의 엄별을 고수할 수밖에 없는 독일에선, 입법상의 일반처분제도를 통해 나름의 해결방도를 찾은 것이다. 따라서 우리의 경우 일반처분의 존재는 –그 본지와는 다소 다르게– 처분성확대에 유용하게 동원될 수 있다. 가령 직접적인 규율대상은 물건(공물 · 공공시설)이며, 사람은 그것에 의해 간접적으로 규율을 받을 뿐인 소위 물적 행정행위(dinglicher Verwaltungsakt)의 존재가 문제된다.[61)] –개별공시지가결정의 처분성을 논하면서 문헌상에서 언급되긴 하였지만– 횡단보도설치결정의 법적 성질이 다투어진 사건(대법원 2000.10.27. 선고 98두896판결)에선 그것이 원고측의 상고이유에서 직접 등장하곤 하였다. 비록 대법원이 원심(광주고등법원 1998.4.24. 선고 97구3209판결)과는 달리 처분성을 인정하면서도 통상의(인적) 행정행위적 접근을 하였듯이,[62)] 그것에 대해선 종래의 행정행위관점으로선 수범자적 요소의 측면에서 석연찮은 구석이 있는 것이 사실이다. 그러나 구 도시계획법 제12조상의 도시계획결정,[63)] '폐기물처리시설입지결정및고시처분취소청구건',[64)] '쓰레기소각장입지지역결정고시취소청구건'이

60) 만약 여기서의 '구체적 사실'이 항상 (특정인 또는 특정가능한 인적 범주를 지향한다는 의미에서의) 개별적이어야 한다고 하면 일반처분의 인정에 약간의 곤란을 겪을 수 있겠지만, 생각건대 일반처분은 준처분에 해당하는 셈인, '그밖에 이에 준하는 행정작용'에는 별 어려움 없이 터 잡을 수 있다.

61) 여기서 유의해야 할 점은 이것과 기왕의 대물적 행정행위와의 구별 문제이다(후술). 이에 대한 지적으로 최봉석, 물적 행정행위의 유용성 진단, 토지공법연구 제36집, 2007.5., 213면 이하; 졸고, 公義務, 특히 撤去義務 및 履行強制金納付義務의 承繼에 관한 考察, 공법연구 제23집 제2호, 1995.6., 300면 이하(행정법기본연구 I, 45면 이하) 참조.

62) 「… 행정청이 특정사항에 대하여 부담을 명하는 행위이고, 이는 국민의 권리의무에 직접 관계가 있는 행위로서 …」이와 함께 원고적격상의 문제점에 관해선, 김남진, 횡단보도설치의 법적 성질, 고시연구 2001.5., 104면 이하 참조. 그러나 박균성 교수는 횡단보도설치행위를 사실상 지배력을 미치는 비권력적 사실행위로서 항고소송의 대상인 처분에 해당한다고 주장한다. 동인, 행정법론(상), 2007, 438.

63) 대법원 1982.3.9. 선고 80누105판결. 그러나 구 도시계획법 제10조의2에 의한 도시기본계획(대법원 2002. 10. 11. 선고 2000두8226 판결), 구 하수도법 제5조의2에 의한 하수도정비기본계획(대법원 2002. 5. 17. 선고 2001두10578 판결)은 규율성부재로 행정처분성이 부인된다.

64) 대법원 2005.5.12. 선고 2004두14229판결. 이에 대한 평석으로 김수일, 1일 처리능력 100톤 이상인 폐기물소각시설을 설치하기 위한 폐기물처리시설설치계획 입지결정 · 고시처분의 효력을 다투는 소송에 있어서 인근주민들의 원고적격, 특별법연구 제7권, 2005.12., 221면-236면.

나[65] '지방문화재에 대한 보호구역지정처분의 건'에서[66] 보듯이, 법원은 이미 물적 행정행위의 존재를 암묵적으로 전제하는 태도를 취한다.[67]

결론적으로 상술한 것처럼 일반처분까지도 우리의 처분개념에 포함된다고 하면, 구태여 독일처럼(독일 행정절차법 제35조 제2문) 물적 행정행위를 반영한 사물관련적 일반처분을 명문화하지 않더라도, 물적 행정행위의 존재 및 그 처분성을 인정하는 데 하등 문제가 없다.[68] 다만 일반처분과 통상의 행정행위의 중요한 차이점을 유의하여야 하는데, 수범자적 요소의 측면에서 통상적 행정행위와 비교하여 절차법적, 쟁송법적 요청(의견청취, 이유제시, 제소기간 등)이 대폭적으로 면해진다.[69]

3. '법효과를 발생하는 규율'의 존재

(1) 규율의 의미

행정행위는 법효과의 설정을 지향하는 규율로서의 성격을 지닌다.[70] 즉, 행정행위는 법효과를 발생·변경·소멸시키는 "법적 행위"이다. 여기서의 法效果는 -판례상의 서술대로, 국민의 권리의무에 직접적 변동을 초래한다는 의미에서- 권리·의무가 발생, 변경, 소멸되거나, 구속적으로 확인되는 것[71] 혹은 -물적 행정행위를 인정하면- 물건의 법상태가 정해지는 것을 의미한다. 법효과의 발생 여부는 근거규정의 법적 성질과 무관하게 관련 법규정 전체의 상관관계에서 탐문되어야 한다.[72] 여기서의

---

65) 대법원 2005.3.11. 선고 2003두13489판결. 이에 대한 평석으로 임영호, 폐기물처리시설의 주변영향지역 밖에 거주하는 주민들이 소각장입지지역결정·고시처분의 무효확인을 구할 원고적격이 있는지 여부, 대법원판례해설 제55호(2005 상반기), 2005.12., 191면-203면. 그러나 도지사가 행한 혁신도시최종입지확정은 규율성부재로 처분성이 부인된다(대법원 2007.11.15. 선고 2007두10198판결).

66) 대법원 1993.6.29. 선고 91누6986판결.

67) 비슷하게 독일의 경우에도 보호구역법 제2조에 따른 보호구역지정이 사물관련적 일반처분으로 여겨진다(BVerwGE 70,77,81).

68) 그러나 최봉석 교수는 논란을 불식시키기 위해 독일처럼 입법화되어야 좋다고 강조한다. 동인, 앞의 글, 228면. 일반처분 및 물적 행정행위에 관한 참고문헌: 김남진, 물적 행정행위, 월간고시, 1985.4.; 정하중, 교통표지판의 법적 성격, 행정판례연구 제4집, 1999; 일반처분과 물적 행정행위의 개념, 고시연구 2000.11.

69) 참고: 대법원 2001.7.27. 선고 99두9490판결; 2006.4.14. 선고 2004두3847판결; 2007.6.14. 선고 2005두6461판결 등: 통상 고시 또는 공고에 의하여 행정처분을 하는 경우에는 그 처분의 상대방이 불특정 다수인이고, 그 처분의 효력이 불특정 다수인에게 일률적으로 적용되는 것이므로, 그 행정처분에 이해관계를 갖는 자는 고시 또는 공고가 있었다는 사실을 현실적으로 알았는지 여부에 관계없이 고시가 효력을 발생하는 날에 행정처분이 있음을 알았다고 보아야 한다.

70) 규율개념은 절차가 아니라, 절차결과 즉, 발해진 결정을 의미하며, 통상적으로 사용하는 규제 개념과는 일치하지 않는다.

71) 이는 후술한 확인적 행정행위에서 규율의 문제이다.

72) 가령 대법원 2005.7.8. 선고 2005두487 판결은 성희롱결정에 연계된 시정권고의 처분성을 인정한다: 구 남녀차별금지 및 구제에 관한 법률(2003.5.29. 법률 제6915호로 개정되기 전의 것) 제28조에 의하면, 국가인권위원회의 성희롱결정과 이에 따른 시정조치의 권고는 불가분의 일체로 행하여지는 것인데 국가인권위원회의 이러한 결정과 시정조치의 권고는 성희롱 행위자로 결정된 자의 인격권에 영향을 미침과 동시에 공공기관의 장 또는 사용자에게 일정한 법률상의 의무를 부담시키는 것이므로 국가인권위원회의 성희롱결정 및 시정조치권고는 행정소송의

'규율'의 개념엔 그것의 일방성이 당연히 담겨지진 않는다(가령 규율로서의 행정계약). 다음의 경우는 규율적 성격의 결여로 행정행위개념에서 배제된다. i) 직접적으로는 법적 효과를 발생시키지 않는 사실행위(행정사실행위),[73] ii) 행정내부에서만 결정되었을 뿐, 밖으로 표시되지 않은 행위(내부행위),[74] iii) 종결적(완결적) 규율을 전혀 담지 않은 준비행위와 부분행위,[75] iv) 행정청의 법적으로 중요한 의사표시이긴 하나 결코 명령적 성격을 갖지 않는 행위(예: 상계의사표시, 기한확정, 유치권행사, 지불 등).

(2) 규율징표와 관련한 문제: 반복처분과 권력적 사실행위

한편 이미 발해진 결정을 반복하는 행정청의 결정이 규율적 성격을 갖는지가 문제된다. 우리 판례상 행정대집행법상의 제2차, 제3차 계고처분,[76] 국세징수법상의 제2차 독촉,[77] 대집행계고를 하면서 재차 한 자진철거 및 원상복구 명령은[78] 처분성이 부인되는 단순한 반복결정에 지나지 않지만, 거부처분의 경우엔 거부 이후 동일한 내용의 새로운 신청에 대하여 다시 거부하면, 새로운 거부처분이 있는 것으로 본다.[79] 그

대상이 되는 행정처분에 해당한다고 보지 않을 수 없다. 이에 대한 평석으로 유성재, 차별개선위원회 성희롱결정 및 시정권고의 행정소송 대상성, 노동법률 제172호, 2005.9., 37면-41면 참조. 그러나 대법원 1996.3.22. 선고 96누433 판결은, 위법건축물에 대한 전기 · 전화공급을 중단할 것을 요청하는 행위가 행정처분이 아니라고 판시하였다(반론, 김남진/김연태, 행정법 I, 477면). 이에 대한 평석으로 강영호, 위법 건축물에 대한 전기 · 전화공급을 중단할 것을 요청하는 행위가 항고소송의 대상이 되는 행정처분이라고 할 수 있는가, 대법원판례해설 제25호(1996년 상반기), 1996.11., 364면-373면 참조.

73) 예: 당연퇴직사유에 따른 퇴직발령(대법원 1995.11.14. 선고 95누2036판결 등), 공무원에 대한 단순서면경고(대법원 1991.11.12, 선고 91누2700판결), 성업공사의 공매결정(대법원 1998.6.26. 선고 96누12030판결): 이에 대한 평석으로 권은민, 공매결정 · 통지의 처분성 및 소송상 문제점, 행정판례연구 제5집, 2000.10., 226면 이하.

74) 가령 어업면허의 우선순위결정에 대해서 판례는 확약으로 보면서 처분성을 부인함으로써(대법원 1995.1.20. 선고 94누6529판결), 문헌상의 논의와는 달리 확약을 내부행위로서 파악하고 있다. 동판례에 관한 참고문헌: 김남진, 어업면허의 우선순위결정의 법적성질, 법률신문 제2412호(1995.6.); 김태우, 어업권우선순위결정의 법적성질, 대법원판례해설 제22호(94년 하반기), 1995.5. 이른바 내인가에 대해서도 동일하다(대법원 1992.7.24. 선고 92누978판결). 한편 광주지법 2006.9.28. 선고 2006구합1036판결은, "확약이 독립적 행정행위라고 볼 수 없다고 하더라도 이에 대하여도 수익적 행정행위의 취소 · 철회의 제한 등 행정행위에 관한 법리가 준용된다"고 판시하였다.

75) 예: 운전면허처분시의 자료로서의 벌점배점(대법원 1994.8.12, 선고 94누2190판결), 과세표준결정(대법원 1996.9.24. 선고 95누12842판결), 징계위원회의 결정(대법원 1983.2.8 선고 81누35판결), 국가보훈처 보훈심사위원회의 의결(대법원 1989.1.24. 선고 88누3314결), 국가유공자판정을 위한 신체검사판정(대법원 1993.5.11. 선고 91누9206판결), 병역처분을 위한 군의관의 신체등위판정(대법원 1993.8.27. 선고 93누3356판결): 공정거래위원회의 고발조치(대법원 1995.5.12. 선고 94누139794판결). 한편 독일의 경우에도 비독립적 부분규율에 대해선 행정행위성을 성립시키는 규율적 내용(본질)이 결여되어 있다고 본다. 그리하여 우리와 마찬가지로 가령 개개의 학년의 평가나 졸업증서의 과목별점수에 대해선 처분성이 부인되고, 전체결과만이 행정행위이다. 그런데 일정한 법효과가 그것에 의존하여서 그 자체로서 법적 의미가 있는 그런 평가(가령 수학성적으로 일정 분야 전공을 허용하는 것)에 대해선, 독립된 규율로서 행정행위가 인정되었다(Hess.VGH DVBl.1974, 469; OVG Berlin DVBl. 1975, 731; OVG NRW NVwZ-RR 2001, 384).

76) 대법원 1994.2.22. 선고 93누21156판결; 대법원 1994.10.28. 선고 94누5144판결.

77) 대법원 1999.7.13. 선고 97누119판결. 이에 대한 평석으로 임수식, 구 의료보험법(1994.1.7. 법률 제4728호로 전문 개정되기 전의 것) 제45조, 제55조, 제55조의2에 기하여 보험자 또는 보험자단체가 의료기관에게 부당이득금 또는 가산금의 납부를 독촉한 후 다시 동일한 내용의 독촉을 한 경우, 후에 한 동일한 내용의 독촉이 항고소송의 대상이 되는 행정처분인지 여부(소극), 대법원판례해설 제33호(1999년 하반기), 2000.5., 505면-519면.

78) 대법원 2004.6.10. 선고 2002두12618판결.

런데 기왕 거부처분에 불가쟁력이 발생한 뒤 신청자가 동일한 신청을 다시 했을 때, 행한 동일한 사유의 새로운 거부행위의 경우, 새로운 실체적 규율(법효과발생)이 존재하지 않는다. 원처분에 의한 행정법관계의 안정성을 훼손할 수 있는 이 같은 단순한 반복결정에 대해선, 처분성이 부인되는 것이 바람직하다.[80] 한편 재차신청에 대해서, 종전과 다른 변경된 이유를 들어 새로이 거부결정이 내려진 경우엔, 그 자체로 보건대, 취소소송으로써 다툴 수 있는 실체적인 2차결정(Zweitbescheid)이 존재한다.[81]

한편 행정사실행위 가운데 이른 권력적 사실행위에 대해선 일치되게 처분성을 인정하며,[82] 최근 특히 정보제공작용(경고, 추천, 교시 등)이 부각되면서 그것들까지도 행정처분으로 보고자 하는 움직임[83]이 있다. 여기에는 과연 처분성이 인정된 것이 진정 사실행위, 특히 권력적 사실행위에 해당하는지 사안의 내용에 의거하여 세심히 살펴보아야지 그 표제(가령 말소, 단수 등)에 사로잡혀선 곤란하다. 가령 문헌에서 권력적 사실행위의 예로 들곤 하는 '주민등록직권말소'는 그 자체가 등록취소로서 행정행위이며, 단수처분 역시 그 자체가 공적 서비스제공의 법률관계를 소멸시키는 행정행위이며, 접골사자격증의 반납지시와 회수는 그 자체가 일종의 하명처분이다. 따라서 이들에 대해서 처분성을 인정한 판례를[84] 권력적 사실행위의 예로 드는 것은 타당하지 않다. 당사자소송의 활성화에 즈음하여 行政行爲從屬的 權利救濟觀은 문제가 있다. 과거 권리구제를 내세워 무리하게 처분성을 논증한 태도를 이제는 버려야 한다. 명백히 사실행위임에도 불구하고 처분성을 인정한 교도소장의 수형자서신검열행위 건(헌재 1998.8.27. 선고 96헌마398 전원재판부결정)이 잘 보여주듯이, 권력적 사실행위를 전제로 무리하게 체계파괴적인 처분성확대를 도모하는 것은 바람직하지 않다.[85]

---

79) 대법원 2002.3.29. 선고 2000두6084판결; 대법원 1998.3.13. 선고 96누15251판결 등.

80) 그러나 절차재개거부의 차원에선, 절차법적 결정으로서 그에 대한 권리구제가 강구될 수 있다. M. Ruffert, in: Erichsen/Ehlers, Allg. VerwR, 13.Aufl., 2006, §20 Rn.29; Maurer, Allg. VerwR, §11 Rn.56.

81) Erichsen/Ebber, Jura 1997, 424, 431.

82) 여기선 행정사실행위 전체에 처분성을 인정하는 입장, 권력적 사실행위 그 자체로 처분성을 인정하는 입장, 합성처분적 논증에 의거하여 처분성을 인정하는 입장 등 각각의 입장이 매우 다양하다. 그리고 그것의 실정법적 착안점을 둘러싸고도, '행정청이 행하는 구체적 사실에 관한 법집행으로서의 공권력의 행사'에서 찾는 입장과 '그 밖에 이에 준하는 행정작용'에서 찾는 입장으로 나뉜다. 이런 문헌상황에 관해선 특히 김철용, 앞의 책, 315면 이하 참조.

83) 박균성, 앞의 책, 438면; 박정훈, "공정거래법의 공적 집행", 제도연구(한국경제연구원), 6, 52면. 그러나 판례는 알선 · 권유는(대법원 1967.6.27. 선고 67누44판결 등) 물론, 경고에 대해서(대법원 1989.1.24. 선고 88누3116 판결) 정당하게 처분성을 부인한다.

84) 대법원 1994.8.26. 선고 94누3223판결; 대법원 1979.12.28. 선고 79누218판결; 대법원 1979.10.10. 선고 79누193판결.

85) 독일의 경우 과거와는 달리, 다수입장과 판례는 대집행실행에 대해서 권력적 사실행위를 전제로 한 합성처분적 논증을 통한 취소소송적 접근을 버리고, 정당하게 사실행위로 보아 일반이행소송을 통한 권리구제를 도모하고 있다.

(3) 擬制的 行政行爲의 문제[86]

어떠한 상황의 발생과 더불어 행정행위가 발해진 것으로 간주된다는 식으로, 법률이 결정주체의 의사와 무관한 상황의 발생을 행정행위의 발급으로 대체하는 경우에, 그렇게 성립한 행정행위가 의제적 행정행위이다.[87] 즉, 건축법 제9조 제1항은 '신고함으로써 건축허가를 받은 것으로 본다'고 규정하고 있다. 따라서 동조항상의 신고에 의해서 건축허가의 효과가 의제됨으로써, 의제적 건축허가가 성립한다. 의제규정의 효력은 허가발급의 절차를 대체시키는 데 있지, 허가의 내용이나 실체적 위법의 부재에 관한 언명과 같이, 절차법적 기능을 넘어선 의미를 부여하지 않는다. 다시 말해, 의제의 발생으로 신청자에게 마치 행정행위가 발급된 것인 양되지만, 결코 통상의 명시적 행정행위보다 나은 법적 지위가 주어져선 곤란하다.[88]

독일의 판례에 의하면, 의제적 허가는 명시적인 통상의 행정행위와 동일하고, 후자에 통용되는 행정절차법상의 관련규정에 의해서도 제거될 수 있다고 한다.[89] K. Obermayer 등은 의제적 행정행위를 행정행위로 보는 데 반대하면서도, 법효과상으론 통상의 행정행위의 그것과 동일하다고 한다.[90] 행정행위의 징표에서 보자면, 의제적 행정행위의 성질이 의문스러운 것은 당연하다. 행정청이 아무런 행위도 하지 않은 채 있는 상태를, 우리나 독일의 행정절차법의 처분개념상의 '법집행으로서의 공권력의 행사'나 '조치'로 파악하기란 곤란하다. 의제적 법적 행위에는 행정청의 표시가 없다. 의제로 인한 법효과는 행정청 스스로가 만든 것이 아니라, 일정 기간이 지난 후에 -우리 건축법 제9조의 건축허가의제적 건축신고의 경우에는 신고와 동시에- 자동적으로 다시 말해, 행정청의 의사와는 무관하게 발생한 것이다. 따라서 통상의 행정행위가 지닌 개별화 · 구체화의 징표가 여기엔 없다. 나아가 의제규정이 통상 법문상으로 "발급된(받은) 것으로 본다"고 규정하고 있는 점에서도, 오로지 그 법적 상황을 허가의 효력과 동일하게 보아야 한다. 결국 행정행위와 관련한 규정(특히 하자 · 폐지규정)이나 법리를 적용하되, 그 적용은 유추적용이어야 한다.[91]

---

86) 졸고, 의제적 행정행위에 관한 소고, 법제 2001.4, 53면 이하(행정법기본연구 I, 340면 이하) 참조.

87) Jachmann, Die Fiktion im Öffentlichen Recht, 1998, S.249ff.

88) U. Steiner, Bindungswirkung und Bestandskraft der fingierten Bodenverkehrsgenehmigung, DVBl. 1970, S.34(39).

89) BVerwGE31, 274(276); 48,81 · 87; VGH München BayVBl.1992, S.341. 동지: Stelkens/Bonk/Sachs, VwVfG, Kommentar, 6.Aufl. 2001, §35 Rn.52; Kopp/Ramsuer, VwVfG, §35 Rn.24. 그러나 OVG Münster는 의제적 행정행위 자체를 전면적으로 부인하였다. OVG Münster DÖV 1968, S.58(59).

90) Ders., VwVfG, 3.Aufl. 1999, §35 Rn.22; Meyer, in: Meyer/Borgs, VwVfG, 2.Aufl. 1982, §35 Rn.23.

91) 의제적 행정행위의 존재도 몰랐지만, 신고에 관한 기존 이해의 연장에서, 대법원은 명문의 차이에도 불구하고 구 주택건설촉진법 제38조 2항 단서상의 일반적인 건축신고와 건축법 제9조 제1항상의 건축허가의제적 건축신고의 차이점을 인식하려는 구석이 전혀 없다(대법원 1999.4.27.선고 97누6780판결). 이에 대한 평석으로 졸고, 建築許可擬制的 建築申告와 一般的인 建築申告의 差異點에 관한 小考, 판례월보 2001년 5월호, 13면 이하(본서 320

(4) 根據規定의 性質과 法效果發生의 相關關係 문제

통상 처분개념정의에 표현된 "법집행으로서"와 관련하여, 여기서의 "법"이란 "법률의 법규창조력"에 바탕을 둔 "법규(범)"를 의미하고 그리하여 행정행위의 법효과발생의 준거점이 된다고 한다. 그리하여 개별토지가격결정의 처분성을 논증하기 위하여 법원은 그것의 근거규정인 국무총리훈령으로서의 '개별토지가격합동조사지침'을 '지가공시 및 토지 등의 평가에관한 법률' 제10조의 시행을 위한 집행명령으로서 법률보충적 구실을 하는 법규적 성질을 가지는 것으로 보았다.[92] 반면 대법원 2002. 7. 26. 선고 2001두3532판결은 법규명령형식의 행정규칙에 관한 기왕의 입장(비법규성)을 고수하면서도,[93] 법효과발생의 가능성 즉, 행정처분의 존재가능성을 열어 주었다. 여기서 법원은 이제껏 행정규칙으로부터는 사실상의 불이익이 생겨날 뿐 쟁송가능한 법률상 이익은 생겨나지 않기에 원고적격이 없다고 보아온 기왕의 입장을 고려한 즉, '행정규칙의 내부적 구속력'을 논거로 내세웠다.

대법원 2002.7.26. 선고 2001두3532판결이 국민의 실효적인 권리구제의 지평을 넓힌 의미 있는 판결이긴 하지만,[94] '행정규칙의 내부적 구속력' 논거는 요령부득의 상황에서 나름의 노력의 소산이다. 사실 실질에 경도된 기왕의 판례의 입장을 다수 문헌의 지적처럼 형식중시적 입장으로 선회하면, 이 물음은 손쉽게 해소될 수 있다. 그런데 이런 방향선회와는 별개로 그 같이 논증을 할 수밖에 없었던 이유가 중요하다. 그것은 바로 근거규정의 법적 성질과 처분성의 인정을 연계시킨 데서 빚어진 결과물이다. 어떤 행위의 법적 성질을 행정행위로 여기느냐의 물음에서, 행정행위를 발하기 위한 법적 근거(수권)가 존재하는지 여부는 전혀 관계가 없다.[95] 행정행위를 비롯한 어떤 행정작용이 법률상의 근거를 필요로 하는지 여부는 법률유보차원의 물음이다. 요구되는 법적 근거의 부재는 행정행위를 위법하게 만들 뿐이지, 그것의 법적 성질을 가늠하진 않는다. 요컨대 법률상의 근거의 유무에 상관없이, 어떤 행위가 직접적인 근거규정뿐만 아니라, 관련 규정에 의거해서 행정행위의 개개의 개념적 징표를 충족하고 있는지가 요체이다.[96]

면 이하) 참조.

92) 대법원 1994.2.8. 선고 93누111판결. 이에 대한 평석으로 김남진, 개별토지가격합동조사지침의 법적 성질, 법률신문 제2330호(1994.7.); 석종현, 개별지가격의 처분성과 개별토지가격합동조사지침의 법규성 여부, 판례월보 제286호, 1994.7.

93) 해당규정: '함양군 지방공무원 징계양정에 관한 규칙', '경상남도 지방공무원 징계양정에 관한 규칙', '지방공무원 인사기록 및 인사사무 처리규칙', '지방공무원 징계 등 기록말소제도 시행지침', '정부포상 및 장관 · 도지사 표창 지침'

94) 이에 대한 평석으로 김의환, 행정규칙에 의한 징계처분이 항고소송의 대상이 되는 행정처분인지 여부, 대법원판례해설 제43호(2002년 하반기), 2003.7., 254면 이하 참조.

95) Kopp/Ramsauer, VwVfG, §35 Rn..9; BVerwG NVwZ1985, 264.

한편 대법원 2005.2.17. 선고 2003두14765판결의 논증방식은 그동안 취해온 것과는 다소 그러나 근본적으로 다르다. 즉, 이상의 지적을 반영하여, 처분성여부를 판단함에 있어서 근거규정의 법적 성질에서 출발하였던 태도에서 벗어나, 관련 (법)규정에 의거하여 법효과발생 여부 및 처분성 여부를 논증한 다음에, 그것의 근거규정의 법규성을 요구하는 법률유보의 물음으로 이행하였다. 그런데 기존의 논증상의 난맥을 일소한 동판결의 意義는 여기에 그치지 않는다. 대법원 2006.6.22. 선고 2003두1684 전원합의체판결을 통해서, 제재적 행정처분과 관련한 기왕의 리딩판결인 대법원 1995.10.17, 94누14148전원합의체판결의 도식(부령인 제재처분기준⇒행정규칙⇒사실상 불이익의 인정)이 폐기되었다.[97] 이런 획기적인 논증방식의 진화로, 불원간 법규명령형식의 행정규칙의 문제에 관한 기왕의 판례기조가 바뀔 수밖에 없을 것이다.

4. '공권력'의 행사(공법영역에서의 고권적 조치)

(1) 고권적(일방적) 조치

행정행위를 성립시키는 규율은 반드시 '공권력'의 행사이어야 한다. 여기서의 '공권력의 행사'는 -일종의 결과물로서- 고권적(hoheitlich) 또는 일방적(einseitig) 의미를 지닌 조치(처분, 결정 등)이다. 이 점에서 행정청의 구체적 사실에 관한 법집행행위일지라도 상대방과의 의사의 합치에 의해서 성립하는 (공법계약으로서의) 행정계약은, 공권력 행사로서의 행정처분과 구분된다.[98]

공사법에 공통되는 의사표시이론에 의거해서 보자면, 행정청이 법효과를 목적적으로 지향하는 의사를 표시할 때 비로소 고권적 조치가 존재하며, 그 형식은 개방적이다.[99] "행위"로서의 고권적 조치는 (행정청의) 의사형성(결정발견)과 의사표시(결정표시) 두 요소로 이루어진다. 행정청의 조치는 항상 적극적인 행위를 전제로 하기에, 행정청의 부작위나 단순 無爲(Nichtstun)는 -거부처분 등으로 轉化되지 않는 한- 의사형성의

---

96) 대법원 2002.7.26. 선고 2001두3532판결의 문제점에 관해선 졸고, 不問警告措置'의 法的 性質과 관련한 問題點에 관한 小考, 인권과 정의 제336호, 2004.8., 125면 이하(행정법기본연구Ⅱ, 252면 이하) 참조.

97) 상세 졸고, 失效한 行政處分에 대한 權利救濟에 관한 小考, 법률신문 제3507호(2006.11.20.)(행정법기본연구Ⅱ, 92면 이하); 根據規定의 性質과 處分性여부의 相關關係에 관한 小考, 법률신문 제3375호(2005.7.4.) 참조.

98) 한편 일부 독일 문헌에선 개념정의상의 공법영역 표현으로 '고권적' 개념은 굳이 언급할 필요가 없는 贅言일 따름이라거나 '고권적' 개념을 "공법적" 개념과 동일하게 보거나 한다. Meyer/Borgs, VwVfG, §35 Rn.26; Maurer, Allg. VerwR, §9 Rn.11. 특히 Maurer는 "행정청" 징표에서 행정행위의 일방적 규율성을 도출한다. Ders., Allg. VerwR, §11 Rn.25. 그러나 이에 대해서 Peine는 계약적 규율과 대비하여 조치의 일방성 징표가 강조된다면서 반론을 제기한다. Ders., Allg. VerwR, Rn.338.

99) 당연히 전자서명을 중핵으로 하는 전자적 행정절차에 의해서 발해지는 電子的 行政行爲(elektronischer Verwaltungsakt)가 있을 수 있으며, 나아가 이와 구별되는 自動的 行政行爲까지도 가능하다. 졸고, 自動的 行政行爲(컴퓨터行政行爲)에 관한 小考, 행정작용법론(김동희 교수 정년기념논문집), 2005.5., 163면 이하(행정법기본연구Ⅰ, 354면 이하) 참조.

결여로 행정행위가 되지 못한다. 반면 의사형성이 있긴 하나 그것이 대외적으로 표시되지 않은 침묵의 경우, 원칙적으로 의사표시가 존재하지 않기에, 법률상의 특별한 규정을 통해 예외적으로 법효과가 생길 수 있다.[100] 행정청의 침묵과 구분되어야 할 것이 推斷的(konkludent) 의사표시이다. 여기선 의사표시가 구술적, 서면적 언명을 대신한 용태에 의해서 생겨난다(예: 경찰관이 행한 수신호) 물론 표시행위에 대해 법률상 일정한 형식(서면, 공증증서)이 규정된 때는 추단적 의사표시는 배제된다.

다만 행정행위가 행정청에 의해 일방적으로 발해진다는 사실이, 관련인이 행정절차상의 협력권(청문권 등)을 가진다는 점과, 일정한 행정행위의 발함은 관련인의 동의를 요건으로 한다는 점(소위 동의를 필요로 하는 행정행위 가령 공무원임용, 재학등록)을 배제하진 않는다. 행정행위가 동의를 필요로 할 때, 관련인은 동의거절을 통해서 행정행위의 발급을 저지시킬 순 있지만, 규율 그 자체의 내용적 형성에 영향을 끼칠 순 없다.

(2) 공법영역상의 조치

공권력행사는 당연히 공법영역에서 이루어진다. 법효과발생인 규율이 공법에 귀속되어야 할 경우, 특히 그 규율이 공법규정의 집행에서 생겨날 경우가 바로 이에 해당한다.[101] 따라서 공법과 사법의 구분이 현실적으로 중요하다. 모든 사법적인 법적 행위는 결코 행정행위가 아니다(예: 사법적 임대차계약의 해지, 공공조달에서의 공공발주(국가 · 공공계약)).[102] 그리고 이른바 '행정사법적' 조치 역시 사법에 속하여야 하고, 사법관계이어서 행정행위의 형식으로 행해질 순 없다. 마찬가지로 사법영역상의 고권적 조치는 행정행위가 아니며,[103] 그런 고권적 조치(가령 근로관계나 임대차관계를 행정행위

---

100) 독일의 경우 행정청의 침묵을 둘러 싼 논의가 활발하다. 그리하여 시민이나 다른 행정청의 행한 활동에 대한 甘受(수인, Duldung)에 대해서, 전통적인 입장은 그로부터 아무런 법적 결과가 생겨나지 않음을 근거로 소극적인 반면, 일부에선 그것을 행정의 독립된 작용형식으로 전개하고자 시도한다(Randelzhofer/Wilke, Die Duldung als Form flexiblen Verwaltungshandlens, 1981, S.58ff.). 이에 대해 Peine는 그들 행정절차법 제38조의 확언제도에 포섭되기에, 甘受行政行爲(處分)(Duldungsverwaltungsakt)가 생길 여지는 없다고 주장한다. Ders., Allg. VerwR, Rn.347.

101) 다만 행정행위를 처음부터 공법적일 뿐만 아니라 행정법적인 규율에로 국한할 경우, 헌법적, 소송법적, 국제법적 성격의 조치는 배제된다. 여기서 결정적인 잣대는 해당 법영역에 속하느냐 여부이지, 활동 조직이 아니다.

102) 이처럼 국가 · 공공계약을 사법상 계약을 볼 때, 명문으로 취소소송의 대상이 됨을 규정하는 식으로 구태여 二段階理論의 성립을 규정하지 않는 한, 낙찰자결정(國家를 당사자로 하는 계약에 관한 법률: 國家契約法 제10조)은 물론 입찰의 참가배제(제한) 역시 공공계약의 사법적 준비행위에 불과하다. 이 점에서 동법상의 행정청에 의한 입찰참가제한행위를 처분으로 보는 판례의 태도(대법원 1995.7.14. 선고 95누4087판결 등)는 再考되어야 한다. 同旨: 이상규, 입찰참가자격제한행위의 법적 성질, 행정판례연구 제1집, 1992, 127면 이하.

103) 가령 잡종재산의 대부행위(대법원 2000.2.11. 선고 99다61675판결 등), 잡종재산의 사용료의 납입고지(대법원 1995.5.12. 선고 94누5281판결), 잡종재산대부거부처분(대법원 1998.9.22. 선고 98두7602판결 등) 등은 행정처분이 아니다. 한편 기부채납받은 공유재산의 무상사용허가의 법적 성질이 문제된다. 종전엔 사경제주체로서 상대방과 대등한 입장에서 하는 사법상 행위이지 행정청이 공권력의 주체로서 행하는 공법상 행위라고 할 수 없다고 본(대법원 1984.4.10. 선고 83누621판결; 1984.12.11. 선고 83누291판결; 1994.1.25. 선고 93누7365판결 등) 반면, 대법원 2001.6.15. 선고 99두509판결은 그 행정재산이 구 지방재정법 제75조의 규정에 따라 기부채납받은 재산이라 하여 그에 대한 사용 · 수익허가의 성질이 달라진다고 할 수는 없다면서 기부채납받은 행정재산에 대한 공유재

에 의해서 해지하는 것)를 통상 인정하는 것은 법치국가적 원리에 저촉된다. 왜냐하면 자칫 사법행위상 특별한 지위(국고특권, Fiskusprivileg)가 이런 방식으로 공행정에게 주어질 수 있기 때문이다.[104)]

한편 행정행위의 '효과'가 공법영역에 빈번히 존재하긴 하나, 필연적인 것은 아님을 유의해야 한다.[105)] 여기서 문제되는 것이 소위 私權形成的 行政行爲(privatrechtsgestaltender Verwaltungsakt)이다. 공법이 행정에 대해서, 행정행위를 통해서 사권관계(사법관계)를 성립시키는, 그것에 영향을 미치는, 또는 그것을 종료시키는 권능을 부여할 때, 그 행정행위가 사권형성적 행정행위이다. 이는 두 가지 유형으로 나뉜다: 단독적 사권형성적 행정행위와 공동적 사권형성적 행정행위. 전자는 그것의 규율내용에 의거하여 법률관계변경을 야기한 것인 반면, 후자는 그것의 규율의 효과가 전체적 행위의 측면에서 성립요소의 이행 내지 불이행에 국한된다. 금융감독위원회가 구 '금융산업의 구조개선에 관한 법률' 제14조 제2항에 의하여 내린 계약이전결정이[106)] 전자의 예이고, 토지거래계약을 위한 행정청의 허가와 같은 認可制가 후자의 예이다.[107)]

5. '대외적으로 직접적인' 법효과의 발생

(1) 원칙

대외적으로(자연인이나 법인에 대해서) 직접적인 법효과를 목표로 하는, 행정청의 조치만이 행정행위에 해당한다. 권리주체인 국가의 기관인 행정청과 수범자 간의 효과, 즉 개인간(interpersonal)의 효과가 존재하는지가 결정적이다. 행정청내의 지시와 명령 및 기타 행정내부사는 제외되게 된다. 여기서 규준이 되는 것은 사실상의 외부효가 아니라, 조치의 目的性(Finalität)-직접성-이다.[108)] 따라서 강구된 조치가 행정행위의 결

산 관리청의 사용·수익허가의 법적 성질을 행정처분으로 판시하였다. 후자에 대한 평석으로 이준호, 행정청이 기부채납된 행정재산에 관하여 기부자에게 무상사용의 허가를 함에 있어 무상사용기간을 정하는 것이 행정처분인지 여부, 대법원판례해설 제36호(2001상반기), 2001.12., 759면-774면.

104) Stelkens/Stelkens, in: Stelkens/Bonk/Sachs, VwVfG, §35 Rn.136. 하지만 현행 국유재산법은 잡종재산의 대부에서 대부료와 계약의 해제 등과 관련하여 공법제도인 행정재산의 사용·수익허가상의 제 규정이 준용되도록 규정하고 있다(동법 제38조).

105) 이런 점이 공법적 의사표시와 차이를 빚는다. 의사표시는 그것이 속한 법영역에서만 효과를 발휘하고, 결코 이들 법영역을 넘어서 '형성'하지 않는다. 가령 공법적 계약은 공법적 권리와 의무를, 사법적 계약은 사법적 권리와 의무를 초래할 뿐이고, 사권형성적 효과를 지닌 공법적 계약이란 존재치 않는다. G. Manssen, privatrechtsgestaltung durch Hoheitsakt, 1994, S.275f.

106) 대법원 2002.4.12. 선고 2001다38807판결; 2002.12.26. 선고 2002다12727판결. 임채웅, 금융기관의 구조개선에 관한 법률에 의한 계약이전결정의 효과, 대법원판례해설 제42호(2002 하반기), 2003.7., 308면-325면.

107) 사권형성적 행정행위에 관해선 졸고, 私權形成的 行政行爲와 그 廢止의 問題點에 관한 小考, 행정판례연구 제11집, 2006, 151면 이하(행정법기본연구 I, 271면 이하); 본서 96면 이하 참조.

정문언 그 자체에 의해서 유발될 것이되, 단지 행정내부조치의 부수효과는 아닌 경우에만, 의도한 외부효의 직접성이 존재한다.[109] 여기선 규율이 그것의 객관적 의미내용에 비추어, 외부효과를 초래하도록 정해져 있는 경우 즉, 규율이 외부영역에 (사실적으로) 효과를 발생시키거나 발생시킬 수 있을 뿐만 아니라, 아울러 (법적으로도) 발생시키도록 되어 있는 경우가 이에 해당한다. 이런 "방향"을 위한 본질적인 증빙이, 바로 -명령에 의해 구체화되고 집행되게끔 되어 있는- 법규정이다.

외부효지향의 징표는 본래 독일 행정법 특유의 바탕인 내부법과 외부법과의 구분에 연관되어 있다. 과거 입헌군주제하에서 풍미하던 '불침투설'이 사라진 지금에선, 법으로부터의 자유로운 공간으로서의 특별권력관계는 더 이상 존재하지 않는다. 따라서 행정내부의 그런 법관계에서 효과적인 권리보호(권리구제)를 보장하기 위하여, 모든 조치를 행정행위로 성격지울 것까진 요구되진 않는다. 따라서 다음과 같은 일정한 민감한 지점에서 구분의 곤란함이 존재한다(다른 행정청이나 다른 행정담당자의 동의 등을 필요로 하는 소위 다단계적 행정행위는 후술함).

(2) 공무원관계에서의 직무명령(Anordnungen)과 지시(Weisungen)의 문제

공무원의 법적 지위에서의 직무명령(Anordnungen)과 지시(Weisungen)의 문제는 이른바 특별권력관계에서의 사법심사의 범위의 문제이기도 하다. 이들이 항상 행정내부사에 그친다고 할 순 없다. 종전에 특별권력관계로 성격 지워진 특별행정법관계(국공립학교관계 등)는 더 이상 행정내부영역에 속하지 않으며, 그 관계의 틀에서 내려진 직무명령 역시 -다른 요건이 충족되는 한- 행정행위가 될 수 있다. 일찍이 C.-H. Ule가 주장한, 기본관계와 경영관계라는 추상적인 구분은[110] 더 이상 유용하지 않다. 이유는 법적으로 자유롭다는 경영관계 역시 기본권구속의 원칙, 행정의 법률적합성의 원칙과 일치할 수 없기 때문이다.

(일반 · 추상적 성격의 것은 제외한) 직무명령 등이 개별사건(경우)에서 자연인으로서의 공무원에 대해 법효과를 발생시키면, 이들이 대외적으로 직접적인 법효과를 목표로 한다고 볼 수 있다. 여기서 결정적인 규준은 가령 個人間(interpersonale)의 법효과의 존재여부이고, 이는 다름 아닌 공무원의 기본권영역이 저촉되는지 여부의 물음이다.[111]

---

108) 독일의 행정행위 개념정의에선 '외부에 대하여 직접적 효과를 발생시키는' 식의 기술을 통해서 조치의 目的性이 당연히 요구되지만, 우리네 처분정의에는 그 같은 기술이 없기에 논란이 있다. 그러나 "구체적 사실의 법집행"이란 다름 아닌 행정청의 목적적인 법적용을 전제로 한 것이며, 나아가 대법원 1967.6.27. 선고 67누44 판결 등 판례는 '국민의 권리의무에 직접 관계가 있는 행위'를 출발점으로 한다. 따라서 조치의 목적성은 당연히 요구된다.

109) BVerwGE 60, 144, 145ff; 81, 258, 260ff.112

110) C.-H. Ule, VVDStRL 15(1957), 133, 151ff.

111) 이런 점에서 목적적 외부효의 징표와 행정쟁송과 관련한 권리침해가 겹친다.

따라서 행정청의 장이 소속 공무원에게 서류를 일련의 순서대로 처리하라, 구체적 사건에서 허가를 거부하라는 등의 지시처럼, 업무수행에 관한 −즉, 공무원을 직무담당자로서 관련시킬 때− 그 직무명령은 통상 행정행위에 해당하지 않는다.[112] 반면 조기퇴직조치나 봉급확정 등과 같이 하급자를 독립된 권리주체로서 관련시키면, 행정행위에 해당한다. 전자의 경우엔 흡사 공무원이 내부에 있는 셈이고, 후자의 경우엔 흡사 행정영역의 바깥에 있는 셈이다.[113]

공무원의 일신상의 변화를 가져다주는 여러 조치 임용, 전직, 승진 등은 별 의문 없이 행정행위를 긍정할 수 있지만,[114] 업무영역상의 변경을 의미하는 전보(Umsetzung)의 경우엔 논란이 있을 수 있다. 대부분의 국내 문헌들은 처분성을 긍정하고,[115] 판례도 동일하다.[116] 그러나 독일의 경우엔 공무원으로선 행정청내의 특정한 부서에서 활동하는 데 대한 청구권을 갖지 않기에, 구체적인 직책(직무)에 배속하는 것이 공무원의 개인적 권리영역을 저촉하는 것은 아니라는 이유에서, 전보의 처분성이 부인된다.[117] 한편 직무상의 외양과 관련한 규칙에 관한 규율(복장, 머리스타일 등)의 경우 판단내리기가 곤혹스러운데, 독일의 경우 좁은 의미의 직무영역을 넘어서는 직무명령(가령 직무외에서 말총머리를 자를 것을 명령한 것)에 대해서만 대외적인 직접적 법효과를 목표로 삼는다고 한다.[118]

(3) 組織行爲의 문제

행정담당자(행정주체)와 행정조직에 관한 설치, 변경, 폐지를 하는 권능을 의미하는 조직권(Organisationsgewalt)에 의거한 조직행위는 결코 통일된 법적 성질을 갖지 않는다. 그것은 행하는 형식과 그에 결부된 법효과의 발생에 따라서, 행정행위, 법률하위적 규범, 또는 −특정 구체적인 행정부서의 설치 · 폐지 · 이전처럼− 전적으로 행정내부사항일 수 있다.[119] 사실 규율적 성격을 갖지 않은 조직상의 조치(처분)는 곧바로 내

112) M. Ruffert, in: Erichsen/Ehlers, Allg. VerwR, §20 Rn.47; Maurer, Allg. VerwR, §9 Rn.28.

113) 이런 식의 논증(직무적 관계와 개인적 관계의 구분)이 결과적으로 Ule식의 구분과 일치하긴 하지만, Ule의 견해는 낡아빠진 '특별권력관계'에 바탕을 두었다는 점을 유의해야 한다. 한편 우리의 경우 특별권력관계에서의 사법심사범위를 둘러싼 논의는 활발하지만, 상대적으로 그것에서의 직무명령을 비롯한 일련의 조치의 구체적 처분성 여부를, 특히 대외적 직접효의 존부를 검토하는 데 소홀한 감이 있다.

114) 독일의 경우 館舍指定을 행정행위로 본 예도 있다. BVerwG NVwZ 2001, 810.

115) 대표적으로 이경운, 공무원 전보발령의 처분성, 행정판례연구 제4집, 1999, 277면-295면.

116) 서울고법 1998.3.26. 선고 97구6200 판결: 「불규칙적이고 잦은 전보명령이나 보직변경 등의 인사발령에 의하여 침해될 수 있는 교육공무원의 근무환경 또는 근무조건과 직무의 연속성 및 일상생활의 안정성 등은 교육공무원법 제21조, 교원지위향상을 위한 특별법 제7조 제1항, 제9조 제1항, 제10조 제3항, 국가공무원법 제16조 제1항, 제2항 등 관계 법규에 의하여 보호되는 직접적이고 구체적인 법률상의 이익이라 할 것이므로, 전보명령을 받은 교육공무원에게는 그 처분의 취소를 구할 소의 이익이 있다」

117) BVerwGE 60, 144; 98, 334. 그들의 경우 만약 전보가 인격권과 같은 개인적 권리를 훼손할 때에는, 전보조치의 환원을 내용으로 한 일반이행소송을 제기할 수 있다고 한다.

118) BVerwGE 84, 292, 293; Hess VGH NJW 1996, 1164.

부행위이자 사실행위로 분류되어야 한다. 규율적 성격을 지닌 조직행위와 관련해서, 먼저 문제되는 것은 일정한 법형식이 법률적으로 규정되어 있는지 여부, 조직행위를 발하는 조직이 이들 규정을 준수하였는지 여부이다(예: 지방자치법 제4조상의 지방자치단체의 명칭 · 구역의 변경 및 그것의 폐치 · 분합).

앞에서 본 형식적 행정행위 개념의 입장을 취하는 이상, 형식부여적인 법률적 규정이 없을 경우에 비로소 법형식이 개별사건에서 탐구되어야 한다. 우선 심사되어야 할 점은, 바로 조직행위가 순전히 행정내부적으로만 효력을 발생시키는지 아니면 '대외적으로도' 효력을 발생시키는지 여부이다. 외부효가 승인되면, 구체적 개별적 규율(그러면 행정행위이다)이나 일반적 추상적 규율(그러면 법규명령이다)이 존재하는지 여부가 탐구되어야 한다.[120] 조직행위를 분류함에 있어서 특별한 문제점은 그것이 1차적으로 행정조직을 목표로 삼는 점에 있다. 조직행위가 개별사건적 규율에 해당할 때, 그것이 시민에 대해 일종의 반사적으로 그의 권리에 관련될 뿐만 아니라, -적어도- '시민'을 위하여 가령 행정조직의 영역을 넘어서 법효과설정적으로 효력을 발생시킬 규율도 담고 있어야만, 그 시민과의 관계에서 외부효와 행정행위적 성격이 시인되어야 한다.[121]

요컨대 행정청의 모든 조직행위는, 행정행위의 여타의 개념적 징표가 충족된 한에 있어서, 행정내부영역에 영향을 미칠 뿐만 아니라 동시에 시민이나 기타의 권리주체의 권리에도 직접적으로 관련이 있는 경우에는 그 시민과의 관계에서 행정행위로 여겨져야 한다.[122] 조직행위의 본래의 수범자는 행정기관과 같은 조직인데, 조직의 일종

119) 조직행위의 법적 성질에 관한 일반적 논의로 vgl. J. Martens, NVwZ 1982, S.481ff.; Rasch, Bemerkungen zur Rechtsnatur organisatorischer Maßnahmen, DVBl. 1983, S.617ff.

120) 한편 조직행위의 법적 성격에 관한 논란에서 독일 문헌상으론 일부에서 가령 법규범형식이 아닌 Gemeinde의 구역변경조치와 관련해서 Gemeinde에 대해선 행정행위이고, 시민에 대해선 법규범이라는 식으로, '이중성격의 법적 행위'(Rechtsakt mit Doppelnatur)가 주장되고, 종종 조직행위를 '특별한 고권적 행위'(Hoheitsakt sui generis)라고 표현되고 다루어진다. 다수는 전자의 주장이 실제적으로나 법논리적으로나 관철되기가 불가능하다고 인식하고, 후자의 주장은 실상 기존의 법형식의 틀로 再歸할 수밖에 없다고 평한다. 이런 사정에 관해선 vgl. O. Bachof, Satzungsgenehmigung und Satzungsoktroi: Verwaltungsakte mit Doppelnatur?, in: FS für W.Weber z.70. Geburtstag, 1974, S.515ff.

121) H. Maurer, Allg. VerwR, §21 Rn. 68. 그런데 간과해선 아니 될 점은, 행정행위의 부인은 취소소송만을 배제하지 결코 司法的 권리보호 자체를 배제하지는 않는다는 것이다. 즉, 시민은 만약 내부조직상의 조치로 인해 자신의 권리가 관련되게 될 경우에는 당사자소송의 형식으로 이행소송을 제기할 수 있다.

122) 독일의 예를 보자면, 부모의 교육권과 학생의 학습권과 관련하여 학교의 개설 및 폐쇄에 관한 결정(BVerwGE 18, 40; OVG Koblenz NVwZ 1986, 1036; OVG Münster DVBl.1989, 1272; OVG Bremen NVwZ1986, 1038), 도축장의 개설이나 폐쇄결정(VGH Kassel 19, 17=DÖV 1989, 358. 다른 입장으로 BGH DVBl. 1970, 135), 김나지움을 연차적으로 종합학교로 바꾸는 것(OVG Hamburg DÖV 1980, 384; NJW 1980, 2146), 학교에 주5일제 도입(BVerwGE 47, 210), -형식상 법규에 의해서 행해지지 않는 한- 학군변경(VGH München Bay.VBl. 1972, 580. 다른 입장으로 VGH Kassel NVwZ 1984, 116)이 이에 해당한다. 아울러 정식으로 법률이나 법규명령의 발함에 의해서 행해지지 않는 한, Gemeinde의 설치 · 폐지 · (Kreis로부터의)독립화는 관련 Gemeinde와 그것이 속한 Landkreis에 대해선 행정행위인데, 반면 시민에 대해서는 그렇지 않다(VGH München Bay. VBl. 1965, 59). 반면에 행정청의 관할영역의 변경은 시민이나 기타의 권리주체의 일반적 권리가 존재하지 않기에, 통상 행정행위가 아니고(VGH München Bay. VBl. 1971, 309; 1975, 115), 아울러 행정청내부적으로만 영

의 이용자라 할 수 있는 시민에 대한 그 조직행위의 영향미침을 법적 효과로 끌어들이는데 가교 역할을 하는 것이 바로 일반처분의 존재이다. 일반처분의 법도그마틱적 의의는 바로 행정행위와 법규범간의 한계상황에서 가능한 전자로 포섭케 함으로써 이론적 논란을 불식시킨 점에 있음을 상기해야 한다.

6. 거부처분의 문제

(1) 거부처분의 인정공식(행정행위신청+신청권)에 관한 논의

계획변경신청권의 존부의 물음에 관한, 대법원 1984.10.23. 선고 84누227판결의 의의는, 계획변경신청권의 존부의 물음을 넘어서 거부처분의 성립요건으로서 '국민이 행정청에 대하여 그 신청에 따른 행정행위를 해줄 것을 요구할 수 있는 법규상 또는 조리상의 권리' 즉, '신청권'의 존재를 요구한 점에 있다.[123] 이로부터 비롯된 거부처분 인정 공식은 지금껏 후속 판결은 물론 행정심판에서도 그대로 전승되고 있는데,[124] 다만 거부행위의 규율성을 인정하기 위해 요구되는, '신청권에 바탕을 둔 신청인의 법률관계상의 변동'과 관련해선, 완화된 입장을 취하고 있다.[125]

한편 신청권의 존부에 관한 논증에서 대법원 1998.7.10. 선고 96누14036판결과 대법원 1996.6.11. 선고 95누12460판결에는 규명될 부분이 있다. 대법원 1998.7.10. 선고 96누14036판결이 거부처분의 성립요건으로 신청권의 존재에 덧붙여 i) 그 신청한 행위가 공권력의 행사 또는 이에 준하는 행정작용이어야 할 것, ii) 그 거부행위가 신청인의 법률관계에 어떤 변동을 일으킬 것을 요구한 이래로, 이런 논증양식이 포맷팅

향을 미치는 내부조직개편과 같은 조직조치 역시 행정행위가 아니다(OVG Münster DVBl. 1968, 660).

123) 「국민의 신청에 대한 행정청의 거부처분이 항고소송의 대상이 되는 행정처분이 되기 위하여는, 국민이 행정청에 대하여 그 신청에 따른 행정행위를 해줄 것을 요구할 수 있는 법규상 또는 조리상의 권리가 있어야 하는바, 도시계획법상 주민이 도시계획 및 그 변경에 대하여 어떤 신청을 할 수 있음에 관한 규정이 없을 뿐만 아니라, 도시계획과 같이 장기성 · 종합성이 요구되는 행정계획에 있어서는 그 계획이 일단 확정된 후에 어떤 사정의 변동이 있다고 하여 지역주민에게 일일이 그 계획의 변경을 청구할 권리를 인정해 줄 수도 없는 이치이므로 도시계획시설변경신청을 불허한 행위는 항고소송의 대상이 되는 행정처분이라고 볼 수 없다」: 이 판결에 대한 비판적 입장으로 이홍훈, 도시계획과 행정거부처분, 행정판례연구 제1집, 1992, 115면 이하 참조.

124) 가령 공원묘원 설치를 위한 재단법인의 설립허가를 받은 다음에 사설묘지허가신청의 일환으로 국토이용계획(용도지역)변경을 구한 행정심판사건(국행심 01-0903)에서, 행정심판위원회 역시 판례의 원칙적 입장을 그대로 채용하여 각하재결을 의결하였다. 이 사안과 관련해선 진광엽, 행정심판법 4조 의무이행심판에 있어서의 거부처분이나 부작위의 개념, 법률신문 제2976호(2001.5.7.), 14면 참조.

125) 대법원 1992.3.31. 선고 91누4911판결; 1992.12.8. 선고 92누7542 판결; 1993.3.23. 선고 91누8968판결; 2000.12.22. 선고 98두18824판결 등의 기조를 바탕으로 대표적으로 대법원 2002.11.22. 선고 2000두9229판결은 "여기에서 '신청인의 법률관계에 어떤 변동을 일으키는 것'이라는 의미는 신청인의 실체상의 권리관계에 직접적인 변동을 일으키는 것은 물론 그렇지 않다 하더라도 신청인이 실체상의 권리자로서 권리를 행사함에 중대한 지장을 초래하는 것도 포함한다고 해석함이 상당하다"고 판시하였다. 그리하여 대법원 2007.10.11. 선고 2007두1316판결은 건축계획심의신청에 대한 반려와 관련해서, 중간행위적 접근을 하지 않고 독립된 거부처분으로 바라보았다. 여기선 다단계적 행정행위의 측면에서 검토할 점이 있다.

되고 있다. 일단 행정소송법상의 처분정의에 의거한 듯한 점은 호평되어지나, 문제점 또한 안고 있다. 우선 i)과 ii)가 독립되게 요구될 정도로 서로 본질적으로 나누어질 대상인지 의문스럽다. 신청대상행위가 i)의 요건을 충족하면, 그것의 거부는 당연히 ii)의 요건을 충족하게 된다. 따라서 i)과 ii)는 불필요하게 중복된 것이라 하겠다. 그런데 과연 이 판결이 현행법상의 처분정의에 부합하는지 여부도 의문스럽다. 현행 행정소송법 제2조 제1항 1호상의 처분정의상 행정행위(처분)가 아닌 사실행위나 공법계약체결의 거부는 거부처분이 될 수 없다.[126] 이 점에서 대법원 1998.7.10. 선고 96누14036판결상의 i)의 요건은 처분정의와는 분명한 간극이 있으며, 또한 기본적으로 기왕의 판결과 궤를 같이 한다.[127] 그리고 대법원 1996.6.11. 선고 95누12460판결은 신청권을 신청의 인용이라는 만족적 결과를 얻을 권리 즉, 실질적 권리(청구권)차원에서 이해하지 않는다.[128] 따라서 기실 신청에 대한 단순한 응답요구권(이른바 형식적 신청권)만으로도 거부처분의 근거점인 신청권의 존재가 인정된다.[129] 엄밀히 보면, 이 판결은 대법원 1984.10.23. 선고 84누227판결을 그대로 전승한 판결들과는 상반된다고 판단될 정도로 기본태도에 차이가 있다 하겠다.

처분성인정(대상적격)의 물음에 원고적격의 물음을 혼입시키는 것이 문제의 시발이고, 비판이 비등함에도 불구하고,[130] 판례는 기조를 변함없이 유지하면서 신청권의 인정범위를 확대하고 있다. 비판의 주요 근거는 실정법상의 처분 개념정의에서 거부처분의 인정과 관련해서 신청권에 관한 요구가 없다는 것이다.[131] 요컨대 거부처분여부

126)독일의 경우에도 과연 직무활동의 실행과 그 거부가 동일한 법적 성질을 갖는지가 다투어진다. 특히 사실행위의 거부와 관련하여, 다수는 사실행위실행에 관한 결정은 원하는 급부와의 관계에서 단지 비독립적인 부속물에 불과하고 법적 구속력이 있는 규율을 가지지 않음을 근거로, 처분성을 부인한다. 그러나 P. Kruse가 거부된 행위의 성질로부터 거부를 추론하는 것은 선험적으론 정당화되지 않으며, 단지 명문이나 관습법적 규율에 의해서만 허용된다고 강변하듯이, 반대의 입장도 상당하며, 판례 또한 그 경향을 판단하기가 쉽지 않다. 이에 관해선 vgl. Kopp/Schenke, VwGO Kommentar, 12. Aufl., 2000, §42 Rn.40; Stelkens/Bonk/Sachs, VwVfG, §35 Rn.56f.; P. Krause, a.a.O., S.201f.; Lässig, DVBl.1979, S.561(562).

127) 동지: 홍준형, 평생교육시설 설치자 지위승계와 설치자변경 신청서 반려처분의 적법여부, 행정판례연구 제8집, 2003, 97면 주3).

128)「거부처분의 처분성을 인정하기 위한 전제요건이 되는 신청권의 존부는 구체적 사건에서 신청인이 누구인가를 고려하지 않고 관계 법규의 해석에 의하여 일반 국민에게 그러한 신청권을 인정하고 있는가를 살펴 추상적으로 결정되는 것이고, 신청인이 그 신청에 따른 단순한 응답을 받을 권리를 넘어서 신청의 인용이라는 만족적 결과를 얻을 권리를 의미하는 것은 아니다. 따라서 국민이 어떤 신청을 한 경우에 그 신청의 근거가 된 조항의 해석상 행정발동에 대한 개인의 신청권을 인정하고 있다고 보여 지면 그 거부행위는 항고소송의 대상이 되는 처분으로 보아야 할 것이고, 구체적으로 그 신청이 인용될 수 있는가 하는 점은 본안에서 판단하여야 할 사항인 것이다」

129) 동 판결에 의거하여, 나아가 신청대상행위의 처분성이 긍정되면, 이는 형식적 신청권 역시 긍정하는 셈이 되기에, 별도로 형식적 신청권을 요구할 필요가 없다고 한다. 김남진/김연태, 행정법 I, 690면.

130) 신청권의 존재를 거부처분의 개념요소로 인정하는 것과 관련해선, 많은 문헌에서 다투어지고 있다. 문헌상의 현재의 논의현황에 관해선 김종보, 도시계획변경거부의 처분성, 행정법연구 제11호, 2004, 259면 주37) 참조.

131) 대표적으로 김남진 교수님의 지적:「법원은 行政訴訟法의 處分의 定義(동법 제2조 제1항, 제1호)와는 무관하게 독자적인 처분개념을 내세워 處分性의 문제를 해결하려는 것으로 보이는 바, 成文法國家인 우리나라에서 그와 같은 태도(實定法輕視의 태도)는 지양되어야 할 것이다」(동인, 대법원의 처분개념에 대한 의문, 법률신문 제

를 판단함에 있어서 원고적격차원의 물음인 신청권의 존부를 연계시킨 것은, 분명 현행 행정소송법체제('84년 체제')에선 명문에 반하며, 원고적격의 물음과 대상적격의 물음을 독립적으로 접근하는 것이 체계적이다. 하지만 소송요건의 차원에서 合一的으로 접근하는 것이, 다른 문제점(소송요건에 대한 가능성 견지에서의 접근의 결여)보다 권리구제가능성의 측면에서 치명적이라고 할 순 없다. 왜냐하면 원고적격의 물음을 따로 논하지 않기 때문이다. 기왕의 논의를 한 차원 높여 새롭게 다듬을 필요가 있다.

(2) 대표적인 거부처분의 확대인정 건

대표적으로 명문규정의 부재에도 불구하고 설치자명의변경의 요구권을 인정한 대법원 2003.4.11. 선고 2001두9929판결과[132], 폐기물처리사업계획의 적정통보를 착안점으로 삼아 國土利用計劃變更申請權을 例外的으로 認定한 대법원 2003.9.23. 선고 2001두10936판결과,[133] 지목변경신청반려행위의 처분성을 인정한 대법원 2004.4.22. 선고 2003두9015 전원합의체 판결과, 대법원 2004.4.22. 선고 2000두7735 전원합의체판결(이른바 서울대 미대 '김민수 교수사건')과,[134] 行政介入請求權과 行政行爲의 再審의 法理를 반영하여 거부처분을 인정한 대법원 2006.3.16. 2006두330판결(소위 새만금판결)을 통해 거부처분인정에 획기적인 전환을 가져왔다. 晩時之歎인 감은 있지만, 행정법도그마틱의 발전을 가로 막는 대표적 장애물이 점차 제거되고 있다. 여기선 뒤 두 판례에 초점을 맞추고자 한다.

기실 제3자에 대한 '행정개입청구권'의 법리는, 명백히 대법원 1999.12.7. 97누17568판결로[135] 인해 행정법문헌상의 일반적인 논의와는 달리 건축법을 넘어 전 행정

2844호, 1999.12.13.)은 매우 시사적이다.

132) 이에 대한 평석으로 홍준형, 앞의 글, 93면 이하 참조.

133) 동 판결이 그동안 계획변경신청권을 원천 배제한 태도를 버리고, 예외적일 망정 국토이용계획변경신청권의 존재를 인정한 것은, 일종의 진보이고 호평을 받을 만하다. 그러나 사전결정으로서의 적정통보의 본질에 관한 이해의 결여와, 강한 설득력이 전제되지 않는 귀납적 논증에 따른 취약점 말고도, 당해계획의 처분성을 전제로 한 '부담적 행정행위의 철회적 접근'이 전혀 모색되고 있지 않은 점에서, 대상판결의 의의는 한정적일 수밖에 없다. 상세는 졸고, 國土利用計劃變更申請權의 例外的 認定의 問題點에 관한 小考, 행정판례연구 제10집, 2005. 21면 이하(행정법기본연구 I, 486면 이하) 참조. 그 밖의 관련문헌: 이선희, 국토이용계획변경승인신청거부행위의 처분성 인정 여부, 대법원판례해설 제47호(2003. 하반기); 김남진, 국토이용계획변경승인신청과 법적 문제, 법률신문 제3237호(2004.1.26.); 김종보, 앞의 글.

134) 「기간제로 임용되어 임용기간이 만료된 국 · 공립대학의 조교수는 교원으로서의 능력과 자질에 관하여 합리적인 기준에 의한 공정한 심사를 받아 위 기준에 부합되면 특별한 사정이 없는 한 재임용되리라는 기대를 가지고 재임용 여부에 관하여 합리적인 기준에 의한 공정한 심사를 요구할 법규상 또는 조리상 신청권을 가진다고 할 것이니, 임용권자가 임용기간이 만료된 조교수에 대하여 재임용을 거부하는 취지로 한 임용기간만료의 통지는 위와 같은 대학교원의 법률관계에 영향을 주는 것으로서 행정소송의 대상이 되는 처분에 해당한다」

135) 「구 건축법 및 기타 관계 법령에 국민이 행정청에 대하여 제3자에 대한 건축허가의 취소나 준공검사의 취소 또는 제3자 소유의 건축물에 대한 철거 등의 조치를 요구할 수 있다는 취지의 규정이 없고, 같은 법 제69조 제1항 및 제70조 제1항은 각 조항 소정의 사유가 있는 경우에 시장 · 군수 · 구청장에게 건축허가 등을 취소하거나 건축물의 철거 등 필요한 조치를 명할 수 있는 권한 내지 권능을 부여한 것에 불과할 뿐, 시장 · 군수 · 구청장에게 그러한 의무가 있음을 규정한 것은 아니므로 위 조항들도 그 근거 규정이 될 수 없으며, 그 밖에 조리상 이러한 권리가 인

영역에서 수용되기 어렵다. 그런데 이른바 대법원 2006.3.16. 2006두330판결은 행정개입청구권의 법리를 명시적으로 언급하진 않았지만, 개입수권규정(공유수면매립법 제32조)에 대한 접근에서 신청권을 전제로 거부처분을 인정한 셈이 되어 결과적으로 대법원 1999.12.7. 97누17568판결에서 벗어났다. 이미 관련 하급심의 판례(서울고법 2005.12.21. 2005누4412판결, 서울행법 2005.2.4. 2001구합33563판결)가 신청권의 부존재를 근거로 거부처분의 부존재를 들어 각하판결을 내리지 않음으로써, 행정법의 주관적 권리화의 '싹'을 마련하였는데, 상고심은 이를 확인하여 공인한 셈이다. 그런데 사안에서 다툼의 대상인 1991년의 최초의 공유수면매립면허처분은 不可爭力이 발생하였고, 원고로선 제소기간제약을 받지 않는 무효확인소송 역시 주효하지 않으리라 판단한 나머지, 동처분에 대한 취소(철회)를 구한 다음 이것의 거부를 문제 삼았다. 이는 다름 아닌 不可爭的 행정행위의 재개(재심)의 문제이다.[136] 그러나 대법원 2006.6.30. 선고 2004두701판결은, 이들 法理를 원천 부정하는 셈인 대법원 1999.12.7. 선고 97누17568판결을 적시하면서, 신청권의 결여를 들어 거부처분의 존재를 부인하였다. 이를 통해서, 우리의 경우 제3자에 대한 행정개입청구권의 인정은 아직 멀다는 것을 확인할 수 있다.[137] 따라서 설령 의무이행소송을 도입하더라도, 그 도입취지는 직접 상대방에 대해서만, 가령 허가신청에 대한 거부의 경우에만 주효하는 데 그칠 것이다.

대법원 2004.4.22. 선고 2000두7735 전원합의체 판결과 관련해선, 재임용기간만료 후에 재임용거부를 다툴 수 있는 원고적격을 인정하였다는 호평을 무색하게 만드는 것이 동판례상의 기술부분-임용기간만료의 통지-이다. 자칫 이 같은 설시가 소송대상을 통보처분으로 보았다는 오해를 낳기에 충분한데, 실제 일부 문헌에서 그렇게 소개되기도 한다. 그러나 여기서 사안은 동 판례의 표제-교수재임용거부처분취소-처럼 거부처분사건이다. 만약 단순한 임용기간만료의 통지가 소송대상이라면, 신청권의 존부를 원고적격여부에 결부시켜 논증한 판례의 설시부분과 부합하지 않는다.[138] 대법원이 소송대상을 임용기간만료의 통지로 삼으면서도 그에 '재임용거부의 취지로 한'이란 관형어를 덧붙이는 논증을 한 所以가 무엇인지 궁금하다. 결국 이런 기술로 말미암

정된다고 볼 수도 없다」

136) 이런 접근에 관한 상세는 졸고, 行政介入請求權의 認定과 관련한 法的 問題點에 관한 小考, 저스티스 제86호, 2005.8., 216면이하(행정법기본연구 I , 87면 이하); 새만금간척사업判決의 問題點에 관한 小考, 법률신문 제3338호(2005.2.14.); '새만금판결'의 행정법적 의의에 관한 소고, 법률신문 제3459호(2006.5.18.).

137) 이에 대한 평석으로 졸고, "採石許可에 따른 適地復舊上의 山林所有者의 法的 地位에 관한 小考", 법률신문 제3563호(2007.6.18)(본서 315면 이하) 참조.

138) 동 판결의 제1심판결인 서울행정법원 2000.1.18. 선고 99구683판결은 그 같은 오해 유발적 표현을 하지 않으면서, 재임용거부결정의 통지를 문제 삼지 않고, 바로 재임용신청거부를 문제로 삼아 거부처분으로 인정하였다. 그런데 이와는 달리 제2심판결인 서울고등법원 2000.8.31. 선고 2000누1708판결은 재임용거부결정 및 그 통지 모두가 행정처분이 될 수 없다고 판시하였다.

아 임용기간만료의 통지는 재임용거부처분인 셈이다. 과거 재임용거부의 사안에서 임용기간만료에 따른 당연퇴직의 법리에 의거하여 그것의 통지의 처분성을 부인하곤 하였다.[139] 이번 전원합의체판결은, 이 같은 선례를 임용갱신제의 시행을 고려하지 않은 채 대입시킨 소산은 아닌지 궁금할 따름이다.[140] 요컨대 여기서의 재임용거부의 취지로 한 임용기간만료의 통지를 통보처분으로 자리매김하여선 아니 된다.

(3) 거부처분의 인정공식상의 변화: 대법원 2004.4.28. 선고 2003두1806판결의 의의

대법원 2004.4.28. 선고 2003두1806판결은 '도시계획시설변경입안제안의 거부'를 거부처분으로 보았다.[141] 이에 대해서, 朴正勳 교수는 계획변경신청권을 원천 부인한 대법원 1984.10.23. 선고 84누227판결과 구「행정규제 및 민원사무기본법」(현「민원사무처리에 관한 법률」)상의 민원접수 및 통지의무가 민원인에게 실체적인 신청권을 성립시키진 않음을 들어, 민원접수(재개발사업에 관한 사업계획변경신청)에 따른 불허통지를 거부처분으로 인정하지 않은 대법원 1999.8.24. 선고 97누7004판결에 연계시켜, 대법원 2004.4.28. 선고 2003두1806판결의 의의를 주장하였다. 즉, ⅰ) 대법원 1984.10.23. 선고 84누227판결과 관련하여 20년 동안 도시계획 · 국토이용계획의 분쟁에 관한 행정소송을 봉쇄한 장벽이 사실상 붕괴되었다는 점, ⅱ) 대법원 1999.8.24. 선고 97누7004판결과 관련하여 민원에 대한 통지의무와 도시계획입안제안에 대한 통지의무가 근본적으로 다르지 않기에 행정청에 대한 모든 신청에 대해 신청권을 인정하든지 아니면 거부처분의 요건으로 신청권을 요구하는 판례 자체를 포기하여야 할 시점이 임박하였다는 점을 지적하였다.[142]

요컨대 위 판결의 취지를 좇는다면, 도시계획변경입안의 '제안'에 관해 신청권이

139) 대법원 1997.6.23. 선고 96누4305판결 등.

140) 이경운 교수 역시 대상판결이 아직 당연퇴직논리를 유지하고 있으며, 통지표현에 따른 오해의 소지가 있다고 지적한다. 동인, 교수재임용에 관한 대법원판례의 변경과 그 의의, 행정판례연구 제10집, 2005, 69-70면.

141) 「구 도시계획법(2000.1.28. 법률 제6243호로 개정되어 2002.2.4. 법률 제6655호 국토의계획및이용에관한법률 부칙 제2조로 폐지되기 전의 것)은 도시계획의 수립 및 집행에 관하여 필요한 사항을 규정함으로써 공공의 안녕질서를 보장하고 공공복리를 증진하며 주민의 삶의 질을 향상하게 함을 목적으로 하면서도 도시계획시설결정으로 인한 개인의 재산권행사의 제한을 줄이기 위하여, 도시계획시설부지의 매수청구권(제40조), 도시계획시설결정의 실효(제41조)에 관한 규정과 아울러 도시계획 입안권자인 특별시장 · 광역시장 · 시장 또는 군수(이하 '입안권자'라 한다)로 하여금 5년마다 관할 도시계획구역 안의 도시계획에 대하여 그 타당성 여부를 전반적으로 재검토하여 정비하여야 할 의무를 지우고(제28조), 도시계획입안제안과 관련하여서는 주민이 입안권자에게 '1. 도시계획시설의 설치 · 정비 또는 개량에 관한 사항 2. 지구단위계획구역의 지정 및 변경과 지구단위계획의 수립 및 변경에 관한 사항'에 관하여 '도시계획도서와 계획설명서를 첨부'하여 도시계획의 입안을 제안할 수 있고, 위 입안제안을 받은 입안권자는 그 처리결과를 제안자에게 통보하도록 규정하고 있는 점(제20조 제1항, 제2항) 등과 헌법상 개인의 재산권 보장의 취지에 비추어 보면, 도시계획구역 내 토지 등을 소유하고 있는 주민으로서는 입안권자에게 도시계획입안을 요구할 수 있는 법규상 또는 조리상의 신청권이 있다고 할 것이고, 이러한 신청에 대한 거부행위는 항고소송의 대상이 되는 행정처분에 해당한다고 할 것이다」

142) 동인, 행정판례 반세기의 회고-행정소송 · 국가배상 · 손실보상을 중심으로-, 행정판례연구 제11집, 2006, 80면 이하. 비슷한 지적으로 김철용, 앞의 책, 639면.

인정되며, 이에 따라 도시(관리)계획변경에 관해선 당연히 신청권이 인정됨으로써 (대법원 2003.9.23. 선고 2001두10936판결에서의 예외인정의 논증에서 벗어나) 계획변경신청권의 일반적 인정으로 귀착될 수 있다. 그리고 위 판결에선 '도시계획시설변경입안의 제안'에 대한 거부가 문제된다. '도시계획시설변경계획결정'은 분명히 행정처분이지만, 그 이전 단계에서 행해진 '입안결정'은 아직 법적 효과를 발생시키지 않은 점에서 일종의 준비행위이자 절차행위이다. 입안제안의 거부가 거부처분이 되면, 준비행위나 절차행위가 완료된 행정처분과 동일하게 취급됨으로 말미암아, 그에 대한 전면적 사법통제가능성이 열려진다. 나아가 도시계획의 입안권자와 결정권자가 다르기에, 도시계획의 입안의 상황과 완료(확정)의 상황을 무차별적으로 받아들이면, 자칫 쟁송을 통해 각자의 고유한 관할이 사실상 침범당할 수 있다. 결론적으로 이 판결로 인해 지불해야 할 법리적 희생이 매우 크다.[143)]

7. 행정행위의 개념적 징표에 관한 해석원칙[144)]

해석을 통해서 행정의 사무활동이나 행정행위가 존재하는지 여부가 밝혀져야 한다. 행정행위의 존부를 판단하기 위해선 그것의 개념적 징표에 관한 해석이 동반되어야 하기에, 여기선 의사표시(법률행위)를 위해 일반적으로 통용되는 해석원칙이 주효하다.[145)] 다만 행정행위의 행정쟁송(권리구제개시)적 기능을 고려한 즉, 행정행위의 *存否*의 판단에 있어서 −도그마틱의 난맥을 야기하지 않는 한− '의심스러우면 관련인에게 유리하게'라는 *法諺*을 고려해야 한다.[146)]

행정행위는 외부효를 목표로 하고, 유효하기 위하여 '수령을 필요로 하기에', 해석

143) 동 판결의 문제점에 관해선 졸고, 都市計劃變更立案의 提案에 대한 拒否의 處分性與否에 관한 小考, 법률신문 제3446호(2006.3.27.). 그리고 동 판결에 대한 긍정적인 평석으로 이선희, 도시계획입안 신청에 대한 도시계획 입안권자의 거부행위가 항고소송의 대상이 되는 행정처분에 해당하는지 여부, 대법원판례해설 제50호(2004 상반기), 2004.12., 149면−171면.

144) Vgl. Kopp/Ramsauer, VwVfG §35 Rn.17ff.; Stelkens/Bonk/Sachs, VwVfG, §35 Rn.43ff.; Peine, Allg. VerwR, Rn.393ff.

145) 따라서 독일의 경우 의사표시해석에 관한 민법 133조가 여기에 준용될 수 있다고 한다. BVerwG NVwZ 1984, 36.

146) 우리 처분개념정의의 '그 밖에 이에 준하는 행정작용' 부분이 이런 관점을 제도화한 것으로도 볼 수 있다. 우리 판례(대법원 1993.12.10. 선고 93누12619판결 등)상의 행정처분 여부의 판단기준에 관한 설시−행정청의 어떤 행위를 행정처분으로 볼 것이냐의 문제는 추상적 일반적으로 결정할 수 없고, 구체적인 경우 행정처분은 행정청이 공권력의 주체로서 행하는 구체적 사실에 관한 법집행으로서 국민의 권리의무에 직접 영향을 미치는 행위라는 점을 고려하고 행정처분이 그 주체, 내용, 절차, 형식에 있어서 어느 정도 성립 내지 효력요건을 충족하느냐에 따라 개별적으로 결정하여야 하며, 행정청의 어떤 행위가 법적 근거도 없이 객관적으로 국민에게 불이익을 주는 행정처분과 같은 외형을 갖추고 있고, 그 행위의 상대방이 이를 행정처분으로 인식할 정도라면 그로 인하여 파생되는 국민의 불이익 내지 불안감을 제거시켜 주기 위한 구제수단이 필요한 점에 비추어 볼 때 행정청의 행위로 인하여 그 상대방이 입는 불이익 내지 불안이 있는지 여부도 그 당시에 있어서의 법치행정의 정도와 국민의 권리의식 수준 등은 물론 행위에 관련한 당해 행정청의 태도 등도 고려하여 판단하여야 한다−를 더 정교하게 다듬을 필요가 있다.

을 위해선 수령자의 지평에 좌우된다.[147] 이런 점은 행정행위의 내용은 물론, (행정청의 활동이 행정행위인지 여부의) 물음에 대해서도 통용된다. 따라서 결정적인 것은 표시의 내용(실체)이지, 외적 표현양식이 아니므로. "표현의 문자 그대로의 의미"에 좌우되지 않는다.[148] 결국 규준이 되는 것은, 수범자가 개별사건의 상황에 비추어 표시를 어떻게 이해하여야 하는지 여부이다.[149] 그리고 불명료함에 따른 불이익은 당연히 행정이 부담한다.

법효과발생을 야기할 '처분적 부분'의 語義가 출발점이 되는데, 그것이 분명치 않을 경우엔, 처분의 이유(근거)나 불복고지가 동원되어야 한다. 그리고 행정행위의 내용을 정하는 규준은 표시된 의사이지, 업무처리자의 내심의 의사가 아니므로,[150] 표시되어 알 수 있는 의사에 반하는 식의 문건해석은 배제된다. 다만 만약 수범자가 표시에서 드러난 것과 다른 의사의 존재를 인식한다면, 그것이 표시의 내용을 정한다고 하겠다.[151] 하지만 제3자와도 관련이 있는 행정행위의 경우에는 이런 도식이 통용되지 않는다. 왜냐하면 행정청과 신청자가 자신들의 진짜 의도로부터 의식적으로 벗어나려고 실제적으로 의도한 바와 다르게 신청서와 허가에 기재한 경우에는, -일종의 제3자를 보호하기 위하여- 허가에 표현된 바가 전적으로 통용되어야 하기 때문이다.[152]

Ⅴ. 行政行爲(行政處分)의 種類

1. 행정행위(행정처분)의 분류의 의의

행정처분의 개념적 징표와 결부된 예는, 행정행위의 규율가능성의 다양성을 보여준다. 그런 것들이 행정이 동원할 수 있는 수단이기도 하다. 행정행위를 여러 상이한 범주에 귀속시키는 것은 단지 이론상의 유리구슬놀이(Glasperlenspiel)는 아니고, 직접적인 실제적 의의를 지닌다: 발해진 규율(법효과의 발생 등)과 관련해서, 수범자(수명자, 행정처분의 상대방)로선 정해야 할 점이 바로 그것을 수용할 것인지 아니면 그것에 권리구제(행정구제)를 강구할 것인지 여부이다. 그리하여 가령 해당 법효과가 전적으로(아무런 불만이 없을 정도로) 수익적이라면, 권리구제가능성은 소멸할 것이다. 따라서 궁극적으로 행정행위의 구분은 법효과에 직결된 그것의 규율적 징표에 의거해서 행해져야

147) BVerwGE 12, 87, 91; 41, 305, 406; BGH NJW 1985, 1335, 1336.

148) 이는 행정행위의 법적 성질을 가늠할 때에도 그대로 통용되며, 여기서 강학상의 논의가 주효하게 된다.

149) BVerwG NVwZ 1984, 518; DVBl. 1999, 496-501.

150) BVerwG NJW 1989, 53f. 그리고 우리 대법원 2007.10.11. 선고 2007두1316 판결에서의 처분성논증에서도 이런 점이 확인된다.

151) BVerwG NVwZ 1986, 1011.

152) OVG NW, BauR 1985, 304.

한다.[153)]

요컨대 행정행위의 분류에 관한 논의는 다름 아닌 행정행위의 개념적 징표에 관한 설득력 있는 접근을 하기 위한 모색일 따름이다. 유의하여야 할 점은, 행정행위란 아래의 群의 다수 군에 동시에 속할 수 있거나 다수의 규율내용을 가질 수 있다는 것이다. 가령 건축허가는 한편으론 건축주에게 건축을 허용하며(처분적 내지 형성적 효과), 다른 한편으론 장래를 위하여 건축안이 발급시점의 공법에 일치하는 점을 확인하는(확인적 효과) 식으로, 그것은 형성적이고 동시에 확인적이다.[154)]

한편 우리의 행정행위의 분류에 관한 논의에서 가장 걸림돌이, 바로 이른바 '準法律行爲的 行政行爲'의 존재이고, 그에 따른 '法律行爲的 行政行爲'와 '準法律行爲的 行政行爲'의 구분이다. 일찍이 김남진 교수님이 '준법률행위적 행정행위'라는 카테고리를 유지할 필요가 없다고 그것의 해체를 주장한[155)] 이래 구별무의미론에 명시적으로 동조하는 문헌[156)]이 있는 반면에, 일부 문헌은 이 같은 비판적 지적의 타당성은 수긍하면서도 전통적 구분에 기본적인 문제점은 없다고 본다.[157)] 다만 이런 문제점의 인식과 지적에도 불구하고, 행정법문헌상으론 종전의 분류체계가 그대로 통용되고 있는 실정이다. 여러 문헌에서 지적되듯이, 민법의 법률행위(권리설정행위)와 준법률행위(준권리설정행위) 개념에 터 잡은 분류체계, 나아가 그것들의 내용이 현행 행정법질서에 부합하지 않을 뿐 더러, 그 존재이유(부관가능성 여부)가 긍정되지 않는다. 기성의 체계와의 결별에는 그것에 대한 아쉬움과 미련은 물론 변화에 대한 불확실성이 수반된다. '허가'를 語義뿐만 아니라 그 본질에도 반하게 명령적 행정행위로 보는 것이 그 좋은 예가 되듯이, 이젠 설득력 있는 논리전개를 은연중에 저지한다는 점에서 -적어도 구별무의미론을 취한다면- 종래의 분류체계와는 결연히 결별하는 것이 요망된다. 하루바삐 명령적 행정행위, 형성적 행정행위, 확인적 행정행위로 3분하는 분류체계를 근간으로 하여 논의가 전개되어야 한다.[158)] 지면관계상 기속행위와 재량행위간의 구분, 일방적 행정행위와 협력적 행정행위간의 구분, 私的 領域에 대한 국가개입의 유형 등은 생략하면서, 분류체계에 초점을 맞추어 논한다.

153) 독일의 F-J. Peine 교수가 이런 접근을 하고 있다. Ders., Allg. VerwR, 8.Aufl., 2006, Rn.416ff.

154) Brohm, Baurecht, 2.Aufl., 2006, §28 Rn.25.

155) 동인, 행정법의 기본문제, 195면 이하 참조.

156) 정하중, 앞의 책, 213면.

157) 김동희, 행정법 I, 2007, 244면;. 박균성, 앞의 책, 263-264면.

158) 졸고, 이른바 準法律行爲的(準權利設定行爲的) 行政行爲'와의 訣別에 관한 소고, 고시연구 2003.10., 14면 이하(행정법기본연구 I, 318면 이하); 동지: 최영규, 행정행위의 분류, 행정작용법론(김동희 교수 정년기념논문집), 2005, 54면 이하.

2. 수익적 행정행위와 부담적 행정행위

이 구분은 수범자에 대한 행정행위의 법효과에서 비롯된다. 다름 아닌 급부행정과 개입행정의 존재에 따른 결과이다. 양자에 관한 실정법상의 정의는 존재하지 않지만, 통상의 이해를 좇으면, 부담적 행정행위는 의무를 과하거나 권익을 제한하는 것(하명처분, 수익적 행정행위의 폐지 등), 수익적 행정행위는 권리나 법적으로 중요한 이익을 성립시키거나 확인하는 것(허가, 부담적 행정행위의 폐지)[159]이다. 양자의 구분은 폐지(취소와 철회)시에 신뢰보호원칙의 적용이나 원고적격의 물음을 위해 중요한데,[160] 우리의 경우엔 특히 (성질설을 취하는) 판례상 양자의 구분은 기속행위와 재량행위의 원칙적인 구분근거로 작동한다.[161]

한편 수익적 효과와 부담적 효과가 하나의 행정행위에 결합될 수 있으며, 여기엔 두 가지로 나뉜다: 양 효과가 동일인에게 발생하는 경우(혼합효적 행정행위)와 서로 다른 사람에게 발생하는 경우(복효적 행정행위, 제3자효 행정행위).[162] 그리고 전자의 경우엔 또다시 두 가지의 세부경우로 나뉠 수 있는데, 건축허가와 아울러 일정한 금액을 환경부담금으로 납부하여야 하는 경우와 신청한 기한이 축소된 도로점용허가가 행해진 경우이다. 또한 복효적 행정행위 역시 다음의 두 가지 변형으로 나뉠 수 있다: 受益이 수범자에게 발생하고, 부담은 다른 이에게 발생하는 경우(예: 이웃의 일조를 차단하는 결과를 초래한 건축허가)와 부담이 수범자에게 발생하고, 다른 이에게 수익이 발생하는 경우(예: 위법건축물에 대한 철거명령으로 인해 이웃집 마당에 채광이 가능하게 될 경우). 특히 복효적 행정행위의 경우에는 기본적으론 -방어적 성격의 취소소송이든, 개입적 성격의 부작위청구소송(거부처분취소소송과 부작위위법확인소송)이든- 제3자의 권리보호의 관점에서 문제가 된다.

3. 집행가능한 행정행위와 집행불가능한 행정행위

(1) 집행가능한 행정행위: 명령적 행정행위

이는 그 자체로 집행가능한(비상시에는 집행이 요구되는) 규율과, 더 이상 국가의 적

---

159) 여기서의 '권리'는 청구권과 결부된 법적 지위를 의미하고, "법적으로 중요한 이익"이란 법질서에 의해 보호할만하게 인정된 일체의 개인적 이익을 의미하는데, 인정규준이 되는 것은 법질서의 평가이다. 만약 법질서의 평가가 의심스러우면 개개의 관련인의 이익상황의 평가에 의거하여 보완되어야 한다.

160) 여기선 독일에서 논의되는, 부담적 행정행위의 수범자(상대방)는 항상 원고적격이 있다는 이른바 수범자이론(Adressatentheorie)이 통용될 필요가 있다.

161) 대표적으로 대법원 2005.4.28. 선고 2004두8910판결.

162) 독일의 경우 종전에는 동일한 의미로 '제3자효 행정행위'란 용어를 사용하였지만, 그들 행정법원법 80조 a를 통해 '복효(이중효)적 행정행위'(VA mit Doppelwirkung) 용어가 제도화되었다.

극적 행위 없이도 효과를 발생시키는 규율로 나눈 것이다. 사실 이 같은 분류는 통상적인 분류인 명령적 행정행위, 형성적 행정행위, 확인적 행정행위의 분류와 다르지 않다. 이런 분류를 애써 하고자 함은, 우리의 고착화된 분류인 법률행위적 행정행위와 준법률행위적 행정행위의 분류에서 하루바삐 벗어나기 위함이다. 명령을 담고 있는 모든 부담적 행정행위는 집행가능하고, 수범자가 그 하명의 이행을 거부하면 집행이 필요하다. 철거명령과 같은 하명처분이 대표적인 집행가능한 행정행위이다.

(2) 집행불가능한 행정행위: 형성적 행정행위

형성적 행정행위와 확인적 행정행위는 집행불가능한 행정행위에 속한다. 형성적 행정행위는 국민에 대하여 특정한 권리 · 권리능력 · 행위능력 또는 포괄적인 법률관계 기타 법률상의 힘을 설정 · 변경 · 소멸시키는 행정행위를 말한다(예: 귀화허가, 사인에 대한 공무(고권)의 위탁). 행정행위의 효과는 효력발생과 더불어 직접적으로 발생하고, 다른 국가적 조치가 들어갈 여지가 없다. 형성적 행정행위는 행정행위가 그 효과를 발생시키는 법영역과 관련하여 두 가지 경우로 나뉜다: 통상인 공법영역에 대해 효과를 미치는 경우와 특별하게 사법영역에 대해효과를 미치는 경우(사권형성적 행정행위).[163] 형성적 행정행위는 그것의 형성효과에 한정될 수 있으되, 형성효과이외에 확인효과도 가능하다.

한편 우리의 경우 (통제)허가와 특허를 엄별하여 전자는 명령적 행정행위에, 후자는 형성적 행정행위에 귀속시키는 것이 여전히 통용되고 있다. 사실 허가제나 특허제는 공히 사전통제의 방식이지만, 전자가 소극적으로 공공의 안녕 · 질서유지(위험방지)를 목적으로 하는데 대하여, 후자는 적극적으로 공공의 복리증진을 목적으로 한다. 허가제는 예방적 금지를 전제로 하는 반면, 특허가 전제하는 금지는 (억제적)규제적 금지로서 관리유보(Bewirtschaftungsvorbehalt)를 설정하는 셈이다. 그러나 양자의 異同에 관한 현재의 논의가 지나치게 공통점보다는 차이점에 치중하고 있는 점에서, 오늘날 전개되고 있는 법제도의 발전을 충분히 반영하지 못하고 있다. 따라서 현재의 허용유보부 금지의 유형(허가제, 특허제)이 과거 관헌주의국가관에서 비롯되었으며, 자유로운 시장진입이 대폭적으로 허용되는 지금의 법상황을 고려할 때, -허가를 형성적 행정행위로 설정하는 것을 전제로 하여- 특허를 광의의 허가로 설정하여 양자의 공통점과 차이점(특히, 대상사업상의 차이와 요건기준상의 차이 등)을 논하는 것이 요망된다.

163) 앞에서 본 것처럼, 사권형성적 행정행위는 또다시 보충행위이자 완성행위인 인가(추인)와 같은 공동적 사권형성적 행정행위와, 계약이전결정과 같은 단독적 사권형성적 행정행위로 나뉜다.

(3) 집행불가능한 행정행위: 확인적 행정행위

확인적 행정행위는 그 자체로 수범자에게 현재의 법상황, 즉 현행법상으로 무엇이 통용되는지만을 알려준다. 그리하여 그것에는 통상적인 규율의 효과(법효과의 발생 등)가 없기 때문에, 행정행위가 아니라 행정청의 통지에 불과하다고 말해질 수 있다. 그러나 확인적 행정행위는 법상황을 구속적으로 확인한다. 즉, 그것은 행정청과 수범자를 위해 법효과를 증명하는 意思로써 행해진다. 이 점에서 그것은 규율적 성격을 가지며, 그리하여 행정행위로 인정된다. 요컨대 확인효과가 귀속되는 확인적 행정행위의 기능은, 개별사건과 관련하여 법적으로 중요한 특성을 구속적으로 확인하거나 부인하는 데 있다.[164]

확인적 행정행위의 예로, 국가유공자 등 예우 및 지원에 관한 법률에 의한 국가유공자등록결정이나 장애등급결정[165]은 물론, 구 청소년보호법에 따른 청소년유해매체물결정과[166] 국가인권위원회이 구 '남녀차별금지 및 구제에 관한 법률'에 의거하여 내린 성희롱결정[167]도 해당한다.[168] 특히 후자와 관련해선 그것은 법률상의 청구권을 행정행위의 법적 효력으로써 확고히 함으로써, 개별사건을 위하여 법률적 규율을 구체화한다. 그리하여 행정이 행할 금전급부에서 국가유공자등록결정은 -폐지되지 않는 한- 수급자를 위한 權原이 된다.

확인적 행정행위의 특별한 예가 바로 재결적(streitentscheidend) 행정행위이다. 그것은 재판과 유사한 절차의 종결이 되는데, 여기서 행정청으로선 현행법의 적용에서 다투어지는 법상황이나 법관계에 대해 중립자로서 결정을 내린다(준사법적 행위). 우리의 경우 행정심판재결, 교원징계재심위원회의 재심결정 등이 이에 해당한다. 법적 분쟁에 관한 결정은 원칙적으로 법원의 사무이다. 행정청에게 유리하도록 이 원칙에서 벗어나기 위해선, 당연히 명시적인 법률적 수권을 필요로 한다. 따라서 재결적 행정행위는 법률상으로 승인될 때만 헌법상으로 허용된다.[169] 재결적 행정행위에 대해서 불가변력이 인정되는 것과는 별도로, 그에 대한 사법심사는 전적으로 가능하다.

---

164) 통상 확인적 행정행위를 '특정한 사실 또는 법률관계의 존부 또는 적부에 관해 의문이나 다툼이 있는 경우에 공적으로 판단하여 확정하는 것'으로 정의를 내리고, 의문이나 분쟁을 전제로 하지 않는 공증과 구별한다. 그러나 여기선 이른바 준법률행위적 행정행위의 범주를 애써 피하기 위하여, 독일의 대부분 문헌처럼 공증을 확인적 행정행위의 특별한 경우로 보고자 한다.

165) 대법원 2006.6.30. 선고 2004두6228판결 등,

166) 대법원 2007.6.14. 선고 2005두4397판결. 이 판례의 의의에 대해선 정남철, 쟁송법상 처분개념의 확정에 관한 판단, 고시계 2007.12., 36면 이하; 정준모, 행정소송에서의 대상적격 및 피고적격의 혼란과 그 해결방안, 법률신문 제3585호(2007.9.10.) 참조. 한편 대법원 2007.6.14. 선고 2004두619판결은 정보통신윤리위원회의 청소년유해매체물결정은 물론, 그에 따른 청소년보호위원회의 고시도 처분으로 판시하였다.

167) 대법원 2007.6.14. 선고 2005두6461판결 등.

168) 종전의 판결예로, 조용호, 앞의 글, 118면 이하 참조.

169) BVerfGE 2, 280, 293f.

확인적 행정행위의 또 다른 하위경우가 등재적(beurkundend) 행정행위(공증)이다.[170] 통상 증서작성(등재)은 지식표시를 담고 있기에, 행정행위가 될 수 없다. 국가부처가 작성한 공부에 권리, 법상황 또는 법률관계가 등재됨으로써, 일정한 사실·법상황이 사후절차에서 주장될 수 있거나 번복될 수 없는 경우에는, 그 증서는 행위로 여겨진다. 이때 그 증서(및 등재행위)는 구속효를 지닌 법효과를 규율하고, 그리하여 행정행위가 된다.[171] 이처럼 공증은 법효과를 낳는 등재사항을 증명하는 행정청의 의사가 반영됨으로써 처분성이 인정되는 것이다.[172]

(4) '通報處分'(通知處分)의 問題點

행정법의 대부분의 문헌은 준법률행위적 행정행위의 범주로 통보(통지)처분의 독립적 의의를 긍정하여, 특정한 사실에 관한 관념을 알리는 행위(예: 특허출원의 공개, 귀화의 고시 등)와 의사를 알리는 행위(예: 토지수용에 있어서 사업인정의 고시[173], 대집행의 계고, 조세체납자에 대한 독촉 등)로 나눈다. 그러나 통보처분의 독자적 행정행위성에 대해 근본적인 의문이 제기된다. 즉, 내용(법효과)을 표준으로 할 때 사업인정의 고시는 형

---

170) 독일의 경우 일찍이 W. Jellinek가 '등재적 행정행위'(공증, der beurkundende VA)를 확인적 행정행위의 하위경우로 여겼듯이(ders., Verwaltungsrecht, 3. Aufl., 1931, S.260), 대부분의 문헌이 양자의 관계를 그처럼 설정하고 있다. 그러나 Lässig는 이 개념이 그들 행정절차법 제35조 제1문상 요구되는 규율적 성격과 조치의 단순한 증명기능간의 구분에 이바지 못함을 지적하였다. Ders., Registereintragungen als Verwaltungsakt?-BVerwGE 77, 268, JuS 1990, S.459(463). 한편 일부 문헌에서 필자가 공증의 처분성을 부인하는 것으로 소개되고 있는데, 이는 전적으로 오해이다.

171) Stelkens/Bonk/Sachs, VwVfG, §35 Rn.147f. 그런데 오늘날에서도 '공증(된 것)'의 처분성에 대한 짙은 의구심이 여전할 수 있다. 그것은 다름 아닌 공증에서 비롯된 '공적 증거력'에 관한 통설적 이해 때문이다. 통설은 반증이 있으면 누구든지 공증의 취소 없이도 그 공적 증거력을 전복시킬 수 있다고 하는데, 이는 행정행위의 핵심적 특질인 공정력을 원천 부정하는 셈이 된다. 따라서 종래의 통설과 같이 공문서의 고양된 증거력에 초점을 맞추는 태도에는 근본적인 변화가 요구된다. 왜냐하면 과연 그것을 처분개념정의에서 요구되는 '법효과의 발생'에 포섭시킬 수 있는지 의문스럽기 때문이다. 따라서 단순한 증명기능에 그쳐선 곤란하고, 등재 등에 대해서 실정법이 규율적 성격을 부여하거나 -그렇지 않은 경우엔- 행정청이 이를 법적 구속력이 있는 것으로 하고자 해야 한다. 즉, 법률이 등재에 부여하는 효과가 규율적 성격인지 여부가 관건이다. Vgl. Kopp/Ramsauer, VwVfG §35 Rn.59f.; Peine, Allg. VerwR, Rn.438.

172) 한편 법원은 지적공부상의 등재 및 지적공부의 복구신청을 거부하거나 그 등재사항에 대한 변경신청을 거부한 것의 처분성을 일관하여 부인하였다. 그 논거로 지적공부에 기재된 일정한 사항을 변경하는 행위는 행정사무집행의 편의와 사실증명의 자료로 삼기 위한 것으로, 이로 인하여 당해 토지에 대한 실체상의 권리관계에 변동을 가져오는 것이 아니고, 토지 소유권의 범위가 지적공부의 기재만에 의하여 증명되는 것도 아님을 들었다. 그러나 대법원 전원합의체판결(2004.4.22, 2003두9015)을 통해서, 지목변경신청의 거부를 거부처분으로 봄으로써, 종래의 법원의 입장이 180° 바뀌었다. 처분성인정의 논거로, 지목이 토지소유권을 제대로 행사하기 위한 전제요건으로서 토지소유자의 실체적 권리관계에 밀접하게 관련되어 있어서 지적공부 소관청의 지목변경신청 반려행위는 국민의 권리관계에 영향을 미친다고 하였다. 이를 통해서 지적공부상의 일련의 행위(등재·말소·변경)는 공증으로서 처분성을 갖는다. 이에 대한 참고문헌: 김남진, 지목변경 신청반려의 법적 성질, 법률신문 제3292호(2004.8.); 박해식, 지목변경신청반려행위의 처분성, 21세기사법의 전개: 송민 최종영대법원장재임기념논문집, 2005.9.; 박해식, 지목변경신청반려행위의 처분성, 대법원판례해설 제50호(2004 상반기), 2004.12.; 이상선, 지목변경신청반려행위의 처분성, 재판과 판례 제14집, 2006.1.,; 안창환, 지목변경신청에 대한 반려행위의 처분성, 판례연구 제17집, 2006.2.

173) 한편 다수의 지적과는 달리, 김성수 교수는 이를 의사의 통지가 아닌 단순한 사실 또는 관념의 통지로 보고 있다. 동인, 일반행정법, 2004, 235면.

성적 행위(특허)로, 대집행의 계고와 납세의 독촉은 각각 작위하명과 급부하명의 성질을 갖는다고 볼 수 있다고 주장된다.[174)]

그런데 전통적인 행정행위 분류체계에 관한 기본인식의 차이를 넘어서, 통보처분의 가능성 여부와 그것의 독립성 여부를 세심하게 검토할 필요가 있다. 전자의 물음과 관련해선 "통보" 자체의 처분성여부에 관한 논의가 행해져야 하고, 후자의 물음과 관련해선 처분성인정을 바탕으로 독립된 범주로서 그것을 설정할 수 있는지가 다루어져야 한다. 후자의 물음은 통보로부터 비롯된 법효과가 과연 기왕의 행정행위의 틀에서 벗어나 알림이란 통보의 본질에 부합하는 나름의 형상을 제공하는지 여부가 관건이다. 통보 그 자체가 (무엇에 대한) 알림이므로, 통보의 처분성여부는 그것의 대상이자 내용과 연계하여 검토되어야 한다. 따라서 통보의 처분성이 문제되는 대상은 바로 '행정조치(Maßnahme)의 통보'라 하겠다.

여기서도 결정적으로 중요한 것은, 통보 그 자체로 인해 일정한 권리가 발생, 변경, 소멸되거나 확인될 것인지 여부이다. 따라서 해당 조치의 요건이 존재하며, 그리하여 그것의 실행은 전적으로 통보의 집행을 의미한다는 식의 결정이 통보를 통해서 구속적으로 내려지게 될 경우엔, 통보로부터 직접적인 법효과의 발생이 인정된다. 하지만 행정청이 절차를 이런 식으로 2단계로 설정하고자 함은 원칙적으로 받아들여질 순 없다. 다만 행정청이 법적으로 구속받고자 하는 경우(확약의 경우), 추후행위를 위한 법적 근거를 곧바로 확고히 하고자 하는 경우(부담유보의 경우), 개별법이 두/세단계의 형성을 규정한 경우엔 그렇지 아니 하다. 특히 마지막의 경우를 보자면, 거래보호와 법적 안정성의 고려에서 통보된 조치의 (소급적)파기가 저지됨으로써 절차의 2단계적 형성에 의해 관련인의 권리보호가 앞당겨지게 될 때에 비로소 받아들여 질 수 있다. 이런 논증을 바탕으로 독일에선 확약, 강제수단의 계고(Androhung), 수공업자명부상의 예정된 등재의 통보에 대해선 처분성이 인정되는 반면, 은퇴통보, 운항일지부담의 계고, 외국인의 경고, 해직의 통보, 兵役義務者拘引의 계고 등에 대해선 부인된다.[175)]

요컨대 통보의 대상과 연관하여 통보로부터 (통보대상이 지닌) 직접적인 법효과의 발생이 인정되면, 통보처분이 성립할 수 있다. 그런데 통보처분의 존재는 결과선취적 성격을 지니기에, 그것의 인정이 자칫 무분별한 처분성확대에 따른 난맥을 초래할 수 있다. 따라서 여기서 관건은, 관련 근거법령이 거래보호와 법적 안정성에 의거하여 당사자 등을 보호하기 위해 독립된 통보처분의 매개로 한 특별한 단계를 두었는지 여부이다.[176)] 한편 행정행위의 분류상, 통보처분으로부터 비롯된 법효과의 내용에 비추어 보

174) 김남진/김연태, 앞의 책, 229면.
175) 이상의 내용은 vgl. Stelkens/Bonk/Sachs, VwVfG, §35 Rn.55.

건데, 오히려 그것은 명령적, 형성적 또는 확인적 행징행위에 위치할 수 있다(통보처분의 이중성). 한편 이런 통보처분의 이중성에 착안하여 전적으로 후자의 측면에 초점을 맞추고 강조할 것 같으면, 통보처분이 불필요하다는 주장 역시 설득력을 갖는다.[177)]

(5) '受理'의 問題點

행정법의 대부분의 문헌에 의하면, 일반적으로 "수리"란 타인의 행정청에 대한 행위를 유효한 행위로 받아들이는 즉, 수령하는 행위를 말하고, 그 예로 혼인신고의 수리, 행정심판청구의 수리, 수리를 요하는 신고에서의 수리를 든다.

혼인신고와 관련한 민법 제812조 제1항과 제813조 및 호적법상의 관련조항을 고려한 즉, 정보제공적 신고의 일종으로 여겨지는 혼인신고에서의 '수리'가 혼인의 성립을 좌우할만한 독립된 의미를 가지는지 의문스럽다. 법률혼주의에 따라 혼인관계가 국가에 알려지고 그 사실이 공부에 등재됨으로써 대외적으로 증명된 혼인관계가 성립한다는 점에서, 그 수리는 신고에 따른 등재를 하기 위한 업무처리상의 한 과정에 불과할 수 있지만, 사실 '수령한다는 점'보다는 공증에 가깝다. '이의신청'이나 '행정심판청구'의 경우에도, 그 신청이나 심판청구의 수리는 그것에 대한 심리 · 재결로 나아가는 과정의 일환에 해당하여, 독립된 의미를 갖지 않는다. 이처럼 수리에 대해 독립된 행정행위성을 인정하기 위한 요건의 측면에서 문헌에서 적시된 법효과의 존재란 수긍될 수 없다. 그런데 '수리'를 독립된 행정행위로 볼 수 있게 하는 유일한 근거가, 다름 아닌 이른바 "수리를 요하는 신고제"이다. 따라서 오늘날 수리의 물음은 당연히 여기에 초점이 모아져야한다.[178)]

---

176) 통보처분으로 운위되어 온 대상 가운데, '특허출원의 공개'(특허법 제64조)는 독립된 통보처분이지만, '토지수용에서의 사업인정의 고시'는 독자적 의미를 갖지 못하고, 사업인정(결정)의 존재요건이자 성립요건이다. '귀화의 고시'는 귀화의 효과와 관련하여 법적 의의를 갖지 않으며, 폐기물관리법상의 폐기물처리사업계획(서)의 '(부)적정통보'는 사전결정에 해당하지만, 통보처분이기도 하다(참조: 대법원 1998.4.28, 선고 97누21086판결) . '대집행의 계고'는 대집행실행의 통보처분이면서도 본래의무에 대한 재하명의 성격도 갖는다. 재임용거부의 취지로 한 임용기간만료의 통지는 재임용거부처분이기에, 통보처분으로 자리매김하여선 아니 된다(참조: 대법원 2004. 4. 22. 선고 2000두7735 전원합의체 판결). 농지법상의 농지처분의무통지는 통보처분이 아니라, 농지처분하명 그 자체이거나 그것의 성립요건 또는 존재요건으로서 자리매김할 수 있다(대법원 2003. 11. 14. 선고 2001두8742 판결은 처분성을 인정한다). 한편 대법원 2006.4.20. 선고 2002두1878 전원합의체 판결은 종전 입장을 바꿔 원천징수의무자에 대한 소득금액변동통지의 처분성을 인정하였다. 이에 대한 평석으로 강석규, 소득금액변동통지의 행정처분성, 판례연구 제18집, 2007.2.; 이의영, 소득처분에 따른 소득금액변동통지의 법적 성질: 대법원 2006.4.20. 선고 2002두1878 전원합의체 판결에 대한 비판적 검토, 조세법연구 제12권 제2호, 2006.11.

177) 상세는 졸고, 통보처분의 독립된 인정여부에 관한 소고, 고시연구 2006.9., 95면 이하(행정법기본연구 I, 329면 이하) 참조.

178) 이에 관해선 졸고, 이른바 수리를 요하는 신고의 문제점에 관한 소고, 행정판례연구 제8집, 2004, 63면 이하 참조.

4. 잠정적 행정행위, 일회적 행정행위 그리고 계속적 행정행위

이는 규율의 지속과 관련하여 나눈 유형이다. 경찰의 도로변 주차명령은 일회적 규율형태의 행정행위이고, 공무원임용은 지속적 규율의 대표적 예이다. 문제는 잠정적 규율의 경우이다. 이것의 본질적인 특징은 바로 행정결정의 잠정성이다. i) 사안에 대한 완결적 심사가 아닌 개략적 심사를 바탕으로 결정이 내려지며, ii) 종국적 심사된 사안을 바탕으로 새로운 결정의 가능성이 유보된 경우에 잠정적 행정행위가 존재한다.[179] 물론 수범자로선 행정청이 잠정적 규율을 종국적 규율로 대체하리라는 점을 인식할 수 있다. 법효과상으로 잠정적 행정행위와 "통상적 행정행위"가 구별되는 점은, 전자의 경우 행정청에게 유리하도록 신뢰보호원칙이 주효하지 않으며, 취소권행사가 실효되지 않는 것이다. 시민의 관점에선, 잠정적 행정행위의 발함이 -수익적 성격이나 부담적 성격을 떠나서- 그 자체로선 수익적이긴 하나, 여러 불이익이 결부되어 있다. 반면 행정으로선 신뢰보호원칙의 배제나 행정의 능률화의 측면에서 그다지 불만스럽지 않다. 행정행위의 일종으로서 잠정적 행정행위가 받아들여지긴 하나,[180] (독일에서조차도) 여전히 그것의 정의는 물론, 성질, 부관과의 구분, 허용요건, 행정절차 등 여러 법적 문제점을 둘러싸고 분분하다.[181]

5. 일단계적 행정행위와 다단계적 행정행위

이 구분은 행정행위의 발급에 협력하는 행정청의 숫자에 따른 것이다. 일단계적 행정행위(einstufiger VA)는 행정행위의 발급에 있어서 오로지 하나의 행정청만이 관할할 경우를 의미하며, 통상적인 행정행위는 이에 해당한다. 다단계적 행정행위(mehrstufiger VA)는 그것의 발급에 있어서 다수의 행정청이 함께 협력하는 경우를 의미할 수 있지만, 다른 행정청의 동의를 필요로 하는 경우에 국한하여야 한다. 구속성을 지닌 여기서 동의(Zustimmung)는 위계관계를 전제로 하여 사용하는 본래의 동의만이 아니라, 대등한 관계에서의 협력을 의미하는 의견일치(합의, Einvernehmen)도 포함한다. 한편 다른 행정청의 미약한 형태의 협력인, 협조(Benehmen), 조언(Beratung), 의

179) 사실 잠정세율의 적용에 따른 과세처분이나 사후경정결정유보하의 조세확정처럼 잠정적 법제도는 낯선 것이 아니다. 독일의 경우 1983.4.14일자 판례(BVerwGE 67, 99)를 통해서, -비록 법률적 근거가 없음에도 불구하고- '시행될 영업심사의 결과를 유보하면서' 내린 자금조성승인결정이 잠정적 행정행위로 평가가 내려진 것이, 그것의 특유한 의미를 논의하게 된 계기였다.

180) 한편 잠정적 행정행위와 결부하여 독일에선 최근 사전배려적 행정행위(vorsorglicher VA)가 논의되지만, 이 개념은 잠정적 행정행위와는 대조적으로 아무런 새로운 독립된 행정행위의 특징을 보여주지 못한다고 평해진다.

181) 우리의 경우 잠정적 행정행위에 관한 상세는 김남진, 샘물개발 가허가의 요건 등, 판례월보 제364호(2000. 1), 24면 이하; 류지태, 가행정행위의 개념, 월간고시, 1993. 11; 최봉석, 잠정적 행정행위(가행정행위)의 요건과 한계, 고시연구 2006.4., 22면 이하; 졸고, 리스크행정에서 행정행위에 의한 개별사건규율에 관한 소고, 지방자치법연구 제6권 제1호, 2006.6., 549면 이하(본서 393면 이하) 참조.

견청취, 견해표명의 경우엔, 그 자체가 비구속적인 점에서 단계적 행정행위에서의 동의와는 구별된다. 그러나 우리 대법원이 군사시설보호법상 요구되는 허가사항에 대한 '협의'를 '동의'로 이해하였으며,[182] 건설공사시 문화재보존의 영향 검토에 관한 문화재보호법 제74조 제2항 및 같은 법 시행령 제43조의2 제1항에서 정한 '문화재청장과 협의'를 '문화재청장의 동의'로 보았다.[183] 우리의 경우 법률용어사용에서 구체적인 동의나 허가에 갈음하여 포괄적인 협력을 뜻하는 '협의'가 많이 사용되기에 그것의 의미를 파악하는 것이 관건이다. 입법정책적으로 확정성을 띤 용어사용이 요구된다.

한편 단계적 행정행위와 관련해선, 최종 결정이외에 동의거부와 같은 중간결정에 대해서 취소소송을 제기할 수 있는지가 문제된다. 우리의 경우 판례는 부정적인 태도를 견지하고 있다.[184] 그러나 독립된 행정행위로서의 규율효과를 지니는지는 당해 행정청들의 관계가 同値的인지 여부에 좌우된다. 즉, 개개의 행정청이 자신의 임무를 독자적이고 전속적으로 수행하기에 나름의 소정의 관점을 고려할 수 있는 경우에는 다른 행정청의 협력(동의 및 그것의 거부)은 규율로서 외부효를 발생시켜 독립된 취소대상이 될 수 있지만, 협력하는 행정청이 원행정청과 동일한 관점을 고려하지 않으면 아니 될 경우에는 달리 판단해야 한다.[185] 한편 대법원 1995.3.10. 선고 94누12739판결은 군사시설보호법상 요구되는 허가사항에 대한 '협의'를 '동의'로 이해하면서, 그 동의 및 동의거부에 대해서 처분성을 부인하였다. 그러나 동법의 목적과 더불어 군당국의 고유한 관점이 존재함을 감안한 즉, 독립된 처분성을 부여하여야 한다.[186] 물론 비구속적인 협력의 경우에는 당연히 쟁송대상이 되지 않는다.

6. 부분적 행정행위와 전체적 행정행위

이는 규율의 대상과 범위가 사안전체를 포착하는지 아니면 사안의 일부를 포착하

---

182) 대법원 1995.3.10. 선고 94누12739 판결. 이에 대한 평석으로 박영만, 군사시설보호법상의 '협의'절차와 항고소송, 행정판례연구 제6집, 2001, 184면 이하 참조.

183) 대법원 2006.3.10. 선고 2004추119 판결. 여기서 판례는 "문화재보호법 시행규칙 제18조의2 제2항 제2호 (다)목의 규정의 취지는 국가지정문화재의 보존에 영향을 미치는 행위에 대하여는 어디까지나 문화재청장이 그 허가권을 가진다"는 점을 착안점으로 삼아, 동의적 성질을 설득력 있게 논증하였다. 이에 대한 평석으로 경건, 관계기관과의 協議를 거치지 아니한 條例의 效力, 행정판례연구회 제221차 월례발표회, 2007.9.21.

184) 대법원 1997. 9. 26. 선고 97누8540 판결: 상급행정기관의 하급행정기관에 대한 승인 · 동의 · 지시 등은 행정기관 상호간의 내부행위로서 국민의 권리 의무에 직접 영향을 미치는 것이 아니므로 항고소송의 대상이 되는 행정처분에 해당한다고 볼 수 없다.

185) BVerwGE 26, 31, 39.

186) 이원우 교수는, 처분성을 인정하지 않는 입장에 따를 때 관할부대장은 그저 행정소송법 제17조에 의한 소송참가인의 지위에 설 수밖에 없으며, 자칫 군사시설보호법상의 정당한 공익목적이 대변되지 못할 상황이 초래될 수 있기에, 관련 국민의 기본권보장을 위해서는 물론, 군사시설보호의 공익관철을 위해서도 이 협의 및 협의거부에 처분성을 인정하여야 한다고 주장한다. 동인, 군사시설보호구역에 의한 재산권 제한과 피해구제방안, 法學論叢 第19輯, 한양대학교 법학연구소, 2002.12, 24면-26면.

는지에 따른 구분이다. 이런 구분은 해당 결정절차의 진행이 일회적인지 아니면 다단계적(연속적)인지에 좌우된다. 보통의 경우 결정절차 전체가 일회적으로 진행되어 그 결과로서 행정행위가 내려지기에, 해당 사안전체를 규율한다(전체적 행정행위). 반면 전체 결정절차가 단계적인(연속적인) 부분절차로 이루어진 때엔, 해당 부분절차상의 결과물은 당연히 대상 및 범위에서 한정적인 규율로서의 성격을 갖는다. 이런 부분적 행정행위에 해당하는 것이 다단계적 절차에 따른 단계화된(단계적) 행정행위인데(gestufter VA), 이는 전체행위인 다단계적 행정행위(mehrstufiger VA)와는 완전히 구별된다. 부분적 행정행위에 속하는 것이 사전결정(예비결정)과 부분허가이다.[187]

행정절차의 집합에 해당하는 다단계적 행정절차는 법률적으로 특별히 규율된 절차의 유형이 아니다.[188] 원전이나 산업설비와 같은 대규모프로젝트의 허가절차에선, 종종 복합적이고 광범한 물음에 관한 해명과 결정이 일회적으로 내려져선 아니 되고, 상이한 공익과 사익을 고려함과 아울러 여러 행정청과 다수 관련자를 참여시키면서 행해질 것이 요구된다. 따라서 여기선 일정한 선결물음(가령 입지선정물음, 일정한 기술의 허용성 등)이나, 전체설비의 일정한 부분(가령 개개의 건물군)에 관해서, 존속력이 있는 행정행위(가령 사전결정 내지 부분허가)를 통해서 사전에 또한 모든 관계자에 대해서 구속적으로 결정내리는 것이 절차경제적으로 합목적적일 수 있다. 사전결정(예비결정)과 부분허가는, −법률이 정한 내용에 의하긴 해도− 존속력이 있게 결정이 내려진 부분에 대해서 신청자와 관련 제3자가 추후에 이의제기를 하는 것을 배제시킨다(배제효). 그리고 이들은 행정청으로 하여금 전체 설비의 허용성에 관해 잠정적, 긍정적인 전체판단을 내리도록 요구하며, 그리하여 후속 허가부분과 관련하여 행정청에 대해서 어느 정도의 사전효과와 구속을 발생시킨다. 다만 판단의 暫定性으로 인해 구속효상의 제한은 필연적이다. 그 결과 허가될 설비부분을 추후에 상세히 심사한 즉, 설비부분이 애초에 계획한 대로 시행될 수 없다는 것이 드러나거나, 미허가설비부분상의 사실 · 법상황의 변화로 말미암아 새로운 요구가 성립하여야 할 경우에는 구속효는 소멸한다.[189]

사전결정제도가 可分的인 개개의 허가요건, 가령 전체구상이나 부지선정에 관한

---

187) 참조: 김남진, 행정법의 기본문제, 808면 이하; 김해룡, 다단계적 행정결정에 관한 법리, 고시계 1994.4, 93면 이하; 정하중, 단계행정절차에 있어서 사전결정과 부분허가의 의미, 저스티스 제32권 제1호, 1999.3, 131면 이하.

188) 물론 이를 사전결정과 부분허가를 중심으로 하는 것으로 파악하지 않고, 구간별 도로구축처럼 실체적인 것이 아니라 공간적인 조각(부분)형성과 같은 것을 다단계적 절차라 부를 수 있긴 하나, 이는 용어의 물음이라고 한다. Vgl. H. Maurer, Allg. VerwR, §19 Rn.7c.

189) Kloepfer, Umweltrecht, 3.Aufl. 2004, §5 Rn.115. 다만 사전결정의 경우에는 그 자체의 終局性으로 말미암아, 구속효의 제한과 같은 전자의 유보란 통용되지 않는다. BVerwGE 70, 365(372).

것(예: 폐기물관리법상의 적정(적합)통보제)[190]이라면, 부분허가제도는 사실적(실체적)으로 구분지울 수 있는 설비부분의 설립과 운영에 관한 것이다. 부분허가는 完全許可(Vollgenehmigung)와는 내용상의 한정성에서 구분될 뿐, 그 자체로선 진정한 허가이다. 그리하여 사전결정에서와는 달리, 부분허가에선 전체 사업안 즉, 전체설비와 관련한 잠정적, 긍정적 전체판단이 요건일 뿐만 아니라, 부분허가에 의해서 조성된 규율의 실체적(사실적) 부분이기도 하다. 그 결과 -한정된 범위에선 최종결정인- 부분허가는 전체사업안을 위해 필수적인 차후의 부분허가와 관련해서도 행정청을 원칙적으로 구속한다. 하지만 사전결정의 경우에는, 설령 전체 사업안의 잠정적, 긍정적 전체판단이 그것의 발급요건이라 하더라도, 결코 본허가에 관한 推斷的 確約이 수반되지 않는다.[191] 사전결정과 부분허가에서의 이런 본질적 차이점은, 궁극적으로 形成效의 인정여부로 귀결된다. 해당 설비허가의 신청자는 전적으로 부분허가에 의거해서만 그 일부를 설립이나 운영할 수 있지, 사전결정에 의해서는 허용되지 않는다.[192] 사전결정은 형성효가 아닌 확인효가 인정될 뿐이어서 확인적 행정행위의 일종에 해당한다.[193] 한편 대법원 1998.9.4. 선고 97누19588판결은 원자력법 제11조 제3항의 부지사전승인처분에 대해서 진정한 사전결정과는 다소 다르게 부분허가적 측면까지도 있다고 보았는데,[194] 이는 부지승인을 받은 자에게 일정 범위안에서 공사를 허용하는 원자력법 제11조 제4항에 따른 당연한 소산이다.

7. 개성관련적 행정행위와 사물관련적 행정행위

이는 행정행위의 행사여부의 바탕, 즉 판단기준의 내용에 따른 구분이다. 개성관련적 행정행위의 경우 사람의 주관적 사정(능력 · 자격 등)이 판단척도가 되며, 사물관련적 행정행위의 경우 사물의 객관적 사정(설비요건 등)이 판단척도가 된다. 이 같은 구분

190) 김동희, 앞의 책, 232면; 홍정선, 행정법원론(상), 2007, 286면.

191) 따라서 적정통보가 본허가인 폐기물처리업허가에 관한 신뢰를 제공하는 것은 아니라고 본 대법원 2003.9.23. 선고 2001두10936판결의 태도는 정당하다. 아울러 대법원 1998.9.25. 선고 98두6494판결이 폐기물사업적정통보에 사건 토지에 대한 형질변경허가의 공적 견해표명이 포함되어 있지 않는다고 판시한 것, 역시 정당하다. 나아가 대법원 1999.5.25. 선고 99두1052판결이 주택건설촉진법의 舊 제32조의 4에 의거한 사업계획의 사전결정에 대하여 제한적인 구속효를 인정하는 식의 논증을 한 것 역시 정당하다.

192) 박윤흔, 행정법강의(상), 2004, 310면. 그래서 Arndt는 사전결정과 관련해서 '확인효를 지닌 교시발급'(Auskunftserteilung)이라고 언급하였다. Ders., Umweltrecht, in: Steiner(Hrsg.), Bes. VerwR, 6.Aufl., 1999, Rn. 160.

193) 동지: 정하중, 앞의 책, 209면.

194) 한편 여기선 판례가 부지사전승인이 후행 건설허가처분에 흡수되는 식의 논증을 하는 데 대해서 반론이 제기된다. 대표적으로 류지태, 행정법신론, 2006, 147면. 이에 대한 평가로 김남진, 원자로부지사전승인과 법적 문제, 법제 1999.2., 20면 이하; 조홍식, 환경소송에서의 소익과 헌법-사법권의 본질과 관련하여-, 헌법의 규범력과 법질서(허영 교수정년 기념논문집), 2002, 590면 이하 참조.

은 궁극적으로 절차생략인 법효과의 승계(이전)여부로 귀착된다. 이상의 분류는 대부분 문헌에서 기술하는 對人的, 對物的 행정행위의 분류에 해당한다.[195]

그런데 현재 사용되고 있는 '대인적', '대물적'이라는 용어는 그 의미의 엄밀성이라는 측면에서 보면, 해당되는 행정행위의 특징을 정확히 반영하기보다는 오히려 혼란을 초래하였다고 할 수 있다. 이런 상황은 물적 행정행위의 개념을 받아들인 후에 더욱 그러한데, 그리하여 물적 행정행위에 해당하는 공용지정 등을 대물적 행정행위에 포함시켜 논하는 식으로 양자를 동일하게 보기조차 한다. 따라서 '대인적', '대물적'이라는 용어에 갈음하여 '개성관련적'(personenbezogen), "사물관련적(구속적)" (sachbezogen, sachgebunden)이라는 용어를 사용함이 좋을 듯하다. 결국 개성관련적 행정행위는 물론 사물관련적 행정행위 역시 특정인에 대해서 발해지는 한, 대인적 행정행위이며, 반면에 사물관련적 행정행위 가운데 인적 범위가 전혀 특정되지 않은 것은 물적 행정행위로서 대물적 행정행위에 해당한다 할 것이다. 생각건대 철거명령은 사물이 아닌 사람에 대해서 말해지는 점에서는 대인적 행정행위이며, 또한 설령 개성적 징표가 있다 하더라도 엄격히 말해 개성관련성보다는 사물관련성을 더 갖는다는 점에서는 사물관련적 행정행위에 해당한다고 할 수 있다.[196]

* 행정소송(I), 조해현(편집대표), 2008, 481면-534면 소수.

---

195) 우리의 경우 영업양도양수에서 양도인의 귀책사유가 양수인에게 승계되는지 여부가 문제된다. 참고문헌: 김기표, 영업의 양도 · 양수 및 상속과 그 승계에 관한 입법론적 고찰, 법제, 1994.2.; 장태주, 행정법상의 권리의무의 승계, 현대행정법학이론(이명구 박사 화갑기념논문집 Ⅱ), 1996; 장호익, 영업의 승계에 관한 입법례 검토, 법제 1998.12.; 김승렬, 영업의 승계사유에 따른 승계효과, 법제, 1999.8.; 정하중, 경찰상의 의무의 승계, 고시연구 1999.12.; 박상희, Altlasten과 경찰책임, 공법학연구 제3권 제2호, 2002.3.; 김남진, 행정제재사유 승계의 능부, 고시연구 2002.9.; 이현수, 영업양도와 제재처분상의 지위승계, 행정판례연구 제10집, 2005.

196) 상세는 졸고, 공의무, 특히 철거의무 및 이행강제금납부의무의 승계에 관한 고찰, 공법연구 제23집 제2호 1995.6., 한국공법학회, 298면 이하(행정법기본연구 I , 45면 이하) 참조.

제 3 장

住民登錄轉入申告拒否의 法的 問題點에 관한 小考

-對象判決 : 서울고등법원 2003.4.22. 선고 2002누9683判決-

Ⅰ. 처 음 에

1. 事案의 槪要

원고들이 2001.7.16. 자신들이 피고(서울특별시 강남구 개포 제2동장)의 관할구역 내인 서울 강남구 개포2동 소재 구룡마을의 별지 목록 주소란 기재의 각 장소에 거주하고 있다고 하면서 피고에게 주민등록 전입신고를 하였다. 이에 피고는 2001.7.24. 원고들에게 '구룡마을 주민등록 전입신고 여부에 대한 안내'라는 제목 하에 "구룡마을 지역은 적법한 절차에 의거 거주시설로 인정되는 건축물이라고 볼 수 없고, 향후 도시계획에 의한 공원조성 등으로 인하여 발생할 수 있는 제반 문제점과 물건지의 소유자 및 거주시설의 적법성 또는 거주시설의 구조와 형태는 관계 타법령의 목적에 의하여 종합적으로 검토, 결정해야 할 사항이므로 전입신고 접수 처리가 어렵다."는 내용의 회신을 하였다.

이에 원고들은, 주민등록법상 거주지는 주민의 사실상 생활의 근거지가 되는 장소를 의미하고 무허가 건축물이라도 주민의 생활근거가 되는 이상 행정청으로서는 이러한 거주지를 주소로 한 주민등록 전입신고도 수리하여야 할 주민등록법상의 의무가 있다고 할 것이므로, 피고가 원고들의 위 주민등록 전입신고를 수리하지 아니하고 거부한 이 사건 처분은 위법하다고 주장하였다. 반면 이에 대하여 피고는 다음과 같은 점에서 이 사건 전입신고 거부처분이 적법하다고 주장하였다. ⅰ) 이 사건 전입신고 대상지는 공부상 특정이 불가능하다. ⅱ) 이 사건 전입신고 대상지는 공원 등 자연녹지지역 내에 불법시설물들이 운집한 지역으로서 언제라도 즉시 철거될 지경이므로, 30일 이상의 거주가 객관적으로 불가능하다. ⅲ) 원고들의 비닐하우스나 판자가설물은 사회통념상 주거시설로서의 여건을 갖추지도 못하였을 뿐만 아니라, 원고들은 거주의 목적이 아닌 아파트입주권 취득이나 보상금 수령 등의 불순한 동기로 전입신고를 하려고 하는 것이다. ⅳ) 원고들은 아무런 점유권원 없이 타인의 토지를 불법점유하고 그곳에 무허가 시설물을 축조한 것이므로, 이에 대하여 주소지를 인정한다는 것은 사회통념상 인정될 수 없다.

2. 제1심(서울행정법원 2002.5.31. 선고 2001구36470판결)의 要旨

(1) 관련 법령과 그 해석

주민등록법(이하 '법'이라 한다)은, 이 법은 시(서울특별시 · 광역시를 제외한다, 이하 같다) · 군 또는 구(자치구를 말한다, 이하 같다)의 주민을 등록하게 함으로써 주민의 거주관계등 인구의 동태를 상시로 명확히 파악하여 주민생활의 편익을 증진시키고 행정사무의 적정한 처리를 도모함을 목적으로 하고(법 제1조), 시장 · 군수 또는 구청장은 30일 이상 거주할 목적으로 그 관할구역 안에 주소 또는 거소(이하 "거주지"라 한다)를 가진 자(이하 "주민"이라 한다)를 이 법의 규정에 의하여 등록하여야 하며(법 제6조 제1항), 시장 · 군수 또는 구청장은 주민등록사항을 기재하기 위하여 개인별 및 세대별 주민등록표를 작성 · 비치하고 세대별 주민등록표색인부를 비치 · 기록하여야 하고(법 제7조 제1항), 주민의 등록 또는 그 등록사항의 정정이나 말소는 주민의 신고에 의하여 이를 행함을 원칙으로 하여(법 제8조 본문), 하나의 세대에 속하는 자의 전원 또는 그 일부가 거주지를 이동한 때에는 제11조 또는 제12조의 규정에 의한 신고의무자가 신거주지에 전입한 날부터 14일 이내에 신거주지의 시장 · 군수 또는 구청장에게 전입신고를 하여야 한다고(법 제14조 제1항) 규정하고 있다.

또한 신거주지의 시장 · 군수 또는 구청장은 제1항의 규정에 의한 전입신고를 받은 때에는 지체없이 전거주지의 시장 · 군수 또는 구청장에게 전입신고서 사본을 첨부하여 주민등록표와 관련 공부의 이송요청을 하여야 하고(법 제14조 제2항), 제2항의 규정에 의한 이송요청을 받은 전거주지의 시장 · 군수 또는 구청장은 전출대상자가 세대원 전원이거나 세대주를 포함한 세대의 일부의 전출인 경우에는 개인별 및 세대별 주민등록표와 관련 공부를, 세대주를 제외한 세대의 일부의 전출인 경우에는 전출자의 개인별 주민등록표와 관련 공부를 이송요청을 받은 날부터 3일 이내에 정리하여 신거주지의 시장 · 군수 또는 구청장에게 이송하여야 하며(법 제14조 제3항), 신거주지의 시장 · 군수 또는 구청장은 제3항의 규정에 의하여 주민등록표와 관련 공부가 이송되어 온 때에는 제1항의 규정에 의한 전입신고서와 대조 · 확인한 후 지체없이 주민등록표와 관련 공부를 정리 또는 작성하여야 한다고(법 제14조 제4항) 규정함과 아울러, 주민의 거주지이동에 따른 주민등록의 전입신고가 있는 때에는 병역법 · 향토예비군설치법 · 민방위기본법 · 인감증명법 · 국민기초생활보장법 · 의료보험법 및 장애인복지법에 의한 거주지이동의 전출신고와 전입신고를 한 것으로 본다고 규정(법 제14조의2)하고 있고, 위와 같이 등록된 주민등록지를 공법관계에 있어서의 주소로 하도록 규정(법 제17조의7)하고 있다.

이와 같이 주민의 거주관계를 파악하고 인구의 동태를 명확히 파악하여 주민생활의 편익을 증진시키고 행정사무의 적정한 처리를 도모함을 목적으로 하는 법의 목적과 법상의 주민등록지를 기초로 하여 국민의 공법상의 권리 의무관계가 형성, 유지되도록 규정하고 있는 여타 관련 규정의 취지에 비추어 볼 때, 주민등록은 30일 이상 거주할 목적으로 사실상 거주하는 주민은 반드시 신고를 하고, 이에 대하여 시장 · 군수 또는 구청장(법 제2조 제2항 및 법시행령 제1조에 따라 주민등록에 관한 사무 중 전입신고에 관한 사무는 구청장으로부터 동장에게 위임되어 있다)은 사실대로 주민등록 할 법적 의무가 있음이 명백하다 할 것이다.

(2) 판단 및 결론

인정사실과 같이 원고들이 2-13년간 생활의 근거지로서 이 사건 전입신고지에서 장기간 거주하고 있는 이상, 비록 그 건축물이 철거대상이 되는 무허가건물이라 할지라도 원고들은 법상 30일 이상 거주할 목적으로 그 관할구역 안에 주소 또는 거소를 가진 주민이라 할 것이므로, 피고는 법이 정하는 바에 따라 원고들의 전입신고를 수리하고 이송되어 온 주민등록표와 대조확인한 후 지체 없이 주민등록표를 정리 또는 작성하여야 할 것이다.

그리고, 이와 다른 피고의 위 주장은 이 사건 전입신고지의 특정이 충분히 가능한 것으로 보이는 점, 법은 주민의 거주지가 적법한 건축물이거나 토지에 대한 적법한 점유권원을 가질 것을 요건으로 하고 있지 않고, 주민등록을 한다고 하여 위와 같은 불법이 해소되어 적법한 것으로 되는 법률적 효과가 발생하는 것도 아닌 점, 그밖에 앞서 살핀 바와 같은 법의 목적과 법상의 주민등록지를 기초로 하여 국민의 공법상의 권리 의무관계가 형성, 유지되도록 규정하고 있는 여타 관련 규정의 취지 등에 비추어 볼 때, 불법한 거주 목적으로 새로이 입주하려는 자의 전입신고를 거부하는 것은 별론으로 하고, 이미 장기간 실제로 거주하고 있는 원고들에 대하여 불법건축물이 30일 이내에 철거될 것이 확정되었다는 특별한 사정도 없는 이상, 모두 이유없다 할 것이다. 그렇다면, 법에 따른 원고들의 전입신고를 수리하지 아니한 피고의 이 사건 처분은 위법하다고 할 것이다.

따라서 이 사건 처분의 취소를 구하는 원고들의 청구는 이유 있어 이를 인용하기로 하여 주문과 같이 판결한다.

3. 對象判決의 要旨

(1) 관련 법령과 그 해석

주민등록법은 시 · 군 또는 자치구의 주민을 등록하게 함으로써 주민의 거주관계 등 인구의 동태를 상시로 명확히 파악하여 주민생활의 편익을 증진시키고 행정사무의 적정한 처리를 도모함을 목적으로 하고(제1조), 그 대상자는 "30일 이상 거주할 목적으로 그 관할구역 안에 주소 또는 거소를 가진 자"로서(제6조 제1항), 누구든지 주민등록의 신고를 이중으로 할 수 없으며(제10조 제2항), 주민의 거주지 이동에 따른 주민등록의 전입신고가 있는 때에는 병역법 · 향토예비군설치법 · 민방위기본법 · 인감증명법 · 국민기초생활보장법 · 의료보험법 및 장애인복지법에 의한 거주지이동의 전출신고와 전입신고를 한 것으로 보고(제14조의2), 다른 법률에 특별한 규정이 없는 한 주민등록지를 공법관계에 있어서 주소로 한다(제17조의7)고 규정하고 있으므로, 주민등록법이 주민의 거주관계를 파악하고 인구의 동태를 명확히 하려는 근본 목적은 주민생활의 편익을 증진시키고 행정사무의 적정한 처리를 도모하고자 하는 데에 있는 것일 뿐만 아니라, 주민등록지는 민법상의 주소와는 달리 동시에 두 곳 이상 있을 수 없고(위 제10조 제2항 및 민법 제18조 제2항 참조), 주민등록에 따라 공법관계상의 여러 가지 법률상 효과가 나타나며, 지방자치제도는 일정한 지역을 단위로 일정한 지역의 주민이 그 지방에 관한 여러 사무를 그들 자신의 책임 하에 선출한 기관을 통하여 직접 처리하게 함으로써 지방자치행정의 민주성과 능률성을 제고하고 지방의 균형 있는 발전과 아울러 국가의 민주적 발전을 도모하는 제도로서 지방자치단체의 구역 안에 주소를 가진 자가 그 지방자치단체의 주민이 되어 지방자치단체에 대하여 주민으로서의 권리와 의무를 가지므로(지방자치법 제12조, 제13조, 제14조 참조) 앞서 본 주민등록제도는 지방자치의 출발점인 동시에 자치행정의 기초가 되는 것이고, 나아가 지방자치단체는 그 사무를 처리함에 있어서 주민의 편의 및 복지증진을 위하여 노력할 의무도 있다(지방자치법 제8조 참조).

이상의 제 규정을 종합하면, 주민등록법 제6조 제1항이 규정하는 주민등록 대상자의 요건인 "30일 이상 거주할 목적으로 그 관할구역 안에 주소 또는 거소를 가질 것"이라 함은 단순히 외형상 그러한 요건을 갖춘 경우를 말하는 것이 아니라, 앞서 본 주민등록법의 입법 목적과 주민등록의 법률상 효과 및 지방자치의 이념에 부합하는 실질적 의미에서의 거주지를 갖춘 경우를 의미하는 것이고, 주민등록을 담당하는 행정청으로서는 주민등록 대상자가 이러한 실질적 요건을 갖추지 못하였다고 볼만한 특별한 사정이 있는 경우에는 그 등록을 거부할 수 있다고 보아야 한다(대법원 2002. 7. 9. 선고 2002두1748 판결 참조).

(2) 판단 및 결론

인정사실(생략)을 종합하면, 구룡마을 8지구에 있는 가설건축물들은 앞서 본 주민등록법의 입법 목적과 주민등록의 법률상 효과 및 지방자치의 이념에 부합하는 실질적인 의미에서의 거주지에 해당하지 아니할 뿐 아니라 원고들 중 상당수는 위 8지구 내 가설건축물을 생활의 근거로 삼고 있기 때문이 아니라 투기 등 다른 목적으로 주민등록 전입신고를 하였다고 보이므로, 원고들이 주민등록법 제6조 제1항에 정해진 "관할구역 안에 주소 또는 거소를 가진 자"라는 요건을 실질적으로 충족하였다고 인정하기 어렵다고 할 것이고, 따라서 강남구청장으로부터 주민등록에 관한 사무를 위임받은 피고가 주민등록법 제6조 제1항의 요건을 실질적으로 충족하지 못한 원고들의 전입신고를 수리하지 아니하는 처분을 하였다고 하여 그것이 위법한 처분에 해당한다고 할 수 없다.

그렇다면, 이 사건 처분의 취소를 구하는 원고들의 이 사건 청구는 이유 없어 이를 모두 기각할 것인바, 제1심 판결은 이와 결론을 달리하여 부당하므로 피고의 항소의 항소를 받아들여 제1심 판결을 취소하고 원고들의 청구를 모두 기각하기로 한다.

Ⅱ. 問題의 提起

필자는 지난 6월 20일에 한국행정판례연구회가 개최한 제173차 월례발표회에서 '이른바 수리를 요하는 신고의 문제점에 관한 소고'란 주제로 발표하였는데, 공교롭게도 그 주말에 대상판결이 방송에 보도되어 이에 관한 문제점을 생각할 계기가 되었다. 엄밀히 살펴보기 위해선, 전입신고에 따른 주민등록에서 거주의 실질성을 요구함으로써 근본적인 방향전환을 가져다 준 대법원의 2002.7.9. 선고 2002두1748판결과 이것의 항소심인 서울고등법원 2002.1.15. 선고 2001누8706판결을 대상으로 삼아야 하나, 이 글에선 논의의 적실성을 참작하여 대상판결에 초점을 맞추었다. 아울러 양 대상판결의 와중에 대법원의 2002두1748판결이 있었기에 그 차이점이 극명하게 노정된다. 우선 대상판결의 사건이름이 '주민등록전입신고거부처분취소'인 데서 알 수 있듯이, 원심과 항소심은 사안을 행정법상의 신고와 그것에 대한 수리의 차원에서 바라보고 있다. 대법원의 2002.7.9. 선고 2002두1748판결 역시 사건이름이 '전입신고미처리처분취소'이다. 그런데 이 같은 출발점에 서면, 함께 또는 그것의 바탕에서 고려해야 할 것이 바로 '행정법상의 신고'에 관한 현재의 판례와 문헌상의 일반적인 경향이다. 그래서 과연 현재의 통념화된 틀 –이른바 '자기완결적 신고'와 '수리를 요하는 신고'를 두 축으로 하여 구축된 체계– 에 대상판례가 아무런 문제없이 착근될 수 있는지에 물음이 던져진다. 그런데 만약 사안을 행정법상의 신고의 법리에서 해결하기가 곤란하다면 그 논의의 바탕을 어디에서 구하여야 하는가?

Ⅲ. 住民登錄轉入申告의 法的 性質에 관한 論議

1. 行政法上의 申告에 관한 一般的 論議

사인의 공법행위는 의사표시의 방향성을 기준으로 일방당사자의 의사표시만으로 법률효과를 발생하는 것(단독행위, 자기완결적 공법행위)과 쌍방당사자의 의사의 합치에 의해 법률효과를 발생하는 것(쌍방적 행위, 행정요건적 공법행위)으로 나뉘는데, 이런 나눔과 연계해서 대부분의 문헌은 신고를 자기완결적(자체완성적) 공법행위로서의 신고(수리를 요하지 않는 신고)와 행정요건적 공법행위로서의 신고(수리를 요하는 신고)로 나누며, 판례 역시 이런 경향을 보이고 있다. 대법원 2000.5.26. 선고 99다37382판결은 이른바 '수리를 요하는 신고'의 존재를 처음으로 명시적으로 인정한 판례이고, 대법원 2002.4.12. 선고 2001두9288판결은 '종묘생산어업수리불가처분취소'란 사건이름이 시사하듯이 그와 같은 맥락에 선다.[1] 행정법의 많은 문헌들 역시 '자기완결적 신고'와 '수리를 요하는 신고'를 명시적으로 구분하고 있다. 그리하여 이런 상황에서 양자의 신고유형 특히 '수리를 요하는 신고'가 별다른 異論없이 하나의 법제도로 정착되기에

1) 이밖에도 대법원은 영업양도에 따른 지위승계신고의 수리를 행정처분으로 봄으로써 이 또한 '수리를 요하는 신고'에 포함시켜버렸다. 대법원 1993.6.8. 선고 91누11544판결; 1995.2.24. 선고 94누9146판결. 이들 판결은 신고제뿐만 아니라 영업의 양도·양수와 관련해서도 문제점이 있다. 아울러 대법원은 건축주명의변경신고의 경우에도 이것의 수리거부를 처분으로 보기에(대법원 1992.3.31. 선고 91누4911), 이 또한 '수리를 요하는 신고'의 일종으로 본 셈이다.

이르렀다.

그리하여 대부분의 문헌들은 '수리를 요하는 신고'의 특징을 허가제와 '자기완결적 신고'와 대비시켜 서술하고 있다. 즉, 허가제와 관련해선, 허가제의 경우엔 요건에 관한 형식적 심사뿐만 아니라 실질적 심사까지 행해지는 반면에, 수리를 요하는 신고제의 경우엔 형식적 심사에 그친다고 한다. 아울러 '등록제'란 '수리를 요하는 신고제'를 의미하는 것으로 보아, 실정법(예: '정기간행물의등록등에관한법률' 제7조 1항)의 등록제에 따른 등록신청을 수리를 요하는 신고로 보기도 한다.[2] 그리고 '자기완결적 신고'와 관련해선, 그것의 수리와 수리거부 모두가 법적 구속력을 발휘하지 않아서 행정처분이 될 수 없지만, '수리를 요하는 신고'의 경우엔 정반대로 그것의 수리와 수리거부 모두 행정처분이 된다고 한다.

2. 住民登錄法上의 住民登錄轉入申告의 法的 性質

원심과 항소심은, 피고의 본안전 항변에 대한 판단에서, 「피고는, 피고가 원고들에게 위 1의 나항과 같은 내용의 회신을 한 것은 원고들의 주민등록 전입신고에 대하여 자신의 견해를 표명하거나 안내를 한 것에 불과하여 항고소송의 대상인 처분에 해당하지 아니하므로, 그 취소를 구하는 원고들의 이 사건 소는 부적법하다고 항변한다. 그러나 원고들의 주민등록 전입신고에 대하여 관할관청인 피고가 위 1의 나항과 같은 내용의 회신을 하였다면 이는 단순한 견해의 표명이나 안내와 같은 사실행위가 아니라 주민등록법에 규정된 원고들의 주민등록 전입신고를 접수하여 처리하지 않겠다는 거부의사를 표명한 것으로 보아야 할 것이므로, 행정소송의 대상이 되는 처분에 해당한다고 할 것이어서 피고의 위 항변은 이유없다」고 함으로써, 공히 '주민등록전입신고'의 수리거부처분의 차원에서 사안을 바라본다. 일반적으로 대법원 1996.2.27. 선고 94누6062판결처럼 수리거부의 처분성을 가짐을 바탕으로, 일종의 귀납적 논리전개를 통해서 그 수리의 처분성을 비롯하여 이른바 '수리를 요하는 신고'의 존재에 다다른다.[3] 따라서 이런 도식을 따르면 '주민등록전입신고'는 의당 이른바 '수리를 요하는 신고'이고 그것의 수리 자체는 행정처분이 된다. 한편 '주민등록전입신고'를 이른바 '수리를 요하는 신고'로 볼 때, 「수리를 요하는 신고제의 경우엔 형식적 심사에 그친다」고 하는 통념적인 기술은 再考되어야 한다. 왜냐하면 실질적인 거주 목적을 따져서 행

2) 특히 홍정선, 행정법원론(상), 2003, 165면.

3) 그렇기에 '등록제'를 이른바 수리를 요하는 신고의 별칭으로 이해하는 홍정선교수가, 체육시설업신고의 수리거부를 행정처분으로 판단한 대법원 1996.2.27. 선고 94누6062판결과 관련해서, 관련법상의 체육시설업신고는 그 규제강도가 등록보다 약한 법적 수단이어서 이른바 수리를 요하지 않는 신고에 해당하지 않음을 근거로, 비판한 것은 논리적으로 자명한 귀결이다. 동인, 법률신문, 제2519호(1996.7.15).

한 원고의 '주민등록전입신고'의 수리거부를 적법한 것으로 판시한 항소심의 판지와는 背馳되기 때문이다.

그런데 '주민등록전입신고'의 법적 성질을 논함에 있어 출발점은 바로 현행 주민등록법상으로 실행되는 주민등록신고 · 등록제도이다. 동법 제6조(대상자) 제1항은「시장 · 군수 또는 구청장은 30일이상 居住할 目的으로 그 관할구역 안에 주소 또는 거소(이하 "居住地"라 한다)를 가진 자(이하 "주민"이라 한다)를 이 법의 규정에 의하여 등록하여야 한다. 다만, 外國人에 대하여는 예외로 한다」고 규정하고 있으며, 동법 제8조(등록의 신고주의원칙)는「주민의 등록 또는 그 등록사항의 정정이나 말소는 주민의 신고에 의하여 이를 행한다. 다만, 이 법에 특별한 규정이 있는 경우에는 예외로 한다」고 규정하고 있다. 양 규정이 규율한 바를 토대로 하여 본 즉, 허가에 대한 신청과 같이 '주민등록전입신고'는 주민등록표상의 등록을 위한 요건에 불과하다. 바꾸어 말하자면, '주민등록전입신고'의 '수리거부'가 아니라, '주민등록전입신고'에 따른 '등록거부'가 소송대상(Klagegegenstand)이 되어야 한다. '신고'에는 항상 '수리'나 '수리거부'를 결부시키는 통념화된 사고가, 이처럼 실정법을 간과하게 만들지 않았을까 짐작을 갖는다. 다만 '주민등록전입신고'를 신고 차원에서 바라 볼 때 그것의 유형이 무엇일까 논의할 필요가 있는데, 그 자체로부터 직접적인 법적 효과가 당연히 발생하지 않고 등록결정을 위한 하나의 프로세스인 점에서, '주민등록전입신고'는 허가제에 대비된 (예방적) 금지해제적 신고가 아니라, 정보제공적 신고의 일종이라 하겠다. 따라서 '주민등록전입신고'는 등록을 위한 행정요건적 신고인 동시에 정보제공적 신고이다.

요컨대 신고를 자기완결적(자체완성적) 신고(수리를 요하지 않는 신고)와 행정요건적 신고(수리를 요하는 신고)로 나눔을 버려야 함을 여기서도 확인할 수 있다. 이젠 출처가 불분명한 신고의 유형 및 그에 따른 고정관념에서 벗어나, 신고제의 본질을 바탕으로 그에 부합하는 새로운 도그마적 틀 즉, 금지해제적 신고와 정보제공적 신고를 구축하여야 한다.[4] 다시 말해 '受理를 요하는 신고'는 다름 아닌 '修理를 요하는 신고'일 따름이다. 이런 시도의 첫 단추가 오늘날 그 전거가 의문스러운 이른바 '법률행위적 행정행위'와 '준법률행위적 행정행위'의 분류를 버리고 후자를 해체하는 것이므로, 특히 공증, 통지 그리고 수리의 재정립과 수정에 초점을 맞추어야 한다.[5]

---

4) 이에 관해선 졸고, 건축허가의제적 건축신고와 일반적인 건축신고의 차이점에 관한 소고, 판례월보 제368호, 2001.5, 13면 이하; 건축법상의 건축신고의 문제점에 관한 소고, 저스티스 제61호, 2001.6, 150면 이하; 행정법상의 신고의 법도그마적 위상에 관한 소고, 고시연구 2002년 2월호, 26면 이하; 행정법상의 신고와 관련한 판례의 문제점에 관한 소고, 인권과 정의 2002년 3월호 101면(행정법기본연구 I, 130면) 이하 참조.

5) 여기선 간략히 현재 문헌상 독자적인 자리매김을 갖는 '수리' 자체의 처분성을 검토하고자 한다. 그리하여 과연 현재 문헌상 거론되는 "수리"의 효과가 과연 행정절차법 제2조 2호 등에서 채택한 처분개념정의에 비추어 그러한지 먼저 검토해 보아야 한다. 민법 제812조 제1항, 동법 제813조 및 호적법상의 관련조항을 고려하고서 '혼인신

Ⅳ. 住民登錄轉入申告에 따른 등록거부의 適法性 여부

1. 선결물음-이른바 준법률행위적 행정행위의 일종인 公證의 處分性 問題

(1) 일반적 논의

먼저 제기되는 물음이 '주민등록전입신고'에 따른 '등록거부'가 처분인지 여부이다. 일반적으로 행정처분으로서의 거부처분이 되자면 그 신청대상 또한 행정행위일 것을 요구하고, 아울러 판례상으론 법규상 또는 조리상으로 신청권이 있어야 한다.[6] 따라서 이에 의하면 '주민등록전입신고'에 따른 '등록거부'의 처분성을 인정하기 위해선, 우선 '주민등록전입신고'에 따른 '등록' 자체의 행정처분성이 인정되어야 한다. 이 물음은 이른바 준법률행위적(준권리설정행위적)[7] 행정행위의 일종으로서의 '공증'의 처분성 문제이다.

'공증'에 관한 논의를 살펴본 즉, 일반적으로 공증이란 특정한 사실 또는 법률관계의 존부를 공적으로 증명하는 행위를 말한다. 그리고 종래 통설은 확인은 특정한 법률

고의 수리'를 보자면, 과연 정보제공적 신고의 일종으로 여겨지는 혼인신고에서의 '수리'가 혼인의 성립을 좌우할 만한 독립된 의미를 가지는지 의문스럽다. '법률혼주의'가 사실혼을 완전히 배격하고 반드시 국가의 승인하에서만 혼인이 성립한다는 것을 의미하지 않는 한, 혼인신고의 수리에 비중을 두는 것은 바람직하지 않다. 법률혼주의에 따라 혼인관계가 국가에 알려지고 그 사실이 공부에 등재됨으로써 대외적으로 증명된 혼인관계가 성립한다는 점에서, 그 수리는 신고에 따른 등재를 하기 위한 업무처리상의 한 과정에 불과하다. 따라서 여기서의 '수리'를 그저 '접수' 차원을 넘어서 공부상의 등재라는 법적 의미를 지닌 '처리'까지 포함한 의미로 파악하지 않는 한, 그 수리에 대해서 독립된 법적 행위성을 부여하기란 곤란하다 하겠다. 그러나 수리의 무의미성을 바로 그 불수리(수리거부)의 무의미성으로 연결해선 안 된다. 이의신청이나 행정심판청구의 경우에도, 그 신청이나 심판청구의 수리 그 자체가 -해당 법률에 의하든- 그것에 대한 심리 · 재결과 같은 직무를 행할 의무와 같은 법효과를 발생시킨다고 하는 것은 의제적이라 하겠다. 왜냐하면 그 신청이나 심판청구의 수리는 그것에 대한 심리 · 재결로 나아가는 과정의 일환에 해당하여, 독립된 의미를 갖지 않기 때문이다. 그리고 공무원의 사표수리의 경우 그 수리가 '접수'를 넘어서 법적 의미를 지닌 '처리'까지 포함함으로써 여기에 '면직처분적 요소'까지 깃들어 있다면 모르지만, 그렇지 않은 이상 현행 공무원법상 단순한 사표수리만으론 공무원관계의 소멸의 법효과가 발생하지 않는다. 이처럼 수리에 대해 독립된 행정행위성을 인정하기 위한 요건의 측면에서 문헌상의 적시된 법효과의 존재가 수긍될 수 없기에, 당연히 그것은 행정절차법 등의 처분에 해당하지 않는다. 그런데 '수리'를 독립된 행정행위로 볼 수 있게 한 법제도가 등장했는데, 그것은 다름 아니라 이른바 '수리를 요하는 신고제'이다.

6) 우리 판례는 거부처분취소소송과 부작위위법확인소송에서 기본적으로 원고적격과 소송대상을 결부시키는 전제에서 전자에 대한 엄격한 요구를 시발로 한다. 이러한 사정에선 대법원이 행정개입에 관한 인인의 보호청구권(행정개입청구권)을 부인할 수밖에 없다. 따라서 원고적격여부에 다소 완화된 입장을 보인 예(대판 1996.6.11, 95누12460)도 있긴 하나, 원고적격을 권리침해의 '가능성'으로 바라보는 식으로 기본시각이 하루바삐 바뀌어야 한다.

7) 여기선 성문화된 용어인 '법률행위'가 과연 그것의 본질적 의미에 부합하는지 검토되어야 한다. 이에 해당하는 독일어인 "Rechtsgeschäft(e)"를 일본민법에서 "법률행위"로 번역한 이래 우리 역시 이를 답습하고 있다. 하루바삐 본질왜곡적인 이런 용어를 버리고, 신유철 교수가 제시한 대로 "권리설정행위"로 번역하여 정립하는 것이 바람직하다. 신유철 교수는 당시의 일본의 법학자들이 "법률행위"로 번역한 所以를, 근대 사법이 지향하는 사적 자치의 이념을 제대로 파악하지 못한 것과 법(Recht)과 법률(Gesetz)도 구별하지 않음으로써 법률실증주의적 사고를 갖고 있었던 것에 두고 있다. 이에 관한 상세는 신유철, 21세기 한국민사법학의 과제, 안암법학제13호, 2001.11, 210면 이하; 이진기, 법률개념, 법률문장, 법체계-민법개정시안과 관련하여-, 비교사법 제9권 제4호, 2002.12, 148면 이하 참조.

사실이나 법률관계에 관한 의문 또는 분쟁이 있음을 전제로 하여 행하는 판단표시행위인 데 대해서, 공증은 의문이나 분쟁을 전제함이 없이 행하는 인식표시행위라고 하여 양자를 이른바 준법률행위적 행정행위로 각기 독립하여 자리매김하고 있다. 아울러 공증의 공통된 효과는 공증된 사항에 대해 반증에 의하지 않고는 전복될 수 없는 공적 증거력을 발생하는 점에 있다고 보기에, 반증이 있게 되면 누구든지 공증의 취소를 기다림이 없이 그것을 전복시킬 수 있다고 한다. 또한 법원은 공증의 일종인 지적공부의 등재와 관련하여, 지적공부상의 등재 및 지적공부의 복구신청을 거부하거나 그 등재사항에 대한 변경신청을 거부한 것의 처분성을 일관하여 부인하고 있다.[8] 그 논거로 지적공부에 기재된 일정한 사항을 변경하는 행위는 행정사무집행의 편의와 사실증명의 자료로 삼기 위한 것으로, 이로 인하여 당해 토지에 대한 실체상의 권리관계에 변동을 가져오는 것이 아니고, 토지 소유권의 범위가 지적공부의 기재만에 의하여 증명되는 것도 아님을 들고 있다. 그리하여 유지태 교수는 공증행위가 실체적 권리관계의 변동과 관련을 갖는 경우에는 판례와 마찬가지로 행정행위성을 인정할 수 없고, 반면 여권의 발급이나 국가시험합격증서의 발급과 같이 실체적 권리관계의 변동을 대상으로 하지 않는 경우에는 행정행위성을 인정할 수 있다고 본다.[9]

(2) 管見

요컨대 오늘날 '공증(된 것)'의 처분성에 대한 짙은 의구심은 한편으론 그것에서 비롯된 '공적 증거력'에 관한 통설적 이해와, 다른 한편으론 법원이 행정청의 지적관련한 공부상의 일련의 행위에 대해서 일관되게 처분성을 부인한 사정으로부터 생겨났다고 여겨진다. 전자와 관련해선, 과연 반증이 있으면 누구든지 공증의 취소 없이도 그 공적 증거력을 전복시킬 수 있는지가 현행 민사소송법의 관련 규정에 의거해서 검토되어야 한다. 증거력(증거가치, 증명력)이란 일정한 증거자료가 要證事實의 인정에 이바지하는 정도 즉, 법관의 확신을 일으키는 데 영향을 주는 힘, 다시 말해 증거자료의 심증형성력을 말한다. 書證을 보자면, 문서가 증거력을 갖기 위해선 우선 그것이 진정하게 성립된 것이어야 하고(형식적 증거력), 그 다음에 그 내용이 요증사실의 증명에 이바지하는 가치를 가져야 한다(실질적 증거력). 이런 증거력의 평가는 법관의 자유심증에 의하나(민사소송법 제202조), 문서의 작성방식과 취지에 의하여 공무원이 직무상 작성한 것(공문서)으로 인정한 때에는 이를 진정한 공문서로 추정됨으로써(동법 제356조 제1항), 형식적 증거력의 차원에서 문서의 진정성립이 추정되며, 아울러 실질적 증거력의

8) 대법원 1991.12.14. 선고 91누8357판결; 1995.12.12, 95누9747판결; 2002.4.26, 2000두7612판결 등.
9) 동인, 행정법신론, 2003, 123면.

차원에서도 공문서에 대해선 그 기재내용의 진실성이 추정되는 예가 많다고 한다.[10] 이상과 같은 소송법의 일반적 논의에 비추어 보자면, 공증이 지닌 공적 증거력과 반증간에는 직접적인 상관관계를 설정하기가 어렵지 않다. 따라서 김남진 교수님이, -반증이 있게 되면 누구든지 공증의 취소를 기다림이 없이 그것을 전복시킬 수 있다고 하는- 통설적 이해는 행정행위에게 인정되는 공정력을 부인한 셈이 된다는 점에서, (통설적 이해에 따른다면) 공증의 행정행위성에 대해 의문이 제기될 법하다고 정당하게 지적하였다.[11] 그런데 비록 반증이 공적 증거력의 심증형성력을 약화시켜 그것을 스스로 전복시킬 수 있다 하더라도, 여기선 증거력의 판단이 기본적으로 법관의 자유심증주의에 의한다는 점을 출발점으로 삼아야 한다. 종래의 통설과 같이 공문서의 고양된 증거력에 초점을 맞추는 태도에는 근본적인 변화가 요구된다. 왜냐하면 과연 그것을 처분개념정의에서 요구되는 '법효과의 발생'에 포섭시킬 수 있는지 의문스럽기 때문이다. 따라서 단순한 증명기능에 그쳐선 곤란하고, 등재 등에 대해서 실정법이 규율적 성격을 부여하거나 -그렇지 않은 경우엔- 행정청이 이를 법적 구속력이 있는 것으로 하고자 해야 한다. 즉, 법률이 등재에 부여하는 효과가 규율적 성격인지 여부가 관건이다.[12]

한편 후자의 관련해선 지적관련한 공문서에 해당한다는 점과 우리의 경우 법원이 지적제도를 관장한다는 점을 고려해야 한다. 지적관련한 공문서의 증거력은 법관의 자유심증주의를 바탕으로 하여 충분히 가늠될 수 있다는 점에서 그곳에서의 등재 전반을 사실행위로 보는 것은 타당하지 않다. 더군다나 여기선 과연 직무활동의 실행과 그 거부가 동일한 법적 성질을 갖는지가 검토되어야 한다. 양자의 법적 성질을 동일시 취급하는 입장[13]이 있지만, 신청한 직무활동의 실행이 행정행위나 사실행위에 해당하는지 여부와 무관하게 신청한 직무활동의 모든 거부는 행정행위라고 보는 입장[14]도 있다. 생각건대 후자의 입장을 취하면, -지적공부상의 등재의 법적 성질은 別論으로 하더라도- 적어도 그것의 신청에 대한 거부는 현행의 처분개념정의 가운데 본래적 처분에 해당하는 "행정청이 행하는 구체적 사실에 관한 법집행으로서의 공권력의 행사 또는 그 거부"에는 해당하지는 않지만, 준처분에 해당하는 '그밖에 이에 준하는 행정작용'에는 큰 어려움 없이 포섭될 수 있다. 지적공부상의 등재와 관련한 법원의 묵수적

---

10) 정동윤, 민사소송법, 1995, 545면 이하 참조.

11) 동인, 행정법 I, 2002, 234면. 동지: 정하중, 행정법총론, 2002, 228면.

12) Lässig, Registereintragungen als Verwaltungsakt?-BVerwGE 77, 268, JuS 1990, S.459(463f.).

13) Eyermann-Fröhler, VwGO, 10.Aufl. 1998, §45 Rn.44; König, BayVBl.1987, S.261(262).

14) Meyer, in: Meyer-Borgs, VwVfG, 2.Aufl. 1982, §35 Rn.38; Stelkens, in: Stelkens/Bonk/Sachs, VwVfG, 5.Aufl. 1998, §35 Rn.56; Krause, Rechtsformen des Verwaltungshandelns, 1974, S.201f.; Lässig, DVBl.1979, S.561(562).

태도가 지적제도의 전속성을 유지하기 위함인지 모르지만, 이로 말미암아 헌법재판소가 처분성을 부인한 법원의 태도를 보충성 요건의 충족사유로 삼아 법원의 입장과 배치되는 결정을 내린 점[15]을 상기하여야 한다.[16]

한편 종래 통설이 전술한 바와 같이 양자를 이른바 준법률행위적(준권리설정행위적) 행정행위로 각기 독립하여 자리매김하고 있는 데 대해서, 김남진 교수님은 확인이 일반적으로 공증(증명서 등의 발급)의 형식으로 대외적으로 표시되어 양자의 구별이 확실치 않다는 점에서 공증을 독자적인 행정행위로 보는 것에 대해 강한 의문을 제기하고 있다.[17] 확인적 행정행위는 법상황을 구속적으로 확인하고 그리하여 행정청과 수범자에게 법효과를 증명하는 의사와 함께 행해진다는 점을 유의하여야 한다. 독일의 경우 일찍이 W. Jellinek[18]가 '공증적 행정행위'(der beurkundende VA)[19]를 확인적 행정행위의 하위경우로 여겼듯이, 대부분의 문헌이 양자의 관계를 그처럼 설정하고 있다.[20] 민법의 권리설정행위(법률행위)와 준권리설정행위(준법률행위) 개념에 터 잡은 행정법상의 이른바 준법률행위적 행정행위란 틀[21]을 깨뜨리기 위한 시도의 일환으로서, -차후 다른 지면에서 살펴보겠지만- 공증을 확인적 행정행위 전반의 틀에서 논의하여야 한다.

2. 住民登錄轉入申告에 따른 등록거부의 法的 性質

일반적으로 의사표시가 아니라 인식(지식)표시에 해당하는 것으로 보는 -등재 · 등록 등을 포괄한- 일련의 공증행위(Beurkundungen)가 전적으로 인식표시의 정도에 머문다면 결코 행정행위에 해당할 수가 없는데, 통상적으론 그렇다 하겠다. 따라서 전술한 바와 같이, 그것이 구속효를 지닌 법효과를 규율하여야만 비로소 행정행위가 될 수 있다.[22] 아울러 단지 행정내부적 정보제공에 이바지하는 대장상의 등재 가령 교통벌점대장상의 등재 역시 그 자체가 외부효를 갖지 않기에 행정행위가 아니다. 따라서 면

---

15) 헌재1999.6.24, 97헌마315결정. 이의 평석에 관해선 김남진, 행정청의 지목변경신청거부와 권리보호, 판례월보, 1999.11, 18면 이하; 홍준형, 지적등록사항 정정신청반려행위의 처분성, 법제, 1999, 12, 3면 이하 참조.

16) 追論: 그러나 대법원 전원합의체판결(2004.4.22, 2003두9015)을 통해서, 지목변경신청의 거부를 거부처분으로 봄으로써, 종래의 법원의 입장은 180° 바뀌었다.

17) 동인, 앞의 책, 234면. 비슷한 지적: 정하중, 앞의 책, 227면. 追論: 행정법기본연구 I, 318면 이하.

18) ders., Verwaltungsrecht, 3. Aufl., 1931, S.260.

19) 한편 Lässig는 '공증적 행정행위'란 개념이 그들 행정절차법 제35조 1문상 요구되는 규율적 성격과 조치의 단순한 증명기능간의 구분지움에 이바지 못함을 지적하였다. Ders., a.a.O.(Fn.11), S.463.

20) Vgl. Stelkens, a.a.O., §35 Rn.147; Peine, Allgemeines Verwaltungsrecht, 5. Aufl., 2000, Rn.143-144.

21) 이에 관해선 선정원, 독일 행정법상의 행정행위 확장이론들의 등장과 발전, 공법연구제27집 제2호, 1999.6, 519면 이하; 졸고, 이른바 수리를 요하는 신고의 문제점에 관한 소고, 한국행정판례연구회 제173차 월례발표회 발표문, 2003.6.20, 4면 이하 참조.

22) Stelkens, a.a.O., §35 Rn.147.

저 '주민등록전입신고'에 따른 '등록'이 처분성을 갖는지 여부의 물음은 그것으로부터 어떠한 법효과가 발생하는지가 먼저 검토되어야 하는데, 이 물음에 대한 답은, 우선 주민등록법이 주민의 거주지이동에 따른 주민등록의 전입신고가 있는 때에는 병역법 · 향토예비군설치법 · 민방위기본법 · 인감증명법 · 국민기초생활보장법 · 의료보험법 및 장애인복지법에 의한 거주지이동의 전출신고와 전입신고를 한 것으로 본다고 규정하고 있으며(법 제14조의2), 위와 같이 등록된 주민등록지를 공법관계에 있어서의 주소로 하도록 규정하고 있는 데(법 제17조의7)서 충분히 찾을 수 있다. 아울러 동법 제17조의3이 이의신청과 관련하여 주민등록 또는 등록사항의 정정이나 말소가 처분임을 분명히 하였다. 따라서 '주민등록전입신고'에 따른 '등록'과 그것의 '등록거부'는 당연히 행정처분에 해당한다.

3. 住民登錄轉入申告에 따른 등록거부처분의 適法性 여부

현행 주민등록법이 대상자에 대해 시장 등이 "등록하여야 한다"고 규정하고 있기에(동법 제6조 제1항), 등록처분은 당연히 기속(구속적)행위이다. 따라서 그 등록거부처분의 적법성 여부는 등록의 요건부분에 관한 판단의 적부에 좌우된다. 그리하여 서울행정법원 2002.5.31, 선고 2001구36470판결에서 당해 법원은, 「원고들이 2-13년간 생활의 근거지로서 이 사건 전입신고지에서 장기간 거주하고 있는 이상, 비록 그 건축물이 철거대상이 되는 무허가건물이라 할지라도 원고들은 법상 30일 이상 거주할 목적으로 그 관할구역 안에 주소 또는 거소를 가진 주민이라 할 것이고, 이 사건 전입신고지의 특정이 충분히 가능한 것으로 보이는 점, 법은 주민의 거주지가 적법한 건축물이거나 토지에 대한 적법한 점유권원을 가질 것을 요건으로 하고 있지 않고, 주민등록을 한다고 하여 위와 같은 불법이 해소되어 적법한 것으로 되는 법률적 효과가 발생하는 것도 아닌 점, 그밖에 앞서 살핀 바와 같은 법의 목적과 법상의 주민등록지를 기초로 하여 국민의 공법상의 권리 의무관계가 형성, 유지되도록 규정하고 있는 여타 관련 규정의 취지 등에 비추어 볼 때, 불법한 거주 목적으로 새로이 입주하려는 자의 전입신고를 거부하는 것은 별론으로 하고, 이미 장기간 실제로 거주하고 있는 원고들에 대하여 불법건축물이 30일 이내에 철거될 것이 확정되었다는 특별한 사정도 없는 이상, (전입신고수리거부처분은) 모두 이유없다」고 판시함으로써 현재의 거주사실에 비중을 두었다 -대법원의 2002.7.9. 선고 2002두1748판결의 원심인 서울고등법원 2002.1.15. 선고 2001누8706판결도 비슷하다-. 반면 대법원의 2002두1748판결과 전술한 서울고등법원 2002누9683판결은 기본적으로 장기간의 실제거주보다는 '실질적인 거주목적'을 바탕으로 하여 등록거부처분(여기선 전입신고의 수리거부)의 적법성 여부를 가늠하였다.

여기선 「생활의 근거가 되는 곳을 '주소'로 한다」고 규정한 민법 제18조 제1항과 '30일이상 거주할 목적으로 그 관할구역안에 주소 · 거소(거주지)를 가진 자'를 주민등록의 대상자로 규정한 주민등록법 제6조 제1항의 차이점을 고려하여 검토해야 한다. 통상 민법학에선 민법에서의 주소를 실질주의와 객관주의의 관점에서 바라보는데, 원심의 입장의 기조가 이를 바탕으로 한 것 같다. 그런데 통상 공증이 갖는 증대된 공적 증거력과 법률상의 효과를 감안한다면, 민법상의 주소에 관한 이해를 그대로 주민등록법상의 주민등록지에 이행하는 것은 문제가 있다. 이런 차이점을 분명히 한 것이 바로 '30일이상 거주할 목적'의 요구이다. 무릇 적법한 건축물 및 (허용을 포함한) 소유권 등의 권원의 소재 여부가 '주소'를 가늠하는 데 영향을 미치지 않지만, '주민등록지'의 경우에는 사정이 다르다. 일정한 건축물이나 토지에 대해 전혀 소유권 등 점유권원을 갖지 못한 자가 주민등록을 통해서 그 시설물이나 토지에 -주민등록법상의 의미에서- 적법하게 거주하는 것으로 될 때 간과해선 아니 될 문제가 바로 그들과 소유권자와의 충돌이다. 따라서 공익과 사익뿐만 아니라 사익간의 조정자로서 사인간의 충돌을 예방하여야 할 행정당국은, 전입신고에 대한 등록을 통한 '주민등록지'를 부여함에 있어 당연히 실질적 거주목적을 고려해야 한다. 마치 건축허가를 받고자 하는 자는 건축할 대지의 범위와 그 대지의 소유 또는 그 사용에 관한 권리를 증명하는 서류(분양을 목적으로 하는 공동주택을 건축하는 경우에는 건축할 대지의 범위와 그 대지의 소유에 관한 권리를 증명하는 서류)를 제출하여야 하는 것(건축법시행규칙 제6조 참조)과 기본적으로 동일하다. 따라서 민법상의 주소와의 차이점을 논구하지 않은 점은 아쉬우나, 대법원 2002.7.9. 선고 2002두1748판결을 기와로 서울고등법원 2002누9683판결이, 기본적으로 장기간의 실제거주보다는 "실질적인 거주목적"을 바탕으로 하여 등록거부처분(여기선 전입신고의 수리거부)을 적법하다고 판시한 데 대해선 찬동한다. 주민등록처분으로 이처럼 실질적 거주목적이 요구됨으로써, 앞으로 토지 등의 소유자와 무허가건축물의 주거자간의 다툼에서 특히 전자가 후자에 대한 행정청의 전입신고등록처분을 다툴 수 있는 길이 제시되었다.

V. 맺으면서

불법적으로 건축물을 축조한다는 것이 정상의 법질서하에선 불가능함에도 불구하고, 이 같은 법외적 현상이 사라지지 않고 오히려 극성을 부리는 현실에서 대법원과 -

그것을 참조한- 서울고등법원의 태도는 늦게나마 법제도를 정상의 모습으로 환원시키고자 하는 시도의 일환으로 여겨진다. 일찍이 사회정책적 물음을 법적 물음에 무차별적으로 앞세운 결과의 하나가 바로 속칭 '아파트딱지'인 점에서, 그런 비법적 대응이 우리 사회의 병리적 현상을 확대시켜 왔다 하겠다. 따라서 도시재개발이나 신도시의 개발과 같은 도시정비행정에서 행정당국이 주민과의 마찰을 피하기 위해 공식의 행정작용이 아닌 타협 · 협상 등을 바탕으로 하는 비공식 행정작용의 방법으로 일을 추진하다가 결과적으로 행정의 능률적 집행을 저해하기도 하였다는 지적[23]은 되새겨 보아야 한다.

그런데 이상과 같은 법질서의 확립이라는 긍정의 효과에도 불구하고, 일련의 대상판결은 법도그마적으론 결정적인 취약성을 갖는다. 즉, 사안을 전적으로 '행정법상의 신고'의 차원에서 바라 볼 뿐 주민등록의 과정을 간과하였다. 이 점에서 흔히들 구별하는 신고의 유형(자기완결적 · 수리를 요하는 신고)과 그것에 관한 이해는 수정되어야 한다. 즉, 이젠 출처가 불분명한 신고의 유형 및 그에 따른 고정관념에서 벗어나, 신고제의 본질을 바탕으로 그에 부합하는 새로운 도그마적 틀을 구축할 때이다. 요컨대 금지해제적 신고와 정보제공적 신고를 자리매김하는 것을 바탕으로 하여, 일종의 사이비 신고제인 '수리를 요하는 신고'를 재정립하여야 한다. 이런 시도의 출발점이 오늘날 그 典據가 의문스러운 이른바 '법률행위적 행정행위'와 '준법률행위적 행정행위'의 분류를 버리고 후자를 해체하는 것이다. 그런데 일련의 대상판결이 공증의 일종인 등록에 관한 법적 고찰을 비껴간 것에는 공증 전반에 관한 논의가 그동안 태부족한 데도 원인이 있지 않을까 생각된다. 이 점에서 하루바삐 이를 포함한 확인적 행정행위에 관한 심도 있는 논의가 진행되어,[24] 어의와 체계에 부합하는 분류체계-명령적 행정행위, 형성적 행정행위 그리고 확인적 행정행위-가 정립되어야 한다.

* 저스티스 제74호 2003.8. 269면 이하 소수.

* 追論: 대법원 2009.6.18. 선고 2008두10997전원합의체판결의 問題點

한편 이상에서 본 대법원 2002.7.9. 선고 2002두1748판결과 서울고등법원 2003.4.22. 선고 2002누9683판결은 기본적으로 장기간의 실제거주보다는 '실질적인 거주목적'을 바탕으로 하여 등록거부처분의 적법성 여부를 가늠하였다. 그러나 그 뒤에 나온 대법원 2009.6.18. 선고 2008두10997 전원합의체판결은[25] 물론 그것의 원심

---

23) 김남진, 앞의 책, 359면.

24)참고문헌: 선정원, 공부변경 및 그 거부행위의 처분성, 인권과 정의, 2002. 11, 126면 이하 참조.

25) [1] 주민들의 거주지 이동에 따른 주민등록전입신고에 대하여 행정청이 이를 심사하여 그 수리를 거부할 수

인 서울고등법원 2008.6.4. 선고 2007누33780판결 및 그 1심인 서울행법 2007.11.15. 선고 2007구합27332판결은 현재의 거주사실에 의거하여 사안에 접근하였다. 물론 이들 판례가 공히 이른바 수리를 요하는 신고식의 이해하기 힘든 -필자가 강하게 비판하고 있는- 접근을 강구하여 한 점에선 공통된다.

대법원 2009.6.18. 선고 2008두10997전원합의체판결의 지적처럼, 기왕의 대법원 2002.7.9. 선고 2002두1748판결이 주민등록법을 넘어 지방자치법 및 지방자치의 이념까지도 판단근거로 동원한 점은 부당하다. 또한 투기나 전입신고에 따른 이주대책 요구 등을 방지하기 위하여 주민등록 전입신고를 거부하는 것은 주민등록법의 입법 목적과 취지 등에 비추어 허용될 수 없다는 2008두10997전원합의체판결의 판시에도 전적으로 찬동한다. 하지만 2008두10997전원합의체판결이 거주이전의 자유만을 앞세우는 데는 의문을 갖는다, 왜냐하면 거주의 이전자유만큼보다 더 중요한 것이 -비록 사안에서 해당 부지가 市所有이긴 해도- 재산권보장이다. 그리고 요컨대 주민등록법은 거주사실의 실질성보다 거주목적의 실질성을 요구한다고 보아야 하며, 그것을 판단하는 첫 단추는 (거주)權原의 소재여부이어야 한다. 일정한 건축물이나 토지에 대해 전혀 소유권 등 점유권원을 갖지 못한 자가 주민등록을 통해서 그 시설물이나 토지에 -주민등록법상의 의미에서- 적법하게 거주하는 것으로 될 때 간과해선 아니 될 문제가 바로 그들과 소유권자와의 충돌이다. 민법상의 주소에 관한 이해를 '30일이상 거주할 목적'을 요구하는 주민등록법상의 주민등록지에 대입하는 것은 문제가 있다. 공익과 사익뿐만 아니라 사익간의 조정자로서 사인간의 충돌을 예방하여야 할 행정당국은, 전입신고에 대한 등록을 통한 '주민등록지'를 부여함에 있어 당연히 실질적 거주목적을 고려해야 한다. 마치 건축허가를 받기 위해선, 건축할 대지의 범위와 그 대지의 소유 또는 그 사용에 관한 권리를 증명하는 서류(분양을 목적으로 하는 공동주택을 건축하는 경우에는 건축할 대지의 범위와 그 대지의 소유에 관한 권리를 증명하는 서류)를 제출하여야 하는 것(건축법시행규칙 제6조 참조)과 기본적으로 동일하다.

는 있다고 하더라도, 그러한 행위는 자칫 헌법상 보장된 국민의 거주 · 이전의 자유를 침해하는 결과를 가져올 수도 있으므로, 시장 · 군수 또는 구청장의 주민등록전입신고 수리 여부에 대한 심사는 주민등록법의 입법 목적의 범위 내에서 제한적으로 이루어져야 한다. 한편, 주민등록법의 입법 목적에 관한 제1조 및 주민등록 대상자에 관한 제6조의 규정을 고려해 보면, 전입신고를 받은 시장 · 군수 또는 구청장의 심사 대상은 전입신고자가 30일 이상 생활의 근거로 거주할 목적으로 거주지를 옮기는지 여부만으로 제한된다고 보아야 한다. 따라서 전입신고자가 거주의 목적 이외에 다른 이해관계에 관한 의도를 가지고 있는지 여부, 무허가 건축물의 관리, 전입신고를 수리함으로써 당해 지방자치단체에 미치는 영향 등과 같은 사유는 주민등록법이 아닌 다른 법률에 의하여 규율되어야 하고, 주민등록전입신고의 수리 여부를 심사하는 단계에서는 고려 대상이 될 수 없다.

[2] 무허가 건축물을 실제 생활의 근거지로 삼아 10년 이상 거주해 온 사람의 주민등록 전입신고를 거부한 사안에서, 부동산투기나 이주대책 요구 등을 방지할 목적으로 주민등록전입신고를 거부하는 것은 주민등록법의 입법 목적과 취지 등에 비추어 허용될 수 없다.

30일이상 거주사실만으로 등록거부처분이 위법되어 버리면, 소유자로선 주민등록된 불법점유자에 대해 행정소송을 통한 권리구제를 도모할 수가 없다. 다툼이 궁극적으로 소유자와 불법건축물에 적법하게 주민등록된 거주자간의 민사적 분쟁으로 되어버린다. 요컨대 공법적 판단으로 인해 쉽지 않은 사법적 해결만이 남은 셈이다. 사실 대상판결을 비롯한 원심과 그 제1심이 토지소유자의 승낙을 전혀 문제로 삼지 않는 裏面에는, 주민등록이 된다고 하여 건축물이나 점유의 불법상태가 해소되어 적법하게 되는 법률적 효과가 발생하진 않는다는 판단이 전제될 수 있다. 그런데 무허가건축물의 건축은 억제되는데, 그것의 소유자로부터 승낙을 받지 않고서 그것에 거주할 수 있게 허용한다는 것은 어울리지 않는다. 요컨대 법원이 기능하는, 전체적인 사회적, 정책적 맥락을 우선시하여선 아니 되지만, 그것을 도외시하는 것 역시 피해야 한다. 사실 사안의 원고와 같은 사회정책적 문제는 전적으로 그 차원에서 해결하는 것이 正道이다.[26)]

26) 상세는 졸고, 住民登錄轉入申告에 따른 登錄拒否處分의 問題點에 관한 小考, 법률신문 제3876호, 2010.9.30.

제 4 장

私權形成的 行政行爲-行政行爲에 의한 直接的 私權形成-

Ⅰ. 처 음 에

公法의 일부에 해당하는 행정법은 私法에 대해 대립된 위치에 설정된다. 그리하여 공법과 사법간의 경계설정은 늘 전통적인 행정법체계의 표준적인 주제의 하나이다. 그 결과 양법질서를 대립적 관계로만 파악하려는 경향이 강하고, 양자간의 맞물림 현상은 그다지 학문적 조명을 받지 못하였다. 여기에는 사법질서를 공법질서와 완전히 유리시켜 바라보려는 私法學의 低流도 존재한다. 그러나 私法 역시 국가에 의한 법이고, 私的自治의 과정은 국가적 인정에 의거한 법구속을 초래한다. 즉, 사법 역시 국가적 협력, 공동책임, 통제의 지배를 받는다.이런 통제모습은 형식적 내지 실질적 법률에 의한 사법질서의 형성으로, 또는 법률이나 개별행위에 의한 私法(권)關係에 관한 고권적 형성으로 나타난다. 고권행위에 의한 사권(사법)형성은 비록 계약자유 등과 결부되어 중대한 헌법적 관련성을 갖긴 해도, 대체적으론 행정법적 현상이다. 그리하여 그것은 행정행위, 법규명령, 조례의 세 가지 작용형식을 취한다. 이 가운데 行政行爲에 의한 직접적 사권형성이 지배적인 형상이며, 이는 私權形成的 行政行爲로 발현된다.

생각건대 私權形成的 行政行爲에 관한 논의를 통해서 행정행위, 나아가 고권행위에 의한 직접적인 사권(사법)형성에 따른 법문제점을 구명할 수 있으며, 이를 기화로 공법질서와 사법질서의 융합과 맞물림에 효과적으로 대처할 수 있다. 그리고 논의의 전제인, 공법질서와 사법질서의 관계에 관한 논의를 통해서, 계약자유를 비롯한 私的 自治를 공법적으로 자리매김할 수 있다. 또한 논의성과가 私法學에도 還流됨으로써, 사법적 현상에 관해서 공법적 조명이 가해지고, 나아가 공법과 사법을 交互的 포용질서로서 자리매김할 수 있다.[1)]

Ⅱ. 私權形成的 行政行爲에 관한 論議의 現況

1. 私權形成的 行政行爲의 도그마틱적 역사

-후술하는 것처럼- "私權形成的 行政行爲"의 개념에 대해 일반적으로 도그마틱적 성격이 부여됨에도 불구하고, 독일에서조차 이런 법형상에 대해 행정법도그마틱차원에서 특별한 관심을 전혀 보이지 않았다고 일찍이 U. Steiner가 지적하였다.[2)] 私權形成的 行政行爲를 행정행위 일반에서 벗어난 특별한 것으로 여긴 종전의 인식이 이런 무관심을 초래하였다. 특히 "직접적 사법적 효과를 지닌 공법적 법제도란 존재하지 않는다"는 Otto Mayer의 언명이[3)] 무관심을 결정적으로 선도하였다. 비록 사법규정의 공법에의 유추적용은 물론 공사법에 공통된 법제도의 존재를 강력히 부인하는 Otto Mayer에게서 기대하기 어렵지만,[4)] 만약 사권적(사법적) 효과를 지닌 고권적 조치의 존재를 Otto Mayer가 근거를 제시하면서 설득력이 있게 논구하였다면, 사권성적 행정행위는 일찍부터 주목을 받았을 것이고, 전혀 다른 양상이 전재되었을 것이다. 왜냐하면 Otto Mayer의 영향으로 독일 행정법에서 행정행위가 중심축이 되기 전엔 고권적 행위에 의한 사권(사법)형성의 효과 그 자체는 백안시 되지 않았기 때문이다. 그리하여 독일의 경우 사권형성적 행정행위는 제1차 세계대전이후에 비로소 법학의 인식에 들어

---

1) 필자는 私權形成的 行政行爲에 관해서 이미 부분적으로 다루었다(졸저, 행정법기본연구Ⅰ, 2008, 271면 이하(私權形成的 行政行爲와 그 폐지의 문제점에 관한 소고), 292면 이하(행정법상의 인가의 인정여부와 관련한 문제점에 관한 소고). 이런 기초적 연구를 바탕으로 이 글을 전개하였다. 그런데 관련 주제에 관한 국내 논의가 태부족하여, 부득불 논문의 전반적 내용이 독일에서의 논의를 바탕으로 한 결과 그 내용과 용어가 생경하게 여겨질 수 있다. 적어도 認可論과 관련해선 독일의 그것에서 배우기보다는 독일의 그것 자체를 배우기가 선행될 필요가 있다. 이런 점에서 이 글에서 다룬 내용에 관한 활발한 비판적 논의가 전개되어 우리네 법제에 맞는 認可論이 구축되길 기대한다.

2) ders., Baurechtliche Teilungsgenehmigung und Privatrechtordnung, DVBl. 1981, 349 m. Fn.5.

3) Otto Mayer, VerwR Bd.I., 1923, S.117f. 이는 "공법은 국가와 시민간의 관계를 위한 법이고, 민사법적 제도의 적용은 예외이다"라는 그의 주장(a.a.O., S.115ff.)과 결합되어 설정되었다.

4) 그런데 Otto Mayer 역시 가령 공용개입(공용침해, Enteignung)과 관련해서, 직접적으로 민사법적 효과를 미치는 행정행위를 은연중에 인정한 점에서(Manssen, Privatrechtsgestaltung durch Hoheitsakt, 1993, S.274f.). 앞서의 그의 언명은 공법에 대한 사법의 영향을 의도적으로 배격하기 위한 방어기저로도 봄직하다.

왔다고 한다.[5)] 특히 Bürckner는 "행정영역을 위한 사권형성적 국가행위를 행정행위로 보지 않을 이유가 결코 명백하지 않다"고 확인하였고, 행정행위에 관한 일반원칙이 그것이 적용될 경우엔 그것의 특별함을 분명히 고려할 것을 촉구하였다.[6)] 이런 경향은 그대로 진행되고 있다. 요컨대 私權形成的 行政行爲의 도그마틱 역사는, 무관심속에 그것을 비공법적 제도로 인식한 접근에서 벗어나 그것을 사적 영역에 대한 국가개입모델로 설정하려는 역사이다.

2. 私權形成的 行政行爲에 관한 論議의 현주소

이제껏 공법질서와 사법질서를 분리하여 고찰함으로써, 해당 법질서에서 법도그마틱상 나름의 통일성을 기할 수 있었다. 그러나 양 부분법질서를 시종 고립분산적으로 고찰하는 것은, 자칫 결합의 오류를 빚어 전체 법질서의 난맥을 초래할 수 있다. 越境的, 境界的 존재는 가능한 피하고 싶지만, 현실에서든 법학에서든 피할 수 없는 대상이다. 과거 Otto Mayer가 공법을 사법과 절연시킨 것을 연상시키듯이, 행정행위에 의한 직접적인 사권(사법)형성에 관해선 논의가 殆無하다. 私權形成的 行政行爲를 대표하는 認可에 관한 논의 역시 극히 빈약할 뿐더러[7)] 그것의 본질에 관한 진지한 고찰 역시 행해지지 않고 있다. 특히 인가와 관련한 주요 우리 판례를 살펴본 즉, 인가의 본질에 관한 바른 이해를 바탕으로 하지 않고서, 인가론을 무분별하게 대입한 나머지 인가론의 본연의 모습마저 상실될 정도이다.[8)] 최근에도 대법원은 본질이 허가인 住宅再建築 整備事業施行認可에 대해서 인가적 접근을 하곤 하였다.[9)] 행정법규정에서 빈번히 등장하는 "승인결정"은 이런 사정에서 그 정체성이 더욱 혼란스럽다. 그리고 공법질서를 전혀 도외시 한 채, 사법질서를 구축하는 것은 개별법의 우위를 갖고서도 정당화될 수 없다. 이 점은 특히 행정법적 개념과 용어가 민사법에선 종종 굴절되곤 하는 사실에서도 확인된다.[10)] 공법학과 사법학에서 진지한 학제적 고찰이 지금까지 그다지 심도있게 강구되고 있지 않다. 사적자치를 중핵으로 하는 사법질서가 헌법을 바

---

5) 이런 사정에 관해선 vgl. Tschentscher, Der privatrechtsgestaltende Verwaltungsakt als Koordinatiosinstrument zwischen öffentlichem Recht und Privatrecht, DVBl. 2003, 1424(1425f.).

6) Bürckner, Der privatrechtsgestaltende Staatsakt, 1930, S.108f., 111.

7) 대표적 관련 문헌 : 선정원, 인가론의 재검토, 행정법연구 제10호, 2003.10, 171면 이하; 김종보, 강학상 인가와 정비조합 설립인가, 행정법연구 제10호, 2003.10, 325면 이하.

8) 판례의 현황에 관한 상세는 졸저, 행정법기본연구 I, 301면 이하 참조.

9) 대법원 2008.1.10. 선고 2007두16691판결. 이에 대한 비판으로 졸고, 住宅再建築 整備事業施行認可의 法的性質에 관한 小考, 법률신문 제3737호(2009.4.13.).

10) 대표적인 예가 민법 제32조상의 비영리법인설립의 허가 문제이다. 민법문헌상의 허가주의, 인가주의에 관한 논의는 현재의 행정법학의 흐름을 전혀 반영하고 있지 않다. 이런 문제점에 관해선, 졸저, 행정법기본연구 I, 306면 주40 참조.

탕으로 한 공법질서속에서 어떻게 자리매김할 수 있는지에 관한 근본적 논의 역시 殆無하다.

이런 사정에서, 행정법학과 私法學은 공히 행정행위에 의한 사권형성의 문제를 외면하여 왔으며, 문제인식의 움직임마저 보이지 않음은 당연하다. 그런데 오늘날 일정 부분법질서에서 충분하게 해소될 수 없는 규율필요(요구)가 다른 부분법질서의 형상을 원용하여 어떻게 충족될 수 있는지, 이런 의미에서 다른 부분법질서에서 포용될 수 있는지 물음까지도 제기된다. 그러나 이처럼 私權形成的 行政行爲를 법도그마틱의 사각지대이자 휴경지로 둔 채, 오늘날의 시대경향인 공법질서와 사법질서의 융합과 맞물림을 전체 법질서속에서 바람직스럽게 자리매김하기란 기대하기 어렵다.

Ⅲ. 公·私法의 交互的 包容秩序에서의 私權形成的 行政行爲의 位相

오늘날 私法은 공법에서의 보호사고와 공익을 반영한다거나, 공법은 사법의 규준과 제도를 받아들이거나 공행정이 사법적 수단을 활용한다거나 하는 식으로, 공법과 사법간의 뒤섞임이나 양자간의 중간영역이 날로 점증하고 있다. 자유의 범주로서의 사법의 순수성과 명령, 강제와 복종의 범주로서의 공법의 순수성은 이 같은 과도영역을 해소함으로써 비로소 유지될 수 있다. 그러나 산업화과정에 형성되고 복지국가적 전형에 바탕을 둔 개입국가는, 항상 공법과 사법의 지속적인 맞물림을 초래하는 규범을 광범한 범위에서 만든다. 국가로선 개입수단의 기본방향성(목표점)을 문제해결의 주안점에 두지, 공법이든 사법이든 당해 법질서의 나름의 원칙을 관철하는 데 두진 않는다. 따라서 公·私法의 구별에 관해서 범주론적 접근만 강구하면 자칫 관련논의는 법실제와 무관한 공리공담으로 전락할 우려가 있다.[11] 양자의 구별 문제를 양자간의 우열의 문제로 확대하여선 곤란하다. 양자는 형상과 기능에서 구별되지, 위계에선 구별되진 않는다.[12] 그리고 설령 공법이나 사법 가운데 하나가 통용된다 하더라도, 법형성에 있어서 다른 法域의 영향을 완전히 배제할 수 없다. 양 법체제(Rechtsregime)는 통일된 법질서의 부분영역으로서 다양한 방법으로 상호 영향을 미친다. 따라서 양자의

11) 이 점에서 공법과 사법의 구별에 관한 기왕의 제 논의는 구체적인 구별의 기준을 제시하지 않고, 양법체제의 특성만을 대비시킬 뿐이다. 그 결과 공법규정의 적용영역의 차원에서의 법체제의 귀속 물음은 소홀하게 다루어진다. 이런 사정에 관해선 졸고, 行政法의 對象과 範圍(公法과 私法의 區別); 조해현(편집대표),행정소송(Ⅰ), 2008, 462면 이하(본서 3면 이하) 참조.

12) Burgi, Öffentliches Recht und Privatrecht, in: Hoffmann-Riem/Schmidt-Aßmann/Voßkuhle(Hrsg.), Grundlagen des Verwaltungsrechts, Bd. Ⅰ, 2006, §18 Rn.2.

대립성을 과장해서 표현하는 것은 피해야 한다.[13)]

요컨대 공법과 사법은 종종 대립적인 것이 아니라, -경우에 따라선 공동법의 긍정으로 표현되긴 하나- 협력적으로 영향을 미친다.[14)] 즉, 양자의 구별을 전제로 하면서도, 이들을 교호적 포용(포괄)질서(wechselseitige Auffangordnungen)로서 인식하여야 한다.[15)] 교호적 포용질서로서의 公 · 私法秩序의 맞물림에 즈음하여, 융합적 성격을 지닌 私權形成的 行政行爲는 공법과 사법간의 조정수단으로서 기능하기도 한다.[16)]

Ⅳ. 私的自治와 私權形成的 行政行爲

私權形成的 行政行爲와 같이 사법관계에 직접적으로 영향을 미치는 고권작용은 私的自治와 마찰을 빚을 수 있다.후자를 초헌법적 원리로 또는 그에 비견하게 이해한다면 私權形成的 行政行爲는 그것에 대한 중대한 개입이어서 처음부터 백안시될 수밖에 없다. 그런데 私的自治(私的自律, Privatautonomie)는 헌법적 요건이자 헌법적 기대일 뿐만 아니라, 보호받는 개인적 · 주관적 기본법익에 해당한다.[17)] 독일에선 계약자유를 중핵으로 하는 사적자치가 -인격발현의 자유를 규정한- 기본법 제2조 제1항에 의해 보호될 뿐만 아니라, 제도보장으로서 확고히 받아들여지고 있다.[18)] 비록 계약자유를 성문화한 명문규정(예: 과거 바이마르헌법 제152조 제1항)이 없음에도 불구하고, 기왕의 기본권에서 그 헌법적 근거를 찾는 독일의 예를 참조하면, 우리 역시 인간의 존엄가치, 행복추구권, 직업선택의 자유, 포괄적인 기본권보호, 재산권보호 등에서 개인적 법익으로서 私的自治를 헌법적으로 근거지우는 것은 그다지 어렵지 않다.

私的自治를 보호된 개인적 법익으로 설정하면, 그것의 제한에는 당연히 헌법상의 기본권제한의 일반이론이 통용된다. 즉, 국가안전보장 · 질서유지 또는 공공복리를 위하여 필요한 경우에 한하여 법률로써 제한할 수 있으되, 제한시에 자유와 권리의 본질적인 내용을 침해하여선 아니 된다. 특히 여기선 비례원칙을 준수하여야 한다. 또한

---

13) "사법과 공법은 한 어머니의 동일한 자식이다"(Otto v. Gierke, Die soziale Aufgabe des Privatrechts, 1889, Neudruck 1948, S.34(Burgi, Öffentliches Recht und Privatrecht, §18 Rn.1에서 재인용)).

14) 하지만 공법의 특별성으로 인해 사법적 규범이 공법적 행위를 명하거나 금지할 수 없듯이, 공법규정 역시 사법관계를 전면적으로 수정하는 결과를 초래하여선 곤란하다.

15) 이에 관한 논문모음으로 vgl. Hoffmann-Riem/Schmidt-Aßmann(Hrsg.), Öffentliches Recht und Privatrecht als wechselseitige Auffangordnungen, 1996. 그러나 이런 접근에 비판적인 문헌도 있다: Spannowsky, Rezension von Hoffmann-Riem/Schmidt-Aßmann(Hrsg.), Öffentliches Recht und Privatrecht als wechselseitige Auffangordnungen, AöR 123(1998), 307ff.; Callies, Öffentliches und privates Nachbarrecht als wechselseitige Auffangordnungen Verw 34(2001), S.169(192ff.); Stelkens, Verwaltungsprivatrecht, 2005, 345f.

16) 이런 접근으로 특히 vgl. Tschentscher, a.a.O.,1424(1429ff.).

17) Ruffert, Vorrang der Verfassung und Eigenständigkeit des Privatrechts, 2001, S.287ff.

18) Larenz/Wolf, Allgemeiner Teil des Bürgerlichen Rechts, 9.Aufl., 2004, §34 Rn.22; Ruffert, a.a.O., S.304.

이상과 같이 私的自治에 대해 헌법상 고차적 위상을 설정하면, 그것의 제한에는 기본권제한의 일반적 차원을 넘는 특별한 정당화를 필요로 한다. 그런 정당화가 결여하거나 충분하게 입증될 수 없을 땐, 사적자치의 자유에 대해서 우위가 주어져야 한다(일종의 "의심스러우면 자유에 유리하게", in dubio pro libertate).[19] 요컨대 私的自治 및 그것의 본질인 계약자유를 이상과 같이 헌법적 차원에서 도출하면, 이들은 공법의 등장이전의 私法上의 근원으로부터 벗어난다. 즉, 계약자유의 헌법적 보호는 私法的 形成에 좌우되지 않는다.[20] 따라서 私權形成的 行政行爲, 그 자체는 私的自治를 본질적으로 침해하지 않는다.

Ⅴ. 私權形成的 行政行爲의 意義와 類型

1. 私權形成的 行政行爲의 概念

越境的 法制度로서 私權形成的 行政行爲의 개념정의와 그것의 양태를 검토함에 있어서, 관건은 私權(私法)形成의 效果(privatrechtsgestaltende Wirkung)를 어떻게 이해할 것인지 이다. 이는 사법상의 영향을 어떻게 포착할 것인지의 물음에 해당한다.[21] G. Manssen에 의하면, 사권형성적 국가행위란, ⅰ) 직접적으로 사법적 권리행사가능성을 발생이나 폐지하는 공법적 성질의 고권적 법적 행위, 또는 ⅱ) -그것이 사법상황의 변경을 목적적으로 초래할 정도로 또는 그것이 사법적 법상황의 형성을 위한 법률상의 필수적 요건일 정도로- 직접적으로 사적 법률행위나 사법적 권리의무시스템을 목표로 하는 공법적 성질의 고권적 법적 행위를 말한다. Manssen의 개념정의는 다수의 문헌에서 적시된 예를 좇아서 전개한 것인데,이를 그대로 행정행위에 끌어들이더라도 큰 문제가 없다.[22] 즉, 직접적으로 사법적 권리행사가능성을 발생시키거나 폐지하는 행정행위 또는 -그것이 사법상황의 변경을 목적적으로 초래할 정도로 또는 그것이 사법적 법상황의 형성을 위한 법률상의 필수적 요건일 정도로- 직접적으로 사적 법률행위나 사법적 권리의무시스템을 목표로 하는 행정행위가 私權形成的 行政行爲에 해당한다.[23]

---

19) Larenz/Wolf, a.a.O., §1 Rn.3.

20) Manssen, a.a.O., S.196.

21) 가령 각종의 증명이나 등기건에서의 행정적인 법무행위(die administrativen Justizakte)까지도 私權形成的行政行爲로 간주되기도 한다. Tschentscher, a.a.O., S.1424(1426f.). 독일의 경우 행정절차법에서 명시적으로 이것의 행정행위성을 부인하지만, 우리의 경우 전적으로 법도그마틱에 맡겨져 있다.

22) 다만 Manssen의 경우 행정행위를 포함한 포괄적인 "고권행위" 혹은 "국가행위"의 차원에서 논의를 전개하였다는 점을 유의하여야 한다. 이런 식의 접근기조에 대한 비판으로 vgl. Tschentscher a.a.O., S.1424(1427).

23) 한편 「독점규제 및 공정거래에 관한 법률」상의 시정조치의 경우에도 그것의 사법에로의 영향을 감안한 즉,

2. 私權形成的 行政行爲의 類型

私權形成的 行政行爲의 양태는 여러 가지 기준에 의거하여 상정할 수 있지만,[24] 사법영역에 대한 행정법적 영향을 감안한 즉,[25] 사권·사법관계의 형성에서 행정이 어떤 역할을 하는지 즉, 행정행위가 어떤 의미를 갖는지가 결정적이다. 구체적인 법상황에 비추어 보면 크게 사법관계의 구체적 형성이 행정행위의 내용적 효과에서 직접 도출되는 경우와 사인들간의 법률행위에서 이미 예정된 경우로 나뉠 수 있다. 전자의 경우 私權形成的 行政行爲의 규율효과가 다름 아닌 사권의 형성인 셈이고, 후자의 경우엔 私權形成的 行政行爲는 기왕의 사적 법률행위를 추인하는 셈이다. 전자의 경우처럼, 일정한 사적 법률행위와 관련을 갖긴 하나, 私法的 事象과 협력하지 않고서 사법적 법효과를 발생시키는 경우가 "單獨的 私權形成的(privatrechtsalleingestaltend) 行政行爲"에 해당한다. 반면 후자의 경우처럼 사법관계의 변경을 위한 필요요소에 해당하는 私權形成的 行政行爲는 "共同的 私權形成的(privatrechtsmitgestaltend) 行政行爲"에 해당한다. 완성행위이자 보충행위로 운위되는 "認可"가 바로 공동적 私權形成的 行政行爲이다. 여기선 사권의 법효과의 발생이 법률에 의해서 고권적 개별조치의 정지조건에 놓인다. 認可는 일종의 法定條件인 셈이다.

3. 共同的 私權形成的 行政行爲로서의 認可의 本質과 不眞正認可의 문제

인가의 관련 근거규정을 통해서, (진정한) 인가의 본질이자 인가를 다른 형성적 행정행위와 구별되게 하는 결정적인 기준은 그것의 보충행위적 성격과 완성행위적 성격이다. 전자와 관련해선, 기본행위에 대한 인가의 부종성(Akzessorietätsprinzip)이, 후자와 관련해선, 기본행위를 위한 법정조건성이 충족되어야 한다. 요컨대 인가의 본질이

私權形成的 行政行爲의 범주에 포함시킬 수도 있지만, 여기선 사권관련성을 사권형성으로 바로 등치시켜 광의의 개념을 취하느냐 아니면 직접 사법상황에 영향을 미치는 것만을 대상으로 하는 협의의 개념을 취하느냐가 관건이다. 사법(사권)에 대한 영향미침 전반을 사권형성의 개념으로 파악하는 것은 타당하지 않다. Vgl. Immenga/Mestmacker, Wettbewerbsrecht: GWB, 4. Auflage 2007, §114, Rn 57-59.

24) 참고로 독일에선 다음의 경우를 私權形成的 行政行爲의 예로 든다. 품종보호의 설정, 통화법(WährG) 제3조에 따른 인가(BVerwG NJW 1996, 3223 이 판례는 사권형성적 인가가 계약당사자의 권리를 자동적으로 설정하는 것은 아님을 제시한다), 건축행정청의 수인하명(OVG Weimar LKV 1997, 368f.), 선매권(Vorkaufsrecht)의 행사, 토지거래인가(BVerwG BauR 1977, 408), 농지(임지를 포함한)거래법(GrdstVG)에 따른 인가(BGH NJW 1982, 2251f.), 사법적 보수(대가)를 위한 병원보육법상의 확정(OVG Hamburg NJW 1984, 683), 정관의 인가(VGH Mannheim NJW 1985, 1573f.), 반경쟁제한법(GWB) 제35조에 따른 금지처분, 중증장애인이나(BVerwGE 91, 7,9) 임신근로자(BAGE 106, 293 = NJW 2004, 796, 797)의 해고를 위한 사회복지청의 동의, 재단감독법상의 인가(BVerwGE 106, 177, 179 = NJW 1998, 2545; VGH Mannheim NJW 1985, 1573; VGH München BayVBl 2006, 149),신용업무에 관한 인가(BGHZ 157, 133, 137 = NJW 2004, 1662, 1663),통신법에 따른 망접근수수료에 관한 인가(BVerwGE 120, 53, 59 = NVwZ 2004, 871, 872),원자력법 제7조 제1항 b에 따른 전력전송의 인가(Sellner NVwZ 2007, 44, 45) 등이다. Vgl. Stelkens/Bonk/Sachs, VwVfG Kommentar, 7.Aufl., 2008, §35 Rn.217.

25) 졸저, 행정법기본연구 I, 280면 참조.

(사후적) 追認인 점에 비추어, 인가가 먼저 성립한 법률행위의 효력요건에 해당한다는 점과 인가이전의 법상태와 관련해선 법률행위의 효력이 (유동적으로) 발생하지 않은 (unwirksam) 점이 가늠잣대이다.[26] 사단법인의 정관변경에 관한 민법 제42조처럼 -다만 허가란 용어를 사용한 점은 제외하고선- 양자의 징표를 분명히 나타내는 경우에는 큰 문제가 되지 않지만, 그렇지 않은 경우에는 간단치 않다. 따라서 법문에서 인가란 용어를 사용하더라도, 관련 규정을 통해서 이상과 같은 추인으로서의 본질적 징표가 확인되지 않으면, 인가로 보아선 아니 된다.

이와 관련해서 문제가 되는 것이 해당 법률행위가 판례에 의해 효력규정위반을 이유로 무효가 되는 경우나 법률이 해당 법률행위에 관한 사전승인의무 및 위반시의 무효를 규정한 경우이다. 그런데 행정법규위반행위가 私法的으로 유효인지 무효인지 하는 사법적 평가를 연계시켜 認可性與否를 가늠하는 것은 다분히 도치적 논증이다. 따라서 명시적인 입법적 판단(예: 민법 제46조,「국토의 계획 및 이용에 관한 법률」제118조 제6항)이 없음에도 불구하고, 효력규정위반으로 대상행위의 효력이 부인된다는 점을 -허가의 명칭이든 인가의 명칭이든- 곧바로 인가로 연결시키는 것은 타당하지 않다.[27] 여기선 법정조건으로서의 인가의 본질을 발견할 수 없다.[28] 그리고 토지거래계약허가(「국토의 계획 및 이용에 관한 법률」제118조 제6항)가 대표적인 예인 후자의 경우, 허가제의 특징인 (여기선 토지거래계약의) 사전승인제적 기조를 바탕으로 하지만, 기본행위(법률행위)의 유동적 효력불발생(schwebende Unwirksamkeit)을 전제로 한 추인적 구조가 결정적으로 존재하기에,[29] 분명 -허가위반의 효력부인과는 무관한- 본래의 허가와는 차이가 있다. 따라서 허가와 동일한 차원에서 이를 논하면 자칫 행정법도그마틱의 왜곡이 빚어질 수 있다. 오히려 이런 허가는 "不眞正認可"로서 인가적 요소(무허가행위의 무효)와 허가적 요소(사전적 통제)를 함께 지닌다 하겠다.[30] 추인은 그 자체가 사후적이

26) 여기서 용어사용의 주의가 요구된다. 법률행위의 효력이 처음부터 발생하지 않은(unwirksam) 경우와 법률행위가 하자가 있어서 무효인(nichtig) 경우를 엄별해야 한다. 전자가 아직 법률행위의 성립요건이나 효력요건이 모두 충족되지 않아 법효과가 발생하지 않은 경우인 반면, 후자는 이들 요건을 충족하여 일단 그 법률행위의 법효과가 발생하긴 하나 하자로 인해 처음부터 그 법률행위의 법효과가 발생하지 않은 양 되는 경우이다. 이 점에서 토지거래계약허가제와 관련하여 판례와 문헌에서 "유동적 무효"로 기술하는 것은 약간의 문제가 있다. 이하에선 인가전의 상황은 '효력불발생'으로, 인가후의 상황은 '무효'로 의식적으로 구분하여 기술한다.

27) 동지: Manssen, a.a.O., S.288. 따라서 가령「보조금의 예산 및 관리에 관한 법률」제35조상의 재산처분승인의 경우, 동규정이 효력규정에 해당하여 무승인재산처분이 무효가 된다(대법원 2004.10.28. 선고 2004다5556판결) 하더라도, 여기서의 승인을 진정한 인가로 보는 것은 재고되어야 한다. 동 판결에 대해선 정선재, 보조사업자가 보조금에 의하여 취득한 부동산을 중앙관서의 장의 승인없이 처분한 경우의 효력, 대법원 판례해설 제52호(2004년 하반기), 35면 이하 참조.

28) 민법에서의 강행규정, 효력규정, 단속규정의 개념과 용례 및 강행법규의 판단기준에 관해선, 특히 김재형, 민법론 I, 2004, 25면 이하 참조.

29) 대법원 1991.12.24. 선고 90다12243 전원합의체판결이 유동적 효력불발생을 바탕으로 '토지거래계약허가'의 성격을 인가로 분명히 하였다. 하지만 법규정상 그것이 허가로서 사전적 통제로서 기능하는 점을 배제할 순 없다. 따라서 행정법문헌에선 이것이 허가의 효과와 인가의 효과가 합쳐진 인가의 존재로 소개되곤 한다.

어서, 당연히 기본행위의 유동적 효력불발생을 동반한다. 그런데 형성권행사인 일방적인 私的 法律行爲의 경우 사후적인 추인메카니즘을 통한 통제가 가능하지 않다. 부득불 승인을 받지 않았을 경우 법규정을 통해 해당행위의 무효가능성이나 후속행위의 효력불발생가능성을 수반시키는 식으로, 일방적 법률행위를 발하기 전에 승인을 받도록 할 수밖에 없다. 무효화나 효력불발생을 동반한 이런 사전적 승인(허용)(예: 항공법 제117조상의 운임 및 요금의 인가, 독일 장애인해고에서의 사전동의 등.) 역시 不眞正認可에 해당할 수 있다.[31]

요컨대 입법현실에선 법률규정상의 용어가 개념본질에 합치하지 않는 것이 상례이다. 행정법도그마틱에 입각한 입법적 개선이 최선의 해결책이지만, 그것과 병행 또는 선행하여 실정법제도를 바르게 파악하여 접근하여야 한다. 따라서 인가여부의 물음을 전적으로 법문상의 표현에 의거하여 접근하면, 자칫 왜곡된 認可論이 제도화될 우려가 있다. 종래 인가로 여겨진 법규정에 관한 바른 성찰이 요구된다.

4. 單獨的 私權形成的 行政行爲의 例

사권인 광업권을 부여하는 광업허가 역시 單獨的 私權形成的 行政行爲로 볼 수 있지만, 전형적인 예론 우선 "계약성립적 고권행위"의 경우에 해당하는 강제계약(Zwangsverträge)이나 기타 명령계약(diktierte Verträge)의 경우를 들 수 있다.[32] 이들은 과거 독일에서의 비상상황이나 전시에서의 주택관리에서나, 식량배급이나 식료품가격억제 및 전시에서의 경제조종적 전시동원조치에서 발견할 수 있다. 계약의 내용 및 체결에 관한 의사합치가 아직 성립하지 않은 경우 사법적 효과발생이 행정의 일방적인 행위에 연계된다는 점이 그 특징이다.[33] 사적 형성자유가 부분적으로 폐지되는 이런 상황에선, 국가로선 私法的 대강을 설정한다는 정식의 수단을 포기하고, -비록 긴급상황이라 하더라도- 司法的 문명화의 후퇴를 감수하는 셈이 된다. 최근 금융감독위원회가 舊 "금융산업의 구조개선에 관한 법률" 제14조 제2항에 의하여 내린 계약이전

30) 不眞正認可의 예로 '민법 제46조의 재단법인의 정관변경 허가', '공익법인의 설립 · 운영에 관한 법률상의 기본재산처분허가', '사립학교법 제28조 제1항에 따른 금원차용허가'를 들 수 있다.

31) 그런데 '不眞正認可'와 같은 인가 · 허가(특허)의 혼합물이 과연 국가개입의 메카니즘의 체계에서 바람직한지 여부의 물음은 차치하더라도, 그것의 양성적 성격으로 인해 그것을 본래의 허가 및 인가와 구별되게 법적으로 취급하는 것은 정당화될 수 있다. 즉, 不眞正認可의 존재의 법도그마틱적 정당성은 認可論과 相符하지 않는 기왕의 판례나 법상황을 가능한 결정적인 모순 없이 認可論의 차원에서 전개하기 위함에 있다. 종래 사안을 인가와 허가의 양극단에서 바라본 나머지, 반대로부터 기왕의 틀에 의거하여 제기되는 나름의 정당한 의구심을 애써 무시할 수밖에 없었다.

32) 기본이 되는 것으로 Niperdey, Kontrahierungszwang und diktierter Vertrag, 1920, S.36ff. Huber, Wirtschaftsverwatungsrecht Ⅰ, 2. Auflage, 1953, §8(S.79)은, 이런 계약이 "계약성립적 고권행위"의 경우군에 해당한다고 지적하면서, 이것에 계약인가 · 무효 · 형성 및 계약금지의 변위를 대비시켰다.

33) Niperdey는 심지어 "사법의 사회화" (Sozialisierung des Privatrechts)라고도 하였다. Ders., a.a.O., S.1.

결정 역시 이런 명령계약을 성립시킨다.[34] 한편 單獨的 私權形成的 行政行爲는 －독일 건설법전(BauGB) 제24조 등의 선매권(Vorkaufrecht)의 행사처럼－[35] 행정주체가 사법관계의 한 당사자가 되는 경우에도 발해질 수 있다. 이 경우 보통 발생할 수 있는 민사적 결과가 초래되어, 명령계약의 경우에 비하면 한층 덜 침해적으로 사적 자치에 영향을 미친다 하더라도, 사법관계의 일방적 형성이라는 점에서 특별한 정당화이유가 요구된다. 독일 건설법전 제24조의 선매권은 본래 이를 통해 토지투기를 미연에 방지하기 위함이다. 즉, 私的自治를 뒤로 물릴 수 있는 사안상의 공공성의 요구가 그런 유형을 정당화시킬 수 있다.

이런 관점에서 보면, 가령 사업계획승인조건의 이행과 관련한 用途廢止公共施設의 無償讓渡申請의 拒否에 대해서, 판례는 사법적 견지에서 거부처분성을 부인하였지만[36] 사안을 공법적으로 접근할 수 있다. 즉, 單獨的 私權形成的 行政行爲에 관한 이해를 전제하면, 국토계획법 제65조 제2항 후단부분(“「국유재산법」과 「공유재산 및 물품 관리법」에도 불구하고”)에 의거하여 공법적 접근을 강구하는 것이 가능하다.[37] 나아가 행정재산의 목적외 사용과 관련한 국유재산법 제24조를 둘러싼 논의에서도 새로운 돌파구를 마련할 수 있다.

Ⅵ. 私權形成的 行政行爲의 도그마틱적 諸 問題

1. 현행 처분개념정의와 私權形成的 行政行爲

통상 행정행위가 발생시키는 법효과를 공법적 의미에서 파악하기에, 전통적으로 형성적 행정행위의 다양한 변위는 공법적 법관계에 국한한다.[38] 그래서 그로부터 직접 사법적 효과를 발생시키는 특히 單獨的 私權形成的 行政行爲의 행정행위성에 대해 주저하는 태도를 보일 법하다. 그러나 행정행위의 개념정의(연방행정절차법 제35조)에서 명문으로 “영역조항”(Gebietaklausel)을 통해 행정행위의 공법영역에서의 발함을 요

34) 판례(대법원 2002.4.12. 선고 2001다38807판결; 2002.12.26. 선고 2002다12727판결; 대법원 2003.5.30. 선고 2002다23826판결)가 그것의 처분성을 정당하게 논증하였지만, 私權形成的 行政行爲에 관한 이해를 착안점으로 삼진 않았다. 한편 2002다12727판결에 관해선, 임채웅, “금융기관의 구조개선에 관한 법률에 의한 계약이전결정의 효과”, 대법원판례해설 제42호(2002. 하반기), 308면 이하 참조.

35) Wolff/Bachof/Stober는 이를 특히 私權形成的 行政行爲라 부른다. Ders., VerwR Ⅰ, 11.Aufl., 1999, §22 Rn.73.

36) 대법원 2007.4.26. 선고 2005두11104판결 ; 1983.8.23. 선고 83누239판결;1985.3.26. 선고 84누736판결.

37) 상세는 졸고, 用途廢止公共施設의 無償讓渡申請의 拒否에 관한 小考, 법률신문 제3761호(2009.7.13.)(본서 338면 이하).

38) 가령 공무원의 임명, 승진, 전직과 면직, 귀화허가, 위탁, 특허, 공용지정, 수훈, 명칭변경, 계획확정이 공법적 형성행위이다.

구하는 독일의 경우에는 각별하다. 그리하여 과거 게마인데의 선매권행사가 공법영역상의 조치에 해당하는지 아니면 게마인데의 사법형식의 의사표시에 해당하는지 여부가 대립적으로 논의되었다. 하지만 오늘날 영역조항이란 근거규정의 공법적 성격을 요구하는 것으로 봄과, 아울러 그것이 행정행위의 법효과가 사법영역을 목표로 삼는 것을 배제하는 것은 아니라고 한다.[39] 그 결과 대부분 게마인데의 선매권행사를 행정행위로 보며, 실정법 역시 그 뜻을 분명히 하였다.

우리의 경우 독일과는 달리 발생할 법효과의 성질이나 대상행위의 소재를 특별히 처분정의에서 직접 언급하지 않기에 독일에서의 문제상황이 빚어지지 않는다고 여길 법하다. 하지만 비록 우리의 처분개념정의상으론 영역조항을 특별히 언급함이 없이 '공권력의 행사'만을 언급하긴 하였지만,[40] 공권력의 행사는 당연히 공법영역에서 이루어져야 한다. 따라서 독일에서의 논의(행정행위에 의한 사법적 효과발생의 인정)가 그대로 통용될 수 있거니와 통용된다 하더라도 문제가 되지 않는다. 왜냐하면 행정행위의 "효과"가 공법영역에 빈번히 존재하긴 하나, 필연적이진 않기 때문이다.[41] 요컨대 認可를 비롯한 私權形成的 行政行爲는 私的自治가 통용되는 사법영역에 대한 국가의 개입(공권력행사)의 일종인 점에서, 그것은 공법적 이슈이다.

2. 특히 認可의 效力上의 問題點

私權形成的 行政行爲 특히 認可制를 긍정할 때 제기되는 문제가 私的自治의 훼손의 문제이다. 이는 私法의 獨自性과 固有性과도 관련이 있다. 따라서 사법에 유리하게 고려하는 것이 헌법적으로 요구되는지 여부와 그 내용에 관해서 살펴보고자 한다. 여기선 특히 "유동적 효력불발생(무효)"의 문제, 공동적 私權形成的 行政行爲의 제한적 규율효과 및 미래효의 제한의 문제가 다루어진다.

(1) '流動的 效力不發生'의 意義

私的自治를 인간의 존엄가치, 행복추구권, 직업선택의 자유, 포괄적인 기본권보호, 재산권보호 등에서 헌법적으로 근거지우면, 계약자유 역시 같은 맥락에서 기본권적으

39) Vgl. Stelkens/Bonk/Sachs, VwVfG, §35 Rn. 210; Ipsen, Allg. VerwR 2. Aufl., 2001, Rn. 332,

40) 한편 여기서의 '공권력의 행사'는 -일종의 결과물로서- 고권적(hoheitlich) 또는 일방적(einseitig) 의미를 지닌 조치(처분, 결정 등)를 의미하며, 독일 행정절차법 제35조(행정행위개념)상의 '고권적 조치'와 동일하다. 우리의 행정행위의 개념적 징표에 관한 상세는 졸고, 行政處分의 意義와 種類; 조해현(편집대표), 행정소송(Ⅰ), 2008, 481면 이하(본서 31면 이하) 참조.

41) 이 점이 공법적 의사표시와 차이를 낳는다. 의사표시는 그것이 속한 법영역에서만 효과를 발휘하고, 결코 이들 법영역을 넘어서 "형성"하지 않는다. 가령 공법적 계약은 공법적 권리와 의무를, 사법적 계약은 사법적 권리와 의무를 초래할 뿐이고, 사권형성적 효과를 지닌 공법적 계약이란 존재치 않는다. Manssen, a.a.O., S.275f.

로 보장된다.[42] 따라서 계약자유의 기본권적 보장을 통해서, 공법적 개입규율에 앞서서 사적자치의 형성의 우위를 부여할 것이 요구된다. 이는 과잉금지원칙으로부터 도출된다. 私權形成的 行政行爲는 바탕이 된 이익이 요구하는 것과 같은 테두리안에서만 허용된다. 이런 헌법적 명령의 하나가 "유동적 효력불발생"의 형상이다.[43] 이를 통해 私的 合意에 대해서 광범한 형성여지가 주어진다. 그런데 요인가에 관한 공법규정은 인가가 있을 때까지 계약에 대해 완전한 효력발생을 부인한다는 언명을 명시하여야 한다. 당연히 계약집행은 그동안에 법적으로 제재를 할 수가 없다. 그런데 유동적 효력불발생의 상황은 인가부여이전에만 존재하진 않는다. 私權形成的 行政行爲에게 부가될 수 있는 기간의 경과이후에도 그것이 출현할 수 있거니와, 법률이 인가의 연장이나 갱신을 배제하지 않을 때, 유효하게 체결된 민사법적 합의가 계약의 고수를 규정하는 한, 기간만료이후에도 그것이 출현한다.

그런데 유동적 효력불발생의 형상은 인가거부의 경우에 오로지 바르게 파악될 수 있다. 여기선 그것의 효과(무효)는 법률에 의해서(kraft Gesetzes) 발생하지, 거부처분의 규율효과로서 발생하진 않는다.[44] 물론 요인가 행위의 무효는 궁극적인 즉, 존속력이 발생한 인가거부에 의해서 비로소 발생한다. 이에 반해 규율효과를 목표로 삼는다면, 행정행위의 내적 효력으로써 무효에 이를 것이다.[45] 이렇게 되면 법률행위의 민사법적 상태가, 정지효과의 발생과 종료에 따라, 무효에서 유동적 효력불발생의 사이에서 오락가락한다. 이런 상황은 민사법적으론 생각하기 어려울 뿐만 아니라, 인가제 도입의 이유에 의해서도 정당화될 수 없다. 그래서 인가거부의 규율효과는 인가발급을 위한 요건이 존재하지 않는다는 점에 관한 확인에 국한된다. 만약 요인가 행위의 무효를 인가거부의 규율효과로부터 직접 도출하는 반대견해를 따르면, 계약자유의 제한에서 위헌적인 과도함(Übermaß)이 존재할 것이다. 즉, 공법이 사권형성적 국가행위를 통해 민사법적 하자의 제거에 관해서 계약참가자를 대신하여 동시에 결정을 내릴 것 같으면, 이는 과도하다고 하겠다.[46] 따라서 법률행위의 민사법적 무효, 무효가능성, 효력불발생이 인가부여와는 직접 관계가 없다는 다수의 입장이.[47] 헌법적으로 불가피하다.

---

42) 독일의 경우 계약자유가 기본법 제2조 제1항에 근거를 두고 있다.

43) 그러나 전술한 것처럼, 일방적 법률행위를 위해선 이런 틀이 원칙적으로 아무런 역할을 하지 못한다. 왜냐하면 공법적 허용이 법률행위의 실행이전에 얻어져야 하기 때문이다.

44) Münzel, Nachträgliche Erteilung der verweigerten Genehmigung?, NJW 1959, 601(603). 나아가 효력불발생의 상황을 당사자의 의사에 근거를 두는 것 역시 설득력이 없다.

45) Janicki, Die Erteilung privatrechtsgestaltender behördlicher Genehmigungen nach unanfechtbarer Versagung, NJW 1963, 838ff.

46) Manssen, a.a.O., S.289.

47) BVerwGE 29,314(316); Meyer zum Wischen, Rechtsgeschäft und behördliche Genehmigung, 1956,, S.73; Münzel, a.a.O., 601(603).

(2) 認可의 未來效의 制限

공법이 어느 정도로 민법 제134조(독일 민법 제184조)의 추인의 소급효규정으로부터 벗어날 수 있거나 반대로 그것에 어느 정도로 연계될 수 있는지 여부의 물음, 즉, 발급된 인가가 양방적 법률행위와 관련하여 미래효와 소급효를 갖는지 여부의 물음이 제기될 수 있다 공법은 결코 정당화강제의 지배를 받지 않는다. 따라서 미래효(ex-nunc-Wirkung)와 소급효(ex-tunc-Wirkung), 양자 공히 원칙적으로 생각가능하다. 만약 미래효만을 인정하면, 계약자유는 더 강한 정도로 억압을 받는다. 이런 제한은 헌법상의 계약자유보장을 감안한 즉 정당화를 필요로 하며, 경우에 따라선 정당화되기 어렵다. 요컨대 인가요청으로써 추구하는 공적 목적을 실현하기 위해 그런 제한이 통상 반드시 필요한 것은 아니라는 점, 민법 제133조의 추인의 소급효규정은 일반적인 법사고의 표현이라는 점에서, 공법적 인가는 −당사자가 달리 합의하지 않는 한,[48] 또는 개별법이 소급효를 배제하지 않는 한[49]− 원칙적으로 遡及效를 가져야 한다.[50]

(3)認可拒否에 따른 무효(효력불발생)의 범위와 한계

필수적인 인가를 거부하면, 법률상의 금지가 유효하게 된다. 따라서 불가쟁적 인가거부의 계약에 대해 지속화유보(Perpetuierungsvorbehalt)의 방법으로 법적 생명을 비슷하게 부여하는 것은, 인가(의무)제를 설정한 공법규정과 일치하지 않는다.[51] 동 규정의 목적에 비추어 인가의 종국적인, 즉 불가쟁적 거부의 경우엔 합의된 私法的 권리·의무의 무효(효력불발생)가 요구된다. 이와 다른 입장을 취하면, 자칫 제지되어야 할 상태가 "신의성실"의 지렛대를 이용하여 출현할 위험이 존재하여 인가제의 법률목적을 약화시킬 수 있다. 그런데 계약당사자로선 무효인 계약을 고수하는 것 자체가 원칙적으론 금지되지 않는다. 다만 인가가 없을 때의 법적 구속은 기껏해야 인가발급에 관한 불가쟁적 결정의 시점까지만 받아들일 수 있다.

인가거부로써 사법적 기초(토대)는 당연히 무효화된다. 인가거부 이후에 새로이 인가가 발급된 경우가 문제되는데, 신청의 추완의 방식이 통용될 법하나. 독일의 압도적 견해에 의하면 인가는 새로운 사법적 법률행위가 체결되었거나 체결되는 경우에만 사법적 효과를 발휘할 수 있다. 그래서 경우에 따라선 발급된 인가이후라 하더라도. 기본행위가 새로이 완료되어야 한다고 한다. 이에 대해, Bullinger는 불필요한 형식주의

---

48) RGZ 123, 327, 331; 125, 53, 56; 141, 220, 222.

49) BVerwGE 120, 53, 59 = NVwZ 2004, 871, 872.

50) BGH, Urt.v.9.10.1958, MDR 1959, 25(26); Hartmann/Atzpodien, Zu den Auswirkungen stiftungsrechtlicher Genehmigungserfordernisse bei Rechtsgeschäften, in: Festschrift für Rittner, 1991, S.152; Meyer zum Wischen, a.a.O., S.79.

51) 다른 견해로 Münzel, a.a.O., NJW 1959, 601(603).

라고 비난하였다.[52] 그는, 인가거부가 최후의 주체(심급)상으로 확인되어 있거나 한쪽 당사자가 그로선 계약을 더 이상 고수하지 않으려 한다고 인식하게 하는 경우에만 종국적인 무효가 발생한다고 주장하였다. 그러나 Bullinger의 주장에 대해선, 논거가 불분명하다, 인가요청상의 공익을 과소 평가하였다, 민사법적 형식규정의 목적과도 일치하지 않을 수 있다는 反論이 제기된다.[53]

3. 私權形成的 行政行爲에 대한 附款의 許容性

(1) 私權形成的 行政行爲의 附款非親和性

법률이 부관의 부가를 특별히 규정하지 않은 경우, 부관의 불허용성은 일반적인 법원칙, 특히 법규정의 상관관계와 목적, 수권된 행정행위의 본질로부터도 생겨난다.[54] 그리하여 귀화허가와 같은 신분변경, 정년보장공무원의 임명, 성명변경의 경우에는 조건과 친하지 않다(bedingungsfeindlich). 왜냐하면 이런 신분관계설정행위는 행정행위의 유효한 발급과 그것의 법적 효력간에 조건으로 유동적 상태를 야기하는 것을 허용하지 않는다. 다른 부관 특히 부담 또한 이런 경우에 배제될 수 있긴 하나 반드시는 아니다.[55] 나아가 독일 대표적 문헌과 판례는 共同的 私權形成的 行政行爲로서의 認可에 대해선 부관이 부가되어선 아니 된다는 입장을 취한다.[56] 판례 또한 소유권양도의 인가는 기한부나 조건부 행정행위가 아니며, 분필인가의 경우에도 마찬가지라고 한다.[57]

한편 이에 대해 Manssen은 모든 私權形成的 行政行爲가 조건과 친하지 않는 것은 아니고, 해당 법률적 근거에서 비롯되는 한에 있어서만 私權形成的 行政行爲가 조건

---

52) Bullinger, Die behördliche Genehmigung privater Rechtsgeschäfte und ihre Versagung, DÖV 1957, 761(766).

53) Manssen, a.a.O., S.292.

54) 부관의 허용성의 심사는 우선 다음과 같이 3단계로 진행될 수 있다. 주된 규율의 본질상 부관과 친하지 않는 경우가 아닌 한, 행정행위에 부관을 부가할 수 있는지 여부의 물음은 전적으로 입법자가 명시적으로 부관의 부가를 금지, 허용, 요구한 데 따른다(1단계: 특별한 법규정에 의한 심사단계). 문제는 그런 규율이 없는 상황이다. 이에 수익적 행정행위에 대한 침익(부담)적 부관의 허용성은, 수익적 행정행위의 발급에 관한 청구권이 성립하는지 아니면 그것의 발급이 행정청의 재량에 속하는지 여부에 결정적으로 좌우된다(2단계: 본체인 행정행위의 기속행위, 재량행위여부에 따른 심사단계). 마지막으로 세 번째 단계로 '부관부가의 재량행사에 관한 심사'가 행해진다. 졸저, 행정법기본연구 I, 401면.

55) Stelkens/Bonk/Sachs, VwVfG §36 Rn. 12. 그러나 Kopp/Ramsauer는 특정한 부관을 들지 않는다. Ders., VwVfG Kommentar, 10.Aufl., 2008, §36 Rn. 5.

56) Vgl. Kopp/Ramsauer, VwVfG §36 Rn. 5; Stelkens/Bonk/Sachs, VwVfG §36 Rn. 12(사적 법률행위에 허용되지 않을 부관이 허용되지 않는다고 지적한다); RGZ 126, 132, 136. 물론 사권형성과 관련하지 않고, 행정청과 인가수령자간의 공법적 권리 · 의무관계(가령 인가수령자의 정보제공의무 등)와 전적으로 관련해선 전통적 의미의 부담은 아무런 문제가 없다.

57) BGH NJW 1981, S.980f.

과 친하지 않다고 주장한다.[58] 물론 입법자가 심지어 명시적으로 사권형성적 인가에 대해 조건을 부여할 수 있는 가능성을 규정하기도 한다.[59] 그런데 私權形成的 行政行爲에 대한 附款非親和性을 일반화하면 처음부터 위법의 판단이 내려져서 법적 취급에서 편리함은 있지만, 자칫 단순함이 문제의 심각성을 가릴 수 있다. 여기서 비록 행정행위 그 자체가 附款非親和性을 지닌다 하더라도, 법률요건충족을 위한 부관은 허용될 수 있다는 지적은 참조할 만하다.[60] 한편 私權形成的 行政行爲를 넘어서 형성적 행정행위에 대해서도 부담의 附款非親和性을 인정하려는 견해가 있긴 하지만,[61] 多數는 형성적 성격만으로 부관의 원칙적 배제를 도출하진 않는다.[62]

(2) 契約變更負擔의 문제

한편 "負擔"(Auflage)의 방법으로 기왕에 사인간에 체결된 계약의 변경을 의도하는 "계약변경부담"의 문제가 생길 수 있다. 인가의 附款非親和性(Nebenbestimmungsfeindlichkeit)을 전면 수용하면 그 자체가 불허용 위법한 것이 되지만, 그렇지 않은 입장을 취하면 몇 가지 검토할 점이 있다. 우선 이런 부담은 추가적인 "강행적 성격"의 통상적인 부담으로 이해되지 않는다. 실은 계약당사자간의 법적인 이물질(aliud)-계약변경-의 성립을 목표로 한다. 그런데 계약의 위법성이 부담이행을 통해서 비로소 제거된다고 하여 계약을 負擔附로 인가하는 것은 행정의 법률적합성원칙에 저촉될 수 있다. 왜냐하면 계약의 본래의 유동적 효력불발생의 상황이 인가발급으로 인해 종료하기 때문이다. "계약변경부담"은 결코 통상의 부담이 될 수 없으며, 또한 이른바 "수정부담"(modifizierende Auflage) 역시 결코 아니다.[63] 따라서 인가의 유동적 효력불발생의 상황에 부합하기 위해선, 계약변경을 위한 부담을 정지조건으로 보아야 한다.[64] 이상의 논의는 부관부가의 허용성을 부진정인가의 경우에 긍정할 때 후속적 차원에서 유용할 수 있다.

---

58) Ders., a.a.O., S.300. 가령 독일 건설법전 제19조이하의 분필인가는 조건비친화적이다. 왜냐하면 조건은 건설법전 제23조의 규율과 일치하지 않을 것이기 때문이다. 1960년 연방건설법 제19조 이하의 토지거래인가의 경우도 마찬가지이다. BVerwG, DÖV 1966, 829.

59) 참고: 독일 건설법전 제51조 제1항 제1호와 결합하여 동조 제4항 제1문.

60) Stelkens/Bonk/Sachs, VwVfG §36 Rn. 13; Brenner, JuS 1996, 281(284).

61) Wolnicki, Zum Akzessorietätsprinzip bei der Systemfeststellung nach §6 Ⅲ VerpackV- zugleich zur Nebenbestimmungsfeindlichkeit von rechtsgestltenden Verwaltungsakt, NVwZ 1994, 872ff.

62) Kopp/Ramsauer, VwVfG §36 Rn. 5.

63) 수정부담의 경우 -대저 그것의 존재적 정당성을 인정하는 한에 있어서- 수정된 하명의 성질을 갖는 점이 그 특징이다. 그러나 오늘날의 다수입장은 그 수정요구된 것을 비신청수익의 사전부여와 결합된 신청거부로 이해하여 그것의 존재적 정당성에 대해서 소극적이다.

64) Manssen, a.a.O., S.300. 사실 앞서의 Manssen의 주장은 계약변경부담의 문제를 조건의 차원에서 나름대로 해결하기 위함이다.

(3) 不眞正認可와 附款

우리의 경우 인가에서의 부관허용성 문제를 그것 자체의 차원이 아닌 기속행위·재량행위의 차원에서 접근한다. 부산고법 2000.5.26. 선고 99누3294판결은, 사회복지법인의 정관변경허가의 법적 성격을 認可로 보고서, 인가의 기속재량행위성에서 부관의 불허용성을 논증하였다. 하지만 상고심인 대법원 2002.9.24. 선고 2000두5661판결은 사회복지법인의 정관변경허가를 인가로 보지 않고, 시종 법규정상의 표현 그대로 허가로 보면서 원심과 정반대의 논증을 하였다. 나아가 대법원 2005.9.28. 선고 2004다50044판결은 인가의 기속행위, 재량행위를 논하지 않은 채, 인가라 하더라도 부관의 부가 자체가 문제되지 않는다는 입장을 취하였다.[65] 통상 민법학에서의 통설과 판례는[66] 추인을 단독행위로 본 즉, 단독행위에는 원칙적으로 조건(부관)을 붙일 수 없다. 하지만 대법원은 이들 판례에서 부관의 허용성 문제를 대상행위의 법적 성질이 아닌 궁극적으로 그것의 기속성, 재량성 여부에 의거하여 논증을 하였다.[67] 관련 판례를 거슬러 올라가면 이런 논증의 시발은 감독청의 이사회소집승인과 관련한 대법원 1988.4.27. 선고 87누1106판결이다. 허용성의 물음과 하자(위법)효과의 물음이 분명 구분됨에도 불구하고, 전자에 의거하여 무효도그마원칙("기속행위에 부가된 부관의 무효원칙")을 도출한 판례의 입장은 부당하다. 이 원칙은 부관에 관한 행정법도그마틱의 발전을 결정적으로 가로막는다. 이를 수정하지 않고선, 우리의 附款論은 한 걸음도 나아갈 수 없다.[68]

이런 논증과는 달리 사안을 私權形成的 行政行爲 즉, 인가의 차원에서 접근하면, 독일에서의 경향처럼 追認(사후동의)으로서의 인가에 대한 부관부가의 불허용성을 그대로 받아들일 것인지가 문제된다. 私的自治를 존중하고 민사관계를 안정시키기 위해선 이를 원칙적으로 받아들여야 한다. 전술한 것처럼, 不眞正認可의 도그마틱적 정당성은 認可論과 相符하지 않는 기왕의 판례나 법상황을 가능한 결정적인 모순 없이 認可論의 차원에서 전개하기 위함에 있다. 따라서 해당 사안이 "不眞正認可"의 경우에는 원칙을 수정할 근거가 되기에, 여기선 "진정한 인가"에서와는 달리 부관부가의 허용성을 긍정할 수 있다. 물론 부가가능한 부관의 종류와 관련한 논의는 별개이다.

---

65) 한편 대법원 2000.1.28. 선고 98두16996판결은 재단법인임원취임승인(인가)의 비기속성을 판시하였다.

66) 대법원 1995.11.14. 선고 95다28090판결 등.

67) 부관의 허용성 문제에 관한 상세는 졸저, 행정법기본연구 Ⅰ, 397면 이하 참조.

68) 동지: 김남진, 행정법의 기본문제, 1994, 983면 이하; 이영무, 건축허가에 부수해서 부과된 기부채납부관의 허용성과 그 효력, 민사법연구 제9집, 2001, 125면 이하.

4. 私權形成的 行政行爲의 廢止(取消 · 撤回)[69]

(1) "私權形成的 行政行爲의 특별한 존속력 이론"의 問題

私權形成的 行政行爲 특히, 인가의 폐지는 보통의 행정행위의 폐지와는 결정적으로 다른 구석이 있다. 즉, 법률행위인 기본행위의 존재이다. 그리하여 여기선 맨 먼저 私權形成的 行政行爲의 폐지가 허용되는지 여부가 의문스러울 수 있다. 만약 이것이 시인된다면, 인가의 反對行爲(Konträrakt)가 이전에 인가된 법률행위의 효력에 대해서 어떤 영향을 미칠 것인지가 문제된다. 독일 사법에선 예외없이 인가의 비철회성이 받아들여지고 있다.[70] 논거로 비철회성이 법적 안정성과 명확성의 원칙에 부합한다는 것이다. 즉, 그때까지 불명료한 유동적 상태의 법상황이 인가를 통해서 분명해지게 되기 때문에, 그 인가결정은 관계자와 제3자를 위하여 종국적이어야 한다는 것이다.[71] 오랫동안 독일의 공법에서의 통설 역시 사적 법률행위의 공법적 인가는 물론 (단독적 私權形成的 行政行爲로서의) 선매권의 행사에 대해서 기본적으로 철회와 취소가 不可하다고 여겼다.[72] 이에 소위 "私權形成的 行政行爲의 특별한 존속력 이론"이 주창되었다.[73] 우리의 경우 비록 私權形成的 行政行爲의 폐지불가론을 직접 거론하진 않지만, 인가의 경우 취소와 철회가 제한된다고 지적된다. 이런 폐지불가설의 가장 주요한 근거는 바로, 신뢰보호의 고려에 바탕을 둔 사법관계의 안정이다. 그런데 폐지불가설을 견지하면, 자칫 인가가 내려진 다음엔 관련 법적 다툼이 전적으로 민사법적 차원에서 전개되어 국가개입수단의 인가제의 의미가 단지 통과의례적 차원에 그칠 우려가 있다.

그리하여 1970년대에 들어와서 U. Steiner의 주장을[74] 기점으로 하여 私權形成的 行政行爲 역시 일반적 원칙에 따라서 철회나 취소될 수 있다는 견해가 점차 확산되었다.[75] 사적 법률행위의 안정성의 관점은 취소 내지 철회에 관한 재량행사시에 충분히

---

69) 이에 관한 상론은 졸저, 행정법기본연구 Ⅰ, 286면 이하 참조.

70) BGHZ 40, 156(164)=NJW 1964, 243.

71) Leptien, in: Soergel, BGB, At 2, 13.Aufl., 1999, §184 Rn.2. 이밖에도 인가의 비철회성은 독일 민법의 체계로부터도 비롯된다고 하여, 독일 민법 제183조상으로 철회성은 사전동의(Einwilligung)에 대해서만 인정되기 때문이라고 한다. 그러나 이것과 무관하게, 독일 민법 제119조 이하의 착오나 기망에 따른 인가의 경우 취소가 가능하다. 다만 여기선 그 착오와 기망이 전적으로 인가 그 자체와 관련이 있어야 하지, 요인가적 법률행위와 관련이 있어선 아니 된다. BGHZ 111, 3396(347)=NJW 1990, 3085.

72) Vgl. Forsthoff, Lerb. des VerwR Ⅰ, 10.Aufl., 1973, S.270f.; Wolff/Bachof/Stober, VerwR Ⅱ, 2000, §51 Rn.82; RGZ 103, 104(107); 106, 142;BGHZ 84, 70(71); BVerwG NJW 1978, 340(388).

73) 다만 독일 민법 제183조 1문을 준용하여, 행정행위의 형성효가 아직 발생하지 않았거나 사적 법률행위가 아직 행해지지 않았던 경우엔, 그렇지 않으며(RGZ 106, 142; Ossenbühl, Die Rücknahme fehlerhafter begünstigender Verwaltungsakte, 2. Aufl., 1965, S.130), 때때로 인가가 허위 표기나 기타 부정하게 얻어진 것과 같은 특별한 경우에는 예외적으로 폐지가능성이 있다고 주장되곤 하였다(Bullinger, Die behördliche Genehmigung privater Rechtsgeschäfte und ihre Versagung, DÖV 1957, S.761(764).

74) Steiner, Bindungswirkung und Bestandskraft der fingierten Bodenverkehrsgenehmigung, DVBl. 1970, S.34(37).

고려될 수 있다는 생각이 새로운 견해의 바탕이다.76) 私權形成的 行政行爲의 경우 취소나 철회가 불가하고 조건에 친하지 않다는 주장을 입증하기 위해, 일률적으로 법적 안정성을 목표로 삼는 것은 지나치게 무차별적이라는 것이 반론의 핵심이다. 그리하여 물음에 대한 답은 사권형성적 효과가 개개사례에서 수범자와 제3자의 권리영역에 대해 어느 정도로 미치는지에 좌우된다. 여기선 소급효적(ex tunc) 취소나 미래효적(ex nunc) 취소 · 철회가 관련인의 이익에 적합한지 여부가 또한 심사되어야 한다.77) 요컨대 이런 변화의 움직임은 私權形成的 行政行爲에 관해 설득력이 떨어지는 종전의 특별취급을 교정하기 위한 모색이다. 물론 그럼에도 불구하고 결과에선 다수의 경우에 취소 · 철회가 허용되지 않을 것이다.78)

반면 私權形成的 行政行爲의 거부 특히 인가거부처분과 관련해선 항상 取消不可의 테제가 고수된다. (거부처분전까지) 유동적인 효력불발생의 상황에 놓인 사법적 법률행위가 필요인가의 불가쟁적 거부로 인해 곧바로 효력이 발생하지 않았던 것 즉, 무효인 것으로 되어버렸기에, 거부처분은 더 이상 취소될 수 없게 된다는 것이다.79) 부담적 행정행위의 취소의 관점에서도 취소가 당초의 행정행위의 위법성을 제거할 수 없어서, 부담적 행정행위의 취소의 목적 즉, 원상회복이 실현될 수 없는 한, 취소재량이 제한을 받는다.80)

(2) 廢止의 效果81)

행정행위의 취소와 철회의 효과발생시점과 관련하여 독일의 경우 행정절차법을 통해서 철회에 대해선 미래효만을, 취소에 대해선 소급효와 미래효를 선택재량적으로 인정하고 있다(동법 제49조 제1항 제1호, 제48조 제1항). 이런 영향으로 우리의 행정법문헌 역시 취소의 경우에 미래효와 소급효 모두가 인정될 수 있음을 긍정하면서, 특히

75) BVerwGE 54, 257=NJW 1978, 338; OVG Münster NVwZ 1987, 155f. G. Manssen, a.a.O., S.294ff.; Zacharias, Rücknahme und Widerruf von Vertragsgenehmigung, NVwZ 2002, 1306ff.; Knack/Busch/Clausen/Klappstein/Möllgaard, VwVfG Komm. 8.Aufl., 2003, §48 Rn.111. 한편 Kopp/Ramsauer의 경우, 제8판(2003)에선 다소간 의문을 피력하면서도 종래의 주장과 반론을 단순히 소개하였지만(§48 Rn.15, §49 Rn.18a), 제9판(2008)에선 사권형성의 본질에서 취소불가를 도출하는 것은 오늘날 더 이상 설득력이 없다고 하였다(§48 Rn.39). 그런데 Tschentscher, a.a.O., 1424(1428ff.)는 원칙(폐지불가)과 예외의 접근을 하여 이런 흐름과는 다소 차이를 보인다.

76) Manssen은 반대론의 구체적 논거로 다음을 들었다: 오늘날의 이해에 의하면 독일 행정절차법 제48조 제2항에 속하지 않는 행정행위의 경우에, 신뢰보호가 동법 제48조 제3항에 의한 재산보전에 의해서 보장될 뿐만 아니라, 동법 제48조 제1항에 의한 재량결정의 테두리에서도 보장된다는 점, 입법자는 그 사이에 다수의 사례에서 私權形成的 行政行爲를 위한 명시적인 철회규정을 만들었다는 점. Vgl. Manssen, a.a.O., S.296f.

77) Vgl. Stelkens/Bonk/Sachs, VwVfG, §48 Rn. 92.

78) Kopp/Ramsauer, VwVfG §49 Rn.18a.

79) 한편 Manssen은 인가거부처분에서 궁극적인 기본행위의 무효는 처분의 규율효과가 아니라, 법률상의 금지효에서 비롯된다는 점을 들어 인가거부처분의 폐지가능성이 결코 기본행위의 무효성을 제거할 수 없으며, 인가거부처분의 폐지가능성의 이런 공허함 측면에서만 그것의 취소가 배제된다고 논증하였다. Manssen, a.a.O., S.297f.

80) Stelkens/Bonk/Sachs, VwVfG §48 Rn. 45.

81) 이하의 내용은 특히 Zacharias. a.a.O., 1306ff.를 참조하였다.

수익적 행정행위의 경우엔 미래효적 취소가 원칙인양 여긴다. 이런 사정은 독일의 경우에도 마찬가지이다.[82]

인가취소로 인가의 존속과 법적 효력은 취소처분의 발급시점부터 소멸된다. 그리하여 사적 법률행위로선 필요한 인가가 더 이상 존재하지 않은 셈이 된다. 문제가 되는 소급효적 취소의 경우에는 인가당시부터(처음부터) 필요한 인가가 더 이상 존재하지 않은 것이 되고,그 결과 처음부터 사적 법률행위는 효력을 발생하지 않았던, 즉 무효가 되어 버린다. 이 경우 당사자간에 이미 급부의 교환이 일어났다면, 비채변제반환청구권(condictio indebiti)의 원칙에 따른 청산이 일어날 수밖에 없을 것이다.[83]

私權形成的 行政行爲의 철회(및 미래효적 취소)의 경우,[84] 그 후 과연 그 사적 법률행위의 법적 운명이, 특히 인가의 기본행위의 효력이 어떻게 되는지가 문제된다. 과거의 廢止不可論의 연장에서, Bullinger는 공법적 인가와 사법적 법률행위간의 牽聯을 없애기 위하여 인가이후엔 그 사적 법률행위가 "소위 사법에로 해방된다(ins Privatrecht entlassen)"고 주장하였다.[85] 사권형성적 효과의 발생과 더불어 인가의 존재가 법적으로 死滅되는 셈인 이 견해에 대해서, Zacharias는 뒷받침하는 논거가 명백하지 않다는 점과. 인가폐지가 반대행위로서의 기능을 실제로 이행할 수 없거나 그저 시늉차원에서 이행할 수 있다는 점을 들어 강하게 비판하였다.[86] 그리하여 그는 여기선 형성된 사법관계의 존속이 인가의 不可變的 存續에 의존하는지 여부가 핵심물음이라고 지적한 다음, 계약당사자가 인가존속을 명시적으로나 推斷的으로 계약의 조건으로 삼았을 때에는, 인가의 철회가 사적 법률행위(계약)의 무효도 초래한다고 주장하였다.[87] 그런

82) 그러나 우리의 판례는 여전히 취소의 소급효, 철회의 미래효 도식을 견지하고 있다. 아울러 취소판결의 소급효 문제에서도 전후사정을 살피지 않은 채 이런 도식을 무리하게 단순 대입시키곤 한다. 그 결과 공정력과 취소판결의 소급효가 충돌하는 상황이 빚어졌다. 대법원2008.1.31. 선고 2007도9220판결 등. 이에 관한 상세는 졸고, 行政行爲의 公定力과 取消判決의 遡及效간의 衝突에 관한 小考, 법률신문 3634호(2008.3.17.)(졸저, 행정법기본연구Ⅱ, 99면 이하) 참조.

83) 한편 私權形成的 行政行爲의 취소의 가능성을 미래효적 취소로만 제한할 물음에 대해서, Zacharias는 다음의 논거로 반대한다: 법률행위의 안정성은 독일 행정절차법 제48조 제1항에 따른 재량행사의 테두리에서 충분히 고려될 수 있다는 점, 최소의 효력발생의 시점을 정함에서도 재량이 인정된다는 점, 사적 법률행위의 존속에 관한 제3자의 보호되어야 할 신뢰는 계약관계의 종료를 위한 계약당사자의 가능성을 고려한 즉, 기껏해야 예외적 경우에나 인정될 수 있다는 점. Zacharias, a.a.O., S.1306(1308).

84) Zacharias는 독일 행정절차법 제49조 제2항에 따라 허용성이 매우 낮음에도 불구하고 계약인가의 철회란 결코 비현실적 시나리오를 의미하진 않는다고 강변하면서, 존속기한 20년 내지 30년의 운영계약의 인가에 대해서 - 수수료가 당초수치보다 일정 퍼센트이상 증가한 경우를 상정한-철회권유보가 실제론 종종 부가된다는 점을 들었다. Zacharias, a.a.O., S.1306(1308).

85) Bullinger, a.a.O., S.761(764).

86) 한편 농지(임지를 포함한)거래법(GrdstVG)의 분야를 위해서, 토지등기부상으로 집행되었거나 소유권의 명의변경이나 가등기(vormerkung)의 등재가 토지공부청에 신청되었을 때는, 인가폐지는 인가된 법률행위의 효력을 무관하게 만든다는 견해가 주장되나(Böhringer, Genehmigungspflichtige Rechtsgeschäfte nach der Grundstücksverkehrsordnung, DtZ 1993, S.141(143), Zacharias는 이로부터 인가의 철회가 항상 사적 법률행위에 대해 아무런 영향을 미치지 않는다는 것이 필연적으로 도출되진 않는다고 반론을 제기한다. Zacharias, a.a.O., S.1306(1308).

데 추단적 경우를 위해선, 법률행위의 인가필요성에 관해 양당사자가 단지 인식한 것만으론 충분치 않다. 만약 계약상의 합의가 존재하지 않으면, 인가와 관련한 규정의 해석을 통해서, 입법자가 牽聯을 규정하거나 전제로 하였는지 여부가 탐구되어야 한다.

5. 私權形成的 行政行爲 특히 認可에 대한 權利救濟

사권주체가 자신의 법률행위를 위해 행정청의 인가를 받아야만 계약을 체결할 수 있는데, 그 인가가 발급되지 않은 경우, 계약을 체결하려고 한 자들은 그 인가거부에 대해서 당연히 행정심판 내지 소송을 제기할 권능을 갖는 것은 자명하다.[88] 원고적격은 헌법으로부터 직접 도출될 수도 있을 것이다. 인가거부로써 기본권인 "계약자유"에 대해 직접적인 개입이 발생하는데, 이 계약자유는 계약을 임의의 상대방과 임의의 대상에 관한 임의의 내용으로써 체결할 권리를 포함한다. 계약자유에 대한 개입은 인가제를 규정한 형식적 법률에 의해 이미 규정되어 있는데, 인가거부를 통해서 그 개입이 인가신청자에 대해 구체화된다. 분명히 해야 할 점은, 계약자유의 기본권은 개개의 기본권주체에 대해서 그가 계약을 체결할 수 있는 권리만을 준다는 사실이다. 계약자유는 계약당사자가 인가요청을 면하거나 필요한 인가를 얻는 데 대한 청구권을 결코 포함하지 않는다. 인가요청이 가령 인적, 조직적 관련성은 지니되 행위와는 관련성을 지니지 않을 때에는, 계약당사자로선 인가거부에 대해서 사법적으로 추구할 수가 없다.[89]

가령 독일에서의 장애인해고상의 사전동의제와 같은 형성권행사에서의 인가요청과 관련해서, 형성권자로선 그 인가거부에 대해서 당연히 쟁송을 제기할 수 있다. 그는 성립요건상의 요건이 존재하면 허가발급이나 무하자재량행사에 관한 주관적 권리 역시 갖는다. 이에 반해 형성권자의 상대방(계약당사자)의 지위는 엄격하게 판단되어야 한다. 이들은 의문의 여지없이, 인가발급여부에 대해서 사실상의 이익을 갖는다. 인가가 없으면 형성권(가령 해고)의 행사는 절대적으로 그래서 이들에게도 효력이 발생하지 않는다. 모든 사실상의 이익은 법적 지위(권리)를 매개하지 않으며, 소제기를 정당화하지도 않는다. 여기서 판례상의 보호규범이론을 적용하면, 법률상의 인가의무가 형성권의 상대방인 계약당사자의 이익에도 이바지하는 경우에 비로소 그 역시 소를 제기할 수 있다. 이 점이 노동법의 동의요청의 경우엔 압도적으로 시인되나,[90] 그밖에는

87) Zacharias, a.a.O., S.1306(1308f.).

88) Manssen, a.a.O., S.302f.

89) 우리의 예가 없어서 부득불 독일의 예로 설명하면, 감독청의 인가를 필요로 하는 토지매매계약을 게마인데가 어떤 사인과 체결한 경우, 사적 계약당사자로선 행정소송을 통해 관철할 수 있는 주관적 권리를 갖지 못한다는 것이다.

대부분 부인된다.[91] 요금인가제 역시 구조적으로 형성권의 인가와 흡사하다. 요금인가의 수범자는 오로지 기업이지 고객이나 이용자가 아니다. 이들의 쟁송취소제기권은 보호규범의 존재에 의존하는데, 요금인가 규정의 제3자 보호규범적 성격은 일반적으로 부인된다.[92]

Ⅶ. 맺으면서 - 分節的 法認識에서 交互的, 融合的 法認識으로

과거 전시경제와 그에 연계된 사회형성적 개입국가성의 전개와 함께, 公法은 民事法에 대해 심대한 영향을 미치고 있다. 私權形成的 行政行爲의 존재는 분리관점에서 접합관점에로의 변화를 나타낸다. 하지만 공법과 사법, 어느 하나에 전속적으로 해당하지 않는 사안과 법형상에 대해서 짐짓 외면하여 온 것이 사실이다. 私權形成的 行政行爲와 같은 越境的, 境界的 법형상의 경우 그것의 법적 논증에 적지 않은 어려움도 있지만, 무엇보다도 칸막이식 법적 사고에 의거하여 공법과 사법을 애써 절연시켜 고찰하려는 기본태도가 문제이다. 현행 헌법질서에선 특히 기본권보호의무를 통해서 공법은 점차 다극적 법관계의 질서로 변용되었으며, 마찬가지로 민사법 역시 기본권적 보호의 측면에서 비롯된 변형을 경험하고 있다. 따라서 -비록 상이한 수단과 행위자에 의하긴 해도- 충돌하는 私益간의 均衡이 私法은 물론 公法의 임무이어서 공법과 사법의 맞물림과 협력관계가 두드러진다. 그 결과 공법과 사법의, 양자간의 맞물림(연결)에 대한 물음은 독일 공법학의 유행주제가 되기도 하였다. 지금껏 견지되고 있는 단절적, 고립분산적 사고의 틀로썬, 이 같은 행정법의 여건변화를 제대로 수용할 수가 없다. 따라서 私權形成的 行政行爲의 존재와 의의를 새롭게 발견함으로써, 이런 변화에 효과적으로 대응할 수 있으며, 나아가 공법을 의연중에 외면하는 私法學에 대해서도 결정적인 인식의 변화를 가져올 것이다. 법학외의 학제적 연구가 강조되지만 그에 못지않게, 법학내의 학제적 연구가 시급하고 중요하다. 본 연구를 통해서 行政法과 民事法의 공동영역에 관한 법적 조명이 심도있게 비추어지길 기대한다.

* 공법학연구 제10권 제3호, 2009.8. 229면 이하 소수.

---

90) 예: 중증장애인이나 임신근로자의 해고에서의 사회복지청의 동의. 상세는 Schmidt-Preuß, Kollidierende Privatinteressen im Verwaltungsrecht, 1992,S.382ff.

91) Vgl. BVerwG, Urt.v.15.11.1985, DÖV 1986, 438f.

92) BVerwG, NJW 1987, 1837ff.;DÖV 1980, 416; DÖV 1978, 619ff.

제 5 장

行政行爲瑕疵論의 改革에 관한 小考

Ⅰ. 처음에 – 法治國家原理的 觀點에서의 問題提起

대다수의 행정법문헌에서 行政行爲瑕疵論은 다른 영역과 비교하여 극히 소홀히 다루어지고 있으되,[1] 일반원칙격인 중대명백성설을 중심으로 한 贊否의 논의만은 상대적으로 활발히 전개되고 있다. 하지만 그 논의 역시 일본적 상황의 재현에 불과하고, 중대명백성설에 대한 문제제기조차 근자에는 별반 보이지 않는다.[2] 오히려 중대명백성설이 이런 과정을 거쳐 더욱더 공고해졌다고도 볼 수 있다. 그렇지만 하자가 법치국가원리를 무색하게 할 정도로 重大함에도 불구하고 –아무리 법적 안정성의 이유라고 하나– 명백성 기준을 추가한다는 것은 법치국가원리의 차원에서 곱씹어 보아야 한다. 독일의 경우 독일 행정절차법 제44조[3]가 一般原則으로서 重大明白性의 原則(명백설)[4]

1) 90년 중반에 나온 논문(박홍대, 행정행위의 무효화 사유, 재판자료 제68집(1995.05): 행정소송에 관한 제문제(하) 181면–219면)을 제외하고선 행정행위의 하자 전반을 다룬 문헌을 찾을 수가 없다.

2) 가장 최근의 문헌으로 김남진, '중대ㆍ명백설'의 맹종에서 벗어나야, 법률신문 제3207호, 2003.10.2.

3) 동법 제44조(행정행위의 무효 Nichtigkeit des Verwaltungsaktes); ① 행정행위가 특별히 중대한 하자가 있고, 또한 그 하자가 관련한 제반사정으로 판단하여 명백한 경우에는 무효이다.

② 다음 각호의 1에 해당하는 행정행위는 제1항의 조건의 존재여부를 불문하고 무효로 한다.

1. 문서로 한 처분으로서 처분청을 알 수 없을 때, 2. 법규상 일정한 증서의 교부(수여)를 통하여만 발하여질 수 있는 행위인데, 그 형식이 충족되지 못한 때, 3. 행정청이 제3조 제1항 제1호의 규정에 의한 관할범위 밖에서 아무런 수권을 받지 아니하고 행한 행정행위, 4. 사실상의 이유로 누구라도 행할 수 없는 행정행위, 5. 형벌 또는 과태료의 구성요건을 실현하는 것을 요구하는 행정행위, 6. 미풍양속에 어긋나는 행정행위

을 설정하고 –절대적 무효사유와 절대적 비무효사유를 근간으로 하는– 行政行爲瑕疵論의 체계를 구축하였다. 반면 우리의 경우 어떤 확고한 구체적인 가늠자가 없이 일반원칙으로 모든 것을 재단한다. 즉, 行政行爲瑕疵論 자체가 전적으로 판례와 문헌에서의 논의에 맡겨져 있다. 그런데 달리 생각하면, 이런 정리되지 않은 상황을 전적으로 나쁘다고 볼 것은 아니다. 왜냐하면 독일과 같은 입법상황에선 de lege lata적 접근은 그 자체 현행법의 엄존한 한계를 벗어날 수 없지만, 우리의 경우 후술하듯이 실정법과 전혀 마찰을 야기하지 않고서도 손쉽게 새로운 방도를 취할 수 있기 때문이다(後發의 利點).

이 글은 기왕의 스테레오타입적 법리에 대한 再考를 목표로 한다. 즉, 기왕의 선행작업을 바탕으로 行政行爲瑕疵論의 핵심인, 무효기준을 비판적으로 검토하고 이를 새롭게 정립하고자 한다.[5] 그리하여 그동안 관련 논의가 일본에서의 그것에 의거하여 전개되어 왔다는 데 대해, 이하에선 행정행위의 무효론의 원형을 추적한다는 차원에서 중대명백성설에 관한 독일에서의 논의를 중심으로 살펴보고자 한다.[6]

Ⅱ. 현행의 行政行爲瑕疵論 및 그에 대한 評價

1. 行政行爲의 無效基準에 관한 국내문헌상의 諸 論議

행정과 행정청의 특권인 셈인 公定力은, –비록 일부에서 비난이 가해지긴 해도– 행정법 및 행정행위를 민사법 및 법률행위와 결정적으로 구별하게 만드는 행정법의 핵심적 도그마틱이다.[7] 공정력의 존부여하에 따라 행정행위의 하자는 단순 위법인 것

---

③ 행정행위는 다음 각 호만을 이유로는 무효로 되지 아니한다.

1. 토지관할권에 관한 규정을 준수하지 아니한 경우, 단 제2항 제3호의 경우를 제외한다. 2. 제20조 제1항 제1문 제2호 내지 제6호에 의하여 제척되는 자를 참여시킨 경우. 3. 법규에 의하여 협력이 요구되는 위원회가 행정행위의 발동을 위하여 규정된 의결을 하지 아니하였거나 의결능력을 가지지 못한 경우. 4. 법규에 의하여 요구되는 다른 행정청의 협력이 이루어지지 아니한 경우

④ 행정행위의 일부만이 무효인 경우, 무효인 부분이 없었던들 행정청이 그 행정행위를 하지 아니하였을 만큼 무효인 부분이 본질적인 때에는, 행정행위의 전부가 무효이다.

⑤ 행정청은 언제든지 직권으로 무효를 선언할 수 있다, 신청인이 이에 관하여 정당한 이익을 가지는 경우에 신청이 있으면 그 무효를 선언하여야 한다.

4) 독일에서 重大明白性說에 해당하는 용어는 Evidenztheorie이다. 그것은 '명백성설'이라는 문언적 명칭에도 불구하고 하자의 중대성과 명백성, 양자를 함께 고려한다. 그래서 그 명칭이 너무 축약적이어서 당연히 오해를 자아낸다. Wolff/Bachof/Stober, VerwR II, 6.Aufl., 2000, §49 Rn.12; Maurer. Allg. VerwR, 17.Aufl., 2009, §10 Rn.31. 이하에선 오해를 피하기 위해 독일의 '명백성설(Evidenztheorie)'을 '중대명백성설'로 명명한다.

5) 필자는 기왕에 행정행위의 하자론을 새롭게 정립하기 위한 모색의 첫걸음으로, 독일 행정절차법 제44조를 중심으로 한 독일에서의 행정행위의 무효논의를 살펴보았다. 졸고, 獨逸 行政節次法上의 行政行爲의 無效의 體系에 관한 小考, 중앙법학 제10집 제4호, 2008.12., 137면 이하. 그리고 여기서의 논의를 바탕으로 다른 곳에서 기왕의 위법사유에 대한 비판적 분석을 하고자 한다. 追論: 본서 133면 이하 참조.

6) 독일에서의 논의는 vgl. W.G. Leisner, Nichtigkeit eines Verwaltungsakts (nur) bei Offensichtlichkeit der besonders schweren Fehlerhaftigkeit? – Kritik an der Evidenzlehre zu § 44 Abs. 1 VwVfG, DÖV 2007, 669ff.

과 무효인 것으로 나뉘며, 행정행위의 무효기준을 두고서 학설의 대립이 있다. 특히 우리의 경우 무효기준을 둘러싼 공방은, 법률에 근거하여 행정처분이 발하여진 후에 헌법재판소가 그 행정처분의 근거가 된 법률을 위헌으로 결정하였을 때 존재하는 행정처분의 효력을 여하히 볼 것이냐이다. 여기선 전통적인 통설과 판례의 입장인, 그 하자가 중대하고 명백하여야 한다는 중대명백성설을 가운데 두고서, 그와 궤를 달리하는 여러 입장이 제시된다.[8)]

중대명백성이란 기존의 틀을 고수할 것인지 여부가 주된 착안점이다. 그리하여 i) 하자의 중대명백성을 견지하되, 행정행위가 일반국민에게 명백한 경우뿐만 아니라 관계공무원이 조사해 보았다면 하자가 명백한 경우도 명백한 것으로 보는 객관적 명백설(조사의무위반설),[9)] ii) 처음부터 하자의 중대성만을 문제로 삼는 중대성설, iii) 하자의 중대성만을 필수적 요건으로 보되, 다만 행정의 법적안정성이나 제3자의 신뢰보호의 요청이 있는 경우에만 명백성 요청을 보충적으로 추가하는 명백성보충요건설, iv) 구체적인 사안마다 권리구제의 요청과 행정의 법적 안정성의 요청 및 제3자의 이익 등을 구체적 · 개별적으로 이익형량하여 무효 · 취소여부를 결정하여야 한다는 구체적 가치형량설 등으로 나뉜다.

한편 주요 행정법문헌상의 입장을 대체적으로 살펴보면,[10)] 중대명백성설을 고수하는 입장[11)]과 그것에서 벗어난 입장으로 나뉘며, 또한 후자는 명백성요건보충설을 취하는 입장[12)]과 구체적 가치형량설을 취하는 입장[13)]으로 나뉜다.[14)]

---

7) 한편 우리의 경우 독일 행정절차법 제43조 제2항과 같은 명문의 규정이 없는 관계로, 공정력의 이해를 둘러싸고 논란이 발생한다. 공정력을 법적 안정성의 원칙에서 자리매김하는 이상, 명문규정의 존부 여하에 관계없이 그것을 이른바 실체적 의미로 바라보아야 한다. 독일과는 달리 최소판결의 소급효를 예외 없이 적용시킨 결과가, 바로 공정력의 유명무실은 물론 그것에 관한 혼란이다. 이에 관한 상세는 졸저, 행정법기본연구Ⅱ, 2009, 99면 이하 참조.

8) 한편 현재 논의상황에 비추어 중대명백성설을 통설로 칭하기가 약간 주저된다. 왜냐하면 다수의 행정법 문헌이 중대명백성설에 대해서 의문을 표하기 때문이다. 독일과 일본에서의 통설을 아무런 검증없이 우리의 통설로 설정하는 스테레오타입은 이제 수정되어야 한다. 다만 여기선 대부분의 문헌과 판례가 중대명백성설을 통설로 삼고 있는 현실을 부득이하게 일단 따랐음을 밝혀둔다.

9) 이른바 중대명백성설에서 명백성징표에 '객관적으로' 수식어를 붙이기에, 객관적 명백설(조사의무위반설)은 그 명칭에서부터 자칫 오해를 빚을 수 있다.

10) 그런데 구체적 가치형량설이 가미됨에 따라 엄격히 분류하기가 쉽지 않다. 해서 여기선 주된 태도에 견줘 분류하였다.

11) 김동희, 행정법Ⅰ, 2010, 330면; 김철용, 행정법Ⅰ, 2010, 276면; 천병태/김명길, 행정법총론, 2009, 303면; 석종현/송동수, 일반행정법(상), 2009, 313면; 홍정선, 행정법원론(상), 2010, 391면; 장태주, 행정법개론, 2010, 274면; 류지태/박종수, 행정법신론, 2010, 213면; 한견우/최진수, 현대행정법, 2009, 363면 이하; 최정일, 행정법의 정석Ⅰ, 2009, 287면

12) 김남진/김연태, 행정법Ⅰ, 2010, 288면; 홍준형, 행정법총론, 2001, 298면, 박균성. 행정법론(上), 2010, 378면(다만 박균성 교수는 여기에 구체적 가치형량설을 보충적으로 고려하여야 한다는 입장이다).

13) 문헌에서 천병태/김명길 교수가 이런 입장이라고 소개되고 있지만, 오히려 구체적 가치형량설이 중대명백성설에 포함되는 것으로 보고 있다: 하자의 중대성과 명백성은 당해 행정행위와 관련된 법률의 목적, 의미, 기능 등과 동시에 당해 행정행위가 행하여진 구체적 특수성을 고려하여야 한다는 관점에서 보면 구체적 가치형량설도 중

2. 行政行爲無效基準에 관한 判例의 態度

우리 판례는 시종 중대명백성설의 입장에서 무효와 단순 위법을 가늠한다.[15] 그리고 판례는 '법규의 중요한 부분', '행정처분의 중요한 부분에 해당하는 규정'을 위반한 것을 '하자의 중대성'으로, 하자가 외관상으로, 객관적으로 명백한 것을 '하자의 명백성'으로 받아들이고 있다. 한편 우리의 경우 근거법령의 위헌, 위법에 따라 행정처분의 하자가 다투어진 일련의 판례에서 무효기준이 다투어 졌고, 문헌상의 논의의 장 역시 그러하다.[16] 여기선 명백성기준이 매우 중요하게, 다시 말해 중대성기준을 능가할 정도로 의미를 갖는다. 그리하여 해당 사안에서도 대법원과[17] 헌법재판소는[18] 단순 위법으로 본다. 그렇지만 해당 리딩판결(대법원 1995.7.11. 선고 94누4615판결)에서 일부 소수의견이 이른바 명백성보충요건설을 취하였고,[19] 나아가 헌법재판소가 일찍이 중대명백성설에 대한 예외의 가능성을 제시하기도 하였다.[20] 그러나 이들 사건에서 그

대명백설의 연장선상에 있는 것으로 보인다. 동인, 앞의 책, 303면.

14) 한편 특이하게도 김성수 교수는 중대하거나 또는 명백한 하자 양자 공히 무효사유가 된다고 주장한다(동인, 일반행정법, 2010, 287면 이하).

15) 이런 입장의 바탕이 된 판례가 대법원 1961.12.21. 선고 4294행상6판결; 1965.10.19.선고 65누83판결이고, 일본의 경우 最高裁 昭和 31.7.17. 大法廷判決(民集 10권 7호 890쪽)이다.

16) 참고문헌: 김유환, 위헌법률에 근거한 행정처분의 효력 : 판례이론의 중대명백설 이해에 대한 비판과 대안, 행정판례연구 제5집, 2000.10., 68면 이하; 김성태, 무효인 조례에 근거한 권한없는 행정청의 행정행위의 효력, 행정법연구 창간호(1997.상반기), 1997.6., 290면 이하.

17) 대법원 1994.10.28. 선고 92누9463판결; 1995.7.11. 선고 94누4615판결; 2007.6.14. 선고 2004두619판결: 하자 있는 행정처분이 당연무효로 되려면 그 하자가 법규의 중요한 부분을 위반한 중대한 것이어야 할 뿐 아니라 객관적으로 명백한 것이어야 하고, 행정청이 위헌이거나 위법하여 무효인 시행령을 적용하여 한 행정처분이 당연무효로 되려면 그 규정이 행정처분의 중요한 부분에 관한 것이어서 결과적으로 그에 따른 행정처분의 중요한 부분에 하자가 있는 것으로 귀착되고, 또한 그 규정의 위헌성 또는 위법성이 객관적으로 명백하여 그에 따른 행정처분의 하자가 객관적으로 명백한 것으로 귀착되어야 하는바, 일반적으로 시행령이 헌법이나 법률에 위반된다는 사정은 그 시행령의 규정을 위헌 또는 위법하여 무효라고 선언한 대법원의 판결이 선고되지 아니한 상태에서는 그 시행령 규정의 위헌 내지 위법 여부가 해석상 다툼의 여지가 없을 정도로 명백하였다고 인정되지 아니하는 이상 객관적으로 명백한 것이라 할 수 없으므로, 이러한 시행령에 근거한 행정처분의 하자는 취소사유에 해당할 뿐 무효사유가 되지 아니한다.

18) 헌재 2005.3.31.2003헌바113: 대법원 및 헌법재판소의 판례에 비추어 볼 때 구 하천법 제33조 제4항이 위헌이라고 섣불리 단정할 수 없을 뿐만 아니라, 설사 위헌이라고 하더라도 국회에서 헌법과 법률이 정한 절차에 의하여 제정 · 공포된 법률이 헌법에 위반된다는 사정은 헌법재판소의 위헌결정이 있기 전에는 객관적으로 명백한 것이라고 할 수 없으므로 특별한 사정이 없는 한 이러한 하자는 행정처분의 취소사유에 해당할 뿐 당연무효 사유는 아니라 할 것이고, 이는 이 사건의 당해 사건에서도 마찬가지라고 보아야 할 것이므로, 이 부분에 대한 헌법소원도 재판의 전제성 요건을 충족하지 못하여 부적법하다.

19) 행정행위의 무효사유를 판단하는 기준으로서의 명백성은 행정처분의 법적 안정성 확보를 통하여 행정의 원활한 수행을 도모하는 한편 그 행정처분을 유효한 것으로 믿은 제3자나 공공의 신뢰를 보호하여야 할 필요가 있는 경우에 보충적으로 요구되는 것으로서, 그와 같은 필요가 없거나 하자가 워낙 중대하여 그와 같은 필요에 비하여 처분 상대방의 권익을 구제하고 위법한 결과를 시정할 필요가 훨씬 더 큰 경우라면 그 하자가 명백하지 않더라도 그와 같이 중대한 하자를 가진 행정처분은 당연무효라고 보아야 한다.

20) 헌재 1994.6.30. 92헌바23결정: 행정처분의 집행이 이미 종료되었고 그것이 번복될 경우 법적 안정성을 크게 해치게 되는 경우에는 후에 행정처분의 근거가 된 법규가 헌법재판소에서 위헌으로 선고된다고 하더라도 그 행정처분이 당연무효가 되지는 않음이 원칙이라고 할 것이나, 행정처분 자체의 효력이 쟁송기간 경과 후에도 존속 중인 경우, 특히 그 처분이 위헌법률에 근거하여 내려진 것이고 그 행정처분의 목적달성을 위하여서는 후행(後行) 행정처분이 필요한데 후행 행정처분은 아직 이루어지지 않은 경우와 같이 그 행정처분을 무효로 하더라도 법적 안

하자가 과연 심히 중대한지에 대해선 적잖이 의문스럽다고 여겨진다(후술).

판례는 분명 중대명백성설을 취한다. 그럼에도 불구하고, 오해를 낳기에 충분한 기술이 종종 등장하여 혼란을 가중시킨다. 특히나 헌법재판소의 헌재 2005.3.31.2003헌바113결정은 헌재 1994.6.30. 92헌바23결정과는 달리 예외인정의 가능성에 대해 전혀 언급을 하지 않고 있기에, 과연 헌법재판소의 입장이 무엇인지 의구심을 자아낸다. 그리고 최근 대법원은 "취득세 신고행위가 '특별한 사정이 있는 경우'에는 중대한 하자만으로도 당연무효로 볼 수 있다"는 내용의 판결을 내렸고,[21] 이것이 중대명백성설에 대한 예외인정으로 비춰지고 있다. 즉, 여기서의 기술이 종래 대법원 1995.7.11. 선고 94누4615판결의 소수의견에서의 그것과 흡사하여 -일부 문헌에서의 지적처럼- 명백성보충요건설을 취한 것으로 봄직 하나, 그 후의 일련의 판례를[22] 본 즉, 명백성기준을 해당사안에서만 완화한 것으로 보아야 한다.[23] 그런데 대부분의 문헌이 사인의 공법행위인 취득세 신고행위를 그대로 행정행위로 설정하고서 하자문제에 접근한 것은 바람직하지 않다. 해당 사안은 취득세 신고행위를 매개로 하여 성립한 의제적 행정행위의 차원에서 바라보아야 한다. 그렇다면 행정행위법리의 유추가 가능하여 기왕의 중대명백성설로부터 설득력 있게 벗어날 단초를 마련할 수 있다.[24]

3. 行政行爲瑕疵論에 관한 현행 論議의 問題點

우리 문헌상의 이상의 논의현황은 일본의 판례와 문헌상의 그것에서 비롯되었기에, 그에 대한 문제점 역시 일본의 논의에 맞추어져 있으며 문헌에서도 상세히 소개되었다.[25] 따라서 여기선 그동안 논의되지 않은 문제점을 새롭게 검토하고자 한다. 우선

정성을 크게 해치지 않는 반면에 그 하자가 중대하여 그 구제가 필요한 경우에 대하여서는 그 예외를 인정하여 이를 당연무효사유로 보아서 쟁송기간 경과 후에라도 무효확인을 구할 수 있는 것이라고 봐야 할 것이다.

21) 대법원 2009.2.12. 선고 2008두11716판결: 취득세 신고행위는 납세의무자와 과세관청 사이에 이루어지는 것으로서 취득세 신고행위의 존재를 신뢰하는 제3자의 보호가 특별히 문제되지 않아 그 신고행위를 당연무효로 보더라도 법적 안정성이 크게 저해되지 않는 반면, 과세요건 등에 관한 중대한 하자가 있고 그 법적 구제수단이 국세에 비하여 상대적으로 미비함에도 위법한 결과를 시정하지 않고 납세의무자에게 그 신고행위로 인한 불이익을 감수시키는 것이 과세행정의 안정과 그 원활한 운영의 요청을 참작하더라도 납세의무자의 권익구제 등의 측면에서 현저하게 부당하다고 볼 만한 특별한 사정이 있는 때에는 예외적으로 이와 같은 하자 있는 신고행위가 당연무효라고 함이 타당하다.

22) 대법원 2009.4.23. 선고 2006다81257판결.

23) 동지: 노경필, 최근 행정판례의 주요동향, 한국공법학회 2010년 정기총회 학술대회발표문, 2010.6.25., 537면; 양시복, 지방세법상 과세처분의 무효사유로서의 중대명백설의 검토, 인권과 정의 제406호, 2010.6. 141면-142면. 이 판례에 대한 그 밖의 참고문헌: 문형배, 취득세 납세의무자가 한 신고행위의 하자가 중대하지만 명백하지 않은 때 당연무효 여부, 판례연구 제21집, 부산판례연구회, 2010.2., 737면 이하.

24) 하지만 이 판결이 판례상의 무효기준에 대해 혼란을 가져다 준 것은 분명하다. 사실 조세법 특히 조세실체법의 경우 대표적인, 시원적인 행정법의 영역임에도 불구하고 일반행정법의 논의에서 상당하게 일탈하거나 심지어 그것에 부정적인 파급효과를 미치곤 하는데, 여기서의 사안 역시 그 예가 될 수 있다. 차후에 행정법상의 신고, 의제 등의 논의를 바탕으로 관련 문제를 상론하기로 한다. 다만 의제적 행정행위에 대해선 졸저, 행정법기본연구 I, 2008, 340면 이하 참조.

우리 판례의 공식화된 기술이 보여주듯이,[26] 구체적 가치형량설은 무효기준을 일의적으로 제시하기보다는 무효기준의 적용에서의 태도를 주안점으로 두기에 구체적 가치형량설 그 자체를 구별기준의 학설로 삼기는 어렵다.[27] 그리고 통상 문헌은 일본 문헌의 예를 쫓아 중대명백성설에서의 명백성을 외관상 일견명백설로 접근하고, 객관적 명백설(조사의무위반설)을 그 대척에 놓는다. 그러나 객관적 명백설(조사의무위반설)은 전통적인 중대명백성설에서 인식주체상의 의문점을 다소간 약화시킨 데 불과하고, 또한 독일의 경우 마치 일본의 객관적 명백설을 연상시킬 정도로 명백성 기준을 다소간 탄력적으로 보는 것이 일반적 경향인 점에서, 양자를 엄별하여 논하는 것은 지나친 면이 있다. 그리고 명백성기준의 필요를 부인하고 중대성만을 유일한 척도로 삼는 필자의 입장에서는 객관적 명백설(조사의무위반설)로는 종래 중대명백성설이 지닌 문제점을 해소할 순 없다고 본다. 분명 명백성보충요건설이 전통적인 중대명백성설을 극복하려고 하는 취지는 공감하지만, 명백성기준을 보충적으로 요구하는 이유(행정의 법적안정성이나 제3자의 신뢰보호의 요청) 자체가 전통적인 중대명백성설에서 명백성기준을 요구할 때 제시된 것인 점에서 설득력이 약하다. 더욱이 –공정력부인을 가져다 줄– 행정행위무효의 주장과 대립된 가치가 행정의 법적안정성이나 제3자의 신뢰보호의 요청인 점에서, 명백성보충요건설 자체가 도리어 위법상황을 판단함에 있어서 심각한 혼란을 자아낼 수 있다.

한편 대부분의 행정법문헌에선 중대성설의 경우 중대성판단기준 즉, 무효기준을 행정법규의 성질에 초점을 맞추어 명령규정이나 비강행규정에 위반한 행위는 단순 위법으로, 능력규정이나 강행규정에 위반한 행위는 무효로 본다고 기술하고 있다.[28] 그러나 행정법규는 모두 강행규정인 점에서, 또한 이런 식의 규정분류는 사법의 차원에서만 의미를 갖는다는 점에서 기왕의 중대성설의 내용은 설득력이 전혀 없다. 따라서 필자가 취하는 (新)중대성설의 경우, 종래 개념론적 견해라 일컫는 중대성설과는 전혀 새로운 차원의 내용전개임을 분명히 하고자 한다.

---

25) 특히 박홍대, 앞의 글, 186면–200면 참조.

26) 하자가 중대하고 명백한지 여부를 판별함에 있어서는 그 법규의 목적, 의미, 기능 등을 목적론적으로 고찰함과 동시에 구체적 사안 자체의 특수성에 관하여도 합리적으로 고찰함을 요한다.

27) 동지: 홍정선, 앞의 책, 391면. 따라서 판례의 태도를 중대명백성설에 구체적 가치형량설이 가미된 것으로 보아선 아니 된다. 한편 천병태/김명길 교수는 판례가 중대명백설과 구체적 가치형량설을 같은 취지로 이해하고 있는 것으로 본다. 동인, 앞의 책, 303면.

28) 필자로선 이런 주장이 어디에서 연유하였는지 매우 궁금할 따름이다.

Ⅲ. 論議의 出發點- 독일에서의 重大明白性說의 展開

무효인 행정행위는 독일 행정법의 전형적인 법적 모습이다. 그것은 독일에서 행정재판의 발전에 맞춰 전개되어 왔다. 프랑스 혁명의 결과로 합법성이 관철되기 이전에는 "무효인 국가행위"란 존재하지 않았다. 법적으로 無效(Nichtigkeit)란 私的 法的 行爲의 효과결여(효력부재)로만 알려졌는데, 이런 효과결여는 열거된 경우군에서 법원이 확인하여야 하고, 그리하여 행위의 무시(논외, 불고려)가 초래되었다. 행정의 법률구속의 관철에 따라 프랑스에서의 행정법원의 통제는 처음부터 개괄조항을 통해 이루어졌으며, 그 결과 프랑스 특유의 무효도그마틱을 남겼다. 반면 처음에 행정소송상 열거주의(Enumerationsprinzip)를 채택한 독일의 경우엔, 열거사항에 속하진 않지만 "매우 위법한" 행정행위에 대해서 국민을 보호할 필연성(불가피성)이 생겨났다. '非行爲(Nicht-Akt)'理論으로선 이것이 극히 불완전하게 달성되었는데, 이유인 즉, 중대하게 하자는 있지만 분명히 행정청의 행위가 존재하는 경우를 同理論으로선 포착할 수 없기 때문이다. 그리하여 Otto Mayer가 '무효인(nichtig) 행정행위'의 법형상을 도입하였다. 그에 의하면, 행정행위를 발한 부처가 행정청이 아니거나 이런 종류의 조처가 행정청의 소관에 들어가지 않을 때 그 행정행위가 무효가 된다. 즉, 그는 무효와 취소의 구분을 일차적으로 귀속문제로 바라보았다.[29] W. Jellinek 역시 하자의 명백성에 대해 전혀 언급하지 않았다.[30] 이에 대해 일찍이 행정행위의 무효에 관해 박사학위논문을 작성한 Heike는,[31] 행정행위가 금방 알아차릴 수 있게 조직권의 남용을 지니고 있을 때 그 행정행위가 무효가 된다는 Hatschek의 기술을[32] 중대명백성설의 시발점으로 여긴다. 해서 바이마르시대이후엔 중대명백성설이 일반적으로 문헌상으로 성립하였으며,[33] 특히 1945년 이후 일련의 학자들이 중대명백성설을 받아들여 이미 1950년대에 통설의 위치를 점하였다고 한다.[34] 그 결과 1950년대에 Hessen과 Münster 고등행정법원 등

29) ders., Deutsches Verwaltungsrecht Bd. Ⅰ, 3.Aufl., 1923, S.95.

30) ders., Verwaltungsrecht, 1928, S.260ff.

31) ders., Der gegenwärtige Stand der Lehre vom nichtigen Verwaltunsakt, Diss. jur. Göttingen, 1960.

32) ders., Lehrbuch des deutschen und preußischen Verwaltungsrecht, 7.Aufl., 1931, S.102.

33) 당시 독일밖에선 이미 덴마크인 Andersen(ders, Ungültige Verwaltungsakte, 1927, S.67) 스위스인 M. Imboden(ders., Der nichtige Staatsakt, 1944, S.109)에 의해 중대명백성설이 전개되었다(Leisner,, a.a.O., S.670 Fn.13에서 재인용).

34) 이런 입장을 취한 문헌에 관해선 vgl. Heike, Die Evidenztheori als heute maßgebliche Lehre vom nichtigen Verwaltunsakt, DÖV 1962, S.416 Fn.6. 한편 Thorsten Quidde, Zur Evidenz der Fehlerhaftigkeit, DÖV 1963, 339ff.는, 행정행위의 성질에 의거하여 이분적 접근을 강구하였다. 즉, 부담적 행정행위의 경우엔 관련자의 보호의 측면에서 하자의 중대성만으로 충분하지만, 수익적 행정행위의 경우엔 개개의 경우의 형량이 봉쇄될 수 있다는 점에서 중대성만으론 불충분하고 명백성기준이 추가되어 중대명백성설이 통용되어야 한다고 주장하였다.

에서도 중대명백성설이 동원되었으며,[35] 1970년대가 시작되면서부터 비로소 연방행정법원과[36] 연방사회법원의[37] 판례상으로도 그것에 관한 공식이 출현하였다. 이런 흐름에서 중대명백성설의 공식은 70년대 중반의 행정절차법의 제정에 그대로 반영되었다. 한편 유럽공동체법은 행정행위의 하자를 그것의 무효사유로 보지만(Art.231 EG), 행정행위하자론 자체는 독일법이 광범하게 준용되어 행정행위의 -당연무효에 해당하는- 절대적 무효를[38] 특별히 중대하고 명백한 하자에 연계하고 있다.[39]

그러나 중대명백성설에 대해 매우 비판적인 Leisner는 이상과 같은 독일의 논의과정과 그 현황을 다음과 같이 평하였다: 그것이 문헌상의 광범한 인정에도 불구하고 여태 대부분 매우 짧게 그리고 대충 다루어졌으며, 이런 사정은 오늘날까지 거의 변화가 없는데, 1977년의 행정절차법의 시행이후 필요한 비판적 심화가 없는 채 단순하게 전승되었다. 행정절차법의 시행 이후 무효문제점은 극히 드물게 다루어지다가,[40] 최근에는 자세히 다루어지지 않고 있다. 지난 30년간 무효인 경우를 보자면, 문헌상의 관심의 중심은 (중대한 하자의) 명백성이 아니라, 하자의 중대성에 있었다. 명백성기준은 오래 전부터 더 이상 관심거리가 되진 않았지만, 계속적으로 공식처럼 적용되고 있다. 한편 Leisner는 이런 정황에 의거하여 중대명백성설을 '통설'(herrschende Lehre)로 명명한 데 대해서 매우 비판적일 뿐 더러 그것이 '학설'(Lehre)이라고도 말할 수 없으며 단지 목표를 추구할 뿐인 '주장'(These)에 지나지 않는다고 강변한다. 그는 중대명백성설이 법원에 의해 무비판적으로 수용되었고, 입법자가 1977년 행정절차법에 성문규정으로 집어넣었기에. 그것이 기껏해야 '지배적일' 순 있다고 매우 시니컬한 평을 하였다.[41]

---

35) Vgl. Hess. VGH v.16.4.1948, VerwRspr.1, 152(153); ders., v. 29.4.1953, VerwRspr.6, 203(206)=DÖV 1955, 257; OVG Münster v.28.2.1950, OVGE 1, 100f.=DÖV 1950, 343; OVG Lüneburg v.8.8.1951, VerwRspr. 4, 556f.; OVG Hamburg v.6.9.1951, VerwRspr. 4, 146(152); VGH Stuttgart v.26.6.1958, DÖV 1958, 713f.

36) BVerwG, NJW 1971, 578; NJW 1985, 2658(2659); DVBl.1990, 702.

37) BSG 24, 165(168); 25, 256; 28, 113.

38) 유럽최고법원(EuGH)의 일부 판례가 이런 표현을 사용하긴 하나 대부분의 판례는 가중된 하자있는 행정행위가 (법적으로) 존재하지 않는다고 언급한다. Vgl. EuGH, RS.C-475/01, EuGHE 2004, Ⅰ-8923 Rn.19; Rs.C-137/92P, EuGHE 1994, Ⅰ-2555 Rn.34ff.=EuZW 1994, 436.

39) Vgl. EuGH, RS.15/85, EuGHE 1987, 1005 Rn.10=NJW 1987, 3074; EuGH, RS.226/87, EuGHE 1988, 3611 Rn.16.

40) 관련 문헌은 vgl. Leisner, a.a.O., S.669(670) Fn.19.

41) ders., a.a.O., S.669(670). 반면 M. Ruffert는 1977년 행정절차법이 명백성요청을 분명히 함으로써 동법이전의 지배적인 중대명백성설을 -성문의 법제도로- 전환시켰다고 평한다. Ders., in: Erichsen/Ehlers(Hrsg.), Allg. VerwR, 13.Aufl., 2006, §21 Rn.6 Fn.9.

Ⅳ. 重大明白性說, 특히 明白性 要求에 대한 批判

1. 重大明白性說에 대한 批判論의 槪觀

일반적으로 법적 안정성을 위하여, (시민의 광범한 私的 制裁에 대한) 행정의 집행적 이익을 보호하기 위하여, 또한 시민의 신뢰보호를 위하여, 무효기준으로 하자의 명백성을 추가적으로 요구한다. 그러나 중대명백성설의 명백성기준에 대해선 예전부터 다음과 같은 異議가 제기되었다. Wolff는 우선 명백성기준과 관련해선 관련자의 매우 다른 인식을 너무 강하게 목표로 삼는 단점을 지적한 다음, 오늘날 법률이 매우 많고 개관할 수 없기에 -개인과 公衆을 상대로 한- 객관적인 행정법의 인식이란 허구라는 점을 강조하였다. 아울러 명백성기준을 목표로 삼은 결과, 국가적 행위의 存否에 대한 선택권이 수범자에게 부여되는, 국가권위의 근거에서 도저히 용납될 수 없는 일이 빚어질 수 있다고 강력하게 공박하였다.[42] 이와 비슷하게 Forsthoff는 통상의 평균적 시민은 결코 행정을 알지 못하기에 명백성기준이 상이한 판단가능성을 지녀 그다지 유용하지 않다고 지적하였다. 그리고 그는 행정행위의 무효를 필연적으로 가져다주기엔 그 하자상태가 그다지 충분하지 않을 때, 그 하자상태를 보충하기 위해서만 명백성요소가 고려될 수 있다고 주장하였다.[43] Thieme는 행정행위의 무효는 언제든지 법원에서 주장될 수 있기에, 하자가 명백해야 무효를 인정할 이유는 결코 존재하지 않는다고 지적하였다.[44] 그리고 Martens는 평균관찰자가 실제로 유용할 수 있는지 여부는 그런 인조인간(Homuklus)의 정신능력한계로 여전히 의문스러울 수밖에 없다고 1990년에 주장하였다.[45] 그에 앞서 Huber,[46] Bettermann을[47] 비롯하여 그 당시의 대표적 주석서의 저자인 Eyermann/Fröhler는[48] 명백성요구를 부인하였다. 한편 중대명백성설의 주창자로 인용되곤 하는 Bachof 역시 제반 사정을 알면 하자상태(위법상태)가 곧바로 명백하게 된 사실로 충분하다고 함으로써,[49] '사려 깊은 관찰자'의 판단에 있어서 주

42) H.J. Wolff, Die Nichtigkeit von Verwaltungsakten, MDR 1951, S.523(524); ders., Verwaitungsrecht Ⅰ, 4.Augl., 1961, S.270ff..

43) Vgl. Forsthoff, ZMR 1952, 54. 한편 Forsthoff의 저서(Lehrbuch des Verwatungsrecht, Bd. Ⅰ)를 보면, 1973년에 출간된 10판에선 중대명백성설이 판례에 의해 일반적으로 인정되는 것으로 여겨질 수 있음을 지적하였고(S.226, Fn.6), 그 이전에 출간본(2판, 1951; 8판, 1961)에선 중대명백성설에 관한 언급이 전혀 없다.

44) ders., Evidenz und Nichtigkeit, DÖV 1961, S.686(687f.).

45) Martens, Die Rechtsprechung zum verwaltungsverfahrensrecht, NVwZ 1990, S.624(625).

46) Huber, Wirtschaftsverwaltungsrecht, Bd. Ⅱ, 2.Aufl. 1954, S.697.

47) Bettermann, Verwaltungsgerichtliche generalklausel, ordentlicher Rechtsweg und nichtiger Verwaltungsakt, MDR 1949, 394(396).

48) Eyermann/Fröhler, Verwaltungsgerichtsordnung, 1960, §42 Anh Ⅰ.1.

49) Vgl. Otto Bachof, SJZ 1950, 488(490).

관화로부터 아무튼 거리를 두었다는 점이다. 이에 의하면 결과적으로 중대한 하자의 존재로 충분하고, 그것의 인식가능성은 요구되지 않는 것으로 되어 버린다. 이런 비판의 공통분모는 다음과 같이 요약할 수 있다: 명백성기준이 너무나 불확정하고 또한 광범하게 주관적 관련성을 지니며, 그리하여 결국 국가적 행위의 存否에 대한 선택권이 수범자에게 부여되는 셈이라는 점이다.

2. 瑕疵의 明白性 要求에 대한 具體的 問題點[50)]

(1) 인식주체의 불확정성의 문제점

명백성은 법적으로 포착가능한 인식자(기관)를 요구한다. 독일의 경우 그들 행정절차법 제44조 제1항이 "제반 고려상황을 사려 깊게 판단하여 그 하자가 명백한 경우"를 규정하고 있기에, 편견이 없는 판단능력이 있는 평균적인 관찰자를 명백성의 척도로 삼는다. 이에 대해 Leisner는 내부자나 관련자가 아니고선 평균적 관찰자로선 제반 고려상황을 알 수 없다는 점에서, 중대명백성설이 심히 현실과 동떨어져 있다고, 또한 사실 기껏해야 법관이 제반 고려상황을 잘 안다는 점에서 명백성요구 규정 자체가 실행가능성이 없다고 지적하였다. 평균적 관찰자에 견줘 하자상태가 특별한 법지식과 전문지식이 없어도 알 수 있어야 한다는 독일의 일반적 견해가[51)] 그 의문을 심화시킨다고 비판하였다. 아울러 지난 50년간 독일 행정법의 착종상황이 굉장히 증가하여 중대한 하자상태(위법상태)와 단순한 그것을 구분하기란 불가능에 가깝다는 점에서 명백성기준은 명백히 실행가능성이 없다고 강조한다. 그리하여 오늘날 행정행위를 중대한 하자를 이유로 무시하는 리스크를 지겠다는 사람으로선 통상 전문가, 가령 행정법전문변호사에게 문의할 수밖에 없다고 강변한다. 한편 중대명백성설을 지지하는 문헌 역시 명백성의 의미를 완화시키고 있다. 무효에 관한 公知나, -사정을 잘 알지 못하는- 제3자를 위한 인식가능성(Erkennbarkeit)이 필수적이진 않다고 지적한다. 즉, 자세한 사정을 아는 자, 특히 관계자뿐만 아니라 관련자가 속한 인적범주의 다른 구성원(가령 공무원)이 특별한 하자있음을 곧바로 인식할 수 있으면 충분하다고 한다.[52)]

---

50) 이하의 논의는 Leisner가 독일의 입법상황, 판례와 문헌상의 논의에 견줘 전개한 것을 참조한 것이다. 특히 그는 대부분의 행정절차법주석서를 집중적으로 분석하고 비판하였다. 우리의 논의상황과 다소간 거리가 있어 이들 논의를 그대로 대입하기엔 주저되지만, 논의의 새로운 국면을 제공하는 데는 충분하다고 여겨진다. 특히 중대명백성설에 대한 대안마련에는 결정적으로 도움이 될 것이다.

51) Stelkens/Bonk/Sachs, Verwaltungsverfahrensgesetz Kommentar, 7.Aufl. 2008, §44 Rn.126; Knack/Henneke, VwVfG, §44 Rn.28; Kopp/Ramsauer, Verwaltungsverfahrensgesetz Kommentar, 10.Aufl., 2008, §44 Rn.12.

52) Kopp/Ramsauer, VwVfG §44 Rn.12, 13.

(2) 明白性의 의미에 대한 의문

명백성에 대해, 독일 판례는 관례적으로 "중대한 하자상태(위법성)가 곧바로 떠올라야(나타나야) 한다"(sich aufdrängen),[53] "행정행위를 보면 위법성(하자상태)을 금방 알아챌 수 있어야 한다"(auf die Stirn geschrieben)고[54] 판시하며, 다수 문헌 역시 이를 그대로 채용하고 있다. 이에 대해 Leisner는 그런 표현은 법정책적으론 강구될 수 있지만, 법도그마틱적으론 성립할 수가 없다고 강변한다. 그리고 문헌에서의 기술-다른 조사 없이도 무효상태(하자의 중대성)가 떠오를 경우, 즉시 무효상태가 확인될 수 있는 경우- 역시 제반 고려상황을 사려깊게 판단할 것을 요구한 명문의 법규정(독일 행정절차법 제44조 제1항)에 분명히 모순된다고 지적하였다. 그에 의하면 중대명백성설은 이제까지의 적용에서 심사숙고되지 않았으며, 그 자체 모순을 안고 있다고 한다. 그는 중대명백성설에서 "명백하다"는(offenkundig) 것이 무엇을 의미하는지 공감할 수 없다고 하면서, 결론적으로 무효를 인정하는 데 특별히 중대한 하자의 존재만으로도 충분하다고 주장한다. 한편 개념상의 기교적 방법으로 중대한 하자의 존재로부터 명백성을 마치 도출하는 식의 방편도 제안한다.[55] 요컨대 중대명백성설은 명백성기준의 법기술적 실행불가능으로 인해 행정행위의 무효를 위한 독립된 기준이 결코 될 수 없다는 것이다.[56]

(3) 明白性基準의 必要性에 대한 의문

앞서 보았듯이, 명백성요구는 일반적으로 법적 안정성을 위하여, 구체적으론 행정의 집행적 이익과 시민의 신뢰보호를 위하여 도입되었다. 전자의 이익은 주로 부담적 행정행위가 문제되는 상황에서 강구될 수 있는데, 그런데 이 경우 명백성요구는 일종의 행정청의 特權(Behördenprivileg)인 셈이어서 그것의 정당성이 검토되어야 한다. 즉, 어떤 이유로 수범자의 법적 지위가 명백성기준의 장애로 인해 곤경에 처해야 하는지 설득력 있는 근거제시가 필요하다. 하자가 법치국가원리를 무색하게 할 정도로 중대함에도 불구하고 일방적으로 국가행위 즉, 행정청의 보호에 이바지하는 명백성기준을 추가로 요구한다는 것은 법치국가원리를 도외시한 것이나 다름없다. 법이 국민을 단지 명백한 불법에 대해서만 보호하는 것은 결코 아니다. 은밀한 불법이 우선은 은폐되

---

53) Vgl. OVG Lüneburg DÖV 1986, 382; Martens, NVwZ 1987, 464; 1990, 624.

54) Vgl. BSG 17, 83.

55) 이런 유도적 논증을 일부 문헌은 찬동하지만(Knack/Henneke, VwVfG, §44 Rn.29) 대개는 부정적이다(Stelkens/Bonk/Sachs, VwVfG, §42 Rn.124; Kopp/Ramsauer, VwVfG, §44 Rn.12).

56) 한편 Leisner는 다른 곳(행정절차법 제46조, 행정법원법 제98조 등)에서 규정된 명백성(Evidenz)의 징표에서도 무효기준으로서의 명백성기준의 실행가능성을 제고시킬 수 있는 착안점을 발견할 수 없다고 강변한다. Ders., a.a.O., S.669(672f.).

도록 하는 것을 요구하는 것이 국가의 존엄은 아니다. 부담적 행정행위의 수범자로선 명백성기준의 장애는 그 자신을 곤경에 처하게 만들 뿐이다. 그리고 수익적 행정행위에서 수범자의 신뢰보호나 제3자의 신뢰보호를 내세워 명백성기준을 근거지우려는 시도 역시 오늘날에는 주효하지 않는다. 왜냐하면 다름 아닌 이런 문제상황은 이미 헌법상으로 근거지워진 일반법원칙으로서 신뢰보호의 원칙에 의해서도 충분히 커버되기 때문이다. 기실 명백성기준은 하자의 중대성을 묻지 않을 경우엔 법적 안정성의 측면에서 추가적 요건으로 나름의 존재이유를 가질 순 있지만, 무효인정에서 하자의 중대성을 전제로 한 이상 법적 안정성에서의 성립근거는 매우 정당성이 반감된다. 요컨대 정당하지 않고 순전히 국가적 특권에 지나지 않는 명백성기준은 적합한 해결책이 될 수 없다.

(4) 明白性基準의 憲法的 問題點

법치국가원리에서 기인한 명확성원칙(Bestimmtheitsgebot)은 법적 안정성의 기본전제를 보장한다. 이로부터 비롯된 규율의 명료성요구는 입법자는 물론 −행정행위를 통해 결정을 내리는− 행정에 대해서도 미친다. 사실 명백성기준의 추가는 그것이 결여된 경우 중대한 하자의 행정행위에 대해서도 통용상의 특권 · 존속특권(Geltungs- und Bestandsprivileg, 이른바 공정력)을 인정하는 결과를 낳는다. 명백성기준으로 인해 관련인은 중대한 하자있는 행정행위에 대해서도 처음부터 무시하기란 매우 어려운 지경이다. 반대로 행정행위의 이런 존속특권으로 인해 행정은 명료성의 결여를 정당하게 주장할 수 있게 되었다. 이런 상황에서 행정으로선 당연히 불명료성을 핑계로 삼을 수 있으며 또한 그것을 강구하려고 한다. 그러나 명확성원칙 및 행정에 대한 명료성요구에 비추어 처분청이 명료성의 결여 즉, 명백성기준의 불충족을 주장한다는 것은 허용되지 않는다. 명백성기준의 추가는 관련인에 대해 추가적인 입증책임과 그 리스크를 과한 셈인데, 이를 넘어 행정의 법률적합성의 원칙의 측면에서도 심각한 문제가 야기된다. 법치국가원리를 무색케 하는 중대한 하자가 존재함에도 불구하고 명백성결여를 이유로 −비록 잠정적이지만− 통용된다는 것은 행정의 법률적합성의 원칙을 훼손하는 것이다. 행정의 법률적합성의 원칙이 국가행위의 존속에 관한 공익보다는 중요하다는 것이 자명한 이상, 중대한 위법상태(하자상태)에 대해선 의당 법치국가원리적 제재(즉, 무효)가 주효하여야 한다. 요컨대 이런 역설적 상황의 조성 자체가 명백히 법치국가원리에 배치된다고 하겠다.[57] 기왕의 중대명백성설과 과감하게 결별하여야 이유가 바로

57) 한편 Leisner는 독일 행정절차법에서 입법자가 중대한 하자가 존재할 때 충분한 이유없이 이를 명백한 경우와 명백하지 않은 경우로 나누었음을 들어 이것이 일반적인 평등원칙에 위반된다고 주장한다. Ders., a.a.O., S.669(674f.).

여기에 있다.

V. 유일한 무효기준으로서의 瑕疵의 重大性의 意義(新重大性說)

명백성기준을 부인하고 오로지 하자의 중대성만으로 무효기준을 삼을 땐 하자의 중대성 여하에 논의가 집중되어야 한다. 사실 중대명백성설이 지배하는 우리나 일본에서의 기왕의 논의에선 중대한 하자의 명백성에만 초점을 맞추었을 뿐, 하자의 중대성의 의미에 대해선 상대적으로 소홀히 다루었다.[58] 판례 역시 '법규의 중요한 부분', '행정처분의 중요한 부분에 해당하는 규정'을 위반한 것을 하자의 중대성으로 받아들이고 있다. 무효인 경우 공정력이 부인되어 수범자의 복종의무가 원천적으로 배제되는 결과를 낳는다는 점을 생각하면, 판례의 중대성인정공식-법규의 중요한 부분-은 너무나 막연하여 과연 그것이 가늠자가 될 수 있을지 심히 의문스럽다.[59]

독일의 경우 현행 법질서와 그것의 바탕이 되는 공동체적 가치관과의 불일치가 존재하되, 그 모순이 행정행위가 (그것으로써) 의도한 법효과를 가진다고 받아들일 수 없을 정도로 심각할 때, 비로소 그 하자가 (심히) 중대하게 된다.[60] 즉, 행정행위에 대해서 유효의 외관이나 잠정적인 통용이나마 용인하는 것이 법치국가원리적 질서와 요청과 불일치하다고 여겨질 정도가 되어야 그 하자가 (심히) 중대하다.[61] 이같은 독일의 중대성공식은 우리의 경우에도 그대로 받아들여야 한다.[62] 그리고 여기서 판단규준과 관련해선, 일정한 법규정 그 자체와의 위반이 우선되진 않고, 전체적으로나 일정한 측면에서 법질서의 바탕이 되고 이를 지지하는 목적관과 가치관에 대한 위반-특히 중요한 헌법원칙에 대한 위반- 및 이들에 대한 불일치(모순)의 정도가 결정적인 기준이 되어야 한다.[63] 즉, 위법에도 불구하고 공정력에 따라 인정되는 행정행위의 유효성을 도저히 받아들일 수 없을 정도로, 법위반이 그 종류와 범위에서 심대하여야 한다. 다만

58) 한편 과거 중대성설을 취한 일본 학자(美濃部達吉, 磯崎辰五郎 등)들이 하자가 중대하고 명백하면 무효의 차원이 아닌 부존재의 차원에서 접근하여야 한다고 주장하였다고 한다. 박홍대, 앞의 글, 주10에서 재인용.

59) 그리고 하자의 중대성의 의미에 대한 판례나 문헌상의 현재인식을 수정하기 위한 모색의 일환으로서, -어쩌면 불필요할 수도 있지만- 하자의 중대성을 더욱 강조하는 수식어('심히')를 덧붙이고자 한다.

60) BVerwG NVwZ 1984, 578(현행 법질서와의 맹백하고 근본적인 불일치); NJW 1985, 2658(어떤 상황에도 법질서와 일치할 수 없는 법적 하자만이 제1항상의 특별히 중대한 것이다. 왜냐하면 그것은 법질서에 내재한 가치관 또는 중요한 헌법원칙에 부합하지 않기 때문이다); VGH München bayVBl 1994, 53(행정행위가 의도한 법효과를 가질 것이라고 기대할 수 없을 정도로, 법질서에 대한 중대한 위반일 때 무효가 존재한다).

61) Knack/Henneke, VwVfG, §44 Rn.14. 이에 의하면, 하자의 중대함은 위반된 가치, (위반된 법규범의) 법에토스적 · 사회적 의의 그리고 위반의 정도에 의거하여 결정된다고 한다.

62) 이런 독일식의 공식은 유럽공동체법에서도 반영되고 있다. GA van Gerven, RS. C-137/92 P, EuGHE 1994, I-2555 Rn.71ff.; GA Ruis-Jarabo Colomer, Rs. C-310/97 P, EuGHE 1999, 5363 Rn.82ff. 그러나 명백성기준에 대해선 완결적으로 정립되지 않은 실정이다. Vgl. Stelkens/Bonk/Sachs, VwVfG, §44 Rn.128.

63) Vgl. BVerwGE 8, 332; BVerwG DVBl. 1985, 624=NJW 1985, 2658.

하자의 치유가능성여부를 적극적으로 모색하여, 그것이 시인될 경우에는 하자의 중대성을 인정하는 것으로 나아가선 아니 된다.[64][65]

그런데 여기서 중요한 점은, 중대성판단이 위반법규정의 위계에 전적으로 좌우되어선 아니 된다. 따라서 헌법위반만이 무효를 초래하진 않으며 아울러 헌법위반 모두를 필연적으로 무효가 초래될 수밖에 없는 중대한 것인 양 여기는 것은 곤란하다. 독일의 경우 법치국가원리를 표방하는 그들 기본법 제20조 제3항과 같은 헌법규정의 위반 그 자체만으로 바로 무효가 도출되진 않는다.[66] 또한 동일한 맥락에서 회원국내법에 대한 유럽공동체법의 우위원칙이 통용됨에도 불구하고[67] 유럽공동체법의 위반이 필연적으로 무효사유로 여겨지진 않는다.[68] 이처럼 하자의 중대성판단에 있어서 중요한 헌법원리나 법질서의 내재적인 가치표상과의 불일치를 요구하는 독일의 판례의 경향은[69] –비록 너무 엄격할 순 있지만–[70] 매우 시사적이다. 사실 독일의 경우 하자의 중대성을 판단함에 있어서, 절대적 무효사유와 절대적 비무효사유를 규정한 행정절차법 제44조 제2항과 제3항상의 규율은 물론, 하자치유를 규정한 동법 제45조 제1항의 규율이 근거점을 제공하기에, 하자의 중대성판단에 그처럼 엄격한 입장을 견지하는 것은 나름의 설득력을 갖는다.

한편 필자처럼 명백성기준을 배격하면, 종래 명백성기준을 적용한 판례에 대해선 다른 접근이 강구되어야 한다. 먼저 중대명백성설과 명백성보충요건설이 다투어진 사안 즉, 근거법령의 위헌, 위법에 따른 행정처분의 효력이 문제된 사안에서, 이상에서 본 것과 같은 논증을 한 즉, 과연 그 하자가 심히 중대한 것인지 매우 의문스럽다. 참고로 독일의 경우 법률적 수권이 결코 주어지지 않은 소위 無法의 행정처분(gesetzloser VA)이라도 결코 무효일 필요는 없으며, 위헌인 법률에 의거한 행정처분은 원칙적으로 기껏해야 취소가능할 뿐이라고 한다.[71] 또한 판례는, "그 법률관계나 사실관계에 대하

---

64) Kopp/Ramsauer, VwVfG, §44 Rn.9.

65) 여기서 최근 무효사유를 확대하려는 일련의 판례, 즉, 環境影響評價가 결여된 行政行爲를 무효로 본 것(대법원 2006.6.30. 선고 2005두14363 판결)과 인사교류계획이 결여된 전출명령을 무효로 본 것(대법원 2005. 6. 24. 선고 2004두10968 판결)은 제도의 본질을 간과하거나 관련 법제의 구성을 무시할 뿐만 아니라 중대성의 의미마저 저하시킨 문제점을 안고 있다. 판례의 이런 태도가 행정하자론을 더욱 혼란에 처하게 한다. 이런 문제점에 관해선 졸고, 環境影響評價가 缺如된 行政行爲의 效力에 관한 소고, 저스티스 제114호, 2009.12. 363면 이하(본서 435면 이하); 人事交流計劃이 결여된 轉出決定(命令)의 效力에 관한 小考. 행정판례연구 제15집 제1호, 2010.6. 273면 이하(본서 272면 이하) 참조.

66) BVerwG NJW 1984, 2113.

67) 이에 대한 상론은 졸저, 유럽화된 독일 행정절차법에 관한 연구, 2008, 35면 이하 참조.

68) BVerwG NVwZ 2000, 1039.

69) BVerwG NJW 1985, 2658(2659); NVwZ 1992, 564(565); BFH BStBl Ⅱ 1988, 183(185); OVG Schleswig NVwZ-RR 1994, 484(485); OVG Lüneburg NVwZ-RR 2001, 362(363).

70) Stelkens/Bonk/Sachs, VwVfG, §44 Rn.104.

71) Stelkens/Bonk/Sachs, VwVfG, §44 Rn.105.

여 그 법률의 규정을 적용할 수 없다는 법리가 명백히 밝혀지지 아니하여 그 해석에 다툼의 여지가 있는 때에는 행정관청이 이를 잘못 해석하여 행정처분을 하였더라도 이는 그 처분 요건사실을 오인한 것에 불과하여 그 하자가 명백하다고 할 수 없다", "행정처분의 대상이 되지 아니하는 어떤 법률관계나 사실관계에 대하여 이를 처분의 대상이 되는 것으로 오인할 만한 객관적인 사정이 있는 경우로서 그것이 처분대상이 되는지의 여부가 그 사실관계를 정확히 조사하여야 비로소 밝혀질 수 있는 때에는 비록 이를 오인한 하자가 중대하다고 할지라도 외관상 명백하다고 할 수는 없다"고 본다.[72] 그러나 여기선 그 착오가 정당화될 수 있는지 여부를 (하자의) 중대성판단의 고려사항의 하나로 설정하면 큰 어려움 없이 대처할 수 있다.

VI. 맺으면서 – 後發의 利點

근대시민국가에 터잡은 행정법으로선 그것의 토대는 물론 주위환경이 획기적으로 변화한 지금, 그 변화에 대해 부단히 조응하여야 한다. 따라서 행정법개혁은 항시적 화두이다. 强制移植의 방식으로 서양법제를 수용한 우리로선 시대상황에 부응해 나아가는 한편, 또한 기왕의 법제나 법리의 원형에 대한 모색을 함께 강구해야 할 숙명적 二重的 負擔을 갖는다.[73] 그러나 학문에서의 이런 후발적 상황의 숙명이 그저 부정적이지만은 않다. 중대명백성설을 폐기하기 위한 법개정이 거의 불가능한 독일의 경우와는 달리, 우리는 그리 어렵지 않게 방향을 선회할 수 있다. 일찍이 Schmidt-Aßmann은 법학적 체계사고란 견고한 가치위계에 고정되어 있지 않을 뿐더러 필연적으로 靜的이지도 않다고 강조하면서, 동시에 그런 사고에서의 언명은 오히려 미래의 향상된 인식과 바탕규준의 불변성의 유보하에 있음을 지적하였다.[74] 이에 이상에서 살펴본 향상된 인식에 의거하여 보자면, 중대명백성설에서 중대성설로의 방향전환은 더 이상 미룰 수 없는 과제일 뿐더러 그다지 힘든 일도 아니라고 여겨진다. 사실 종래의 관련 논의가 시종 일본에서의 그것을 중심으로 전개된 나머지, 정작 그것의 원형인 독일에서의 논의에 대한 접근이 전혀 강구되지 않았고, 그 결과 기왕의 논의수준을 벗어나지 못하여 지금의 정체상황이 빚어졌다.[75] 사실 학문적 정체상황은 여기서의 주

72) 대법원 1994.10.28. 선고 92누9463판결 등.

73) 새삼 崔仁勳의「원시인이 되기 위한 문명한 의식」에서의 지적: "외국문화는 어떤 것이든지 받아들여도 좋다. 다만 原物形으로 받아들일 것이 아니라, 그것을 요소로 분해해서 구조식을 알아내고, 다음에는 소재는 국산자재든 수입자재든 간에 완제품을 국내생산을 하여 저렴한 가격으로(즉 정신적 낭비-외국숭배 · 물신숭배를 줄이고) 지식 시장에 내놓는 일이 바른 태도일 것이다"을 상기할 필요가 있다.

74) Schmidt-Aßmann, Das allgemeine Verwaltungsrecht als Ordnungsidee, 2.Aufl., 2004, S.1.

75) 한편 Leisner의 글에 대해, Knack/Henneke, Verwaltungsverfahrensgesetz Kommentar, 9.Aufl. 2010, §44

제만이 아니라, 많은 행정법영역에서 어렵지 않게 발견할 수 있다. 여기에 언필칭 학설의 불필요한 양산이 가세함으로써, 행정법의 법치국가원리구체화기능은 충분히 발휘되고 있지 않다.[76] 이제 법치국가원리와 어울리지 않아 의문시되는 -상당수가 근거 불충분인 통설의- 스테레오타입적 법리에서 과감히 벗어나야 한다.

* 공법연구 제39집 제1호, 2010.10.31., 319면 이하 소수.

Rn.9 Fn.15, 는 덮여져 있었던 논의를 발굴하였다고 평하였다.

76) 이런 문제의식에 대해선 졸고, 行政法에서의 학문현상으로서의 學說, 그에 대한 適正性 評價에 관한 小考, 안암법학회 추계학술대회에서(2009.11.28.) 발표문(안암법학 제33호, 2010.10. 소수) 참조.

제 6 장

行政行爲의 違法事由의 批判的 分析에 관한 小考

Ⅰ. 처음에－行政行爲瑕疵論의 現住所

행정행위의 무효와 단순 위법의 구별은 행정법 자체는 물론, 행정법수업과 재판실무상으로도 매우 중요하다. 일찍이 단순한 절차차원을 넘어 일반행정법을 성문화한 독일 행정절차법은 제정 당시의 학문적, 판례적 성과를 집약하였다. 그리하여 동법 제44조는 一般原則으로서 重大明白性의 原則[1]을 설정하고 －절대적 무효사유와 절대적 비무효사유를 근간으로 하는－ 行政行爲瑕疵論의 체계를 구축하였다.[2] 반면 우리의

1) 독일에서 重大明白性說에 해당하는 용어는 Evidenztheorie이다. 그것은 '명백성설'이라는 문언적 명칭에도 불구하고 하자의 중대성과 명백성, 양자를 함께 고려한다. 그래서 그 명칭이 너무 축약적이어서 당연히 오해를 자아낸다. Wolff/Bachof/Stober, VerwR II, 6.Aufl., 2000, §49 Rn.12; Forsthoff, Lehrbuch des Verwatungsrecht, Bd. I, 1973, S.226; Maurer. Allg. VerwR, 17.Aufl., 2009, §10 Rn.31. 이하에선 오해를 피하기 위해 독일의 '명백설(Evidenztheorie)'을 '중대명백성설'로 명명한다.

2) 동법 제44조(행정행위의 무효 Nichtigkeit des Verwaltungsaktes); ① 행정행위가 특별히 중대한 하자가 있고, 또한 그 하자가 관련한 제반사정으로 판단하여 명백한 경우에는 무효이다. ② 다음 각호의 1에 해당하는 행정행위는 제1항의 조건의 존재여부를 불문하고 무효로 한다. 1. 문서로 한 처분으로서 처분청을 알 수 없을 때, 2. 법규상 일정한 증서의 교부(수여)를 통하여만 발하여질 수 있는 행위인데, 그 형식이 충족되지 못한 때, 3. 행정청이 제3조 제1항 제1호의 규정에 의한 관할범위 밖에서 아무런 수권을 받지 아니하고 행한 행정행위, 4. 사실상의 이유로 누구라도 행할 수 없는 행정행위, 5. 형벌 또는 과태료의 구성요건을 실현하는 것을 요구하는 행정행위, 6. 미풍양속에 어긋나는 행정행위. ③ 행정행위는 다음 각호 만을 이유로는 무효로 되지 아니한다. 1. 토지관할권에 관한 규정을 준수하지 아니한 경우, 단 제2항 제3호의 경우를 제외한다. 2. 제20조 제1항 제1문 제2호 내지 제6호에 의하여 제척되는 자를 참여시킨 경우. 3. 법규에 의하여 협력이 요구되는 위원회가 행정행위의 발동을 위하여 규정된 의결을 하지 아니하였거나 의결능력을 가지지 못한 경우. 4. 법규에 의하여 요구되는 다른 행정청의 협력이 이루어지지 아니한 경우. ④ 행정행위의 일부만이 무효인 경우, 무효인 부분이 없었던들 행정청이 그 행정행위를 하지 아니하였을 만큼 무효인 부분이 본질적인 때에는. 행정행위의 전부가 무효이다. ⑤ 행정청은 언제든지 직권으로 무효를 선언

경우 일반원칙인 중대명백성 기준으로 행정행위 하자 전반을 재단한다. 즉, 行政行爲瑕疵論 자체가 처음부터 전적으로 학설과 도그마틱에 맡겨져 있다. 따라서 그것에 관한 논의가 활발히 전개되지 않는 한, 그것 자체가 매우 불완전할 수밖에 없으며, 궁극적으로 이는 행정법에 치명적인 난맥을 초래하여, 자칫 행정법도그마틱이 임기응변적인 것(Kasuistik)으로 전락할 수 있다. 그럼에도 불구하고, 행정행위의 하자 전체에 대한 문헌상의 논의는 殆無하다. 90년 중반에 나온 논문[3)]이 있을 뿐이다.

최근 권리구제의 확대를 이유로 무효사유를 확대하려는 모색이 강구되며, 종종 판례에서도 그런 경향을 간취할 수 있다. 가령 環境影響評價가 결여된 行政行爲를 무효로 본 것(대법원 2006.6.30. 선고 2005두14363 판결)과 인사교류계획이 결여된 전출명령을 무효로 본 것(대법원 2005.6.24. 선고 2004두10968 판결)이 좋은 예이다. 하지만 이런 움직임에 결코 贊意를 표할 수 없다. 이런 경향의 반대편에 위치한 법가치인 법적 안정성이 지나치게 도외시되면, 자칫 행정법도그마틱은 물론 행정행위하자론 자체가 혼란에 처할 수 있다.[4)] 오늘날 공법과 사법 양자의 준별보다는 각기 분화된 법체계로서 양자를 전체 법질서속에서 통합적으로 접근하는 것이 시대적 경향이긴 해도, 양자의 정체성은 견지되어야 한다. 따라서 무효사유의 지나친 확대는 하자효과상의 공법과 사법의 구별을 희석시켜 행정법의 고유성이나 정체성을 몰각시킬 수 있다. 그렇지만 行政行爲瑕疵論이 확고히 정립되어 있지 않는 현실에서, 무효사유의 설득력이 없는 확대가능성은 상존한다.

필자는 行政行爲瑕疵論을 새롭게 정립하기 위한 모색의 출발점으로, 독일 행정절차법 제44조를 중심으로 한 독일에서의 행정행위의 무효논의를 살펴보았다.[5)] 그리고 行政行爲瑕疵論을 개혁하기 위한 착안점으로 기왕의 중대명백성설에 대한 비판과 함께 新重大性說을 새롭게 제안하고자 한다.[6)] 이하에선 이런 선행 · 동행작업을 바탕으

할 수 있다, 신청인이 이에 관하여 정당한 이익을 가지는 경우에 신청이 있으면 그 무효를 선언하여야 한다.

3) 박홍대, 행정행위의 무효화 사유, 행정소송에 관한 제문제(하), 재판자료(제68집), (1995.05.) 181면-219면. 이 글을 준비하면서 여기서 많은 시사점을 받았음을 밝혀둔다.

4) 이들 판례는 제도의 본질을 간과하거나 관련 법제의 구성을 무시하면서 접근하였는데, 과연 여기서의 하자가 중대한지 매우 의문스럽다. 이런 문제점에 관해선 졸고, 環境影響評價가 缺如된 行政行爲의 效力에 관한 소고, 저스티스(제114호), (2009.12.) 363면 이하(본서 435면 이하); 人事交流計劃이 결여된 轉出決定(命令)의 效力에 관한 小考, 행정판례연구(제15집 제1호), (2010.6.), 273면 이하(본서 272면 이하) 참조.

5) 졸고, 獨逸 行政節次法上의 行政行爲의 無效의 體系에 관한 小考, 중앙법학(제10집 제4호), (2008.12.), 137면 이하.

6) 우리의 경우 행정처분의 근거가 된 법령의 위헌, 위법이 다투어진 일련의 판례를 계기로 무효기준이 논란이 되었다. 판례(대법원 1994.10.28. 선고 92누9463판결; 대법원 1995.7.11. 선고 94누4615판결; 대법원 2007.6.14. 선고 2004두619판결; 헌재 2005.3.31. 2003헌바113)와 문헌상으로 공히 하자의 중대성은 시인되고 그것의 명백성만이 쟁점거리가 되었다. 하지만 엄밀히 보아 그 하자가 심히 중대한지 매우 의문스럽다. 행정행위에 대해서 유효의 외관이나 잠정적인 통용이나마 용인하는 것이 법치국가원리적 질서와 요청과 불일치하다고 여겨질 정도가 되어야 그 하자가 (심히) 중대하다고 하겠다. 사실 우리의 경우 일반원칙격인 중대명백성설을 중심으로 한 贊否의 논의가 활발히 전개되고 있지만, 그 논의는 중대성의 의미를 소홀히 한 채 명백성기준의 要否만을 둘러싸고 전개된 일

로 판례와 문헌상의 위법사유를 독일의 그것에 견줘 비판적으로 새롭게 분석하고자 한다.

Ⅱ. 行政行爲瑕疵의 意義

1. 行政行爲瑕疵의 樣態: 단순위법과 무효

行政行爲瑕疵의 결과 즉, 위법한 행정행위에 대한 법적 평가의 문제는 민사법에서의 법률행위하자의 결과와 동일하게 설정할 것인지 아니면 그것과 구별되게 설정할 것인지의 물음이다. 행정법학은 단순위법과 무효의 이원적 체계를 구성하였다. 행정과 행정청의 특권인 셈인 公定力은 -비록 일부에서 비난이 가해지긴 해도- 행정법 및 행정행위를 민사법 및 법률행위와 다르게 만든, 행정법의 핵심적 도그마틱이다.[7] 행정행위가 위법함에도 불구하고 잠정적 통용이 인정되는 특권인 이런 공정력이 부인되는 경우가 바로 행정행위의 無效이고, 공정력이 있는 상황이 바로 단순 위법인 행정행위이다. 여기서의 무효는, 瑕疵(違法性)로 말미암아 이미 발해진 행정행위가 처음부터(ex tunc) -외적으로나 내적으로나- 효력이 발생하지 않는다는 것(Unwirksamkeit)을 의미한다.[8] 따라서 그것의 유효성(효력발생)에 관한 선의의 믿음조차 보호받지 못한다.[9] 무효는 처분청, 수범자(상대방)와 제3자는 물론 다른 행정청과 법원에 대해서 미친다.[10] 무효인 행정행위의 경우 법효과가 애초에 발생하지 않기에, 설령 그것이 소송

본에서의 논의상황의 재현이다. 따라서 그 논의가 엄존한 한계를 전제하고 있으며, 重大明白性說의 극복은 그저 목표에 지나지 않는다. 오히려 실천이 담보되지 않은 채 학설의 대량적 소개만이 있을 뿐이다. 요컨대 그동안 소개가 되지 않은 重大明白性說의 원형, 역사적 전개, 그것의 법치국가적 문제점을 깊이 살펴봄으로써, -실정법상의 명문화로 벗어나기가 불가능한 독일과는 달리- 重大明白性說을 그리 어렵지 않게 극복할 수 있다(後發의 利點). 이제 법치국가원리를 후퇴시키고 전적으로 행정에 유리한 지형을 조성하는 명백성기준을 포기하고, 하자의 중대성만을 유일한 무효기준으로 삼아야 한다(이른바 新 重大性說). 물론 여기에는 무효사유의 설득력이 없는 확대가능성을 저지하기 위해서 하자의 중대성의 의의에 대한 인식전환이 그 전제가 된다. 지면관계상 필자의 이런 주장에 대한 상세한 논거제시를 부득불 생략할 수밖에 없는데, 이에 관한 상론은 졸고, "行政行爲瑕疵論의 改革에 관한 小考", 공법연구(제39집 제1호), (2010.10.31.)(본서 117면 이하). 그리고 독일에서의 논의는 vgl. W.G. Leisner, Nichtigkeit eines Verwaltungsakts (nur) bei Offensichtlichkeit der besonders schweren Fehlerhaftigkeit? - Kritik an der Evidenzlehre zu § 44 Abs. 1 VwVfG, DÖV 2007, 669ff.

7) 한편 우리의 경우 독일 행정절차법 제43조 제2항과 같은 명문의 규정이 없는 관계로, 공정력의 이해를 둘러싸고 논란이 발생한다. 공정력을 법적 안정성의 원칙에서 자리매김하는 이상, 명문규정의 존부 여하에 관계없이 그것을 이른바 실체적 의미로 바라보아야 한다. 독일과는 달리 최소판결의 소급효를 예외 없이 적용시킨 결과가, 바로 공정력의 유명무실은 물론 그것에 관한 혼란이다. 이에 관한 상세는 행정법기본연구 Ⅱ, 99면 이하 참조.

8) 요컨대 우리 언어생활에서 '무효'란 처음부터 효력이 발생치 않은 것(당연 무효)뿐만 아니라, 일정 행위(취소나 폐지) 이후부터 효력이 소멸하는 것(消效)도 나타내기에 용어사용에 세심함이 요구된다. '무효'에서 중요한 것은 효력이 발생하지 않는다는 점보다는 하자가 존재한다는 점이다. 하자가 전제되지 않은 경우를 무효라 표현함으로써 종종 난맥과 혼란이 빚어지곤 한다. 대표적인 예가 인가에서의 '유동적 무효'이다. '유동적 효력불발생'으로 바꾸어야 한다. 이런 사정은 행정법기본연구 Ⅰ, 300면 주)25 참조.

9) Wolff/Bachof/Stober, a.a.O., 6.Aufl., 2000, §49 Rn.43.

10) 따라서 처분청이나 수소법원이외의 행정청이나 법원 역시 선결문제로서 언제든지 부수적으로 무효를 확인

상으로 폐지되거나 그것의 무효가 확인되지 않더라도, 누구도 그것을 따르거나 준수할 필요가 없으며, 또한 집행되지 않을 수 있다. 무효란 처분당시부터 성립하지만, 이는 원칙이고 경우에 따라서 예외적으로 추후에 발생한 무효원인의 결과로 성립할 수 있다. 가령 급부가 추후에 불가능하게 되어 버린 경우의 무효가 그것이다.[11] 한편 유럽공동체법 역시 무효와 단순 위법의 이원적 체계를 취하고 있다. 즉, 비록 하자있는 행정행위를 무효로 규정하지만(Art.231 EG), 행정행위하자론 자체는 독일법이 광범하게 준용되어 행정행위의 -당연무효에 해당하는- 절대적 무효[12]를 특별히 중대하고 명백한 하자에 연계시키고 있다.[13]

2. 하자있는 행정행위와 구별되는 개념

(1) 誤謬있는 행정행위

행정행위의 위법상태를 초래하는 瑕疵(Fehler)는 訂正의 대상인 誤謬와 구별된다. 행정행위에 있어서 행정청이 의욕한 것과 다르게 표현되어 있거나, 행정청이 의욕하지 않은 것이 표현되어 있는 경우에 정정의 대상인 오류가 존재하게 된다.[14] 누구에게 착오의 책임이 있는가는 여기에서 문제되지 않는다.[15] 한편 정정의 대상인 오류는 행정행위의 외부적인 형상과 관련이 있을 뿐, 절차상의 하자, 형식상의 하자나 내용상의 하자처럼 행정행위의 성립이나 내용과는 관련이 없다. 이를테면 행정청이 의사형성을 할 때 착오를 범했다면 정정할 수 있는 오류가 존재하는 것으로 볼 수 없다.[16] 또한 법률상의 착오의 경우에도 취소사유에 해당하기 때문에 오류의 정정은 배제된다.[17] 신청자가 신청한 것 이상이 실수로 그에게 주어진 경우는 법률상의 착오에 해당한다고 보

할 수 있다.

11) 한편 무효인 행정행위에 대한 권리구제와 관련해선 몇 가지 검토할 점이 있다. 행정심판절차의 선택적 전치주의가 채택된 이후엔 이른바 무효확인을 구하는 의미의 취소소송은 과거와 비교하여 대다수의 문헌에서 -이해가 되지 않게- 그다지 논의되지 않고 있다. 그러나 무효인 행정행위에 대해선 무효확인소송 이외에도 취소소송을 제기하여 다툴 수 있다. 사실 행정행위에 대한 권리구제를 강구함에 있어선 우선적으로 그것의 무효가능성을 다룬다. 즉, 취소소송의 경우에도 무효주장은 -공정력의 인정에 따른 복종의무를 처음부터 배제하기 위하여- 궁극적인 종착점이 된다. 또한 이런 견지에서 무효인 행정행위의 취소와 철회 역시 허용된다. Vgl. Kopp/Ramsauer, Verwaltungsverfahrensgesetz Kommentar, 10.Aufl., 2008, §43 Rn.48.

12) 유럽최고법원(EuGH)의 일부 판례가 이런 표현을 사용하긴 하나 대부분의 판례는 가중된 하자있는 행정행위가 (법적으로) 존재하지 않는다고 언급한다. Vgl. EuGH, RS.C-475/01, EuGHE 2004, Ⅰ-8923 Rn.19; Rs.C-137/92P, EuGHE 1994, Ⅰ-2555 Rn.34ff.=EuZW 1994, 436.

13) Vgl. EuGH, RS.15/85, EuGHE 1987, 1005 Rn.10=NJW 1987, 3074; EuGH, RS.226/87, EuGHE 1988, 3611 Rn.16.

14) Kopp/Ramsauer, VwVfG, §42 Rn.5; Stelkens/Bonk/Sachs, Verwaltungsverfahrensgesetz Kommentar, 7.Aufl., 2008, §42 Rn.7; BVerwGE 40, 212(216).

15) BFH BStB1. 1967, 348; 1986, 293; FG Köln EFG 83, 211; LG Frankfurt, MDR 1969, 580.

16) BVerwG, DÖV 1970, 747; BFH NJW 1977, 2183; BFH BStB1. Ⅱ 1979, 458; 1985, 569; 1987, 834.

17) BSG, NJW 1970, 2079; BFH, NJW 1968, 1112; OVG Bremen, DÖV 1974, 353.

아야 한다.[18] 오류가 존재하는지 아니면 사실상의 착오나 법률상의 착오가 존재하는지는 개개사건의 관계에 의해서 판단되어야 한다.[19] 그러나 명백한 오류가 계속적으로 받아들여졌다는 사실만으로 그것이 결코 사실상의 착오나 법률상의 착오로 되지는 않는다.[20]

(2) 僞裝的 行政行爲(非行政行爲), 失效한 행정행위

무효인 행정행위는, -설령 의도한 효과를 발생시키진 않지만- 어떤 고권행위가 존재하며 그것이 행정행위적 외관을 지닌다는 점을 전제로 한다. 따라서 가령 공무원이 아닌 자가 공무원제복을 착용하여 행정행위에 해당하는 일정한 행위를 한 경우와 같이, 행정행위적 성격이 결여되어 외관상으로 책임을 지는 고권주체에게 처음부터 어떤 관점에서도 귀속될 수 없는 셈이 되는 소위 非行政行爲(Nicht-VAe)는 무효인 행정행위와 엄연히 구분된다. 대부분의 우리 행정법 문헌은 -독일의 대부분의 문헌이 취하는- 비행정행위란 개념보다는 '行政行爲의 不存在' 개념을 사용하고 있다. 일반적으로 후자에 대해 행정행위로 볼 수 있는 외형상의 존재 자체가 없다는 점을 그 징표로 내세우는데, 여기에는 유의해야 할 점이 있다. 행정행위적 외형의 부정은 법적 판단의 결과이지 그것의 출발점이 아니라는 점이다. 즉, 실체적 차원에서 행정행위로 볼만한 구석이 전혀 없기에, 행정행위적 접근 자체를 부정하기 위함이다.[21] 따라서 비행정행위라 하더라도 경우에 따라선 행정행위적 외관을 지닐 수 있으며-오히려 문제되는 상황이 바로 이것이다-, 그에 대한 행정구제 역시 도모할 수 있다. 이 점에서 부존재를 전제한 개념인 비행정행위나 비행위의 개념은 적확하지 않은 구석이 있으며, 오히려 僞裝的 行政行爲(Scheinverwatungsakt) 개념이 바람직하다.[22] 독일 문헌에 의하면, ⅰ) 의욕자(행정청)의 진정성의 결여, 공권력과의 관련성의 결여 또는 행정청에로의 귀속가능성의 결여로 일체의 공법적 성질이 없는 경우나 ⅱ) 수범자(내지 관련자)에 대한 유효한 통지가 결여되어 행정행위가 존재하기 위한 본질적 요건이 없는 경우에 僞裝的 行政行爲(非行政行爲)가 인정된다.[23] 공무적 상태를 나타내는 외관을 지닐 수 있는 僞裝的 行政行爲는 그것의 효과의 측면에선 사실행위보다는 오히려 무효인 행정행위에 近似하다 하겠다. 따라서 관련자로선 무효인 행정행위에 대한 것과 동일한 권

18) OLG Köln, NJW 1960, 1471.

19) BFH BStB1. Ⅱ 1977, 853; 1985, 569.

20) BFH BStB1. Ⅱ 1987, 834.

21) 이 경우 당연히 실체법적, 절차법적 효과를 전혀 발생시키지 않는데, 단지 가끔 법질서에 의해 그런 효과가 포착되고 있다. 가령 법적 안정성의 이유에서 독일 법질서는 무자격자의 임용에 대해서 소급적 취소를 규정함으로써 그것에 통용력을 부여하곤 한다(독일 연방공무원법(BBG) 제14조 참조).

22) Blunk/Schroeder, Rechtschutz gegen Scheinverwatungsakte, JuS 2005, 602(604).

23) Kopp/Ramsauer, VwVfG, §43 Rn.49.

리구제방도를 취할 수 있기에, 현행 행정소송법의 처분의 부존재확인의 소와 더불어 취소소송도 제기할 수 있다고 보아야 한다.[24)]

한편 대상이 없거나 기능이 없는 행정행위 즉, 失效한 행정행위 역시 무효인 행정행위와 구분되어야 한다. 이들의 경우 그 효력은 외적 사건에 의거해서 상실하고, 행정행위의 하자(위법상태)와는 무관하다.

Ⅲ. 行政行爲의 違法事由의 分析 - 특히 무효사유를 중심으로

1. 主體上의 瑕疵

(1) 무권한적 행위

행정주체의 무권한적 행위와 관련해선, 사물적 무권한의 경우에는 원칙적으로 무효인데 대하여, 지역적 무권한의 경우에는 반드시 무효가 아니라고 하는 것이 일반론이라고 지적된다.[25)] 하지만 판례는 기본적으로 사항적, 지역적 무권한을 구별하지 않은 채, 권한유월의 행위를 無權限的 行爲로 원칙적으로 무효라고 본다.[26)] 다만 개별사정을 고려하여 이 원칙에서 벗어나 일반적 기준(중대명백성기준)을 적용할 수 있다는 입장을 견지한다. 가령 행정청의 공무원에 대한 의원면직처분의 경우 그것의 소극성과 확인적 행정행위로서의 성격을 내세워 그 경우에서의 행정청의 권한유월을 다른 일반적인 행정행위에서의 그것과 반드시 같이 보아야 할 것은 아니라고 주장한다. 그리하여 5급 이상의 국가정보원직원에 대해 임면권자인 대통령이 아닌 국가정보원장이 행한 의원면직처분은 당연무효가 아니라고 판시하였다.[27)]

요컨대 무권한적 행위와 관련해서 관건은, 해당 처분을 할 권한이 있다고 객관적으로 오인할 여지가 있는지 여부이다. 그리하여 납세지를 관할하는 세무서장이 아닌 다른 세무서장이 소득세 부과 · 징수처분을 한 경우[28)]와 구청장이 서울특별시 조례에 의한 적법한 위임 없이 택시운전자격정지처분을 한 경우[29)]에도 일반적 기준을 적용하여

24) Kopp/Ramsauer, VwVfG, §44 Rn.50; BFH NVwZ 1986, 157. 그러나 독일 연방행정법원은 이 경우 그들 행정법원법 제43조 제1항에 따른 권리의무의 확인소송만을 허용하고, 동법 제42조에 의한 취소소송은 인정하지 않는다(BVerwG NVwZ 1987, 330).

25) 김남진/김연태, 행정법Ⅰ, (2010), 289면.

26) 예: 대법원 1996.6.28. 선고 96누4374판결; 대법원 2004.7.22. 선고 2002두10704판결 등.

27) 대법원 2007.7.26. 선고 2005두15748판결.

28) 대법원 2001.6.1. 선고 99다1260판결: 「납세지를 관할하는 세무서장이 아닌 다른 세무서장의 소득세 부과 · 징수처분은 관할 없는 과세관청의 처분으로서 위법하고 그 하자가 중대하다고 할 것이나, 납세자가 주민등록을 빈번히 이전 · 말소한 경위, 세무서장이 처분에 이르기까지 그 주소를 확인한 과정과 구 소득세법(1994.12.22. 법률 제4803호로 전문 개정되기 전의 것)상 납세지 확정에 관련된 규정들에 비추어 보아, 그 하자가 일견하여 객관적으로 명백한 것이라고 할 수 없으므로 당연무효사유는 아니다.」 비슷한 판례로 대법원 1982.9.14.선고 80누127판결.

단순 위법사유로 보았다. 특히 권한의 유월이 주로 문제되는 권한의 위임사례에서 판례는 기왕의 위임규정 및 권한규정에 터 잡아 명백성의 기준을 적극적으로 대입하는 경향을 띈다.[30] 그러나 내부위임의 경우에는 판례는 이런 일반적 기준의 적용여부를 고민하지 않은 채 곧바로 '無權限 無效의 原則'을 적용하였는데,[31] 앞서의 신축적인 태도가 여기선 반영되지 않은 점이 궁금하다. 사실 사물관할의 실질적인 측면에서 보자면, 여기서의 하자는 중대하지도 않을 뿐더러 명백하지도 않다.[32] 외부에서 행정조직상의 권한분배를 알기란 매우 어렵다. 가령 임용결격사유에 해당하여 임용취소된 공무원이 여전히 공무수행차원에서 어떠한 행위를 한 경우처럼, 정당한 권한행사로 봄직한 경우에는 상대방의 신뢰를 보호한다는 차원에서 그 상대방에 대해선 '無權限 無效의 原則'을 그대로 대입하여선 곤란하다. 즉, 여기선 민법상의 표현대리의 법리가 원용되는 셈이다. 아울러 중대명백성설의 기조를 고수하더라도 명백성기준을 새삼 강조할 필요가 있거니와,[33] 필자처럼 하자의 중대성을 엄격히 이해하는 신중대성설의

29) 대법원 2002.12.10. 선고 2001두4566판결: 「이 사건에 관하여 보건대, 피고의 선행처분은 앞서 본 바와 같이 결과적으로 서울특별시 조례에 의한 적법한 위임 없이 행하여진 것으로서 그 하자가 중대하다고 할 것이나, 원고의 위 1998.4.28.자 위반행위(합승행위 및 검사방해행위) 당시에 시행되던 자동차운수사업법(1997.12.13. 법률 제5448호로 전문 개정되어 1998.6.14.부터 시행되기 전의 것) 제33조의4 제3항, 제69조 제1항, 같은법시행령(1998.6.24. 대통령령 제15817호 여객자동차운수사업법시행령으로 전문 개정되기 전의 것) 제9조 제1항 제24호에 의하면 위 법률 제33조의4 제3항 소정의 택시운전자격 취소 · 정지 등은 국가사무로서 그 권한이 교통부장관에게 있었고 교통부장관은 이 권한을 시 · 도지사에게 위임한다고 규정하고 있었으며, 서울특별시사무위임규칙(1998.3.10. 규칙 2902호) 제3조 [별표] 제25호는 서울특별시장이 위 법률 제33조의4 제3항 소정의 택시운전자격 취소 · 정지 등에 관한 권한을 구청장 또는 사업소장에게 재위임한다고 규정하고 있어, 원고가 위 1998.4.28.자 위반행위를 하였을 당시에는 구청장인 피고가 원고에 대하여 택시운전자격정지처분을 할 적법한 권한이 있었는데, 피고가 선행처분을 함에 있어서 그 처분 당시가 아닌 위반행위 당시에 시행되던 규정에 의하여 선행처분을 할 권한이 피고에게 있다고 오인할 여지가 없지 아니하였고, 현행법상 시 · 도지사는 지방자치단체의 사무와 국가의 기관위임사무를 함께 관장하고 있어 행위의 외관상 양자의 구분이 쉽지 아니하였던 점 등에 비추어 보면, 선행처분에 있어서의 하자가 비록 중대하다고 할지라도 그것이 객관적으로 명백하다고 할 수는 없으므로 이는 결국 당연무효 사유는 아니라고 봄이 상당하다 할 것이다.」

30) 대법원 2007.9.21. 선고 2005두11937판결(교육장의 공립유치원 교사에 대한 직권면직처분이, 적법한 위임 없이 권한 없는 자가 행한 처분으로서 그 하자가 중대하지만 객관적으로 명백하다고는 할 수 없어 당연무효가 아니라고 한 사례); 2004.11.26. 선고 2003두2403판결(적법한 권한 위임 없이 세관출장소장에 의하여 행하여진 관세부과처분이 그 하자가 중대하기는 하지만 객관적으로 명백하다고 할 수 없어 당연무효가 아니라고 한 사례).

31) 대법원 1993.5.27. 선고 93누6621판결: 체납취득세에 대한 압류처분권한은 도지사로부터 시장에게 권한위임된 것이고 시장으로부터 압류처분권한을 내부위임받은 데 불과한 구청장으로서는 시장 명의로 압류처분을 대행처리할 수 있을 뿐이고 자신의 명의로 이를 할 수 없다 할 것이므로 구청장이 자신의 명의로 한 압류처분은 권한 없는 자에 의하여 행하여진 위법무효의 처분이다. 대법원 1997.5.16. 선고 97누2313판결: 운전면허에 대한 정지처분권한은 경찰청장으로부터 경찰서장에게 권한위임된 것이므로 음주운전자를 적발한 단속 경찰관으로서는 관할 경찰서장의 명의로 운전면허정지처분을 대행처리할 수 있을지는 몰라도 자신의 명의로 이를 할 수는 없다 할 것이므로, 단속 경찰관이 자신의 명의로 운전면허행정처분통지서를 작성 · 교부하여 행한 운전면허정지처분은 비록 그 처분의 내용 · 사유 · 근거등이 기재된 서면을 교부하는 방식으로 행하여졌다고 하더라도 권한 없는 자에 의하여 행하여진 점에서 무효의 처분에 해당한다.

32) 독일의 경우 소관 행정청 대신 그것의 하위 행정청이 활동한 경우에 중대 · 명백하지 않는다고 본다(VGH Mannheim VBlBW 1973, 91; Wolff/Bachof/Stober, a.a.O., §49 Rn.39. 그러나 Obermayer, VwVfG Komm., §44 Rn.36는 상급행정청이 아닌 하급행정청의 활동은 무효라고 본다). 위원회 대신 의장이나 위원이 행한 결정 역시 무효가 아니다.

33) 그런데 私人이 공무원을 사칭하여 행정행위를 한 보통의 경우에는 공무적 외관을 갖는다 하더라도 효력을

입장에서도 그 하자는 단순 위법에 지나지 않는다. 한편 무권한의 하자의 경우 피고적격이 문제된다. 설령 당연무효라 하더라도, 실제 행정행위를 발한 행정청을 피고로 삼아야 한다.[34]

한편 독일의 경우 그들 행정절차법 제3조 제1항 제1호[35]상으로 언급된, 행정행위의 특별한 장소구속성의 경우를 위한 지역적 권한(토지관할)을 위배하면 무효가 인정된다(절대적 무효사유: 독일행정절차법 제44조 제2항 제3호).[36] 그러나 여기에 해당하지 않는 토지(지역)관할의 위반은 물론, 사물관할의 위반에 대해선 일반원칙(중대명백성)이 적용되어야 하되, 특히 전자의 경우 −그밖의 상황의 추가발생을 통해 무효로 진행될 가능성은 있지만− 그 자체론 무효가 초래되진 않는다(독일 행정절차법 제44조 제3항 제1호). 한편 독일 문헌과 판례에 비추어, 관할(권한)규정위반과 관련해서, 우선 절대적인 무권한인 경우 즉, 가능한 어떤 관점에서도 행정행위에 관한 권한이 없거나 그것을 발하는 데 있어서 권능이 있을 수 없는 행정청이, 즉 절대적으로 무권한인 행정청이 행한 행정행위는 무효가 된다.[37] 반면 절대적 무권한의 경우가 아닌 사물적 무권한의 경우엔, 행정행위로써 규율된 업무가 사물적 관점에서 행정청의 임무영역과 아무런 관련성을 갖지 않아야 하고, 또한 이런 점이 명백하여야, 비로소 원칙적으로 무효가 인정된다.[38] 특히 관할이 명백히 결여된 경우란 가령 완전히 다른 임무를 맡은 행정청이 (본연의 것과) 다른 소관의 결정을 내린 경우를 의미한다.[39] 이 점에서 우리 판례 역시 이상의 위임사례가 보여주듯이, 그 맥을 같이 하고 있다.

발생하지 않으며, 공행정주체에 대한 귀속 역시 당연히 부인된다(전술한 假裝行政行爲).

34) 참조: 대법원 1984.10.10. 선고 84누463판결. 이에 대한 평석으로 이근웅, "권한없는 행정기관이 한 당연무효인 행정처분의 취소권자", 대법원판례해설(제4호), (1988.1.), 179면-187면.

35) 법 제3조 ① 토지관할권은 다음 각호에 정하는 바에 의한다.1. 부동산이나 장소에 관련된 사항에 있어서는 당해 재산이나 장소의 소재지를 관할하는 행정청.

36) 이는 절차법시행이전의 독일의 통설과 일치한다. Vgl. VGH München Bay VBl. 1976, 726; Bay VerfGH 4, 9f.

37) BVerwG DVBl 1974, 565; BSG 19, 132; 24, 168; OLG München NVwZ 1982, 150; VG Freiburg NVwZ 1990, 594; Stelkens/Bonk/Sachs, VwVfG, §44 Rn.170; Wolff/Bachof/Stober, a.a.O., §49 Rn.30; Forsthoff, a.a.O., S.245; Riffert, in: Erichsen/Ehlers(Hrsg.), Allg. VerwR, 13.Aufl., 2006, §21 Rn.6. 이에 해당하는 예로, (가령 공권력이 미칠 수 없는 사적 영역에서 그곳을 지배하는 권력의 동의가 없는 채 행한 고권적 활동처럼) 공권력이 명백히 결여된 경우, 연방헌법재판소가 아닌 행정청에 의한 정당금지의 경우, 행정청이 형사소송법에 따라 형벌에 처하는 경우, 주법의 집행에서 주행정청을 대신하여 연방행정청이 결정을 내린 경우이나 −권한확대의 요건이 명백히 주어지지 않는 한− 다른 주의 주행정청이 결정을 내린 경우가 거론된다. 반면 연방법의 집행에서 B주의 행정청에 갈음하여 A주의 행정청이 내린 결정이나 게마인데조합이 아닌 그 조합원인 게마인데가 행한 부담금 결정은 절대적 무권한의 경우에 해당하지 않는다.

38) VGH Kassel NVw-RR 1989, 631; VG Freiburg NVwZ 1990, 594; Knack/Henneke, Verwaltungsverfahrensgesetz Kommentar, 9.Aufl., 2010, §44 Rn.16.

39) 가령 건축행정청 대신에 재무부가, 재무부 대신에 산림청이 행하는 경우이다. BVerwGE 49, 371; Forsthoff, a.a.O., S.233. 한편 (해당 교통행정청이 아닌) 산림청에 의한 교통표지판의 설치가 무효로 되어선 아니 될 것이라고 한다. Kopp/Ramsauer, VwVfG, §44 Rn.15.

(2) 행정기관(담당 공무원)의 의사형성상의 하자

(가) 의사가 없는 행위

공무원의 심신상실 중의 행위 및 저항할 수 없을 정도의 강박에 의한 행위는 무효이다. 독일의 경우에도 가령 명백히 정신질환자인 공무원이 행한 행정행위는 -비행위(Nicht-Akt)가 존재하지 않는 한- 무효가 되어야 한다고 본다.[40] 그리고 직접적인 강박에 의해 초래된 행정행위의 경우,[41] 독일 형법 제52조 제1항상의 협박에서 빚어진 행정행위의 경우[42]에 무효가 인정된다. 이에 반해 기망이나 증뢰에 따른 행정행위의 경우[43]에는 무효가 아니다. 그리고 예컨대 前科를 의식적으로 默秘함로 인해 詐取된 귀화허가의 경우도 무효가 아니다. 왜냐하면 비록 관계자가 아무런 문제없이(당장) 간파할 수 있는 경우를 제외하고선, 명백하지 않기 때문이라고 한다. 우리 역시 詐僞로 받은 한지의사면허처분이 위법으로 취소원인이 된다고 판시되었다.[44] 이 경우 (新)重大性說에 의하더라도 무효에 이를 정도의 중대함을 인정하긴 어렵다.

(나) 의사결정에 흠이 있는 행위

법률관계의 착오든 사실관계의 착오든 착오 그 자체는 행정행위의 하자사유가 되지 않는다. 착오로 인해 행정행위 그 자체에 절차나 내용상의 하자(위법)가 있어야 한다. 그런데 행정행위와 관련한 착오는 내용적인 측면에서 보자면 행정행위의 발급요건의 충족여부에 관한 착오에 해당한다. 즉, 발급대상이 아님에도 사실관계나 법률관계를 오인하여 발한 侵益處分이 주로 문제가 된다. 명백성기준을 인정하는 입장에 서면 관건은 그런 착오성립이 하자의 명백성기준에 견줘 정당화될 수 있는지 여부이다. 그러나 명백성기준을 부정하는 입장에서는, 착오의 정당화가능성 여부를 (하자의) 중대성판단의 고려사항의 하나로 설정할 수 있다. 판례의 경향을 보면,[45] 오인할 만한

---

40) Kopp/Ramsauer, VwVfG Komm., §44 Rn.19. 그러나 최소가능성만을 인정하는 입장도 있다(Forsthoff, a.a.O., S.273).

41) Obermayer, VerwR, S.122; 다른 견해로 Forsthoff, a.a.O., S.242.

42) Forsthoff, a.a.O., S.242. 이를 비행위로 보는 다른 견해로 Wolff/Bachof/Stober, a.a.O., §49 Rn.20.

43) BVerwG DVBl 1985, 624. 그러나 경우에 따라선 여기서 법 제44조 제2항 제6호에 따라 혹은 법률상의 금지의 위반을 이유로 무효사유가 생겨난다.

44) 대법원 1975.12.9. 선고 75누123판결; 1964.6.30. 선고 63누194판결.

45) i) 무효인 경우: 농지가 아닌 토지를 농지로 오인하고 분배처분을 한 경우(대법원 1962.2.15. 선고 4294민상612판결), 국내법인 소유인 것을 관재당국이 귀속재산으로 오인하고 불하처분을 한 경우(대법원 1962.3.15. 선고 4294민상1134판결), 영업을 하지 아니하는 자를 상대로 영업한 것을 전제로 사업소득세를 부과한 경우(대법원 1969.11.11 선고 69누122판결), 부동산을 전혀 양도한 사실이 없는 사람에게 부동산을 양도한 사실이 있는 것으로 오인하고 양도소득세를 부과한 경우(대법원 1980.12.23. 선고 80누393판결; 1983.8.23. 선고 83누179판결), 등기부상 토지의 소유자 아닌 자를 소유자로 오인하여 종합토지세부과처분을 한 경우(대법원 1999.10.12. 선고 98두13140판결).

ii) 취소인 경우: 매매를 상속 또는 증여로 본 경우(대법원 1962.9.27. 선고 62누29판결; 1982.10.26. 선고 81누69판결), 사실상 매도일자를 조사하지 않고 등기부상 원인일자를 기준으로 부동산 투기억제제세의 부과처분을 한

객관적인 사실에 천착하여 사실오인의 경우 대개 단순 위법으로 판단하는 경향을 띤다.[46] 이에 대해선 –명백성기준을 전제하면서 그것과의 마찰을 줄이기 위해– 사실조사과정을 엄격히 설정하여 무효를 확대시켜야 한다는 지적이 있다.[47]

2. 節次上의 瑕疵

일찍이 절차하자에 대해선 절차의 취지 · 목적에 따른 일반적 기준이 제시되었다. 즉, 절차의 취지 · 목적이 상호 대립하는 당사자 사이의 이해를 조정하거나 이해관계인의 권리 · 이익을 보호하는 데 있을 때는 절차결여가 무효원인이 되며, 그 취지 · 목적이 단순히 행정의 적정 · 원활한 운영을 위하는 등 행정상의 편의에 있을 때에는 그 절차결여가 반드시 무효로 되지는 않는다고 본다.[48] 그러나 판례는 문헌상의 이런 기준을 따르지 않는다. 오히려 주로 전자의 경우를 문제 삼아 취소를 원칙으로 하되 예외적으로 무효로 인정하며, 후자의 경우엔 대상 행위의 효력 자체를 문제 삼지 않는다. 문헌과 판례상의 이런 간극은 상호 조화되기 어려울 정도로 현저함에도 불구하고

경우(대법원 1972.6.27. 선고 71누112판결), 착오로 원고명의로 소유권이전등기된 것을 원고에게 증여된 경우로 보아 증여세를 부과한 경우(대법원 1974.11.26. 선고 74누76판결), 남편에게 명의를 빌려준 것에 불과함에도 증여로 보아 증여세를 부과한 경우(대법원 1984.2.28. 선고 82누154판결), 아들이 원고의 승낙 없이 인감도장을 부정사용한 결과 주주명부에 등재되었음에도 과점주주로 보고 한 부과처분(대법원 1984.9.25 선고, 84누286판결), 비업무용 토지에 해당하지 않는 토지를 비업무용 토지로 오인하여 재산세 등의 과세처분을 한 경우(대법원 1989.1.31. 선고 88누4577판결), 명의신탁해지가 진실한 것인데도 과세관청이 위장된 행위로 오인하여 증여세를 부과한 경우(대법원 1990.1.23. 선고 89누4208판결), 회사가 제3자로부터 부동산을 매수하여 취득함에 있어서 불가피한 사정으로 대표이사 개인명의로 그 소유권이전등기를 경료하여 소유자 명의를 신탁하였다가 다시 회사명의로 그 소유권이전등기를 경료한 경우, 과세관청이 상속세법 제32조의 2에 따라 대표이사 명의로 소유권이전등기가 된 날에 회사가 대표이사에게 그 부동산을 증여한 것으로 보아 대표이사에게 증여세 및 방위세를 부과한 경우(대법원 1990.7.13. 선고 90누2901판결), 과세관청이 납세의무자인 甲 주식회사의 주주명부에 주주로 잘못 등재되어 있는 원고를 甲 회사의 과점주주로 오인하고 제2차 납세의무자로 지정하고, 과세처분을 한 경우(대법원 1990.12.7. 선고 90누5245판결), 징계처분 후 징계사유에 대한 형사사건으로 1심에서 유죄판결이 선고되었으나 그 후 항소심에서 무죄판결이 선고되고 이 판결이 대법원에서 확정된 경우의 징계처분(대법원 1992.5.22. 선고 91누12196판결, 대법원 1994.1.11. 선고 93누14752판결), 甲으로부터 고철을 매입하였음에도 관세관청이 고철매입의 상대방을 甲이 아닌 乙로 오인하여 부가가치세를 부과한 경우(대법원 1992.9.14 선고, 92누4000판결), 자산의 무상양도에 대하여 양도소득세를 부과한 경우(대법원 1992.12.11. 선고 92누13127판결), 양도소득세의 비과세대상이 되는 1세대 1주택에 대하여 양도소득세 등의 부과처분을 한 경우(대법원 1993.1.15. 선고 91누10305판결), 경과실을 중과실로 보고한 행정처분(대법원 1993.6.29. 선고 92누14762판결), 투기거래로 인정할 수 없어 원칙적인 방법인 기준시가에 의하여 양도차익을 산정하여야 하는데도 투기거래로 잘못 인정하고 예외적인 방법인 실질거래가액에 의하여 양도차익을 산정한 경우(대법원 1993.7.13. 선고 91다42166판결), 개발사업의 실질적 시행자가 아닌 사업허가명의자에게 한 개발부담금부과처분(대법원 1993.10.12. 선고 93누16987판결). 박홍대, 앞의 논문, 206면–208면 참조.

46) 대표적으로 대법원 1996.7.12. 선고 95누10464판결: 개발사업의 시행으로 인하여 형성된 도로 부분을 행정청에게 기부채납할 것을 조건으로 개발사업의 시행인가를 받은 것임에도 불구하고, 행정청은 그 도로 부분 토지의 가액을 개발비용으로 공제하지 아니한 채 개발사업에 대한 개발부담금을 산정한 잘못이 있으나 이는 개발부담금 부과대상의 법률관계나 사실관계를 오인한 것에 지나지 아니하는 것이므로, 개발부담금 부과처분에 그와 같은 하자가 있다고 하여 부과처분이 당연무효가 되는 것은 아니다.

47) 박홍대, 앞의 논문, 208면.

48) 다른 문헌을 대표하여 김남진/김연태, 앞의 책, 291면.

별반 지적이 없다.[49)]

(1) 처분의 사전통지(불복고지)나 의견청취의무의 위반

문헌상의 일반적 기준에 의하면 이런 절차하자는 당연히 무효사유에 해당하며 일반적으로 그렇게 보고 있다. 일찍이 행정절차법제정 이전 판례는 법정청문절차의 결여와 비법정청문절차의 결여를 구분하여, 전자의 경우엔 행정행위가 위법하게 된다고 보면서 아울러 단순위법(취소사유)으로 접근하였지만,[50)] 후자의 경우엔 위법성을 인정하지 않았다.[51)] 판례는 그 자신이 법규성을 인정하지 않는 훈령(건축사사무소의 등록취소 및 폐쇄처분에 관한 규정: 1979.9.6. 건설부훈령 제447호)에서 요구된 청문절차의 결여를 취소사유로 여긴 破格을 드러내긴 하였지만, 이는 일회적 사건이었고,[52)] 행정절차법 제정이후 지금까지도 사전통지(불복고지)나 의견청취의 결여를 단순 위법으로 접근한다.[53)] 한편 독일의 경우 그들 행정절차법 제28조, 제68조 제2항, 제73조 제6항이나 다른 규정에 의해 요구되는 관련인의 청문의 결여를 원칙적으로 무효사유로 보지 않는다.[54)]

(2) 신청 등 상대방의 협력이 결여되거나 (결여가 아닌) 하자가 있는 경우

(가) 상대방의 협력이 결여된 경우

여기선 먼저 신청의 필요요건여부에 따른 구분을 하는 일반적 문헌의 경향을 검토하고자 한다. 일반적으로 그것이 필요요건이면 신청이 없는 행정행위는 무효가 되고

---

49) 이런 간극을 지적한 것으로 하명호, 처분에 있어서 절차적 하자의 효과와 치유. 조해현(편집대표), 행정소송(Ⅱ), (2008), 132면.

50) *始原的* 판례로 대법원 1969.3.31. 선고 68누179판결: 하천법 제57조 제2항에 의하면 동조 제1항에 의한 처분(허가 취소 등)을 할려면 부득이한 사유가 있는 경우를 제외하고는 사전에 미리 관계인의 의견을 들어야한다고 규정하고 있는 바, 동법이 이러한 사전 절차를 규정한 취지는 기존 허가를 취소(본건에서는 철회)하는 것은 피허가자의 기득의 권리, 이익을 해치는 것이므로 이를 취소함에 있어서 피허가자의 이익을 가능한 한 침해하는 일이 없도록 신중을 기하게 함에 그 입법취지가 있다할 것이므로 위와 같은 규정은 강행규정에 해당된다 할 것인 즉, 부득이한 사유가 없는데도 불구하고 이러한 사전 절차를 밟음이 없이 바로 동조 제1항에 의하여 기존 허가를 취소한 경우에는 그 취소처분은 그 절차에 흠이 있는 위법한 행정처분이라 아니할 수 없다.

51) *始原的* 판례로 대법원 1994.3.22. 선고 93누18969 판결: 청문절차 없이 어떤 행정처분을 한 경우에도 관계법령에서 청문절차를 시행하도록 규정하지 않고 있는 경우에는 그 행정처분이 위법하게 되는 것이 아니라고 할 것인바, 구 주택건설촉진법(1992.12.8. 법률 제4530호로 개정되기 전의 것) 및 같은법 시행령에 의하면 주택조합설립인가처분의 취소처분을 하고자 하는 경우에 청문절차를 거치도록 규정하고 있지 아니하므로 청문절차를 거치지 아니한 것이 위법하지 아니하다.

52) 대법원 1984.9.11. 선고 82누166판결. 이에 대해 상반된 문제인식으로 김남진/김연태, 앞의 책, 404면; 김동희, 행정법 I, (2010), 365면.

53) 최근의 것으로 대법원 2009.1.30. 선고 2008두16155판결: 행정청이 침해적 행정처분을 하면서 당사자에게 위와 같은 사전통지를 하거나 의견제출의 기회를 주지 아니하였다면 사전통지를 하지 않거나 의견제출의 기회를 주지 아니하여도 되는 예외적인 경우에 해당하지 아니하는 한 그 처분은 위법하여 취소를 면할 수 없다(대법원 2000.11.14. 선고 99두5870판결; 2004.5.28. 선고 2004두1254판결 등 참조).

54) BVerwG DVBl 1974, 565; Forsthoff, a.a.O., S.236.

신청과 다른 수정행정행위(허가 등)도 허용되지 않는 반면, 필요요건이 아니라면 그 신청이 없는 행정행위나 신청과 다른 행정행위는 당연무효가 되지 않는다고 본다.[55] 이런 구별이 허가와 특허를 경계짓는 차이가 되기도 한다. 판례는 신청과 다른 내용의 허가가 당연무효로 되는 것은 아니라고 하면서,[56] 동시에 "행정관청에 대하여 특정사항에 관한 허가신청을 하도록 위임받은 자가 위임자명의의 서류를 위조하여 위임받지 아니한 하자있는 허가신청에 기하여 이루어진 허가처분은 무효다",[57] "분배신청을 한 바 없고 분배받은 사실조차 알지 못하고 있는 자에 대한 농지분배는 허무인에게 분배한 것이나 다름이 없는 당연무효의 처분이라고 할 것이다"고[58] 판시하였다. 74누168 판결의 경우 허가신청절차상의 하자인데 이것이 과연 허가처분의 법적 효력을 부인할 수 있는지 의문스럽다. 독일의 경우 신청 등이 착오나 기망이나 협박으로 취소되었거나 행위무능력자에 의해 발해진 경우 단순위법으로 본다. 그리고 신청을 한 자칭 대리인이 대리권을 갖지 않는 경우도 원칙적으로 무효사유가 되지 않는다.[59] 그리고 70다1750 판결의 경우 과연 이를 절차상의 하자만이 아닌 내용상의 하자 즉, 사실상의 객관적 불능의 차원에서 함께 검토할 순 없는지 의문이 든다. 존재하지 않는 사람과 관련해선 이미 그 행정행위는 무효가 될 수밖에 없다. 이를 단순히 신청결여로 포착하는 것은 단선적이다.

무신청에 따른 법효과의 부인과 같은 명문의 규정이 없을 때, 신청의 필요요건여부를 판단하기란 매우 힘들다. 그리고 필요요건의 의미에 대해서도 물음이 제기될 수 있다. 법률이 관련자의 신청과 같은 협력을 필요로 하는 행정행위를 규정하고 있다고 하더라도, 그 자체로 여기서의 신청을 강제성을 띤 필요요건으로 보아야 할지 적잖이 의문스럽다. 따라서 논증의 안정성을 기하기 위해선, 효력부인의 명문의 규정이 없는 한, 신청을 필요요건으로 보지 않는 것이 바람직하다. 문제의 상황이 대개 수정허가와 같이 신청과 다른 행정행위인 점에서, 대상행위의 성질 즉, 수익적 행정행위의 수령자에 대한 영향도 감안할 필요가 있다. 그 수령자가 대상행위 가령 허가를 행사하고 있을 때는 신청결여 그 자체를 너무 중하게 여겨선 곤란하다. 요컨대 협력을 필요로 하는 행정행위에서 관련자의 협력이 결여되면 규준이 되는 해당 실체규범의 내용에 의거하여 무효,[60] 유동적 효력불발생 또는 단순위법의 상황이 존재할 수 있으되,[61] 우선

55) 김남진/김연태, 앞의 책, 227면, 291면.
56) 대법원 1985.11.26. 선고 85누382판결.
57) 대법원 1974.8.30 선고 74누168판결.
58) 대법원 1970.10.23. 선고, 70다1750판결.
59) VGH München Bay VBl 1975, 139.
60) 가령 시험불응시생에 대한 합격처분이나 불합격처분은 무효이다.
61) Stelkens/Bonk/Sachs, VwVfG, §44 Rn.107.

단순위법의 관점에서 접근하여야 한다.

독일의 경우 법률이 달리 규정하지 않는 한, 관련 시민의 필요한 협력 없이 발해진 행정행위는 원칙적으로 무효가 아니라고 본다.[62] 특히 요신청 행정행위가 아무런 신청이 없었을 때 그러하다.[63] 다만 구체적 상황에선 약간 다른데, 공무원임명이나 귀화허가에서처럼, -신청이 동시에 결정을 위해 본질적이고 불가결한 동의를 함께 포함하는- 소위 "쌍방적" 행정행위의 경우에 일부 문헌은 단순위법으로 보지만,[64] 독일의 판례는 무효로 본다.[65] 그리고 법률규정에 의거하여 필수적인 관련인의 동의가 결여된 행정행위의 경우에도 일부 문헌은 단순위법으로 보지만,[66] 판례는 다른 입장을 취한다.[67] 신청이나 기타 문제된 본질적인 협력활동이 서명의 결여로 효력이 발생하지 않았던 경우에는 단순위법으로 본다.[68] 요컨대 법률에 의해 신청이 강제되지 않는 한, 치유의 가능성이 열려있기에 그것의 결여는 대체적으로 중요하지 않은 것으로 본다.

(나) 상대방의 협력에(결여가 아닌) 하자가 있는 경우

여기서 먼저 논의되어야 할 점은 사인의 공법행위에 대해 민법의 규정이 통용될 수 있는지 여부이다. 일반적으로 사인의 공법행위에서의 표의자의 의사의 흠결(의사와 표시의 불일치) 또는 의사결정상의 하자(사기 · 강박 등)가 있는 경우에는 그 공법행위의 성질에 반하지 않는 한, 민법의 규정(제107조-제110조)이 준용될 수 있다고 본다. 그런데 사인의 공법행위를 일괄적으로 민법의 법률행위의 규정이 규율하려는 범위밖에 있다고 판단하여선 곤란하다. 그런 식의 논증에서 인용되곤 하는 대법원 1978.7.25. 선고 76누276판결이 그런 식으로 판시하긴 하였지만,[69] 본질은 그것의 판결요지가 밝혔듯이 비진의 의사표시에 관한 민법 제107조의 적용여부이다. 따라서 이 점을 생략하고

---

62) Schmidt-De Caluwe, Zur Anfechtung privater Willenserklärungen im öffentlichen Recht, insbesondere im Sozialrecht, Jura 1993, 399(405).

63) VGH Kassel NVwZ 1985, 499; Knack/Henneke, VwVfG, §44 Rn.15; Wolff/Bachof/Stober, a.a.O., §49 Rn.42; Stelkens/Bonk/Sachs, VwVfG, §44 Rn.107. 무효로 보는 견해로 BSG 12, 268; 52, 245; Ule/Laubinger, Verwaltungsverfahrensrecht, 4.Aufl., 1995, §57 Rn.13. 이와 다르게 유동적 효력불발생으로 보는 견해로 Lorenz, Der Rechtsschutz des Bürgers und die Rechtsweggarantie, 1973, S.281.

64) Kopp/Ramsauer, VwVfG, §44 Rn.21.

65) BVerwG DÖV 1972, 174. Stelkens/Bonk/Sachs, VwVfG, §44 Rn.108, 역시 신청이 완전히 결여되었는데 발해진 허가나 (의원)면직처분은 무효로 본다.

66) Kopp/Ramsauer, VwVfG, §44 Rn.21.

67) BVerwGE 30, 169.

68) BFH NJW 1992, 2175; FG Niedersachsen NVwZ-RR 1993, 222.

69) 대법원 1978.7.25. 선고 76누276판결: 소외 전영자의 재개업신고에 재개의사가 없으니 그 신고는 무효하다는 취지로 주장하나 민법의 법률행위에 관한 규정은 대등한 당사자간의 거래를 대상으로 하여 서로의 이해를 조정함을 목적으로 하는 규정이므로 형식적 확실성을 중히 여기며, 행위의 격식화를 특색으로 하는 공법행위에 당연히 타당하다고 말할 수 없음은 의론이 있을 수 없는 바이니 사인의 공법행위인 재개업신고는 민법의 법률행위의 규정이 규율하려는 범위밖에 있다 하겠으므로 원심이 재개업신고한 다음날에 영업양도한 사안에서의 위 신고에 신고내용대로 의사있는 적법한 것으로 판단하였음은 옳고 거기에 소론 위법이 있다고 할 수 없다. 이에 대한 평석으로 김현채, "사인의 공법행위에 대한 민법의 법률행위 규정의 적용여부", 사법행정(제20권 제8호), (79. 08), 56-58.

판시내용을 인용하면 자칫 오해를 자아낼 수 있다.

주로 사직신청에 의한 의원면직의 경우에 제기되는 하자있는 협력의 문제와 관련 해선, 판례가 확인하였듯이, 민법 제107조의 비진의 의사표시에 관한 규정은 공법관계의 정형성 · 획일성으로 인해 사인의 공법행위에 적용되지 않는다. 그리고 판례는 강박에 의한 사인의 의사표시(가령 사직신청)에 대해서, "그 정도가 의사결정의 자유를 박탈할 정도에 이른 것이라면 그 의사표시가 무효로 될 것이고 그렇지 않고 의사결정의 자유를 제한하는 정도에 그친 경우라면 그 성질에 반하지 아니하는 한 의사표시에 관한 민법 제110조의 규정을 준용하여 그 효력을 따져보아야 할 것이다"라고 판시하였다.[70] 관건은 고강도의 강박이 존재하는지 여부이다.[71] 그런데 -면직처분이 발하기 전에- 사직의 의사표시가 취소되었음에도 불구하고 발해진 면직처분은 무효인지, 아니면 단순위법인지 여부가 문제될 수 있다. 우리의 경우 판례는 변경처분에 대하여 한 동의가 피고측의 기망과 강박에 의한 의사표시라는 이유로 적법하게 취소되었다면 이 동의는 처음부터 무효인 것으로 되므로 변경처분은 위법하게 된다고 판시하였다.[72] 그런데 독일의 경우 일부 문헌은 신청 등이 착오나 기망이나 협박으로 취소되었거나 행위무능력자에 의해 발해진 경우를 단순위법사유로 보는 데 대해서,[73] 일부 문헌은 먼저번에 행한 신청이 추후에 취소되었다면 무효로 보아야 한다고 주장한다.[74]

(다) 다른 기관의 협력이 결여된 경우

협력의 결여의 효과에 대해선 문헌은 다음과 같이 다양한 입장을 취한다. 즉, 하자의 정도에 따라 무효 또는 취소의 원인이 된다는 견해, 행정행위의 발급에 필수적인

---

70) 대법원 1997.12.12. 선고 97누13962판결; 2001.8.24. 선고 99두9971판결 :[1] 이른바 1980년의 공직자숙정계획의 일환으로 일괄사표의 제출과 선별수리의 형식으로 공무원에 대한 의원면직처분이 이루어진 경우, 사직원 제출행위가 강압에 의하여 의사결정의 자유를 박탈당한 상태에서 이루어진 것이라고 할 수 없고 민법상 비진의 의사표시의 무효에 관한 규정은 사인의 공법행위에 적용되지 않는다는 등의 이유로 그 의원면직처분을 당연무효라고 할 수 없다. [2] 공무원이 한 사직 의사표시의 철회나 취소는 그에 터 잡은 의원면직처분이 있을 때까지 할 수 있는 것이고, 일단 면직처분이 있고 난 이후에는 철회나 취소할 여지가 없다.

71) 인정예: 대법원 1968.3.19. 선고 67누164판결.

부정예: 대법원 1997.12.12. 선고 97누13962판결; 대법원 2000.11.14. 선고 99두5481판결; 대법원 2001.8.24. 선고 99두9971판결; 대법원 1997.12.12. 선고 97누13962판결 :[2] 사직서의 제출이 감사기관이나 상급관청 등의 강박에 의한 경우에는 그 정도가 의사결정의 자유를 박탈할 정도에 이른 것이라면 그 의사표시가 무효로 될 것이고 그렇지 않고 의사결정의 자유를 제한하는 정도에 그친 경우라면 그 성질에 반하지 아니하는 한 의사표시에 관한 민법 제110조의 규정을 준용하여 그 효력을 따져보아야 할 것이나, 감사담당 직원이 당해 공무원에 대한 비리를 조사하는 과정에서 사직하지 아니하면 징계파면이 될 것이고 또한 그렇게 되면 퇴직금 지급상의 불이익을 당하게 될 것이라는 등의 강경한 태도를 취하였다고 할지라도 그 취지가 단지 비리에 따른 객관적 상황을 고지하면서 사직을 권고 · 종용한 것에 지나지 않고 위 공무원이 그 비리로 인하여 징계파면이 될 경우 퇴직금 지급상의 불이익을 당하게 될 것 등 여러 사정을 고려하여 사직서를 제출한 경우라면 그 의사결정이 의원면직처분의 효력에 영향을 미칠 하자가 있었다고는 볼 수 없다.

72) 대법원 1990.2.23.선고 89누7061판결.

73) Kopp/Ramsauer, VwVfG, §44 Rn.21.

74) Stelkens/Bonk/Sachs, VwVfG, §44 Rn.108.

협력의 경우엔 그 결여가 원칙적으로 취소사유로 되나 단순히 자문적 성격이면 아무런 영향을 미치지 않는다는 견해, 협력이 법률상 관계인의 권익보호를 위함이면 무효원인으로 되고 그렇지 않으면 취소원인에 불과하다는 견해, 필요적인 협력의 경우라 하더라도 행정내부적인 협력행위에 그치는 한 그것을 거치지 않은 행정행위는 원칙적으로 취소가능한 행정행위에 불과하다는 견해가 제시된다.[75]

판례는 우선 협력의 성격을 단순한 자문적 협의와 구속적 의미를 갖는 동의적 협의를 구분한다. 그리하여 전자의 경우엔 그 협의를 거친 이상 관계기관의 의사를 반영하지 않았다 하더라도 반영하지 않은 점을 행정행위의 위법사유로 주장할 수 없다고 본다.[76] 반면 '구 군사시설보호법' 제7조 제3호, 제6호, 제7호상의 '관할 부대장과의 협의'나 문화재보호법 제74조 제2항 및 같은 법 시행령 제43조의2 제1항에서 정한 '문화재청장과 협의'에 대해선 동의적 협의로 본다.[77] 한편 협의의 결여 그 자체에 대해서 판례는 취소사유로 보는 경향인데,[78] 최근 대법원 2006.6.30. 선고 2005두14363판결[79]과 대법원 2005.6.24. 선고 2004두10968판결[80]을 통해 무효사유로 접근하기도 하

75) 이런 사정은 하명호, 앞의 논문, 138면 참조.

76) 대법원 2001.7.27. 선고 99두5092판결(국립공원 관리청이 국립공원 집단시설지구개발사업과 관련하여 그 시설물기본설계 변경승인처분을 함에 있어서 환경부장관과의 협의를 거친 이상, 환경영향평가서의 내용이 환경영향평가제도를 둔 입법 취지를 달성할 수 없을 정도로 심히 부실하다는 등의 특별한 사정이 없는 한, 공원관리청이 환경부장관의 환경영향평가에 대한 의견에 반하는 처분을 하였다고 하여 그 처분이 위법하다고 할 수는 없다); 대법원 2006.6.30. 선고 2005두14363판결(국방 · 군사시설 사업에 관한 법률 및 구 산림법(2002.12.30. 법률 제6841호로 개정되기 전의 것)에서 보전임지를 다른 용도로 이용하기 위한 사업에 대하여 승인 등 처분을 하기 전에 미리 산림청장과 협의를 하라고 규정한 의미는 그의 자문을 구하라는 것이지 그 의견을 따라 처분을 하라는 의미는 아니라 할 것이므로, 이러한 협의를 거치지 아니하였다고 하더라도 이는 당해 승인처분을 취소할 수 있는 원인이 되는 하자 정도에 불과하고 그 승인처분이 당연무효가 되는 하자에 해당하는 것은 아니라고 봄이 상당하다).

77) 대법원 1995.3.10. 선고 94누12739판결; 대법원 2006.3.10.선고 2004추119판결.

78) 대법원 1995.11.7. 선고 95누9730판결; 대법원 2006.6.30. 선고 2005두14363판결(국방 · 군사시설 사업에 관한 법률 및 구 산림법(2002.12.30. 법률 제6841호로 개정되기 전의 것)에서 보전임지를 다른 용도로 이용하기 위한 사업에 대하여 승인 등 처분을 하기 전에 미리 산림청장과 협의를 하라고 규정한 의미는 그의 자문을 구하라는 것이지 그 의견을 따라 처분을 하라는 의미는 아니라 할 것이므로, 이러한 협의를 거치지 아니하였다고 하더라도 이는 당해 승인처분을 취소할 수 있는 원인이 되는 하자 정도에 불과하고 그 승인처분이 당연무효가 되는 하자에 해당하는 것은 아니라고 봄이 상당하다); 2000.10.13. 선고 99두653판결(구 택지개발촉진법(1999.1.25. 법률 제5688호로 개정되기 전의 것)에 의하면, 택지개발은 택지개발예정지구의 지정(제3조), 택지개발계획의 승인(제8조), 이에 기한 수용재결 등의 순서로 이루어지는 바, 위 각 행위는 각각 단계적으로 별개의 법률효과가 발생되는 독립한 행정처분이어서 선행처분에 불가쟁력이 생겨 그 효력을 다툴 수 없게 된 경우에는 선행처분에 위법사유가 있다고 할지라도 그것이 당연무효의 사유가 아닌 한 선행처분의 하자가 후행처분에 승계되는 것은 아니라고 할 것인데, 같은 법 제3조에서 건설부장관이 택지개발예정지구를 지정함에 있어 미리 관계중앙행정기관의 장과 협의를 하라고 규정한 의미는 그의 자문을 구하라는 것이지 그 의견을 따라 처분을 하라는 의미는 아니라 할 것이므로 이러한 협의를 거치지 아니하였다고 하더라도 이는 위 지정처분을 취소할 수 있는 원인이 되는 하자 정도에 불과하고 위 지정처분이 당연무효가 되는 하자에 해당하는 것은 아니다).

79) [1] 구 환경영향평가법(1999.12.31. 법률 제6095호 환경 · 교통 · 재해 등에 관한 영향평가법 부칙 제2조로 폐지) 제1조, 제3조, 제9조, 제16조, 제17조, 제27조 등의 규정 취지는 환경영향평가를 실시하여야 할 사업(이하 '대상사업'이라 한다)이 환경을 해치지 아니하는 방법으로 시행되도록 함으로써 당해 사업과 관련된 환경공익을 보호하려는 데 그치는 것이 아니라, 당해 사업으로 인하여 직접적이고 중대한 환경피해를 입으리라고 예상되는 환경영향평가대상지역 안의 주민들이 전과 비교하여 수인한도를 넘는 환경침해를 받지 아니하고 쾌적한 환경에서 생활할 수 있는 개별적 이익까지도 보호하려는 데에 있는 것이다. 그런데 환경영향평가를 거쳐야 할 대상사업에 대하

였다. 그러나 양자 공히 치유의 가능성을 원천 배제한 점에서 의문을 제기하고 싶다. 그리고 전자의 경우엔 아무리 환경적 가치를 앞세운다 하더라도 절차로서의 환경영향평가의 본질에 비추어 환경영향평가의 결여를 독립된 무효사유로 삼는 것은 지나치다 하겠다.[81] 그리고 후자의 경우엔 그것의 하급심에서도 나타나 있듯이, 기본적으로 다른 기관의 협력이란 절차의 문제가 아니라, 전출대상 공무원의 동의부재가 쟁점이다. 그럼에도 불구하고, 법원(항소심과 성고심)은 인사교류계획을 전출전입절차의 필요적 절차로 보아, 인사교류계획의 결여를 중대명백한 하자로 판단하여 당해 전출결정을 무효로 판시하였다.[82] 물론 전적으로 내부적 행정규칙에 의해 규정된 他 행정청의 참여와 관련해선 참여부재 즉, 행정규칙의 위반은 행정행위의 적법성과는 아무런 관련이 없다.[83]

여기선 다른 행정청의 필수적인 협력을 전제로 한 소위 다단계적 행정행위에서 그 협력이 없을 경우 그 행정행위의 효력이 문제된다. 독일의 경우 이런 종류의 하자에 대해서, 설령 그 하자가 중대하고 명백한 것으로 평가될 수 있을지라도 -그 밖의 다른 상황이 추가로 발생하지 않는 한- 그 자체로선 무효를 초래하지 않는다는 점을 분명히 하였다(독일 행정절차법 제44조 제3항 제4호). 이는 다툼의 여지가 있긴 해도, 종전의 독일 다수 견해를 반영시킨 것이다.[84] 그리하여 협력의 종류에 좌우되지 않을 뿐더러,

---

여 환경영향평가를 거치지 아니하였음에도 불구하고 승인 등 처분이 이루어진다면, 사전에 환경영향평가를 함에 있어 평가대상지역 주민들의 의견을 수렴하고 그 결과를 토대로 하여 환경부장관과의 협의내용을 사업계획에 미리 반영시키는 것 자체가 원천적으로 봉쇄되는바, 이렇게 되면 환경파괴를 미연에 방지하고 쾌적한 환경을 유지·조성하기 위하여 환경영향평가제도를 둔 입법 취지를 달성할 수 없게 되는 결과를 초래할 뿐만 아니라 환경영향평가대상지역 안의 주민들의 직접적이고 개별적인 이익을 근본적으로 침해하게 되므로, 이러한 행정처분의 하자는 법규의 중요한 부분을 위반한 중대한 것이고 객관적으로도 명백한 것이라고 하지 않을 수 없어, 이와 같은 행정처분은 당연무효이다.

80) [1] 지방공무원법 제30조의2 제2항은 시·도지사로 하여금 당해 지방자치단체 및 관할구역 안의 지방자치단체 상호간에 인사교류의 필요성이 있다고 인정할 경우 당해 시·도에 두는 인사교류협의회에서 정한 인사교류기준에 따라 인사교류안을 작성하여 관할구역 안의 지방자치단체의 장에게 인사교류를 권고할 수 있도록 하고, 이 경우 당해 지방자치단체의 장은 정당한 사유가 없는 한 이에 응하도록 규정하고 있으므로, 시·도지사의 인사교류안의 작성과 그에 의한 인사교류의 권고가 선행되지 아니하면 위 조항에 의한 인사교류를 실시할 수 없다. [3] 도지사의 인사교류안 작성과 그에 따른 인사교류의 권고가 전혀 이루어지지 않은 상태에서 행하여진 관할구역 내 시장의 인사교류에 관한 처분은 지방공무원법 제30조의2 제2항의 입법 취지에 비추어 그 하자가 중대하고 객관적으로 명백하여 당연무효이다.

81) 이에 대한 문제점은 졸고, 環境影響評價가 缺如된 行政行爲의 效力에 관한 소고, 저스티스(제114호), (2009. 12). 363면 이하(본서 435면 이하) 참조.

82) 이에 관한 문제점은 졸고, 人事交流計劃이 결여된 轉出決定(命令)의 效力에 관한 小考, 행정판례연구(제15집 제1호), (2010.6.), 273면 이하(본서 272면 이하) 참조. 한편 지방공무원법 제30조의2 제2항 규정의 인사교류계획에 의한 轉出命令에서 본인의 동의결여를 판례(대법원 2008.9.25. 선고 2008두5759판결)는 위법사유로 접근하였다. 이에 대한 평석으로 졸고, 人事交流計劃에 의한 轉出命令의 問題點에 관한 小考, 법률신문(제3852호), (2010.6.28.) 참조.

83) BVerwG DVBl. 1976, 221. 대법원 1992.3.31. 선고 91누4928판결은 이런 점에서 접근이 가능하다.

84) Vgl. BVerwG DÖV 1972, 174; Wolff/Bachof/Stober, a.a.O., §49 Rn.30; 다른 견해로 Forsthoff, a.a.O., S.236f.

협력이 절차의 단계나 절차의 범위에서 어디에 위치하는지도 중요하지 않다고 본다. 넓은 치유가능성의 인정으로 나아가는 독일의 입법례와 비교하면, 무효로 접근한 우리 판례의 문제점은 더욱 완연하게 드러난다. 나아가 소모적인 논증을 막기 위해서 입법정책적으로(de lege ferenda) 다단계적 행정행위에서 협력이나 협의의 의미를 -단순한 자문적 의미의 협의와 구속적 의미의 동의란 표현을 사용하듯이- 분명히 규정하는 것이 바람직하다.

(라) 필요한 공고나 통지가 결여되거나 절차상의 하자가 있는 경우

법령이 행정행위를 함에 있어 이해관계인으로 하여금 그의 권리를 주장하고 이의신청 등을 할 기회를 부여하기 위하여 행정행위에 앞서 일정한 공고 또는 통지를 하도록 규정하고 있는 경우, 그 공고나 통지를 결한 행정행위에 대해서 문헌상으론 일반적으로 무효로 본다.[85] 그러나 판례는 공고절차상의 결여[86]와 하자[87]를 취소원인으로 접근하는 경향을 띈다.

한편 판례는 당초의 환지계획에 대한 공람과정에서 토지소유자 등 이해관계인이 제시한 의견에 따라 수정하고자 하는 내용에 대하여 다시 공람절차 등을 밟지 아니한 채 수정된 내용에 따라 한 환지예정지지정처분에 대해 당연무효로 판시하였다.[88] 해당 판결에서 환지계획의 처분성을 부인하였음에도 불구하고, 환지계획에 따르지 아니하거나 환지계획을 적법하게 변경하지 아니한 채 이루어진 환지예정지지정처분을 당연무효로 본 것이 부조화스럽게 여겨질 수 있다. 이는 일찍이 환지처분의 성질에 의거하여 환지계획에도 없는 사항을 내용으로 하는 환지처분이란 효력을 발생할 수 없다고 판시한 대법원 1978.8.22. 선고 78누170판결에서 연유한 것이다.[89] 따라서 자칫 공고절차의 문제로만 접근하면 오해를 빚을 수 있다. 요컨대 환지계획과 환지예정지지

85) 대표하여 김남진/김연태, 앞의 책, 293면.

86) 대법원 1994.8.26. 선고 94누3223판결; 대법원 1993.8.13. 선고 93누2148 판결; 대법원 1991.5.10. 선고 90누3591판결(토지구획정리사업법 제61조 제5항에 의하면, 시행자가 환지처분을 하고자 할 때에는 환지계획에서 정한 사항을 토지소유자에게 통지하고 이를 공고하도록 되어 있으나 위 제61조와 같은 법 제62조의 규정을 종합하여 보면 환지처분은 개별적인 통지의 유무와는 관계 없이 공고에 의하여 외부적으로 성립하고 그 환지처분은 공고의 일부터 실체법상의 효과가 발생하는 것이므로 토지소유자에 대한 환지확정의 통지가 누락되었다 하더라도 일단 공고되어 확정된 환지처분이 당연무효가 된다고 할 것은 아니다); 대법원 1987.9.22. 선고 87누383판결; 대법원 1965.3.9. 선고 64누141판결 등.

87) 대법원 2000.3.23. 선고 98두2768판결; 대법원 1988.5.24. 선고 87누388판결: 도시계획법 제11조 제1항, 제15조 제1항, 제16조의2 제2항, 동법시행령 제11조 제1항, 제14조의2 제6항 및 동법시행규칙 제4조 제2항 등의 취지는 도시계획의 입안에 있어 다수 이해관계자의 이익을 합리적으로 조정하여 국민의 자유권리에 대한 부당한 침해를 방지하고 행정의 민주화와 신뢰를 확보하기 위하여 국민의 의사를 그 과정에 반영시키는 데 있다 할 것이므로 위와 같은 절차에 하자가 있는 행정처분은 위법하다.

88)대법원 1999.8.20. 선고 97누6889판결; 대법원 1998.2.13. 선고 97다49459판결; 대법원 1992.11.10. 선고 91누8227판결.

89)대법원 1987.3.10. 선고 85누603판결; 대법원 1990.10.10. 선고 89누4673판결; 대법원 1993.5.27. 선고 92다14878판결; 대법원 2000.2.25. 선고 97누5534판결 등 참조.

정처분 · 환지처분의 관계를 염두에 두면 78누170 판결은 사안을 환지처분을 전제하고서 일종의 법적 불능의 차원에서 접근하였다고 볼 수도 있는데, 그렇다면 여기서의 하자가 과연 -명백성은 차치하고서- 당연무효를 가져다 줄 정도로 중대하다고 할 수 있을지 매우 의문스럽다.[90]

한편 행정행위의 구성요소이자 성립요건으로서의 통지는 단순한 절차적 차원을 넘어서기에, 그것의 결여 문제는 행정행위의 부존재나 내용상의 하자의 차원에서 접근할 필요가 잇다(후술).

(마) 필요한 이해관계인의 참여(공람), 입회나 협의를 거치지 않은 경우

대부분의 행정법문헌은 이해관계인의 이익의 보호 또는 조정을 목적으로 한 이해관계인의 입회(재산압류의 입회) 또는 협의(토지수용의 협의) 등을 결한 행정행위를 원칙적으로 무효로 본다.[91] 반면 판례는 시종 취소원인으로 접근한다.[92] 독일의 경우에도 관련인을 입회시키지 않는 것은 원칙적으로 무효를 초래하지 않는다. 나아가 행정소송에서와는 달리, 필수적인 입회의 경우에도 마찬가지이다.[93]

3. 形式上의 瑕疵

행정행위가 정당한 권한이 있는 행정청의 행위임을 분명히 하기 위하여 행정청의 서명과 날인을 필요로 하는 경우가 많다. 이와 같이 행정행위의 형식을 요구하는 이유는 권한을 가진 행정청에 의하여 그 행위가 행하여졌음을 표시하고 그 내용을 명확하게 하며 이해관계인이 그 내용을 용이하게 인식하게 하고 그에 관한 증거확보로 장래의 분쟁발생을 방지하여 법적 안정성을 기하기 위한 것이다. 따라서 법령이 문서로 할

90) 독일의 경우에도 법적인 불능은 절대적 무효사유로 인정하는 데 원칙적으로 충분하지 않다.

91) 대표적으로 김남진/김연태, 앞의 책, 293면.

92) 대법원 2005.9.30. 선고 2003두12349, 12356판결: 기업자가 토지수용법 제23조 소정의 토지조서 및 물건조서를 작성함에 있어서 토지소유자를 입회시켜서 이에 서명날인을 하게 하지 아니하였다 하더라도 그러한 사유만으로는 그 토지에 대한 수용재결 및 이의재결까지 무효가 된다고 할 수 없고, 기업자가 토지소유자에게 성의있고 진실하게 설명하여 이해할 수 있도록 협의요청을 하지 아니하였다거나, 협의경위서를 작성함에 있어서 토지소유자의 서명날인을 받지 아니하였다는 하자 역시 절차상의 위법으로서 수용재결 및 이의재결에 대한 당연무효의 사유가 된다고 할 수도 없다; 대법원 1993.8.13. 선고 93누2148판결: 기업자가 토지수용법 제23조 소정의 토지조서 및 물건조서를 작성함에 있어서 토지소유자를 입회시켜서 이에 서명날인을 하게 하지 아니하였다는 사유만으로는 이의재결이 위법하다 하여 그 취소의 사유로 삼을 수는 없으니, 그러한 사유가 이의재결의 무효원인이 될 수 없다. 원지적도가 없는 상태에서 토지조서 및 물건조서를 작성하였다거나, 건설부장관이 토지수용법 제16조의 규정에 따라 토지수용사업승인을 한 후 그 뜻을 토지소유자 등에게 통지하지 아니하였다거나, 기업자가 토지소유자와 협의를 거치지 아니한 채 토지의 수용을 위한 재결을 신청하였다는 등의 하자들 역시 절차상 위법으로서 이의재결의 취소를 구할 수 있는 사유가 될지언정 당연무효의 사유라고 할 수는 없다.

93) OVG Münster NVwZ 1988, 74. 부분적으로 다른 견해로 Raeschke-Kessler/Eilers, Die grundrechtliche Dimension des Beteiligungsebots in §13 II VwVfG - Zur Verfahrensbeteiligung als Grundrechtssicherung, NVwZ 1988, 37(40).

것 또는 서명. 날인 등 형식을 갖출 것을 요구하고 있는 경우에는 그러한 형식을 갖추어야만 당해 행정행위가 적법하게 된다. 행정행위에 대해 일정한 형식이 요구될 때 그것의 결여의 효과와 관련해선 통상 형식요구의 이유에 따른 구분을 한다. 즉, 그것이 기관과 행위의 내용을 명확히 증명하여 법률관계의 안정을 기하기 위한 경우에는 무효원인으로, 그렇지 않고 단지 행위의 내용을 명확히 하기 위한 경우에는 취소원인으로 보곤 한다.[94)]

(1) 서면형식의 요청의 위반

공법행위에선 달리 규정하지 않는 한, 書面形式의 要請(Schriftformerforderniss)이 원칙이다(행정절차법 제24조). 그것은 법적 명료성, 증명용이, 행정청의 규정에 맞는 문서기록의 이유에서 요구된다. 그리하여 일반적으로 법령상 서면에 의하도록 되어 있는 행정행위(행정심판법 제35조 제1항 등)를 서면에 의하지 않는 경우는 무효라고 본다.[95)] 판례 역시 그러하다.[96)] 독일의 경우에도 서면형식의 요청의 위반은 원칙적으로 무효원인이 되나, 다만 서면형식의 요청이 예외적으로 단지 정렬과 증명목적에만 이바지할 때는 그렇지 않다고 한다.[97)] 물론 법률이 서면형식을 필수적으로 규정한 경우에는,[98)] 이에 위반하여 구두로 발해진 행정행위는 무효에 해당한다.[99)] 따라서 문서에 의한 행정행위를 단지 구두로만 통지함으로써 당해 통지의 규준이 되는 형식규정을 위반하였다면, 행정행위의 내용을 알린다는 통지 그 자체의 의미는 충족되었기 때문에 당해 행정행위가 법적으로 존재하긴 하나, 위법하게 될 것이다.[100)]

일반문서나 전자문서에 의한 행정행위에서 그것을 발한 행정청이 분명해야 한다는 요청은, 서면형식의 요청에 따른 행정행위의 최소한의 형식요청이다.[101)] 따라서 처분문서에는 처분행정청 및 담당자의 소속 · 성명과 연락처(전화번호 · 모사전송번호 · 전자우편주소 등)를 기재하여야 한다(행정절차법 제24조 제2항). 처분청이 알려지지 않으면, 행정행위에 대한 권리구제가 −설령 불가능하진 않더라도− 곤란하다는 점에서 처분청의 불분명함은, 서면형식의 요청의 위반과 마찬가지로 무효원인으로 보아야 한다.[102)]

---

94) 박홍대, 앞의 논문, 215면.

95) 김남진/김연태, 앞의 책, 294면; 박홍대, 앞의 논문, 215면.

96) 대법원 1970.3.24. 선고 69도724판결; 대법원 1991.3.27. 선고 90누3409판결 등.

97) Vgl. BGHZ 114, 315; Badura, Die Form des Verwaltungsaktes, in: Schmitt Glaeser(Hrsg.), Verwaltungsvefahren. FS. z. 50-jährigen Bestehen des Richard Boorberg Verlags, 1977, S.216; Knack/Henneke, VwVfG, §44 Rn.20.

98) Vgl. 외국인법(AuslG) 제38조 제2항, 제69조 제2항 제23조; 연방임미치온방지법 제10조 제7항.

99) VGH München Bay VBl. 1973, 295; Forsthoff, a.a.O., S.237; Wolff/Bachof/Stober, a.a.O., §49 Rn.41.

100) Maurer, a.a.O., §9 Rn.67.

101) Vgl. Wolff/Bachof/Stober, a.a.O., §48 Rn.25; §49 Rn.24.

102) 독일 행정절차법 제46조 제2항 제1호는 이를 명문화하였다.

처분청의 적시(거명)가 서류의 頭書에서 반드시 요구되진 않으며, 처분청의 명칭이 결정에서 대체로 언급되면 족하다.[103] 나아가 처분상대방이 어떤 행정청이 활동을 하였는지를 결정으로부터 전체적으로 도출할 수 있다거나, 행정행위의 본문에서, 경우에 따라선 해석의 방법으로, 혹은 겉봉, 自家消印에서의 우편소인, 송달서류 등으로부터 처분청을 별의문 없이 확인할 수 있다면, 무효가 인정되지 않는다.[104] 반면 행정청이 표시되긴 했지만, 상황에 비추어 분명히 그 행정청이 교부(발부)하는 행정청일 수가 없는 경우, 혹은 존재하지 않는 행정청이 표시된 경우에는, 불분명함이 인정된다.

(2) 이유제시의무의 위반

이유제시상의 하자는 이유제시가 결여되거나 불충분한 경우가 해당한다. 판례는 과거 행정절차법의 제정(1996.12.31.) 이전에도 이유제시에 관해 특별한 법령상의 요구가 없더라도 그 하자를 위법사유로 보았다. 즉, "허가의 취소처분에는 그 근거가 되는 법령과 처분을 받은 자가 어떠한 위반사실에 대하여 당해 처분이 있었는지를 알 수 있을 정도의 위 법령에 해당하는 사실의 적시를 요한다고 할 것이고 이러한 사실의 적시를 흠결한 하자는 그 처분후 적시되어도 이에 의하여 치유될 수는 없다."고 판시하였다.[105] 이런 점에 착안하여 통상 행정법문헌에선 법령에 의해 이유제시가 필요적 기재사항일 때(가령 국가공무원법 제75조, 지방공무원법 제67조, 국세징수법 제9조 제1항 등), 그것의 결여는 원칙적으로 무효라 본다. 반면 그것의 불비는 취소원인으로 본다.[106] 여기서 유의할 점은 행정절차법의 제정에 따라 불이익한 처분의 경우엔 제외사유가 없는 한 이유제시가 일반적으로 요구되기에, 법령에서의 필요기재의 요구여부는 중요하지 않다. 그리고 국가공무원법 제75조에 따른 처분사유설명서의 교부는 상대방의 인지와 관련해서 당해 처분의 성립이나 효력의 차원에선 문제되지만, 절차형식상의 하자의 차원에선 크게 문제되지 않는다. 특히 여기서의 처분사유설명서의 결여를 무효를 가져다 줄 중대명백한 하자로 접근하는 것은 임명을 -사령장의 교부에 의해 비로소 성립·완성되는 의미에서의- 요식행위로 보지 않는 것과는 어울리지 않는다. 이유를 붙이지 않은 행정심판재결의 경우에도 그것이 사법작용이 아니라 행정작용인 이상, 당연히 무효원인이 아니라 취소원인으로 접근해야 한다. 이에 대해 판례는 이유제시상의 하자에 대해, 즉 그것의 缺如나 不備 양자 공히 정당하게 취소원인의 차원에서 접근을 한다. 독일의 경우에도 규정되어 있거나 기타 필요한 이유제시가 결여되더라

103) OVG Weimar NVwZ-RR 1995, 253.

104) VGH Mannheim VBlBW 1988, 439; Knack/Henneke, VwVfG, §44 Rn.33.

105) 대법원 1984.7.10. 선고 82누551판결. 이에 이어서 대법원 1987.5.26. 선고 86누788판결; 대법원 1990.9.11. 선고 90누1786판결.

106) 가령 박홍대, 앞의 논문, 216면.

도, 이는 무효가 아니라 단순한 위법을 초래한다고 본다.[107)]

그런데 이유제시상의 하자와 관련해선 궁극적으로 하자여부를 판단하는 이유제시의 정도가 문제된다. 이유제시요구에 관한 리딩판결인 대법원 1984.7.10. 선고 82누551판결은 판례상으로 이제까지도 주효한 몇 가지 점을 담고 있다: i) 이유제시에 관한 주관적 차원에서의 정도는 궁극적으로 수범자의 인식가능성여하에 귀착된다는 점, ii) 이유제시의 시간적 기준이 처분시점이라는 점, iii) 수범자가 처분당시 처분의 취지를 알고 있었다거나 그 후 알게 되었다고 하더라도 이유제시상의 하자는 치유될 수 없다는 점. 다만 객관적 차원에서의 이유제시의 정도와 관련해서, 대법원 2002.5.17. 선고 2000두8912판결은, "일반적으로 당사자가 근거규정 등을 명시하여 신청하는 인 · 허가 등을 거부하는 처분을 함에 있어 당사자가 그 근거를 알 수 있을 정도로 상당한 이유를 제시한 경우에는 당해 처분의 근거 및 이유를 구체적 조항 및 내용까지 명시하지 않았더라도 그로 말미암아 그 처분이 위법한 것이 된다고 할 수 없다"고 판시하였다. 이에 대한 문헌상의 기술 역시 크게 차이가 없다. 처분의 근거가 된 당해 법령 및 조항과 함께 법률요건의 해당사실 및 그것의 포섭과정을 -수범자가 처분경위를 알 수 있을 정도로- 들면 족하다. 처분상대방이 처분의 존재와 그 근거와 경위를 -비록 구체적이고 상세하지 않다 하더라도- 이해할 수 있을 정도가 되어야 한다. 요컨대 요구된 이유제시가 충분한지 여부는 궁극적으로 이유제시의 기능 가운데 특히 설득기능과 권리구제기능이 제대로 발휘되었는지 여부에 좌우된다.[108)] 한편 재량행위의 경우 재량행사에서의 고려관점이 제시되어야 할지 논란이 있다. 입법례상으로 독일 행정절차법은 규준적인 재량고려도 제시되어야 한다고 하면서, 예외적인 상황에선 불제시가 허용되는 것으로 명문화하였다(당위규정: Soll-Vorschrift).[109)]

한편 이유제시상의 하자원인에 관한 판례를 검토하여 본 즉,[110)] 판례는 법률적 근거와 사실적 이유 공히 결여되어 있을 때는 의당 위법하게 보며,[111)] 양자 가운데 하나가 결여되어 있을 때도 우선 위법하게 보되,[112)] 경우에 따라선 맥락적 접근을 강구한

107) Knack/Henneke, VwVfG, §44 Rn.20.

108) 하명호 교수 역시 이유제시의 권리구제기능에 초점을 맞춰 처분상대방의 불복신청에 지장을 줄 염려가 없다고 볼 만한 사정이 바로미터임을 정당하게 지적하였다. 하명호, 앞의 논문, 134면.

109) 그러나 이런 입법상황에 대해선, 재량결정의 적법성을 위해선 행정청의 재량고려가 중요하며, 이것은 궁극적으로 행정청 자신에 의해 언급될 수 있다는 점에서 정당하게 비판이 가해지고 있다. Maurer, a.a.O., §10 Rn. 13. 다른 입법상황에 관해선 하명호, 처분의 이유제시제도와 이유제시의 정도, 조해현(편집대표), 행정소송(Ⅱ), 104면 참조.

110) 여기선 하명호 교수의 선행 검토(앞의 논문, 105면 이하)가 매우 시사적이어서 참조하였음을 밝혀둔다.

111) 참고판례: 대법원 1987.5.26. 선고 86누788판결.

112) 사실적 이유가 제시되지 않은 참고판례: 대법원 1984.7.10. 선고 82누551판결; 서울행정법원 1999.7.6. 선고 99구7912판결; 대전지법 2000.8.18. 선고 99구4342판결 등.

다. 즉, 결여된 부분(사실적 이유나 법률적 근거)을 제시된 법률적 근거나 사실적 이유로써 가늠할 수 있다면 위법성을 인정하지 않는다.[113] 불비로 인한 이유제시하자와 관련해선, 처분의 법률적 근거와 이유에 관한 인식가능성을 가늠자로 하여 다소간 엄격하게 접근하여 위법성을 인정하거나[114] 맥락적 접근이 강구되어 위법성을 부인하기도 한다.[115] 나아가 판례는 이유제시상의 하자유무를 절차적 권리보장 전체의 맥락에서 접근하기도 한다.[116] 이유제시상의 하자여부를 판단함에 있어 판례의 최근 흐름에서 파악할 수 있는 경향은 바로 맥락적 접근이다. 이런 흐름을 결정적으로 저해하는 것이 과거 대법원 1984.7.10. 선고 82누551판결의 기조 가운데 세 번째 요소이다: "수범자가 처분당시 처분의 취지를 알고 있었다거나 그 후 알게 되었다고 하더라도 이유제시상의 하자는 치유될 수 없다." 하루바삐 치유가능성에 관한 완고한 입장이 바뀌어야 한다.

---

113) 참고판례: 대법원 2002.2.5.선고 2001두7138판결: 사립학교법 제20조의2 제2항은 "제1항의 규정에 의한 취임승인의 취소는 관할청이 당해 학교법인에게 그 사유를 들어 시정을 요구한 날로부터 15일이 경과하여도 이에 응하지 아니한 경우에 한한다."고 규정하고 있으므로, 관할청으로서는 임원취임승인취소처분의 처분서에 임원들의 위법·부당사항을 적시하는 것 외에 그에 대한 시정요구를 학교법인이 위 기간 내에 응하지 아니하였다는 점까지를 기재하였어야 함이 마땅하나, 처분서에 같은 법 제20조의2의 규정을 적시하는 것만으로도 '시정요구의 불응' 사실을 알 수 있을 뿐만 아니라 처분서에 임원취임승인취소사유가 구체적으로 적시되어 있었다면 임원취임승인취소처분의 처분사유가 충분히 특정되었다고 봄이 상당하다.대법원 2006. 7. 28. 선고 2004두13219 판결: 이 사건 의결서에는 영업인가의 취소처분의 근거 법령인 금산법 제14조 제2항 및 상호저축은행법 제24조 제2항만 기재되어 있고 인가취소사유에 관하여 구체적으로 설명하는 내용의 기재가 없으나, 원고가 피고에게 제출한 경영개선계획에 대하여 불승인 결정을 한 후 그 후속 조치로서 영업인가의 취소가 이루어진 점, 영업인가의 취소에 앞서 거친 청문 등 절차에서 자기자본의 전액 잠식 등 원고의 재무상태와 함께 경영개선계획의 불승인 등으로 향후 경영정상화가 의문시되어 인가가 취소될 것임을 충분히 설명한 것으로 보이고, 소외 2와 그 대리인인 변호사까지 출석하여 인가취소에 관한 의견을 개진한 점, 금산법 제14조 제2항 제1호에서 경영개선명령을 이행하지 아니하거나 이행할 수 없게 된 경우를 부실금융기관의 인가취소사유로 규정하고 있고, 상호저축은행법 제24조 제2항 제2호에서도 결손으로 인하여 자기자본의 전액이 잠식된 경우를 인가취소사유로 규정하고 있는 점 등에 비추어 보면, 원고로서는 이 사건 의결서에 기재된 근거 법령과 그 인가취소사유 및 위와 같은 진행경과를 종합하여, 경영개선명령을 이행하지 아니하거나 이행할 수 없게 된 경우 내지 결손으로 인하여 자기자본의 전액이 잠식된 경우 등에 해당하여 영업인가가 취소된 것임을 충분히 알 수 있었다고 할 것이고, 이에 대하여 원고가 경영개선명령의 이행 가능성 등을 주장하면서 불복하는 데에 별다른 지장을 초래하였다고 보이지 않으므로, 이 사건 영업인가의 취소처분에 처분의 근거와 이유 제시에 관한 행정절차법 제23조 제1항의 규정을 위반한 절차상 위법이 있다고 할 수 없다.

114) 참고판례: 대법원 1990.9.11. 선고 90누1786판결: 면허의 취소처분에는 그 근거가 되는 법령이나 취소권 유보의 부관 등을 명시하여야 함은 물론 처분을 받은 자가 어떠한 위반사실에 대하여 당해 처분이 있었는지를 알 수 있을 정도로 사실을 적시할 것을 요하며, 이와 같은 취소처분의 근거와 위반사실의 적시를 빠뜨린 하자는 피처분자가 처분 당시 그 취지를 알고 있었다거나 그 후 알게 되었다 하여도 치유될 수 없다고 할 것인바, 세무서장인 피고가 주류도매업자인 원고에 대하여 한 이 사건 일반주류도매업면허취소통지에 "상기 주류도매장은 무면허 주류판매업자에게 주류를 판매하여 주세법 제11조 및 주세법사무처리규정 제26조에 의거 지정조건위반으로 주류판매면허를 취소합니다"라고만 되어 있어서 원고의 영업기간과 거래상대방 등에 비추어 원고가 어떠한 거래행위로 인하여 이 사건 처분을 받았는지 알 수 없게 되어 있다면 이 사건 면허취소처분은 위법하다.

115) 대법원 2002.5.17. 선고 2000두8912판결: 행정청이 토지형질변경허가신청을 불허하는 근거규정으로 '도시계획법시행령 제20조'를 명시하지 아니하고 '도시계획법'이라고만 기재하였으나, 신청인이 자신의 신청이 개발제한구역의 지정목적에 현저히 지장을 초래하는 것이라는 이유로 구 도시계획법시행령(2000.7.1. 대통령령 제16891호로 전문 개정되기 전의 것) 제20조 제1항 제2호에 따라 불허된 것임을 알 수 있었던 경우, 그 불허처분이 위법하지 아니하다.

116) 대법원 2006.7.28. 선고 2004두13219판결 참조.

(3) 서명 · 날인을 결한 행위

일반적으로 署名의 요청은 다음과 같은 立證機能(Beweisfunktion)과 保障機能(Garantiefunktion)을 수행한다고 여겨진다.[117] 署名의 요청은 법적 안정성 예컨대 예측가능성과 산정가능성을 위하여 행정내부에서 행해진 결정과정의 명백한 종결을 수범자와 제3자가 인식할 수 있도록 표시하게끔 함으로써, 완성되지 않은 이를테면 아직은 종국적인 결정으로 간주되지 않는 문서 특히 草案은 원칙적으로 행정행위로서 발송되지 못한다는 점을 확고히 한다. 이를 署名의 立證機能이라고 한다. 또한 署名의 요청은 수범자 등을 위하여 행정조직내부의 소관 행정청의 長과 같은 직무담당자의 책임성을 명시하게끔 함으로써, 오로지 조직법상 대외적으로 표시할 권한이 있는 자 이를테면 행위에 대하여 책임을 지는 직무담당자에 의해서만 행정행위가 발해진다는 점을 확고히 한다. 이를 署名의 保障機能이라고 한다.

일반적으로 정당한 권한있는 행정청에 의한 행정행위발급을 명백히 하기 위하여 행정청의 서명 · 날인이 특히 요구된다고 인정되는 경우에, 그것을 결한 행정행위는 원칙으로 무효에 해당한다고 본다.[118] 한편 판례는 서면상의 관인과 관련하여 그 형식의 결여가 경미한 경우에는 행위의 효력에 영향을 미치지 않는다는 점을 전제하고서, 보험료 조사징수통지서에 납부서원부를 첨부하여 송달함에 있어 납부서원부에는 필수 기재사항인 납부금액과 납부기한을 명시한 반면 관인을 찍지 않고, 보험료 조사징수통지서에만 관인을 찍은 사안에서, 보험료 조사징수통지서와 납부서원부를 일체로 확정보험료 및 가산금의 납부를 통지하는 문서로 파악하여 필수 기재사항과 관인에 관한 요청이 충족되었다고 판시하였다.[119] 한편 독일의 경우 그 행정행위가 해당 직원(담당자)에 의해 실제로 행해져야 한다고 인정되어야만, 그것의 무효가 고려된다.[120]

4. 内容上의 瑕疵

(1) 내용이 실현불능인 행위

여기선 사실적 불능인 경우와 법적 불능인 경우로 나뉜다. 죽은 사람을 상대방으로 하는 행위,[121] 존재하지 않는 물건을 대상으로 하는 행위는 전자의 예이며, 법률상 인

---

117) Vgl. Badura, Die Form des Verwaltungsaktes, in: Walter Schmitt Glaeser(Hrsg.), Verwaltungsverfahren. Festschrift zum 50Järigen Bestehen des Richard Boorberg-Verlags, 1977,, S.212: v. Mutius, Zu den Formerfordernissen automatisierter Verwaltungsentscheidungen, VerwArch 67(1976), S.120f.

118) 김남진/김연태, 앞의 책, 295면; 박흥대, 앞의 논문, 215면.

119) 대법원 2007.3.29. 선고 2005두6201판결.

120) Kopp/Ramsauer, VwVfG, §44 Rn.25. 다른 견해로 BGHZ 90, 328; Badura, a.a.O., S.218; Knack/Henneke, VwVfG, §44 Rn.21(서명이 특별히 가중된 요식요청의 구성요소인 경우에만).

121) 대법원 1969.1.21. 선고 68누190판결.

정되지 않는 권리를 부여하거나 혹은 의무를 과하는 행위는 후자의 예이다. 행정행위의 내용의 위법 외에 불능의 개념을 특별히 인정하는 것이 타당한지 異論이 있지만, 보통 사실적 불능과 법적 불능에 대해 명백성유무를 논함이 없이 공히 무효원인으로 본다.

현재의 과학, 기술 등의 수준에 비추어 누구도 행정행위를 시행할 수 없는 상황, 즉 객관적인 사실적 불능에 대해서만 무효원칙이 통용된다. 이는 누구도 객관적으로 불가능한 급부를 할 의무를 지지 않거나 질 수 없다는 일반법원칙에 부합한 것이다.[122] 여기서의 불능개념은 절대적 의미에 한하지 않는다. 따라서 가령 급부가 기술적으로 가능하긴 하지만, -누구라도 합리적 방법으론 고려하지 않을 정도로- 높은 비용이나 커다란 어려움이 결부될 경우에도, 무효원칙은 유추적용될 수 있다.[123] 다만 시행이나 실행이 기대가능성이 없거나 수인한도를 넘어선 경우에 국한한다면 원칙적으로 무효를 초래하진 않는다. 한편 불능과 같은 무효원인은 하자의 명백성과는 무관하고 그에 좌우되지 않는다. 따라서 불능의 상태는 행정행위의 시행이나 집행의 과정에서 추후에도 비로소 조성될 수 있다.[124]

그런데 주관적 불능상태에 대해선 무효원칙이 통용되지 않는다. 주관적 불능상태란, 행정행위의 수범자나 기타 관계자로선, 경제적, 재정적 사유 또는 자신의 사람에게 존재한 기타 사유로 (행정행위로 그에게 과해진) 급부 등을 제공할 순 없지만, 그 급부가 객관적으론 가능하고 제3자에 의해 제공될 수 있을 때, 인정된다. 독일에선 주관적 불능에서의 무효의 물음에 대해선 전적으로 중대명백성설에 따른 일반원칙이 주효하긴 해도,[125] 명백성기준은 적용되지 않는다. 가령 위법건축물의 소유자에게 철거명령이 내려졌는데, 실은 철거명령이 내리기 얼마 전에 양도계약을 체결하여 명의이전만이 남아 있을 경우, 그 하명처분은 무효에 해당하지 않는다.

우리의 경우 법적 불능의 구별에 대해 별반 언급을 하지 않는다. 가령 대표적으로 체납자 아닌 제3자 소유물건에 대한 압류처분에서, 판례는 하자가 객관적으로 명백한 것인지 여부와는 관계없이 처분의 내용이 법률상 실현될 수 없는 것이어서 당연무효라고 판시하였고, 이것이 계속된다.[126] 그런데 독일의 경우 법적인 불능은 원칙적으로 무효원칙의 적용을 위해 충분하지 않은 것으로 본다.[127] 즉, 그들 행정절차법 제44조

122) KreisG Dresden NVwZ 1993, 601.

123) Kopp/Ramsauer, VwVfG, §44 Rn.39. 동지:Knack/Henneke, VwVfG, §44 Rn.38. 반면 Stelkens/Bonk/Sachs, VwVfG, §44 Rn.145는 일반원칙(제44조 제1항)에 의거해서만 가능하다고 본다.

124) Stelkens/Bonk/Sachs, VwVfG, §44 Rn.145.

125) Knack/Henneke, VwVfG, §44 Rn.39.

126) 대법원 1993.4.27. 선고 92누12117판결; 대법원 2001.2.23. 선고 2000다68924판결; 대법원 2006.4.13. 선고 2005두15151판결.

제2항 제5호의 경우(형벌 또는 과태료의 구성요건을 실현하는 것을 요구하는 행정행위)가 존재하지 않는 한에 있어선, 행정행위가 법적 이유에서 집행되어선 아니 될 하명을 발하였다고 하여, 무효로 귀결되진 않는다. 가령 철거명령이 다수 공동소유권자 가운데 한 사람에게 향한 경우에, 무효가 아니다. 그리하여 그들은 법적 불능의 경우엔 일반원칙에 의거하여 무효가 인정되는데, 법적 불능이 범주적으로 사실적 불능과 동일하게 영향을 미칠 때, 제2항 제4호에 따른 무효가 성립하는지 여부가 다투어진다.[128] 여기서 궁극적 · 결정적인 기준은 법적 집행가능성의 물음이 아니라, 의무자에게 어떤 상황하에서도 결코 급부를 제공할 수 없는지 여부이다(절대적 법적 불능). 이런 관점에서, 독일국적을 이미 보유한 사람에 대한 귀화허가,[129] 공무원 아닌 자에 대한 공무원법상의 조치는[130] 무효로 판시되었다. 행정법관계의 안정을 도모하기 위해선 독일처럼 사실적 불능과 법적 불능을 구분하여 접근하는 것이 바람직하다.

(2) 내용이 불명확한 행위

행정절차법 제5조(독일 행정절차법 제37조 제1항)에 따라, 행정행위는 반드시 내용적으로 충분히 명확하여야 한다(행정행위의 명확성의 원칙). 그러나 충분한 명확성이 담보되지 않아 명확성원칙에 위반하였다 하더라도 그 자체론 무효가 아니라 단순위법에 그친다.[131] 따라서 우리는 물론 독일의 경우에도 현존의 불명확성이 명백하고, 이것이 해석을 통해서도 제거될 수 없을 때,[132] 즉, 완전히 불명확한 행정행위가 무효로 된다.[133] 그리하여 행정청의 영역을 떠나긴 했지만, 실은 분명한 통지가 결여됨으로 인해 알 수 없는 행정행위[134] 또는 행정행위로부터 누가 의무를 지는지가 전혀 불분명한 행정행위가 이에 포함된다. 또한 중요한(본질적인) 사항에서 전혀 불분명하거나, 모순

127) Kopp/Ramsauer, VwVfG, §44 Rn.40; Stelkens/Bonk/Sachs, VwVfG, §44 Rn.146.

128) Vgl. Kreisgericht Dresden NVwZ 1993, 601: 동독마르크화를 목표로 한 납부결정은 무효이다. 이유는 유일한 지불수단으로서 마르크화가 도입됨에 따라 지속적인 법적 장애가 급부와 대립되고 있기 때문이다.

129) VGH München VerwRspr 1961 Nr. 83.

130) Stelkens/Bonk/Sachs, VwVfG, §44 Rn.146.

131) Kopp/Ramsauer, VwVfG, §37 Rn.17; Stelkens/Bonk/Sachs, VwVfG, §44 Rn.116. OVG Lüneburg NVwZ-rr 2005, 791(793ff.).

132) 대법원 1990.1.25. 선고 89누4543판결: 행정청이 건축법 제42조 제1항과 행정대집행법 제2조 및 제3조 제1항에 따라 건축법위반 건축물의 철거를 명하고 그 의무불이행시 행할 대집행의 계고를 함에 있어서는, 의무자가 이행하여야 할 행위와 그 의무불이행시 대집행할 행위의 내용 및 범위가 구체적으로 특정되어야 할 것이지만, 반드시 철거명령서나 대집행계고서에 의하여서만 특정되어야 하는 것은 아니고, 그 처분 전후에 송달된 문서나 기타 사정을 종합하여 이를 특정할 수 있으면 족하다. 동지: 대법원 1997.2.14. 선고 96누15428판결 등.

133) BFH 112, 452; 114, 156; 120, 217; 154, 439; 155,24; NVwZ 1986, 660; NVwZ-RR 1990, 234; Martens, Die Rechtsprechung zum Verwaltungsverfahrensrecht, NVwZ 1990, 624(625).

134) VGH München Bay VBl. 1982, 631(행정행위로서 존재하긴 하나 효력은 발생하지 않는다); Wolff/Bachof/Stober, a.a.O., §49 Rn.2; Preißer, Die Bekanntgabe von Verwaltungsakten gegenüber Ehegatten: Ein Problem des öffentlichen Rechts?, NVwZ 1987, 867(869).

이거나, 터무니없거나 不可解한 모든 행정행위는 무효가 된다.[135] 행정행위가 언명가능한 규율내용을 담고 있는지 여부는 궁극적으로 그것의 객관적 설명(해명)정도-경우에 따라선 상관관계가 있는 다른 규율까지도 고려하면서-에 좌우된다.[136] 독일 판례상 무효의 예로, 가령 조세채무자나 세액이 표시되지 않은 과세결정,[137] 어떤 종파를 위한 세금인지가 밝혀질 수 없는 교회세부과,[138] (과태료부과행정청에 의한) 모순된 행정활동 및 2회 징벌 금지에 위반한 과태료결정이[139] 적시된다.

(3) 공서양속(사회질서)에 반하는 행위

공서양속에 반하는 행정행위의 효력에 대해, 독일 행정절차법은 법제정이전의 통설을 반영하여 이를 절대적 무효사유로 규정하고 있다(동법 제44조 제2항 제6호). 우리의 경우 의견이 분분하다. 민법(제103조)에서와는 달리 취소의 원인이 된다고 보는 견해가 유력하다. 하지만 양속위반(Verstoß gegen die guten Sitten)인 법적 행위란 아무런 법효과를 갖지 못한다는, 민법 제103조는 공법에도 통용되어야 할 일반원칙이라 하겠다.[140] 비록 독일과 같은 명문의 규정은 없지만, 행정통제를 강화한다는 측면에서 양속위반(반사회질서)의 효과를 적극적으로 모색할 필요가 있다.

독일의 경우, 내용과 목적 그 자체에 비추어 양속을 위반한 행정행위만이 아니라, 시민에게 양속위반의 행위를 명하거나 허용하는 행정행위[141] 또는 양속위반의 방법으로 초래된, 특히 사취된 행정행위[142]도 무효로 여겨져야 한다고 주장된다. 우선 양속위반이라 함은, 행정행위가 모든 공평하고 정당한 思考者의 예의심을 위반한 것을 의미한다.[143] 이때 양속에 합치한 행위에 관한 사회지배적인 입장만이 아니라, 특히 기본법의 가치시스템도 목표로 삼아야 한다.[144] 도덕이나 윤리의 중요한 공지의 원칙에 대한 위반이 필수적이진 않다. 또는 심지어 행정청이 행정행위를 발함으로써 도덕감, 윤리감의 토대에서 벗어난다는 점 역시 필수적이지 않다. 무엇을 양속으로 여겨야 할

135) BSG 25, 256(서식의 혼동); OVG Koblenz NVwZ 1990, 399; OVG Münster NVwZ 1986, 580; Erichsen/Ehlers, a.a.O., §15 Rn.26; Wolff/Bachof/Stober, a.a.O., §49 Rn.25.

136) Stelkens/Bonk/Sachs, VwVfG, §44 Rn.113.

137) OVG Koblenz NVwZ 1990, 399.

138) BVerwG NVwZ 1986, 792.

139) OLG Oldenburg NVwZ 1992, 607.

140) 동지: VGH München Bay VBl 1976, 237; OLG Köln NJW 1986, 1352; VG Düsseldorf NVwZ 1983, 176.

141) BVerwGE 84, 314=NVwZ 1990, 668(소위 영업법 제35조 a 제1항에 따른 핍쇼우(peep-show)의 허가); OVG Hamburg NVwZ-RR 1993, 793; Obermayer, VwVfG Komm., §44 Rn.64; Stelkens/Bonk/Sachs, VwVfG, §44 Rn.155. 그러나 이런 확대경향에 대해서, Knack/Henneke, VwVfG, §44 Rn.44, 는 양속에 맞는 행위에 관해 지속적으로 바뀌는 견해로 말미암아 대단한 법적 불안정성을 초래할 것이라고 반대주장을 한다.

142) Vgl. BGH NJW-RR 1987, 831.

143) BGH NJW 1990, 1356; VGH München BayVBl. 1976, 227; VG Berlin NVwZ 1988, 757; Stelkens/Bonk/Sachs, VwVfG, §44 Rn.154.

144) Obermayer VwVfG, §44 Rn.63; Knack/Henneke, VwVfG, §44 Rn.42.

지는, 궁극적으로 (법공동체에서 결정적인 질서조건으로 인정되는) 사회윤리적 가치관에서 도출되어야 한다.[145] 양속위반을 인정하는 데 있어선, 분별이 있고, 성실한 행위란 최소한의 요청과의 불일치가, 특히 기본법의 바탕이 되는 평가규준과의 불일치[146]가 있으면 충분하다. 그리하여 독일 판례상으로 혼인체결을 위하거나 특정종파의 채용을 위한 협박,[147] 인종차별적 조치, (문제가 되는 손실보상에 의존한) 시민의 곤경을 이용하는 것,[148] 인간존엄성과 일치하지 않는 설비의 운영이[149] 양속위반의 예로 운위된다. 그리고 양속위반의 존부에 관한 판단에선, 평균인적 규준이 적용되어야 한다.[150] 따라서 지배적인 법/사회적 모랄과의 相違가 현저하고, 행위자가 자신의 행위의 양속위반을 알았거나 알았어야 할 때에만, 양속위반이 인정되어야 한다. 動機의 단순한 양속위반성은 원칙적으로 행정행위를 무효로 만들지 않는다.[151] 행정행위가 양속위반의 수단(가령 사기, 강박)으로써 얻어진 상황 역시 행정행위를 곧바로 무효로 만들지 않는다.[152] 하지만 이 경우엔 일반원칙에 따른 무효가 인정될 수 있다고 한다.

(4) 적합성의 결여

행정행위상의 규율이 소기의 목적달성에 적합하지 않음은, -"바른 방향으로 나가는 것"이 결코 문제가 되지 않는 한- 무효가 아니라, 위법을 초래한다. 그러나 규율이 소기의 목표를 달성하는 데, 명백히 절대적으로 부적합하다면, 달리 통용되어야 한다.[153] 다만 이런 무효인정상황은, 규율이 전적으로 부적합하여 목적달성을 위해선 실제로 논외라는 것이 누구에게나 곧바로 분명한 경우에 한하여 인정되어야 한다.

Ⅳ. 맺으면서 - 行政行爲瑕疵論의 改革

行政行爲瑕疵論 자체가 처음부터 전적으로 학설과 도그마틱에 맡겨져 있음에도 불구하고, 문헌이 행정행위의 하자 전체에 대해 눈을 감고 있는 현실은 매우 우려스럽

---

145) BVerwGE 64, 276, 282; 71, 30; 71, 36; 84, 317.

146) VGH München BayVBl. 1976, 237.

147) Vgl. Forsthoff, a.a.O., S.247.

148) Degenhart, NVwZ 1982, 74.

149) BVerwGE 64, 274=NJW 1982, 614; 64, 280; 84, 314=NVwZ 1990, 668; VGH Mannheim NVwZ 1988, 640; BVerfG NJW 1987, 3246; VGH München NVwZ 1992, 78.

150) VGH München BayVBl. 1976, 238.

151) 계약에서의 비슷한 상황에 관해선 vgl. BVerwGE 42, 342f.; BGH NJW 1958, 1772.

152) VGH Mannheim DVBl. 1990, 1098; Knack/Henneke, VwVfG, §44 Rn.44. Obermayer, VerwR, S.122, 는 직무담당자에 대한 사기나 강박을 통해서 초래된 행정행위를 무효로 본다.

153) Vgl. VGH Kassel NVwZ 1982, 514. 여기서 동 법원은 -법원이 행정행위로 간주하지 않는- 기한확정이 없는 계고에 관해서, 집행요건으로서 기한경과가 확인될 수 없다는 점을 들어 무효로 판시하였다.

다. 행정법의 임무가 궁극적으로 어떤 행정작용의, 대표적으로 행정행위의 위법, 적법 여부를 가늠하는 것인 점에서, 빈약한 行政行爲瑕疵論은 행정법을 요령부득에 처하게 만든다. 또한 行政行爲瑕疵論이 판례의 모음에 불과할 수 있어, 행정법도그마틱은 물론 행정법 자체가 判例追隨的 傾向으로 흐를 수 있다.[154] 다른 한편 언필칭 로스쿨이 판례를 중심으로 실무교육에 비중을 두어야 한다고 운위되고 있지만, 우리의 기본적 상황은 그것의 성공적 실천과는 거리가 멀다는 점이 새삼 확인된다. 비록 우리 법제와 법학이 繼受가 아닌 移植의 결과물이긴 해도 지금에 와선 그 전반을 성찰하여야 한다. 일찍이 Schmidt-Aßmann은 법학적 체계사고란 견고한 가치위계에 고정되어 있지 않을 뿐더러 필연적으로 靜的이지도 않다고 강조하면서, 동시에 그런 사고에서의 언명은 오히려 미래의 향상된 인식과 바탕규준의 불변성의 유보하에 있음을 지적하였다.[155] 학문적 논의에서 그 기본은 견지하되, 日新又日新의 개방적 자세를 취하여야 한다. 즉, 개혁은 단속적이지 않고, 항시적이다. 독일의 경우 행정절차법이 단순한 절차법에 그치지 않고, 제정당시의 그네들의 학문적 성과를 집약하여 행정법의 기본법의 역할을 수행함으로써, -유럽화에 따른 독일식 논의의 영향력을 감안할 때- 행정법의 발전과 논의의 차원을 격상시켰다. 우리의 경우에도 향상된 인식에 의거하여 전개한 논의를 반영할 제도(새로운 행정절차법의 제정)를 하루바삐 마련하여야 한다. 좋은 법률이 좋은 법률을 낳는다.

* 법조 제650호, 2010.11.1. 173면 이하 소수.

154) 일찍이 이계수 교수는 행정법학계가 이익형량의 관점에서 문제를 해결하려는 행정판례의 대세를 추종하다가는 자칫 행정법학이 판례의 태도를 사후적으로 정리하는 '카주이스틱'으로 충분하게 될 수 있다고 정당하게 지적하였다. 이계수, 규범과 행위, 공법연구(제29집 제1호), (2000. 11.) 43면 이하 참조.

155) Schmidt-Aßmann, Das allgemeine Verwaltungsrecht als Ordnungsidee, 2.Aufl., 2004, S.1.

제 7 장

標準地公示地價決定과 收用裁決간의 瑕疵承繼認定의 意義

-對象判決 : 大法院 2008.8.21. 선고 2007두13845判決-

Ⅰ. 對象判決의 要旨

표준지공시지가결정은 이를 기초로 한 수용재결 등과는 별개의 독립된 처분으로서 서로 독립하여 별개의 법률효과를 목적으로 하지만, 표준지공시지가는 이를 인근 토지의 소유자나 기타 이해관계인에게 개별적으로 고지하도록 되어 있는 것이 아니어서 인근 토지의 소유자 등이 표준지공시지가결정 내용을 알고 있었다고 전제하기가 곤란할 뿐만 아니라, 결정된 표준지공시지가가 공시될 당시 보상금 산정의 기준이 되는 표준지의 인근 토지를 함께 공시하는 것이 아니어서 인근 토지 소유자는 보상금 산정의 기준이 되는 표준지가 어느 토지인지를 알 수 없으므로, 인근 토지 소유자가 표준지의 공시지가가 확정되기 전에 이를 다투는 것은 불가능하다. 더욱이 장차 어떠한 수용재결 등 구체적인 불이익이 현실적으로 나타나게 되었을 경우에 비로소 권리구제의 길을 찾는 것이 우리 국민의 권리의식임을 감안하여 볼 때, 인근 토지소유자 등으로 하여금 결정된 표준지공시지가를 기초로 하여 장차 토지보상 등이 이루어질 것에 대비하여 항상 토지의 가격을 주시하고 표준지공시지가결정이 잘못된 경우 정해진 시정절차를 통하여 이를 시정하도록 요구하는 것은 부당하게 높은 주의의무를 지우는 것이고, 위법한 표준지공시지가결정에 대하여 그 정해진 시정절차를 통하여 시정하도록 요구하지 않았다는 이유로 위법한 표준지공시지가를 기초로 한 수용재결 등 후행 행정처분에서 표준지공시지가결정의 위법을 주장할 수 없도록 하는 것은 수인한도를 넘는 불이익을 강요하는 것으로서 국민의 재산권과 재판받을 권리를 보장한 헌법의 이념에도 부합하는 것이 아니다. 따라서 표준지공시지가결정이 위법한 경우에는 그 자체를 행정소송의 대상이 되는 행정처분으로 보아 그 위법 여부를 다툴 수 있음은 물론, 수용보상금의 증액을 구하는 소송에서도 선행처분으로서 그 수용대상 토지 가격 산정의 기초가 된 비교표준지공시지가결정의 위법을 독립한 사유로 주장할 수 있다.

Ⅱ. 瑕疵承繼와 관련한 對象判決의 波及效果

1. 判例變更의 次元

일찍이 대법원 1997.9.26. 선고 96누7649판결은, "표준지로 선정된 토지의 공시지가에 대하여는 지가공시법 제8조 제1항 소정의 이의절차를 거쳐 처분청을 상대로 그 공시지가결정의 위법성을 다툴 수 있을 뿐 그러한 절차를 밟지 아니한 채 조세소송에서 그 공시지가결정의 위법성을 다툴 수는 없다"고 하였고, 그 논거로 "개별토지가격에 대한 불복방법과는 달리 표준지의 공시지가에 대한 불복방법을 위와 같이 제한하고 있는 것은 표준지의 공시지가와 개별토지가격은 그 목적 · 대상 · 결정기관 · 결정절차 · 금액 등 여러 가지면에서 서로 다른 성질의 것이라는 점을 고려한 것이므로, 이러한 차이점에 근거하여 표준지의 공시지가에 대한 불복방법을 개별토지가격에 대한 불복방법과 달리 인정한다고 하여 그것이 헌법상 평등의 원칙, 재판권 보장의 원칙에 위반된다고 볼 수는 없다"고 제시하였다.

요컨대 수인한도성의 근거에서 개별공시지가결정의 하자의 후행 과세처분에 대한 승계를 인정한 대법원 1994.1.25.선고 93누8542판결의 기조를 대입한 대상판결은, 비록 직접 명시하진 않았지만, 사실상 판례변경을 가져다주었다 하겠다. 나아가 표준공시지가결정 ⇒ 개별공시지가결정 ⇒ 부과처분의 일련의 흐름을 전제하면, 표준공시지가결정과 개별공시지가결정간에 하자승계를 부인한 대법원 1995.3.28. 선고 94누12920판결 역시 사실상 변경되었다고 보아야 한다.

2. 瑕疵承繼論의 次元

먼저 하자승계론과 관련하여 대상판결은 기왕의 도식에 대한 예외인정의 논거로 수인한도성의 논거를 다시금 동원하였다. 그런데 대상판결에서의 상황은 직접 연이은 행위간의 상황을 대상으로 한 통상의 하자승계사례와는 다른 것임을 유의하여야 한다. 기왕의 하자승계론이 갖고 있는 치명적인 약점의 하나는 바로 동일한 목적과 효과를 지향한다고 인정되면 몇 단계 선행한 행위로부터도 하자승계를 인정할 것인지 여부이다. 일반적으로 대집행절차를 4단계(계고-대집행영장에 의한 통지-대집행실행행위-비용징수)로 보는데, 대상판결의 기조를 확대하여 반영한다면 계고처분상의 하자가 최종단계인 비용징수처분에 그대로 승계될 수 있을 법하다. 특히 수인한도성의 논거를 전가의 보도로 내세운다면 그 같은 논증이 전혀 불가능하진 않으리라 여겨진다.[1)]

Ⅲ. 關聯決定의 處分性과 관련한 對象判決의 波及效果

하자승계의 차원보다 더 의미로운 행정법도그마틱상의 결과는 바로 행정처분으로서의 표준지공시지가결정을 비롯 개별공시지가결정의 위상에 미친 영향이다. 과거 권리구제확대를 기치로 대법원 1993.1.15. 선고 92누12407판결 등을 통해 개별공시지가결정의 처분성이, 대법원 1994.3.8. 선고 93누10828판결을 통해 표준지공시지가결정의 처분성이 인정되었다. 그러나 대상판결과 -개별공시지가결정과 후행 과세처분간의 하자승계를 인정한- 대법원 1994.1.25.선고 93누8542판결로 인해 국민으로선 굳이 표준지공시지가결정을 비롯 개별공시지가결정을 따로이 다툴 필요성을 느끼지 않을 것이다. 결과적으로 이들 결정의 소송대상으로서의 가치는 반감되어 버린다. 즉, 이들 결정의 처분성인정은 별반 의미를 지니지 못한다.

나아가 행정행위의 개별화기능과 명확화기능을 포함하는 행정행위의 실체법적 기능(규율기능)의 차원에서 보자면, 이들 결정의 처분성은 명목적인 데 지나지 않는다. 표준지공시지가결정은 물론 개별공시지가결정의 처분성에 대해 심각한 의문을 갖는 필자로선, 대상판결을 통해 대법원 1993.1.15. 선고 92누12407판결과 대법원 1994.3.8. 선고 93누10828판결의 의의가 滅失하였다고 보고 싶다. 사실 대상판결은 이미 표준지공시지가결정의 처분성인정이 권리구제에 크게 기여하지 못한다는 점을 확인하였는데.[2)] 이런 사정은 개별공시지가결정의 경우에도 그대로 통용될 수 있다

그런데 *假定法過去的* 논증을 하여 만약 대법원 1993.1.15. 선고 92누12407판결 당시 정반대의 판결이 내려졌다면, 대법원 1993.6.11. 선고 92누16706판결을 비롯하여 그 후에 논의가 어떻게 전개되었을까? 우선 후행행위와 관련해서 논란을 낳는 하자승

1) 그러나 비용징수단계의 경우 독립적으로 자리매김하는 것이 바람직하다. 이런 문제점에 관해선 졸고, 행정법기본연구 I, 2008, 336면 이하.

2) 대상판결에 대한 임영호 판사의 평석(대법원판례해설 제78호(2009.07) 9-22)에서도 비슷하게 지적하고 있으며. 나아가 임영호 판사는 그것의 처분성부정에 대해 매우 호의적인 입장을 시사한다.

계의 문제가 결코 생기지 않았을 것이다. 또한 권리구제의 가능성이 결코 저하되지 않는다. 왜냐하면 개별공시지가결정상의 하자는 별다른 논증을 하지 않더라도 종국적인 과세처분의 위법성을 초래하기 때문이다. 그리고 개별공시지가결정의 처분성을 논증하기 위해 명칭 그대로 행정규칙에 불과한 개별토지가격합동조사지침(1990.4.14. 국무총리훈령 제241호로 제정되어 1991.4.2. 국무총리훈령 제248호로 개정된 것)을 무리하게 법률보충적 집행명령으로 상정하지도 않았을 것이며, 나아가 공시지가결정에 대한 이의제기를 특별행정심판으로 과하게 접근하지도 않았을 것이다.

Ⅳ. 맺으면서-處分性認定의 逆說的 狀況

공시지가결정의 법적 성질 문제는 행정법의 대표적 쟁점이다. 언필칭 권리구제확대를 기치로 처분성확대를 모색하는 것이 자연스럽다 하더라도, 처분성인정의 후속효과(불가쟁력의 발생)를 간과해선 곤란하다. 집행부정지원칙이 통용되는 우리로선, 처분성인정이 되려 권리구제가능성을 어렵게 만들 수 있다. 이런 역설적 상황을 불가피하게 하자승계의 도그마틱을 통해 타개하고자 하였지만, 만약 처분성이 인정되지 않았다면 최종행위이전의 모든 상황을 그대로 처분의 위법사유로 삼을 수 있다. 관련 사안이 당시 핫이슈인 토지초과이득세 등과 관련되어서 성급함이 지나쳤는지 모르지만, 결과적으로 공시지가결정의 성급한 처분성인정이 행정법도그마틱상 심각한 문제점을 야기하였다.

이제까지 공시지가결정을 독립된 존재로 보아 행정작용론의 차원에서 그것의 법적 성질을 논구한 것에 재고가 요구된다. 이를 과세처분상의 과세표준결정마냥 처분의 근거로 접근하였다면 그것의 법적 성질을 둘러싼 소모적 논의는 물론 현하의 혼란상황은 애당초 생기지 않았을 것이다(과세표준결정의 처분성을 부인하는 대법원 1996.9.24. 선고 95누12842판결 참조). 법학적 체계사고란 견고한 가치위계에 고정되어 있지 않을 뿐더러 필연적으로 靜的이지도 않다. 동시에 그런 사고에서의 언명은 오히려 미래의 향상된 인식과 바탕규준의 불변성의 留保하에 있다.[3] 따라서 황혼녘을 넘어 다음 날 黎明에야 비로소 비상하는 법학적 미네르바의 부엉이마냥, 여기서의 논의가 때 늦은 감은 있지만, 대상판결을 계기로 과도하고 성급한 처분성인정의 문제를 성찰하는 분위기가 마련되길 仰望한다.

* 법률신문 제3871호 2010.9.9. 소수.

3) Schmidt-Aßmann, Das allgemeine Verwaltungsrecht als Ordnungsidee, 2.Aufl., 2004, S.1.

제 8 장

條文形式을 띤 告示의 處分性 認定에 따른 問題點에 관한 小考

-對象判決 : 大法院 2006.9.22. 선고 2005두2506判決-

Ⅰ. 對象判決의 要旨

[1] 어떠한 고시가 일반적 · 추상적 성격을 가질 때에는 법규명령 또는 행정규칙에 해당할 것이지만, 다른 집행행위의 매개 없이 그 자체로서 직접 국민의 구체적인 권리 의무나 법률관계를 규율하는 성격을 가질 때에는 행정처분에 해당한다.

[2] 보건복지부 고시인 약제급여 · 비급여목록 및 급여상한금액표(보건복지부 고시 제2002-46호로 개정된 것)는 다른 집행행위의 매개 없이 그 자체로서 국민건강보험가입자, 국민건강보험공단, 요양기관 등의 법률관계를 직접 규율하는 성격을 가지므로 항고소송의 대상이 되는 행정처분에 해당한다고 한 사례.

[3] 제약회사가 자신이 공급하는 약제에 관하여 국민건강보험법, 같은 법 시행령, 국민건강보험 요양급여의 기준에 관한 규칙(2001.12.31. 보건복지부령 제207호) 등 약제상한금액고시의 근거 법령에 의하여 보호되는 직접적이고 구체적인 이익을 향유하는데, 보건복지부 고시인 약제급여 · 비급여목록 및 급여상한금액표(보건복지부 고시 제2002-46호로 개정된 것)로 인하여 자신이 제조 · 공급하는 약제의 상한금액이 인하됨에 따라 위와 같이 보호되는 법률상 이익이 침해당할 경우, 제약회사는 위 고시의 취소를

구할 원고적격이 있다.

Ⅱ. 처음에-問題의 提起

종종 법형식과 그것의 실질(내용)간에 불일치가 발생하곤 한다. 특히 법규범의 형식을 띄면서도 담겨진 내용이 개별구체적 규율일 때, 그것의 법적 성질을 형식으로 가늠할 것인지 아니면 내용(실질)으로 가늠할 것인지가 문제된다. 두밀분교통폐합조례사건을 계기로 조치적(이른바 처분적) 조례가 인정되며,[1] 시행규칙의 경우에도 처분성이 인정되곤 하였다.[2] 특별한 反論이나 異論이 드문 상황에서, 조치적(이른바 처분적) 명령은 어느 듯 공인된 법도그마틱적 존재로 여겨지고 있다. 이런 실정에서 일련의 고시에 대해서도 처분성이 인정된다.

고시의 법적 성질은 분분하다. 그것을 일의적으로 행정규칙으로 조명하는 문헌이 있는 반면, 다양한 법적 성질(법규명령, 행정규칙, 행정행위, 사실행위)의 가능성을 전제로 하여 바라보기도 한다. 그런데 고시를 행정규칙으로 상정하거나 행정입법(법규명령/행정규칙)으로 상정하여 사안에 접근할 땐, 그것의 처분성인정으로 인해 행정입법 자체에 대한 사법통제에 획기적인 변화가 초래될 수 있다. 즉, 고시를 행정입법으로 전제한 다음에, 그것은 물론 법규명령에 대해서 과도하게 처분성을 인정하면, 행정입법과 행정행위의 구분의 경계가 무의미하게 될 뿐만 아니라, 심지어 행정작용법론 전체를 임기응변적 상황에 처하게 한다.

대상판결 그 자체에선 분명히 나타나지 않음에도 불구하고, 다수 문헌들은 오히려 관련 문제를 행정입법 특히 행정규칙의 차원에서 다룬다. 다수 문헌의 기조인, 고시의 행정입법적(특히 행정규칙적) 인식은 간과할 수 없는 오해의 초기조건에 해당한다. 따라서 이런 기조가 과연 바람직한지를, 현행법제상의 고시의 성질에 견줘 살펴보고자

---

1) 대법원 1996.9.20. 선고 95누7994판결 · 95누8003판결: 「공립초등학교 분교의 폐지는 지방의회가 이를 폐지하는 내용의 개정 조례를 의결하고 교육감이 이를 공포하여 그 효력이 발생함으로써 완결되고, 그 조례 공포 후 교육감이 하는 분교장의 폐쇄, 직원에 대한 인사이동 및 급식학교의 변경지정 등 일련의 행위는 분교의 폐지에 따르는 사후적인 사무처리에 불과할 뿐이므로, 이를 독립하여 항고소송의 대상이 되는 행정처분으로서의 폐교처분이라고 할 수 없다」;「조례가 집행행위의 개입 없이도 그 자체로서 직접 국민의 구체적인 권리의무나 법적 이익에 영향을 미치는 등의 법률상 효과를 발생하는 경우 그 조례는 항고소송의 대상이 되는 행정처분에 해당하고, 이러한 조례에 대한 무효확인소송을 제기함에 있어서 행정소송법 제38조 제1항, 제13조에 의하여 피고적격이 있는 처분 등을 행한 행정청은, 행정주체인 지방자치단체 또는 지방자치단체의 내부적 의결기관으로서 지방자치단체의 의사를 외부에 표시한 권한이 없는 지방의회가 아니라, 구 지방자치법(1994.3.16. 법률 제4741호로 개정되기 전의 것) 제19조 제2항, 제92조에 의하여 지방자치단체의 집행기관으로서 조례로서의 효력을 발생시키는 공포권이 있는 지방자치단체의 장이다」

2) 서울행정법원 2005.9.1. 선고 2004구합5911판결. 이에 대한 비판으로 졸고, 이른바 처분적 시행규칙의 문제점에 관한 소고, 법률신문 제3478호, 2006.7.27.

한다. 아울러 행정법도그마틱의 왜곡 상황을 초래한 根源인 개별사건규율적 조례(명령)의 문제점, 즉, 법형식과 실질과의 괴리상황에서의 법적 성질의 가늠잣대의 물음을 다시금 검토하고자 한다.

Ⅲ. 법형식과 실질과의 괴리상황에서의 법적 성질의 가늠잣대-形式인가 實質인가?[3)]

작용형식을 정한다 함은, 해당 행정작용을 지배하고 그에 대한 법적 판단을 내리는 법제도를 선택한다는 것을 의미한다. '두밀분교폐지조례'처럼 형식과 내용(실질, 실체)이 交錯할 때 무엇이 가늠자가 되어야 하는가? 여기선 명령과 행정행위를 구분지우는 그것들의 개념적 징표가 무엇이며, 그 징표가 작용형식의 설정에서 어떤 의미를 지니는지가 탐구되어야 한다. 왜 행정행위 특히 일반처분과 법규범(법규정)과의 구분이 중요한가? 왜냐하면 법규범은 수권, 권한, 절차, 형식, 공표에서 행정행위와는 다른 요청을 충족하여야 하고, 또한 법규범의 위법성은 구체적인 규범심사절차에서 주장되어야 하는 반면에, 행정행위의 위법성은 취소소송절차에서 주장되어야 하기 때문이다.[4)]

1. 법원의 태도-내용(실질)의 절대적 중시

대법원 1996.9.20. 선고 95누7994판결과 95누8003판결은 후자에서 피고를 달리 지적한 점을 제외하고선 쟁점이 동일하다. 두 판결을 통하여 그동안 존재의 가능성만이 엿보인 이른바 조치적 조례(나아가 조치적 법규명령)란 법형식이 公認되기에 이르렀다. 다시 말해 두 판결은 "두밀분교폐지조례"를 -비록 표현은 하지 않았지만- 이른바 조치적 조례로 보는 기본입장에서 동조례의 위법성 여부를 검토하였다. 관련 법률은 공립국민학교의 설치 · 폐지에 관하여 다른 법령에 규정이 없으면 지방자치단체인 시 · 도가 제정하는 조례의 형식으로 정하도록 분명히 규정하고 있다. 그럼에도 불구하고, 법원은 법형식으로서의 조례를 이른바 조치적 조례란 형태를 통해 행정처분(행정행위)으로 갈음한 것이다. 조치적 시행규칙의 인정에서 보듯이, 이러한 조치적 명령은 법규

3) 이하의 내용은 대법원 1996.9.20. 선고 95누7994판결 · 95누8003판결의 문제점에 관한 졸고('措置的 命令 내지 個別事件規律的 命令에 대한 權利保護에 관한 小考', 법조, 2002.11. 90면 이하: 행정법기본연구Ⅰ, 434면 이하))에서 이미 상세히 기술된 것을 간략히 기술한 것이다. 관련 주제는 일회적일 수 없는 근본적인 물음이어서 비록 늦었지만 공론의 장에서 활발히 논의되길 기대하는 마음에서 여기서 다시 강조하여 기술한다.

4) 사실 조치적 명령을 내용적 규준에 의거하여 행정처분으로 본 데 따른 후속적인 물음(위법인 경우의 결과, 행정처분에 요구된 절차적 요청의 충족 등) 역시 사소하지 않다. 이미 김동희 교수님은 조치적 명령의 하자효과 문제가 앞으로 연구 · 검토되어야 한다고 지적하면서, 형식의 측면이나 실질적 측면에 의거하느냐에 따른 견해대립의 가능성을 제시하였다. 동인, 조례(법규명령)의 처분성, 판례월보 제322호(1997.7.), 27면.

범과 행정처분의 합성적 작용의 일종으로서 기존의 행정작용형식체계상의 새로운 작용형식의 하나로 어느새 버젓이 자리를 잡는 지극히 타당하지 않은 상황에 와 있다.[5)]

2. 독일에서의 논의

독일에서도 우리와 마찬가지로 취소소송(독일 행정법원법 제42조)과 규범심사(통제)(동법 제47조)의 대상적격을 둘러싸고 다투어지고 있다. 판례와 문헌의 경향을 조심스럽게 아래와 같이 범주화하고자 한다.[6)]

(1) 형식을 규준으로 삼는 입장(오늘날의 지배적 입장)-이름을 붙이자면 형식설이다-[7)]

먼저 Wolff/Bachof/Stober[8)]는 형식적 법률과 실질적 법률, 형식적 법규명령과 실질적 법규명령 그리고 형식적 행정행위와 실질적 행정행위를 구분하여 상술하고 있다. 그리하여 "법해석, 법적용, 제소, 권리구제를 위해선 법적 형식에 좌우되기 때문에, 순전히 형식적인 법률은 규범심사절차에 놓이지 결코 쟁송취소소송에 놓이지 않는다"고 강조하는데, 이런 기조가 그대로 후속 논의에 흐른다. 즉, '법률상으로 요구된 형식만으로는 법규명령이나 내용상으로는 법규명령이 아닌 명령' 즉, '명령에 의해서 하나 또는 다수의 구체적 개별사건이 규율되어야 하는 경우'가 가능하다고 보되, 권리보호를 포함하여 절차법을 위해선 형식이 규준이 되어야 함을 근거로, 그것을 명령으로 다루는데 찬동한다. 그리하여 법률에 따라 법률, 법규명령, 조례의 형식으로 발해져야 하는 개별사건적 규율이 내용적으론 행정행위일 수 있지만, 결코 형식적으로는 행정행위가 아니고, 따라서 행정행위처럼 쟁송취소될 수가 없는데, 만약 잘못하여 법규명령 대신에 행정행위가 발하여 졌다면, (위법한 행정행위로서) 그것의 쟁송취소가 허용되고 이유가 있다고 강변한다.

Mayer/Kopp[9)]은 법규범과 구별되게 행정행위는 개별사건적 규율을 목표로 하여야

---

5) 김남진 교수님 역시 법규명령이나 조례가 '처분'의 성질을 갖는다 하더라도, '규범통제'라는 正道를 통해 문제를 해결해야 함을 역설한다. 동인, 행정상 확인소송의 가능성과 활용범위, 고시연구, 2005.5, 22면 주15)

6) 이 문제는 독일에서 형식적 행정행위냐 아니면 실질적 행정행위냐를 둘러 싼 논의인데, 이와 관련해선 선정원 교수가 이미 깊이 있는 고찰을 하였다. 동인, 독일 행정법상 행정행위 확장이론들의 등장과 발전, 공법연구 제27집 제2호(1999.6), 한국공법학회, 519면 이하 참조. 그런데 독일에서의 형식적 행정행위(der formelle Verwaltungsakt)와 일본에서 유래한 그것과는 서로 거리가 있음을 유의해야 한다.

7) 이런 입장의 문헌에 관해선 Schenke, Formeller oder materieller Verwaltungsaktsbegriff ?, NVwZ 1990, S.1010 Fn.11) 참조. 동지 판례: BVerfGE 11, 16; 34, 307; BVerwGE 18, 1; 18, 251; 29, 207; 30, 287; 70, 77=NVwZ 1985, 39; 81, 131-이는 법규명령에 의한 구속성표시에 의해서 폐기물처리계획 역시 법규정의 성질을 갖는다고 한다-; BVerwG NVwZ 1985, 39; VGH München 25, 73; 27, 108; 30, 28; Bay. VBl. 1969, 282; 1974, 500; 1978, 272; NJW 1978, 773; NVwZ 1985, 502; NVwZ-RP 1995, 115; OVG Lüneburg NJW 1976, 2282; 1984, 627; VGH Kassel NJW 1983, 2896-여하튼 형식남용이 없는 한에 있어서-.

8) ders., VerwR Bd.1, 1999, §24 Ⅴ; VerwR Bd.2, 2000, §45 Ⅷ. 4., §46 Ⅷ.

9) ders., Allg.VerwR, 5.Aufl., 1985, §11 Ⅲ. 2 d) S.182.

하나, -비록 독일 행정절차법 제35조 제1문상으로 행징행위의 개념적 징표로 규정되어 있다 하더라도- 개별사건적 규율이 항상 행정행위이어야 한다는 반대추론은 결코 통용되지 않는다고 지적한다. 그리하여 다수의 법률이 개별사건을 위한 규율을 법규명령이나 조례에 의하도록 규정하고 있어서, 외적으로 그런 형식으로 행해지고 공표된 규율은 오늘날 통설에 비추어 그것의 형식에 맞춰서 절차법적 측면과 그것에 대한 권리구제의 측면에서 공히 법규명령으로 다루어야지 행정행위로 다루어선 안된다고 강조한다.

Glaeser[10]는 권리보호 특히 취소소송의 허용성을 위해서 결정적인 것은 바로, 행정청의 규율이 어떻게 '나타나는지' 이지 어떻게 '나타나야 하는지'가 아니라고 하면서, 법적 당위의 물음은 적법성의 물음이어서 본안에서 이유유무를 심리하는 범주에서 비로소 제기된다고 지적한다. 그리하여 통상 국가적 조치의 외적 형식이 그 법적 성질을 좌우하되, 그 외적 형식이 다의적으로 판명될 경우에만 조치의 내용을 목표로 삼아야 한다고 주장한다. 다만 특정한 종류의 권리보호를 부정하게 取하거나 권리보호를 대체적으로 배제하기 위하여 외적 형식을 활용해선 안 된다고 지적한다(형식남용, Formenmißbrauch).[11]

(2) 내용(실질)을 규준으로 삼는 입장(예전의 지배적 입장)-이름을 붙이자면 실질설이다-[12]

Ule, Schenke, Ronellenfitsch,[13] Erfmeyer[14] 등이 이 입장에 서는데, 여기선 Schenke의 대표논문(NVwZ 1990, 1009ff.) 중심으로 살펴본다.[15]

그는 행정활동의 형식과 내용상의 불일치가 행정행위와 관련하여 있을 경우에, 형식적 행정행위개념이 통용되는가 아니면 실질적 행정행위개념이 통용되는가의 관점에서 이 문제를 전개한다. 그는 우선 행정행위에 관한 실정법적 정의로부터 유리되어 오로지 법학적 용어사용으로부터 "행정행위란 작용형식은 전적으로 형식적 기준에 좌우된다"고 도출하는 것은 개념법학의 잘못된 도치적 방법론의 전형적인 예라고 지적하면서, 그 형식을 규준으로 삼아 형식적 행정행위개념에 찬동하는 다수 입장을 공박

10) ders., VerwProzßR, 11. Aufl., 1992, Rn. 141.

11) Vgl. Pestalozza, Formenmißbrauch des Staates, 1973, S.136ff.

12) 이런 입장의 문헌에 관해선 Schenke, a.a.O., S.1010 Fn.12) 참조. 동지 판례: VGH München Bay. VBl. 1956, 121; 1071, 155; 1972, 359; 1978, 84-입법자가 내용과 무관하게 일정한 형식을 정할 수 있는지 여부와 이런 형식이 권리보호를 위해서도 규준이 되는지 여부가 의문스럽다-; VGH Mannheim NVwZ 1986, 855.

13) ders., Das besondere Gewaltverhältnis - ein zu früh totgesagtes Rechtsinstitut, DÖV 1981, 933ff.

14) ders., Der nichtmaterrielle Verwaltungsakt-rechtswidrige und überflüssige Fiktion, DÖV 1996, S.629ff.

15) Vgl. ders., Rechtsschutz bei Divergenz von Form und Inhalt staatlichen Verwaltungshandelns, VerwArch 1981, 185ff.

한다. 또한 쟁송법적 측면만을 국한하여 고려한 차원에서 형식요소를 규준으로 삼은 것은, 쟁송법적 행정행위개념과 실체법적 행정행위개념간의 -쟁송법과 실체법의 긴밀한 연계를 충분히 고려하지 않는- 이원성을 야기한다고 지적하면서, 행정행위의 존부를 내용적 기준에 좌우케 하는 견해가 독일의 법체계에 이음새 없이 접합된다고 강조한다. 그리하여 행정의 다른 작용형식과 관련해서도 형식과 내용간의 불일치한 경우에는 그것의 법적 성질이 형식이 아니라 그 내용에 의하여 정해져야 하기에, 가령 NRW의 갈탄채광계획과 같은 지역계획은 비록 그것이 법규명령의 형식이 아닌 행정규칙으로 발해졌다 하더라도 법규범으로 보아야 한다고 주장한다. 요컨대 Schenke는 독일 행정절차법 제35조에 따라서 실체법에서든 쟁송법에서든 행정행위의 존부를 위해선 행정조치의 형식이 아니라 그 내용이 규준이 된다는 점과, 따라서 행정행위개념은 실체적으로 파악해야 한다는 점을 주장한다. 다만 행정작용의 형식이 동시에 그 내용에 영향을 미치고 그럼으로써 여기서도 내용상 기준에 연계된 독일 행정절차법 제35조을 바탕으로 행정행위가 존재하는 경우가, 가능한 예외일 뿐이라고 한다.

(3) 형식과 내용(실질), 양자를 규준으로 삼는 입장-이름을 붙이자면 양립설이다-[16)]

대표적으로 Stelkens/Bonk/Sachs/Leonhardt[17)]는 광범한 권리보호를 위하여 형식적 조치에 의해서 정해지는 소송뿐만 아니라, 실질적(실체적) 규율에 연계된 소송도 가능해야 하지만, 소송의 이유구비성(Begründetheit)은 오로지 규율의 실질적(실체적) 내용 및 그에 따른 행정절차의 준수에만 의거할 수 있다고 주장한다. 그리고 이런 권리구제의 양립화에 대한 Schenke의 의문제기[18)]와 관련해선, 행정청이 기도한 법외관을 지닌 공식적인(formal) 행위의 존재를 거의 고려치 않은 것이라 반박하였다. 특히 국가활동의 형식과 내용간의 相違가 시민과 행정간에 다투어지는 경우, 시민을 위해선 그 제소방법이 행정청의 조치의 외적 형식에 연계됨이 허용되어야 한다고 강조한다. 아울러 형식설에 대해선 지나치게 여지가 없음을 비판하면서, 가령 행정청이 법규명령을 공표된 일반처분으로 여겨서 시민에게 그에 따른 요구를 한 경우에는, 그 시민은 행정청의 의도에 따라서 존재하는 일반처분에 대해서 대응할 수 있어야 한다고 지적한다. Eyermann/Fröhler[19)]도 올바른 심사절차의 선택의 리스크를 관련인에게 맡기는

16) 이런 입장의 문헌에 관해선 Schenke, a.a.O., S.1011 Fn.13) 참조. 다만 Tschira/Schmidt Glaeser는 기본적으로 형식설의 입장이다. Ders., VerwProzßR, 7. Aufl., 1985, S.77f.

17) ders., VwVfG, 6. Aufl., 2001, §35 Rn. 14.

18) 그는 민사소송법에서 주창된 최대수익이론(Meistbegünstigungstheorie)에 의거하여 주장된 양립설은 실체법과 쟁송법의 상관관계 특히 쟁송법의 실체법적 하자효과론에의 연계가 충분히 고려되지 않았다는 점과, 설령 민사소송법에선 동 이론이 통용된다 하더라도, 형식과 내용과의 불일치가 상례적인 특징인 행정활동에선 구조적 이유에서 그것이 통용될 수 없음을 지적한다. Ders., a.a.O., S.1016f.

19) ders., VwGO, 9.Aufl., 1988, §47 Rn.11b, §42 Rn.13.

것은 법치국가적 권리보호의 사고와는 모순된다는 이유를 들어, 형식남용의 경우를 위해선 취소소송은 물론 형식을 참작하여 규범심사의 신청도 허용된다고 주장하였다.

3. 소 결

우리네 행정실무나 실정법에선 행정행위란 명칭보다는 처분이나 결정 등이 애용되고 있고,[20] 조건이 부관의 통칭이 되고 있듯이, 강학상의 행정행위나 법률하위적 규범(행정규범, 행정입법)이 실제적으론 다양하게 불리어 지는 상황이다. 형식과 내용의 間隙이 일상화된 행정현실에서 그런 무정형의 행정활동을 유형화된 작용형식의 체계로 인도하는 것이 바로 행정작용법론이다. 법률이 일정한 공인된 법형식(명령, 조례, 위임고시(규칙))을 규정한 경우에는, 법적용자인 행정은 입법자의 의사를 따라야 한다. 규정된 법형식이 담을 내용에 相符할런지 여부는 해당 법규정의 정당성 나아가 합헌성의 물음이지, 해당 행정활동의 법적 성질에 관한 논의와는 전혀 무관하다. 요컨대 집행부는 물론 사법부도, 형식남용 등의 이유로 관련 법규정의 합헌성이 다투어지지 않는 한, 입법자가 정한 법형식을 간과해선 아니 된다. 입법자는 그가 택한 법형식을 통해서 司法的 권리보호의 방법을 정한 셈이다.[21]

요컨대 행정행위와 명령의 구분을 위해선, 우선적으로 문제의 규율의 외부적 형식에 좌우되어야 하되, 다만 그 형식이 다의적이거나 -형식선택의 자유를 전제로 하여- 권리보호를 제한하기 위한 명백한 형식남용이 있는 경우에는 규율의 내용을 목표로 삼을 수 있긴 하지만, 이 경우에도 행정행위로서가 아니라 명령(조례)으로서 기껏해야 무효가 되어 버린다 하겠다.[22]

Ⅳ. 현행 법제상의 告示의 性質에 관한 論議

1. 알림 그 자체로서의 告示의 本質

告示는 불특정다수를 직접적, 간접적 상대로 한 '알림'이되, 본래 그 자체로선 알림의 양식은 고려되지 않는다. 그런데 대부분의 국법행위가 문서에 의한 것이어서 사무관리규정(일부개정 2006.6.12. 대통령령 제19513호) 제7조에 의해, 고시는 공고문서의 종

20) 독일의 경우에도 개별법에서 '행정행위'(Verwaltungsakt)란 용어가 드물게 규정되긴 하나, 우리와 마찬가지로 결정(Entscheidung), 처분(Verfügung), 조치(Maßnahme) 등이 사용되기에 형식과 내용의 불일치가 종종 문제된다. 일부에선 행정행위란 용어를 통일적으로 사용할 것을 주장하기도 한다.

21) A. Mutius, Rechtsnorm und Verwaltungsakt, in: FS für H.J. Wolff z.75. Geburtstag, 1973, S.181.

22) VGH Kassel NuR 1990, 380.

류로서 행정기관이 법령이 정하는 바에 따라 일정한 사항을 일반에게 알리기 위한 문서를 말한다. 반면에 언필칭 행정규칙이라 일컫는 훈령, 예규 등은 지시문서에 속한다.[23] 훈령이나 예규는 기본적으로 행정명령으로서 조문형식 또는 별지 제1호의2서식의 시행문형식에 의하여 작성되기에, 그 자체가 (법)규범의 모습을 띈다. 반면 고시의 경우엔 알리는 데 초점이 모아질 뿐, 그것의 형식은 그다지 중요하지 않다. 이런 사정에 비추어, 고시를 행정규칙이나 법규명령에 설정한 다음에 논의를 전개하면, 자칫 고시의 형상에 관한 심각한 혼란은 물론 행정법도그마틱의 歪曲이 빚어질 수 있다. 요컨대 고시는 일반에 대한 알림 그 자체일 뿐, 그것이 일정한 법형상(법형식)을 의미하진 않는다.[24] 그리하여 실정법상의 고시는 고시되는 내용에 견주어 판단되어야 한다(후술).

2. 이른바 委任告示의 문제

기관위임사무에 따른 위임조례의 존재가 문제되듯이,[25] 위임고시가 문제된다. 이는 법규범으로서의 고시의 경우에 빚어진다. 1997년에 제정된 行政規制基本法 제4조 제2항 단서는 "법령이 전문적 · 기술적 사항이나 경미한 사항으로서 업무의 성질상 위임이 불가피한 사항에 관하여 구체적으로 범위를 정하여 위임한 경우에는 고시 등으로 정할 수 있다"고 규정한다.

동항의 단서조항을 두고서 '행정규칙형식의 법규명령'을 명문으로 인정한 것으로 보는 다수 문헌의 입장이 있는 반면에, 위헌설이 강력히 제기되기도 한다. 여기선 주의해야 할 점이 있다. 판례상 법령보충적 행정규칙으로 문제되는 상황은 대개 상위법령이 행정기관에게 법령내용의 구체화에 관한 권한만을 부여하였을 뿐, 그 특정 권한 행사의 방법인 '고시 등'을 적시하지 않았다. 나아가 여기서 동 단서조항과 기왕의 '法

---

23) 동규정 제7조 (공문서의 종류) 공문서(이하 "문서"라 한다)는 다음과 같이 법규문서 · 지시문서 · 공고문서 · 비치문서 · 민원문서 및 일반문서로 나눈다. 〈개정 1996.5.3〉

1. 법규문서는 헌법 · 법률 · 대통령령 · 총리령 · 부령 · 조례 및 규칙 등에 관한 문서를 말한다.

2. 지시문서는 훈령 · 지시 · 예규 및 일일명령 등 행정기관이 그 하급기관 또는 소속공무원에 대하여 일정한 사항을 지시하는 문서를 말한다.

3. 공고문서는 고시 · 공고 등 행정기관이 일정한 사항을 일반에게 알리기 위한 문서를 말한다.

4. 비치문서는 비치대장 · 비치카드 등 행정기관이 일정한 사항을 기록하여 행정기관 내부에 비치하면서 업무에 활용하는 문서를 말한다.

5. 민원문서는 민원인이 행정기관에 대하여 허가 · 인가 · 기타 처분 등 특정한 행위를 요구하는 문서 및 그에 대한 처리문서를 말한다.

6. 일반문서는 제1호 내지 제5호에 속하지 아니하는 모든 문서를 말한다.

24) 동지: 김남진, 행정법 I, 2001, 191면 이하; 박윤흔, 행정법강의(상), 2004, 248면 이하; 홍정선, 행정법원론(상), 2007, 237면; 김원주, 행정규칙의 성질과 효력, 고시계, 1988.6., 53면.

25) 위임조례의 문제점에 관한 상세는 졸고, 都市計劃條例의 規律(規定)範圍의 問題點에 관한 小考, 법제 제576호, 2005.12., 23면 이하(본서 286면 이하) 참조.

令補充的 規則論'이 아무런 문제없이 合同關係에 놓이는지 검토가 필요하다. 통칭하여 '(일반 · 추상적) 고시 등'은 대표적인 비법규로서 행정규칙으로 본다. 따라서 언필칭 고시를 행정규칙으로 상정한다면, 기왕의 법령보충적 규칙은 동 단서조항에 의해서 법규적 효력을 갖는 행정규칙이 아니라, 신종 법규명령으로 자리매김될 수 있다. 당연히 입법사항을 본래 외부효가 없는 행정규칙에 위임하는 것이 헌법적 문제가 될 수 있다. 법령보충적 규칙의 직접적 외부효 인정은, 그것의 근거점(행정의 법령보충적 권한행사)을 상기하면 그 자체로선 하등의 법적 문제가 생기지 않는다. 行政規制基本法 제4조 제2항 단서조항이 도리어 문제를 촉발시킨 셈이다.[26]

이런 곤란함을 해소하는 방도가 바로, 고시의 개방성과 미확정성을 염두에 두고서 그것을 훈령 등과 같은 전형적인 행정규칙과 유리시키는 것이다. 그럼으로써 나름의 독립성과 차별성을 견지하면서, 법령보충적 행정규칙과 구별되게 위임고시의 법적 위상을 자리매김할 수 있다. 위임고시는 행정규칙이 아니라, 어엿한 법규명령이다(후술할 '법규명령으로서의 고시'),[27] 우리의 경우 강학상의 즉, 법도그마적 개념으로서의 '법규명령(Rechtsverordnug) 개념'이 명문상 사용되지 않고,[28] 수임자를 중심으로 대통령령 등의 명칭이 사용되기에, 의회입법원칙의 예외인 셈인 법규명령의 목록은 그 자체로서 개방적일 수밖에 없다.[29] 나아가 헌법 제75조 등은 법률에 대비한 법규명령의 근거규정일 따름이기에, 행정규칙의 직접적 외부효(이른바 법규적 효력)의 인정은 물론, 그 같은 시스템을 제도화하는 데 대해서 헌법적 의문은 제기되지 않는다-물론 본질성이론에 따른 법률유보가 여전히 견지된다는 전제하에서-.

요컨대 동항 단서를 통해서 이른바 법규성이 있는 -일반추상적- 위임고시의 성립이 공인됨으로써, 행정규칙을 기본적으로 배제하고, 법률과 대통령령과 같은 (고차적) 법규명령을 근간으로 한 기왕의 법규범질서로선 근본적인 변화에 봉착하게 된다(법률 ⇒ 고차적 법규명령(대통령령 등) ⇒ 저차적 법규명령(위임고시)). 이런 변화가 기왕의 법령

---

26) 나아가 동규정을 엄격히 해석하면, 도리어 법령보충적 규칙의 성립을 제한하는 면이 있다. 이런 지적으로 정하중, 행정법총론, 2005, 169면; 정남철, 법령보충적 성격의 행정규칙의 정비방안과 위임사항의 한계, 한국행정판례연구회 · 법제처 공동주관 관학협동 Workshop 발표문, 2006.12., 78면. 이에 해결책은 바로 법률의 명령에의 위임을, 엄격한 위임독트린(포괄위임의 금지)의 지배를 받는 제1차 위임과 그것으로부터 자유로운 제2차 위임을 구분하는 것이다. 주33) 참조.

27) 관련 문제에서 법규명령을 주장하는 대부분의 문헌은, 고시와 행정규칙의 경우를 구분하지 않는다.

28) 사실 독일의 'Rechtsverordnug'을 '법규명령'으로 옮긴 것이 관련 논의를 어지럽게 하였다. 당시 '법규'(Rechtssatz)는 일종의 명제인 셈인데, 그것의 명령적 발현형태(모습)에 그 명칭을 그대로 접목시킴으로써 가령 이른바 법규적 효력의 존재만으로 법규명령을 칭하는 오류가 빚어지곤 하였다. 생간건대 의회에서 제정된 법규범이 법률이라면, 행정에서 제정된 법규범을 '법령'이라 명명했으면, 관련 논의의 상당한 소모적 부분이 불식되고 더 생산적인 결과를 거둘 수 있었을 것이다. 지금의 법령의 용례가 법률과 법규명령을 합친 것으로 굳어진 것이 아쉬울 따름이다.

29) 이 점에서 독일에서의 논의와는 달리 헌법상 법규명령형식의 예시성은 당연히 도출된다. 참조: 헌법재판소 전원재판부 2004.10.28., 99헌바91.

체계의 외연확대이기도 하지만, 아무튼 기왕의 법규범질서에 관한 이해가 拔本的으로 바뀔 때가 되었다. 가령 공정거래위원회나 식품의약품안전청이 상위법령의 수권하에 제정하는 고시를 행정규칙으로 보는 것은 이젠 지양되어야 한다. 행정각부 장관이 아닌 장관 및 外廳(長)이 제정한 규범을 기본적으로 비법규인 행정규칙에 설정함으로써, 그것의 법적 성질을 둘러싼 논의가 수그러들지 않는다. 더욱이 행정법도그마틱과 행정실무가 서로 내외하듯이 전개되어 매우 바람직스럽지 않은 상황이 초래된다. 즉, 통상 법규명령에 관한 행정통제의 메카니즘이 고시에 대해서 통용되지 않음에도 불구하고, 판례상으론 그것에 법규적 효력이 인정되곤 한다. 법규명령을 전적으로 헌법이 정한 대통령령, 총리령, 부령에 한정한다는 것이, 일종의 프로크루스테스의 침대인 셈이다. 기본적으로 民主的 法治國家에서 議會와 行政의 共管的 法定立을 모색하고자 필자와 같은 입장을 취하면, 위임고시는 물론 법령보충적 규칙에 대한 과도한 猜疑를 해소시킬 수 있다. 따라서 법적 성질이 유동적인 고시의 경우는 물론, 설령 그것이 행정규칙의 공인된 모습인 훈령의 경우라 하더라도, 이런 문제상황을 '행정규칙형식의 법규명령의 문제'로 표현하는 것은 바람직하지 않다.[30]

3. 고시의 제정근거방식의 문제

관련 법규정을 일별하면, 고시의 제정근거방식은 "000 장관(청장)이 정한다", "000 장관이 정하여 고시한다"는 식이다.[31] 법규정상의 이런 법상황에 대해선, 헌법이 예정한 부령제정방식(000 장관이 00부령으로 정한다는 식의)을 훼손할 뿐만 아니라, 자칫 고시라는 형식의 또 다른 법규명령형식을 창설할 우려가 있다고 문제점이 지적되곤 한다.[32] 그리하여 헌법상의 입법형식을 제한적으로 파악하는 맥락에서, 행정각부의 장관이 아닌 장관 및 외청장의 경우에는 총리령이나 소속 주무장관의 부령을 통해 간접

---

30) 한편 재위임의 경우에 우리 헌법재판소는 1차 위임상의 요구(포괄위임금지)가 그대로 견지되어야 한다고 판시하였다(헌법재판소 1996.2.29. 94헌마213). 그런데 위임독트린(포괄위임금지)은 의회입법의 원칙상 1차 위임(수권)에는 당연히 주효하지만, 이미 대통령령이든 총리령이든 부령이든 1차 위임이 행해진 다음에는 법정립은 이미 행정부 內部事일 따름이다. 당연히 그 후의 위임은 행정부의 고유한 행사의 범주에 속하기에, 그것에 위임독트린을 기계적으로 대입시키는 것은 도그마틱의 과잉이다. 이런 관점은 특히 行政規制基本法 제4조 제2항 단서상의 위임고시와 관련하여 매우 중요하다. 왜냐하면 기왕의 재위임법리를 여기에 그대로 도입하면, 사실상 위임고시의 기능영역이 매우 좁아지기 때문이다. 요컨대 법률이 직접 고시 등에 위임한 경우가 아니라면, 行政規制基本法 제4조 제2항 단서상의 한계(제한)을 그대로 적용하여선 아니 된다. 이상은 졸고, 民主的 法治國家에서 議會와 行政의 共管的 法定立에 따른 法制處의 役割에 관한 小考, 한국행정판례연구회 · 법제처 공동주관 관학협동 Workshop 발표문, 2006.12., 86면 이하(행정법기본연구 I, 409면 이하) 참조.

31) 상세는 문상덕, 법령의 수권에 의한 행정규칙(고시)의 법적 성격과 그 통제, 행정법연구 창간호, 1997.6., 155면 이하 참조.

32) 특히 문상덕, 앞의 글, 164면 이하; 고영훈, 행정상의 고시의 법적 문제점과 개선방향에 관한 연구, 공법연구, 제29집 제1호, 2000.11., 286면 이하 참조.

적으로 법규명령을 제정하여야 한다고 주장된다.

그러나 민주적 정당성의 관점이 내각책임제국가와 대통령제국가에 대해 다소간 달리 조명될 수 있다는 점에서, 이상의 입장은 행정입법의 이해에서 과도한 엄격주의로 여겨진다. 행정입법을 의회입법의 예외적 존재로 인식하는 것은, 오늘날의 입법현실과 행정현실과는 현저히 거리가 있다. 복잡하고 전문적인 사항의 경우 규율의 가변성과 신속성이 요구된다는 점에서 高次的 規範만을 고집하여선 곤란하다. 행정입법과 의회입법을 대립물로 보아 전자에 대해서 엄격한 위임독트린을 주장하는 것은 재고되어야 한다.

한편 모법률 · 명령이 구체적 권한행사를 행정청에게 수권(위임)한 이상, 그것의 구현메카니즘의 형식은 법적으로 아무런 문제가 되지 않는다. 모법률이 특히 부령으로 정하도록 규정하지 않는 한, 행정청으로선 나름의 선택에 따라 구현형식을 취할 수 있다. 가령 대법원 1987.9.29. 86누484판결을 통해 法令補充的 規則으로 여겨진 '재산제세사무처리규정'과 관련하여 보자면, 모법률인 소득세법은 양도소득세의 양도차익을 계산함에 있어 실지거래가액이 적용될 경우를 대통령령에 위임하였다. 이에 따라 동법시행령(1982.12.31. 대통령령 제10977호로 개정된 것) 제170조 제4항 제2호는 양도소득세의 실지거래가액이 적용될 경우의 하나로서 국세청장으로 하여금 지역에 따라 정하는 일정규모 이상의 거래 기타 부동산투기억제를 위하여 필요하다고 인정되는 거래를 지정할 수 있게 하였다. 생각건대 국세청장에게 대상 거래의 지정권을 부여하였기에, 국세청장은 관련 사항을 개별적 구체적으로(즉, 행정처분으로) 지정할 수 있을 뿐만 아니라, 전국적 통일을 기하기 위해 일반적 추상적으로도(즉, 훈령으로서의 '재산제세사무처리규정'으로) 지정할 수 있다. 기본적으로 모법률이 수권한 행정권한을 행사한 것이기 때문에, 그런 행정규칙은 모법률을 비롯한 상위법령의 수권의 결과일 따름이고, 당연히 상위법령과 결합하여 법규적 성질을 가진다. 그것의 顯現한 행정규칙으로서의 형상에 의거하여 논증하는 것은 사안의 본질과는 거리가 있다.

요컨대 이미 법령에서 000장관이나 000청장에게 지정권을 부여한 이상, 그것이 개별적, 구체적 모습이든 일반적, 추상적 모습이든 법적 평가를 달리 할 수 없다. 만약 전자의 경우엔 그 지정의 법효과가 인정되지만, 후자의 경우엔 지정의 법효과가 부인되어야 한다면(가령 법규적 효력이 부인된 행정규칙), 이런 식의 논증은 合成의 誤謬에 의거해서만 정당화될 수 있다. 더 이상 고시나 행정규칙의 형식을 문제로 삼기보다는, 그것의 내용(실질)에 초점을 맞추어야 한다. 당연히 고시에 대해선 다양한 법적 성질을 상정하여야 한다.

4. 실정법상의 고시에 관한 개관

고시를 하나의 확정된 법적 성질에 고정하여 사전 틀에 가둔 채 논의하기보다는, 전제 없이 그것의 실질은 물론 수권규정에 의거하여 다양한 법적 성질을 부여하고자 하는 입장에선, 아래와 같이 실정법상의 고시를 개관할 수 있다.

(1) 행정결정의 존재요건이자 성립요건으로서의 고시

'토지수용에서의 사업인정의 고시'('공익사업을위한토지등의취득및보상에관한법률' 제22조)를 보자면, 고시 그 자체가 법규정에 의거하여 독립된 법효과를 과연 발생시키는지 의문스럽다. 동법 제19조와 제20조에 의하여 (공익사업을 수행하는) 사업시행자가 공익사업의 수행을 위하여 필요하여 토지 등을 수용 · 사용하고자 할 때에는 건설교통부장관의 사업인정을 받아야 한다. 그리고 동법 제22조 제3항은 사업인정이 고시한 날로부터 그 효력을 발생한다고 규정하고 있다. 따라서 사업인정 그 자체가 법적 성질을 가질 뿐이고, 그것의 고시는 단지 그것을 외부적으로 알려 대외적 효력을 발생시켜서 그것을 성립시켜주는 데 불과하다. 다시 말해 사업인정의 고시는 독자적 의미를 갖지 못하고, 사업인정(결정)의 존재요건이자 성립요건이다.[33] 즉, 독립된 처분으로서의 通報處分과 구별된 통지에 불과하다.[34]

(2) 사실행위로서의 고시

'귀화의 고시'(국적법 제17조)를 보자면, 국적취득이란 귀화의 효과는 벌써 귀화허가가 신청자에게 통지됨으로써 발생하지, 그 고시로부터 비롯되지 않는다. 즉, 동법 제17조가 국적의 취득과 상실에 관한 사항이 발생한 때에 '그 뜻'을 관보에 고시하도록 규정하고 있기에, 귀화의 고시가 귀화의 효과와 관련하여 법적 의의를 갖지 않음은 자명하다.[35]

---

33) 참조판례: 「토지수용법 제14조에 의한 토지수용을 위한 사업인정은 단순한 확인행위가 아니라 형성행위이고, 당해사업이 비록 토지를 사용할 수 있는 사업에 해당된다 하더라도 행정청으로서는 그 사업이 공용수용을 할 만한 공익성이 있는지의 여부를 모든 사정을 참작하여 구체적으로 판단하여야 하는 것이므로 사업인정의 여부는 행정청의 재량에 속한다 할 것이다」(대법원 1992.11.13. 선고 92누 596판결); 「토지수용법, 도시계획법 등 관계 법령의 규정에 의한 사업인정은 건설부장관이 공익사업의 시행자에게 그 후 일정한 절차를 거칠 것을 조건으로 하여 일정한 내용의 수용권을 설정해 주는 행정처분의 성격을 띠는 것으로서, 그 사업인정을 받음으로써 수용할 목적물의 범위가 확정되고 수용권자로 하여금 목적물에 대한 현재 및 장래의 권리자에게 대항할 수 있는 일종의 공법상의 권리로서의 효력을 발생시키는 것이다」(대법원 1995.12.5. 선고 95누4889판결).

34) 그러나 박윤흔 교수님은 준법률행위적 행정행위인 통지로 본다. 동인, 앞의 책, 248면 주2). 독립된 처분으로서의 通報處分에 관해선 졸고, 通報處分의 독립된 인정여부에 관한 소고, 고시연구 2006.9.(행정법기본연구 I, 329면 이하) 참조.

35) 이런 관점에서 '당연퇴직의 통보'를 독립된 행정처분으로 보지 않은 판례(대법원 1985.7.23. 선고 84누374판결)와, '공매결정'이나 '공매통지'의 행정처분성을 부인한 판례(대법원 1998.6.26. 선고 96누12030판결)는 정당하고 지극히 당연하다.

(3) 행정처분으로서의 고시

도로법 제25조에 따라 도로의 관리청은 도로노선의 지정이 있거나 도로노선의 인정 또는 변경의 공고가 있는 때에는 지체없이 그 도로구역을 결정하여야 하며, 이 때에는 설계도서 · 자금계획 · 사업시행기간 기타 대통령령이 정하는 사항을 명시하여 건설교통부령이 정하는 바에 따라 이를 고시하고, 그 도면을 일반인이 열람할 수 있도록 하여야 한다(동조 제1항, 제3항). 통상 여기서의 도로구역결정의 고시를, 公物的 성격을 창설(부여)하는 공용지정(공용개시)으로 행정행위로 본다.[36] 따라서 이 고시는 물적 행정행위이자 일반처분에 해당한다.

(4) 행정규칙으로서의 고시

대법원은, 공정거래위원회가 구 독점규제및공정거래에관한법률(1999.12.28. 법률 제6043호로 개정되기 전의 것) 제23조 제1항 제7호의 규정을 운영하기 위하여 만든 '부당한 지원행위의 심사지침'(예규)이 '관계 법령을 면탈 또는 회피하여 지원하는 등 지원행위의 방법 또는 절차가 불공정한 경우'를 부당성 판단 기준의 하나로서 규정하고 있기는 하나, 위 심사지침은 법령의 위임에 따른 것이 아니라 법령상 부당지원행위 금지규정의 운영과 관련하여 심사기준을 마련하기 위하여 만든 공정거래위원회 내부의 사무처리지침에 불과하다고 판시하였다.[37]

한편 대법원은 '시장지배적지위남용행위의유형및기준'(공정거래위원회 고시 제1997-12호)상의 규정들은 구 독점규제및공정거래에관한법률 제3조의2 제2항의 위임에 따라, 같은 법 제3조의2 제1항 제2호의 내용(시장지배적지위남용행위)을 보충하는 이른바

---

36) 反論: 박균성 교수는, 도로법 제49조의2 제2항이 도로구역의 결정 또는 변경과 도로구역의 결정 또는 변경고시를「공익사업을 위한 토지 등의 취득 및 보상에 관한 법률」제20조제1항 및 제22조의 규정에 의한 사업인정 및 사업인정고시로 보는 점을 들어, 도로사용개시공고(동법 제28조)를 공용지정(공용개시행위)으로 본다. 동인, 행정법론(하), 2006, 59면. 판례상으로 무엇이 공용지정에 해당하는지는 분명치 않다. 참조: 대법원 2000.2.25. 선고 99다54332판결: 국유재산법상의 행정재산이란 국가가 소유하는 재산으로서 직접 공용, 공공용, 또는 기업용으로 사용하거나 사용하기로 결정한 재산을 말하는 것이고, 그 중 도로와 같은 인공적 공공용 재산은 법령에 의하여 지정되거나 행정처분으로써 공공용으로 사용하기로 결정한 경우, 또는 행정재산으로 실제로 사용하는 경우의 어느 하나에 해당하여야 비로소 행정재산이 되는 것인데, 특히 도로는 도로로서의 형태를 갖추고, 도로법에 따른 노선의 지정 또는 인정의 공고 및 도로구역 결정 · 고시를 한 때 또는 도시계획법 또는 도시재개발법 소정의 절차를 거쳐 도로를 설치하였을 때에 공공용물로서 공용개시행위가 있다고 할 것이므로, 토지의 지목이 도로이고 국유재산대장에 등재되어 있다는 사정만으로 바로 그 토지가 도로로서 행정재산에 해당한다고 할 수는 없다.

37) 대법원 2004.9.24. 선고 2001두6364판결. 한편 법령보충적 규칙의 문제를 많은 문헌들이 '행정규칙형식의 법규명령의 문제'로 표현하는 것이 상징하듯이, 자칫 법규적 효력의 인정이 행정규칙의 법규명령화를 의미한다고 오해할 수 있다. 이 같은 용어의 사용이 과연 문제의 본질이나 법규명령과 행정규칙의 근본이해에 부합하는지 새삼 숙고되어야 한다. 사실 법규적 효력이 있는 행정규칙을 바로 법규명령이라 불러, 정연한 사고를 방해한다(요컨대 이를 '규칙유사적 명령'이나 '명령유사적 규칙'으로 명명하는 것이 대안이 될 수도 있다). 판례는 대개 '법규명령으로서의(과 같은) 효력(성질)'이란 표현을 함으로써, 조심스런 입장을 견지하곤 하였다. 특히 대법원 1990.2.9. 선고 89누3731판결은 '재산제세조사사무처리규정(국세청훈령 제980호)이 과세의 법령상 근거가 됨은 물론이나 이는 어디까지나 행정규칙이고 그 자체 법령은 아니므로 이를 공포하지 아니하였다는 이유로 그 효력을 부인할 수 없다'고 판시하여 기본태도를 분명히 하였다.

법률보충적 행정규칙으로서 법규명령으로서의 효력을 가진다고 판시하였다.[38)]

그런데 여기서 해당 고시를 행정규칙으로 설정하여 논한 것에 문제가 있다. 해당고시의 직접적인 수권규정은 동법 시행령(대통령령) 제5조 제6항이다. 즉, 동항은 (동조) 제1항 내지 제5항의 규정에 의한 남용행위의 세부적인 유형 및 기준은 공정거래위원회가 정하여 고시할 수 있다고 규정한다.[39)] 따라서 여기서의 위임고시는 그 자체로 법규명령으로 보아야 한다.

(5) 법규명령으로서의 고시

독점규제및공정거래에관한법률 제55조의6(課徵金 徵收 및 滯納處分) 제1항에 따라, 公正去來委員會는 課徵金納付義務者가 納付期限내에 課徵金을 납부하지 아니한 경우에는 納付期限의 다음 날부터 납부한 날까지의 기간에 대하여 연 100분의 40의 범위 안에서 은행법 제2조의 규정에 의한 금융기관의 연체이자율을 참작하여 공정거래위원

---

38) 대법원 2001.12.24. 선고 99두11141판결.

39) 동법시행령 제5조 (남용행위의 유형 또는 기준) ①법 제3조의2(시장지배적지위의 남용금지)제1항 제1호의 규정에 의한 가격의 부당한 결정 · 유지 또는 변경은 정당한 이유 없이 상품의 가격이나 용역의 대가를 수급의 변동이나 공급에 필요한 비용(동종 또는 유사업종의 통상적인 수준의 것에 한한다)의 변동에 비하여 현저하게 상승시키거나 근소하게 하락시키는 경우로 한다.

②법 제3조의2(시장지배적지위의 남용금지)제1항제2호의 규정에 의한 상품판매 또는 용역제공의 부당한 조절은 다음 각호의 1에 해당하는 경우로 한다.

1. 정당한 이유 없이 최근의 추세에 비추어 상품 또는 용역의 공급량을 현저히 감소시키는 경우

2. 정당한 이유 없이 유통단계에서 공급부족이 있음에도 불구하고 상품 또는 용역의 공급량을 감소시키는 경우

③법 제3조의2(시장지배적지위의 남용금지)제1항제3호의 규정에 의한 다른 사업자의 사업활동에 대한 부당한 방해는 직접 또는 간접으로 다음 각호의 1에 해당하는 행위를 함으로써 다른 사업자의 사업활동을 어렵게 하는 경우로 한다. 〈개정 2001.3.27〉

1. 정당한 이유없이 다른 사업자의 생산활동에 필요한 원재료 구매를 방해하는 행위

2. 정상적인 관행에 비추어 과도한 경제상의 이익을 제공하거나 제공할 것을 약속하면서 다른 사업자의 사업활동에 필수적인 인력을 채용하는 행위

3. 정당한 이유없이 다른 사업자의 상품 또는 용역의 생산 · 공급 · 판매에 필수적인 요소의 사용 또는 접근을 거절 · 중단하거나 제한하는 행위

4. 제1호 내지 제3호외의 부당한 방법으로 다른 사업자의 사업활동을 어렵게 하는 행위로서 공정거래위원회가 고시하는 행위

④법 제3조의2(시장지배적지위의 남용금지)제1항제4호의 규정에 의한 새로운 경쟁사업자의 참가에 대한 부당한 방해는 직접 또는 간접으로 다음 각호의 1에 해당하는 행위를 함으로써 새로운 경쟁사업자의 신규진입을 어렵게 하는 경우로 한다. 〈개정 2001.3.27〉

1. 정당한 이유 없이 거래하는 유통사업자와 배타적 거래계약을 체결하는 행위

2. 정당한 이유 없이 기존사업자의 계속적인 사업활동에 필요한 권리등을 매입하는 행위

3. 정당한 이유 없이 새로운 경쟁사업자의 상품 또는 용역의 생산 · 공급 · 판매에 필수적인 요소의 사용 또는 접근을 거절하거나 제한하는 행위

4. 제1호 내지 제3호외의 부당한 방법으로 새로운 경쟁사업자의 신규진입을 어렵게 하는 행위로서 공정거래위원회가 고시하는 행위

⑤법 제3조의2(시장지배적지위의 남용금지)제1항제5호의 규정에 의한 경쟁사업자를 배제하기 위한 부당한 거래는 다음 각호의 1에 해당하는 경우로 한다.

1. 부당하게 상품 또는 용역을 통상거래가격에 비하여 낮은 대가로 공급하거나 높은 대가로 구입하여 경쟁사업자를 배제시킬 우려가 있는 경우

2. 부당하게 거래상대방이 경쟁사업자와 거래하지 아니할 것을 조건으로 그 거래상대방과 거래하는 경우

회가 정하여 고시한 이율을 적용하여 계산한 가산금을 徵收한다. 그리고 이를 위하여 체납과징금에 적용되는 가산금 요율은 1일 100,000분의 29로 하는, 체납과징금에 대한 가산금 요율 고시(공정거래위원회 고시 제2005-8호)가 만들어 졌다. 여기서의 고시와 동일한 예가 건강기능식품표시및광고심의기준(제정 2004.1.31 식품의약품안전청고시 제2004- 5호, 개정 2004.12.29 식품의약품안전청고시 제2004-95호)이다. 동 기준(고시)은 건강기능식품의 기능성 표시 · 광고에 대한 심의를 함에 있어 그 기준과 방법 및 절차 등을 규정함을 목적으로 한 것인데, 건강기능식품에 관한 법률 제16조의 규정이 그 수권규정이다.

Ⅴ. 對象判決의 檢討

1. 판시기술상의 오해여지

우선 대상판례는 물론 대법원 2003.10.9.자 2003무23결정과 대법원 2004.5.12.자 2003무41결정은 「어떠한 고시가 일반적 · 추상적 성격을 가질 때에는 법규명령 또는 행정규칙에 해당할 것이지만, 다른 집행행위의 매개 없이 그 자체로서 직접 국민의 구체적인 권리의무나 법률관계를 규율하는 성격을 가질 때에는 행정처분에 해당한다」는 기술로부터 논증을 출발한다. 유사조문형식의 고시의 처분성을 인정한 리딩판결인 대법원 2003.10.9.자 2003무23결정이 다행스럽게도 앞서 비판한 두밀분교통폐합조례사건에서의 판례를 참조하지 않았음에 불구하고, 이들 판시와 외양상 흡사하기에, 자칫 행정입법적 고시를 전제로 한 것인 양 오해를 빚을 수 있다. 2003무23결정의 원심(서울고법 2003.5.26.자 2003루22결정)이, "어떠한 고시가 일반적 · 추상적 성격만을 가질 때에는 법규명령 또는 행정규칙에 해당할 것이지만 당해 고시에 담긴 내용에 따라 구체적인 규율의 성격을 가진다면 항고소송의 대상이 되는 행정처분에 해당하는 경우도 있을 것인 바"라고 전제한 다음, 법효과의 발생에서 집행행위의 매개요부를 논하였다. 원심이 세 가지의 경우수를 정당하게 동일 평면에서 논한 반면, 대법원은 축약적으로 기술함으로써 오해의 여지가 만들어 진 것이다. 요컨대 당해사안에서 고시의 처분성을 논증하는 데, 조치적(이른바 처분적) 명령에서의 논증을 동원하는 것은 불필요하거니와 도리어 행정법도그마틱의 왜곡을 가져다 줄 수 있다.

2. 보건복지부 고시인 약제급여 · 비급여목록 및 급여상한금액표의 법적 성질

원심과 대상판결은. ① 약제급여 · 비급여목록 및 급여상한금액표(보건복지부 고시

제2002-46호로 개정된 것, 이하 '이 사건 고시'라 한다)는 특정 제약회사의 특정 약제에 대하여 국민건강보험가입자 또는 국민건강보험공단이 지급하여야 하거나 요양기관이 상환받을 수 있는 약제비용의 구체적 한도액을 특정하여 설정하고 있는 점, ② 약제의 지급과 비용의 청구행위가 있기만 하면 달리 행정청의 특별한 집행행위의 개입 없이 이 사건 고시가 적용되는 점, ③ 특정 약제의 상한금액의 변동은 곧바로 국민건강보험가입자 또는 국민건강보험공단이 지급하여야 하거나 요양기관이 상환을 받을 수 있는 약제비용을 변동시킬 수 있다는 점 등에 비추어 보면, 이 사건 고시는 다른 집행행위의 매개 없이 그 자체로서 국민건강보험가입자, 국민건강보험공단, 요양기관 등의 법률관계를 직접 규율하는 성격을 가진다고 할 것이므로, 항고소송의 대상이 되는 행정처분에 해당한다는 취지로 판단하였다.

소송의 대상은 '약제급여 · 비급여목록및급여상한금액표(보건복지부 고시 제2002-43호, 2002.6.27)'가 개정된 것(보건복지부 고시 제2002-46호)이다. 그 내용은 동 고시 제2조제1항의 별지 가운데 제1장 약제급여목록및급여상한금액표중 '가. 일부 본인부담 약제목록및상한금액표'에 '별표 1'과 같이 변경한다는 것이다.

*** 별표1. 일부본인부담약제급여목록및급여상한금액표 중 변경**

연변	코드	투여	분류	품명	업소명	규격	단위	상환금액	변경내용		비고
									전	후	
690	A37800311	내복	237	이알산	한림제약	1	g	138	138	124	상한금액
691	A37800441	내복	122	파박신정	한림제약	1	정	149	149	141	상한금액
692	A21401491	주사	618	한미세포탁심나트륨주 2g	한미약품	1	병	13.360	13.360	7.774	상한금액
693	A21401481	주사	618	한미세포탁심주사 500ml	한미약품	1	병	4.235	4.235	3.887	상한금액
694	A21402341	주사	618	폰티암정주500mg	한미약품	0.5	g/1병	5.216	5.216	4.922	상한금액
695	A21402361	주사	618	폰티암정주 1g	한미약품	1	g/1병	10.432	10.432	8.278	상한금액
696	A21402901	내복	618	클래리정	한미약품	1	정	1.606	1.606	1.196	상한금액
697	A21401601	주사	618	트리악손주사 500mg	한미약품	1	병	7.154	7.154	5.367	상한금액
698	A21401281	주사	618	한미세포탁심나트륨주 1g	한미약품	1	병	6.706	6.706	3.887	상한금액
699	A21401511	주사	618	트리악손주사 1g	한미약품	1	병	13.541	13.541	10.734	상한금액
700	A21402811	주사	619	세포박탐주 1g	한미약품	1	병	9.046	9.046	7.237	상한금액
701	A21401631	내복	222	암브로콜정	한미약품	1	병	87	87	80	상한금액

약제급여 · 비급여목록및급여상한금액표는 국민건강보험법시행령 제24조 제3항 및 국민건강보험요양급여의기준에관한규칙 제8조 제2항 및 제9조의 규정에 의하여 만들어졌는데, 그것의 직접적인 근거규정은 국민건강보험요양급여의기준에관한규칙 제8조 제2항이다.[40] 즉, '보건복지부장관이 제1항의 규정에 의한 요양급여대상을 급여목록표로 정하여 고시한 것'(약제급여 · 비급여목록및급여상한금액표)의 법적 성질이 문제된다. 이상의 별표 1.에서 보듯이 그 자체상으로 코드, 품명, 업소명, 규격 단위, 상환금액 등이 구체적으로 적시되어 있다. 공고문서인 고시가 지시문서인양 조문형식을 띠어서 오해가 빚어졌다. 원심과 대상판결이 이상에서 적시한 것처럼, 약제급여 · 비급여목록및급여상한금액표는 그 자체가 지급할 의무와 상환받을 권리의 내용(금액상한)을 정한다는 점에서 당연히 법효과를 발생시킨다. 따라서 고시를 행정규칙으로 고정시키지 않는다면, 그것의 본질에 손쉽게 접근할 수 있다. 요컨대 약제급여 · 비급여목록및급여상한금액표는 그 자체가 전형적인 개별구체적인 규율로서의 행정처분으로 보는 데 하등의 문제점이 없다.[41]

다만 통상적인 행정행위의 분류상(하명적, 형성적, 확인적 행정행위) 그것이 무엇에 해당할지 논란이 될 수 있다. 국민건강보험법시행령 제24조에 의하면, 약제 · 치료재료에 대한 비용은 요양기관이 당해 약제 및 치료재료를 구입한 금액으로 하되, 보건복지부장관이 심의조정위원회의 심의를 거쳐 정하여 고시하는 금액을 넘지 못한다. 여기서 정한 상한금액은 국민건강보험가입자 또는 국민건강보험공단이 지급하여야 하거나 요양기관이 상환을 받을 수 있는 금액의 최고한도이다. 결국 국민건강보험공단으로 하여금 그 이상을 지급하여선 아니 된다는 것이고, 동시에 요양기관으로 하여금 그 이상을 상환 받아선 아니 된다는 것이다. 즉, 이런 내용의 하명처분으로 볼 수 있다.[42]

---

40) * 국민건강보험법시행령 제24조 (계약의 내용 등) ③ 제1항의 규정에 불구하고 법 제39조 제1항 제2호의 약제 · 치료재료(제2항의 규정에 의한 상대가치점수가 적용되는 약제 · 치료재료를 제외한다.)에 대한 비용은 보건복지부장관이 심의조정위원회의 심의를 거쳐 정하여 고시하는 금액의 범위 안에서 요양기관이 당해 약제 및 치료재료를 구입한 금액으로 하되, 약제 및 치료재료 구입금액의 결정기준 · 결정절차 기타 필요한 사항은 보건복지부장관이 정하여 고시한다.

* 국민건강보험요양급여의기준에관한규칙 (2001.12.31. 보건복지부령 제207호) 제8조 (요양급여의 범위 등) ① 법 제39조제2항의 규정에 의한 요양급여의 범위(이하 "요양급여대상"이라 한다)는 법 제39조제1항 각호의 규정에 의한 요양급여중 제9조의 규정에 의한 비급여대상을 제외한 일체의 사항으로 한다.

②보건복지부장관은 제1항의 규정에 의한 요양급여대상을 급여목록표로 정하여 고시하되, 법 제39조제1항 각호에 규정된 요양급여행위(이하 "행위"라 한다), 약제 및 치료재료(법 제39조제1항 제2호의 규정에 의하여 지급되는 약제 및 치료재료를 말한다. 이하 같다)로 구분하여 고시한다. 다만, 보건복지부장관이 정하여 고시하는 요양기관의 진료에 대하여는 행위 · 약제 및 치료재료를 묶어 1회 방문에 따른 행위로 정하여 고시할 수 있다. 〈개정 2001.12.31〉

제9조(비급여대상) ①법 제39조제3항의 규정에 의하여 요양급여의 대상에서 제외되는 사항(이하 "비급여대상"이라 한다)은 별표 2와 같다.

41) 한편 장태주 교수는 동고시를 일반적 · 구체적 규율로서의 일반처분으로 파악한다. 동인, 행정법개론, 2007, 336면.

3. 대법원 2003.10.9.자 2003무23결정상의 해당 고시의 법적 성질

대법원 2003.10.9.자 2003무23결정은 유사조문형식의 고시의 처분성을 인정한 리딩판결이다.[43] 여기서 소송의 대상은 항정신병 치료제의 요양급여 인정기준에 관한 보건복지부 고시(보건복지부 고시 제2002-57호)이다. 즉, 국민건강보험법 제39조 제2항 · 제3항 및 국민건강보험요양급여기준에관한규칙 제5조 제2항의 규정에 의한 '요양급여의적용기준및방법에관한세부사항(보건복지부 고시 제2002-45호, 2002.6.29)'을 다음과 같이 개정 고시한 것이다: 요양급여의적용기준및방법에관한세부사항 중 'Ⅱ. 약제'

*** 별표1. 2. 약제별 세부 인정기준 및 방법[119 기타의 중추신경용약]**

구분	세부 인정기준 및 방법
pramipexole 경구제 (품명: 미라펙스정)	아래와 같은 기준으로 투여시 요양급여를 인정하며, 허가사항 범위이지만 동 인정기준 이외에 투여한 경우에는 약값의 100분의 100을 본인부담하도록 함 - 아 래 - · 레보도파와의 병용요법시에만 인정하되, bromocriptine 제제를 투여한 결과 치료 효과가 없거나 부작용이 심한 경우에 투여시 요양급여함을 원칙으로 함. 다만 통상용량(0.75-1.5mg)으로 레보도파와 병용투여시에 한하여 1차적으로요양급여를 인정함.
ropinirole 경구제 (품명: 리큅정)	아래와 같은 기준으로 투여시 요양급여를 인정하며, 허가사항 범위이지만 동 인정기준 이외에 투여한 경우에는 약값의 100분의 100을 본인부담하도록 함 - 아 래 - · 레보도파와의 병용요법시에만 인정하되, bromocriptine 제제를 투여한 결과 치료 효과가 없거나 부작용이 심한 경우에 투여시 요양급여함을 원칙으로 함. 다만 통상용량(3-6mg)으로 레보도파와 병용 투여시에 한하여 1차적으로 요양급여를 인정함.
pergolide mesylate 경구제 (품명: 씨랜스정)	아래와 같은 기준으로 투여시 요양급여를 인정하며, 허가사항 범위이지만 동 인정기준 이외에 투여한 경우에는 약값의 100분의 100을 본인부담하도록 함. - 아 래 - · bromocriptine 제제를 투여한 결과 치료효과가 없거나 부작용이 심한 경우에 투여시 요양급여함을 원칙으로 함. 다만 통상용량 (0.75 - 1.5mg)으로 투여시에 한하여 1차적으로 요양급여를 인정함

42) 여기서 확인적 행정행위로도 봄직 하지만, 확인적 행정행위의 본질은 그것을 통해 개별사례와 관련한 법적으로 중요한 특성(성질)이 구속적으로 확인되거나 거부되는 점에 있음을 유의해야 한다. Vgl. Stelkens/Bonk/Sachs/Leonhardt, VwVfG, §35 Rn. 142.

43) 동결정의 해설로 박해식, 고시의 처분성과 제약회사의 당사자적격, 대법원판례해설, 통권 제47호, 2003. 하반기, 642면 이하 참조.

의 '2. 약제별 세부 인정기준 및 방법' 중 '별첨1'과 같이 변경하며 '별첨2'를 추가 신설한다(아래 참조).

*** 별첨2 [629 기타의 화학요법제]**

구분	세부 인정기준 및 방법
oseltamivir phosphate 98.5mg 경구제 (품명: 타미플루 캅셀) zanamivir 외용제 (품명: 리렌자 타 디스크)	아래와 같은 기준으로 투여시 요양급여를 인정하며, 허가사항 범위이지만 동 인정기준 이외에 투여한 경우에는 약값의 100분의 100을 본인부담하도록 함 – 아 래 – • 독감경보가 발령된 이후에 인플루엔자 감염이 확진된 환자로서 고위험군에서 초기증상(기침, 두통, 인후통 등 2개 이상의 증상 및 고열)이 발생한지 48시간 이내에 투여된 환자에만 요양급여를 인정함.

[117 정신신경용제]

구분	세부 인정기준 및 방법
Olanzapine 경구제 (품명: 자이프렉사정)	소요비용이 저렴한 타 비정형적 약물 투여로 효과가 없는 경우에 투여시 요양급여를 인정하며, 허가사항 범위이지만 동 인정기준 이외에 투여한 경우에는 약값의 100분의 100을 본인부담하도록 함

사안은 이상의 개정고시로 Olanzapine 경구제인 자이프렉사정(제품명)이 보험급여 인정에서 기왕 1차 약물에서 2차 약물로 변경됨으로써, 동 의약품을 한국에 수입·판매하는 영업자(한국릴리 주식회사: 다국적 제약회사인 엘리 릴리사(Eli Lilly and Company Ltd.)의 한국현지법인)로선 판매감소로 인한 수익감소가 발생하여 당해 고시를 다투었다. 동고시의 직접적 제정근거인 국민건강보험 요양급여의 기준에 관한 규칙[일부개정 2006.12.29 보건복지부령 제377호] 제5조(요양급여의 적용기준 및 방법)는, 「① 요양기관은 가입자등에 대한 요양급여를 별표 1의 요양급여의 적용기준 및 방법에 의하여 실시하여야 한다. ② 제1항의 규정에 의한 요양급여의 적용기준 및 방법에 관한 세부사항은 의약계·공단 및 건강보험심사평가원의 의견을 들어 보건복지부장관이 정하여 고시한다.」고 규정하고 있다. '약제급여·비급여목록및급여상한금액표'와 마찬가지로, 당해 고시 역시 개별구체적인 사항을 담고 있다. 당연히 '약제급여·비급여목록및급여상한금액표'와 동일한 법적 성질을 갖는다.

VI. 맺으면서

행정법도그마틱은 효과적인 법적 논증을 가능케 함으로써, 일단 법현상을 체계적으로 파악하는 데 도움 줄 뿐만 아니라 이를 통해 수고로움을 덜게 한다. 이런 본연의 기능을 제대로 발휘하지 못할 때, 행정법도그마틱은 바른 사고의 전개를 방해함으로써 자칫 그 자체가 없는 것만 못할 수도 있다. 우리의 경우 행정법도그마틱에 의거한 법개념과 실정법상의 용어간에 심각한 괴리가 발생하는 것이 다반사이다. 특히 후자를 행정법도그마틱의 체계에서 세심히 고찰하지 않을 땐, 역으로 행정법도그마틱 자체에 심각한 왜곡이 발생하곤 한다. 이른바 처분적 명령이 공인됨으로써, 진정 행정처분에 해당하는 告示 조차도 그와 같은 프레임에서 접근하곤 하는 것이 좋은 예이다. 알림 그 자체로서의 告示의 本質에 비추어, 실정법상의 고시는 고시되는 내용에 견주어 판단되어야 한다. 이런 입장을 견지하면, 사실 관련 논의의 상당 부분은 해소된다. 물론 바람직한 것은 행정결정의 존재요건이자 성립요건이나 사실행위로서의 고시와 법적 행위로서의 그것을 용어상으로 구분하는 것이지만, 쉽지 않은 일이다. 더불어 委任告示를 매개로 하여 기왕의 법규범질서에 관한 이해가 拔本的으로 바뀔 때가 되었다. FTA의 타결과 관련하여 국가소송제가 문제되고 있다. FTA가 발효하더라도 기왕의 우리 법제가 결코 미국의 것으로 대체되진 않지만, 우리 법제상의 난맥상 그 자체가 자칫 우리를 곤경에 빠뜨릴 수 있다. 일찍이 공자가 이름부터 바로 잡는 것(必也正名乎)이 나라 경영의 시발임을 강조하였듯이, 용어와 개념의 誤用을 匡正하는 것이 선결과제이다.

* 저스티스 통권 제98호, 2007.6., 272면 이하 소수.

제 9 장

公法의 作用形式으로서의 國家情報行爲[1)]

Ⅰ. 情報的 國家活動의 重要性 增大	Ⅲ. 法的으로 制限받는 作用形式으로서의 情報行爲
Ⅱ. 槪念形成의 問題點	

Ⅰ. 情報的 國家活動의 重要性 增大

오늘날 환경 · 리스크 행정의 전형적인 특징은, 이따금 '부드러운 것'으로 강조되는 새로운 작용형식의 성립이다. 그런데 이들 작용형식은 법적으론 -개별행위상으로나 규범적으로나-아무런 것을 규율하진 않지만, 사실적으론 중대한 영향을 끼칠 수 있다. 명령적인 작용형식을 내용으로 하는 국가의 직접적 조종이 지닌 전능함에 대한 믿음이 깨뜨려진 이후로, 사실적 · 정책적 · 법적 이유에서 강제적으로는 도저히 실현될 수 없는 용태변경을, 우회적인 영향미침을 이용하거나 결정에서 자유로운 소비자에 대해 호소하거나 아니면 의도적인 계몽을 통해서 달성하려는 용의가 강화되었다.[2)] '협

1) 이 글은 현재 독일 본(Bonn)대학교 법과대학 교수이자 독일 연방헌법재판소 재판관인 Di Fabio 교수의 교수자격청구논문인 'Risikoentscheidungen im Rechtssaat -Zum Wandel der Dogmatik im öffentlichen Recht, insbesondere am Beispiel der Arzneimittelüberwachung'(1994)의 제4장 §15 가운데 의약품법상의 것을 제외하고서 옮긴 것이다. 방대한 참고문헌의 일부는 생략하였으며, 원전이 인용한대로 문헌을 적시하였고, 본문상의 법률이나 법원은 독일의 것이어서 특별한 부가어를 덧붙이지 않았음을 밝혀 둔다. 追論: Di Fabio 교수가 정보작용에 관해 그 후에 발표한 글(Information als hoheitliches Gestaltungsmittel, JuS 1997, S.1ff.)은 행정법기본연구Ⅰ, 469면 이하에 수록되어 있다.

2) 이러한 전개에 수반된 인식은, 복지증진적인 경제 · 사회 · 보건 · 환경정책과 같은 신중상주의적 이념을 지닌 규제적 국가가 복잡성이란 한계에 봉착했다는 점이다. 급부국가에 대해서 이미 전통적인 명령적 행위형식-이는 권력(힘)을 필경엔 2차적으로 코드화하는 것이다(vgl. Luhmann, Macht, 1975. S.34; Popitz, Phänomene der Macht, 1986, S.38ff.)-이 과도하게 과해져서, 급부국가는 힘 대신에 주로 금전을 조종형식으로 이용하였다. 사회적으로 이는 정책의 매개체인 권력(힘)에서 경제의 매개체인 금전으로 변천함을 의미한다. 권력이 다른 매개체로 변천함에 관해선 vgl. Luhmann, Macht, ebda., S.101ff. 이러한 이론적인 맥락에서 국가의 정보정책은, 정책적 권력에서 의사소통행위로 바뀜을 의미할 수 있는데, 이런 의사소통행위는 사회의 영역에 속하거나 학문의 특수한 논의에 귀속된다. 정책적 · 법적 체계를 넘어선 전환은 법적으로 특별한 문제점을 초래한다. 이미 자금조성법은 행정

력적 국가'란 말은, '곧 바로(vis directa) 행하는 것'에서 '우회적으로(vis indirecta) 행하는 것'으로 이행한 국가활동의 변화에 관한 표현의 하나이다.[3]

정보형성과 정보전달을 통해서 영향을 미치는 것은, -한편으로는 원가상승을 통한 우회적인 용태자극과 다른 한편으로는 자금조성, 세금감면, 기타 이익부여 이외에-, 국가의 우회적인 조종의 수단에 속한다.[4] 그 자체 완전히 새삼스러운 것은 아닌, 국가의 이러한 작용형식의 범위와 성질은 과거 행정법에서 아울러 부분적으론 헌법에서도 집중적으로 다루었고,[5] 현재에도 그렇다.[6] 하지만 새로운 작용형식이 과연 성립하였는지 그리고 어느 정도로 성립하였는지, 그리고 그러한 작용형식의 윤곽은 어떠한지 등은 여전히 미확정인 채 그대로이다.[7] 하지만 작용형식으로 법적으로 분류하는 것과 무관하게, 의도적인 정보가 행정부의 독립된 작용수단의 하나가 되어 버렸다는 점은 경험상 부동의 사실이다.[8] 이 문제와 관련한 해당 판례와 문헌을 살펴보면, 많은 경우에 있어서 국가의 정보작용이 리스크나 위험과 분명한 관련이 있다는 사실은 명백해진다.[9] 리스크형성적 국가와 정보제공적 국가는 새로운 현상으로서 흡사하게 느껴지

법체계형성의 (한정적인) 요구가 되어 버렸다. 환경 · 리스크 행정법에선 사정이 더 복잡한데, 그 이유는 여기선 명령적 · 금전적 수단 이외에, -사람들이 일반적으로 회피할 수 없는 것으로 여기는 광범한 구조 · 용태변경을 달성하기 위해서- 추가적으로 우회적으로 효력을 미치는 자극적 · 방지적 수단과, 국가가 정보상으로 영향을 미치는 것이 행해지기 때문이다. 이에 관해선 Schuppert, Markt, Staat, Dritter Sektor order noch mehr?, in: Jahrbuch zur Saats-und Verwaltungswissenschaft, Bd. 3(1989), 47ff.

3) Ossenbühl, Umweltpflege durch behördlich Warnungen und Empfehlungen, 1986, S.8f.

4) 획득한 데이터의 수집 · 저장 · 전달을 통한 정보상의 국가개입은 넓은 의미에선 정보형성적 국가의 표제하에 행해질 수 있지만, 여기선 정책적 목적을 담은 행위형식으로서의 목적적 정보행위와는 구별될 것이다. Ouaritsch, Über formelle und informelle Wege der Entscheidung, in: FS für Ule, 1977, S.135. 효과적인 환경보호를 관철함에 있어서 데이터보호법의 저지효과에 관해선 vgl. Schindel, Datenschutz contra Umweltschutz?, ZRP 1990, S.135ff.

5) 그 언급은 결정이 만들어지는 재료로서의 법의 새로운 기본수와 정보에 관한 것이다. Peitsch, Die Informationsbeschaffung im neuen Polizeirecht, ZRP 1992, 127.

6) Ossenbühl, Informelles Hoheitshandeln im Gesundheits-und Umweltschutz, UTR Bd. 3(1987). S.27ff.; Philipp Staatliche Verbraucherinformationen im Umwelt-und Gesundheitsrecht, 1989; Robbers, Behördliche Auskünfte und Warnungen gegenüber der Öffentlichkeit, AfP1990, S.84ff.; Schwerdtfeger, Verbrauchslenkung durch Information - Die Transparenzkommission beim Bundesgesundheitsamt, in: FS zum 125jährigen Bestehen der Juristischen Gesellschaft zu Berlin, 1984, S.715ff.; Schulte, Informales Verwaltungshandeln als Mittel staatlicher Umwelt-und Gesundheitspflege, DVBl.1988. S.512ff.; Heintzen, Staatliche Warnungen als Geundrechtsproblem, VerwArch. Bd. 81(1990), S.532ff.: ders., Behördliches Informationshandeln bei ungewissem Sachverhalt, NuR1991, S.301ff..; Gröschner, Öffentlichkeitsaufklärung als Behördenaufgabe DVBl.1990, S.619ff.; Di Fabio, Grundrechte im präzeptoralen Staat, JZ 1993, S.689ff.

7) 정보행위를 공법의 독립된 작용형식으로 여길 수 있는지 여부에 관해선 Berg, Die behördliche Warnung-eine neue Handlungsformen des Verwaltungsrechts?, ZLP1990, S.565ff.; Di Fabio, System der Handlungsformen und Fehlerfolgenlehre, in: Becker-Schwarze/Köck/Kupka/v. Schwanenfügel (Hrsg.), Wandel der Handlungsformen im Ôffentlichen Recht, S.47(61ff.); Heintzen, Öffentliche Warnung als Handlungsformen,in: Becker-Schwarze/Köck/Kupka/v. Schwanenfügel (Hrsg.), Wandel der Handlungsformen im Öffentlichen Recht, S.167ff.

8) Robbers, AfP 1990, S.84.

9) 리스크와 위험의 관계는 Heintzen, NuR1991, S.301ff.에 의해서 부각되었다. 작용형식에서 보자면 목표설정에서 완전히 다른 정부의 대민홍보업무에 관해선 vgl. Schürmann, Öffentlichkeitsarbeit der Bundesregiernung.

며, 가끔 동일시되고, 여하튼 상관관계가 있는 것으로 여겨진다. 국가행정의 새로운 모습은 사전배려적인 보호와 리스크에 대한 계몽을 특징적으로 나타낸다. 국가가 고권적인 일의적 규율의 책임에서 벗어남, 호소적인 독촉에로의 선회함, 후견에 이르기까지 교육(훈육)도 표기되어야 한다. 나는 이러한 현상을 사회학적 개념[10]을 빌어서 교육적(훈육적) 국가(präzeptoraler Staat)란 개념으로 표현하여 국가의 리스크 조종과 정보활동의 측면을 집약시키고 싶다.[11] 따라서 국가의 정보행위란 교육적 작용형식에 관한 논구는, 리스크행정법에서 반드시 필요한 체계화를 위한 結晶化点이다.

Ⅱ. 概念形成의 問題點

몇몇 학자는, 국가의 정보활동을 비공식 행정작용의 범주에서 파악하여 그렇게 표현하고자 한다.[12] 이러한 개념을 선택한 측이, 행정의 정보행위는 사실상의 효과를 발생시키지 결코 규율은 아니라고 한 지적은 옳다. 이들은 정보활동은 행정의 작용형식이란 전통적인 수단밖에 있다고도 지적한다.[13] 하지만, '비공식적'(informal)이란 단어는 요식성(공식성 Förmlichkeit)의 결여 및 절차의 결여를 나타낸다.[14] 선정보고서의 성립과 간행의 과정이 보여주듯이, 국가의 정보행위는 전적으로 요식적으로(형식적으로) 규율되어 있을 수 있다; 절차합치적이고 요식적인 비구속성은 결코 국가정보행위의 불가결한 특징이 아니다. 경고와 다른 정보(제공)형식을 사실적 기본권개입의 법적 표제에 포함시키려는 견해는, (단순 · 고권적) 사실행위란 행정법적 범주에 대해 헌법적으로 유사한 것을 정립하고자 한다.[15] 하지만 여기선 원칙적으로 국가의 정보활동의 개

Strukturen, Medien, Auftrag und Grenzen eines informalen Instruments der Staatsleitung, 1992; Leisner, Öffentlichkeitsarbeit der Regierung im Rechtsstaat, 1996.

10) 이 개념은 Lindblom의 '권력과 국가의 건너편에서'(Jenseits von Markt und Staat, S.433ff.)에서 유래한다. 영향을 끼치는 국가의 정보활동이란 '교육적(훈육적)' 개념과 함께, 정책적 목표를 근원적으로 새로이 실현하는 형식을 의미한다. 사회적 · 인간적 기능체계의 고유한 의미에 대해서 기계론적 · 원인적 효과발생의 관념으로서 대처하기가 많은 영역에서 불가능하거나 어렵게 된 이후에, 우회적이지만 장기간에 걸쳐 더 효과적이라 여겨지는 영향미침과 교육(훈육)에 사람들이 몰두하고 있다.

11) Di Fabio, Grundrechte im präzeptoralen Staat, JZ1993, S.689ff.

12) Schulte, Informales Verwaltungshandeln als Mittel staatlicher Umwelt-und Gesundheitspflege, DVBl.1988, S.512ff.; Arndt, Umweltrecht, in: Steiner(Hrsg), Besonderes Verwaltungsrecht, 4. Aufl. 1992, Ⅷ Rdnr.70; Beyerlin, Schutzpflicht der Verwaltung gegenüber Bürgern außerhalb des formellen Verwaltungsverfahrens, NJW1987, S.2721ff.

13) Ossenbühl, Informelles Hoheitshandeln im Gesundheits-und Umweltschutz, UTR Bd. 3(1987), S.27(29).

14) 이를 위해서 Bohne, Der Informales Rechtssataat, 1981, S.42, 47, 는 비공식적 작용을, 법질서상의 현존한 절차와 결정형식을 이용한 국가활동과는 구분한다.

15) Heintzen, Staatliche Warnungen als Geundrechtsproblem, VerwArch. Bd. 81(1990), S.532ff; Robbers, Schlichtes Verwaltungshandeln, DÖV 1987, S.272ff.; Philipp, Staatliche Verbraucherinformationen im Umwelt-und Gesundheitsrecht, 1989, S.9ff.

념형성이 아니라, 도그마적 형태에로의 법적 귀속에 관계한다. 전체적으로 보아 그러한 표현은 그것이 이질적인 결정을 위한 잔류범주이자 집합개념인 점에 문제가 있다.[16] 비공식성(Informalität)은 국가정보활동의 특징으로선 한편으론 너무나 넓으나-그 개념은 심지어 비구속적인 협상까지도 포함한다-, 다른 한편으론 정보행위가 요식적으로도 행해질 수 있기에 너무나 좁다.

좀 더 바르고 적극적인 개념형성은 열거적 서술에 있다. 통일적 개념 대신에, 종종 경고, 추천(권고), 소비자정보가 언급된다.[17] 소비자정보(Verbraucherinformation)란 개념은 긍정적인 言外의 의미와 결합되어 있는데, 사람들은 개입국가보다는 급부국가를 연상한다.[18] 소비자계몽(홍보)이나 일반적인 대민계몽(홍보)의 개념이 긍정적인 동의를 한층 강하게 얻는다.[19] 리스크 사회는 미래의 不可則性과 현재의 복잡성으로 어려움을 겪고 있다. 불명료한 미래의 위협적 성격 및 간파할 수 없는 현재의 위협적 성격을 국가적 계몽이 저지할 것이다.[20]

반면 Dolde는 통일적 상위개념으로 警告(Warnung)를 사용하였다. 그런데 이 경고는 단어 그대로 이해해선 안되고 단순한 통지까지도 포함하여야 한다고 한다.[21] 이러한 견해에서 주목할 점은, 개념형성의 개입정향성과, 개인적 권리의 가능한 침해에로 관점설정이다. 이는 개입강도에 따라서 분류한 데서 분명해 진다: 정보(사실주장), 가치판단(견해표명), 호소(요청이나 경고).[22] 대민계몽(Öffentlichkeitsaufklärung) 대신에 제품경고나 용태호소를 언급하는 사람들은, 이러한 국가행위의 원칙적인 허용성 · 불허용성보다는, 이들 행위가 개인적 권리를 위태롭게 하는 점과 그래서 이들 행위를 필히

16) Bohne 역시 사실행위의 유용성에 대해선 비판적이다: Bohne, Der Informales Rechtssataat, S.42.

17) 요약해서 경고와 추천에 의한 정보활동이라 말해진다. Sodan, Gesundheitsbehördliche Informationstätigkeit durch Warnungen und Grundrechtsschutz, DÖV1987, S.858. 이 밖에 Heinten은 광범한 예를 열거하였다. Heintzen, Behördliches Informationshandeln bei ungewissem Sachverhalt, NuR 1991, S.301.

18) Philipp, Staatliche Verbraucherinformationen im Umwelt-und Gesundheitsrecht, S.2f, 는 전통적인 대민홍보와 구분한다. 정부의 대민홍보에 관해선 vgl. BVerfGE44, 125(147f.);63, 230(242f.); Leisner, Öffentlichkeitsarbeit der Regierung im Rechtsstaat, 1996.

19) 계몽이란 개념에는 (국가에 대한) 민주주의적 태도가 내재하였는데, 오늘날에는 그것의 모습이 변모하여, 국가가 사회의 불투명성에 대해 국민의 편에서 국민을 도와주며, 그럼으로써 민주주의 또한 사회복잡성의 여건하에서 더욱 가능하게 된다고 한다. 이 개념의 사용예는 vgl. Gröschner, Öffentlichkeitsaufklärung als Behördenaufgabe, DVBl.1990. S.619ff. Hohm은 정보행위를 이런 의미에서 고찰하였다. Hohm, Arzneimittelsicherheit und Nachmarktkontrolle, 1990, S.141: “더 많이 민주주의를 달성하고자 하면, 더 많이 투명성이 실현되어야 한다.”

20) Gramm, Der Staat, 1991, S.51(67).

21) Dolde, Behördliche Warnungen vor nicht verkehrsfähigen Lebensmitteln, 1987, S.8. Heidel은 “경고”를 국가의 정보활동을 위한 상위개념으로 제안한다: Heidel, Keine Bundeskompetenz zur Warnung vor Lebensmitteln, ZLR1989, S.447(448).

22) Dolde, Behördliche Warnungen vor nicht verkehrsfähigen Lebensmitteln, 1987, S.7f. 합리적 사고하는 사람에게는 더 이상 결정여지를 남기지 않는 연속적 경고의 예를, 독일연방보건장관이 1986.7.1에 행한 경고가 제공하는데, 여기에서 독일연방보건장관은 프랑스산 치즈류의 섭취를 긴급히 경고하고 그 다음에 해당제품의 제조자와 상태를 자세히 표기하였다.

제한하는 점에 주목을 기울인다.[23] 정보의 기능과 가능한 영향의 정도에 비추어, Gröschner는 세 가지 단계로 나누었다. 단순계몽은 개입강도와 관련해서 零点이고, 추천은 중간치, 경고는 높은 개입치가 부여된다.[24]

교육적 정보활동의 전체영역을 법적으로 유도(정렬)하는 것이 요구된다거나 최소한 바람직하다고 여겨서 이를 위해서 독립된 작용형식을 만들려고 하는 한, 문제범주를 구별되게 표시하는 데 충분할 정도로 구체적일 뿐더러, 모든 해당 현상을 포섭하는 데 충분할 정도로 일반적인 개념이 선택되어야 할 것이다. 이러한 규준을 국가의 정보행위(Informationsakt)란 개념이 가장 잘 충족시킨다.[25] 정보행위란 표현은 행정행위와 사실행위간의 결합을 만들어내지만, 정보형성에 그 본질이 있는 이들 작용유형의 실체적 특별성을 강조한다. 장중하게 들리는 이념사적인 측면이 결부된 "계몽"이란 용어와 달리,[26] 정보 개념은 한편으로는 중립적이고, 다른 한편으로는 제품경고란 표현과는 달리, 정보행위에 해당하는 국가조치의 개입성격에 관해서 전혀 언급하지 않는다. 정보에 의해서 의도적인 영향을 미치는 조치로서, 대외적으로 효과를 발휘하고, 국가부서가 행한 모든 것이 정보행위(개념)에 해당할 것이다.[27]

Ⅲ. 法的으로 制限받는 作用形式으로서의 情報行爲

1. 國家情報行爲를 위한 法的 要件과 法的 限界

정보행위는 이에 관한 특별한 법적 요건과 법적 효과가 언급될 수 있는 경우에만, 행정법의 확고하거나 확고해지는 작용형식이라고 표현될 수 있다.[28] 이와 관련한 논의는 과거에 치열하였는데, 이 경우 법률유보, 개입확정, 개입의 비례성의 문제가 중요하였다.

---

23) 정보에 대해 개별법적 지시에 관계없이, 기본권 보호의식에서 후자가 도출될 수 있다. Heintzen, VerwArch. Bd. 81(1990). S.532(553).

24) Gröschner, DVBl.1990, S.619(621); 비슷하게 Kloepfer는 제품관련한 정보의 경우에는 개입수위를 이미 넘어선 것으로 보고, 제품에 대한 의도적 경고는 판매 · 제조제한(명령)의 개입치와 동일하게 여긴다. Kloepfer, Umweltrecht, 1989, S.164.

25) Gröschner, DVBl.1990, S.619(627).

26) 계몽이념과 교육적 정보정책간의 상관관계에 관해선 Di Fabio, JZ1993, S.689(691).

27) 목적성은 이러한 넓은 정의의 테두리내에서, 정보형성적으로 효과를 발휘하는 의도에만 관계하지, 그 이면의 목적-예컨대 건강위험을 방지하거나 유해환경적 행태(행위)를 저지하기 위한 목적-과는 관계가 없고, 또한 기본권방해(지장)의 의식적인 초래와도 관계가 없다.

28) Di Fabio, System der Handlungsformen und Fehlerfolgenlehre, in: Becker-Schwarze u.a.(Hrsg.), Wandel der Handlungsformen im Öffentlichen Recht, S.47(61ff.).

2. 法律留保

여태껏 국가정보행위는 우선적으로 법률유보의 관점에서 논의되었다. 국가의 정보활동이 개인적 권리에 개입하는 한, 특히 기본권에 개입하는 한, 법적 수권이 필요하다.29) 전술한 연방행정법원의 투명리스트판례는 이러한 원칙을 강화하여 입법자로 하여금 활동을 하게끔 만들었다. 이제 전적으로 문제가 되는 것은, 개입을 언제 어떠한 요건에서 시인하여야 하는지의 물음이다-이는 특히 기본권도그마틱의 범주에서 다루어져야 할 물음이다.

그런데 법률유보원칙이란 도그마적 형상안에 두 가지 이유에서 불안이 조성되었다. 첫째로, 연방헌법재판소는 신흥종교판례('초월명상')과 글리콜판례에서 국가정보행위와 관련해서, 해당 수권을 헌법에서 직접적으로 도출함으로써 법률유보원칙에서 일탈하였다.30) 두 번째로 기본권보호의무사고가, (법원에 의해 기본권으로부터 연역된) 국가의 일정 국민에 대한 보호의무를 다른 일정국민의 개인적 권리에 대한 개입의 권능(Befugnis)으로도 해석케 한다. HessVGH는 유전공학과 관련이 있는 인슐린판례에서 이러한 사고를 실제적으로 행하였다.31) 이들 판례들은 상관관계가 있다: 이들은 법치국가적 행정법의 전통적인 도그마틱적 한계(여기선 법률유보원칙)를 넘어서 위험방지가 확대됨을 나타낸다. 법률유보원칙을 극복하기 위한 지렛대가 기본권보호의무사고인데, 이 사고가 연방행정법원의 신흥종교판례에는 감춰져 있었지만 인슐린판례에선 분명히 드러나 있다.

연방행정법원은 신흥종교판례에서, 관련종교(종파)의 기본권에 대한 개입에 관한 법적 수권을 헌법상으로 예정된 정부의 의사소통기능32)에서 도출하였고, 사안을 위험방지영역에 귀속시켰다.33) 하지만 동법원은 맨 먼저 경고와 추천을 정부와 一般公衆간의 의사소통과정의 일부로서 파악함으로써, 의사소통적으로 이해되는 연방정부의 정보정책과 위험대처를 위한 행정적 조치간에 꼭 필요한 구분을 없앴다: "현존 위험상황에 대한 공적 경고는 더욱이 그 자체로서 나타난 위험을 대처하는 데 효과적인 수단

29) 가령 Amalgam에 의한 치아메움에 관한 BGA의 견해표명이 얻을 수 있는 엄청난 국민경제적 중요성을 고려하면, 국가임무의 수단안에서의 (의회에게 유보된) 본질적인 결정에 해당하는 점을 이유로 하여 법률유보가 적용되는 상황 역시 생각할 수 있다. 본질성이론에 관해선 vgl. Staupe, Parlamentsvorbehalt und Delegationsbefugnis, 1986, S.103ff.

30) BverwGE 82, 76ff. ; BVerwG DVBl.1991, 699ff.

31) HessVGH DVBl.1990, 63ff.

32) 정부와 의회는 국법에선 국가지도과정에서의 보완기능을 의미한다. Magiera, Parlament und Staatsleitung in der Verfassungsordnung des Grundgesetzes, 1979, S.228ff. 비록 국가지도란 개념이 법학적으로 중요치 않게 여겨지더라고-이것과 관련한 비판은 Heintzen, VerwArch. Bd.81(1990), S.532(551)-, 통치행위와 의회활동을 행정이란 부적당한 개념으로서 서술하지 않기 위하여, 국가지도란 개념은 권력분립에서의 잔존개념인 "행정"의 보완으로서 반드시 필요하다.

33) BVerwGE 82, 76(80f.).

이다. 따라서 그것은 경고를 받은 시민의 보호와, -그것이 그 다음의 조치 특히 법적 제재가 없어도 무방하게 만드는 한에 있어선- 그들의 자유의 유지에 기여한다".[34)]

경고의 보호기능을 보충적으로 관련시키는 것은, 보호의무를 통한 개입의 정당성과 의회법률의 대체를 암시적으로 나타나게 한다. 비록 논거로서 전혀 장래성이 없다 손 치더라도,[35)] 분명히 언급된 사실은, 연방정부의 '헌법상의 견해표명권능'이 의회법률을 대체하거나 불필요하게 만든 점이다.[36)] 연방행정법원이 국가의 경고를 제한하기 위하여 비례성심사의 범주안에서 꼭 필요하다고 여기는 위험개념[37)]의 인용 역시 위험방지적 개입의 권능이 보호의무로부터 연역되어졌다고 하는 경우에만 전적으로 분명하다: '견해표명권능'으로부터의 도출은 올바르게도 체계위반으로 거부되었다.[38)]

신흥종교판례에서 감지할 수 있고 논증에 내재한 필연적 결과, 즉, 국가개입에 있어서 법률의 포기를 명백히 기본권보호의무로서 근거지우지 국가기관의 (개입도그마틱적으로) 윤곽없는 기능서술로서는 근거지우지 않는다는 것은 글리콜판결에서 한층 분명히 드러났다. 이들 판례에서도 우선 재차 연방정부의 일반적 · 기능적 권한-즉, 사회발전을 진단하고, 오해제거를 위한 조치를 강구하고 방향을 유도하는 것-에 관심을 기울였다.[39)] 사회폐해를 제거하기 위한 보증인적 지위가 국가의 이러한 지도역할로부터 도출되고서 그리고 보호의무에 관한 논의로 옮아갔다.

"국가전체에 대한 책임에서 정부란, 중요한 공동체이익을 위협하고 이미 국민을 강하게 불안하게 하는 위험스러운 발전 · 전개가 일어날 경우에는 요구를 특별히 받는다. 그런 경우, 제3자가 기본적으로 보호받는 법익과 자유를 침해하는 것으로부터 시민을 보호할 국가의 의무로 말미암아 정부로 하여금 행위를 하도록 강제될 수 있다."[40)]

이어서 폐해저지와 관련한 '연방정부의 적합한 계몽업무'가 위험대처의 효과적인 수단 가운데 하나로 표현되었다. 구체적인 제품명의 거명을, 법원이 그럼으로써 국민의 효과적인 보호는 물론 대량적 불안유발의 방지가 달성될 수 있다 하여 정당화시킬 경우에는, 리스크 관련한 보호의무사고가 또 한 번 더 분명해진다.[41)]

---

34) BVerwGE 82, 76(81).

35) 법률유보원칙의 현저한 제한을 초래한 양 결정에 대한 일부에선 신랄하기까지 한 비판에 관해선 vgl. Sendler, NVwZ1990, S.230(235f.); Rupp, JZ1990, S.92; Gröschner, DVBl.1990, S.623(628f.); Schoch, WuR1990, S.46; Gusy, JZ1989, S.1005; Wahl/Masing, JZ1990, S.553(555); Heintzen, VerwArch. Bd.81(1990), S.532(554). 전체적으로 법률유보원칙의 붕괴는 매우 이례적이고 큰 소동을 일으킨 것 같다. 예로 Schoch은 여지껏 가능하다고 여기지 않는 정도의 법도그마틱적 혼동(Chaos)이라 말하였다. Schoch, Staatliche Informationspolitik und Berufsfreiheit, DVBl.1991, S.667(671).

36) BVerwGE 82, 76(81).

37) BVerwGE 82, 76(83).

38) Heintzen, VerwArch. Bd.81(1990), S.532(554f.).

39) BVerwG, DVBl.1991, 699(701).

40) BVerwG, DVBl.1991, 699(701).

디에틸렌글리콜을 함유한 와인의 리스트를 공표하는 것 또한 리스크를 특별하게 다루는 것에 해당한다는 사실이, 이러한 사고과정에서 분명해 진다. 리스크언명은 경험을 넘어서 통계적 개연성언명과, 이질적인 비교 · 평가에 의거할 수밖에 없는데, 이진법적으로 도식화되고 고립적인 사안을 위한 개별조항적 주목 및 관대한 견해의 선호가 리스크언명의 상대성으로 곤경에 처한다. 그로 말미암아 리스크는 개념상으로 종종 위험과 동일시된다. 양자를 동일시하는 것이 과잉강조와 대규모의 불안조성을 위한 根源이다.[42] '중요한 공동체 이익을 위협하는' 위험스런 전개라는 식의 연방행정법원이 행한 표현은 사회존속에 대한 위험을 생각게 한다.[43] 그럼으로써 연방행정법원 역시 한층 강력해지는 다음과 같은 경향을 뒷받침한다. 즉, 선별적으로 인지되는 리스크가 합리적인 비교평가를 넘어서 비상사태의 형식으로 감지되고, 이러한 인정으로 법익안전성의 법치국가적 제한에 대한 우위의 요청이 초래된다는 것이다.[44] 또한 명백해지는 점은, '공포로부터 해방'에 관한 청구권은 국민이 어떤 구체적 이유에서든 불안에 떨 경우에는 국가에 대해서 개입도 授權할 것이라는 점이다.[45] Robbers는 安全權(Recht auf Sicherheit)에 객관적 위험뿐만 아니라, 사회적으로 공상적 위험에 지나지 않는 것까지도 포함시켜, 그로부터 국가의 여러 행위의무를 도출한다. "법익불가침에 관한 근거있는 염려(Sorge)와 그렇지 않은 염려간의 구분은 결코 공포로부터의 해방에 관한 권리가 존재하는지를 묻는 것이 결코 아니라, 국가의 보호의무에 대한 가능한 구분된 결과를 초래할 뿐이다. 정당한 공포는 실존 위험을 제거할 의무를 지울 수 있다; 근거없는 공포는 정보 및 계몽의 문제이다; 국가는 대민홍보하고 실체에 바탕을 둔 계몽할 의무를 진다."[46] 연방행정법원의 신흥종교판례에 대한 연방헌법재판소 제1院의 제1부의 합의체결정을 통해, 이러한 관점이 적어도 객관적 위험을 위해서 입증되었다.[47] 연방헌법재판소의 각하결정 역시 다음의 사실 즉, 기본법 제2조 제2항 제1문

41) BVerwG, DVBl.1991, 699(701f.).

42) 리스크개념의 구조에 관해선 vgl. Di Fabio, Risikoentscheidungen im Rechtsstaat, 1994, §3 B.

43) 식품법적 관점에서 국가의 이러한 종류의 '진정시키는' 경고행위에 대한 비판으로 vgl. Hummel-Liljegren, Staatliche Warnungen vor unschädlichen Lebensmitteln sind unverhältnismäßig, unzumutbar und verfassungswidrig, ZLR1991, S.126ff.

44) Denniger는 법적 안전성에서 법익 안전성으로의 이행에 찬성하고 그럼으로써 적어도 잠재적인 대립을 주장한다. Denninger, Der Präventionsstaat, KJ1988, S.1(7). 간접적인 방향성은 위험방지법을 효과적인 환경행정과 리스크행정에 끌어들이는 너무 좁은 연쇄에 대한 비판을 목표로 한다. Ladeur, Alternativen zum Konzept der "Grenzwerte" im Umweltrecht, in: Winter(Hrsg.), Grenzwerte, S.263. 고전적 법률유보를 열렬히 옹호하는 Schoch도, 사회현실에서의 이례적인 요구가 법질서에 의한 "비전래적이지 않은" 대답을 초래하는 점, 본질적으론 설득이 문제된다는 점을 수긍한다. Schoch, Staatliche Informationspolitik und Berufsfreiheit, DVBl.1991, 667.

45) Robbers는 '공포로부터 벗어날 것에 대한 청구권'의 적용영역에 근거없는 공포까지 포함시킨다. "근거없는 공포까지도 개인 자유를 방해할 수 있으며, 때때로 국가의 공동생활의 요건조차도 위태롭게 할 수 있다". Robbers, Sicherheit als Menschenrecht, S. 226.

46) Robbers, Sicherheit als Menschenrecht, S.226.

47) BVerfG, NJW1989, 3269ff.

에 비추어 국민의 생명 · 신체의 불훼손으로부터 보호할 의무가 국가에 대해 과해진다는 점, 이러한 의무의 이행에 기여하면서 제3자의 권리에 개입하는 보호조치는 헌법으로부터의 직접적인 개입수권에 의거할 수 있다는 점에 근거를 두고 있다.[48]

위험방지조치로서 행하는 국가의 정보행위는, 비록 국가지도기능에 결부된다 하더라도 행정활동에 의한 수행이다.[49] 권력분립적 틀을 일관되게 행사하는 자는 여기서 의회의 특권의 찬탈만을 전적으로 볼 수 있다. 위험방지영역에서 헌법에 의거하여 개입권한을 인정하는 것과 이례적인 위험범위를 여론의 위협느낌으로써 근거지우는 것은 과거 Kreuzberg 판결 당시의 법치국가적 수준 뒤로 후퇴시킨다[50]; 의회유보를 훼손하면서 제2의 권력과 제3자의 권력간의 연합이 문제이다. 최고 행정법원의 판례에 관한 이러한 부정적인 평가는, 프로이센 상급행정법원의 Kreuzberg판례이후에 복귀하기 위한 심대한 이유를 파고 들면 한층 강화된다. 그 사이에 국가임무상으로 일반적으로 관찰될 수 있는 위험방지임무를 형성적인 리스크 배려와 리스크 조종에까지 확대시키는 것은, 복지국가적 개입행정의 특징을 갖는다; 중상주의적 국가관이 연상된다.[51]

수권법률의 포기와 직접적인 헌법상의 개입수권의 도출은, 통치행위와 국가지도행위의 사법심사에 관한 논쟁의 -은폐된-재생이라고 생각될 수 있다. 이 경우 斷絕은 법률유보원칙이 아니라 완전한 권리보호의 보장 원칙과의 관계에 있다고 볼 수 있다. 법률집행을 지향하지 않고 국가의 지도결정 · 대표행위 · 의사소통행위를 담고 있는 행정활동이란 표제에, 소위 키 잡는 식의 통치행위를 귀속시키는 것은, 항상 어렵고, 따라서 사법권과의 관계에서 특히 헌법재판소의 자제요청을 초래하였다.[52] 연방정부의 정보행위를 행정법상의 법집행상의 요청이란 규준에 의거하여 가늠하는 데 대해서 연방헌법재판소가 갖는 두려움은, 이러한 관점에서 명백할 것이고 심지어는 정당할 수 있을 것이다-일반적인 행정영역을 위한 법률유보원칙을 와해시키지 않고서-. 연방행정법원의 판결-그리고 연방헌법재판소 제1원 제1부의 불허결정이-이 헌법기관의 활동에 대한 특별한 고려란 형식으로서 해석 · 제한될 수 있다면,[53] 이는 원칙적으

---

48) BVerfG, NJW1989, 3269(3270).

49) Heintzen, VerwArch. Bd. 81(1990), S.532(554f.); Heidel, ZLR 1989, S.447(454).

50) 해서 Schoch는 이러한 관점에서 19세기 뒤로 역행하였다고 진단하였다. Schoch, Staatliche Informationspolitik und Berufsfreiheit, DVBl.1991, S.667(674).

51) 국가의 위험방지의 무조건적 우위란 법선행적 감정-이는 법률유보와 기타 관할 · 절차 · 형식규정의 제한에 의해서 규율된다-이 재차 되살아나지만, 이런 법선행적 감정은 사회적 리스크의 복잡성과 리스크 인정의 선별성과 관련해서 불합리한 왜곡을 초래한다. 리스크개념의 구조에 관해선 vgl. Di Fabio, Risikoentscheidungen im Rechtsstaat, 1994, §3 B.

52) 일찍이 Otto Mayer는 통치행위를 권력분립원칙의 틀에서 끄집어내어, 국가권력의 세 가지 기능보다 상위에 놓으려 시도하였다. Otto Mayer, Deutsches Verwaltungsrecht, 3. Aufl. 1924, S.2. 입헌주의적 배경에 관해선 vgl. Magiera, Parlment und Staatsleitung in der Verfassungsordnung des Grundgesetzes, 1979, S.53.

53) 법률을 대체하는 직접적인 헌법상의 개입수권은, 앞의 연방행정법원의 두 가지 판결과 연방헌법재판소의 불

로 논증함과 더불어 유보 없는 잔여를 인정하지 않는 비판의 정당성(타당성)을 약화시킬 순 없을 것이다.[54] 그러나 국가의 의도적인 정보행위를 제한하기 위한 법률유보란 제방-이는 투명리스트판결에서 여전히 견지되었다-이 법관의 결정에 의해서 붕괴되리라는 사실은 저지될 수 있을 것이다.

정보행위로 인해 법률유보원칙과 법치국가원리에 대해 저지러진 위험은, 연방행정법원의 논란이 된 두 가지 판결보다는, 법해석자가 보호의무를 헌법으로부터 도출하는 경우에는 법률유보가 통용되지 않는다고 하는 일반적 사고로부터 오히려 기인한다. HessVGH의 인슐린판결은, 유전공학적으로 제조된 인슐린의 생산금지와 같은 중대한 개입을 위해서 법률을 사용하지 않고, 그런 금지를 기본권보호의무의 성립에서 도출하였다.[55] 주관적인 보호의무관념의 지지자들이 받아들이듯이, 국가에 대해 국민이 제3자의 기본권침해에 대한 관철가능한 보호권(Recht auf Schutz)을 가지면, 태만한 국가에 대한 소송을 통한 우회적 방법을 취하는 것은 적어도 비효과적일 것이다; 장애를 유발한 私人의 행위는 기본권개입으로서 방지될 수 있을 것이다.[56] 법원에 의해서 기본권이 사법적으로 통용되는 것과 법률유보원칙이 유연하게 되는 것은, 체계일탈적 결과일 것이다. 매체로 인한 위협공포가 정보행위로써 충분할 국가적 보호의무를 발생시킬 수 있으리라는 점이 실제적인 결과일 것이고, 이 경우 그것과 결부된 기본권개입이 의회법률이 없이 그리고 법질서상의 예상할 수 있는 성립요건이 없이도 허용될 것이다. 경찰법적 의미의 위험의 입증과 무관하게, HessVGH은 인슐린의 유전공학적 제조가 금지된 것으로 판시할 수 있었는데, 그 까닭은 불분명한 리스크가 기본법 제2조 제2항에 따른 보호를 발생시킬 수 있어서 법률외적 개입정당화로 나아가기 때문이다.[57]

이러한 배경에서 많은 학자들이, 보호의무에 관해 체계일탈적 힘을 빼앗기 위해

허결정에서 공히 연방정부의 특별한 국가지도적 책임으로부터 도출되고 근거지워졌다. 특히: BVerfG, NJW1989, 3269(3270).

54) 법률유보원칙을 이중적 보장기능-주관적으론 기본권개입을 위한 장애물로서의 기능을, 객관적으론 의회의 특권을 보장하기 위한 기능을 갖는 것으로-하에서 고찰하면, 연방행정법원의 신흥종교판결과 글리콜판결이 낳은 부정적인 결과란 매우 중대하지는 않다. 즉 법원이 글리콜판결에서 실제 경찰권의 개괄조항을 심사규준으로 삼음으로써, 국민이 수인해야 할 것은 법률이 없는 개입이 아니라, 권한이 없는 부서의 개입이다. 이 경우 연방이 특별한 예외사건에서 주를 능가하는 비상권한을 요구할 수 있는지 여부가 논의될 수 있다. Vgl. Philipp, Staatliche Verbraucherinformation im Umwelt-und Gesundheitsrecht, S.60ff., 228f.

55) HssVGH, DVBl.1990, 63ff.신흥종교판결과 인슐린판결간의 상관관계 · 공통점은 보호의무를 매개로 한 국민-국가-국민(신흥종교단체, 제약회사)간의 삼각관계이다.

56) 국가적 보호에 관한 주관적 청구권의 연구는, '보호흠결'이 법률 없이 행정이나 법원에 의해서 메워져서는 아니 된다는 점을 분명히 해야 한다고 판단하고 있다. 전문법원은 입법자의 부작위의 경우에 기본법 제100조 제1항에 의해서 헌법재판소에 제기할 의무가 있다. Hermes, Das Grundrecht auf Schutz von Leben und Gesundheit, S.272f.

57) Wahl/Masing, Schutz durch Eingriff, JZ1990, S.553(555).

서,[58] 적어도 불분명한 리스크상황의 영역에선 보호의무를 공법질서에서의 국가의 객관적 의무로만 허용할 것을 지지한다.[59] 이러한 제한의 결과는, 제3자의 권리에 대한 국가개입에 관한 주관적 공권은 직접적으로 법원에 의해서 실현될 수는 없을 것이며, 해서 법률유보원칙 또한 공허하지 않게 만들 것이다.[60] 그렇지 않다면, 公衆的 경고에 관한 (기본권의 보호기능에서 도출된) 개인의 권리는, 넓은 리스크 영역에선-좁은 위험 영역에서가 아니라[61]- 행정법상으로 수호되는 법치국가원리의 終焉 및 행정법의 자율성의 終焉을 알리는 前兆(Menetekel)일 것이다. 해서 국가지도영역에서의 법률유보원칙의 예외가 연방정부나 다른 헌법기관(주정부나 의회)의 정보행위에 있어서 행해질 수 있는지 여부와 어느 정도로 행해질 수 있는지의 물음에 관한 논의가 중요하다.[62] 법률이 없어도 무방하게 한 보호의무를 통한 도그마틱적 방법은 기본법 제20조 제3항과 권력분립원칙에도 일치하지 않는다. 따라서 국가정보행위를 법적으로 제한하는 물음을 위해선, 개입에 적합한 정보행위의 경우에는 항상 법적 수권을 필요로 한다는 점을 고수할 수 있다. 하지만 그렇다고 하여 정보행위의 개입적 문제점을 다루는 것을 피할 순 없다. 왜냐하면 수권법률의 필요성의 물음에 대한 답은 이런 논의에 좌우되기 때문이다.

3. 國家情報行爲의 介入的 徵標

(1) 일반적 개입도그마틱의 필요성

법률유보의 유발과 관련인의 권리보호필요성을 위하여 공히 핵심적인 물음인, 국

58) 헌법적으로 도출된 보호의무로부터 전개된 청구권적 지위를 제한하는 것과 관련하여 다음과 같은 Scholz의 제안은 덜 주효하고 있다: 법원은 해태하는 국가에 대해서 리스크조종적 법률을 발할 것에 관한 보호청구권의 경우에, 그 자신 입법자 대신에 제3자의 기본권에 대한 개입을 인정하여선 아니 되고, 연방헌법재판소가 수형자결정에서 했듯이 경과기간을 주어서 입법자로 하여금 행동에 옮길 시간을 주어야 한다. Scholz, Verfassungsfragen zur Gentechnik, in: FS für Horst Sendler, 1991, S.93(98).

59) 분명히 한 것으로 vgl. Isensee, Die Ambivalenz des Eigentumsgrundrechts, in: Ossenbühl(Hrsg.), Eigentumsgarantie und Umqeltschutz, 1990, S.3(8). 비슷하게 Klopfer/Rehbinder/Schmidt-Assmann, Umweltgesetzbuch-Allgemeiner Teil-, 1991, S.8. 은 보호의무를 단순히 객관적으로 파악한다고 해서 후세대의 주관적 정당화를 부인하는 데만 적용될 순 없다고 지적한다.

60) 그럼으로써 부작위에 대한 기본권적 · 주관적 방어권과 국가에 대해서 구체적 활동에 관한 기본권적으로 매개된 보호청구권과의 근본적인 차이점이, 법치국가질서와 관련해서 고려될 것이다. Vgl. Isensee, Die Ambivalenz des Eingentumsgrundrechts, in: Ossenbühl(Hrsg.), Eigentumsgarantie und Umweltschutz, S.3(8f.); Wahl/Masing, Schutz durch Eingriff, JZ1990, S.553(555).

61) EG지침 88/610/EWG, ABlEG1988L336/14는 특정 산업활동에서의 중대한 사고시에 상응한 정보제공의무를 회원국에게 지운다.

62) 국가정보행위를 위해서 개입개념을 제한적으로 다룸으로써 더 이상 법률유보가 거론되지 않게 하는 것과 같은 다른 가능성도 있을 수 있다. Wahl/Masing, Schutz durch Eingriff, JZ1990, 553; Schoch, Staatliche Informationspolitik und Berufsfreiheit, DVBl.1991, S.667(671). 그런데 정보행위에 의해서 사실상이긴 하나 아마도 현저하게 관련이 되는 자로선, 빵 대신 돌을 받는 셈이 될 것이다.

가정보행위에 의해서 언제 개입이 성립하느냐는 대체적으로 기본권도그마의 문제로서만 다루어질 수 있고, 어떤 기본권이 해당되는지에 따라서 상이한 해결책이 나타난다. 고전적 개입개념의 쪽에서도, 특별한(개별적) 기본권을 넘어선 도그마틱적 구조가 체계상의 이유에서 강구될 만할 뿐만 아니라, 법률유보가 지닌 기본권보호적 기능 이외의 객관적 · 법치국가적 기능[63]에 비추어서 꼭 필요하기도 하다.

(2) 고전적 개입개념

고전적 개입개념은 세 가지 요건과 결합되어 있는데, 이들 요건은 중첩적으로(kumulativ) 충족되어야 하였다. 이에 의하면 국가활동은 첫째로, 권리방해(지장)를 목적적(의도적)으로 지향하여야 한다(예: 의도한 직업조종적 조치). 다른 국가목표의 의도하지 않은(부수적인) 결과에 불과해선 아니 된다(예: 비록 어떤 조치가 건강보호를 목표로 삼았다 하더라도 직업자유에 대해 영향을 미치는 경우). 둘째로 보호법익에 대한 직접적 결과를 나타내어야 한다. 해서 다른 인과관계와 간여를 매개로 하여 법익을 방해해서는 아니 된다-비록 이러한 것이 의도되었다 하더라도-. 셋째로 고권적으로 행해지고 관철할 수 있는 법적 행위 즉, 규율의 형식으로 나타나야 한다. 그래서 사실적 효과만을 발생시켜선 아니 된다.[64]

이러한 전통적 개입개념이 잘 들어맞는 것이, 공용개입(공용침해)의 정형화된 경우[65]와 구속적인 명령 · 금지의 형식을 취한 경찰하명[66]이다. 현대국가가 한층 더 분명하게 자신의 활동영역을 확대하였고 업무수행의 형식을 다양화하면 할수록, 효과적인 권리구제의 관점에서 고전적 개입개념이란 더욱더 유지될 수 없게 되었다.[67] 오늘날

---

63) 기본권적 법률유보의 이원성과 법치국가원리(과 민주주의원리)에 바탕을 둔 법률유보에 관해서는 vgl. Ossenbühl, Vorrang und Vorbehalt des Gesstzes, in: HStR, Bd, III, § 62 Rdnr. 16..

64) 전통적 개입개념에 관해선 vgl. Gallwas, Faktische Beeinträchtigung im Bereich der Grundrechte, 1970, S.21ff.; Grabitz, Freiheit und Verfassungsrecht, 1976, S.24ff. Ossenbühl은 전통적 개입개념의 징표로 두 가지 즉, 직접성과 목적성만을 들었다. 하지만 이 둘을 규범적 지향의 근거에서 언급하였기에 사실상 세 가지를 든 것과 다름없다. Ossenbühl, Umwelfpflege durch behördliche Warnungen Empfehlung, 1986, S.14f. Pieroth/Schlink, Grundrechte Staatsrecht Ⅱ, 1992, Rn.271, 은 법적 행위에서의 형식과 규율의 필요성을 이런 법적 행위의 강제적인 관철가능성과 구분한다. 행정계약이 정착되기 전엔, 개입개념이 종속법적인 행정행위를 지향한다는 점을 감안하면 고권적 관철가능성이란 자명하였다. 고권적 개입개념의 중요한 근원은 재산권보장에 있었다; 사실 고권적 개입개념은 공용개입(수용)유사적 · 공용개입(수용)적 개입과 같은 제도로 인해 확고한 윤곽을 상실하였다. 이런 전개에 관해선 vgl. Ossenbül, Staatshaftungsrecht, 1991, S.206ff.

65) 재산권구속적 개입개념의 이런 전개에 관해선 vgl. Gronefeld, Preisgabe und Ersatz des enteignungsrechtlichen Finalitätsmerkmals, 1972; Ossenbühl, Staatshaftungrecht, S.206ff.

66) Ossenbühl, Umweltpflege durch behördliche Warnungen und Empfehlungen, S.15.

67) 이 점은 이미 60년대에 특히 경제조종적 행정의 영역에서 문제되었다. Lerche, Rechtsprobleme der wirtschaftslenkenden Verwaltung, DÖV1961, S.486(490); Friauf, Zur Rolle der Grundrechte im Interventions- und Leistungsstaat, DVBl.1971, 674ff; vgl. BVerfGE 40, 237(249); 43, 58(68f.). Ossenbühl은 이런 전개와 관련하여 만약 전래적인 개입개념에 고수한다고 하면 이는 출현한 '보호흠결'이라고 말하였다. Ossenbühl, Umweltpflege durch behördliche Warnungen und Empfehlungen, S.15. 의회의 조사절차중에 사실적 권리방해에 있어서의 개입을 확정하는 것의 문제점에 관해선 vgl. Di Fabio, Rechtsschutz im parlamentarischen

에는 쟁송법적으로도 기본권도그마틱적으로도 전통적 개입개념의 요건을 목표로 삼아선 아니 된다는 데 다툼이 없다; 하지만 새로운 개입개념이 어떠한 윤곽을 성취할지는 더욱더 불분명하다.[68]

(3) 개입개념의 기능의 수용

새로운 국가의 작용형식에 들어맞는 개입개념을 전개하려는 시도에 있어서, 이런 표면상의 중심개념의 기능을 수용하여야 한다. 개입개념은 권리보호필요성 내지 원고적격을 위해서 쟁송법적으로나 기본권도그마틱적으로나 원래부터 중요한 개념상의 창조물은 아니다. 개입(Eingriff) 뒤에는 법적으로 완연히 구별되는 개념인 침해(Rechtsverletzung)가 있다. 개입개념이 누가 어떤 목적과 수단으로써 주관적 권리의 한계를 벗어나는지를 구체적으로 정렬하여 행위자와 희생을 평가적으로 연관시키는 데 반해서, 침해개념은 주관적 권리의 축소적일 뿐만 아니라 더 일반적인 관점을 담고 있다. 기본권의 성격뿐만 아니라, 기본법상의 권리보호보장의 성질 역시 그들의 형성력을 주관적 법익의 관점에로 타협없이 고정시키는 데서 성취하였다. 국가가 자신의 행동양식을 바꿀 경우, 이것이 형식적 · 실체적 의미에서의 사법적 권리보호의 제한을 초래할 순 없다[69]; 오히려 법적 중심개념이 기본권친화적으로 적합하게 되어야 한다.[70]

그러나 도그마틱적으로 한정하는 것의 상실이 부정적인 면이다. 국가의 작위나 부작위가 전혀 다른 법적 지위에 대해서 어떠한 사실적 결과를 발생시킬 수 있는가를, 활동하는 국가로선 어떻게 예측할 수 있는가?[71] 전통적 개입개념의 포기는 水門을 연 셈인데, 그럼으로써 사회적 복잡성이 법체계에 밀려들어왔다. 비록 침해개념으로 후퇴한다 하더라도, ―그 침해가 행위자나 책임자로서의 국가에 귀속될 수 있도록― 침해를 위해서 국가의 어떤 작위 · 부작위가 고려되는지 혹은 침해가 어떻게 일어나야 하는지와 같은 평가적 · 한정적 정렬을 법이 행하여야 한다.[72] 따라서 개입논의에 관한 ―서로 錯綜하는―두 가지 관찰방식은 구분되어야 한다: (주관적인) 법익관점과 (객관적인) 귀속문제.

Untersuchungsverfahren, 1988, S.86ff.; Richter, Privatpersonen im parlamentarischen Untersuchungsausschuß, 1991, S.53ff., 81f.

68) 목적성의 징표를 포기한 다음에 재산권적 개입개념을 규율한 판례의 (거의 주효하지 않은 것으로 표현될) 노력에 관해선 vgl. Ossenbühl, Staatshaftungsrecht, S.207ff.

69) 기본적인 것으로 vgl. Gallwas, Faktische Beeinträchtigungen im Bereich der Grundrechte, S.49ff.

70) Bleckmann/Eckhoff, DVBl.1988, 373에 의해서 이런 결론이 도출된다..

71) Scherzberg, “Objektiver” Grundrechtsschutz und subjektives Grundrecht, DVBl.1989, S.1128(1130)가 그런 물음을 제기하였다. Vgl. Pietzcker, “Grundrechtsbetroffenheit” in der verwaltungsrechtlichen Dogmatik, ,in: FS O. Bachof, 1984, S.131.

72) Philipp, Staatliche Verbraucherinformation im Umwelt-und Gesundheitsrecht, S.91.

(4) 국가정보행위의 개입적 징표

국가의 교육적 정보행위란 새로운 현상에 걸맞는 개입개념은, 이러한 행위형식이 국가의 리스크조종에서 행하는 역할과, 관련인의 법적 지위에 전형적으로 가능할 법한 결과(效果)를 출발점으로 삼아야 한다. 이미 급부행정에선, 기본권 개입을 인정하기 위해선 어떠한 요건이 충족되어야 하는지의 물음에 대한 답이 더 시급하게 되었다.[73] 적어도 기본권개입의 요건에 대한 물음은, 직접적 규율하지 않는 식의 모든 국가활동을 위해 중요한 문제이다. 모두들 견해일치를 보는 점은, -도그마틱적 통일체로서 고전적 개입개념이 존재하였을 때의[74]- 목적성, 규율적 성격, 직접성을 징표로 하는 고전적 개입개념이 윤곽을 상실하였다는 것이다.[75] 비목적적 기원을 지니고 규율로서의 성질은 지니지 않는 간접적 기본권개입이 존재할 수 있다는 점에 대해서도 견해가 일치한다.[76] 연방헌법재판소의 최근 결정에 따르면, 이런 점을 넘어서 분명해지는 점은 아무튼 전통적인 개입개념의 요건이 중첩적으로 고려되어선 아니 된다는 것이다.[77]

일부는 전통적인 세 가지 가운데 어느 하나도 충분하게 여기고, 일부는 추가적으로 중대성이나 귀속가능성이란 징표를 들기도 한다.[78] 그러나 개입의 이들 요소에 관한 분명한 整列이 없으면, 사법판단은 형평성의 고려에로 빠지는데,[79] 여기선 합리적이고 공감가능한 평가가 요구된다. 개입논의가 기본권도그마밖에도 놓인 기능에도 불구하고 고립적으로는 물론 개괄적으로도 시행되어선 아니 된다는 사실이 어렵게도 추가된다. 개입과 기본권적 보호영역의 범위는 풀리지 않는 관계에 있다. 하지만 보호영역을 결정하는 것은 본질상 모든 기본권에서 상이하다.

연방헌법재판소는 직업자유에 관한 결정에서, (그 자신이) 두 가지 상이한 시각에서의 개입이 가능하다고 여겼다고 인식하게 한다.[80] 이러한 관점은 개입논의를 위해서

---

73) Friauf, Zur Rolle der Grundrechte im Interventions-und Leistungsstaat, DVBl.1971, 674ff.

74) 행정행위가 행정쟁송의 개시를 위한 요건이었던 한에 있어서, 도그마틱적 통일체는 원칙적으로 기본권도그마틱적으로서가 아니라 전적으로 행정행위의 권리보호관련적 징표로서 존재하였다 Vgl. Schwabe, Nochmals: Der "mittelbare" Grundrechtseingriff, DVBl.1988, 1055ff.

75) 주)65 참조.

76) 참조: 주)68; Ulrich Ramsauer, Die faktischen Beeinträchtigungen des Eigentums, 1980; Ossenbühl, Umweltpflege durch behördliche Warnungen und Empfehlungen, S.15ff.; Lorenz, Der Rechtsschutz des Bürgers und die Rechtsweggarantie, 1973, S.135.

77) 분명히 한 것으로 BVerfGE 82, 209(223f.). Vgl. BVerfGE 46, 120(137);22, 380(384); Rolf Eckhoff, Der Grundrechtseingriff, 1992, S.197ff.

78) 이에 관해선 vgl. Ramsauer, Die faktischen Beeinträchtigungen des Eigentums, S.171ff. 이 두 가지 징표를 Ehlers, Eigentumsschutz, Sozialbindung und Enteignung, VVDStRL 51(1992), S.211(222) 역시 강조한다. 중대성의 징표와 관련한 논의수준에 관해선 vgl. Roth, Verwaltungshandeln mit Drittbetroffenheit und Gesetzesvorbehalt, 1991, S.298ff.

79) 이러한 평가에 있어서 비례원칙이 중요한 역할을 수행하는지 여부는 의심스럽다-Zuck, MDR1988, 1020(1021); 오히려 개개 징표들이 보완적 관계에 있고, 이들이 개인적 지위에 대한 영향을 특별히 고려하면서 평가·가늠되어야 한다는 점이 기대된다. 이 점에서 정보제공적인 것으로 vgl. BVerfGE 82, 209(223f.).

일반적인 중요성을 지닌다. 국가가 의식적으로 직업규제적으로 활동하고 그래서 문제의 기본권과 관련해서 목적적(의도적)으로 조종할 경우에는, 이미 개입이 존재한다. 이것이 활동하는 국가에 있어서의 주관적 연결점에 해당한다. 국가가 기본권과 관련해서 비의도적으로 활동할 경우에는, 기본권의 관점에서 조치의 영향미침의 (이례적인) 중대성이 그 자체로서 개입시인을 정당화시킬 수 있다.[81] 그러한 요건은 객관적 성질을 지니고, 귀속사고와 관련해선 관련인의 범주안에서 움직인다. 목적성과 중대성이란 두 가지 징표는 기본권적 지위에 대한 국가적 조치를 평가적으로 귀속시키는 두 가지 이상적인 한계사건을 의미한다. 더불어 개입논의 그 자체를 위해선 두 번째 요소 즉, 객관적 관점이 더 원칙적이고 더 중요하다는 상황은 분명히 견지되어야 한다. 왜냐하면 필경 국가의 나쁘거나 좋은 의도의 '처벌'이 아니라 효과적인 자유보장이 관건이기 때문이다.[82] 그렇지만 국가는 개인의 권리를 귀속가능하게 침해했을 경우에만 의무를 지게 될 것이다. 여기에 개입개념의 본래의 귀속기능이 있다. 조건설에 따라서 국가적 활동에 귀착시킬 수 있는 (기본권보호영역에 대한) 모든 영향미침에 대해서 기본권보호가 시인될 순 없다. 왜냐하면 그렇다면 기본권 보호체계를 모든 관계자 특히 국가가 사전에 전혀 예측할 수 없기 때문이다. 따라서 비목적적 조치의 경우에는 중대한 영향미침에로의 제한이 행해진다: '중대성'이란 요청은 기본권적 의무자(국가 등)를 보호하는 교정책이다. 하지만 국가가 의식적이고 목표지향적으로 활동하는 경우에는, 그러한 보호를 필요로 하지 않는다; 국가는 기본권구속을 예상하고 자신을 그것에 맞출 수 있다. 따라서 목적성이 인정되는 경우에는 중대성의 기준이 들어갈 여지가 없다. 하지만 역으로 중대한 방해(지장)가 인정되는 경우에는, 목적성은 필요치 않지만 직접성이란 추가적 기준이 필요하다. 목적성이 결여되거나 의심스러운 경우에는 직접성 기준이 보조적 징표가 된다. 마찬가지로 가능한 불예측성과 기본권 제한효과의 광범한 발산은 직접성의 요청으로 대체해야 한다고 한다.[83]

---

80) BVerfGE 82, 209(223f.); 46, 120(137f.).

81) 이러한 징표의 장애물은 '중대하고 수인할 수 없는 관련성'이란 표현으로써 매우 높이 설정되고, 수인불가의 부가어로써 이 기준의 특별한 평가의존성 역시 드러낸다. BVerwGE 30, 191(198); 32, 173(178f.); 36, 248(251); 44, 244(246ff.); 50, 282(287f.); 66, 167(174); 66, 307(309). Vgl. Sodan, Gesundheitsbehördliche Informationstätigkeit und Grundrechtsschutz, DÖV1987, S.858(868).

82) Roth, Verwaltungshandeln mit Drittbetroffenheit und Gesetzesvorbehalt, S.318.

83) 그러한 한 직접성이 목적성의 대치물이다. BVerfGE 46, 120(137). 직접성 기준에 대한 비판으로 vgl. Gallwas, Faktische Beeinträchtigungen im Bereich der Grundrechte, S.24. 오늘날 직접성기준은 점점 더 인과관계의 귀속이란 그것의 기능에 환원된다. 직접성 기준을 이처럼 효과발생의 상관관계의 정도를 위한 귀속징표로 전환시키는 것은 국가정보행위에선 불가피한데, 사실 그 정보행위는 기본권보유자(예: 해당기업)가 아니라 결정자유를 갖는 제3자(예: 일반국민이나 소비자 등)에게 행해진다. Ossenbühl, Umweltpflege durch behördliche Warnungen und Empfehlungen, S.24f. 공용제약(수용)유사적 개입의 범주에서의 직접성기준에 대해선 vgl. Ossenbühl, Staatshaftengsrecht, S.209. 미사일 배치에 관한 연방헌법재판소결정이 직접성 기준을 책임귀속으로 환원시킨 예이다. 여기선 공권력주체의 일정한 행위가 기본권방해적 위험의 원인인지 여부와 이러한 위험(예방적

목표지향적으로 기본권에 개입하고 이 점을 필시 규율적 성격을 통해서 표현한 국가적 조치는 명백히 개입이다; 따라서 추가적 기준이 요구되지 않는다. 그러한 한 목적성의 기준은 고양된 주목과 더불어 강조되고 독립된 역할을 갖는다. 왜냐하면 그것은 귀속유형으로서 비교적 중요하고 독립적이기 때문이다.[84]

목표지향성의 경우에 문제되는 것은, 직업자유의 예를 보자면 국가적 행위가 직업자유의 규율에 관한 것이어야 하는지 여부, 혹은 국가가 다른 목표를 추구하면서 직업자유에 대한 영향미침을 의욕하거나 의식적으로 받아들인 점이 충분한지 여부이다.[85] 기본권에 대한 영향끼침이 공적목적을 달성하기 위하여 계획적으로 동원한 수단인 경우에도, 적어도 목적성은 시인되어야 할 것이다. 여기에 교육적 정보행위를 유형적으로 특징지우는 것의 중요성이 있다. 왜냐하면 정보를 법적 규율이나 재정적 영향과 같은 고전적인 형식 대신에 새로운 조종형식으로 활용할 경우에, 그 '교육국가'는 (특징에 걸맞게 그리고 흡사 정의에 맞춰서) 정보를 도구로써 활용하기 때문이다.[86] 가령 바덴뷔르템베르그주의 식품법(LMBG)시행법 제13조 내지 제15조는 국가적 정보행위의 이런 교육적 유형을 목표로 삼는다. 연방행정법원은 1992.5.27자의 다른 신흥종교판결[87]으로써, 개입논의의 범주에서의 목적성 관점의 특별한 역할을 분명히 강조하였고, 그럼으로써 투명리스트판결[88]에 관련시켰다.

이에 반해서 비목적적 조치의 경우에는, 예컨대 중대한 기본권관련성이 언제 존재하는지를 일반적으로 확정하는 것에 문제점이 있다. 중대성이란 징표를 일반적으로 구체화하기 위해서는, 기본권행사와 관련해서 분명히 인식할 수 있고 기본권주체가 주관적으로 느낄 수 있는 지위변동이 주어져야만 한다. 그렇지만 구체적인 개별사건에서의 그런 요청을, 기본권적 보호를 받는 활동의 완전한 거부만이 중대한 방해를 의미할 정도로 확대해선 아니 된다.[89]

인 원자탄 폭격)의 유발이 국가부처에 대해서도 귀속될 수 있을는지 여부를 목표로 삼았다. BVerfGE 66, 39(60).

84) 권리보호가 본시 행정행위에 대해서만 부여되었던 상황을 출발점으로 삼아서, 규율과 목적성이란 기능적으로 일치한 두 가지 징표를 결정적인 개입요건으로 파악하는 데 먼저 좌우되었다. 왜냐하면 그렇지 않으면 사실적 기본권방해란 올바른 사고가 들어설 여지가 없기 때문이다. 이러한 노력을 위한 예로서 vgl. Ramsauer, Die faktischen Beeinträchtigungen des Eigentums, 1980. 그러나 오늘날에는 사실상의 방해의 문제점을 목적성의 관점에서 분리하고 그 목적성 기준에 독립성을 돌려줄 필요가 있다. 정당한 지적으로 vgl. Roth, Verwaltungshandeln mit Drittbetroffenheit und Gesetzesvorbehalt, S. 232.

85) '의도', '의식적-의욕적' 방해, '예상가능한' 방해, '예상불가능한' 방해에 따른 네 단계의 구분은 Gallwas에 의해 근간이 마련되었다. Gallwas, Faktische Beeinträchtigungen im Bereich der Grundrechte, S.18.

86) 경쟁자유와 관련한 해당사례에 관한 상세는 vgl. Di Fabio, JZ1998, 689ff.

87) BVerwG, JZ1993, 33ff. m. Anm. Badura.

88) BVerwGE 71, 183(193f).

89) 과세에 대한 재산권보호를 위해서 헌법재판소가 취한 억제적 입장 즉, '압살'을 목표로 삼은 입장을 일반화시킴은 조세문제의 독특함에 비추어 배제된다. Vgl. BVerfGE 23, 288(314f). 그런데 연방헌법재판소는 이미 관련인에게 과도하게 부담을 지우고 그의 재산관계를 근본적으로 방해하는 금전급부의무를 몰수적 조세로 보았다. BVerfGE 63, 312(327); 30, 250(271f). 그럼으로써 중대성 기준 또한 분명히 구체화된다.

국가정보행위와 그로부터 파생된 개입확정의 문제와의 상관관계에서, 확고한 사실은 개개의 징표나 어떤 하나의 징표가 부인된다고 하여 바로 개입이 없다는 식의 결정을 내릴 순 없다는 점이다.[90] 오히려 국가정보행위의 고유성(자기 법칙성)에 적합하기 위해서, 문제되는 기본권과 오늘날의 개입개념의 기준에 바탕을 둔 형량이 필요하다. 목적적 조치의 경우에는 아무런 문제가 생기지 않는 반면에, 비의도적인 기본권 방해의 경우에는 합리화에 곤란함이 있다. 아울러 목적성 관점이 다시금 슬며시 일어나는데, 왜냐하면 간접적인 목적성도 있을 수 있기 때문이다. 개별조치가 기본권 방해를 목표로 삼진 않지만, 법률이나 행정청의 전체 상관관계가 기본권형성적으로 만들어진 경우에는, '간접적 목적성'이라고 말할 수 있다.

연방헌법재판소는 결국 병원수요계획의 채택과의 상관관계에서 평가적 형량에 관해서 분명히 이같이 강제하였다. 그러나 이런 강제는 定式化가 어렵다. 병원수요계획의 불채택(불수용)이 직업자유보호영역에 대한 개입인지 여부의 물음과 관련해서, 연방헌법재판소는 분명히 그것의 구조적 특수성을 두고서 사실행위를 평가하였다. "기본권상의 보호활동이 전체적으로나 부분적으로나 저지되어야 비로소 직업자유에 대한 개입이 존재하는 것은 아니다. 그 활동이 국가조치로 인하여 더 이상 원하는 방식으로 행사될 수 없다는 사실로 충분하다. 그러한 결과 역시 결정과 직접적으로 결부되진 않는다."[91] 목적성뿐만 아니라 직접성까지도 포기하면서, 연방헌법재판소는 간접적인 데 불과한 국가조치의 영향미침의 경우에 직업자유에 대한 개입의 가능성을 시인하였다-특히 '직업규율적 경향'을 지닌 국가적 계획과 자금조성에 해당하는 경우에는-.[92] '직업규율적 경향'이란 용어는 구체화되지 아니 한다; 그것에 직접적으로 포섭되는데, 아울러 병원수요계획의 채택이 있는 문맥이 특히 적용(준용)된다.

비록 연방헌법재판소의 결정이 개입도그마틱의 이런 중요점에서 정확한 개념설명과 체계성을 실종하게 하였다 하더라도, 계획과 자금조성관계에 관한 지적은 리스크영역에서의 우회적인 정보행위를 다루는 데 암시를 준다. 국가가 일정한 사회영역에 대해서 자신의 형성적 대처(攻取)를-계획에서든, 자금조성과 수혜를 통한 경제·사회구조의 형성에서든, 의약품법에서처럼 포괄적인 리스크조종에서든- 광범하게 펼치면 펼칠수록, 더욱더 선행적으로 귀속관계가 성립한다. 조밀하게 형성된 법영역에서의

90) 반드시 이 점을 강조할 필요가 있다. 그 이유는 전술한 의약품법상의 판결에서 마치 조치의 목적성 부인이 개입의 부인과도 결부될 정도로 그 목적성 징표에 독자적 의의가 부여되었기 때문이다. Vgl. VG Berlin v.13.7 1987-VG 14A125.87-(부정적 연구보고서), ESzA §25 AMG Nr.1, S.6f.; OVG Berlin v.4.2 1988-OVG 5S68/87-(부정적 연구보고서), ESzA §25 AMG Nr.2, S.11. 목적성 기준에로의 축소에 대한 비판은 Sodan, Kollegiale Funktionsträger Verfassungsproblem, 1986, S.522f.; Schulte, DVBl.1988, S.512(517).

91) BVerfG v.12.7.1990-1 BvR 355/86, BVerfGE 82, 209(223).

92) BVerfGE 82, 209(223f.).

국가활동은 개입적 성격을 나타낸다. 왜냐하면 판단대상인 개별활동을, 구상에 따라 결합되어 있는 전체 상관관계에 들어감이 없이 그 활동의 목적성이나 직접성의 측면에서 판단한다는 것은 부적합할 것이기 때문이다. 의약품안전법은 가령 제조여건에서 최종 소비자의 복용에 이르기까지 거의 모든 안전과 관련한 현상을 조종하고 있다. 아울러 전체적으로 제약회사의 직업수행은 비교적 조밀한 국가적 규율의 지배를 받는다. 개입개념을 맥락연관적으로 사고하고, 일정한 직업활동을 규율하는 전체규범의 범주를 고려하면, 정보가 의도적으로 전달되는 전체적 상관관계가 직업규율적 경향을, 따라서 정보행위의 기본권과 관련한 특유의 효과를 나타낸다.

투명리스트판결에서의 연방행정법원의 판시 역시 이런 의미에서 이해되어야 한다. 동법원은 기업주가 국가에 의한 영업여건의 변경을 기본권보호가 없는 경쟁압력을 체계내재적으로 강화시킨 것으로 받아들일 수밖에 없다는 견해를 해설하면서, 기본법 제12조 제1항과 관련한 개입개념을 위하여, 전체적 상관관계와 형성적인 영역규율의 특수성을 원용하는 것이 꼭 필요하다고 여겼다. "그러나 일정한 기업에 불이익을 주면서 공익에서 요망되는 결과를 유발하기 위하여, 국가가 의도적으로 어떤 大綱의 여건을 바꾸는 수단으로써 행한 조치의 경우에는 상황이 다르다. 그런 조치는 다른 법적 성격을 지닌다. 국가조치의 단순한 反射로서 사회적 여건이 바뀐 경우와는 대조적으로, 이 경우는 '기본권과 관련이 있는 전형적인 조치'에 해당한다."[93] 연방행정법원이 판결의 전반부에서 일방적으로 목적성 징표를 목표로 삼긴 했지만-이는 사건관련해서 자명하고 투명리스트의 분명한 가격진정적 목표를 고려하면 도그마틱적으로도 타당하다-[94], 주목할 점은 영업여건에 관한 국가적 형성이 전체적으로 직업행사의 규율을 지향하는 경우에는 기본권과의 전형적 관련성을 갖는다고 하는 동법원의 입장이다.[95] '기본권과 관련하여 전형적'이라는 개념과 '직업규율적 경향'이라는 개념 양자는

---

93) BVerwGE 71, 183(193).

94) 개입징표와 관련하여 여기서 주장된 도그마틱적 구상에 의하면, 판단대상인 조치가 목적적으로 기본권의 보호영역과 관련이 있거나 조치의 영향미침이 기본권을 훼손하는 중대성을 나타내는 경우에는 이미 개입이 확실하게 시인될 수 있다. 국가조치의 개입적 성격의 부인만은, 가령 조치의 목적성과 같은 징표가 주어지지 않았다는 점에만 의거할 순 없다. 연방행정법원은 투명리스트판결에서, 목적성 징표가 직업수행의 자유와 관련해서-맥락적 이해의 범주에서- 분명히 충족되었다는 점을 출발점으로 삼았다; 개입적 성격의 시인은 바람직스럽게도 오로지 이 점에 의거할 수 있다. BVerwGE 71, 183(193f.).

95) 연방헌법재판소는 조세법률의 간접적 효과와 관련해서 마찬가지로 '직업규율적 경향'을 목표로 삼았지만, 이것을 주관적-목적적으로가 아닌 객관적으로 이해하였다. BVerfGE 42, 374(384). 연방헌법재판소는 특히 직업자유에 관한 결정에 있어서, -입법자의 주관적 목표와 무관하게-객관적 고찰과 간접적인 유발에서의 개입을 시인하였다. 예: BVerfGE 46, 120(145);57, 139(158);77, 308(332); BVerfG, DVBl. 1992, 276(278). 객관적으로 직업규율적이라 여기게 되어 있는 법률의 개입근거에 관한 헌법상의 요청과 관련하여, 연방헌법재판소는 목적적인 직업규율과 객관적-간접적인 방해(제한)를 전자의 경우엔 개입수위가 더 높다는 식으로 구분하였다. 이에 따라 다음과 같은 원칙이 통용된다: 입법자가 목적성으로부터 멀리 벗어나면 날수록, 직업자유에 대한 개입을 위한 입법자의 형성여지는 더욱더 크다. BVerfGE 46, 120(145);77, 308(332). 직업자유에 대해 객관적으로 영향이 미칠 경우에 개입을 부인하는 것은, 이런 원칙에 배치될 것이고, 입법자가 추구하는 다른 목표를 보호하기 위해서도 꼭 필요하

공히 그 자체로서 보건대, 확장가능한 빈 개념(Leerbegriffe)이다; 이들의 참뜻은 전체 재료가 제시하는 형성밀도에 관해 평가의 불가피성을 위한 표지인 점이다. 국가가 영업여건에서 직업을 규율할 (반드시 최종목표는 아니나)목표를 갖고서, 경제적 활동영역을 더욱 밀도 있게 형성적으로 바꾸면 바꿀수록, 상관관계에 있는 개별조치는 더욱더 분명하게 직업규율적이며, 기본권과 관련하여 전형적인 경향을 보여준다.

(5) 리스크행정의 맥락에서의 개입판정 -의약품 신속정보의 예-

(가) 리스크법률관계에서의 비목적적 조사조치에 있어서의 개입요건의 저하

이처럼 개입을 맥락의존적으로 이해한다면, 가령 의약품신속정보(ASI, Arzneimittel-Schnellinformation)[96]의 실무를 위해선, ASI와 관련한 전체적 상관관계가 직업규율적이라서, 의심(혐의)사건에서 전문적인 公衆에게 알리면서 제품이름을 거명하는 것은 직업규율적 경향이라는 추정을 받는다는 결과를 초래할 것이다. 그러한 논증은 조치의 목적성 그 자체를 목표로 삼지 않는다. 연방보건성(BGA)은 기본적으로 ASI로써 제약회사의 판매를 감소시키거나 그들의 직업수행을 방해하는 것을 추구하지 않았고, 오히려 사안조사가 문제이다. 이들 활동은 그 자체로서 보건데, 결코 교육적이진 않은데, 그 이유는 그 활동이 정보를 통한 조종효과를 목표로 삼은 것이 아니라, 전적으로 행정청의 결정베이스를 확장시키려 하였기 때문이다. 보충적 논제에 바탕을 두고선, 개입이 시인될 수 있을 경우란 기본권적 지위에 대한 방해가 매우 심대할 정도에 달하였을 경우만이다. 아무튼 사안조사만이 문제된다고 해서 개입효과를 일괄적으로 부인할 수는 없다.

ASI의 개입성격을 확정하기 위한 심대성에 대해 무엇이 요구되는지는, 원칙적인 개입적격성으로부터 탐구되어야 한다. 비목적적인 정보행위의 원칙적인 개입적격성이 높은 경우에는, 기본권방해의 강도에 대해 너무 높게 요구되어선 아니 된다. 모든 종류의 리스크정보를 위해서, 다음의 사실을 고려해야 한다: 리스크를 국가가 다루는 것은 이미 정의상으로나 실제적으로도 인식론적 불확실성의 영역에서 행해진다는 점,[97] 그래서 이미 정보를 받은 일반공중이나 전문가적 공중이 리스크정보에 대해서 특별한 민감성이 지닌다는 점. 의심(혐의)요소에 대하여 조기에 알리고, 경험을 교환하며, 주의를 유도할 실질적인 요청을 고려하면, ASI범주에서의 정보행위가 의약품안전성의 목적에 의해 통상적으로 정당화되었다고 하는 사실에는 결코 의문이 없다; 하지만 이

진 않을 것이다. 직업수행에 대한 '소급효과'를 개입으로 본 BVerfGE 57, 139(158) 또한 참조.

96) Vgl. Di Fabio, Risikoentscheidungen im Rechtssaat, §15 C. Ⅲ.3.

97) Vgl. Di Fabio, Risikoentscheidungen im Rechtssaat, §5 E.

것이 개입성격에 대한 물음은 아니다. 리스크조사를 위해서 제품명을 거명하는 것이 실질적으로 정당한지 여부 및 어느 정도로 정당한지는, 개입이 시인될 때 비로소 기본권적 심사프로그램에서 위험스러워질 수 있다. 기본권관련성과 개입효과의 시인에 대해 결정내리는 것은, 바로 정보행위의 가능한 영향미침이지, 결코 국가조치의 善意의 목적은 아니다. 보호법익에서 살펴보건대, ASI의 테두리내에서도 공개비판효과(Prangerwirkungen)의 가능성은 비교적 높다. 개입으로 여겨질 수 있는 것은, 다름 아닌 의약품의 부작용에 대해서 주의를 환기시키는 것이다. 리스크인지의 불가피한 선별성은, 국가정보행위의 개입성격에 관한 논의에 있어서 심각히 고려되어야 할 사정이다. 거의 모든 치료약은 예상하지 않은 유해한 부작용을 드러내기 때문에, 또한 정보수집체계가 결코 완전무결성에 의존하지 않기 때문에,[98] 처방전을 쓰는 의사들에게 일정한 의약품의 부작용을 특히 관찰하여 보고하도록 명령(고시)한 것은, 거의 모든 관련 약품을 불신 및 염려의 의심(혐의)에 빠지게 할 수 있다. 왜냐하면 리스크인지관계가 불균형적이기 때문이다. 리스크영역에서 안전성이 상승한다고 할 때, 리스크인지의 선별성 뿐만 아니라 ASI와 같은 수단에의 의존성도 저지될 수 없다는 사실이, 바로 리스크결정의 특유의 딜레마이다. 그러나 리스크가 경고에 있어서는 위험과 쉽게 동일시되기 때문에,[99] 기본권지위에 대한 분명한 영향이 발생하는 가령 정보행위로 인해 판매감소가 분명히 나타나는 경우에는, 정보행위를 지닌 리스크조사는 이미 개입과 관련이 있다. 조사하는 행정청이 정보를 바로 一般公衆에게 알리거나, 고시내용에 비추어서 경험칙상 一般公衆의 反響이 기대될 정도로 정보를 내용적으로 포착하였다 하더라도, 리스크조사적 정보행위의 개입성격은 시인되어야 할 것이다. 여기서 행정청의 활동은 기본권방해에 관한 의식적 승인이라는 의미에서의 목적성과의 유사성에 빠진다.

따라서 법적으로 조밀하게 규범화된 리스크행정의 영역에선, 제품 · 제조자와 관련한 행정청의 정보행위는, 그것이 좁은 전문가적 공중을 넘어서 一般公衆의 反響을 불러일으킬 정도인 경우에는 일반적인 개입적격성을 나타낸다. ASI의 예를 들어보자면, 이러한 소견은 전문가에 대한 정보제공의 명령(고시)을 통해서 예방적인 의심(혐의)조사를 하기 위해서는 법률적 수권이 꼭 필요하게 여겨질 수 있음을 의미한다.[100]

---

98) Vgl. Di Fabio, Risikoentscheidungen im Rechtssaat, §9.

99) Vgl. Di Fabio, Risikoentscheidungen im Rechtssaat, §3 B. Ⅲ.2.

100) 하지만 리스크행정의 법관계에선 정보상으로는 물론 기타의 조사조치의 개입적 효과가 결코 드물지 않기 때문에, 행정절차법에 부담적 사안조사를 위한 요청을 자세히 상론하는 것과, 리스크조사적 개입을 위한 원칙적인 수권을 부여하는 것도 고려할 만하다.

(나) 법률유보의 원칙을 이행하기 위한 요건을 동조적으로 저하시킬 수 있는가?

그러나 정보상의 비목적적인 리스크조사적 개입을 위해선, 법률적 수권을 현행법상으론(de lega lata) 리스크조사가 행해지는 법률상의 전체적 상관관계로부터도 끌어낼 수 있다. 법률은 집행위임을 통해서 행정청의 리스크조사를 예정하고 있으며, 이를 행정에 대해서 의무로서 과한다. 이러한 한, 비목적적인 정보행위에 있어서 법률유보의 원칙은 의약품법(AMG)의 맥락과 입법목적으로부터 충족될 수 있다. 정보제공적 성질을 띤 비목적적인 기본권개입을 위한 법률적 개입수권을 그렇게 해석할 수 있다는 것은, 이러한 민감한 영역에서 사법심사를 유연하게 형성하는 利點을 가질 것이다. 명시적인 개별수권이 요구됨으로써 법률유보의 원칙이 한정적이면, 비목적적인 개입을 중대성과 직접성과 같이 매우 확장가능한 징표를 통해서 인정하려는 법원의 용의는 저하될 수 있다. 왜냐하면 그러면 사법심사는 이미 행정청에게 불리하게 끝나 버릴 것이기 때문이다. 이와는 반대로, 기본권에 대한 비목적적인 효과의 영역에서 법률유보의 원칙을 이행하기 위한 장애물을 낮게 설정하면, 개입이 더 쉽게 시인될 수 있다. 왜냐하면 그럼으로써 결코 개입의 위법성이 법적 수권의 결여를 이유로 확실해지진 않기 때문이다.

법률유보의 원칙은 그것의 헌법적 기능[101]을 주의하면서, 고려되는 해당 기본권의 보호영역의 특수성에 부합하여야 할 뿐만 아니라, 실체적 법상황의 특수성과 사실영역의 특별한 여건에도 일치하여야 한다. 이는 복잡한 판단 · 결정의 상관관계의 영역에서의 정보적 국가활동을 위해선 다음의 사실을 의미한다. 즉, 행정청이 비목적적으로 기본권적 지위에 개입하는 경우를 위한 개별법률이 갖는 규율상의 상관관계로부터 그 법률적 수권을 도출할 수 있다는 것이다. 법률유보원칙의 이행을 그처럼 유연하게 하고 맥락화시키는 데 찬동하는 논거가 바로 (기본권)방해의 불예측성인데, 이 방해는 사전적인 법률적 규율을 종종 불가능케 하거나 억지로 극단적으로 일반화시켜 규정하도록 만든다.[102] 법률유보의 원칙을 기본권보호의무에서 우회하거나 다른 헌법규범에서 수권을 도출하는 데 대해서 정당하게 제기된 법치국가원리에 입각한 의문이, 여기서 말한 의미로 법률유보원칙의 이행을 맥락화하는 것에는 주효하지 않다. 리스크조사에 있어서 개입적 효과를 지닌 비목적적 정보행위를 형식적 법률이 허용하는지 여부를 논의하기 위한 논증의 토대는, 바로 명료하고 상대적으로 조밀한 개별법상의 규율(규정) 전체이다. 이러한 규율 전체에 비추어, 개별사건에서 흡사 정보조종적 리스크

101) 상세: Roth, Verwaltungshandeln mit Drittbetroffenheit und Gesetzesvorbehalt, S.174ff. 특히 의회유보의 의미에서의 법률유보에 관해선 vgl. Staupe, Parlamentsvorbehalt und Delegationsbefugnis, S.162ff.

102) Roth, Verwaltungshandeln mit Drittbetroffenheit und Gesetzesvorbehalt, S.176, 336, 349f.

조사와 필연적으로 결부된 기본권개입을 허용하는 의회의 의사를 읽을 수 있다. 왜냐하면 입법자가 의심스러운 경우에 제조자의 권리보다 의약품안전에 대해 우위를 부여하고 있으며, 이 점이 이런 사안조사의 상황에서도 전제되어야 하기 때문이다.

(6) 정보행위에 있어서 개입논의에 관한 소결

국가정보행위의 개입도그마틱과 관련해서 일반적으로 견지될 수 있는 사실은, 목적적 정보행위와 비목적적 정보행위간에 분명한 구분이 이루어져야 한다는 것이다. 목적적 정보행위는 새로운 조종형식을 통해서 공적 목적을 이행하는 것을 목표로 삼는다; 그것은 교육적 국가관의 표현이다. 가령 시장에 대해선 명령이나 금지에 갈음하여 영향을 미칠 목적적 정보행위는 해당 기본권에 대한 개입으로서 항상 고려된다는 점은 따로 상론할 필요가 없다. 활동하는 국가에게는 중요하지 않고 또한 국가가 심지어 피하려고 한 기본권방해는 판단내리기 더욱 어렵다. 여기서 판례는 방해의 중대성이나 원인유발의 직접성과 같은 귀속기준을 필요로 한다. 의약품법상의 리스크법률관계를 고찰해 보면, 목적적 · 비목적적 정보행위의 구분이 중요하긴 하나 완전히 고수될 순 없다는 점이 분명해진다. 가령 국가가 어떤 직업상의 활동을 조밀한 법률적 규율과 그에 따른 행정청의 감시에 복종시킨 경우에는, 국가의 통제활동으로 인한 기본권상의 '부작용'-가령 전문가적 公衆에 대한 의심(혐의)조사로 인한 판매손실-이 전혀 규율되지 않은 사안이나 행정청의 감시가 없는 경우보다는 오히려 국가에 귀속되어야 한다. 따라서 법률상의 리스크법률관계에서는 비목적적개입이 더 쉽게 시인될 수 있다. 다른 한편 그런 리스크법률관계에서도, 부문(개별)법률의 맥락에서 입법자가 정연한 리스크조종의 일정한 부수적 결과를 분명히, 필연적으로, 당연하게 받아들이려고 한 경우에는, 법률유보원칙의 이행이 저하될 수 있다(법률유보원칙이행의 맥락화). 맥락화(Kontextualisierung)를 통해 법률유보원칙을 유연하게 적용할 가능성이 있다 하더라도, -가령 직권조사원칙인 행정절차법 제24조에 대한 보완으로서-사안석명적이고 개입적인 정보조사행위를 위한 한정적인 수권이 행정절차법에 담겨질 수 없는지 여부가 고려되어야 할 것이다.

4. 實體釋名에서의 注意義務-행정절차법 제24조가 정보행위에 적용될 수 있는지

국가부처가 리스크영역에서의 정보행위를 행하기 전에 사안을 석명하기 위해서 어떠한 의무를 지는가의 물음은, 바로 행정청의 직권조사의무의 정도이다. 직권조사의무에 대한 위반은 행정결정의 위법성을 초래하는데, 재량결정이나 판단여지가 있는 결정에 해당할 경우에 특히 그렇다(참조: 행정절차법 제46조).[103] 직권조사의무의 정도

에 관한 규정은, 직무의무위반(기본법 제34조, 민법 제839조)의 존재여부를 심사할 때 보충적으로 중요한 역할을 한다. 직권조사의무의 범위는, 사안이 언제 석명불가능하게(unaufklärbar) 여겨져야 하는지의 문제와도 관련이 있다; 그리하여 이는 입증책임문제를 위한 선결문제의 일부이다.[104)]

행정절차법 제24조는 제1항에서 職權調査原則(Amtsermittlungsprinzip)을 규정하여 소관 행정청으로 하여금 사안석명의 주재자가 되게 만들었다.[105)] 동조 제2항은 석명의무의 정도를 분명히 하였다. 즉, 행정청은 개별사건을 위해 중요한 –관계자에게 유리하기까지도 한– 모든 상황을 고려해야 한다. 무엇이 개별사건을 위해 중요한지는, 특히 실체법적 상황의 규준에 좌우되는데, 뿐만 아니라 사실적 바탕이 된 개별사건의 특수성에도 좌우된다. 따라서 행정절차법 제24조의 직권조사의무의 정도는, 일반적으로서가 아니라, 실체적 법상황의 배경, 사안조사의 사실적 한계, 私人의 협력의무에 의해서 정해질 수 있다.

국가리스크조종의 영역에선 사안석명의 꼭 필요한 정도가 전적으로 위험의 크기에 의거해서 정해질 순 없다; 오히려 추가로 리스크결정의 전형적 구조를 염두에 두어야 한다. 리스크결정의 구조적 요소는, 인식상의 불확실성과 평가 · 비교에의 의존성이다. 엄밀한 의미에서 모든 리스크결정은 사안을 완전히 밝힐 수 없는 어려움을 겪는다. 하지만 법률이 개입요건을 충족하는데 일정한 의심(혐의)상황으로 충분하다고 한 경우에는, 충분한 의심(혐의)을 확인함으로써 사안도 밝혀진 셈이다. 하지만 리스크결정이 지닌 잠정성은 의심(혐의)의 확인 · 번복과 관련하여 행정청의 지속적인 조사의무를 발생시킨다.

리스크와 관련한 정보행위는 바탕이 되는 사안의 신빙성(신뢰성)과 관련해서 특별한 주의의무가 기울여지는데, 이유인즉 그것이 불확실한 영역에서의 결정에 해당하기 때문이다. 의약품법상의 정보행위에 관한 고찰에서 드러나듯이, 이러한 행위형식은

---

103) 행정절차법 제46조가 흠있는 사안석명으로 인한 하자에도 적용되는 데 대해서 비판적인 것으로 vgl. Pestalozza , Der Untersuchungsgrundsatz, in : FS zum 50jährigen Bestehen des Richard Boorberb Verlages, 1977, S.185(199f.).

104) 민사법에서 통용되는 입증책임원칙인 授益原則이 공법에도 제한없이 적용될 수 있는지는 의문스럽다. Pestalozza, Der Untersuchungsgrundsatz, in : FS zum 50jährigen Bestehen des Richard Boorberg Verlages, S.185(196f.). 입증불가능에 대해 그때그때 법률상의 리스크배분을 어떻게 행할 것인지는 통상 오로지 특별법률로부터 끌어낼 수 있다. Vgl. Di Fabio, Risikoentscheidungen im Rechtssaat, §6D. Ⅱ.3 und §8 A.Ⅶ. 석명불가능한 사안에서의 결과에 대해서는, 추가적으로 입증책임물음을 위하여 협력의무의 규정도 영향을 미친다. Vgl. Redeker, Untersuchungsgrundsatz und Mitwirkung der Beteiligten im Verwaltungsprozeß, DVBl.1981, 83ff.

105) 그렇지만 전적으로 이것은 행정이 사안조사에서 행정이 사안조사에 있어서 한편의 설명이나 증거에 좌우되지 않음을 전적으로 의미한다. 행정절차법 제24조 2항은 결정과 관련한 실체적 법규범과 연계하여 조사에 관한 지배의 실질적 범위에 대해 결정을 내린다. Pestalozza, Der Untersuchungsgrundsatz, in : FS zum 50jährigen Bestehen des Richard Boorberb Verlages, S.185(186).

의심(혐의)영역에서 행정행위로서 발해지는 시판후결정(판매금지 · 중지)보다 인식상의 불확실성을 종종 더 많이 보여준다. 특히 ASI처럼 사안조사의 범주내에서 이미 개입적 효과를 얻을 수 있는 정보행위나, 투명리스트처럼 전혀 이질적인 경험바탕에서의 비교평가에 특히 의존하는 정보행위는, 사안조사가 어느 정도로 필요하고 충분한지에 관한 문제를 제기한다. 그런 물음의 특별한 문제점은 그러한 고찰의 입지가 실체적 법적용과 절차원칙사이에서 流動하는 데 있다. 부담적 정보행위가 존재할 때 과연 법률적 수권의 요건이 충족되었는지 여부에 관한 실체적 심사의 테두리내에서, 개별사건에서 결정하여야 할 점은 행정청이 충분히 조사하였는지 여부인데, 더불어 이는 사법심사에도 적용되는 직권탐지주의(Untersuchungsmaxime)를 참작하여 재량결정과 판단여지부결정의 경우에만 매우 중요하다. Hill은 절차관점에서, 행정청에 대해서 사안조사와 관련해서 절차재량을 부여할 것을 요구한다.[106] 그러나 외부전문가나 다원적 위원회의 중요한 참여하에 성립하는 복잡한 행정결정에 관한 실체적 심사가 사법적으론 행정결정과 사법결정의 합동이란 의미에선 불가능한 경우에는, 추가로 판단여지를 위하여 사안석명에서의 특별한 절차재량이 부여될 순 없다.

리스크행정에서의 실체법의 操縱不全(불충분)을 행정절차를 −대체까진 가지 않더라도−보상적으로 격상시킴으로써 줄일 수 있을뿐더러 줄여야 한다는 사고는, 오히려 내부적인 사안조사에 관해 더 높은 법적 요청을 설정할 것을 요구한다. 하지만 불확실한 영역에서의 결정의 경우에, 행정청의 강화된 사안석명의무를 일반적으로 출발점으로 삼을 순 없다.[107] 리스크결정상의 법률이 법익과 관련한 보호목적을 인식론적으로 앞당겨서 의심(혐의)영역에서의 사안조사의무에 관한 높은 요청이 실체적 행정목적에 배치되게 되어버렸다는 점이 그러한 사고를 방해할 것이다. 하지만 리스크재료에선 통상 들어맞는 안전목적의 우위와 리스크결정의 특별한 구조로 인해, 사안조사의 범주내에서의 조직상의 대비와 체계화가 적어도 요구된다.

리스크에 관한 기본권적으로 민감한 정보행위에 있어서, 행정청은, 조사한 모든 리스크정보가 심사되지 않은 채 一般公衆에게 전달되지 않을 정도로 그 내부조직을 이상의 여건에 맞추어야 한다. 학술의존적인 리스크평가의 경우에 신속하고 유능하게 결정내릴 수 있기 위해서 충분한 학술적 전문가가 준비되어 있다는 점이 오히려 확고히 되어 있어야 한다. 비교평가를 요구하는 정보에 관한 한, 전문분야의 복수성을 보장하기 위한 최소한의 조건 역시 고수되어야 한다. 가령 특별한 치료방식을 지닌 의약

106) Hill, Verfahrensermessen der Verwaltung, NVwZ1985, S.449(453).

107) 이 점에서 Berg는 이와 관련한 사회법의 특별한 역할과 관련지어서 부인하는 서술을 하였다. Vgl. Berg. Zur Untersuchungsmaxime im Verwaltungsverfahren, DV.1976, S.161(172).

품에 대한 의심(혐의)조사절차의 경우에는, 이런 치료법의 전문가를 동원하거나 청문을 해야 한다.

그러는 한에 있어서, 의약품법상의 (임상시험상의) 단계계획절차는 국가정보활동의 다른 영역(가령 식품법이나 식물보호법)을 위한 본보기기능을 요구한다. 왜냐하면 그곳에선 학술에 의존하는 의심(혐의)영역에서의 행정청의 활동을 조직상으로 합리화하는 시도가 존재하기 때문이다. 광범한 정보수집 및 상이한 입장과 관점에 관한 앎에 특별히 의존하는 (리스크)결정영역에 있어서, 가능한 광범한 결정근거(기초)를 얻기 위해선, 관련자를 협력적으로 참여시키는 것 역시 이런 조직상의 대비에 속한다.[108] 오로지 관련인만이 리스크를 완화된 수단(이나 동일한 적응성)을 갖고서 어떻게 완화될 수 있는지에 관한 사고와 정보를 종종 사용할 수 있다는 점에서도, 관련인의 참여는 원칙적으로 사안석명을 위해 불가결하다.[109] 아울러 행정청은 그의 정보행위의 가능한 결과를 조사하고 형량하여 고려해야 할 의무를 진다.[110] 리스크결정이란 사실영역에서는 물론 국가정보행위란 행위형식내에서도 비례원칙에 대하여 특별한 제한기능이 부여되기 때문에,[111] 이러한 형량과 상대화의 규준(즉, 비례원칙)의 적용이 관련인의 情報源을 포함한 상응한 사안석명에 의해서 준비되어 있어야 한다.

(임상시험상의) 단계계획절차를 진행시키는 것이, 행정절차법 제24조 제2항의 요청을 충족시키는 사안조사의 證左로 여겨질 수 있다. 정보행위가 리스크의 편재성과 관련하여 자의의 요소를 담지 않도록 그리고 특별한 근거제시요청이 충족되도록 하기 위하여, 리스크평가에 관한 행정청의 구상을 파악하고 기초로 삼는 것 또한 정보행위 이전의 세심한 사안조사를 위한 증좌일 수 있을 것이다. 이에 따라서 리스크와 관련한 경고와 다른 정보행위를 위해서, 행정절차법 제24조 제2항상의 원칙을 충족할 것을 내용으로 하는 행정청의 사안조사상의 요청을 일반적으로 완화한다는 것은 결코 있을 수 없다.[112] 반대로 학술적-인식론적 불확실영역에서의 제품관련한 정보행위에서의 사안석명의무는, 적정한 조직상의, 절차법상의, 인적상의 기본설비를 참작하여 상승하였다. 다른 한편 리스크행정에서의 정보행위가 종종 사안조사에 기여하고, 동시에

108) 협력원칙에 관해선 vgl. Di Fabio, Risikoentscheidungen im Rechtsstaat, §13 Fn.1.

109) 이 밖에 관련인을 적시에 청문하는 것이 -행정절차법 제28조를 국가정보행위에 유추적용하여- 행정청의 법적 의무에 해당한다. 행정절차법 제28조의 통용은 법치국가원리에서 직접적으로도 도출된다. 동원리의 개별조항적 구체화가 바로 행정절차법 제28조이다. Philipp, Staatliche Verbraucherinformation im Umwelt-und Gesundheitsrecht, S.227f. LG Stuttgart는 올바르게 동조가 단순-고권적 행정에도 적용됨을 판시하였다. LG Stuttgar NJW 189,2257(2261). 즉, 정보행위가 '발해지기' 전에, 동조의 한계내에서 관련인에게는 견해표명의 기회가 제공되어야 하는데, 정확히 말하자면 이런 견해표명이 국가조치에 영향을 끼칠 수 있다.

110) 이런 요건에 관해서 약간 숨겨진 것으론 vgl. OLG Stuttgart, NJW1990, 2690ff. 분명한 것으론 vgl. LG Stuttgart, NJW1989, 2257(2260f.).

111) 이에 관해선 바로 뒤에서 서술한다.

112) Heintzen, Behördliches Informationshandeln bei ungewissem Sachverhalt, NuR1991, S.301(303f.).

개입적 효과를 지닐 수 있음을 간과해서는 아니 된다. 여기서 사안석명의 범위에 대해 매우 높은 요청을 설정하는 것은 바로 사안석명의무를 원용한 사안석명을 제지하는 셈이다.

5. 比例原則

비례원칙은 국가활동에 대해서 보편적으로 통용되는 규준으로서, 헌법에 근거를 두고 있다.[113] 이는 법적 합리화사고와 사회적 합리화사고를 결합시킨 것이다.[114] 안전성보장을 목표로 하는 국가활동이 목표와 수단을 참작하여 상당한지(적정한지) 여부에 대해, 법원과 마찬가지로 一般公衆도 관심을 기울인다. 위험방지법에서 특히 중요한 비례원칙은, 전통적 위험방지의미에서의 안전목적의 실현을 저지하려는 것이 아니라, 개인적 법익에 대한 부담을 불가피한 정도에 국한하려는 것이다. 비례원칙은 추가적으로 법률적 개입성립요건의 개념상의 조종·한정력이 저하되는 경우에 중요하다. 그러한 한, 리스크나 의심(혐의)상황의 존재가 개입수권으로 간주되고, 비례원칙이 특별하게 언급되는 곳에선, -가끔은 전적으로- 체계적합한 법익조화의 의미에서의 법적 합리화를 확고하게 하는 것이 동원칙이라는 사실이 의미로운 것같다.

Birkel사건은 국가정보행위 가운데 하나에 관한 것인데, 이 국가정보행위는 국가경고가 어떠한 개입의 잠재성을 지닐 수 있는가를 예증할 뿐만 아니라,[115] 상당한 수단의 필요성도 여실히 보여준다. 상표와 회사명을 의도적으로 거명함으로써, 민감한 一般公衆을 배경으로 하여 해당 기업은 심각하게 가끔은 회생불능에 처할 수도 있다.

사안석명의 범위는 물론 경고여부와 그 방법에 대한 결정까지도 비례원칙의 지배를 받는다. 특히 행정청은 가장 덜 피해를 주는 조치를 선택해야 한다. 의약품통제처럼 학술적 특징을 띈 사실영역에선, 부작용리스크에 관한 첫 번째 근거점을 전문가들에게 알릴 때 광범한 一般公衆과는 일단 무관하게 하는 식의 정보조치가 가장 덜 피해를 주는 조치에 속한다. 특히 정보를 얻기 위해서 정보를 주는 식으로 개입수위보다 낮게 행해지는 리스크조사(특히 ASI)는, 반드시 조사목적이 요구하는 정도에서만 정보제공을 하여야 한다. 리스크조사의 다른 적합한 조치가 이용될 수 있는 경우에는-가

---

113) Vgl. BVerfGE 69, 1(35). Lerche는 항상 기본적으로 비례원칙을 법치국가원리에 근거를 두는데 찬동한다. Lerche, Übermaß und Verfassungsrecht, 1961.

114) 비례원칙 일반에 관해선 vgl. Grabitz, Der Grundsatz der Verhältnismäßigkeit in der Rechtsprechung des Bundesverfassungsgerichts, AöR Bd. 98(1973), S.568ff.; Wendt, Der Garantiegehalt der Grundrechte und das Übermaßverbot, AöR Bd.104(1979), S.414ff; Dechsling, Das Verhältnismäßigkeitsgebot, 1989; Jakobs, Der Grundsatz der Verhältnismäßigkeit, 1985; ders., DVBl.1985, S.97ff.; Ossenbühl, Maßhalten mit dem Übermaßverbot, in: Badura/Scholz, FS für Peter Lerche, 1993, S.151ff.

115) LG Stuttgart, NJW1989, 2257(2258).

령 국제적 기관에 문의하거나 전문의견의 수집 등-, 통지된 의심(혐의)이 제조자의 권리에 대한 개입효과를 가져온다 할 것 같으면, 제품명을 거명하는 식의 정보행위를 선택하여선 아니 된다.

-사법절차와의 평행선을 명백히 획정하듯이-, 一般公衆의 행정절차의 참여는 이따금 법치국가적 행정법의 구성요소로 여겨졌다.[116] 그러나 의심(혐의)영역에서의 정보행위란 작용형식과 결정절차상의 민감성으로 말미암아, 거꾸로 행정청으로 하여금 이것이 의약품안전성에서 요구되는 것만큼 공개를 허용하거나 조성할 의무를 지우는 것은 고려할 만한 것같다. 유사하게 정보에 민간화나 공개조성을 목표로 하는 의회의 조사권과 결합하여, 조사업무와 무관하거나 상당하지 않은 기본권개입을 제지하기 위하여, 꼭 필요하다고 여겨진다.[117]

6. 情報行爲의 瑕疵效果로서 結果除去負擔?

위법성으로 증대된 하자제거의무가 정보행위의 하자효과로 여겨질 수 있다. 사실행위의 법위반이 주관적 권리침해가 될 경우, 정보행위에 법적 규율내용이 없기에 이런 행위는 권리를 무효화시키는(즉, 消效, 取消) 효력은 지니지 못하나 권리설정적 결과는 야기할 수 있다. 개인적 권리를 방해하는 사실행위는 집행이전에는 공법상의 부작위청구권(Unterlassungsanspruch)을, 집행이후에는-지속적인 권리방해의 요건하에- 결과제거청구권[118]을 성립시킨다. 부작위청구권과 결과제거청구권을 자명하게 성립하는 결과(효과)로서 여길 경우에는,[119] 사실행위를 적용형식으로, 결과제거청구권을 그것의 하자효과로 표현한 Hufen의 주장에 동의하여야 한다.[120] 무효, 무효가능성, 효과없음(효과불발생) 뿐만 아니라, 회복청구권 · 손실보상청구권도 하자결과에 해당한다.[121]

---

116) 이에 관해선 vgl. Di Fabio, Risikoentscheidungen im Rechtsstaat, §9 C.Ⅲ.2.a).

117) BVerfGE 67, 11(134); 77, 1(47). 공개제한과 관련하여 이들 결정에 대한 비판으로 vgl. Richter, Privatpersonen im parlamentarischen Untersuchungsausschuß, 1991, S.100ff.

118) 결과제거청구권과 그것의 도그마적 유래에 관해선 vgl. Bacbof, Die verwaltungsrechtliche Klage auf Vornahme einer Amtshandlung, 1951, 2.Auflage 1968, S.98ff ; Hass, System der öffentlich-rechtlichen Entschädigungsplichten, 1955, S.54ff; Wolff/Bacbof, Verwaltungsrecht Bd. I, 9.Auflage, 1974, §54 II; Osenbühl, Staatshaftungsrecht, S.240ff.; Schoch, Folgenbeseitigung und Wiedergutmachung im öffentlichen Recht, VerwArch. Bd.79(1988), S.1ff.; Schenke, Der Folgenbeseitigungsanspruch bei Verwaltungaskt mit Drittwirkung, DVBl.1990, S.328; BVerwG, NJW1972, 269; BVerwGE 69, 366(370); BVerwG, NJW1989, 2272(2277).

119) Morlok, Die Folgen von Verfahrensfehlern am Beispiel von kommunalen Satzungen, 1988, S.140f. 이런 청구권이 처음 주장되어야 한다는 상황이 하자효과의 직접성에 반하는 아무런 논증을 제공하진 않는다. 왜냐하면 행정행위의 可爭性(쟁송취소가능성)이란 성격 역시 행정행위에 수반되긴 하나, 쟁송제기 없인 (법적으로 결정을 내리는) 폐지를 야기하진 않기 때문이다.

120) Hufen, Fehler im Verwaltungsverfahren, 1991, S.324f. Vgl. Di Fabio, System der Handlungsformen und Fehlerfolgenlehre, in: Becker-Schwarze u.a.(Hrsg.), Wandel der Handlungsformen im Öffentlichen Recht, 1991, S.47(61ff.).

따라서 정보행위 역시 瑕疵指向的인 행위체계에서 자리를 차지한다. 작용형식체계는 하자효과적 관점하에서 4가지 유형으로– 행정행위, 행정계약, 법률하위규범, 정보행위로 완성된다.

* Juris Forum(충북대법학연구소) 제2호, 2002.6., 174면 이하 소수.

---

121) Morlok, Die Folgen von Verfahrensfehlern am Beispiel von kommunalen Satzungen, S.140ff.

제 10 장

行政自動化와 行政節次

Ⅰ. 처 음 에

1990년대에 들어와서 우리나라는 본격적인 정보사회로 진입하기 시작하여, 오늘날에는 PC보급400만대, CATV가입 100만가구를 돌파하였으며, 위성방송이 널리 보급되고 있다. 그리하여 각급조직별로 부분적 · 단절적 정보화에서 종합정보통신망(ISDN)을 통한 통합적인 정보시스템의 구축이 본격화되고 있다. 정부 역시 정보사회를 실현하기 위해 지난 1995년 3월 14일에 초고속정보통신기반구축을 위한 종합추진계획을 확정하였으며, 또한 동년 8월 4일에 정보화촉진기본법을 제정하여 초고속정보통신기반구축사업의 법적 근거를 마련하였다.

오늘날 행정정보화에 관해선 행정학 특히 행정정보체계론에서 주로 논의되고 있으며, 행정법분야에서도 개인정보의 보호와 행정정보공개가 활발히 논의되고 있다. 그러나 행정정보화는 행정은 물론 국민 일반에게 커다란 영향을 미칠 뿐만 아니라, 그 양태가 다르기 때문에 종래의 법적 · 제도적 장치로 대응하기에는 미흡한 점이 많다. 따라서 기존의 행정법체계를 정보사회에 맞게끔 재구성할 필요성이 제기되고 있다.[1)]

1) 이에 관해선 金南辰, 정보화사회와 행정법체계의 재구성, 월간고시, 1991.8; 洪準亨,초고속정보통신기반의 구축과 행정법, 고시계, 1995.11; 정보화사회의 전개와 입법적 대응, 연구보고 92-1(한국법제연구원), 1992.2. 참조.

특히 정보사회에서는 모든 정보와 메시지를 실시간에 전달·대화할 수 있는 쌍방적 의사소통이 자유로이 행해짐으로, 종래 우위를 점했던 간접적·추상적 상호작용은 후퇴하고 직접적·대면적 상호작용이 부각되고 있다. 단적인 예가 PC통신을 통한 행정예고와 의견수렴, 행정결정의 통지 등이다.

정보화란 정보를 생산·유통·활용하여 사회 각 분야의 활동을 가능하게 하거나 효율화를 도모하는 것을 말하므로(정보화촉진법 제2조 제2호), 자동화는 정보화의 일부이며 사실 행정자동화와 그로 인한 행정자동결정은 행정정보화의 시작에 불과하다. 하지만 대량성과 동형성(동종성)을 개념적 징표로 하는 행정자동결정에서 그것과 직접 관련이 있는 사항을 제외하면 행정자동결정에 관한 논의 가운데 대부분은 행정정보화의 포괄적 논제에서도 여전히 통용될 수 있을 것이다. 행정행위를 전송으로 통지하는 것이 대표적 예다.

따라서 본 연구는 행정자동결정의 절차법적 문제에 관하여 해석론적·입법론적 해결책을 탐구하여, 행정절차법을 나날이 발전하는 정보통신기술의 수준에 상응하게 정립하도록 도모하고자 한다. 앞서 행정절차의 목표, 법률집행의 간소화·표준화, 행정자동결정의 能否 등이 논의되어야 하나, 한정된 지면에서 관련 쟁점 모두를 다루는 것은 가능하지도 적절하지도 않다.[2] 이 글은 본시 행정절차법제정에 앞서 그 법안의 문제점을 바로잡기 위해 준비되었는데, 그간 동법이 제정·공포되었기에, 여기서는 1998년 1월 1일부터 시행될 행정절차법을 중심으로 논하겠다.

Ⅱ. 行政自動節次의 槪念

1. 자동화와 행정절차의 이해

결정과정의 構造化를 가능케 하는 사전결정의 연쇄와 그것의 학문적 기준은 행정에 자동화(자동데이타처리)가 도입됨으로써 재평가되었다. 그것은 결정론적 관점을 법학적 논의에 끌어들였으며, 그리하여 학문적으로도 일대 전환을 가져왔다. 종래에는 법학적 결정행위의 偶然性·先在性·非統制性만이 강조되었으나, 자동데이타처리시설이 도입된 후에는 결정발견을 정의가능한 정보처리단계의 연속으로 이해되곤 한다. 자동화는 물론 법학적 결정발견의 특수한 형식이라는 의미에서의 행정절차 역시 데이타처리라는 공통된 측면에서 고찰될 수 있으며, 아울러 양자는 기본개념인 '정보'라는

2) 이에 관한 자세한 것은 졸고, 행정자동절차에 관한 법적 고찰(고려대 박사학위논문), 1993.6. 참조. 追論: 행정자동결정 즉, 자동적 행정행위의 실체법적 차원의 제 문제(법치국가의 원리에의 합치성 여부, 프로그램의 법적 성질, 효력과 하자, 취소와 철회)에 관해선 행정법기본연구Ⅰ, 354면 이하 참조.

기호론적 범주를 통해서 밀접한 관련을 갖는다. 따라서 (광의의)행정절차란 일단 정보와 정보처리상의 解사이에 행해지는 選擇過程이나 取捨過程으로 볼 수 있다.

2. 決定過程自動化의 樣態

결정과정의 정보처리단계가 더 이상 인식론적으로 실행되는 것이 아니라, 자동데이타처리시설, 즉 컴퓨터를 통해서 실행되는 경우에 비로소 결정과정을 자동화했다고 할 수 있다.[3] 여기에는 다음의 두 가지 경우로 구분될 수 있다. 하나는, 전체 결정과정의 개개의 단계에서 자동데이타처리시설이 사용되지만, 그것의 산출(Output)만은 명백히 사람에 의해서 행해지는, 즉 最終決定行爲만은 여전히 사람이 행하는 경우이다. 다른 하나는, 최종의 결정단계까지도 포함하여 자동화함으로써, 그 과정을 종결시키는 산출마저도 자동데이타처리시설로부터 직접 도출되는 경우이다. 이 경우 최종의 결정안을 통지하는 데 사람이 개입할 수 있으며, 물론 그것마저 자동화될 수도 있다. 양자의 구별은 節次法的으로 대단히 중요한 의미를 갖는다.

우리 행정절차법안과 독일 연방행정절차법 · 조세기본법 · 사회행정절차법은 행정행위를 발하기 위한 일련의 행정과정을 자동화하는 데 대하여 특별한 의미를 부여하여 그것에 예외적인 법적 효과를 결부시키고 있다. 즉, 해당 법규정들은 요식성, 이유제시 및 청문과 관련하여 일종의 節次緩和를 규율하고 있다.[4] 그런데 이러한 절차완화는 앞에서 본 후자의 경우, 즉 결정과정의 종결단계마저도 자동화한 경우처럼 고도의 자동화수준에 달한 경우에만 유보될 수 있다 하겠다. 왜냐하면 原則과 例外의 體系上 예외에 해당하는 절차완화란 최대한 억제되어야 하며, 더구나 일련의 결정과정에 인간의 행위가 개재되어 있다 함은 절차완화를 정당화시킬 수 없기 때문이다. 따라서 最終決定行爲만은 여전히 인간이 행하되, 그밖에는 자동데이타처리시설에 의해서 실행되는 경우에는 절차완화에 해당하는 예외규정이 적용되지 않는다. 이처럼 자동화의 수준에 따라 실정법의 적용을 달리 한다면, 전자의 경우는 '자동데이타처리보조(지원)절차'나 '행정자동보조절차'로, 후자의 경우는 '행정자동절차'(automatisiertes Verwaltungsverfahren)나 '자동데이타처리절차'로 부르는 것이 바람직하다.

---

3) 이 점 또한 행정자동절차의 주요 징표 가운데 하나에 해당한다.

4) 우리 행정절차법안(1997년) 제26조 제1항 제2호; §§28(2) Nr.4, 37(4), 39(2),Nr.3 VwVfG; §§91(2) Nr.4, 119(4), 121(2) Nr.3 AO; §§33(4), 35(2) Nr.3 SGB-X.

3. 行政自動節次의 主要 徵表

(1) 大量性과 同形性(同種性)

행정자동화란 그 자체가 목적이 아니라, 무수히 같은 모양으로 반복되는 大量行政의 사안을 처리하기 위한 수단 내지는 통제할 수 없을 정도로 광범위한 복잡성을 축소시키는 원동력에 해당한다. 독일 행정절차법 등이 대량의 同種處分과 行政自動決定에 대하여 동일한 법적 효과를 결부시킨 사실은, 그들 법의 입법자들 역시 행정자동절차의 大量性과 同種性을 전제하고 있음을 엿보게 한다. 그러나 同種性이란 모든 행정행위가 하나의 법적 근거 및 사안에 의거한 경우에만 인정할 수 있으며[5], 엄밀히 보아서 행정자동결정은 대개의 경우에 동종적(gleichartig)이기보다는 동형적(gleichförmig)인 점을 간과해서는 아니 된다. 양자가 엄격히 구분되어야 함에도 대체로 같게 혹은 전자를 포괄적으로 이해하고 있다. 따라서 여기선 아쉽지만 타협적으로 이해하고자 한다.

한편 행정자동절차가 행해지는 상황을 '대량절차'(Massenverfahren)라고 명명하는 것은 타당하지 않다. 대량절차란 원칙적으로는 개별절차(einzelne Verfahren)인데, 다만 이례적으로 많은 사람이 참여함으로써 다수의 직무행위가 동시에 필요하게 된 데 불과하다.[6] 이에 반하여, 행정자동절차의 경우에는 다수의 행정행위를 발하기 위한 大量의 同形節次가 문제된다. 따라서 대량절차보다는 '대량행정'이나 '대량적 행정행위'라는 용어를 사용하는 것이 바람직하다.

(2) 最終産物의 법적 행위로서의 성질

행정자동절차에 따른 자동화된 最終産物은 법적 행위로서의 성질을 갖는다. 여기서 자동화된 最終産物(행정자동결정)이란 외부효를 발생시키는 다수의 동형적 결정이라 할 것인 바, 행위형식상으로는 행정행위에 해당한다. 따라서 계약을 통하여 행정목적을 수행할 필요성과 아울러 그의 유용성에 대한 인식이 높아지고 또한 현대국가에서의 행정기능의 확대와 관련하여 공법계약이 증가한다 하더라도, 공법계약은 원칙적으로 행정자동절차에 친숙하지 않다. 물론 공법계약이 한층 일상적인 행위수단이 된다면, 사전에 인쇄되고 유형화된 계약양식을 작성하는 식으로 행정이 바뀔 것이라고 주장할 수도 있다. 그러나 그와 같은 계약에 행정이 아직 익숙하지 못한 것이 사실이다.

독일 행정절차법등은 행정자동절차의 最終産物이 당연히 행정행위임을 전제하고서 이에 관하여 규율하고 있다. 그러나 민사영역에서 자동화된 의사표시와 컴퓨터 등

5) Stelkens/Bonk/Leonhardt, VwVfG Kommentar, 1993, §28 Rdnr.46.

6) Schmel, Massenverfahren vor den Verwaltungsbehörden und den Verwaltungsgerichten, 1982, S.59.

을 통한 계약의 例가 급속히 출현하고 있는 사실은, 행정자동절차의 최종산물의 법적 성질을 논함에 있어서 앞으로의 방향을 예상하게 한다.

4. 結 語

자동화된 행정절차 즉, 행정자동절차가 특별한 절차유형에 해당한다고 보기는 어렵다. 이러한 점은 행정절차법(안)이 행정자동절차에 관해서 총괄적으로 규율하고 있지 않은 사실에서도 잘 알 수 있다. 그럼에도 불구하고 행정자동절차의 경우에 법적 효과라는 측면에서 청문이나 이유제시의 생략과 같은 결과가 발생한다는 사실을 감안한다면, 그 개념을 명백히 할 필요가 있다. 결론적으로 行政自動節次(自動데이타處理節次)라 함은 '다수의 同形的(同種的)인 행정행위를 자동데이타처리에 의거해서 발하는 대량의 同形(同種)節次'라 정의내릴 수 있다.[7)]

한편 행정자동절차의 허용성이 문제될 수 있다. 이는 행정자동결정의 허용성과도 직접 관련이 있는데, 독일의 경우 절차진행의 간단성이나 합목적성 등과 같은 절차적 목표가 행정절차의 무형식의 원칙(동법 제10조)에 규정됨으로써 전혀 문제가 되지 않는다. 우리 행정절차법에 그와 같은 규정이 없는 점은 아쉽다.[8)]

Ⅲ. 行政自動決定의 槪念 및 性質

1. 行政自動決定의 槪念

행정자동결정이란 행정자동절차의 최종산물로서 산출된 행정결정을 의미한다. 행정자동보조절차에서 발해지는 결정은 이에 해당하지 않으므로, 성립과정에 보조수단으로 자동기계가 동원되었다 하더라도 그 결정은 결코 여기서의 행정자동결정이 아니다. 이 점은 Maurer 역시 바르게 나타내었다. 즉, 행정절차를 종결짓는 결정은 자동장치에 의해서 만들어지고, 행정청은 이 결정안(결과)을 통지를 통해 효력을 발생시키는 데 한정되는 경우에만 행정자동결정이 있을 수 있다는 것이다.[9)]

독일의 경우 행정절차법 등이 청문 · 이유제시 · 서명 등의 예외규정에서 자동장치를 이용한 행정행위(VAe mit Hilfe automatischer Einrichtungen)라 규정하고 있으므로,

---

7) 한편 行政自動節次라는 용어사용과 개념정의를 논할 경우에는, 행정의사결정에 관한 제1차적 결정과정으로서의 사전절차를 의미하는 협의나 최협의의 행정절차개념을 염두에 두기보다는 행정의사결정. 집행에 관련된 일체의 과정을 의미하는 광의의 행정절차개념을 염두에 두어야 한다. 이러한 점에서 여기서의 節次(Verfahren)는 엄밀히 보아 처리하는 방법이나 방식에 더 가깝다 할 것이다.

8) 행정절차의 목표와 절차재량에 관해선 졸고, 26면 이하 참조.

9) Maurer, Allg. VerwR, 1995, §18 Rdnr.4.

행정자동결정의 실정법적 근거에 대해서 더 이상 논의할 필요가 없다. 다만 행정자동결정 자체의 합헌성 여부, 법학적 전문가 시스템을 통해서 행해진 행정결정이 자동장치를 이용한 행정행위로서의 행정자동결정에 포섭될 수 있는지 여부는 논의될 수 있다.[10)]

우리의 경우 이유제시(부기)의 제외사유로 1987년의 행정절차법안은 자동장치에 의한 처분을 직접적으로 규정하였으나(동법안 제28조), 1996년의 행정절차법안은 대량의 동종처분을 들었고(동법안 제26조 제1항 제2호), 제정된 행정절차법은 단순 · 반복적 처분 또는 경미한 처분을 들고 있다. 이런 변화가 행정자동결정 역시 원칙적으로 이유제시가 있어야 한다는 것인지, 행정자동결정을 단순 · 반복적 처분 등의 일종으로 본 것인지 알 수 없다. 전자라면 일단 환영할 만하나, 후자라면 문제가 된다. 왜냐하면 행정자동결정의 특징이 대량성과 동형성(동종성)인 점에서 다소 무리가 있지만, 그것의 존재를 행정절차법안의 대량의 동종처분에서 찾을 수밖에 없기 때문이다.

2. 行政自動決定의 法的 性質

(1) 民事法上의 自動化된 意思表示에 관한 論議

자동화된 의사표시(automatisierte Willenserklärung)가 법률행위적 성질을 갖는 데 대하여 의문을 가지면서 완전히 새로운 개념을 창안할 것을 요구하는 입장도 있지만,[11)] 인간에 의한 의사표시와 마찬가지로 진정한 의사표시에 해당한다고 보는 것이 독일의 일반적 견해이다.[12)] Köhler는 私的 自治의 原則이란 보조수단을 동원하는 것을 방해하지 않을 뿐더러, 표시행위의 내용을 사람에 의해 구체화하든 기계시설에 의해 구체화하든 그것의 법적 평가에는 아무런 차이가 없다고 지적하였다. 그리하여 시설의 운영자가 여전히 책임을 부담하며 아울러 데이타처리의 결과를 자신의 표시행위에 귀속하고자 함이 확실하다고 하면서, 자동화된 의사표시 또한 진정한 의사표시에 해당한다고 주장하였다.[13)] Redeker는 전자식데이타처리시설의 제공자(운영자)가 데이타처리에 대해 세세히 알진 못하지만, 그 시설이 사전에 프로그래밍된 의사표시를 대리인처럼 교부한다는 점을 지적하였다. 즉, 전자식데이타처리시설의 경우에는 동 시설 자신

10) Polomski, Der automatisierte Verwaltungsakt, 1993, S.82ff.

11) Vgl. Susat/Stolzenburg, Gedanken zur Automation, MDR 1957, S.146. 이는 마치 행정법학에서의 Zeidler의 주장에 비견한다고 여겨진다.

12) Vgl. H. Köhler, BGB Allgemeiner Teil, 1990, S.117; D. Medicus, Allgemeiner Teil des BGB, 1990, S.126.

13) Köhler, Die Problematik automatisierter Rechtsvorgänge, insbesondere von Willenserklärungen, AcP 182(1982), S.134.

의 의사표시란 존재하지 않음을 들면서, 그러한 의사표시는 전자식데이타처리시설의 제공자(운영자)의 의사표시에 지나지 않는다고 하였다.[14)]

자동화된 의사표시를 法律行爲理論에서 완전히 이질적인 현상으로 보지 않고 진정한 의사표시의 하나로 보는 배경에는, 아무리 정교하고 기능이 뛰어난 데이타처리시스템이라 하더라도 궁극적으로는 자동적 · 자발적으로 결정을 실행하는 것이 아니라, 주어진 프로그램에 따라서 논리적인 조작만을 실행할 수 있을 뿐이라는 인식이 깔려있다. 우리 민사법분야에서 자동화된 의사표시에 관한 논의는 아직 활발히 행해지지 않고 있다. 다만 李英俊 변호사가 간략히 소개하였으며,[15)] 특히 金相容 교수는 자동화된 의사표시가 기존의 법률행위이론 내지 계약이론에 어떠한 변화를 초래하는지 상세히 설명하고 있다.[16)]

(2) Zeidler의 行政製品理論

Zeidler가 문제를 제기하기 전에도 자동화된 행정결정에 관한 논의는 있었지만 일반적으로 Zeidler가 그와 관련한 문제점을 맨처음 체계적으로 다루었다고 보고 있다. Zeidler는 일련의 논문[17)]에서, 자동데이타처리에 의해서 행해진 행정결정이 행정법의 전통적인 도그마틱에 아무런 의문이 없이 접목될 수 있는지, 새로운 법구성으로써 '미지의 세계'(terra incognita)로 들어가는 것이 필요한지 여부를 다루었다. 그에 따르면 전통적인 행정행위에서는 포섭과정은 물론 결과의 경우에도 그 統一性이 특징인 데 반하여, 행정자동결정에서는 자동장치의 운전개시는 인간의 의사에 의존하지만 그것의 구체적인 실행은 더 이상 인간의 의사에 따르지 않고 자동적으로 이루어지고 있는 점이 특징이라고 한다. 그리하여 그는 자동장치가 수행하는 전체적인 결정과정을, 행정법의 체계에 완전히 적합하게 되는 事象(行政作用: Verwaltungshandlung)과 순전히 기술적이고 제품화된 事象(行政製品: Verwaltungsfabrikat)으로 二分하였다.

이상의 논의를 바탕으로 Zeidler의 주장을 요약하면 다음과 같다. 첫째로, 행정자동화로 인하여 공무원이 법집행으로부터 배제됨으로써 전체과정을 지배하는 인간의 의사가 결여되기 때문에 행정자동결정이란 전통적인 의미의 행정행위로 볼 수 없다. 둘째로, 공무원에 대한 歸屬可能性과 그에 의한 통제가 결여되어 있음을 언급하기 위하여 행정자동절차의 산물인 결정을 특히 行政製品이라 부를 수 있다. 자동데이타처리

14) Redeker, Geschäftsabwicklung mit externen Rechnern im Bildschrimtextdienst, NJW 1984, S.2390.

15) 李英俊, 民法總則,1995, 125면.

16) 金相容, 民法總則, 1994, 376면 이하. 근래 이 문제를 깊이 있게 다룬 논문으론 오병철, 전자적 의사표시의 제문제, 과학기술법연구(한남대 과학기술법연구소) 제2집, 1996.12, 235면 이하 참조.

17) Zeidler, Über die Technisierung der Verwaltung, 1959; Verwaltungsfabrikat und Gefährdungshaftung, DVBl. 1959, S.681ff.; Zur Technisierung der Verwaltung. Eine Entgegnung, DVBl. 1961, S.493ff.

시설은 오로지 기술상의 제 법칙에 따라 가동되어야 한다. 셋째로, 행정에 있어 적법성과 위법성이라는 규준은 오로지 인간이 행한 행위방식에 대해서만 적용될 수 있기 때문에, 법률이 의도하는 바가 자동데이타처리시설에 의하여 달성된다든지 아니면 벗어난다든지 하는 경우란 있을 수 없다. 말하자면 행정제품인 행정자동결정에 대해서는 그것이 기술적으로 타당한지 여부만을 판단내릴 수 있을 뿐, 적법성이나 위법성을 논할 수 없다. 따라서 행정자동결정에 하자가 있는 경우에는 행정상의 損害補塡制度의 전통적인 범주에 해당하지 않기 때문에, 危險責任法理를 통해서만 도그마틱적으로 만족스러운 해결을 도모할 수 있다고 한다.[18)]

(3)Zeidler의 行政製品理論에 대한 批判

Zeidler의 행정제품이론은 그것의 法論理的 缺陷으로 인하여 그것이 주창된 당시에도 의문이 제기되었으며, 오늘날에는 동감을 표하는 문헌을 거의 찾아 볼 수 없다. Zeidler의 행정제품이론에 대한 비판의 주요내용은 다음과 같다. 첫째로, 법규범이란 오로지 인간에 대해서만 발해질 수 있다는 사실이 결코 인간의 활동만이 법적으로 중요하다는 것을 의미하지는 않는다. 왜냐하면 法的 關聯性은 규범의 수범자로부터 생기는 것이 아니라, 인간의 활동영역외의 결과에 법적 효과를 결부시킬 수 있는 규범의 내용으로부터 생기기 때문이다.[19)] 둘째로, 행정행위가 적법한지 여부는 전적으로 法(規範)의 規準에 의하여 확정될 수 있지, 행정행위에 관여한 공무원의 인간적 행위가 그에 대하여 영향을 미치는 것은 아니다. 따라서 행정자동결정에 대해서도 적법성·위법성 여부를 판단내릴 수 있다고 보아야 한다.[20)] 셋째로, 공무원이 터미날을 통하여 입력한 데이타가 인간이 만든 컴퓨터프로그램과 결합하여서 순전히 기계에 의한 그 다음의 과정을 완전히 결정한다고 보면, 비록 처리과정의 독자성은 인정되지만 당해 결정을 자동데이타처리시설 그 자체에 귀속시킬 수는 없다. 따라서 Zeidler처럼 전통적인 행정행위를 법적인 부분과 제품화된 부분으로 나누는 것은 무의미하다. 넷째로, Zeidler는 행정청의 권한규정·귀속규정 대신에 행정을 집행하는 사람의 의사에 바탕을 두고서 행정작용을 정립하려는 오류를 범하였다는 점이 지적된다.[21)]

결론적으로 行政法的 考察의 관점에서는 당해 결정이 행정청에 대하여 귀속될 수

18) 사실 Zeidler가 주장한 행정제품이론이란, 논제에서도 나타나 있듯이 위험책임법리를 통하여 효과적인 권리구제를 도모하기 위함이다.

19) Luhmann, Recht und Automation in der öffentlichen Verwaltung, 1966, S.32; Bull, Verwaltung durch Maschinen, 1964, S.79.

20) Müller-Heidelberg, Verwaltungsrechtliche Probleme des maschinell hergestellten Verwaltungsakts?, DVBl. 1961, S. 12f.; Bull, a.a.O., S.80ff. 494.

21) Badura, in: Erichsen/Martens(Hrsg.), Allg. VerwR(1992), §41 Rdnr.13; a.a.O.(1995), §12 Rdnr.8 ; Luhmann, a.a.O., S.30ff.; Müller-Heidelberg, a.a.O., S.11.

있는지 여부만이 문제되기 때문에, 행정행위가 육체를 갖춘 기능주체에 의하여 의욕되었는지 아닌지는 그 행정행위의 法的 關聯性을 위하여 결정적인 기준이 되지 못한다고 하는 것이 Zeidler의 견해에 대한 비판의 핵심이다.

(4) 結語

행정자동결정이 행정행위인지 여부는 일단 행정행위의 개념적 징표에 의거해서 판단내릴 수 있는데,특히 행정청의 행위(조치)인지 여부가 중요하다. 독일의 경우 Zeidler의 행정제품이론이 시발점이 되어 그에 관한 논의가 활발히 행해져서, 오늘날에는 행정자동결정을 전통적 행정행위와 동일하게 보는 것이 일반적이다. 아울러 이러한 논의의 현황이 연방 행정절차법 등에 명문화되기에 이르렀다. 다만 그 논거에 관해선 입장의 차이가 있다. 많은 이들은 프로그램을 통한 데이타처리장치의 조종 즉, 프로그램구속(Programmbindung)과 프로그램고권(Programmhoheit)을 내세운다. 기계의 활동은 인간이 만든 프로그램에 의해서 완전히 결정되어 있다는 것이다. 반면에 다른 이들은 프로그램의 의의보다는, 행정이 자신의 임무를 수행하기 위해 이러한 장치를 의식적으로 사용하였으므로 그 결과에 대해 책임을 져야한다는 사정을 강조한다(귀속설). 특히 Polomski는 기술적 고장이 있을 경우 프로그램구속의 논거가 적절치 못하다는 점을 지적하면서, 귀속설이 위험영역에 따라서 리스크배분을 행하는 새로운 도그마적 발전에 가장 쉽게 합치할 뿐만 아니라 법학적 전문가시스템에 의한 행정자동결정의 문제를 해결할 수 있음을 강조한다.[22]

우리의 경우 金南辰 교수는 "자동결정이라고 하지만 근본적으로 인간의 조력없이는 행해질 수 없다. 최소한 공무원이라고 하는 인간이 작성한 프로그램을 필요로 한다. 그 프로그램에 입각하여 구체적 조치로서의 행정자동결정이 행해지는 것이다. 그러한 의미에서 그 프로그램과 行政自動決定은 命令(行政規則)과 行政行爲의 관계를 이룬다고 볼 수 있다"고 하여 行政自動決定의 법적 성질을 행정행위로 보고 있다.[23] 특히 행정자동결정이 행정청이 작성한 프로그램에 입각하여 행해지고 있는 점을 논거로 들고 있음은 독일에서의 다수의 경향과 상통한다.

한편 장차 행정절차법 등이 행정자동결정의 行政行爲性을 전제로 그에 관하여 규정하더라도, 行政自動節次의 산물을 언제나 행정행위로 보는 데는 문제가 있다. 왜냐하면 행정청의 의사표시의 形相에는 가장 핵심이 되는 행정행위 뿐만 아니라, 확약·확언·부관 등도 있기 때문이다. 그리고 민사영역에서 자동화된 意思表示와 컴퓨터

22) Polomski, a.a.O., S.79f. 追論: 필자 역시 종전의 프로그램구속설에서 귀속설로 수정하였다.

23) 金南辰, 행정법 I, 1997, 427면. 同旨: 朴鈗炘, 최신행정법강의(상), 1996, 297면; 洪井善, 행정법원론(상), 1996, 33면; 洪準亨, 행정법총론, 1994, 443면; 柳至泰,행정법신론, 1996, 267면; 韓堅愚, 행정법(I), 1994, 335면.

등을 통한 계약의 예가 급속히 출현하는 점에 비추어, 앞으로 행정자동장치에 의한 공법계약의 체결 또한 전혀 불가능하지만은 않을 것이다.

Ⅳ. 行政自動決定에서의 申請과 助言

1. 行政自動決定에서의 申請

(1) 自動化에 따른 問題點

신청이나 동의에 의한 행정행위는 행정과정에 개인을 참여시키는 데 그 제도적 의의가 있다. 따라서 사인의 신청이나 동의는 부담적 행정행위의 경우에는 개인에 대한 위법한 부담 내지 侵益을 방지해 주는 기능을 수행하고, 수익적 행정행위의 경우에는 행정상의 부당이득을 방지해 주는 기능을 수행하고, 재량행위의 경우에는 재량을 유도하는 기능을 수행한다고 말할 수 있다. 아울러 사인의 신청이나 동의는 행정간소화의 기능을 행하기도 한다. 각종의 세금의 자진신고에서 그 전형적인 예를 발견할 수 있다. 그러나 결정과정을 자동화함으로 인한 의사소통의 불충분으로, 상황적 데이타 파악과 개별적 정당성이 배제되는 등 절차진행에 있어 허용되지 않는 도식화가 신청에 초래될 우려가 있다. 행정자동절차에 있어 이형적인 사건을 일률적으로 처리하는 원인을 규명할 때에는, 우선 정보획득의 첫 번째 단계라는 측면에서 정보의 투입과정이 허용되지 않는 도식화의 경향을 띠는지 여부를 검토하여야 할 것이다.[24] 이하에서는 정보투입을 도식화함으로 인하여 초래되는 위험을 약술하고자 한다. 한편 행정자동절차에서 어떠한 신청이 있더라도, 데이타보호라는 측면에서 이를 행정청이 가용한 모든 정보를 마음대로 사용해도 무방하다고 동의한 것으로 오해해서는 아니 된다.

(2) 行政自動決定에서 情報投入을 圖式化함으로 인한 危險

(가) 저장된 정보를 직접 처리할 경우

컴퓨터에 의거한 데이타처리를 도입함으로써 비로소 다른 행정청이 갖고 있는 데이타를 호출하더라도 시간상·작업상의 利點이 생겨, 결정에 필요한 정보와 관련하여 구태여 행정객체의 신청을 통해 따로 조사를 할 필요가 없게 되었다. 그러나 신청을 통해 국민으로부터 정보를 수집하기보다는 데이타베이스 등으로부터의 데이타호출을 통해 소기의 목적을 달성할 수 있다면, 행정자동절차에서는 필시 신청에 그다지 높은

---

24) Vgl. Hufen, Fehler im Vervaltungsverfahren, 1986, S.165; Garstka, Automation rechtlicher Verfahren als Entrechtlichungsprozeß, in: Jahresbuch für Soziologie und Rechtstheorie, 1980, S.233ff.

가치를 두지 않을 것이다. 이러한 현상은 번거롭고 귀찮을 수 있는 신청에 관한 직무규정이 유명무실화되는 결과를 초래할 우려가 있으며, 더욱이 관계인을 객관화함으로써 그가 갖는 자기정보결정권을 침해할 위험도 있다. 아울러 데이타베이스 등에 축적된 투입정보가 틀렸다거나, 불완전하다거나, 지나치게 축약되어 있다거나, 도식화되어 있다거나 하여 그러한 정보를 바탕으로 업무가 처리되는 경우에는 그것을 통제하는 것이 거의 불가능할 수 있다. 그런데 집중데이타처리시스템시대에는 이러한 우려를 배제하기 어려웠으나, 다행히 오늘날의 분산처리시스템시대에는 네트워크가 증대하여 의사소통의 길이 확대되고 있다.

(나) 자동데이타처리에 적합한 양식에 의하여 신청할 경우

자동데이타처리는 정보처리에 있어 선택성과 표준화라는 현상을 가져오는데, 이러한 현상은 행정자동절차에서 자동데이타처리에 적합한 樣式(Formular)을 사용함으로써 더욱 심화되곤 한다. 종래의 전통적인 신청양식은 행정주체와 행정객체간에 개개사건과 관련이 있는 상호작용이 성립할 수 있도록 양자간의 정보흐름을 구조화하는 것을 목표로 삼았다. 이에 비하여 컴퓨터 등에 의하여 인쇄된 양식을 메울 때 준수하여야 할 표준은 본질적으로 전통적인 신청에서의 그것보다 더 엄격할 수 있다. 왜냐하면 데이타파악프로그램에 적합하기 위해선, 처리하여야 할 정보가 행정자동절차가 개시되기 전에 표준화된 형식으로 제공되어야 하기 때문이다. 따라서 이 같은 신청양식은 당연히 행정객체의 바램보다는 자동데이타처리시설에 의한 처리에 따른 기술적 관점에 바탕을 둔 요청에 더 부합하게끔 구성되어 있다.[25)]

행정절차 특히 행정자동절차에서 양식의 사용은 행정절차의 무형식성의 원칙과 절차진행의 합목적성의 원칙에 부합한다. 다만 행정은 개개사건에 있어 결정에 필요한 모든 정보를 수집하여야 하므로, 자동데이타처리에 적합한 신청양식을 통하여 판단여지와 재량여지를 제한하려 해서는 아니 된다. 물론 신청양식에 있어 언어상의 복잡성, 내용상의 불명료성 및 설명의 불충분함이 인정되는 경우에는 그러한 신청양식이 위법할 수 있다. Polomski 역시 꼭 필요한 진술 및 차별화를 위한 충분한 공간이 신청자에게 남아있으며, 사안을 법학적 범주로 포섭하는 것이 요구되지 않는 경우에만 양식사용이 허용된다고 지적하였다.[26)] 사실 종합정보통신망이 구축되어 행정과 국민간에 장소에 구애받지 않는 접촉이 가능할 경우, 신청양식의 일회적 메움에 좌우되어 어떠한 결정을 내리는 것은 정보화가 가져다 준 자유여지를 방기하는 것과 다름없다. 따라서

25) Vgl. Grimmer, Die Automation und das Verhältnis der Verwaltung zum Bürger, DÖV 1982, S.259f.
26) Ders., a.a.O., S.118f.

미래에도 양식은 포기될 수 없으므로, 우리는 양식이 개개경우에 대해 더 개인적으로 적합하도록 정보통신기술을 활용해야 한다.

(다) 비디오텍스 등에 의하여 신청할 경우

멀티미디어는 네트워크사회에서 다양한 정보서비스가 모든 곳에 제공되게끔 한다. 이러한 현상은 도식화의 경향을 더욱 확대할 가능성이 있으며, 심지어는 국민이 고도의 정형화된 신청을 비디오텍스나 전자우편 등을 통하여 행정청에게 전송할 의무를 부담할 수도 있다. 자동화된 접촉방식과 사람에 의한 접촉방식간에 균형이 유지되면, 정보통신기술이 발전하더라도 그것이 역기능적으로 영향을 미치지 않을 것이다. 왜냐하면 재질문 내지 투입과정의 반복을 통해서만 담당자는 결정과 관련한 여러 요소를 명확히 하거나 수정할 수 있는데, 그것은 개인적인 의사전달이 행해질 수 있는 상황하에서만 가능하기 때문이다. 사회적 권력관계로 이상적인 대화상황이 늘 제약받는 일반적인 의사소통에 비해, 사이버 스페이스에서의 의사소통은 순수한 대화공간이 확보될 수 있기에 하버마스가 말하는 의사소통적 합리성의 확장으로 파악할 수 있다고 한다.[27)]

한편 독일 행정절차법 제64조가 「정식행정절차가 신청을 요건으로 하는 경우에는 신청은 서면으로 또는 조서에 기재하여 행정청에 제출하여야 한다」라고 규정하고 있기 때문에, 독일의 正式行政節次의 경우에는 개인적 접촉방식을 전면적으로 철폐한다는 것은 원칙적으로 부인된다.[28)] 그러나 동법의 제정 이전에도 독일 연방행정법원은 "신청이 전보나 텔렉스를 통해서 제기될 수 있는 한 그 예외를 인정하여야 한다"라고 판시하였다.[29)] 한편 이와 관련하여 Redeker는, "법원이 장래에 그와 같은 예외를 새로운 의사전달형식에로 확대하려는 것은 정당한 법형성에 해당한다"고 지적하였다.[30)] 우리 행정절차법 제17조는 「행정처분을 구하는 신청은 문서로 하여야 하되, 다른 법령에 특별한 규정이 있는 경우와 행정청이 미리 다른 방법을 정하여 게시한 경우에는 그러하지 아니하다」라고 규정함으로써, 문서 이외의 신청방식에 대하여 가능성을 열어놓고 있다. 사무관리규정은 명문으로 전자문서를 인정한다(동규정 제3조 등).[31)]

---

27) 박형준, 한국의 정보화와 전자공간의 코뮤니케이션: 하버마스 공공영역론의 적용, 정보화사회와 시민사회, 1996년도 한국사회학회 봄 특별심포지움, 168면 이하 참조.

28) Vgl. Kopp, VwVfG Kommentar,1996, §64 Rdnr.6.

29) BVerwGE 1, 104; 3, 56; VG Münster, DVB1. 1981, S.691.

30) Redeker, Der elektronisch übermittelte Verwaltungsakt, NVwZ 1986, S.546ff.

31) 追論: 우리 행정절차법은 2002.12.30. 개정을 통해 전자문서의 존재를 명문화하였다. 제2조 제8호에 의하면, 전자문서"라 함은 컴퓨터 등 정보처리능력을 가진 장치에 의하여 전자적인 형태로 작성되어 송신 · 수신 또는 저장된 정보를 말하고, 제14조와 제24조는 전자문서에 의한 송달 및 처분의 방식을 규정하고 있다. 독일 역시 2003.2.1.부터 발효된 제3차 행정절차법개정법률을 통해 전자적 행정절차를 공인하였다. 이로써 전자적 행정행위의 존재가 공식화되었다.

2. 行政自動決定에서의 助言과 情報提供

우리 행정절차법은 조언과 정보제공에 관하여 규정을 두고 있지 않지만, 독일 행정절차법은 제25조에서 그에 관하여 규정을 마련해 놓고 있다. 독일 행정절차법 제25조 및 사회보장기본법(SGB-Ⅰ) 제13조 내지 제15조는 法一般原則을 나타내기 때문에, 공행정의 전 분야에서는 물론 구체적인 당해 절차 이외에서도 설명의무와 조언의무가 성립한다는 것을 행정청은 염두에 두지 않으면 아니 된다는 지적[32]은 참조할 만하다. 비데오텍스 등과 같은 자동화된 호출서비스를 통한 정보제공 역시 독일 행정절차법 제25조상의 정보제공(Auskünfte)에 해당한다고 볼 수 있다.

비데오텍스나 쌍방향 CATV 같은 뉴미디어가 갖는 공통된 특징인 大容量化·高速化로의 지향으로 말미암아, 사안과 관련이 있는 정보를 신속히 처리할 수 있어 일상적이고 정례적인 업무를 면할 수 있게 되었다. 그리하여 조언(Beratung)을 위한 넓은 여지가 제공되리라는 것은 당연한 결과이다. 조직내부는 물론이고 조직간에 나아가 행정과 국민간에 종합정보통신망 등과 같은 네트워크가 구축되어 있다면, 모든 데이타를 마음대로 사용할 수 있기에 조언하기가 한층 쉬울 뿐더러 행정자동화에 대한 국민적 친근감마저 가져다 줄 수 있다. 그리고 모든 공무원이 더 많은 책임을 부담하여야 하기 때문에 결과적으로 업무의 질이 향상될 수도 있다. 사실 행정절차상 공개성에 관한 의식이 대단히 부족한데, 멀티미디어를 최적으로 활용하기 위해선 먼저 그러한 의식의 부족이 철폐되어 정보마인드를 지녀야 한다. 아울러 클라이언트 서브시스템하에서 정보통신기술에 의거한 對民서비스는 일종의 공적 임무로 받아들여야 할 것이다.

이러한 점에서 장차 도래할 고도의 정보화시대를 감안할 때, 일종의 武器平等을 이루어 情報民主主義를 실현하기 위해서는 정보제공과 조언이 더욱 강조되어야 한다. 따라서 우리의 행정절차법을 확정할 때 독일과 마찬가지로 조언과 정보제공에 관한 규정을 마련하는 것이 바람직하다. 물론 프로그래밍된 정보가 틀렸다거나 사건과 동떨어졌다거나 하여 정보제공을 받은 자에게 손해를 발생시켰다면 정보제공이나 조언을 한 행정청은 그 책임을 면치 못한다.[33] 유형화된 정보공급으로 행정객체에 대해 손해를 끼치는 것을 피하기 위하여, 행정청은 쌍방적 통신수단을 활용하여 직접적·개인적 접촉을 가능한 멀리하지 않는 것이 바람직하다.

---

32) Gagel, Rechtliche Verpflichtungen und Beschränkungen der Bürgerinformation, in: Reinermann/Fiedler/Grimmer/Lenk/Traunmüller, Neue Informationstechniken. Neue Verwaltungsstrukturen?, 1988, S.249, 258.

33) Vgl. Hufen, a.a.O., S.165. 그는 행정자동화가 사건과 관련이 있으면서 충분히 세분화된 조언을 통해서 보완되는 경우에만, 비로소 헌법에 합치한 행정(자동)절차가 실현될 수 있음을 지적하였다.

V. 行政自動決定에서의 通知

1. 行政行爲의 通知의 意義

행정행위의 통지란, 행정행위를 발한 행정청이 규준이 되는 법령에 따라서 의욕적으로 행한 행정행위의 개시를 의미한다. 행정행위의 통지는 상대방 등에게 행정행위를 개시하고자 하는 행정청의 의사를 요건으로 한다.[34] 이러한 通知意思는 서명이나 성명표기로부터 추단된다. 따라서 만약 권한이 없는 행정청이 다른 행정청의 권한에 속하는 행정행위의 寫本을 교부하였다면, 비록 당해 행정청이 당해 행정행위에 관하여 자신의 권한을 포함한 일체를 단념하였다 하더라도, 행정행위의 통지는 존재하지 않는다.[35] 다시 말해, 상대방에게 행정행위의 통지가 도달했더라도, 당해 행정청의 통지의사가 없으면 당해 행정행위는 존재하지 않는다.[36]

한편 여기서의 통지의사를 순전히 심리학적 · 주의주의적으로 접근하면, 예컨대 중앙계산소가 데이타의 장거리처리의 방법으로 만들어서 통지한 행정자동결정은 무효라고 볼 수밖에 없을 것이다. 그리하여 Rößler는, 그 경우에 만약 중앙계산소가 私法的 機關이라면 고권적 법적 행위와 행정청의 의사형성이 결여되어 있음을 이유로, 그리고 만약 중앙계산소가 다소간 독립된 행정청이라면 당해 행정청에 비견될 정도로 통지의사가 행사되지 않았음을 이유로 유효한 통지가 존재하지 않는 셈이 된다고 주장하였다.[37] 그러나 행정자동결정의 경우에도 그 효과의 행정청에로의 귀속가능성이 부인되지 않는 한, 당해 행정청의 통지의사의 존재에는 아무런 문제가 없다고 할 것이다.

한편 행정행위의 통지가 효력요건인지, 성립요건인지 논의할 필요가 있다. 행정행위의 통지(엄밀히 말하면 도달)가 성립요건이라면 행정행위의 효력을 주장하는 者가 통지의 주장 · 입증책임을 부담하는 데 대해서, 효력요건이라면 행정행위의 무효를 주장하는 者가 통지의 주장 · 입증책임을 부담한다. 우리의 사무관리규정과 행정절차법은 마치 이를 효력요건인양 규정하고 있으며, 문헌상의 일반적인 태도 역시 그러하다.[38] 그러나

---

34) Stelkens/Bonk/Leonhardt, a.a.O., §41 Rdnr.3; Kopp, a.a.O., §41 Rdnr.3; Tipke/Kruse, AO Kommentar, 1988, §122 Rdnr.1; Skouris, Die amtliche Bekanntgabe als Wirksamkeitsvoraussetzung empfangsbedürftiger Verwaltungsakte, VerwArch65(1974), S.264ff.; BVerwGE 22, 14;29, 321.

35) BVerwG, NJW 1968, 1538.

36) FG Nürnberg EFG 1984, 210.

37) Rößler, Zweifel an der Rechtsmäßigkeit computerrichteter Steuerbescheide, DStR 1981, S.306.

38) 최근 행정행위의 성립요건과 효력요건에 관한 의문이 제기되고 있다. 金南辰, 전게서, 291면 이하; 洪準亨, 전게서, 258면 이하; 洪井善, 전게서, 297면 이하 참조.

행정행위는 성립과 동시에 효력을 발생하는 것이 원칙이다. 행정행위는 通知, 즉 상대방에게 도달됨으로써 비로소 법적으로 존재하게 되며 완성되게 된다. 전혀 통지되지 않은 행정행위란 상대방에 대해서 결코 법적으로 존재한다고 말할 수 없다. 그러므로 행정행위의 통지는 행정행위의 적법요건일 뿐만 아니라 존재요건(Existenzvoraussetzung), 다시 말해 성립요건으로 보아야 한다.[39] 아울러 종래 행정행위의 효력발생요건은 행정행위의 통지의 효력발생시점으로 보아야 한다.

2. 行政行爲의 通知의 方式

행정행위의 통지의 방식은 행정행위의 형식에 의거한다. 예컨대 문서로 행정행위를 발할 경우에는 문서로, 구술로 행정행위를 발할 경우에는 구술로, 신호로 행정행위를 발할 경우에는 신호로 당해 행정행위가 통지된다고 말할 수 있다. 독일 행정절차법 제37조 제2항은 행정행위의 형식에 관하여, 「행정행위는 문서, 구술 또는 기타의 방법으로 발할 수 있다」고 규정하고 있다. 우리 행정절차법도 행정처분의 방식과 관련하여, 「다른 법령에 특별한 규정이 있는 경우를 제외하고는 문서로써 당사자에게 통지하여야 한다. 다만 신속을 요하거나 사안이 경미한 경우에는 구술 기타 방법으로 통지할 수 있다」고 규정하고 있다(동법 제24조).

행정행위의 통지란 그 행정행위의 내용을 상대방에게 알리는 행위이기 때문에 원칙적으로 구체적 방식에 제한은 없다. 구체적 통지방식이 규정되어 있지 않다면 통지방식에 관한 결정은 행정청의 재량에 속한다.[40] 그러나 행정청이 통지하고자 하는 행정행위의 양태에 비추어 그 내용을 알기에 충분한 기회를 제공하는 방식을 택하지 않았다면, 節次裁量의 위법이 있을 수 있다. 또한 문서에 의한 행정행위를 단지 구술로만 통지함으로써 당해 통지의 규준이 되는 형식규정을 위반하였다면, 행정행위의 내용을 알린다는 통지 그 자체의 의미는 충족되었기 때문에 당해 행정행위가 법적으로 존재하긴 하지만, 위법하게 될 것이다.[41] 물론 이러한 형식상의 하자는 가급적 事後追完·補完을 통하여 치유시키는 것이 바람직하다.

3. 電送에 의한 行政行爲의 通知

오늘날 행정자동결정은 물론 보통의 행정행위까지 데이타통신서비스를 비롯 telebox나 teletext 등을 통해서 전송되어 전자문서교환(EDI)이 나날이 확대되고 있다.

39) Maurer, a.a.O., §9 Rdnr.64; Birk, SteuerR I,1994, S.159f.
40) Kopp, a.a.O., §41 Rdnr.25; Stelkens/Bonk/Leonhardt, a.a.O., §41 dnr.15.
41) Maurer, a.a.O., §9 Rdnr.67.

이러한 전송에 의한 행정행위의 통지가 허용되는지, 더욱이 법령이 행정행위를 문서로 할 것을 명시적으로 규정하고 있다면,[42] 전송의 방법으로 교부된 행정행위가 그 文書形式 및 姓名表記의 要請을 충족할 수 있는지 여부가 문제된다.

독일 행정절차법 제37조 제2항 제1문은 행정행위가 문서 · 구술 · 그 밖의 방법으로 행해질 수 있음을 규정하고 있다. 우리 행정절차법 역시 行政處分의 方式과 관련해서는 문서 · 구술 · 그 밖의 방법으로 행정처분을 할 수 있음을 규정하고 있으며(동법 제24조), 그리고 송달의 방법과 관련해서는 우편 · 교부 이외에 전신 · 모사전송 또는 전화에 의하여 송달할 수 있음과 함께 컴퓨터 등 새로운 정보통신기술을 응용한 송달의 방법에 관하여는 필요한 경우 대통령령으로 정함을 규정하고 있다(동법 제14조 제1항, 제2항, 제6항). 개정된 사무관리규정은 전자문서 등의 특수매체기록을 공문서에 포함시켰으며, 민원문서를 전산망을 활용하여 접수 · 처리한 경우에는 당해 민원사항을 규정한 법령에서 정한 절차에 따라 접수처리된 것으로 보고 있다(동규정 제3조 제1호, 제7호, 제8조 제4항). 따라서 電送에 의한 행정행위의 통지는 이제 당연히 허용된다. 전자문서가 나타내듯이, 전송에 의한 행정행위는 구술에 의한 행정행위보다는 문서에 의한 행정행위의 일종이다. 다만 최근 각종 생활정보를 전화로 손쉽게 알 수 있는 음성정보서비스(ARS)가 급속히 확산되고 있듯이, 구술에 의한 행정행위가 자동응답장치를 활용하여 행해질 가능성 역시 배제하기 어렵다.

한편 전자문서가 허용된다 하여 모든 문서에 의한 행정행위를 전송의 방법으로 통지할 수 있는가 ? 공무원의 임용장 또는 임용통지서, 귀화허가통지서, 사증이나 외국인입국허가서 등이 문제될 수 있다. 일부는 전통적으로 구체화된 사상표시로 이해되는 증서(Urkunde)의 방식은 보통의 문서방식에 비해 강화된 것이어서 자필서명이 요구되며 따라서 전송이 허용되지 않는다고 보는 데 대해서,[43] 일부는 배제근거를 증서의 개념 · 방식보다는 관련 규정(§§ 6 Ⅱ BBG,16 Ⅱ RuStAG)이 행정절차법 제41조 제1항의 통지(Bekanntgabe) 대신에 교부(Aushändigung)를 사용한 데 두었다.[44] 이들은 공통적으로 관계인의 직접 출석하에 교부되며, 명문상으로도 문서의 송부가 직접 교부 또는 우송의 방법에 의하도록 규정하고 있으므로(출입국관리법 제91조 등), 현재에는 이들 증서를 전송방식에 의해 통지하는 것은 어렵게 여겨진다. 물론 종합정보망이 구축되어 행정환경(예: 재택근무)이 완전히 바뀔 경우에는 사정이 다르다. 전자문서의 도입이 바로 변화의 시발이다.

---

42) 법령상 서면에 의하도록 되어 있는 행정행위(예: 행정심판법 제35조 제1항에 의한 행정심판의 재결)를 서면에 의하지 않는 경우에는 원칙적으로 무효라 함이 일반적이다. 대법원 1970.3.24. 선고 69도724판결 참조.

43) Redeker, a.a.O., S.547.

44) Polomski, a.a.O., S.182f.

4. 行政行爲의 通知의 效力發生時點

'문서에 의한 통지'는 그 문서가 송달되어서 상대방에게 도달함으로써 통지의 요구가 충족되며, 따라서 당해 행정행위가 성립하며 효력을 발생하게 된다. 여기에서 도달이라 함은 반드시 상대방이 그 문서를 직접 수령하여 그 내용을 了知하여야 한다는 것이 아니라, 상대방의 영역에 진입하여서 사회통념상 상대방이 그 내용을 알 수 있는 상태에 놓이는 것을 의미한다(도달주의).[45] 행정절차법은 「송달은 다른 법령 등에 특별한 규정이 있는 경우를 제외하고는 송달받은 자에게 도달함으로써 그 효력이 발생한다」고 규정하고 있다(동법 제15조). 사무관리규정은 「다른 법령에 특별한 규정이 있는 경우를 제외하고는 (전자문서를 제외한)문서는 수신자에게 도달됨으로써, 전자문서는 수신자의 컴퓨터화일에 등록된 때 효력을 발생한다」고 규정하고 있으며(동규정 제8조 제2항 · 제3항), 무역자동화법도 「전자문서의 도달시기는 그 발신이 보낸 메시지가 수신인의 컴퓨터화일에 기록된 때에 그 상대방에게 도달한 것으로 본다」고 규정하고 있다(동법 제15조 제1항).

'구술에 의한 통지'의 경우 보통 행정행위의 성립과 통지, 즉 효력발생시기가 사실상 동일한 시점에 합치된다. 현행 民法이 대화자간의 의사표시에 관하여 아무런 규정을 두고 있지 않듯이(異論있음), 사무관리규정이나 행정절차법안 역시 전화 등 구술에 의한 통지의 효력발생에 관하여 규정하고 있지 않다. 앞으로 도래할 고도정보사회에 대비하여 그에 관한 규정을 마련하는 것이 요망된다.

도달은 상대방의 영역에 진입하는 것(도달의 事實的 要素)뿐만 아니라, 상대방이 그 내용을 안다는 것이 가능하고 기대될 수 있다는 것(도달의 知的 要素)을 그 요건으로 한다. 전송의 방법으로 행정행위를 통지할 경우 도달의 知的 要素가 문제될 수 있다. 따라서 사무관리규정의 전자문서의 등록의 의미를 둘러싸고 논란이 있을 수 있다. 별도의 규정으로 도달에 갈음하여 등록이란 용어를 사용한 것이, 도달과는 달리 그것의 지적 요소를 배제함으로써 상대방의 컴퓨터파일에 진입한 것만으로 족하다고 본 것인지, 전자문서상의 특성상 컴퓨터파일에 도달이라는 용어는 부적절하다고 본 데 불과한지 분명치 않다. 이 문제는 목적론적 · 체계적 관점에서 국민에게 이익이 되도록 접근하여야 하되, 정보통신기술과 정보처리시스템을 고려해야 한다. 생각건대 오늘날의 분산처리시스템하에 등록이란 적절치 않으며, 사실 여기서 등록은 이미 화상으로 문

45) 이러한 到達主義에 대해서는 상대방이 의사표시의 내용을 알 수 있는 상태의 존재는 도달의 요건에서 제외하고 '상대방의 영역내에 진입'한 여부만을 도달의 요건으로 할 것을 주장하는 반론이 있다. 그에 따르면, 상대방이 의사표시의 내용을 알 수 있는 상태 여부는 '기한내에 도달하였는가의 문제'로 고찰할 수 있다고 한다. 李英俊, 전게서, 426면.

서의 존재나 내용을 인식한 후에 자신의 컴퓨터파일에 보관함에 불과하다. 결국 전자문서는 수신자의 모니터에 투시될 때 효력이 발생하여야 하며, 오래된 용어이긴 해도 도달이 상황과 의미에 적합하다.

Ⅵ. 行政自動決定에서의 要式性

1. 序 言

우리 행정절차법은 1987년의 그것과는 달리 「처분을 행하는 문서에는 그 처분청 및 담당자의 소속 · 성명과 전화번호를 표기하여야 한다」고 규정하고 있다(동법 제24조 제2항).[46] 독일 행정절차법 제37조 제3항 역시 「문서에 의한 행정행위는 이를 발한 행정청을 식별할 수 있어야 하고, 또한 행정청의 책임자, 대리인 또는 수임자의 서명이 있거나 성명이 표기되어야 한다」고 규정하고 있다. 동규정은 자필서명(eigenhändige Unterschrift)만을 요구하지 않고 단순한 성명표기(Namenswiedergabe)로도 충분하다고 함으로써, 타자기와 같은 기계나 팩시밀리에 의해서 작성되거나 인쇄된 성명표기 또한 가능하게 되었다. 우리 또한 특별한 경우를 제외하고는 반드시 自署임을 필요로 하지 않는다고 보는 것이 일반적이다.

독일 행정절차법 제37조 제4항은 자동화된 법집행을 염두에 두고서, 「자동장치를 이용한 문서에 의한 행정행위는 제3항의 규정에도 불구하고 서명과 성명표기를 하지 아니할 수 있다」고 규정하고 있다. 동법이 제정되기 전에도 독일의 판례와 다수설은 행정자동결정에 自署나 姓名表記가 생략될 수 있다는 입장을 취하였는데, 그러한 경향이 동법의 제정에 반영된 셈이다. 그러나 그러한 입법태도와 판례의 경향에 대해선 그 당시는 물론 오늘날에도 반론이 강력히 제기되고 있다. 특히 성명표기마저 생략될 수 있다는 점을 둘러싸고 그 논의가 활발하다.

2. 署名의 機能

일반적으로 서명의 요청은 다음과 같은 立證機能과 保障機能을 수행한다고 여겨진다.[47] 서명의 요청은 법적 안정성 예컨대 예측가능성과 산정가능성을 위하여 행정내부에서 행해진 결정과정의 명백한 종결을 수범자와 제3자가 인식할 수 있도록 표시하

---

46) 追論: 현행 제24조 제2항: 처분을 하는 문서에는 그 처분행정청 및 담당자의 소속 · 성명과 연락처(전화번호 · 모사전송번호 · 전자우편주소 등을 말한다)를 기재하여야 한다(개정 2002.12.30).

47) Vgl. Badura, Die Form des Verwaltungsaktes, in: Walter Schmitt Glaeser(Hrsg.), Verwaltungsverfahren. Festschrift zum 50Järigen Bestehen des Richard Boorberg-Verlags, 1977, S.212; v. Mutius, Zu den Formerfordernissen automatisierter Verwaltungsentscheidungen, VerwArch 67(1976), S.120f.

게끔 함으로써, 완성되지 않은 草案은 원칙적으로 행정행위로서 발송되지 못한다는 점을 확고히 한다(立證機能). 또한 서명의 요청은 수범자 등을 위하여 행정조직내부의 소관 행정청의 장과 같은 직무담당자의 책임성을 명시하게끔 함으로써, 오로지 조직법상 대외적으로 표시할 권한이 있는 者에 의해서만 행정행위가 발해진다는 점을 확고히 한다(保障機能).

행정자동화로 행정과정상의 소외현상이 점증할 수 있다. 하지만 오늘날에는 정보처리가 집중처리방식에서 네트워크에 의한 분산처리방식으로 전환하였는데, 여기서의 특징은 클라이언트 · 서브시스템이다. 이러한 현상을 감안할 때, 법치국가원리의 측면에서 특히 후자의 기능은 한층 중요시되어야 한다. 그것은 행정객체인 私人은 추상적인 어떠한 행정장치가 아닌, 행정내에서 구체적으로 활동하는 사람을 상정하고서 일정한 판단과 행위를 하기 때문이다.

3. 行政自動決定에 있어 署名의 省略의 當否에 관한 檢討

(1) 行政自動決定과 署名의 立證機能

사람이 행하는 전통적인 행정행위의 경우에는 쉽게 위조. 변조될 수 있기 때문에, 자필 혹은 팩시밀리를 통해서 서명되어 있거나 혹은 성명이 표기되어 있어야만 비로소 서명이 갖는 입증기능이 담보될 수 있다. 그러나 행정자동절차에서는 남용과 오해의 가능성을 예방하는 것이 그다지 필요하지 않다. 그 이유는, 행정자동결정에서 사용되는 서식용지는 매우 상세하고 일정한 결정프로그램을 지향하기 때문에 객관적으로 보아 수범자가 그것을 초안이나 의도하지 않은 표시행위로 볼 리 없으며, 따라서 설령 행정자동결정에 서명이나 성명표기가 없더라도 법적 안정성의 요청이 충족될 정도의 변별력은 지니고 있기 때문이다.[48] 결론적으로 행정자동결정이 효력을 발생함에 있어 서명이 필수적이지 않으므로, 서명의 생략의 문제점을 그것의 입증기능과 결부시켜서 논의할 필요는 없다.

(2) 行政自動節次와 署名의 保障機能

서명의 보장기능과 관련해서는 사정이 다르다. 법(독일 행정절차법 제37조 제3항)에 규정된 요식성을 준수하는 것이, 소관 행정청의 직무에의 전념, 책임의식, 권한을 강화함과 아울러 익명화된 자동장치 뒤로 숨는 경향을 저지하기 위하여 적합할 뿐더러 필요한 것같다.[49] 왜냐하면 행정자동결정에서는 행정청의 책임성이 형식상의 은폐 이

48) v. Mutius, a.a.O., S.121; Bull, a.a.O., S.122.

외에도 다음과 같은 사실로 인해 저하되기 때문이다. 즉, 행정자동화로 당해 결정에 필요한 정보를 담당자 스스로 조사할 뿐만 아니라 데이타베이스로부터도 도출하는 경향이 있는데, 그로 인해 책임의 괴리 내지는 부분적인 轉嫁가 발생한다는 것이다.

네트워크에 의해서 클라이언트 · 서브시스템으로 바뀐(바뀔) 행정환경에서, 수범자를 비롯한 관계인이 소관 행정청의 책임성을 가능한 한눈에 알아볼 필요성은 지극히 당연하다. 이것이 진정한 행정실명화다. 따라서 문서형식 및 서명이 갖는 보장기능은 행정자동결정의 경우에도 여전히 확보 · 유지되어야 한다. 그러나 자필서명까지 요구할 필요는 없다. 왜냐하면 전적으로 자동적으로 처리 · 통제되는 결정과정의 경우 실제적으로 자필서명이 배제되기 때문이다. 결국 이 문제는 성명표기의 要否에 관한 다툼으로 귀일하는데,[50] 결론적으로 행정자동결정의 경우에 自署나 實印의 직접적인 날인까지는 필요하지 않지만, 행정청의 장의 성명이나 관인의 印影의 인쇄나 복사만은 있어야 할 것이다. 한편 사무관리규정이 「관인을 찍어야 할 문서로서 다수의 수신자에게 동시에 발신 또는 교부하는 문서에는 관인날인에 갈음하여 官印의 印影을 인쇄하여 사용할 수 있다」라고 규정하고 있음(동규정 제21조 제2항)은 특기할 만하다. 결코 성명표기의 요구가 행정자동화가 추구하는 합리화에 역행하지 않는다. 스캐너가 좋은 예이며, 전자문서 · 전자서명을 신설한 사무관리규정이 이런 사정을 잘 반영한다. 장차 전자펜에 의한 디지탈서명은 서명의 기능을 변화시킬 것이다.

4. 電送에 의한 行政自動決定에 있어 姓名表記의 要否

전송에 의한 행정행위를 문서에 의한 행정행위로 보면, 행정자동결정을 전송의 방법으로 발할 경우 행정청의 장 등의 성명표기가 필요한지 여부가 검토되어야 한다. 행정청의 장 등의 성명표기는 認證(Beglaubigung)받아야 하기 때문에 전송의 방법으로 교부한다는 것은 불가능하다는 반론이 있을 수 있다. 하지만 독일 행정절차법 제37조 제3항 역시 성명표기에 대하여 아무런 認證을 요구하고 있지 않다. 더구나 행정청의 장 등의 성명표기를 전송의 방법으로 교부 · 표현한다는 것은 실용성의 측면에서 전혀 문제없다. 따라서 전송에 의한 행정자동결정에서도 서명의 보장기능을 확고히 하기 위해선 성명표기가 행해져야 한다. 사무관리규정은 종전과는 달리 전자문서에는 전자관인과 전자서명이 있어야 함을 분명히 하였다(동규정 제3조 제7호, 제8호, 제9호, 제21조 제 1항, 제36조 제3항).

---

49) v. Mutius, a.a.O., S. 123; Popper, Rechtsprobleme der automatisierten Verwaltung, DVBl. 1977, S.511.
50) 이에 관해선 졸고, 141면 이하 참조.

5. 行政自動決定에 있어 符號使用의 問題

우리 행정절차법은 행정자동결정에서 符號(Schlüsselzeichen)를 사용하는 문제에 대해 규정하고 있지 않으나, 독일 행정절차법 제37조 제4항 제2문 등은, 「행정행위의 상대방 또는 관계자가 첨부된 설명서를 통해 그 내용을 명백히 알 수 있는 경우에는 내용표시를 위하여 부호를 사용할 수 있다」고 규정하고 있다.

부호사용의 문제는 행정의 기술화 · 유형화로 야기되는데, 여기서는 대량행정에서 불가피하다는 측면과 효과적인 권리구제라는 측면을 함께 고려하여 검토해야 한다. 그러나 행정행위란 그 내용이 명확히 확정되어 있어야만 적법하다는 明確性의 原則이 어떠한 경우에도 전제되어야 한다. 아울러 부호사용의 문제는 행정행위의 효력의 발생시기, 즉 통지와도 관련이 있다. 일찍이 행정절차법이 제정되기 전에도, 독일 연방행정법원은 扶養金額의 自動算定에 서 기대되는 심사의 범위가 문제된 사건에서, "통지를 누구든지 알 수 있거나 아니면 당해 결정의 다른 난에서 설명이 되어 있으면서 전신약호로 쓰여 있거나 하는 여부는 결코 문제될 수 없다. 왜냐하면 필연적으로 진행될 산정과정의 자동화에 있어서는, 첨부된 설명서를 통하여 부호를 해독하는 것이 원칙적으로 援護受領者에 대해서 기대되기 때문이다"라고 판시하였다.[51] 독일 행정절차법의 입법자들은 자동화로 부호나 그 밖의 상징(Symbol)의 사용이 필연적이라 생각한 연방행정법원의 견해를 그대로 받아들여서 동규정을 마련하였다.

그러나 독일의 경우에도 동규정과 관련해서는 개인의 권리보호라는 관점에서, 과연 부호사용이 행정자동결정에 없어서는 아니 될 정도로 꼭 필요한 것인지 여부에 대해서 강한 의문이 제시되곤 한다. 특히 Stelkens는 자동데이타처리시설이 本文上에 부호로 나타낼지, 文句로 나타낼지 여부는 전적으로 프로그램구성상의 문제라는 점, 부호를 사용하면 인쇄시간이나 양식에 소요되는 비용은 절감되겠지만 기실 프로그램작업과 그에 소요되는 비용을 감안한다면 그 절약의 효과란 극히 미미하다는 점을 지적하였다.[52] Altfelder 역시 조세행정상 조세결정을 행함에 있어 여태껏 부호를 사용하지 않고서도 대체로 무난하게 지내왔다는 점을 지적하고 있다.[53]

이상과 같이 부호사용의 費用과 便益을 고려해 보면, 동규정은 過剩禁止의 原則에 비추어 의문스러운 점이 없지 않다. 그리고 독일 행정절차법의 입법자들은 부호사용과 같은 축약이 없이는 행정자동결정이 불가능하다 생각했지만, 정보통신기술의 발전에 따른 엄청난 저장용량과 인쇄속도는 이러한 전제를 일소시켰다. 행정행위에 대해

51) BVerwG, Urt. 12. 7. 1972, BerwGE 40, 212(218)=DVBl. 1972, 955(956).

52) Stelkens/Bonk/Leonhardt, a.a.O., §37 Rdnr.56.

53) Altfelder, Integrierte Datenverarbeitung im Besteuerungsverfahren, 1985, S.79.

통용되는 明確性의 原則은 행정자동결정의 경우에도 여전히 통용되어야 할 것이므로, 부호사용은 가능한 피해야 한다.

Ⅶ. 行政自動決定에서의 誤謬의 訂正

1. 序 言

우리의 행정절차법은 독일의 행정절차법 제42조와 거의 비슷하게 행정처분의 訂正에 관하여 규정하고 있다. 즉, 행정청은 처분에 오기, 오산 기타 이에 준하는 명백한 오류가 있을 때에는 신청 또는 직권에 의하여 지체 없이 정정하고 이를 당사자에게 통지하여야 한다(동법안 제25조). 행정행위에 있어서 행정청이 의욕한 바와 다르게 표현되어 있거나, 행정청이 의욕하지 않은 바가 표현되어 있는 경우에 訂正의 대상인 오류가 존재하게 된다. 정정할 수 있는 오류(Unrichtigkeiten)와 무효나 취소의 원인되는 흠을 구별하는 실제적인 의의는, 전자는 당해 행정행위의 내용과 관련이 없기 때문에 그것의 정정은 행정행위의 취소와 같은 제한을 받지 않는다는 점이다. 오류는 '행정행위 안에'(in einem Verwaltungsakt) 포함되어 있어야 한다. 한편 독일 조세기본법 제129조는 「재무행정청은 행정행위를 함에 있어서 범한 오기, 오산 및 이에 유사한 명백한 오류를 언제든지 정정할 수 있다」고 규정함으로써, 결정의사형성에서 행정행위의 통지에 이르기까지 발생한 모든 명백한 오류가 정정될 수 있음을 분명히 하고자 하였다.

2. 行政自動決定에 있어 誤謬의 訂正에 관한 論議의 필요성

사람에 의해 집행되는 일반적인 행정행위에는 본래 대량적 성질이 없기 때문에, 오류의 정정에 관한 일반적 논의가 그대로 통용되고 사실 그 이상 필요하지 않다. 그러나 행정자동결정의 경우에는 사정이 다르다. 왜냐하면 많은 데이타를 컴퓨터를 이용하여 정형적 · 도식적으로 처리하면, 사고와 법적용상의 하자는 극히 적은 데 반해서 작성상의 하자는 빈번히 발생하기 때문이다. 이러한 점은 행정자동결정인 독일의 租稅確定에서 특히 문제된다고 하는데, 우리의 경우도 사정은 동일하다.

이러한 논의는 필연적으로 정보기술의 고유한 속성의 영향을 받지 않을 수 없지만, 절차법상으로도 독일 행정절차법과 조세기본법의 상이한 입법태도가 중요한 문제점을 담고 있다. 그러나 많은 점에서 문제점이 명확히 구명되지 않고 있으며, 더구나 독일의 조세법문헌, 판례, 행정실무는 이를 상반되게 다루고 있는 실정이다. 여기에서의 논의의 초점은 '명백한 오류'라는 문구에 대한 이해인데, 결국 누구에게 오류가 명백하여야 하는가의 문제이다. '誤謬의 明白性'에 관한 논의는 주로 최근 독일에서 논해지고 있는 내용이기에 그것을 우리나라에 그대로 적용하는 것은 곤란하다. 하지만 행정자동결정에서의 오류의 정정의 문제는 머지않아 행정자동결정의 (기계상 · 프로그램상 · 데이타입력상 · 작동상의)하자와 관련하여 중요한 문제로 부각되리라 예상된다.

3. 誤謬의 明白性에 관한 論議

정정대상으로서의 오류는 명백하거나 그것을 용이하게 인식할 수 있어야 한다. 이를테면 눈에 띄어야 한다.[54] 오류의 예인 오기와 오산 역시 명백하지 않으면 아니 된다. 오류의 명백성과 관련해서는 누구를 기준으로 해서 명백해야 하는지가 문제되는데, 특히 독일 조세기본법 제129조로 그에 관한 논의가 활발하다.

명백한 오류에 관하여 넓게 해석하는 입장에서는, 오류가 행정내에서(innerhalb der Verwaltung) 명백하면 충분하고, 통지된 행정행위로부터까지 명백하여야 하는 것은 아니라고 한다. 이러한 입장에 의하면 기계로 인한 하자의 존속에 대한 신뢰는 보호가치성이 없기 때문에, 언제든지 그 정정이 가능하고 또한 행정행위의 취소 · 철회에 통용되는 제한에 구속될 필요가 없다고 한다. 그리하여 법률적합성원칙의 신뢰보호원칙에 대한 우위를 가능한 광범하게 인정하고자 한다. 이러한 입장의 裏面에는 당해 행정행위(특히 조세법상의 행정행위)에 대하여 존속력을 그다지 강하게 인정하지 않으려는 태도가 내포되어 있다. 이러한 입장은 독일 조세법에서의 다수의 견해인데, 독일 연방재정법원 및 일부 주 재정법원(Hessen,Nürnberg) 역시 그에 동조하고 있다.

좁게 해석하는 입장에서는 명백한 오류가 행정행위 내지는 통지된 서면에 있어야 한다면서, 零을 빠뜨린 경우처럼 통례적으로 보아도 간파할 수 있거나,명백하거나, 확연하거나, 의문이 없는 경우에 비로소 오류의 명백성을 인정하였다. 독일의 일반행정절차와 사회행정절차와 관련한 문헌에서는 이러한 입장이 지배적이며, 조세법의 일부 문헌과 판례에서도 주장되고 있다. 이러한 입장은 독일 행정절차법 제42조 또는 사회행정절차법 제38조의 규정에 바탕을 두고서 관계인의 신뢰보호의 불가결성 및 결정의 존속력보호를 강조하는데, 이는 결과적으로 정정할 수 있는 오류의 범위를 축소함으로써 '명백성'에 대한 좁은 이해를 초래한다. 이러한 협의의 해석은 客觀的 狹義의 解釋과 主觀的 狹義의 解釋으로 나눌 수 있는데, 전자는 객관적인 제3의 관찰자의 고찰방법을 목표로 하는 데 대해서,[55] 후자는 하자의 인식가능성을 구체적인 수령자의 관

---

54) BVerwGE 40, 212(216); OVG Bremen DÖV 1974, 353. 수범자가 필요한 주의를 이례적으로 다하지 않았기 때문에 그 흠을 인식하지 못한 경우에도 그 명백성은 긍정된다. Vgl. BVerwG, BayVB1. 1971, 21f.

55) 객관적 협의의 해석론자로는 Tipke/Kruse, Hübschmann/Hepp/Spitaler, Hering, Notnagel 등을 들 수 있다.

점으로부터 도출한다.[56] 참고로 Berlin, Saarland 등의 재정법원은 客觀的 狹義의 解釋을 지향함에 반해서, Schleswig-Holstein, Köln, Niedersachsen 등의 재정법원은 主觀的 狹義의 解釋을 지향한다고 말할 수 있다.

4. 結 語

오류의 명백성에 관한 상반된 입장을 해석방법적으로 검토한 결과,[57] 결국 현행법의 테두리안에선 명백한 오류의 정정과 관련해서, '명백성'에 관한 差別的 解釋에 그 바탕을 두어야 한다. 그리하여 독일 조세기본법 제129조에서는 재무행정청의 인식능력을, 우리 행정절차법안 제25조와 독일 행정절차법 제42조에서는 통상인(평균인)의 정상적인 인식능력을 기준으로 하여 명백성여부를 판단하여야 한다. 물론 모든 행정분야에서 점증하는 법집행의 자동화와 더불어 실용성 논거가 법학적 고찰방법에 들어오는 것을 감안한다면, 행정자동절차와 관련해서는 독일 조세기본법상의 당해 규정 및 그에 따른 廣義의 解釋이 立法的으로 더 낫다고 평할 수 있다. 다만 오늘날 실현되고 있는 법의 타당근거가 과거에 있는 것이 아니라 현재에 있다는 점에서,[58] 法文의 意味內容이 변화할 가능성도 있다.

Ⅷ. 行政自動決定에서의 理由提示

1. 序 言

理由提示(附記)의 原則(Begründungsgebot)이라는 용어는, 그것이 오늘날에 있어 요식행위의 일반적인 범주라는 점을 여실히 나타내고 있다. 독일의 행정절차법안 등은 이유제시의 원칙을 규정함과 아울러 행정자동결정의 경우에는 이유제시의무가 면제됨을 규정하고 있다. 우리 행정절차법은 1987년 법안상의 '자동장치에 의한 처분' 및 1996년 법안상의 '대량의 동종처분'에 갈음하여 '단순 · 반복적 처분'과 '경미한 처분'에 대해서 이유제시의무가 면제됨을 규정하고 있다(동법 제23조 제 1항 제2호). 이러한 변화가 행정자동결정에서도 이유제시를 관철하고자 함인지 분명하지 않다. 오히려 대량의 동종처분을 단순 · 반복적 처분에 포함시켜 이해한 듯싶으며, 그러한 태도라면 행정자동결정에서의 이유제시의무의 면제는 여전하다. 행정자동결정의 특수성, 행정의 간소화와 절차적 경제 등을 고려한 듯한 이러한 입법태도가 과연 法治國家原理의

56) 주관적 협의의 해석론자로는 Birk, Kopp, Woerner/Grube, Altfelder 등을 들 수 있다.
57) 졸고, 171면 이하 참조.
58) 金亨培 역, 法學方法論, 1981, 41면.

발현으로서의 이유제시의 원칙에 적합한지 여부가 문제된다. 우리의 경우에는 현행 행정절차법이 법률개념에 관한 명확한 이해를 바탕으로 법문이 바뀌었는지 의문스럽다. 대량의 동종처분이라는 용어는 자동장치에 의한 처분과 비교하면 미흡하지만 행정자동결정의 존재에 관한 단초를 제공하였는데, 그것을 단순·반복적 처분으로 바꾼 것은 아쉽다. 왜냐하면 단순·반복적 처분으로는 행정자동결정이 지닌 대량성을 담기 어렵기 때문이다.

2. 行政自動決定에 있어 理由提示義務의 免除에 관한 檢討

(1) 理由提示義務의 免除의 當否

현행의 입법태도가 타당한지 여부는, 궁극적으로 행정의 실용성이라는 공익과 절차관련자의 개인보호라는 私益간에 형량의 문제다. 우선 행정자동절차에 있어 이유제시원칙이 배제됨으로써 필연적으로 부담경감이 발생하였는지, 실제로 어느 정도로 경감되었는지 여부를 검토하는 것이 필요하다. 이 경우 실제로 행해지고 있는 행정현실에 초점을 맞추어야 한다. 우리의 경우를 보더라도 고지서의 뒷면에 세액산출의 근거와 명세를 기재하고 있음에 비추어, 이유제시를 한다는 것이 곤란하지 않다. 한층 확장된 컴퓨터의 용량이나 스캐너와 같은 보조수단을 감안하면, 기술적 어려움은 전혀 없다. 그리고 수범자로선 당해 행정행위가 자동데이타처리시설에 의해서 행하여졌든 사람에 의해서 행하여졌든 그것은 중요하지 않다.

결론적으로 이유제시가 강제되면 행정청에 대하여 과도하게 부담을 지울 가능성이 과거에는 없지 않았지만, 오늘날에는 그 부담이 극히 미미하다. 또한 어떠한 행정행위가 자동데이타처리시설을 사용하여 행해진다는 사실이 법치국가적 요청을 전면적으로 배제시킬 수 있는 논거가 되지 못한다. 행정자동화·정보화로 행정이 누릴 자유여지와 자원은 국민의 정당한 이익이 행정자동절차에 반영되도록 사용해야 한다. 따라서 수범자가 행정행위의 사실상·법률상의 이유를 알기 위하여 이유제시가 반드시 필요한 경우에는 행정청에 대해 다소간 부담이 가해질지언정 이유제시가 행해져야 할 것이다.[59)]

독일에서의 논의를 개관해 보면, Lücke는 관련규정(독일 행정절차법 제39조 제2항 제3호, 독일 조세기본법 제121조 제2항 제3호)의 경우 독일 사회행정절차법 제35조 제3항(이유제시청구권)과 같이 조화시키는 규정이 없기 때문에 기본법 제1조 제1항, 제19조 제4항 제1문 그리고 실체적 기본권에 반한다 하여 당해 규정이 위헌이라고 보았다.[60)] 대

59) 金南辰, 전게서, 388면.

부분의 학자 또한 비슷한 견해를 취하고 있다. 그리하여 대부분의 문헌들은 법치국가에서 이유제시가 수행하는 중요한 기능을 고려하여, 행정자동절차의 경우를 포함한 이유제시에 관한 예외규정 전체를 제한적으로 해석하고자 한다. 우리 또한 그와 같은 자세를 견지해야 할 것이다.

한편 法文의 구성을 보면, 독일 행정절차법 등은 행정자동결정을 발한 경우를 포함한 이유제시원칙의 예외규정(동법 제39조 제2항 제1호-제5호)에 해당하는 경우 「이유제시를 하지 아니할 수 있다」고 규정함으로써, 이유제시의 생략여부를 최종적으로 행정청의 節次形成的 裁量에 맡겼다. 반면 우리 행정절차법 제23조는 비록 부가적 요건은 있지만 단순 · 반복적 처분이기에 당연히 이유제시가 배제되는 것처럼 규정하고 있는데 검토가 요망된다.

(2) 理由提示義務의 免除의 要件

독일 행정절차법 등은 행정자동결정을 발함에 있어서 「개개의 경우 사정에 따라서 이유부기가 불필요하여야」 이유제시를 하지 아니할 수 있다고 규정하고 있다. 반면에 우리 행정절차법은 단순 · 반복적 처분 등으로서 「당사자가 그 이유를 명백히 알 수 있는 경우」에 이유제시의무가 면제된다고 규정하고 있다. 이러한 留保는 법치국가원리에 합치하지 않는 이유제시의무의 면제가 일방적으로 적용됨으로 말미암아 국민에게 부담지우는 것을 예방하는 데 그 의미가 있다.

독일의 경우 동 문구와 관련하여 해석의 곤란함이 지적되고 있으며, 아울러 그것의 구체적인 범주를 둘러싸고 논의가 활발하다. 우리 역시 구체적으로 어떠한 경우가 그에 해당하는지 가늠하기 쉽지 않다. 다만 독일 행정절차법과 우리의 '국민의권익보호를위한행정절차에관한훈령' 등에 있는 관련규정을 참조하여 보건대, 수범자가 행정청과의 상의 · 상담 · 서신교환 등을 통해서 그 이유를 알고 있거나, 처분의 성질상 처분 그 자체로부터 바로 알 수 있을 정도로 처분의 이유가 명백하여 이유부기가 필요하지 않은 경우를 말하는 것으로 볼 수 있다. 구체적으로 법정양식에 의한 결정, 전적으로 수익적 효과만을 발생시키는 직권적 행정행위 등이 고려될 수 있으되, 동규정이 이유제시원칙에 대한 예외규정이라는 점과 우리의 경우에는 節次形成的 裁量을 부여하고 있지 않은 점을 고려하여, 극히 제한적으로 해석해야 한다.

---

60) Lücke, Begründungszwang und Verfassung, 1987, S. 212.

3. 行政自動決定에 있어 理由提示의 可能性

(1) 標準說明文에 의한 理由提示

문서에 의한 행정행위를 위하여 반드시 필요한 표준양식과 관계 법률문구를 컴퓨터에 저장해 두고서, 그것을 부호를 사용하여 불러내어 당해 문서의 정해진 부분에 자동적으로 인쇄하는 것이 전혀 어렵지 않다. 매달 끊임없이 날아드는 각종의 고지서가 좋은 예다. 따라서 일종의 이유제시의 기능을 수행하는 표준설명문을 행정자동결정에 담는 것을 생각할 수 있다. 참고로 재산세고지서의 뒷면을 보면, 납세의무자, 세율, 세액산출공식, 납기경과시의 조치, 이의신청방법 등이 표기되어 있다. 그리하여 과세표준액을 바탕으로 재산세 등을 산정하기란 그다지 어렵지 않다.

과거의 컴퓨터가 갖춘 한정된 저장능력에 사로잡혀서는 아니 된다. 왜냐하면 우리 행정절차법안은 물론 특히 독일 행정절차법이 제정될 당시와 비교하여 보면, 나날이 뉴미디어를 양산하는 정보통신기술의 진보는 매우 놀라우며 앞으로도 그 발전의 한계를 가늠할 수 없을 정도이기 때문이다. 정보사회를 지향하는 행정자동화 · 정보화란 기술상으로 가장 단순하고 비용이 덜 드는 프로그램의 작성을 목표로 삼아서는 아니 되고, 실정법규상의 원칙과 목표를 지향해야 한다. 특히 행정자동결정을 상세히 설명함에 있어 담당자가 입력된 몇 개의 부호숫자를 사용하여 여러 가지 문구변형을 선택할 수 있으면, 업무진행의 신속성 역시 저하되지 않을 것인데, 이에 대한 프로그램작성 역시 큰 어려움이 없다.

(2) 사람에 의한 追加的인 理由提示

표준설명문 이외에 공무원이 추가적으로 이유제시를 해야 한다면, 사람(공무원)에 의한 설명(이유제시)을 적시에 행정행위에 덧붙이기 위하여 다수의 행정자동결정을 데이터센터로부터 환출하여야 한다. 이 경우 그에 대한 준비와 관련해서 조직상의 장애가 야기될 수 있을 뿐더러, 재정적인 문제 역시 만만치 않다. 그리하여 Jäger는 그에 관한 경비가 많이 소요된다고 하여, 완성된 행정자동결정에 대해 또 다시 사람에 의한 최종심사를 받게 하는 것은 중지되어야 한다고 주장한다.[61)]

한편 독일의 조세행정은 자동화된 설명문과 함께 租稅表示行爲와의 相違에 대해 이유제시를 하고 있다. 사회행정 역시 자동화된 설명문구에 더하여, 의사의 진단서와 그것에 바탕을 둔 특별한 근무조건을 덧붙이고 있다. 그리하여 독일에서는 결과적으로 전통적인 사람에 의한 행정행위보다 행정자동결정에 더 자세한 이유제시가 행해지

---

61) Jäger, Datenverarbeitung in der Finanzverwaltung, DSWR 1988, S.135.

는 셈이다. 독일의 이런 실무는 결정과정의 자동화가 필시 탈법화과정의 개시보다는 결정이라는 산물의 질을 향상시키는 데 기여한다는 사실을 잘 보여준다. 특기할 점은 독일의 경우 청문의무가 예외 없이 면밀히 이행됨으로, 많은 행정자동결정 가운데 극히 제한된 경우에만, 사람에 의한 추가적인 이유제시를 하기 위하여 데이타센터로부터 해당 행정부문에로 환출시킬 필요가 있다.

독일의 이러한 사정은 행정자동결정에 대한 이유제시의 가능태로서 사람에 의한 것이 모색될 수 있음을 보여준다. 행정자동결정에 대해 이유제시의 문구를 덧붙이는 것은 현재의 기술적 · 시간적 · 인적 · 재정적 조건하에서 어렵지 않으며, 뉴미디어 및 스캐너 등과 같은 사무장치의 보급으로 사무환경은 하루가 다르다. 추가적으로 이유제시를 하더라도 어떠한 법이론적인 의문이 야기된다 할 수 없으며, 오히려 이유제시의 의의와 기능에 비추어, 그것이 가능하다면 마땅히 행해져야 할 것이다.

4. 理由提示請求權의 일반적 인정

독일 사회행정절차법 제35조 제3항은, 「이유제시가 필요하지 않은 일정한 경우(§35 Abs. 3 Nr. 1 -3 SGB-X)에 있어 행정행위를 통지받은 者가 통지 후에 1년 안에 이유제시를 요구하면, 당해 행정청은 문서상으로 이유제시를 하여야 한다」라고 규정하고 있다. 우리의 경우 행정절차법안은 「행정청은 제1항 제2호(단순반복적이거나 경미한 처분으로서 당사자가 그이유를 명백히 알 수 있는 경우) 및 제4호(긴급을 요하는 경우)의 경우에 처분후 당사자가 요청할 경우에는 그 근거와 이유를 제시하여야 한다」(제23조 제2항)고, '국민의권익보호를위한행정절차에관한훈령'은 「행정청은 이유를 명시하지 아니한 행정처분의 통지를 받은 당사자가 그 처분의 원인이 되는 사실과 법적 근거를 알려줄 것을 요청한 때에는 이에 응하여야 한다」(동훈령 제31조 제2항)고 규정하고 있다.

독일의 경우 연방행정절차법과 조세기본법에는 규정되어 있지 않은 규정을 유독 사회행정절차법만이 담고 있다. 이 점과 관련하여, Horn은 규율대상의 生存的 意味를 고려할 때 행정자동결정과 관련한 제 규정에 대해서 제기되는 헌법상의 의문을 제거하기 위하여 동규정을 두는 것이 불가결하다고 지적하였다.[62] 그러나 동규정이 이유제시강제를 실용성에 근거해서 배제하는 데 대한 일종의 代償에 해당한다는 점을 감안한다면, 구태여 사회보장행정에 국한할 필요는 없다. 물론 이유제시청구권에 관해 전혀 언급하지 않은 1987년의 행정절차법안보다 현재의 것이 일보 전진한 것은 사실

62) Horn, Bedingungen und Funktionen des Rechtsschutzes gegenüber standardisierten Entscheidungen in der Rentenversicherung, 1983, S.126.

이나, '국민의권익보호를위한행정절차에관한훈령'처럼 관련 조항의 적용범위에 대하여 특정하게 한정하지 않고서 일반적으로 규정하는 것이 바람직하다.

IX. 行政自動決定에서의 聽聞

1. 序 言

독일 행정절차법 등은 행정청이 행정자동결정을 발하는 경우에는 절차관계인으로부터의 청문을 하지 아니할 수 있다고 규정함으로써(행정절차법 제28조 제2항 제4호 등), 청문의 제외사항의 하나로 규율하고 있다. 그리하여 결정과정을 자동화하는 것이 마치 '탈법화과정'에 대하여 일종의 길을 터주는 것과 다름없는 인상을 줄 수도 있다. 따라서 독일의 경우 행정자동결정과 관련이 있는 예의규정이 과연 헌법상으로 전혀 문제가 없는지 여부가 활발히 논의되고 있다.[63]

우리 행정절차법은 「공공의 안전 또는 복리를 위하여 긴급한 처분을 요하는 경우 등」에 의견청취를 아니할 수 있음을 규정할 뿐(동법 제22조 제4항, 제21조 제4항), 특별히 행정자동결정과 관련하여 청문의 제외사항을 규율하고 있지는 않다.[64] 그렇지만 행정절차법 제21조 제4항 제3호에 따라 당해 처분의 성질상 의견청취가 현저히 곤란하거나 명백히 불필요하다고 인정됨으로써, 해석을 통하여 行政自動決定에 대해선 의견청취가 필요치 않다고 단정할 가능성이 있다. 따라서 이하에서는 청문제외에 관한 일반적 논의를 바탕으로 행정자동결정에서 의견청취, 특히 청문의 제외가 바람직한지, 행정자동결정에서 청문이 가능한지 검토한다.[65]

2. 行政自動決定에 있어 聽聞除外에 관한 檢討

청문을 실시하더라도 결정의 도식화된 성격으로 말미암아 결코 새로운 관점이 제시되지는 않을 것이라 하여, 독일 행정절차법 제28조 제2항 제4호의 입법취지와 관련해서 관계인에게 청문할 이익이 없는 것으로 간주되곤 한다.[66] 이러한 점은, Leonhardt가 "여기서 언급한 세 가지 경우(일반처분, 동종처분, 행정자동결정)는 개개의

---

63) 일찍이 Häberle는 독일 행정절차법 제28조 제2항 제4호의 경우 청문의 요청이 大量行政行爲의 특수성에 순응한 셈이지만 法治國家原理를 희생하고서 그렇게 하여도 괜찮은지는 의문스럽다고 지적함으로써, 동규정에 관한 헌법상의 의문을 제기하였다. Ders., Verfassungsprinzipien im Verwaltungsverfahrengesetz, in: Verwaltungsverfahren, Festschrift zum 50 jährigen Bestehen des Richard Booberg-Verlags, 1977, S.71.

64) 한편 1985년의 행정절차법용역보고안의 제53조 제2항이 독일 행정절차법과 마찬가지로 자동장치에 의하여 행정행위를 행할 경우를 청문의 예외사항으로 규정하고 있음은 유의할 만하다.

65) 청문제외에 관한 일반적 논의는 졸고, 219면 이하 참조.

66) Hufen, a.a.O., S.150; Ule/Laubinger, VwVfR, 1995, §24 Rdnr.14.

특수성이 대수로운 문제가 아닌 점에서 공통된다"라고 기술한 데[67]에 잘 나타나 있다.

독일 조세법 문헌에서는 독일 행정절차법 제28조 제2항 제4호와 독일 조세기본법 제91조 제2항 제4호의 고유한 입법취지는 行政實用性이라는 公益에서 구하여야 한다는 생각이 풍미하고 있다. 우선 동규정의 주된 관심사는 개별적 처리라는 과도한 요청을 통하여 자동화의 도입을 불필요하게 제지하는 데 있는 것이 아니라, 자동화를 행정에 도입하는 것을 가능케 하는 데 있다고 지적하였다.[68] 그리고 자동화가 대량행정의 과제를 마찰 없이 수행하기 위한 불가피한 수단임은 누구나 알기 때문에, 일응 그것과 대립된다고 여겨지는 청문을 행정자동절차에 부여한다는 것은 행정활동의 효과를 시간적 · 재정적으로나 저해할 것이라고 지적하였다.[69]

개괄적으로 어떠한 판단을 내리는 것은 설득력이 약하다. 그 이유는 행정자동절차의 필요조건인 도식화로 신청이나 의사표시상에 제시된 사안과는 전혀 동떨어진 사건이나 경우도 포함될 수 있기 때문이다. 더구나 행정자동결정의 경우에 놀라울 정도로 하자가 빈번하고 일련의 불일치가 계속 증대한다는 점은 관계인이 사전청문에 대하여 갖는 이익이 단지 자동데이타처리시설을 설치하였다고 해서 상실되는 것은 아니며, 오히려 결정과정에 있어 意思疏通的 形成의 必要性은 증대한다는 사실을 여실히 보여준다.[70]

담당공무원이 관계인의 데이타를 입력하기 전에 그것을 조사 내지 검색하는 것처럼, 전문지식을 갖춘 담당자가 개입하면 자동화된 결정과정에서의 청문이 전혀 불가능하지 않다. 이러한 점에서 청문과 자동화가 전적으로 상호 배타적이어서 행정자동결정에서 청문불실시는 이론상 당연하고 아무런 문제가 없다고 보는 것은 피상적 고찰에 불과하다. 독일 행정절차법 등의 당해 규정은 헌법상 보호되고 있는 관계인의 개인영역에 대하여 불필요하게 관여하고 있다는 점에서 헌법상의 의문이 제기되고 있다. 그리하여 절차재량을 행사하여 당해 예외규정을 目的論的으로 제한함으로써, 행정절차법의 은폐된 흠결은 메우려 한다.

조세나 과태료와 같은 국가적 개입은 생존과 관련해서 다소간 부차적인 문제에 불과하다. 그러나 연금결정과 같은 것은 생활의 토대 그 자체와 밀접하게 관련이 있기 때문에, 만약 사건처리와 사건심사를 자동화함으로써 의사전달수단인 청문이 배제되

---

67) Stelkens/Bonk/Leonhardt, a.a.O., §28 Rdnr.44.

68) Vgl. Altfelder, a.a.O., S.68.

69) Vgl. Bartels, Die Anhörung Beteiligter im Verwaltungsverfahren, 1985, S.90.

70) Vgl. Gagel, Rechtliche Verpflichtungen und Beschränkungen der Bürgerinformation, in: Reinermann/Fiedler/Grimmer/Lenk/Traunmüller, Neue Informationstechniken- Neue Verwaltungsstrukturen?, 1988, S.253ff.; Jäger, a.a.O., S.133.

면 생활형성에 대하여 커다란 영향을 미치는 등 생존을 위하여 중요한 給付가 감소될 우려가 있다. 그리하여 독일의 경우에도 사회행정절차법의 입법자들은 법적 심문청구권을 강화하기 위하여 의식적으로 일반행정절차법이나 조세기본법상과는 달리 행정자동결정을 청문제외사유로 규정하지 않았다.[71] 이러한 점은 우리 행정절차법을 확정할 때에도 참조할 만하다.

한편 행정자동절차에 있어 청문이 필요한지 여부를 검토할 때에는, 현존하는 정보통신기술을 고려해야 한다. 특히 비데오텍스와 쌍방향 CATV와 같은 뉴미디어의 등장과 종합정보통신망의 구축은 논의의 새로운 지평을 연다. 발전된 정보통신기술을 행정에 도입함으로 생긴 자유여지와 자원은 먼저 국민의 정당한 이익을 자동절차에 반영하는데 사용되어야 한다. 사실 사이버스페이스상 청문은 큰 어려움이 없이 행해질 수 있으며,의사소통적 합리성을 고양시킬 수 있다. 결론적으로 표준화 · 도식화의 흐름속에 개개의 구체적 경우가 도외시될 우려가 있음을 생각할 때, 행정자동절차에서 국민으로 하여금 절차의 객체에 불과하다는 느낌을 갖지 않도록 원칙적으로 청문 등 의견청취를 관철하는 것이 바람직하다.

3. 聽聞不實施決定과 理由提示

행정의 실체적 재량행사에 일반적으로 통용되는 제 원칙은 원칙적으로 節次形成的 裁量의 경우에도 그대로 통용되어야 한다. 독일의 법원 또한 기본적으로 이러한 입장에 서 있다. 한편 몇몇 판례가 청문을 실시하지 아니한 행정청에 대해서는 독일 행정절차법 제39조에 의한 이유제시의무를 부인하는 경향을 보이고 있는 점은 주목할 만하다. 즉, 독일 행정절차법 제39조는 행정행위에 의하여 수행된 實體法形成을 위한 理由提示强制를 규정하고 있을 뿐, 이러한 행정행위를 행하기 위하여 행정청이 발하는 개개의 절차적 결정에 대해서는 이유제시강제를 규정하고 있지 않다고 하면서, 聽聞不實施決定은 결코 독일 행정절차법상의 문서에 의한 행정행위 또는 문서에 의하여 입증된 행정행위에 해당하지 않는다고 판시하였다.[72] 우리의 경우 이 문제에 관한 논의가 없으며, 행정절차법 역시 독일과 동일하게 '처분의 이유제시'라고 규정하고 있다. 더욱이 1987년의 법안은 청문불실시의 경우 이유를 명시하여 통지하도록 규정하

71) 한편 Polomski는 동규정이 특정한 개개의 경우에도 행정자동결정을 발할 수 있게 할 기술적 진보에 더 잘 대비한 것으로 평가한다. Ders., a.a.O., S.131.

72) VGH Bad. -Württ., Urt. v. 21.10.1981 - A13 S464/81, DÖV, 971ff.; OVG NW, Urt. v. 28.1.1982 - 17A 10408/81 -. 청문불실시결정에 대해서도 이유부기가 행해져야 한다는 판례는 vgl. OVG Bremen, Beschl. v. 1.11.1979 - 1B41/79 -, DÖV 1980, S.180ff.; VGH Kassel, Beschl. v. 4.12.1986 - 4TH 1500/86 -, NVwZ 1987, S.510ff.

였으나(동법안 제39조 제2항), 현재의 법에는 해당규정이 없다. 이 문제는 청문을 실시하지 아니한 경우는 물론, 나아가서 절차형성적 재량의 일반적인 행사의 경우를 위해서도 검토할 필요성이 있다.

청문을 실시하지 아니한 경우에 그에 대한 이유제시가 없다면, 관계인은 청문불실시결정이 과연 옳은지 여부를 더 이상 검토할 수 없다. 결국 그는 이러한 원인만으로 과연 쟁송을 제기하여야 할런지 확신할 수 없게 된다. 그리고 이유제시의 명확화기능에 비추어 이유가 명백한 경우에만 법원은 청문불실시결정의 위법성을 용이하게 심사할 수 있다. 행정자동절차에 있어 청문불실시로 인해 훼손된 지위를 공고히 한다는 것이 얼마나 위험스러운지는, 국민의 소극적 대응 및 통제주도권의 저하 등과 같은 행정자동화의 副作用과 결부시키면 여실히 느낄 수 있다. 사실 행정자동결정에서의 청문·이유제시 양자의 중첩된 결여는 관계인을 완전히 절차의 객체로 전락시킬 수 있다.[73] 결론적으로 국민에게 친숙한 의사소통적인 제1차 절차의 필요성이 강조되어야 한다는 점에서, 청문을 실시하지 아니한 경우에도 理由提示原則은 통용되어야 하며, 차후 행정절차법을 개정할 때 1987년의 그것처럼 명문의 규정을 두는 것이 바람직하다.

X. 맺으면서

하루가 멀다하게 새롭게 등장하는 뉴미디어는 행정을 비롯한 우리 주변의 모든 환경을 가히 파괴라 할 만큼 변화시킨다. 장차 ISDN이 완전히 구축되어 소위 사이버 혁명이 완수될 때 행정과 국민과의 관계가 어떠한 모습을 띄고 그에 상응하여 행정법 체계가 어떻게 형성될지 단언하기 어렵다. 행정정보화·자동화가 행정정보체계론 차원에서 활발히 논해지고 있는 데 비해서 행정법학은 개인정보보호와 행정정보공개를 제외하곤 매우 더디게 접근하고 있다. 여기에는 정보화·자동화가 눈부신 정보통신기술의 발달에 힘입어 하루가 다르게 비약적으로 전개되는 것도 원인이 되나, 무엇보다 행정법의 기존 바탕조차도 정연하지 못함이 더 큰 이유로 여겨진다.

생각건대 행정정보화·자동화와 관련한 행정법적 문제들(예컨대, 뉴미디어를 통한 행정행위의 통지·하자· 청문실시 등)을 다룸에 있어, 組織法·作用法·節次法·責任法상의 기존의 패러다임이 별 의문이 없이 혹은 수정해서 통용될 수 있는지, 아니면 새로운 패러다임이 창안되어야 하는지 심도 있게 논의하여야 한다. 여기서 우리는 정보화

73) Polomski, a.a.O., S. 167.

에 관한 사회학이나 행정학 등에서의 논의에 대해 늘 깨어 있어야 하되, 法外的으로 논하는 것은 지양해야 한다.

현실과의 직접적 만남의 증대 없이 진정한 사이버 혁명이 달성될 수 없듯이, 민주화 · 시민사회의 형성 없이 정보화에 앞서갈 수 없다.

* 법제연구 제11호, 1996.9., 37면 이하 소수.

제 2 편 個別行政法 I (行政組織法 · 公務員法 · 地方自治法)

제 1 장

國務總理闕位의 公法的 問題點에 관한 小考

Ⅰ. '서리' 맞은 '서리제'?

지난 7월31일에 장상씨가 국회에서 국무총리임명동의를 받지 못해 '서리'로서 그 자리를 마감하였고, 그 이후에 '서리'로 선임된 장대환씨 역시 8월 28일에 똑같은 전철을 밟았다. 그리하여 7월 11일부터 국무총리의 공백이 86일간 지속되어 온 끝에 10월 5일에 와서 비로소 김석수씨가 국회의 동의를 거쳐 정식의 국무총리직에 올랐다. '공직후보자인사청문회법'이 제정된 후에 국무총리후보자에 대해선 처음 치룬 인사청문회를 거친 끝에 초래된 두 번의 '국회동의안부결' 사태를 보는 관점은 제각기 다르다. 殺他我生의 작금의 상황에서 각 정파와 충분한 협의를 거쳐 인선을 하였으면, 정파의 有不利를 떠나서 그간의 소모적 논쟁 그리고 恒時的 앙금을 피할 수 있었을 것이다. '대~한민국'의 연호 속에 사람들의 얼굴에 절로 웃음꽃이 피어나곤 한 것은 흐릿한 기억 속에 있고, '히딩크'의 화두는 그저 흔적으로서만 우리 곁에 남아 있으며, '월드컵'의 성과가 전혀 사리에 맞지 않는 현상으로 우리를 휩싼다. 전적으로 정치적(또는 정략적)인 것이 완전히 비정치적인 것으로, 반대로 전적으로 비정치적인 것이 완전히 정치적인 것으로 誤導되는 현실에 씁쓸할 따름이다. 국회의 동의를 얻지 못한 당사자에겐 誰怨誰咎라 하겠지만, 과연 누군들 이 같은 일로부터 자유로울 수 있겠는가 하는 自問을 해 본다. 그런데 이번 사태에서 특히 장상씨의 경우(!) 비단 당사자의 개인적 신상

만이 거론된 것이 아니라, 이와 선행적 또는 병행적으로 '국무총리서리제'의 위헌성문제가 지속적으로 집중적으로 거론되었다. 국무총리서리제를 둘러 싼 그간의 논의에서 여러 법문제가 제기되었다. 크게 보아서 국무총리서리제가 헌법에 합치하느냐 위헌이냐의 물음을 시발로 하여, 현행의 국무총리부재에 따른 대통령의 권한행사에 법적 문제는 없는지, 그리고 현행의 국무총리부재에 따른 국정운영상의 공백을 정부조직법상의 국무총리의 직무대행을 통해서 메울 수 있는지 등등이다. 이미 첫 번째 물음에 대한 답은 내려지고 세 번째 물음에 대한 시비만이 있을 뿐이라는 분위기이다. 과연 그러한지, 이하에선 이들 法問題에 초점을 맞추어 논의를 전개하고자 한다.

Ⅱ. 國務總理署理制에 관한 그간의 略史

국무총리서리제를 둘러 싼 그간의 사정은 굴절된 우리 최현대사를 웅변한다. 제1대의 이범석씨로부터 제33대의 이한동씨를 거쳐 제33대인 현 김석수 국무총리에 이르기까지 '서리'는 23차례가 있었고, 그 중 '서리'의 꼬리표를 떼고 국무총리가 된 경우는 이번까지 포함하여 15차례이다. 내각제를 채택했던 제2공화국, 총리에 대한 국회 동의제 자체가 없었던 제3공화국, 총리서리 임명을 억제했던 문민정부 시절(황인성, 이회창, 이영덕, 이홍구, 이수성, 고건)을 제외하면 상당수 총리가 비록 국회동의여부를 둘러싸고 우여곡절은 있지만 서리를 거쳤다. 특히 지난 제5공화국(전두환 정부)와 노태우 정부에선 현승종 前총리의 경우를 제외하고 모두다 서리를 거쳤다. 국회동의를 받기 전에 일종의 국무총리내정에 갈음하여 서리가 이루어졌고, 이를 언론에선 '000' 내각 출범이라 말하곤 하였다.

국무총리총리제에 대한 정당 차원의 두드러진 문제제기는, 지난 노태우정부 시절 노태우 前대통령이 1988.12.5일에 전면개각을 단행하여 강영훈씨를 국무총리서리로 조순, 이한동, 최병렬, 이상의, 박승 등 제씨들을 각료로 임명한 이른바 '12 · 5'개각 때 있었다. 당시 김대중씨를 총재로 한 평민당은, 헌법 제86조 제1항과 제87조 제1항에 의거하여, 국회의 임명동의를 받아야 비로소 완전한 자격이 생기는 총리와 그 총리가 제청을 해야 대통령이 임명할 수 있는 각료명단을 발표하고 임명장을 준 것은 명백한 위헌이라고 지적하였다. 이런 위헌성지적에 당시 야당의 일원인 민주당(총재: 김영삼)과 공화당(총재: 김종필) 역시 일리가 있다고 공감하되, 적극적인 문제제기를 하진 않았다. 당시 여당인 민정당은 '40년의 관행이라지만 그것은 독재권력시대의 발상'이라는 평민당의 공격에 '법과대학생수준의 발상'이라고 일축하였다. 특히 민정당의 율사인 박희태 의원은 "총리가 임명동의안을 받기 전에 집행하는 다른 직무에는 시비가 없이 오직 국무위원제청권만 문제 삼는 것은 논리적 모순"이라면서 "또 우리의 권력구조는 엄연히 대통령중심제란 현실을 인정해야 한다"는 반박논리를 개진하였다.[1] 그런데 당시의 기사에 비추어 엄밀히 보자면 평민당이 국무총리서리제 자체 전반을 문제삼기보다 국무위원임명절차상의 '국무총리'의 필요적 제청을 간과한 점을 주로 초점으로 맞추었다고 보아야 한다. 이 점이 '국무총리서리제'의 문제를 서리의 임명제청에 국한하여 보는 상황을 가져왔다고 여겨진다. 따라서 "12 · 5"개각을 국무총리서리제의 위헌성논란의 시발로 보기엔 주저된다. 그리고 평민당은 노태우 전대통령이 1990.12.27.에 노재봉씨를 국무총리서리로, 최호중, 박철언, 최병렬, 임인택 등 제씨들을 각료로 임명한 이른바 "12 · 27"개각에서도 평민당은 국회동의를 받은 국무총리에 의한 제청을 통한 각료임명을 강력히 주장하였다. 한편 3당합당 이후에 1991.5.24.에 노태우 전대통령이 노재봉씨를 경질하고 정원식씨를 국무총리서리에 임명하였을 때는 당시 야당인 신민당(총재: 김대중)과 민주당(총재: 이기택)은 임명동의에 거부하였는데, 총리서리제의 위헌성은 그다지 제기하지 않았다. 그 뒤 1992년 대선을 앞두고 노태우 前대통령은 정원식씨를 경질하여 현승종씨를 국무총리서리의 임명없이 바로 10.8.에 국회의 동의를 거쳐 임명한 뒤에 신임총리의 제청을 받아 10.9.에 내무부장관 등 일부각료를 임명하였다.

노태우 정부에 뒤이어 출범한 김영삼 정부에선 국무총리서리의 임명이 없이 국회동의를 거쳐 국무총리를 임명하였고, 그 국무총리의 제청에 따라 각료를 임명함으로써 노태우 정부때와 같은 문제는 생기지 않았다. 김영삼 정부의 높은 헌법준수를 호평할 수도 있지만, 이는 3당 합당의 또 하나의 소산으로 봄 직하다.

국무총리서리제에 대한 본격적인 논란은 김대중 정부의 출범에서 야기되었다. 이른바 'DJP'연합전선을 구축하여 1997년 대선을 승리로 이끈 김대중 당시 대통령당선자가 1998.2.25.에 대통령직에 취임하여 그 날 김종필 당시 자민련 당수를 국무총리로 지명(!)하고서 그 임명동의안을 국회에 송부하였다. 그 후 정파간의 심각한 대립과 갈등속에 국회가 공전되고 급기야는 동년 3.2.에 치룬 동의안 투표절차가 중단과 속행을 오락가락하다가 자정이 경과하여 임시국회회기가 종료하였다. 이에 김대중 대통령은 3.2.에 그 때까지 국무총리로 재직하고 있던 당시 고건 前국무총리로부터 각료임명제청을 받아 다음날인 3.3.에 그 임명제청에 따라 각료를 임명하고 아울러 김종필 지명

1) 이상 동아일보 1988.12.7.자 3면. 그런데 박희태 의원은 지금은 당시와는 전혀 다른 입장에 선 것 같다. 「박희태 최고위원도 "헌법에 대통령은 국회 동의를 얻어 총리를 임명할 수 있다'고 규정돼 있어 국회 동의가 선행돼야 하며 서리제도는 없다"면서 "국회 동의도 받기 전에 서리라는 이름으로 총리권한을 행사하는 것은 헌법 위반"이라고 주장했다. 그는 이어 "민주당이 과거 문민정부때 서리의 위헌문제를 제기해 국회동의를 거친 뒤 임명했다"면서 "오늘이라도 임명예정자의 총리직 수행을 중지시켜야 한다"고 주장했다」: 연합뉴스 2002.7.15.

자를 국무총리서리로 임명하였다. 이에 야당인 한나라당은 격렬한 공세를 취하여 이를 헌법재판소에 권한쟁의심판을 청구하였다.[2] 하지만 헌법재판소는 청구인의 심판청구가 부적법하다는 이유로 각하함으로써 본안에 대한 확실한 판단을 유보하였다.[3]

김종필 前총리 이후 박태준 前총리는 서리를 거치지 않고 바로 국회동의를 얻어 그 직에 임명되었고, 그 뒤를 이은 이한동 前총리는 서리를 거치긴 하였으나 큰 문제없이 인사청문회를 거쳐 국회동의 후에 그 직에 임명되었다. 그러다가 이번 '7 · 11'개각에서 장상씨가 국무총리서리에 임명되고 나서 서리제의 위헌성시비가 전면에 부각되기 시작하였다. 인사청문회법에 따른 국무총리지명자(후보자)에 대한 최초의 인사청문을 거쳐 치룬 7.31.의 국회의결에서 임명동의안이 부결되는 초유의 일이 일어났다. 그 후 임명동의안 부결을 둘러싼 여야의 대립상황에서 서리제 자체의 위헌성시비 나아가 직무대행의 가동여부가 서로의 입장에서 첨예하게 주장되었다.[4] 김대중 대통령은 한나라당과 다수언론이 주장하는 직무대행체제를 가동시키지 않고, 8.9.에 장대환씨를 다시 국무총리서리에 임명하였다. 이에 곧바로 한나라당의 반발이 제기되었지만, 장상씨 때와 비교하면 별반 주목되는 움직임이 처음엔 없다가,[5] 인사청문회를 통해서 장상씨와 거의 유사한 의혹이 제기되어 마침내 동의안이 부결되고 말았다. 그 후 9.10.에 김석수씨를 또다시 국무총리서리에 임명하였다. 연이은 부결에 따른 국정공백의 부담감이나 유래가 없는 재난사태 등도 작용하였다곤 하지만, 장기간의 공직재직을 통한 어느 정도의 검증이 되어 있었고, 여론의 엄청난 질타를 받을 만한 의혹도 없어서 압도적 다수의 찬성으로 임명동의안이 가결되었다. 하지만 이와는 별개로 한나라당은 국무총리서리제의 위헌성을 일관되게 제기하면서 정부조직법 제22조의 '직무대행'을 통한 사태수습을 주장하였다.

---

2) 필자는 논란이 있을 수 있지만, 이를 '3 · 3서리파동' 또는 '제1차 서리파동'으로 부르고자 한다.

3) 헌재 1998.7.14, 98헌라1결정.

4) 필자는 10월 5일에 김석수씨가 국회의 임명동의를 받기까지를 '7 · 11서리파동' 또는 '제2차 서리파동'으로 부르고자 한다.

5) 오히려 다음의 기사는 그간의 대소동에서 과연 무엇을 얻었는지 그리고 과연 무엇을 얻을 것인지 의문을 던지게 한다.「한나라당은 장 서리에 대한 철저한 검증을 통해 적격성 여부를 가려낼 것이라고 벼르고 있으나 장 상총리 인준안 부결에 따른 부담 등을 감안, 특별한 하자가 없는 한 인준하는 쪽으로 내부 의견을 모아가고 있는 것으로 알려졌다. 민주당도 이번 임명동의안 처리에 적극적인 입장인 데다 장기 국정공백에 대한 우려도 적지않게 제기되고 있어, 인준안이 또 다시 부결될 가능성은 높지 않은 것으로 전망된다」: 연합뉴스, 2002.8.10.

Ⅲ. 政府組織法 제22조의 適用可能性 여부

1. 동조의 '사고'가 포괄적 개념인지 여부

우선적인 문제해결의 실마리를 제공할 수 있는 물음부터 검토하고자 한다. 많은 학자들이 정부조직법 제22조의 '국무총리의 직무대행'에 의거하여 현재의 국무총리부재의 상황을 재정경제부장관이 겸임하는 부총리가 그 국무총리의 직무를 대행하여야 한다고 주장한다.[6] 그런데 동조가 직무대행의 성립요건을 '국무총리가 사고로 인하여 직무를 수행할 수 없을 때'로 규정하고 있기에 논란이 된다.[7] 현재의 국무총리부재-闕位-란 여기서의 '국무총리가 사고로 인하여 직무를 수행할 수 없을 때'와 다르기 때문이다. 양자의 차이점을 극명하게 보여주는 것이 바로 「대통령이 궐위되거나 사고로 인하여 직무를 수행할 수 없을 때에는 국무총리, 법률이 정하는 국무위원의 순서로 그 권한을 대행한다」고 규정한 헌법 제71조의 "대통령의 권한대행" 규정이다.

이런 차이점을 염두에 두되, 정부조직법 제22조를 적극적으로 해석해야 한다는 취지에서, "지도자가 없으면 후임자를 빨리 골라야 하는 것은 상식의 문제이다. 정부조직법의 '사고'라는 문구를 질병 해외여행 등으로 좁게 해석하기보다 '자리에 없는 상황'으로 이해하는 게 합당하다", "정부조직법이 '사고' 등으로 인해…"라고 표현됐다면 시비의 소지가 없을 테지만 그렇게 안 돼 있다고 하더라도 궐위 때도 당연히 직무대행을 임명하는 게 상식 아니냐", "직무대행은 공식 후임자가 선출될 때까지 법적 공백상태에 따른 피해를 막기 위한 법의 일반 원칙이다. 총리직무대행도 정하지 않고, 총리 지명도 늦어진다면 직무유기라는 비난을 피하기 어렵다", "현재의 총리 부재 상태를 사고로 볼 수 없다고 해석하는 것은 잘못된 법 해석이다", "'사고'의 개념에는 총리가 아예 없는 사퇴나 사망의 경우도 포함되는 것으로 해석하는 게 다수 견해이다"라고 많은 학자들이 주장한다.[8] '사고'가 '궐위'까지 포함한 광의의 개념이라면 더 이상의 문제제기는 贅言이다.[9]

실정법상 이와 관련해서 착안점을 찾아보면, 위의 헌법 제71조 말고도 직무대리규정(대통령령 제9063호)이 있는데, 동규정 제3조는 「기관의 장 또는 직원의 궐원·출장

---

6) 반면 법제처는 총리도 대통령이나 국회의원과 마찬가지로 헌법기관이기에 헌법에 직무대리에 대한 규정이 명시돼 있지 않는 한 대리체제를 도입할 수 없다는 유권해석을 내린 것으로 알려진다. 한 관계자는 '정부조직법상 총리직무대행 규정도 상위법인 헌법에 관련 규정이 없기 때문에 위헌이다' 라고 말했다 한다. 연합뉴스 2002.8.4.

7) 참고로 1948년 제정 정부조직법(법률제1호)은 「국무총리가 사고로 인하여 직무를 수행할 수 없을 때에는 대통령이 지정하는 국무위원이 임시 그 직무를 代理(!)한다」고 규정하였다(동법 제12조).

8) 이는 신문지상에서 참조하였기에 本意에 대한 오해가 있을 수 있다.

9) 헌재 1998.7.14, 98헌라1결정에서 김문희, 이재화, 한대현 재판관이 이런 입장을 취하였다.

또는 사고(이하 사고라 한다)가 있을 때에는 다음 각 호의 장이 정하는 바에 의하여 대리한다」고 규정하고 있다. '사고'의 사전적 의미가 평시에 없던 뜻밖의 사건이라는 점[10]을 착안한다면 그것을 넓게 보려는 입장도 나름의 논거를 갖는다. 하지만 헌법 제71조가 –심지어 위의 직무대리규정이 시사하듯이, '궐위'까지 포괄할 수 있는 '사고'란 용어를 사용하기보다는– 애써 표현상으로 '궐위'와 '사고'를 병렬적으로 규율한 점은, 양자에 대한 구분된 효과를 부여하려는 입법자의 의도가 담겨져 있다는 證左이다. 그래서인지 헌법문헌들이 헌법 제71조와 관련하여, 대통령권한대행의 기간과 직무범위에 대해서 구별하여 논하고 있다(후술).

그런데 헌법 제71조 말고도 국회법 제12조 · 제16조, 법원조직법 제13조 제3항, 헌법재판소법 제12조 제4항이 양자를 구분하여 규율하고 있다. 특히 국회법 제12조는 「의장이 사고가 있을 때에는 의장이 지정하는 부의장이 그 직무를 대리한다」고, 제16조는「의장 또는 부의장이 궐위된 때나 의장과 부의장이 모두 궐위된 때에는 지체없이 보궐선거를 실시한다」고 규정함으로써, 입법자가 진작부터 즉, 원천적 직무수행불가능인 경우에 해당하는 '궐위'와 성실한 직무수행불가능인 경우에 해당하는 '사고'를 명확히 구분하여 왔음을 잘 보여 준다. 따라서 정부조직법 제22조상의 '사고'를 '궐위'까지 포함된 넓은 개념으로 이해하는 것은 무리가 있다.[11] 아울러 역사적으로 보아도 동법의 제정 당시에도 지금과 동일하게 '사고'만을 규정하였다.

2. 政府組織法 제22조가 法律欠缺을 지니는지 여부

한편 정부조직법 제22조가 '국무총리가 사고로 인하여 직무를 수행할 수 없을 때'만을 직무대행성립요건으로 규정한 것이 입법자의 입법상의 흠결(Lücke)이라면[12], 유추의 문제가 생겨 관련 공법규정 가령 법원조직법 제13조 제3항이나 헌법재판소법 제12조 제4항이 유추적용(준용)될 가능성이 있다. 여기서 흠결의 존부여부는, 지난날 만들어진 지금의 규정이 오늘날의 요청에 더 이상 전혀 적합하지 않게 되거나 그 규정이 오늘날에는 더 이상 동일한 정도로 통용을 요구할 수 없는 법사고에 바탕을 두고 있는지 여부로 판단하여야 한다.

정부조직법이 1948년에 제정된 이래로 지금까지 수차례의 빈번한 개정속에서도, '사고'만을 국한하여 직무대행성립요건으로 삼은 점(제정당시 동법 제12조)이 이제까지

10) 엣센스국어사전, 제4판, 1996, 민중서관, 1293면.

11) 헌재 98헌라1결정에서 이영모재판관이 이런 입장이다.

12) 한편 동조는 국무총리직무대행자가 궐위되거나 사고가 발생하였을 경우엔 어떻게 되는지 전혀 언급하고 있지 않은데, 만약 그 직무대행자가 일반 국무위원이라면 그자의 차관이 그 직을 수행하는지 아니면 다시 대통령의 지명이나 법정순서에 의한 국무위원이 그 직을 수행하는지 흥미로운 문제이다.

변함없이 존치하는 것이 과연 법률흠결에 해당하는가? 제헌헌법(제1공화국헌법) 제69조가 「국무총리는 대통령이 임명하고 국회의 승인을 얻어야 한다」고 규정하기에, 대통령은 국무총리의 궐위시에 즉시 국회의 사전통제없이도 국무총리를 임명할 수 있다. '사고'만을 직무대행성립요건으로 삼은 당시 정부조직법 제12조는 이에 상응한 것이라 평가내릴 수 있다. 참고로 제헌헌법 제56조는 대통령 또는 부통령이 궐위된 때에는 즉시 그 후임자를 선거하도록 규정하고 있다. '사고'만을 국한한 정부조직법상의 국무총리직무대행규정이 연혁적으로 제헌헌법 당시의 국무총리에 대한 국회의 사후승인을 터 잡았다고 하면, 이른바 유신헌법 이래로 현행 헌법하에서 국회의 사전동의를 규정하고 있기에 현행의 정부조직법 제22조가 흠결을 지닌다고 판단내릴 법하다.

그러나 '사고'만을 국한한 입법태도를 오로지 국무총리선임에서의 국회의 통제가 사전적인지 사후적인지 여부와 전적으로 결부시키려는 입장은 대통령과 국무총리와의 관계를 간과한 점이 있다. 정부조직법상의 국무총리의 직무대리와, 법원조직법상의 대법원장의 직무대행을 견주어 보면 이 점을 확인할 수 있다. 1949년에 제정된 법원조직법은 대법원장의 직무대행을 따로 두지 않고, 제60조에서 대법원장이 有故한 때에는 출석 대법관 중 대법관의 직에 최장기간재직한 자, 재직기간이 동일한 때에는 年長者가 대법관회의의 의장이 된다고 규정하였다. 그리고 1961.8.12.의 개정 법원조직법 제15조는 대법원장이 궐위되거나 有故時에는 선임대법원판사가 그 권한을 대행한다고 규정하였다. 제헌헌법 제78조는 대법원장 역시 국무총리와 마찬가지로 대통령의 선임명, 국회의 후승인을 규정하였는데, 1961년 5.16 군사쿠데타 이후의 국가재건비상조치법은 대법원장은 내각의 제청에 의하여 최고회의의 승인을 얻어 대통령이 임명하도록 규정하였다(동조치법 제8조). 그 이후에 이루어진 제3공화국헌법 제99조 제1항은 대법원장인 법관은 법관추천회의의 제청에 의하여 대통령이 국회의 동의를 얻어 임명하는데, 국회의 동의를 얻으면 임명하여야 한다고 규정하였다.

그런데 국무총리선임절차가 사후승인에서 사전동의로 변하였음에도 불구하고, 법원조직법과는 달리 정부조직법은 변함없이 '사고'만을 직무대행성립요건으로 삼은 데는, 자기의 보좌기관적 성격이 본질인 국무총리의 '부재' 일반과 관련해선, 임명권자인 대통령의 고유한 인사권을 존중하고 경우에 따라선 대통령의 직접적인 권한행사가능성도 열어두려는 입법목적(Teleologie)이 배어 있다고 보아야 한다.[13] 따라서 헌법상

13) '궐위'시와 '사고'시의 직무대행이 성립하는 모습이 다소 다르다. 전자의 경우엔 직무수행불가능성이 당연하지만, 후자의 경우엔 (성실한)직무수행불가능성여부에 대한 임명권자의 판단이 개재한다. 바로 이 점이 행정부의 제2인자인 국무총리의 부재를 그의 임명권자인 대통령이 직접 처리할 이유가 된다. 그러나 이런 논의를 법원조직법이나 헌법재판소법에로 移行해서는 아니 된다. 왜냐하면 그곳은 권력분립원리에 따른 독립적인 영역일 뿐 더러 대법원장과 헌법재판소장은 행정부의 수반이 대통령이듯이, 각기 首長이기 때문이다. 아울러 대통령의 직무대행

의 대통령의 권한대행규정을 지금의 상황에 유추적용을 하여야 한다는 주장은 곤란하다. 업무의 독립성과는 무관하게 헌법상 대통령 소속하에 있는 감사원의 장의 경우에도, 감사원법 제4조 제3항이 '사고'만을 직무대행성립요건으로 삼은 것은 국무총리에서와 동일한 이유에서라고 하겠다. 나아가 법원조직법과 다르게 규정한 정부조직법과 감사원법의 직무대행규정은 행정부의 수반으로서의 대통령의 지위를 확실히 보장하는 셈이 된다. 이상과 같은 논의는 現下의 상황뿐만 아니라, 오히려 앞으로의 상황을 위해서 중요하다. 왜냐하면 만약 현재의 시빗거리인 '서리제' 문제를 해소하기 위한 방편으로, 정부조직법 제22조를 개정하여 '궐위'를 추가하거나 그것을 내포하는 '사고 등'으로 표현을 달리 하려고 시도할 가능성이 있기 때문이다. 또한 미국의 「궐위에 관한 법률」(Vacancies Act)에 상응하는 법률을 장차 마련할 때에도 이상의 논의가 충분히 강구되어야 한다.

3. 헌정사상 國務總理職務代行의 事例

우리 헌정사상 국무총리직무대행 체제가 두 번 등장하였다. 과거 신병현 前부총리겸경제기획원장관이 직무대행자로서 1984.11.7.부터 1985.218.까지 진위종 前국무총리의 직무를 대행하였고, 김대중 정부에 와서 박태준 前국무총리의 전격적 사퇴(!) 후에 이헌재 前부총리겸재정경제부장관이 직무대행자로서 2000.5.19.부터 2000.5.22까지 국무총리직무를 대행하였다. 헌재 1998.7.14, 98헌라1결정에서 김문희, 이재화, 한대현 재판관이 '사고'개념의 포괄성을 주장하면서, 전자의 예를 우리 헌정사의 직무대행의 예로 적시하였다. 그러나 이는 '사고'개념의 포괄성을 논증하는 데 전혀 사실에 맞지 않다. 왜냐하면 당시에 1주일째 서울대병원에 입원가료중인 진위종 前국무총리가 臥病으로 정상적인 집무수행이 불가능하여 즉, '궐위'가 아니라 '사고'(!)에 의거하여 직무대행을 선임한 것이기 때문이다.[14)]

후자의 경우는 '직무대행'의 성립요건이 아닌 '궐위-부재'에 이루어졌다. 이는 명백히 정부조직법을 위반한 것이다. '궐위'시에는 국무총리후보자(내지 서리, 지명자)를 선임하여야지 직무대행자를 지명해선 안된다. 이런 그릇된 전례가 있음으로 말미암아 국무총리'궐위'의 문제가 순전히 조직법적 바탕에서 논의되지 않고 있다. 그리고 이 전례가 국회여당인 한나라당이 이번에도 '직무대행'의 선임을 주장하는 데 나름의 일리가 있을 수 있는 단초를 제공하였다. 이런 그릇된 전례를, 당시에 박태준 前국무총

과, 국무총리 및 감사원장의 직무대행이 다름도 이상과 같이 논증할 수 있다.

14) 동아일보 1984.11.7.자 참조.

리의 사표가 신속히 수리되는 바람에 미처 후임총리를 물색할 시간적 여유가 없었다는 점, 박태준 前국무총리가 대통령에게 사표를 제출했으나 이를 수리하기까지는 3일이 걸렸는데, 이 3일간을 총리의 '궐위'가 아니라 '사고'로 보고서 권한대행이 된 것이라는 궁색한 논거로썬 정당화시킬 순 없다.

생각건대 우리 헌정사에서 전자의 경우만이 정부조직법에 맞는 적법한 직무대행체제이었고, 후자의 경우는 위법하게 직무대행체제가 운영되었다 하겠다. 과거의 선례의 존재 자체는 주장의 설득력을 제고하긴 하나, 그 선례가 분명하게 위법하게 행하여졌다면 달리 보아야 한다. '不法에서의 平等待遇' 문제와 연관을 지어서, 이미 시행되고 있는 행정관례의 적법성이 自己拘束을 인정하기 위한 요건이 됨을 강조하고 싶다.

4. 國務總理職務代行의 範圍

여기선 정부조직법 제22조에 따른 국무총리직무대행자가 과연 어느 정도까지 국무총리의 직무를 행할 수 있는지를 살펴보고자 한다. 우선 헌법상의 대통령의 권한대행과 관련지어서 보면, 권영성 교수는 궐위인 경우에 권한대행기간은 60일 이내로, 직무범위는 대통령의 권한전반에 걸치는 것이 원칙이되 반드시 현상유지적이어야 할 이유가 없는 데 대해서, 사고인 경우에는 직무대행은 그 성질상 잠정적인 현상유지에 국한되고 기본정책의 전환 · 인사이동 등 현상유지를 벗어나서는 아니 되는데, 그 이유로 사고인 경우에는 사고의 원인이 소멸하는 대로 대통령이 재집무가 가능하기 때문이라고 주장한다.[15] 반면 김철수 교수는 권한대행사유에 따른 나눔이 없이 직무대행의 범위가 원칙적으로는 대통령의 권한 전반에 걸치겠지만 그것의 임시대리적 성질로 인해 -궐위시까지도- 잠정적인 현상유지에만 국한되고, 정책의 전환, 인사의 이동과 같이 초현상유지적 직무는 대행할 수 없다고 주장한다.[16] 또한 허영 교수는 우선 직무범위를 이처럼 구분하는 데 대해서 비판하면서, 대통령직이 필요로 하는 민주적 정당성을 확보하지 못한 권한대행자는 대통령직의 잠정적 관리자를 넘어서 대통령과 동일한 범위에서 직무권한을 결코 행사할 수 없다고 주장하고, 아울러 사고시에는 선량한 관리자로서 책임을 진다고 하면서 사고가 장기화된 경우에는 오히려 궐위시보다도 잠정적인 현상유지만으로는 될 수 없는 사태가 생길 수도 있음을 강조한다.[17]

한편 행정법문헌에선 직무대행이 '행정청의 권한의 대리' 또는 '행정청의 대리'라는 표제하에 다루어진다. 즉, 행정청의 권한의 전부 또는 일부를 타행정기관이 피대리청

15) 동인, 헌법학원론, 2002, 910면 이하.
16) 동인, 헌법학개론, 1999, 1036면 이하.
17) 동인, 한국헌법론, 1999, 911면 이하.

을 위한 것임을 표시하여 자기의 이름으로 행하고, 그 행위는 피대리청의 행위로서의 효과를 발생하는 것을 말한다. 그런데 가령 정부조직법 제22조나 법원조직법 제13조 제3항처럼 법령의 규정에 의하여 법정사실('궐위'나 '사고')의 발생과 더불어 당연히(좁은 의미의 법정대리) 또는 일정한 자의 지정에 의하여(지정대리) 비로소 성립하는 법정대리에 있어서, 피대리청의 궐위의 경우(국무총리의 직무대행에는 해당하지 않는다!)든 사고의 경우든 대리권의 범위가 피대리청의 권한의 전부에 미침이 당연하다고 본다(통설).[18]

따라서 앞서 본 바대로, 정부조직법 제22조상의 '사고'를 포괄적으로 이해할 것 같으면, 그 직무대행자의 직무대행범위는 당연히 국무총리의 권한 전부에 미친다고 보아야 한다.[19] 한편 과거 이헌재 직무대행체제(?)가 출범했을 때, 총리실 관계자가 총리 직무대행의 경우 대통령 권한대행권, 부서권, 국무회의 심의권, 행정각부의 통할권 및 행정감독권, 국회출석 · 발언권, 총리령 발령권 등 헌법에 규정된 총리의 권한을 대부분 행사할 수 있으나 국무위원 임명제청권 및 해임건의권은 총리서리도 갖지 못하는 만큼(!) 이를 행사하는 것은 어려울 것이라고 설명하였다고 한다.[20] 이상의 직무범위를 둘러싼 논의는 후술할 '국무총리서리제'의 실체를 파악하는 데 매우 중요하다.

Ⅳ. 大統領令인 職務代理規定의 適用可能性 여부

1962.5.21.에 閣令 제769호로 제정되어 1978.6.27.에 한 차례 개정(대통령령 제9063호)만이 이루어진 채 지금까지 내려온 직무대리규정의 성립 내지 그에 따른 법적 성질의 문제는 일단 이 글에서 제외하고,[21] 그것이 국무총리의 '궐위'의 경우에도 적용될 수 있는지 여부만을 살펴보겠다. 동규정은 각 행정기관의 직무상 공백을 없게 하고 그 책임을 명백히 하기 위하여 직무대리에 관한 사항을 규정함을 목적으로 하는데(제1조), 타 법령에 따로 규정한 것을 除外하고는 동규정에 의하도록 되어 있다(제2조). 따라서 정부조직법과 감사원법이 국무총리와 감사원장의 직무대행을 규정한 이상, 비록

---

18) 다만 '指定代理'의 경우 지정자가 대리자를 지정함에 있어 대리사항을 한정할 수 있는가가 논의의 대상이 되고 있으며, 또한 성질상 대리가 부적합한 것이 있지 않겠는가 하는 점이 검토의 대상이 되고 있다.

19) 이에 관해선 차후에 실증적 분석이 뒤따라야 할 것이다.

20) 연합뉴스 2000.5.19. 참조.

21) 이는 수권법률이 없고 동규정 자체에도 그러한 취지를 담고 있지 않아서 그러하다. 제정 정부조직법 제29조는「행정각부에 차관 1人을 둔다. 차관은 장관의 명을 承하여 부내사무를 총할하며 장관이 사고가 있을 때에는 그 직무를 대리한다」고 규정한 즉, 현행 정부조직법 제7조 제1항도「차관(외교통상부의 통상교섭사무에 관하여는 이를 담당하는 本部長) 또는 차장은 그 기관의 장을 보좌하여 소관사무를 처리하고 소속공무원을 지휘 · 감독하며, 그 기관의 장이 사고가 있을 때에는 그 직무를 代行한다」고 규정한다. 직무대리규정이 정부조직법과 다소 다르게 대리사유로 기관의 장 등의 궐원 · 출장을 포함시킨 것이 문제가 될 수 있다.

특히 국무총리가 상급행정관청 내지 독임제행정관청으로서의 지위를 갖는다 하더라도, 동 규정이 이들의 경우에는 원천적으로 적용될 수가 없다. 그럼에도 정부조직법 등이 '궐위'가 배제된 '사고'만을 규정하였음을 들어 전자의 경우에는 동규정이 적용될 수 있다고 주장될 법하다. 이 문제에 대한 답은 동규정의 내용을 살펴보면 얻을 수 있다.[22] 결론적으로 그것의 명칭–직무'대리'규정–이 시사하듯이, 대통령의 권한대행자의 지위, 집행부의 제2인자의 지위, 대통령 다음가는 상급행정관청의 지위를 갖는 국무총리의 경우는 물론 감사원장의 경우에도 그 직의 본질에 비추어 직무대리규정이 적용될 수가 없다.

Ⅴ. 國務總理署理制의 違憲性 여부

1. 國務總理署理任命의 法的 性質

(1) 國務總理署理의 槪念

먼저 국무총리란 우리 헌법상 국회의 동의를 얻어 대통령이 임명하는 집행부의 제2인자로서 대통령을 포괄적으로 보좌하는 헌법기관을 말한다.[23] 국무총리서리가 법률상의 용어가 아니어서 적확하게 정의를 내리기 어렵다. 더욱이 최근엔 국무총리서리를 애써 피해 국무총리지명자, 국무총리후보자로 달리 부르고자 하나, 그 제도의 본질에는 아무런 영향이 없다. 오히려 국무총리서리를 국무총리와 동격으로 보아온 그리고 지금도 보고 있는 오해의 근원이 제거되어야 한다.[24] 일단 국무총리서리란 '임명동

---

22) 제3조 (법정대리) 기관의 장 또는 직원의 궐원 · 출장 또는 사고(이하 사고라 한다)가 있을 때에는 다음 각호의 정하는 바에 의하여 대리한다.

1. 기관의 장이 사고가 있을 때에는 차관 · 차장 기타 이에 준하는 자가 대리한다.

2. 차관 · 차장 기타 이에 준하는 자가 없는 기관의 장이나 차관 · 차장 기타 이에 준하는 자가 사고가 있을 때에는 실 · 국(실 · 국에 준하는 보조기관을 포함하며 실 · 국이 설치되지 아니한 기관에서는 과를 말한다)을 설치하는 법령에 규정된 실 · 국의 순위에 의한 실장 · 국장이 대리한다. 다만, 실장 · 국장보다 상위서열의 보조기관 또는 차관보가 설치되어 있는 기관에서는 당해 보조기관 또는 차관보를 설치하는 법령에 규정된 순위에 의하여 실장 · 국장에 우선하여 대리한다.

3. …, 4. …, 5. …, 6. ….

제4조 (지정대리) 제3조의 규정에 의하여 대리할 자가 확정되지 아니할 경우에는 다음 각호에서 정하는 바에 의한다.

1. 기관의 장이 사고가 있을 때에는 직근상급기관의 장이 사고가 발생한 기관의 직원중 상위서열의 직원을 대리할 자로 지정한다.

2. 기관의 장 이외의 직원이 사고가 있을 때에는 소속 기관장이 소속직원중 상위서열의 직원을 대리할 자로 지정한다. 다만, 과 또는 이에 준하는 보조기관이나 담당관 소속 직원이 사고가 있을 때에는 당해 보조기관 담당관이 당해 소속직원 중에서 지정한다.

23) 허영, 앞의 책, 936면.

24) 그런 점을 상징적으로 잘 보여주는 일이 바로 지난 1998년의 '3 · 3서리파동'에서 일어났다. 즉, 김대중 대통령이 1998.2.25.에 취임과 동시에 김종필 당시 자민련 당수를 국무총리에 지명하고 국회에 동의를 구하였는데, 치

의안의 송부에 관계없이 아직 국회의 임명동의를 얻지 못한 국무총리지명자'로 정의하고자 한다.

(2) 署理에 관한 公法的 理解

국무총리서리임명의 본질을 구명하기에 앞서 공법상 '署理'를 어떻게 이해하고 있는지 살펴볼 필요가 있다.[25] 사전적 의미로 署理라함은 결원이 있을 때 남의 직무를 대리함을 일컫는다.[26] 행정법문헌상으로 署理란 被代理廳의 구성원이 궐위되어 있는 경우의 대리를 말한다. 그리고 이 署理의 특징은, 행정청의 지위에 있는 자에게 사고가 있는 경우의 통상의 대리와는 달리 대리되는 자(피대리청)가 없는 점에 있다. 하지만 피대리청의 지위에 있지 않는 자의 행위가 피대리청의 행위로서의 효과를 발생하고, 행정사무의 대행인 점에 본질적인 차이가 없으며, 행정청의 구성자인 자연인의 존부는 대리관계성립에 영향을 미치지 않는다는 점을 들어, 거의 문헌들이 서리를 법정대리의 일종인 지정대리로 이해한다.[27] 행정청의 권한의 대리는 통상 임의대리와 법정대리(좁은 의미의 법정대리와 지정대리)로 나뉘는데, 대리관계가 피대리청의 수권행위로 비롯되었는지 아니면 법령의 규정에 의하여 법정사실의 발생과 더불어 비롯되었는지가 가늠잣대이다. 따라서 서리를 곧바로 법정대리 나아가 지정대리로 보는 것은 커다란 오해를 낳는다. 被代理廳의 구성원의 궐위를 대리사유로 법정화하여야만 비로소 법정대리의 성립이 운위될 수 있다. 따라서 그 궐위가 대리사유로서 법정화되지 않은 이상 이를 법정대리-지정대리-의 일종으로 논의를 전개함은 중대한 모순을 야기한다. 왜냐하면 일반적으로 법정대리에 있어서는, 대리사유가 궐위이든 사고이든 대리권의 범위가 피대리청의 권한의 전부에 미친다고 보기에, '서리'가 피대리청과 동일한 지위를 향유함은 지극히 당연한 논리가 되어 버린다.

그런데 '궐위'시의 직무대리 일반을 서리로 파악하면 현하의 국무총리서리 문제를

열한 여야의 공방속에 국회에서의 임명동의가 무위로 돌아가자 급거 동년 3.3.에 '국무총리서리'로 임명하였다. 이처럼 국무총리지명자와 국무총리서리를 구분지움이 되려 후자를 국무총리와 동격시여긴 데 따름인지는 구명이 필요하다.

25) 이것의 유래를 탐문하는 것이 매우 흥미로운 일이나, 후일로 미루기로 한다. 우리가 지금 사용하는 대부분의 전문용어의 출처가 일본인데도 불구하고 그네들은 이것 대신 대리를 사용하고 있다. 이런 사실은 署理의 자리매김을 시사한다. 한편 정종섭 교수는 서리가 중국말에서 유래하였다고 한다. 동인, 국무총리임명제도와 '국무총리서리', 시민과 변호사 1998.4, 44면. 그런데 중국에선 우리와 마찬가지로 법률용어로 '대리'를 사용하고, 직무와 관련해선 가령 '代總理'처럼 그 직위 앞에 접두사격인 '代'를 붙인다고 한다.

26) 엣센스국어사전, 1432면. 필자는 署理의 연원을 署名代理에서 찾을 수 있지 않을까 짐작한다.

27) 김도창, 일반행정법론(하), 1992, 75면; 김철용, 행정법 II, 2002, 29면; 박윤흔, 행정법강의(하), 2001, 37면; 김동희, 행정법 II, 2002, 18면; 석종현, 일반행정법(하), 1997, 92면; 홍정선, 행정법원론(상), 2002, 694면. 그러나 김남진 교수는 서리가 일반의 대리와 다를 바 없다고만 할 뿐 그것이 대리의 어떤 유형에 속하는지는 언급하지 않는다. 동인, 행정법 II, 2002, 19면. 동지: 유지태, 행정법신론, 2002, 554면. 한편 윤세창 교수는 두 개의 행정관청간의 관계가 아니고 행정관청과 보조기관과의 관계가 아닌 점을 들어 대리와 구별한다. 동인, 행정법(상), 1981, 518면 이하.

다룰 때 약간의 혼란을 가져다준다. 통상적으로 기관의 장이 '궐위'나 '궐원'되면 직무대리규정과 법원조직법 제13조 등에 의하여 직무대리(대행)가 아무런 문제없이 이루어진다. 문제는 기관장의 궐위시에 그러한 규정이 없거나 통용될 수 없는 경우인데, 그 경우란 바로 임명에 국회의 동의를 필요로 하는 기관장에 있어서 지명이후에 국회동의가 있기까지이다. 따라서 통상적으로 이해되는 '서리'와 문제되는 '서리'에는 현격한 차이점이 있다. 오히려 전자가 후자의 바른 모색을 저해하는 구석이 있다. 그 예로 임명직 전반을 '서리'로 가동할 수 있다는 말인가 또한 대법원장서리도 있을 수 있다는 말인가 하는 反語는 이런 문제의 상황을 충분히 사려하지 못한 소치이다. 현행의 조직법체에선 그 용어사용에도 불구하고, 문제되는 서리는 오로지 두 가지 경우, 국무총리서리와 감사원장서리 뿐이다. '서리'에 관한 명료하지 못한 이해도 현재의 법상황을 적확하게 파악하는 데 걸림이 된다. 이런 의문점을 충분히 숙고하면서 문제의 국무총리서리제를 바라보아야 한다.

(3) 小結

그러면 헌법이나 정부조직법이 국무총리의 궐위시의 직무대행에 관해 아무런 언급을 하지 않은 법상황속에서 행해져왔던 그리고 행해지고 있는 국무총리서리는 어떻게 보아야 하는가? 국무총리서리를 행정청의 권한의 대리와 연관하여 살펴 본 즉, 법정대리와는 전혀 관련성을 찾을 수 없다면, 또 하나의 종류인 任意代理를 연상할 필요가 있다. 任意代理는 被代理廳을 차지하는 자(피대리관청)가 피대리청의 권한의 대행권을 他者(대리관청)에게 수권함에 의해 성립한다. 임의대리에 반드시 법적 근거가 필요하다는 견해[28]도 있지만 다수는 명문의 규정유무를 불문하고 원칙적으로 가능하다고 본다. 임의대리에 대리권의 범위는 수권행위에서 정해지나, -법령에서 특별히 규정하지 않는 한- 임의대리는 권한의 일부에 한해서 가능하고 법정권한의 사실상 포기를 의미하는 권한의 포괄적인 대리는 금지된다. 아울러 법령에서 개별적으로 지정되어 있는 권한(예: 총리령 · 부령을 발하는 권한 등) 역시 수권할 수 없다. 그런데 실제적으론 임의대리가 활용되는 경우가 많지 않고, 피대리청의 보조기관이 대리자가 되는 것이 통례이다.

이상의 임의대리에 관한 논의를 바탕으로 하여,[29] 국무총리서리(제)의 문제점을 논구하면, 특히 우리 헌법 나아가 정부조직법등이 국회의 동의절차를 거쳐 임명된 국무총리만을 상정할 뿐 '국무총리서리(제)'를 전혀 규정하고 있지 않다는 자명한 근거로

28) 박윤흔, 앞의 책, 35면.

29) 이는 결코 그 논의를 그대로 대입시킨다는 것이 아니다! 왜냐하면 엄연히 정식절차를 통한 국무총리임명을 헌법이 규정하고 있어서 국무총리서리로선 결코 해서는 아니 되는 직무가 있기 때문이다(후술).

삼아 이를 곧바로 위헌으로 판단내리는 태도와는 다른 지평에서 문제를 바라볼 수 있다(후술).

그런데 임의대리를 착안점으로 삼을 때 의문스러울 수 있는 점은 바로 그것을 성립하게 하는 授權行爲의 문제이다. 통상의 임의대리에선 피대리관청(그 장)이 수권하는데, 국무총리서리임명에 있어선 이미 피대리관청인 국무총리가 不在인 상황이다. 그러나 대통령이 국무총리의 임명권자이자 감독권자로서의 지위를 지니기에 이런 不在狀況은 전혀 문제가 되지 않는다. 또 하나의 의문점은 국무총리서리임명의 법적 근거가 부재하다는 점이다. 국내 대표적 헌법문헌들이 헌법기관구성행위로서의 국무총리임명을 −상대적이란 한정사를 더하든 더하지 아니하든− 통치행위의 일종으로 바라봄을 먼저 염두에 두어야 한다. 일반적으로 행정법에서 행정행위(처분)를 발할 권능에는 그것에 대한 확약에 관한 것까지 포함되어 있다고 본다. 그렇다면 이와 마찬가지로 국무총리서리임명의 근거는 바로 대통령의 국무총리임명권(헌법 제86조 제1항)에서 찾아야 한다. 헌법기관구성행위를 국정의 최고책임자로서의 지위에서 행하는 고도의 정치적 결단에 속한다고 본다면, 국무총리서리제를 관련 실정법적 근거의 결여차원의 문제로만 접근하는 것은 바람직하지 않다.[30] 요컨대 행정행위의 발급 · 불발급에 대한 약속이 확약이듯이, 국무총리서리임명를 국무총리선임에 관한 확약의 차원에서 보면 근거결여가 크게 문제되진 않는다. 아울러 그 임명은 국무총리권한의 (임의대리적) 수권행위이고 통치행위의 일종이다.

2. 기존의 違憲性論議에 대한 異議

국무총리서리제의 위헌성에 대한 결정적인 논거가 바로 헌법 제86조에 따른 국회의 동의[31]없이 선임된 자는 결코 국무총리의 권한을 행사할 수 없고 행사해서도 아니된다는 것이다.[32] 이런 단순 · 명쾌하고 자명한 논증에 異議를 제기하기란 어렵다. 그러나 이런 식의 논증에는 간과된 치명적인 구석이 있다. 그런 논리라면, 정부조직법 제22조의 직무대행사유인 '사고'를 '궐위'까지 포함시켜서 '궐위'시에 직무대행자가 국

---

30) 여기서 성낙인 교수의 다음 지적은 많은 시사를 던진다. "헌법현실은 국가생활 곳곳에서 야기되는 공권력작용 중에서 법원의 사법적 통제보다는 오히려 정치의 영역으로 남겨두는 것이 국가생활의 원활한 운영을 위해서 불가피한 경우가 엄연히 존재함은 세계 각국의 헌법현실 속에서 분명히 드러나 있다"(동인, 통치행위, 김철수교수 화갑기념논문집, 1993, 171면). 물론 사법으로부터 자유로운 통치행위 관념을 상정하진 않는다.

31) 여기선 세심한 용어사용이 요구된다. 보통 국회동의를 '認准'으로 표현하기도 하는데, 이는 사실을 왜곡시킬 우려가 있다. 인준은 이미 종국적으로 내려진 (임명)행위를 사후에 승인한다는 의미를 담고 있다. 국무총리서리에 대한 국회인준이란 표현에 이미 국무총리와 국무총리서리를 동격으로 보는 것이 배어있다. '인준'이란 용어는 사용해선 아니 된다.

32) 이를 둘러싼 심도 있는 논의가 관련 문헌에 이미 제시되어 있기에 이 글에선 略한다.

무총리의 권한 전부를 행사할 수 있다는 그 자체 또한 국무총리서리제와 마찬가지로 헌법위반이라고 보아야 한다. 그리고 만약 정부조직법 제22조를 일부 주장처럼 직무대리사유로 '궐위'를 추가하는 식으로 개정한다면 그 또한 위헌임을 면치 못한다. 뿐만 아니라 대법원장과 헌법재판소장의 궐위시의 직무대행을 규정하고 있는 현행의 법원조직법과 헌법재판소법의 관련조항 또한 당연히 위헌이게 될 것이다. 나아가 만약 차후에 국무총리지명자가 국회동의를 거쳐 임명되기 전까지 일정한 권한을 행사하는 것을 내용으로 하는 법률 또한 당연히 위헌이게 될 것이다. 요컨대 헌법개정을 통해서 헌법에 직무대행과 관련한 규정이 마련되기 전이라면, 현재의 법상황을 과연 어떻게 설명할 수 있을는지 궁금하다.[33)]

그리고 합헌론의 대표적 문헌[34)]– 어쩌면 유일한 문헌일 수 있는데–에서, 한태연 교수는 국무총리선임절차에 있어서 제헌헌법상의 선임명·후승인과 현행 헌법상의 선동의·후임명간에 법적 의미의 차이는 인정하되, 당시(1989년)까지의 헌법관례는 이 양자를 동일한 것으로 간주하여 왔고, 헌법규정 여하에도 불구하고 정부는 국무총리 임명에 있어서 대통령이 "국무총리"를 먼저 "임명"하여 '국무총리서리'로 하게 한 다음에 국회의 "승인"을 얻어 그 임용행위를 완성하는 형식을 취하였기에 국무총리서리는 하나의 상식으로 통용되었다고 지적하였다. 아울러 헌법규정의 여하를 막론하고 우리 사회에서 당시까지 '국무총리서리'가 헌법적 관례의 하나로 통용되는 까닭은 바로 대통령제에 맞지 않는 異常的 요소인 국무총리제의 존재라고 주장하였다.

기존의 위헌론[35)]이나 예외적 합헌론[36)]의 입장은 국무총리서리제의 위헌성을 논증하면서 헌법 제86조 제1항을 전적으로 그 논의의 출발점으로만 인식하고 있다고 여겨진다. 그러면 도출될 수 있는 답은 위헌, 예외적 합헌, 합헌일 수밖에 없다. 그러나 동 조항을 논의의 출발점이자 지향점으로 바라보면 상황이 다르다. 이상에서 본 국무총리서리임명의 법적 성질에 관한 임의대리적 논의는 당연히 이런 논증을 가능케 한다.

한편 합헌론 특히 한태연 교수의 입장은 우선 현행의 헌법에 관한 일반적 해석 심지어 과거 자신도 적시한 국무총리선임절차개정의 의의에도 부합하지 않는다. 즉, 그

---

33) 이런 논증이 자칫 개헌대망론자들에 의해 원용될 수 있다. 민주당 박상천(朴相千)의원은 "서리제에 법적 문제가 있는 이상 개헌을 해 보완해야 한다"며 '개헌을 통한 원천적 해결'을 강조했다고 한다. 중앙일보 2002.7.17. 이번의 '서리파동'을 기화로 일각에서 주장되는 개헌론이 牽强附會의 한 단면이다.

34) 한태연, 한국헌법에 있어서의 국무총리제, 고시연구 1989.4, 17면 이하.

35) 대표적 문헌으로 권영성, 헌법적 판단으로 국민의 신뢰를 쌓아야 한다, 시민과 변호사1998.4, 36면 이하; 허영, 고시연구 1998.12, 165면 이하; 정종섭, 헌법판례연구(1), 철학과 현실사, 1998, 243면 이하; 대통령의 국무총리임명에 대한 국회의 동의, 헌법학연구 제4집 제2호, 1998.10. 384면 이하.

36) 대표적 문헌으로 김철수, 고시계1998.10, 284면 이하; 김문현, 국무총리의 지위, 고시계1998.5, 30면 이하. 그러나 예외적 합헌론은 그 예외적 상황(정권교체기에 국회에 임명동의안이 송부되었음에도 불구하고 이를 처리할 수 없는 특수한 상황)의 설정 자체가 문제스럽다는 지적을 설득력있게 반박하지 않으면 아니 된다.

것은 실정법을 넘어서는 그 자신의 Theorie에 해당한다. 그리고 합헌론은 오늘날의 관련논의를 한층 풍성하게 할 수도 있지만 그 반대를 초래할 수 있는 단서를 던졌다. 바로 "헌법관례"-헌법관습법-이다. 본질이나 한계 등에 관한 기본적 이해를 제공함이 없이, 헌법관례(관행)를 그저 標語처럼 듦으로써 이 문제를 오히려 半疑속에서 전개하도록 만든 것 같다.

3. 管 見

우선 현행의 헌법 나아가 정부조직법 등에서의 '국무총리서리(제)'규정의 不在에 의거하여, 그것의 위법성을 전적으로 가늠하는 것은 지양되어야 한다. 그런데 여기에는 매우 중요한 전제가 설정되어야 한다. 다름 아닌 국무총리서리와 국무총리간에 본질적 차이점이 있다는 점을 결코 간과해서는 아니 된다. 현재의 일반적 인식도 그러한데, 만약 양자를 동격으로, 다시 말해 국무총리서리가 국무총리와 동일하게 그 권한을 행사할 수 있다면,[37] 국무총리서리제는 이미 그 자체로서 아무런 '헌법적' 근거가 없이 헌법기관인 국무총리를 대신하기에 그것의 위헌성을 논의한다는 것이 오히려 贅言이다. 따라서 우리는 '국무총리서리(제)'에 관한 논의에서 놓쳐선 아니 되는 명제가 바로 양자의 본질적인 차이점이다.

이런 기본 전제에서 출발하면 국무총리서리임명을 기존의 공법체계에서 포섭하는 것이 그다지 의문스럽지 않다. 대통령의 국무총리임명이 통치행위의 일종이라는 점 또한 국무총리서리임명의 법적 성격을 논구하는 데 중대한 영향을 미친다. 요컨대 국무총리서리임명은 국무총리선임에 관한 확약의 성격을 가지며, 동시에 국무총리권한의 (임의대리적) 수권행위이자, 대통령의 통치행위에 속한다. 따라서 결코 처음부터 그것 자체에 위헌 · 위법의 문제가 당연히 생기진 않는다. 문제는 국무총리서리임명이나 서리제에 있는 것이 아니라, 국무총리서리의 직무범위에 있다(후술).

실질적 헌법의 일환으로서 헌법적 관습 내지 헌법관습법이 운위되고 있고 그것의 규범력은 당연히 인정되고 있다. 관습법은 기획되고 제정된 법과는 달리 서서히 성장한 법(gewachsenes Recht)이다.[38] 헌법적 관습과 같은 불문헌법은 성문헌법을 보완하기에, 불문헌법을 주장하면서 성문헌법을 무시하는 것은 가능하지 않다.[39] 즉, 헌법관습법은 성문헌법의 규범적 테두리 안에서 성문헌법의 애매한 점을 보충하고 성문헌법

37) 이 부분에 관한 실증적 분석이 이루어지지 않은 점 惠諒을 빈다.

38) Ossenbühl, in: H-U Erichsen(Hrsg.), Allgemeines Verwaltungsrecht, 10. Aufl. 1995, §6 Rn.72..

39) K. Hesse, Grundzüge des Verfassungsrechts der Bundesrepublik Deutschland, 14. Aufl., 1984, §1 Rn.31.

의 실효성을 증대시키는 범위안에서만 인정되어야 한다는 것이 지배적 견해이긴 하나, 일각에선 관습법이 성문법보충적 기능뿐만 아니라 예외적이긴 하나 성문법에 배치되게 전개·집행될 수 있다고 한다.[40] 헌법관습법(Verfassungsgewohnheitsrecht)에 관한 깊이 있는 연구를 하지 않았기에 여기서 심화된 논의를 전개하기가 쉽지 않지만, 관습법의 문제는 법일반의 문제이어서 많은 부분 중첩된다고 볼 수 있다. 법원칙에 위반하면서 저질러지고 따랐던 불법(Unrecht)은 결코 관습법을 통해서 법(Recht)이 될 수 없음은 公理이다.[41] 합리적이고 분명한 이유가 있다고 여겨질 수 있는 것만이 법으로서, 관습법으로서도 인정받는다. 요컨대 이상의 논의에서 사안을 바라보면 총리서리제의 관행에 드리워진 위헌성의 굴레로부터 벗어날 수 있다. 현행의 입법상의 불비를 곧바로 위헌성 확인을 통해서 匡正하는 것은 지양되어야 한다. 현실과 법규범간의 간극을 우선적으로 가능한 수단을 통해서 메우는 것이 바람직하다. 왜냐하면 입법자가 전지전능하지 않기 때문이다. 다만 우리는 오늘날에는 관행을 무색케 할 정도로 사회와 학문이 급격히 변화한다는 점과, 문명화된 법질서속에서 합리성이 증대되었다는 점을 감안하여, 빠른 시일 안에 여기서의 논의를 함축한 제도가 마련되어야 한다.[42]

Ⅵ. 國務總理署理의 職務行使의 範圍

국무총리서리임명 내지 서리제의 비위헌성 내지 합헌성이 그 서리가 국무총리의 모든 권한을 행사할 수 있음을 의미하지 않는다. 지금까지 이 문제를 헌법 그 자체의 위헌 합헌 여부에 초점을 두었기에 全部냐 全無냐의 갈림만 있었지, 국무총리서리가 어떤 직무는 할 수 있고, 어떤 직무는 해선 아니 되는지에 관해 그다지 주의를 기울이지 않았다. 국무총리서리제에 대해 이 글과 같이 보는 입장으로선, 국무총리서리의 직무범위를 나름대로 劃定하지 않을 것 같으면 헌법침해에 일조했다는 비난을 사는 것이 당연하다.

---

40) Ossenbühl, a.a.O., §6 Rn.74. 그러나 이는 여전히 다투어지는 문제이다.

41) BVerfG, VerwRspr.20(1969), 261.

42) 여기서 흥미로운 조사가 있다. 민주당이 지난 16일 전국 20세 이상 성인남녀 1천452명을 대상으로 전화자동응답장치(ARS)여론조사를 실시한 결과 "헌법위반 소지가 있기 때문에 총리 직무를 정지해야 한다"는 응답자는 29.3%인 반면 "행정공백을 막기 위해 총리서리 활동을 인정해야 한다"는 응답자는 43.9%로 나타났고, 한나라당이 장 서리 방문을 거부한 것에 대해선 부정적 평가가 41.2%, 긍정적 평가가27.1%로 나타났다고 한다(연합뉴스, 2002.07.17.) 이런 여론조사 결과만으로 '총리서리제 인정론 우세'로 판단내림은 緣木求魚的이다. 마찬가지로 장상씨 등의 국회동의부결을 국무총리서리제의 위헌선고인양 기술하는 것도 바람직하지 않다.

1. 國務總理職務遂行에서의 國會同意의 意義에 관한 一見

이 문제는 (정식의) 국무총리의 헌법상 지위에 관한 논의를 전제로 하고서 바라보아야 한다. 권영성 교수는 국무총리의 헌법상 지위와 관련해서, ⅰ) 대통령의 권한대행자의 지위, ⅱ) 대통령의 보좌기관의 지위, ⅲ) 집행부 제2인자의 지위, ⅳ) 국무회의 부의장의 지위, ⅴ) 대통령 다음가는 상급행정관청의 지위를 갖는다고 기술하고 있다.[43] 그런데 국무총리서리의 지위를 국무총리의 그것에 견줄 수 없음은 국회동의의 부재에서 비롯된다. 그렇다면 국무총리직무수행에 있어서 국회동의가 어떠한 의미를 갖는지, 다시 말해 국회동의의 성격 규명은 국무총리서리가 어떤 점에서 국무총리에 비견되어선 아니 되는지를 嚮導한다. 권영성 교수는 대통령제에 있어서 국무총리의 임명에 국회의 동의를 얻게 한 것은 ⅰ) 국민의 대표기관인 국회의 관여를 보장하고, ⅱ) 강력한 대통령제에서 집행부의 독선 · 독주를 견제하여 입법부와 집행부간에 권력의 균형을 유지하며, ⅲ) 집행부와 입법부의 융화(融和)를 도모하고, ⅳ) 국회의 신임을 배경으로 강력한 집행을 추진할 수 있도록 뒷받침하기 위한 것이라고 한다.[44] 김철수 교수는 대통령이 국회를 존중하여 국무총리를 임명하게 함으로써 국무총리로 하여금 국회의 신임하에 행정을 할 수 있도록 하기 위함이라고 한다.[45] 허영 교수는 대통령의 조직적 권한을 견제하고, 아울러 집행부의 제2인자인 지위에 있는 국무총리로 하여금 대통령의 권한을 대행하거나 그 직무를 수행하는 데 필요한 민주적 정당성을 확보토록 하기 위한 것이라고 한다.[46] 정종섭 교수는 민주적 정당성의 확보는 동의제도의 부차적 의의이고, 대통령의 임명권행사에 대한 권력통제가 그 제도의 핵심적 기능이라고 지적하는데, 나아가 국회의 사전적 동의제도는 국무총리라는 헌법기관의 구성에 대통령과 국회가 "협동적으로" 참여하는 것으로 해석할 수 있다고 한다.[47] 한편 한태연 교수는 대통령제에 있어서의 국무총리임명에 대한 국회의 승인은 다만 권력균형의 입장에서의 국회에 의한 하나의 통제이지 결코 그 임명권의 "공동행사"가 아니어서, 국무총리임명에서의 사전의 동의란 헌법해석으로서는 불가능하다고 강변한다.

과거 제헌헌법에서와는 달리 현행 헌법은 국회의 동의를 '얻어' 대통령이 임명하도록 규정하였기에 여기서의 동의를 사후적인 것으로 보는 것은 일단 語義에 반한다.[48]

---

43) 동인, 앞의 책, 964면 이하. 한편 김철수 교수는 ⅰ) 대통령의 보좌기관으로서의 지위, ⅱ) 국무회의 부의장으로서의 지위, ⅲ) 타국무위원에 우월한 지위, ⅳ) 행정부의 제2인자로서의 지위, ⅴ) 중앙행정관청으로서의 지위 등으로(동인, 앞의 책, 1070면 아하), 허영 교수는 ⅰ) 대통령의 포괄적 보좌기관으로서의 지위, ⅱ) 집행부의 제2인자로서의 지위, ⅲ) 차상급중앙행정관청으로서의 지위 등으로 분류하고 있다(동인, 앞의 책, 936면 이하).

44) 동인, 앞의 책, 966면.

45) 동인, 앞의 책, 1073면.

46) 동인, 앞의 책, 886면 이하.

47) 동인, 앞의 글(헌법판례연구1), 260면 이하.

문제는 동의의 시간적 물음이 아니라 그것의 본질인데, 만약 그것에 대해 공동임명행위적 의미를 부여한다면 여기서의 주제인 국무총리서리제가 원천봉쇄될 수도 있다. 하지만 이상의 논증을 통해서 국무총리서리제가 의문스럽지 않거니와, 무엇보다도 국회의 동의가 공동임명행위라면 임명의 반대짝인 (국회의 해임건의에서가 아닌) 해임의 경우에도 국회의 동의가 필요하다는 결론에 다다른다. 그런데 일반적으로 대통령은 국무총리를 자유로이 해임할 수 있거니와, 국회의 해임건의가 있는 경우에도 그 해임 여부는 대통령의 재량 심지어 자유재량에 속한다고 본다. 동의를 통해서 국무총리임명에 국회가 그들의 의사를 반영한 이상 국무총리직무수행의 종료에도 국회의 의사가 존중되어야 하지만 그렇지 못하다. 심지어 국회의 신임철회에 해당하는 해임건의까지도 전혀 법적 구속을 가하지 못한다. 대통령제하에서 국민의 최고대표기관인 대통령이 행한 국무총리지명(서리임명)에는 그 자신이 국민으로 부여받은 민주적 정당성이 배어있다고 보아야 한다. 그렇다면 국무총리임명시에 국회동의가 갖는 비중치를 상당히 높게 설정하는 것에 再考가 요구된다.[49]

2. 管 見

요컨대 국회의 동의는 이를 얻어 임명된 국무총리가 국회의 신임을 바탕으로 對대통령적으로나 對국민적으로나 자신의 나름의 의사를 어느 정도 국정에 반영할 수 있게끔 하는 核心(Angelpunkt)이다. 전자에 있어선 (미약하긴 하나) 국회의 대통령견제의 측면이, 후자에 있어선 대통령의 권한대행자로서나 상급행정관청으로서의 측면이 관련된다. 그렇다면 국회의 신임이 담보되지 않은 국무총리서리는 주로 대통령의 보좌기관적 지위와 관련해서 나름의 존재이유를 찾아야 한다. 즉, 대통령의 신임을 통해 민주적 정당성을 부여받긴 하였지만 국회를 통한 국민의 신임이 재확인되지 못한 국무총리서리는 대통령의 헌법상의 지위에 비추어 대통령의 권한을 대행할 수가 없고,

---

48) 그러나 헌법 제86조상의 국회동의가 과연 사전적 의미만을 갖는지 아니면 사후적 의미도(!) 지닐 수 있는지는 논란이 될 수 있다. 여기엔 현행 헌법에서의 통치구조에 대한 이해 및 그에 따른 대통령과 국무총리와의 관계설정 등이 논의의 착안점을 제시할 것이다. 여소야대가 통상의 모습이고 그 반대상황은 선거라고 하는 정상의 방법이 아니라, 늘상 합당이나 연합전선구축을 통해서 이루어지며, 대통령선거와 국회의원선거가 엇비껴 시행되고 있다. 이런 우리네 현실에 비추어, 국무총리임명에서의 국회의 사전동의가 과연 대통령의 권한분산의 순기능보다는 국정혼란의 역기능을 더 많이 초래하는지 이제는 곱씹어 볼 때가 되었다. 제왕적일 수밖에 없는 대통령제에 불필요하고 소모적이며 비생산적이며 효과적이지도 못한 족쇄를 채우느니, 대통령제가 그 제도의 本然에 맞춰 최대한 기능하도록 하되 엄중하고 實效的인 책임추궁을 담보하는 것이 바람직스럽게 여겨진다.

49) 다른 문헌과 비교하여 본 즉, 김철수 교수는 임명동의에 관한 서술이 다른 문헌보다는 간략하다. 서술의 長短으로 판단내림에 그르침이 있을 수 있지만, 이는 국회의 임명동의에 비중치를 상대적으로 낮게 설정한 것으로 봄직하다. 추정해 보건대, 김철수 교수가 취하는 서리제의 예외적 합헌론의 시발이 여기에 있는지 모르겠다. 그런데 김철수 교수가 고시계에 게재된 글에서 「… 국민의 직접적 의사를 중시할 것인지 2년전의 국민대표자의 의사를 중시할 것인가도 검토되어야 한다.…」라고 지적한 것은 많은 점을 시사한다.

또한 국무위원 · 행정각부의 장의 임면(제청과 해임건의)에 관여할 수 없으며,[50] 총리령을 발할 수 없으며, 독임제행정관청으로서의 소관사무를 처리할 수 없거니와 -아래에서 보듯이 대통령의 명을 받아 각 중앙행정기관을 통할(지휘 · 감독)할 권한은 갖지만- 이들 중앙행정기관의 장의 명령이나 처분을 중지 · 취소할 수 없으며(정부조직법 제19조 제2항 참조), 끝으로 국회에 출석 · 발언할 수 없다.

반면 대통령의 보좌기관적 지위에서 비롯된 여러 권한과 관련해선 전체적으로 국무총리서리가 수행할 수 있으되, 국회동의절차를 거친 정식의 보좌기관이 행할 사항은 배제하여야 한다. 따라서 행정에 관하여 대통령의 명을 받아 행정각부를 통할하는 것(헌법 제86조 제2항), 행정부의 권한에 속하는 중요한 정책을 심의하는 국무회의에서 부의장으로서 대통령을 보좌하는 것(동법 제88조 제3항), 대통령의 모든 국법상 행위에 부서하는 것(동법 제82조)의 영역에서 국무총리서리의 직무범위를 살펴보겠다.

우선 副署를 보자면, 그것의 유래가 전제군주체제의 유산으로 오늘날에 부합하지 않은 면이 있음에도 헌법에 부서제도를 둔 취지는 비록 그 실효성은 의문시되나, 대통령의 전제를 방지하고, 대통령의 국무행위를 보필하며, 부서권자의 책임소재를 명백히 함에 있다고 한다.[51] 그리하여 대통령의 국법상 행위에는 부서가 따라야 하는데, 문제는 부서 없이 행한 대통령의 권한행사의 효력이 문제된다. 이를 무효로 보는 입장(문헌상 다수)[52]과 부서를 적법요건으로 보아서 무효가 되지 않고 위법에 그쳐서 탄핵

50) 한편 이런 임면관여권과 관련해선, 대통령이 국무총리의 제청이 없이 또한 제청과는 다르게 각료를 임명할 수 있는지 그리고 대통령이 국무총리의 해임건의를 따라야 하는지가 다투어진다. 관련문헌을 보면 임명제청과 관련해서 김철수 교수만이 임명제청을 그 임명행위의 효력발생요건-즉, 제청없이 임명없다-으로 볼 뿐(동인, 앞의 책, 1077면. 동지: 박일경, 제6공화국 신헌법, 1990, 509면), 대부분 국무총리의 보좌기관적 지위를 근거로 대통령이 제청과 무관하게 임명할 수 있으며 그런 임명행위가 -탄핵소추와는 별개로- 아무런 법적 문제를 야기하지 않는 것으로 본다. 반면 해임건의에 있어선 그것을 필요요건으로 본다든지 구속효를 인정한다든지 하는 문헌은 없는 것같다. 비록 임면관여권이 보좌적 기능의 일면이 있긴 하나, 오히려 행정부의 제2인자의 지위가 강하게 배어있다고 보아야 한다. 따라서 국무총리서리는 결코 임면관여권을 갖지 못한다고 하여야 한다. 자신이 국회에 출석 · 발언하지 못하는데, 그것을 행할 수 있는 하위자를 제청한다는 것이 이치에 맞겠는가? 여지까지의 서리제파동에서 주된 초점이 바로 서리의 각료임명제청 문제인데, 정식의 국무총리가 지닌 임명제청권의 성격에 관한 논의를 一見하면 지금의 상황이 泰山鳴動的인데 불과한 구석이 있다. 이는 서리제 문제가 자칫 법적 논쟁을 앞으로 세운 정치적 공세로 전화될 소지가 다분함을 보여 준다. 김대중 정부하에서 국무총리서리가 각료임명제청한 것은 1998.4.30.에 보건복지부장관을 주양자씨에서 김모임씨로 경질 할 때가 유일한데, 이는 당시에 김종필씨가 국무총리서리에 있기에 벌어진 일이다. 당시에 한나라당은 그 자체의 불법이 거론할 필요가 없다는 논평을 하였다. 여기서 우리는 이른바 예외적 합헌론이 옹호할 수 있는 불법적 결과를 看取할 수 있다. 그 후 이번 '서리파동'에선 전임 이한동 전총리가 경질전에 개각대상각료에 대해 임명제청을 하였다. 이 또한 조직의 기본원리에 맞는지 논구해 볼 필요가 있다.

51) 권영성, 앞의 책, 957면.

52) 특히 허영 교수는 「책임소재가 확인되지도 않고 또 그 절차적 정당성의 요건도 갖추지 않은 국정행위가 효력을 발생한다는 것은 우리 헌법이 추구하는 통치구조의 기본이념과 조화될 수 없음」을 논거로 든다. 동인, 앞의 책, 940면. 허영교수가 든 '기관내통제수단'의 측면이 특히 주장하듯 민주적 정당성을 국회로부터 부여받은 국무총리의 경우에 강조된다면 모르지만, 과연 책임소재미확인이나 절차불비의 논거가 대통령의 국무행위를 당연무효로 이끌만한 중대성을 지니는지 의문스럽다.

소추사유가 될 뿐이라는 입장[53]으로 나뉘는데, 특히 전자의 입장에선 국무총리서리의 부서는 과연 어떻게 되는가 하는 심각한 물음이 던져진다. 국무총리는 대통령의 국법상 행위 전반에 부서를 해야 한다. 만약 정식의 국무총리의 부서만을 고수하면 특히 무효설의 입장에선 모든 국정이 무효라는 단순하고도 필연적인 결론에 이른다. 유효설의 경우에도 정도의 문제이지 위법하게 됨은 피할 수 없다. 따라서 국무총리의 부서권이 그의 보좌기관적 지위에서 연유한 점을 감안하면 대통령의 신임이 실린 국무총리서리 역시 부서권을 행사할 수 있다고 보아야 한다.[54] 署理는 署名代理이다![55]

국무총리는 '대통령의 명'을 받아 각 중앙행정기관의 장을 통할(지휘 · 감독)하는데(헌법 제86조 제2항, 정부조직법 제19조 1항), 여기서도 국회의 신임보다는 대통령의 신임이 더 주효하기에 국무총리서리도 그 같은 직무를 수행할 수 있다고 보아야 한다. 그것의 구체적 모습은 상급행정청과 하급행정청의 관계에서 看取할 수 있다. 요컨대 인가(승인 · 동의)권, 훈령권, 主管爭議決定權은 그것의 성격상 행사할 수 없고, 監視權-사무를 감사하고 보고를 받는 등의 권한-은 행사할 수가 있다.[56]

국무총리서리가 행정에 관하여 대통령의 명을 받아 행정각부를 통할할 수 있으면 당연히 국무회의에서 부의장으로서 대통령을 보좌하는 것도 가능하다. 다만 여기서 그 부의장으로서 정부의 권한에 속하는 중요한 정책의 심의에 참가할 뿐이지, 심의가 의결의 형식으로 정리될 경우에는 그 의결에 참가할 수는 없다.

Ⅶ. 맺으면서

이 모든 상황의 根源이 '유신헌법'에서 처음 도입한 국무총리에 관한 국회의 동의

53) 권영성, 앞의 책, 957면 이하.

54) 법률안공포 등 총리의 부서(副署)가 없는 문서의 적법성 논란에 대해서, 청와대 관계자가 '국정 최고책임자인 대통령의 결재로 처리할 수 있다. 총리 결재사항도 대통령이 직접 하면 된다. 예를 들어 차관의 해외 출장결재는 총리의 전결 사안이지만 이를 차상급자인 대통령이 결재하면 된다'고 말했다는 기사(동아일보 2002. 8.4.)는 이번 파동이 어느 수준에서 이루어지고 있는지 극명하게 보여준다.

55) 여기서 지난 7.31. 장상총리임명동의안이 부결된 이후에 특히 8.9.에 장대환씨를 서리선임하기 전에 행한 대통령의 국정행위에서 부서 문제가 제기된다. 즉, 국무총리직의 (서리가 되었든) 담당자가 전혀 없는 지난 2002.8.1부터 8.8까지 기간 중에 8.8.에 대통령이 발한 대통령령-'외교통상부와그소속기관직제중개정령'(대통령령 제17697호), '환경부와그소속기관직제중개정령'(대통령령 제17698호), '건설교통부와그소속기관직제중개정령'(대통령령 제17699호), '법제처직제중개정령'(대통령령 제17700호), '환경친화적산업구조로의전환촉진에관한법률시행령중개정령'(대통령령 제17701호), '승강기제조및관리에관한법률시행령중개정령'(대통령령 제17702호), '대기환경보전법시행령중개정령'(대통령령 제17703호), '수질환경보전법시행령'(대통령령 제17704호), 유해화학물질관리법시행령중개정령'(대통령령 제17705호)-의 효력이 문제된다. 이것의 문제점은 총리서리제의 위헌성시비와는 다른 차원에서 논구되어야 한다. 이에 관해선 졸고, 국무총리부서없이 발한 대통령령의 효력, 법률신문 제3103호(2002.9.2) 참조.

56) 통상 상급행정관청의 감시권행사에는 법적 근거가 요구되지 않음을 상기하여야 한다. 다만 대통령령인 행정감사규정에 의한 일정한 제약을 받는다. 김남진, 앞의 책, 32면; 유지태, 앞의 책, 562면.

절차임은 많은 것을 연상하게 한다. 그런데 이번 '서리파동'을 통해서 행정법의 위상을 새삼 곱씹어 본다. "헌법은 사라져도 행정법은 존속한다"는 O. Mayer의 명제와, "헌법의 집행법이자 구체화된 헌법으로서의 행정법"이라는 F. Werner의 명제는 이번의 상황의 현주소를 잘 보여준다. 이미 위헌성시비에는 異論이 없는 듯한 분위기속에 문제해결책이 현행의 조직법질서에서 강구될 수 있는지 여부의 답만이 기다려질 뿐이다. 그렇지 않다. 이즈음 폭우로 대지의 열기가 가셨듯이, 이 문제는 처음에로 再歸하여 찬찬히 논구하여야 한다. 개별법령의 관련 규정을 정비하면 손쉽게 해결될 수 있는 성격의 문제가 아님을 이상에서 보았다. 한나라당 윤여준 의원의 "여야관계가 원만치 않을 경우 총리교체가 쉽지 않다. 서리제도를 완전히 없애긴 어려울 것"이라는 현실론적 지적57)에 이 문제에 대한 해결의 출입구가 암묵적으로 나타나 있다. 대통령의 국무총리나 각료임명을 순전히 국가공무원임명과 대비시킴은 곤란하다. 특히 기본권관련성은 거의 없거나 미약한 조직구성과 관련한 고도의 정치적인 행위를, 처음부터 그것도 명백한 위헌성이 권한이 있는 기관에 의해서 확인도 되기 전에, 법률불비의 잣대로만 재단해서는 곤란하다. 사법의 정치화에 못지않게 정치의 사법화도 우려스럽다. 그러나 어떤 제도나 현상에 대한 위헌성 · 위법성의 시비는 '시비' 그 자체만으로도 소모적임을 여러 번에 걸친 '서리파동'은 잘 보여 준다. 따라서 하루바삐 이상에서 본 문제점이 용해되면서, '정권교체'나 '직무담당자교체'와 같은 非常의 상황을 바르게 규율하기 위한 정당화된 제도보완에 나서야 한다. 더불어 법률의 불비는 필연임을 간과해선 아니 된다. 그러기에 법'학'이 있다. 황혼이 되어 날기 시작한 미네르바의 부엉이가 지나간 하루에 대한 성찰을 망각했을 때 그 날개 짓은 지혜를 담보하지 않는다. 법학적 형식주의와 정치적 실질주의 사이에서 균형을 찾아가는 것은 지나간 역사와 현재의 문제상황에 대한 반복된 물음 속에서 찾아져야 할 것이다. 물론 법학적 미네르바의 비상은 늘 '법'의 하늘에서 이루어지지만, 그 하늘을 '법'의 색깔로 덧칠하기 위한 것은 아니다. 새삼 "법의 극치는 불법의 극치"라는 말을 되새겨 본다.

* 인권과 정의 제316호, 2002.12., 77면 이하 소수.

* 참고문헌: 김재윤, 국무총리서리에 대한 헌법적 논의, 서강법학연구 제8권, 2006.10., 241면 이하; 신우철, 국무총리서리 임명 후 대통령이 사망한 경우의 권한대행자, 고시연구 2005.3., 85면 이하; 심경수, 국무총리서리에 대한 헌법적 고찰, 법학연구(충남대 법학연구소) 제14권 제1호, 2003.12., 103면 이하; 정태호, 국

57) 중앙일보 2002.7.17.

무총리서리 임명의 적법성과 국가기관간 권한쟁의 심판의 적법성, 고시연구 2003.8., 154면 이하; 정연주, 국무총리서리임명행위의 위헌성: 대통령과 국회의원간의 권한쟁의, 헌법판례연구 11, 2002.1., 390면 이하.

제 2 장

人事交流計劃이 결여된 轉出決定(命令)의 效力에 관한 小考

-對象判決 : 大法院 2005.6.24. 선고 2004두10968判決-

Ⅰ. 事案의 概要

경기도지사가 2002.7.22.부터 2002.7.23.까지 사이에 개최된 시장·군수정책협의회와 2002.8.30. 개최된 부시장·부군수 간담회에서 논의된 사항을 기초로 지방자치단체 상호간 인사교류활성화를 위한 시행방안을 마련하여 2002.9.4. 이를 도내 전 시장·군수에게 통보하면서 그에 관한 의견을 2002.9.7.까지 제출할 것을 요청하였다. 그 시행방안에는 2002.9.7.까지 시장·군수로부터 의견을 제출받아 2002년 9월 중순경 시·군 인사담당과장 회의를 개최하고, 2002년 9월 말에서 10월 초경 시장·군수협의회를 개최하여 인사교류시행방안과 협약서를 작성한 후, 2002년 10월부터 12월까지 사이에 인사교류를 시행하되, 인사교류협약서에 부동의하는 시·군은 인사교류대상에서 제외한다는 내용으로 되어 있었다.

그런데 과천시와 부천시 및 하남시의 소속공무원에 대한 상호 인사교류 협의에 의하여, 과천시장인 피고가 2002.9.17. 부천시장에게 '지방공무원인사기록및인사사무처리규칙 제14조'에 의하여 원고를 부천시로 전출(인사교류)시키려 하니 그에 대한 동의 여부를 통보하여 줄 것을 요청하는 공문을 발송하였고, 이에 부천시장이 2002.9.18. '지방공무원인사기록및인사사무처리규칙 제14조'에 의하여 원고를 부천시 지방공무원으로 전입하는 데 동의한다는 내용의 공문을 발송하자, 그 다음날인 2002.9.19. 원고를 부천시 지방공무원으로 전출하는 처분을 하였다. 원고는 1973.2.10. 시흥군 지방공무원으로 임용된 이래 시흥군 수암면, 소래면, 의왕면, 군포읍 등을 거쳐 1982.6.14.부터는 과천시에서 근무하여 과천시의회 사무과장으로 근무하던 중 이런 전출명령(결정)을 받았다.

Ⅱ. 原告의 主張

원고는 다음과 같은 사유로 이 사건 처분이 당연무효에 해당한다고 주장하였다.

i) 피고는 소속공무원에 대한 임용권만 가지고 있으므로 소속공무원을 다른 지방자치단체로 전출명령할 권한이 없고, 지방공무원법 제30조의2에 의한 인사교류가 이루어지기 위해서는 도지사가 인사교류계획을 수립하여 협의회의 심의를 거친 후 피고에게 권고를 하여야 함에도 이러한 절차를 거치지 아니하였다.

ii) 이 사건 처분은 원고의 동의 없이 이루어진 것으로서 무효에 해당하고, 그 목적도 확정할 수 없는 처분으로서 선량한 풍속 기타 사회질서에 위반된다.

iii) 가사 그렇지 않더라도, 공무원의 동의를 배제하도록 규정한 지방공무원법 제30조의2 조항은 헌법상 보장된 공무원의 신분보장, 행복추구권, 신체의 자유, 직업선택의 자유, 국민의 자유와 권리를 침해하는 것으로서 헌법에 위반된다.

Ⅲ. 對象判決의 要旨

[1] 지방공무원법 제30조의2 제2항은 시 · 도지사로 하여금 당해 지방자치단체 및 관할구역 안의 지방자치단체 상호간에 인사교류의 필요성이 있다고 인정할 경우 당해 시 · 도에 두는 인사교류협의회에서 정한 인사교류기준에 따라 인사교류안을 작성하여 관할구역 안의 지방자치단체의 장에게 인사교류를 권고할 수 있도록 하고, 이 경우 당해 지방자치단체의 장은 정당한 사유가 없는 한 이에 응하도록 규정하고 있으므로, 시 · 도지사의 인사교류안의 작성과 그에 의한 인사교류의 권고가 선행되지 아니하면 위 조항에 의한 인사교류를 실시할 수 없다.

[2] 도지사의 인사교류안 작성과 그에 따른 인사교류의 권고가 전혀 이루어지지 않은 상태에서 행하여진 관할구역 내 시장의 인사교류에 관한 처분은 지방공무원법 제30조의2 제2항의 입법 취지에 비추어 그 하자가 중대하고 객관적으로 명백하여 당연무효이다.

Ⅳ. 第1審判決(수원지방법원 2003.8.20. 선고 2002구합5079판결)의 要旨

지방공무원법 제30조의2 제2항에 의하여 인사교류를 하기 위하여는 경기도지사가 인사교류의 필요가 있다고 인정하여 인사교류협의회에서 정한 인사교류기준에 따라 인사교류안을 작성하여 관내 시장 · 군수에게 인사교류를 권고하여야만 하는데, 이 사건에서는 이러한 인사교류안이 작성되지 않았을 뿐 아니라 경기도지사의 인사교류 권고도 없는 상태에서 피고가 부천시장의 동의하에 원고를 부천시 지방공무원으로 전출한 것이므로, 이 사건 처분은 지방공무원법 제30조의2 제2항(인사교류)에 근거한 것이 아니라 지방공무원법 제29조의3(전입)에 근거한 것이라고 할 것이고, 한편, 지방공무원법 제29조의3에 의한 전출 · 입은 임명권자를 달리하는 지방자치단체로의 이동인 점에 비추어 반드시 당해 공무원 본인의 동의를 전제로 하는 것인데, 갑 제9호증의 1, 2의 각 기재에 의하면, 원고가 이 사건 처분에 대하여 동의하지 않은 사실을 인정할 수 있으므로, 이 사건 처분은 위법하다고 할 것이다.

그러나 하자 있는 행정처분이 당연무효가 되기 위하여는 그 하자가 법규의 중요한 부분을 위반한 중대한 것으로서 객관적으로 명백한 것이어야 하고, 하자가 중대하고 명백한 것인지 여부를 판별함에 있어서는 그 법규의 목적, 의미, 기능 등을 목적론적으로 고찰함과 동시에 구체적 사안 자체의 특수성에 관하여도 합리적으로 고찰함을 요하는바, 이 사건에서는 이 사건 처분이 지방공무원법 제29조의3과 제30조의2 제2항 중 어느 규정에 근거한 것인지 여부가 외관상 명백하지는 않을 뿐 아니라, 지방공무원법 제29조의3에서는 '지방자치단체의 장은 다른 지방자치단체의 장의 동의를 얻어 그 소속 공무원을 전입할 수 있다'고만 규정하고 있을 뿐 당해 공무원의 동의가 필요한지 여부에 관하여 명시적으로 규정하고 있지 아니한 점에 비추어 볼 때, 이 사건 처분에 있어서 원고의 동의를 받지 않은 하자는 지방공무원법 제29조의3의 중요한 부분을 위반한 중대한 것이라거나 객관적으로 명백하다고는 할 수 없으므로, 이 사건 처분을 당연무효라고 할 수는 없고, 따라서, 원고의 주위적 청구는 이유 없다.

V. 抗訴審判決(서울고법 2004.9.15. 선고 2003누15968판결)의 要旨

지방공무원법 제30조의2 규정의 입법목적은 지방자치제도의 실시로 인하여 시 · 도지사가 관할구역 안에 있는 자치단체 상호간의 균형 있는 인력 배치와 지방자치단체의 행정발전 등을 도모할 필요성이 있고, 인사교류의 필요성이 인정될 경우 인사교류협의회에서 정한 인사교류기준에 따라 인사교류안을 작성하여 관할구역 안의 자치단체의 장에게 인사교류의 실시를 권고함으로써, 그 자치단체의 장이 시 · 도지사의 권고안에 의하여 인사교류를 실시하도록 하기 위한 것인 점, 지방공무원임용령 제27조의 5에서는 지방공무원법 제30조의2 조항에 의한 인사교류대상을 규정하면서 자치단체별 교류인원을 정할 때에는 당해 자치단체의 장의 의견을 듣고, 인사교류계획을 수립하거나 인사교류를 실시할 때 당해 자치단체의 장의 대상자 추천이나 전입요청 등을 최대한 반영하도록 하며, 당해 자치단체의 장의 동의 없이 인사교류대상자의 직위를 미리 지정하지 못하도록 하는 등 시 · 도시사의 인사교류계획 및 인사교류안에 대하여 당해 자치단체 여건 등이 충분히 반영되도록 하고, 당해 자치단체의 장이 위 조항에 의한 인사교류의 남용 등을 방지하기 위하여 시 · 도지사가 권고하는 인사교류안에 대하여 원칙적으로 응하도록 하고 규정하고 있는 점, 지방공무원법 제30조의2 조항에 의한 인사교류에 관한 '경기도지방공무원인사교류규칙'에 의하면, 도지사는 위와 같은 인사교류를 위해서 인사수요 등을 조사하여야 하고(제11조), 인사교류의 수립이나 계획의 확정에 대하여 인사교류협의회의 심의를 거치도록 하고 있으며(제4조, 제13조), 자치단체의 장은 인사교류의 필요성이 인정될 때에는 도지사에게 인사교류를 요청할 수 있는(제12조) 점, 자치단체들 사이의 인사교류는 지방공무원법 제30조의2 조항에 의한 인사교류 외에 소속공무원의 동의가 있는 경우에는 지방공무원법 제29조의3 조항에 의하여도 가능한 점 등을 종합하여 보면, 지방공무원법 제30조의2 조항에 의한 인사교류의 경우 관할구역 내의 자치단체의 장으로서는 시 · 도지사의 인사교류계획의 수립이나 실시 등에 있어서 인사교류를 요청하거나 교류인원에 대한 의견 제시, 교류대상자의 추천, 전입요청 등을 할 수 있을 뿐이고, 별도로 시 · 도지사의 권고가 없는 한 독자적으로 자치단체간의 협의 등을 통하여 위 조항에 의한 인사교류를 실시할 수 없다고 할 것이므로, 비록 자치단체의 장에게 소속공무원에 대한 임용권이 있어서 지방공무원법 제30조의2 조항에 의한 인사교류가 직접적으로 실시되기 위해서는 인사교류 대상 공무원이 소속된 자치단체의 장에 의한 전출명령과 같은 인사에 관한 처분이 있어야 하지만, 위 조항에 의한 인사교류를 위하여 위와 같은 처분에 앞서서 시 · 도지사의 인사교류의 수립, 인사교류위원회의 심의, 인사교류안에 의한 실시의 권고 등은 법령상 반드시 선행되어야 하는 행위로서, 위와 같은 행위는 위 조항에 의한 인사교류에 있어서 중대하고 본질적인 내용이라고 할 것이다. 그러므로 살피건대, 지방공무원법 제30조의2 제2항에 의하여 인사교류를 하기 위하여는 경기도지사가 인사교류의 필요가 있다고 인정하여 인사교류협의회에서 정한 인사교류기준에 따라 인사교류안을 작성하여 관내 시장 · 군수에게 인사교류를 권고하여야만 함에도 불구하고, 위 인정사실에 의하면 이 사건 처분에 앞서서 경기도지사의 인사교류계획이 수립되거나, 인사교류협의회에서 인사교류계획에 대한 심의가 이루어진 바도 없고, 경기도지사가 인사교류안에 의한 권고도 하지 않았으며, 단지 인사교류계획 수립을 위한 의견을 수렴하는 단계에서 자치단체들 사이의 상호 협의에 의하여 피고의 동의하에 원고에 대하여 부천시 지방공무원으로 전출을 명한 것이므로, 이 사건 처분의 위와 같은 하자는 단순히 다른 행정기관의 협력이 요구됨에도 그 협력을 거치지 아니하는 것과 같은 절차적인 위법에 그치는 것이 아니라 피고가 법령에 의하여 처분할 권한을 적법하게 부여받지 않았거나 처분을 할 근거 없이 위 처분에 이른 것으로서 그 하자가 중대하고 객관적으로도 명백한 것이라고 할 것이며, 경기도지사가 피고에게 보낸 '자치단체간 인사교류활성화를 위한 시행방안(을 제1호증의 1, 2)'에 자치단체의 장 사이의 상호 협의에 의한 인사교류방안을 제시하고 있다고 하더라도, 위 시행방안의 표제 및 내용에 비추어 보면 위 시행방안은 인사교류계획 수립을 위하여 자치단체에 대한 의견수렴을 하는 것이고, 교류대상자도 시 · 군 인사위원회에서 선정함이 명백하며 달리 처분과정에서 사실관계나 법률관계를 오인할 만한 객관적인 사정이 있다고 볼 수 없어 마찬가지라고 할 것이다(원고는 그 외에도 해당 지방자치단체의 장에 대한 동의 여부를 확인하면서 지방공무원인사기록및인사사무처리규칙에서 정한 소정의 서식을 이용하지 아니한 것은 당연무효의 사유라고 주장하나, 위 규칙에서 정한 소정의 서식은 행정청의 편의를 위한 것에 불과하고, 동의 여부의 확인이 엄격한 형식을 요하는 서면행위라고 할 수도 없으므로, 해당 지방자치단체의 장에 대한 동의 여부를 확인함에 있어서 위 규칙 소정의 서식에 의하지 아니하였다고 하여 그 하자가 중대하여 당연무효라거나 위법하다고 할 수 없다.). 따라서 이 사건 처분의 무효확인을 구하는 원고의 위 주장은 이유 있다.

VI. 問題의 提起

제1심판결은 지방공무원법 제30조의2 제2항에 의한 인사교류가 아닌 동법 제29조의 3에 초점을 맞춰 전출 대상자 본인의 동의부재만을 문제로 삼은 반면, 이와는 정반대로 항소심은 지방공무원법 제30조의2 제2항에 의한 인사교류만을 문제로 삼았다. 한편 대상판결은 전적으로 후자의 입장에 서서 접근을 하였다. 그리고 이 사건처분(이하 '전출결정'이라 한다)에 대해서 제1심이 단순 위법으로 본 반면, 항소심과 대상판결은 중대명백한 하자의 무효로 판단하였다. 필자로선 사안을 오로지 지방공무원법 제30조의2 제2항에 의거하여 접근한 데 대해서 강한 의문을 갖는다. 사실 항소심과 대상판결은 지방공무원법 제30조의2 제2항의 성격, 동법 제29조의3과 동법 제30조의2 제2항의 관계, 전출결정의 본질에 관한 깊이 있는 논의를 하지 않았다. 물론 제1심판결 역시 전체적으로 그러하다. 현행 법제상의 전출결정과 전입결정의 본질에 관한 모색을 하지 않은 채 어떻게 사안에 접근할 수 있는지 궁금하다. 더군다나 행정행위의 무효인정은 손쉽게 처리하기 어려운 후속문제를 낳는다는 점에서 과연 대상판결이 적시한 여기서의 하자가 그토록 중대한 것인지 의문스럽다. 이하에선 전출결정과 전입결정의 본질 및 지방공무원법 제29조의3과 동법 제30조의2 제2항의 체계를 살펴본 다음 이상의 의문점을 검토하고자 한다.[1)]

Ⅶ. 人事交流, 轉出決定과 轉入決定의 意義

1. 人事交流, 轉出決定과 轉入決定의 槪念

우선 개념정의를 분명히 하고자 한다. 공무원관계의 특성, 관련 조항의 연혁과 체계를 감안하여 공무원법제상의 인사교류란 당해 공무원의 소속(귀속관계)변경 일반을 의미한다. 지방공무원법 제29조의3 조항에 의한 전입전출 역시 인사교류의 한 방식이다. 따라서 지방공무원법 제30조의2 조항에 의한 인사교류를 (일반적)포괄적 · 개괄적 인사교류로, 지방공무원법 제29조의3 조항에 의한 인사교류를 개별적 인사교류로 보고자 한다. 인사교류의 방식이 바로 전입전출이다. 따라서 지방공무원법 제30조의2 조항은 인사교류계획에 의한 전입전출로, 지방공무원법 제29조의3 조항은 인사교류계획과 무관한 전입전출로 설정할 수 있다. 여기서의 유형론은 매우 중요하다. 왜냐하면 -대상판결과 항소심이 보여주듯이- 자칫 인사교류와 전입전출제도를 별개의 것으로 이해할 우려가 있으며, 그 결과 매우 납득하기 힘든 논증을 낳기 때문이다. 그리고 이런 논의는 지방공무원법 제30조의2 조항에 의한 인사교류와 지방공무원법 제29조의3

1) 일찍이 이에 관해서 필자가 公務員의 轉出 · 轉入과 관련한 法的 問題點에 관한 小考, 저스티스 제79호, 2004.6.(행정법기본연구Ⅱ, 2009, 235면 이하 소수)에서 논의를 하였는데, 그 이후 별반 다른 문헌상의 논의가 없는 듯하다. 여기선 기왕의 주장을 바탕으로 문제에 접근한 것임을 밝혀둔다.

조항에 의한 인사교류의 관계에 관한 논의에 이어진다(후술).

한편 비단 공행정주체간에서만이 아니라, 공행정주체와 정부투자기관간은 물론 일반 사기업에서도 전출명령, 전입명령이 빈번히 사용되고 있음에도, 그것에 관해 명시적인 개념정의는 존재하지 않는다.[2] 다만 국가공무원법 제28조의2(轉入): 「국회 · 법원 · 헌법재판소 · 선거관리위원회 및 행정부간에 타 소속 공무원을 전입하고자 할 때에는 시험을 거쳐 임용하여야 한다」와 지방공무원법 제29조의3에서 착안점을 발견할 수 있다.[3] 요컨대 (본래의, 좁은 의미에서의) 전출 · 전입이란 각 공행정주체간에 그 소속 공무원에 대해 그의 종전의 지위와 신분에 근본적인 변화는 주지 않으면서 그의 신분상의 귀속관계만을 변경시키는 것을 내용으로 한다. 해서 "전출"이란 '공행정주체가 그 소속 공무원에 대해 -그의 종전의 지위와 신분상의 변화는 주지 않으면서- 다른 공행정주체와의 새로운 신분상의 귀속관계를 설정하도록 이제까지의 신분상의 귀속관계를 해소하는 것'으로, "전입"이란 '공행정주체가 전출에 대응하여 전출대상자에 대해 -그의 종전의 지위와 신분상의 변화는 주지 않으면서- 새로운 신분상의 귀속관계를 설정하는 것'을 의미한다.

2. 轉入決定과 轉出決定의 本質

국가공무원법 제28조의2(전입)[4]과 구 지방공무원법(1978.12.6 법률제3152호) 제29조의3(전입)[5]의 입법상황에 비추어, 전입이란 전입방식에 의한 특별임용이라 하겠다. 지방공무원법 제27조 제6항[6] 역시 '전입'이 특별임용의 일종임을 전제로 한다. 한편 지

2) 한편 통상적으로 사용되고 있는 이들 용어는 민주적 법치국가에서의 공무원제도와는 맞지 않는 구석이 있다. 공무원의 귀속관계의 변경을 내용으로 하는 전입 · 전출의 본질을 바르게 이해하는 데 지장을 초래할 뿐만 아니라, 행정법관계 및 공무원신분관계를 명령과 복종의 관계에서 바라보는 과거 行政法觀의 殘痕이다.

3) 그런데 지방공무원법 제29조의3과 관련해선 유의할 점이 있다. 동조항의 제정(1981. 4. 20.) 당시는 지방자치제가 제대로 시행되기 전이고, 지방자치단체장은 국가기관일 뿐이며 그의 인사권의 행사는 위임받은 국가기관의 권한을 행사한 데 지나지 않는다. 따라서 당시를 기준으로 하자면, 동조항의 '전입'은 당사자로선 일종의 '전임'이나 보직변경으로서의 '전보'나 '근무지의 변경'에 불과하다. 일찍이 헌법재판소 2002. 11. 28. 98헌바101, 99헌바8(병합)결정에서 헌법불합치의견을 개진한 김영일 재판관은 동조항의 전입의 의미가 제정당시의 '전임'이나 '근무지변경'에서 '기왕의 공무원관계의 해소와 신규임용'으로 바뀌었다고 정당하게 지적하였다. 사실 현행 우리 법제를 접근함에 있어선 이런 연혁적, 체계적 배경을 늘 염두에 두어야 한다.

4) 「국회 · 법원 · 헌법재판소 · 선거관리위원회 및 행정부간에 타 소속 공무원을 轉入하고자 할 때에는 시험을 거쳐 임용하여야 한다. 이 경우 임용자격요건 또는 승진소요최저년수 · 시험과목이 동일할 때에는 국회규칙 · 대법원규칙 · 헌법재판소규칙 · 중앙선거관리위원회규칙 또는 대통령령이 정하는 바에 따라 그 시험의 일부 또는 전부를 면제할 수 있다」

5) 「국회 또는 법원 소속 공무원을 轉入하고자 할 때에는 시험을 거쳐 임용하여야 한다. 이 경우 임용자격요건 또는 승진소요 최저년수, 시험과목이 동일할 때에는 대통령령이 정하는 바에 따라 그 시험의 일부 또는 전부를 면제할 수 있다」(본조신설 1978.12.6., 삭제 1981.4.20)

6) 「지방자치단체의 장이 제2항 제7호의 규정에 의하여 국가기관 또는 다른 지방자치단체에 근무하는 국가공무원을 당해 지방자치단체의 공무원으로 특별임용하고자 할 때에는 제29조의3의 규정에 준하여 동의를 얻어야 한다」

방공무원임용령 제27조의5에선 인사교류에 따른 임용에 대해 교류임용이란 용어를 사용하는데, 이 교류임용은 본질은 전입이자 특별임용의 일종이다. 그런데 계약직 공무원을 제외한 일반 공무원의 임용은 '당사자의 동의에 의한 행정행위'이다.[7] 따라서 전입을 특별임용형태로 본다면, 당사자의 동의에 관한 법률상의 요구와 무관하게 당연히 당사자의 동의의 존재 여부가 문제된다.[8] 한편 이론적으론 특별임용으로서의 전입에서의 동의 문제를 전출단계와 무관하게 독립적으로 바라보느냐 아니면 그것과 연계지어서 바라보느냐 여부가 다투어 질 수 있다(후술).

국가공무원법과 지방공무원법은 '전입'과는 달리 '전출'에 관해선 전혀 언급을 하지 않고, 다만 '공무원 인사기록 · 통계 및 인사사무 처리 규정'(대통령령)과[9] '지방공무원

---

7) 다수 문헌과 함께 판례(서울고등법원 1987.12.7. 선고 87누633판결) 역시 '쌍방적 행정행위'란 용어를 사용하는데, 그것은 상대방의 신청 등을 행정행위와 동격 취급할 우려가 있으며, 행정행위의 개념적 징표인 '일방성'을 몰각시켜 대표적 쌍방적 행위인 공법계약과의 구별을 저해할 우려가 있다. 동지: 김남진/김연태, 행정법 I, 2010, 358면.

8) 따라서 헌법재판소결정의 다수견해와 대법원이 지방공무원법 제29조의3이 당사자 본인의 동의를 명시적으로 요구하지 않음에도 불구하고 그곳에 당연히 그의 동의에 관한 요구가 담겨져 있는 것으로 보는 것은 정당하다. 헌법재판소 2002. 11. 28. 98헌바101, 99헌바8(병합) 전원재판부:「지방공무원의 경우, 그 사용자인 지방자치단체에 소속되어 있는 한 그 직무의 내용과 장소를 다소 달리한다고 하여 이를 두고 그 직장선택의 자유를 침해하는 것으로는 볼 수 없을 것이다. 하지만 국가공무원과는 달리 지방공무원은 특정 지방자치단체와의 쌍방적 행위를 통하여 임용되므로 특별한 사정이 없는 한 임용된 당해 지방자치단체에 소속된 공무원으로서 그 관할구역 내에서 근무하는 것을 근무관계의 본질로 한다. 그러므로 지방공무원을 그 소속 지방자치단체로부터 분리하여 다른 지방자치단체 소속으로 옮긴다는 것은 그 지방공무원의 공무원으로서의 지위에 근본적 변동을 초래하게 된다. 각 지방자치단체는 지역적 특성, 인구, 재정자립도 등 여러 가지 면에서 대단히 큰 편차를 보이므로, 지방자치단체마다 직무의 내용, 보직관리 기준, 근무여건 등이 크게 달라질 수 있다. 소속 지방자치단체가 옮겨지면 근무지, 이에 따라 삶의 기초가 되는 주거지 또한 변경되는 것이 통상적일 것이다. 따라서 지방공무원의 의사에 반하여 그 직장(소속 지방자치단체)의 변경을 강제한다는 것은 이를 정당화할 만한 정도의 공익적 요청 없이는 그 지방공무원의 직장선택의 자유를 침해하는 것이 되므로 헌법적으로 허용되지 아니 한다」대법원 2001. 12. 11. 선고 99두1823판결:「지방공무원법 제29조의3은 지방자치단체의 장은 다른 지방자치단체의 장의 동의를 얻어 그 소속공무원을 전입할 수 있다고 규정하고 있는바, 위 규정에 의하여 동의를 한 지방자치단체의 장이 소속 공무원을 전출하는 것은 임명권자를 달리하는 지방자치단체로의 이동인 점에 비추어 반드시 당해 공무원 본인의 동의를 전제로 하는 것이고, 위 법규정도 본인의 동의를 배제하는 취지의 규정은 아니어서 위헌 · 무효의 규정은 아니다」

9) 참조: '공무원 인사기록 · 통계 및 인사사무 처리 규정'(대통령령)

제8조(인사 및 성과 기록의 정리 및 변경) ① 소속 장관은 공무원이 신규채용, 승진, 전직, 전보, 강임, 면직, 징계, 휴직, 직위해제, 복직, 국내외 훈련, 국외 출장, 겸임, 파견, 직무대리, 승급, 전출, 전입되었거나 포상을 받았을 때에는 지체 없이 그 사실을 그 공무원의 인사 및 성과 기록에 반영하여 기록하여야 한다. 이 경우 「국가공무원법」(이하 "법"이라 한다) 제28조제5항, 제37조제2항 또는 「공무원임용령」 제29조제3항에 따른 전직, 전보 또는 승진제한 사유가 있는 공무원에 대해서는 그 사유를 인사 및 성과 기록의 임면사항란에 기록하여야 한다.

② 소속 장관은 해마다 주요 업무의 성과와 이에 대한 상급자의 평가 의견, 각급 기관의 정책평가 내용 및 감사결과를 행정안전부장관이 정하는 바에 따라 해당 공무원의 인사 및 성과 기록에 반영하여 기록하여야 한다.

③ 공무원은 인사기록 착오 · 누락사항 또는 신상 변동사항을 확인 · 정정하기 위하여 자신의 인사 및 성과 기록을 수시로 열람할 수 있다. 이 경우 열람의 방법 · 절차 및 정정 신청 등에 관한 사항은 기록보관기관의 장이 정한다.

④ 공무원은 제3항에 따라 자신이 열람한 인사 및 성과 기록을 정정 · 변경 또는 추가하여야 할 정당한 사유가 있을 때에는 이를 증명하는 서류를 갖추어 기록보관기관의 장에게 인사기록 변경신청서를 제출하여야 한다.

⑤ 소속 장관은 공무원 인사 및 성과 기록의 정정 · 변경 또는 추가 사항이 정상적으로 기록되었는지를 월 1회 이상 확인 · 점검하여야 한다.

제17조(전출 · 전입 요구) 임용권자, 임용제청권자 또는 소속 기관 공무원의 전보권을 가진 사람이 소속 공무원을 다른 기관으로 전출시키거나 다른 기관의 소속 공무원을 임용제청 또는 전입시키려고 할 때에는 해당 기관의

인사기록 · 통계 및 인사사무 처리 규정'(행정안전부령)[10]이 전입과 전출의 과정 및 그에 따른 업무처리 등을 규율할 뿐이다. 전입을 특별임용의 형태로 자리매김한다면, 전입의 전제인 전출에 대해선 당연히 당사자의 기존 근무관계의 소멸로 접근할 수 있다. 요컨대 전출은 '면직처분'의 일종이다. 그런데 징계면직이나 직권면직과 같은 일방적 면직이 아니라, 依願免職의 차원에서 바라보아야 한다.

한편 전출과 전입의 경우 전입이후에도 종전의 신분과 지위가 기본적으로 변함없이 계속된다는 데서, 전출결정에는 통상 이 같은 신분관계의 계속가능성이 예정되어 있다. 귀속주체(공행정주체)간의 전입과 전출에 관한 요구와 동의에 당사자의 동의가 더해지는 전출과 전입의 과정에서 당사자는 우선 자신의 종전 신분과 지위가 새로운 귀속주체에 대해서도 여전히 계속되리라는 점을 −명시적이든 묵시적이든− 약속받고서 의사결정을 한다. 요컨대 전출은 (전입결정자의) '특별임용'이 예정된 (전출결정자의) 의원면직처분에 해당한다 하겠다.[11] 당사자 본인의 동의는 의원면직처분에서의 '依願'에서 포착되며, 이는 특별임용의 형태로서의 전입에 대해서도 영향을 끼친다. 동의를 필요로 하는 임용과 관련지어서 당사자의 동의 존재 여부에 관한 물음을 해소시킬 수 있다. 즉, 전출결정상의 당사자의 동의, 다시 말해 '의원'은 전입을 임용의 형태로 자리매김함에 따라 요구되는 임용대상자(당사자)의 (특별임용으로서의 전입결정에 대한) 동의까지도 담고 있다 하겠다(依願 · 同意의 이중성).

요컨대 전출결정을 이처럼 의원면직처분의 일종으로 보면, 그것의 법률적 근거를 둘러싼 물음은[12] 물론 당사자 본인의 동의의 유무를 둘러싼 물음까지도 손쉽게 해소될 수 있다.[13]

장의 동의를 받아야 한다. 다만, 법 제32조에 따라 소속 장관이 다른 고위공무원단에 속하는 공무원을 임용제청할 때와 법 제32조의2에 따른 인사교류계획에 따라 전입하거나 전출할 때에는 그러하지 아니하다.

제18조(전출 · 전입 동의) 제17조에 따라 전입 또는 전출 요구를 받은 기관의 장은 15일 이내에 그 동의 여부를 통보하여야 한다.

제19조(국가공무원의 지방공무원으로의 임용) 일반직 또는 기능직 국가공무원을 일반직 또는 기능직 지방공무원으로 임용할 때에는 본인의 동의서를 첨부하여야 한다.

10) '지방공무원 인사기록 · 통계 및 인사사무 처리 규정'(행정안전부령)

제14조 (전출 · 전입 동의요구 및 통보) ① 임용권자가 다른 지방자치단체 소속 공무원의 전입을 요구할 때에는 별지 제15호서식의 공무원 전입 · 전출 동의 요구서에 따르며, 전입 · 전출 동의 요구서를 받은 지방자치단체의 장이 그 동의 여부를 통보할 때에는 별지 제16호서식의 공무원 전출 · 전입 동의서에 따른다.

② 제1항에 따라 전입 또는 전출을 요구받은 기관의 장은 7일 이내에 그 동의 여부를 통보하여야 한다.

11) 필자는 처음엔 '특별임용을 하겠다는 확약이 부가된 의원면직처분'으로 보았지만, 행정법기본연구Ⅱ에서 수정하였다.

12) 공무원신분관계에서 귀속관계의 변화 그 자체가 해당 공무원으로선 자신의 현재와 미래의 지위에 결정적인 영향을 미치기에, 자연 특별행정법관계(특별권력관계) 차원에서 법률유보의 원칙이 문제될 수 있다. 의회유보의 원칙을 거론하지 않더라도 전출결정에는 법률적 근거가 요구되며, 법률적 근거 없이 내려진 전출결정은 당사자 본인의 동의의 필요에 관한 물음이전에 법률적 근거의 부재로 위법하게 된다. 엄격히 보자면, 그 위법사유가 중대하고 명백하다고 인정되기에 전출결정은 무효가 되어 버린다. 무효인 전출결정은 후속절차인 전입결정까지도 당연히 무효화시킨다. 의원면직의 일종으로 전출결정을 접근하면 이런 문제의 상황을 그나마 피할 수 있다고 여겨진다.

Ⅷ. 地方公務員法 제30조의2 제2항에 의한 人事交流에 관한 理解

제1심과 항소심은 기본적으로 자치단체들 사이의 인사교류의 유형을, 해당 공무원의 동의를 요하지 않는 지방공무원법 제30조의2 조항에 의한 인사교류와 소속공무원의 동의를 전제로 한 지방공무원법 제29조의3 조항에 의한 인사교류로 나눈다. 그리하여 사안을 전자에 맞춰 접근하는 항소심은 제1심과는 달리 해당 공무원의 동의결여에 대해선 전혀 문제를 삼지 않는다. 대상판결 역시 분명히 드러나진 않지만 항소심의 판단을 그대로 수용한 점에서 동일한 맥락에 서 있다고 봄직하다.[14] 사실 지방공무원임용령 제27조의5 제1항이 당사자의 동의요구를 사실상 예외적 상황에 두고 있기에,[15] 이런 이원적 접근이 나름의 근거가 있다고 봄직하다.[16]

그러나 임용을 동의를 필요로 하는 행정행위로 보는 것을 바탕으로 전출결정을 의원면직으로, 전입결정을 특별임용으로 접근하는 필자로선, 지방공무원법 제30조의2 제2항에 의한 인사교류의 경우에도 당사자의 동의는 필수적 요청이다. 즉, 개괄적 인사교류의 형태이건 개별적 인사교류의 형태이건 소속(귀속)의 변경에는 당사자의 동의가 요구된다.[17] 그렇다면 전자와 후자의 차이점은 무엇인지 규명이 필요하다. 여기선 관련규정의 연혁이 착안점을 제공한다. 국가공무원법과는 달리[18] 지방공무원법의 경

---

13) 이미 오래 전에 이런 管見을 제시하였음에도 불구하고, 문헌은 물론 판례상으로 이런 고민에 대한 평가를 찾을 수 없다는 점이 의아스러울 뿐이다.

14) 동지: 서울행정법원 2007. 8. 14. 선고 2007구합4919판결; 서울고등법원 2008.3.25. 선고 2007누22452판결. 이들 판결의 상고심인 대법원 2008.9.25. 선고 2008두5759판결은 반대의 입장을 취하였다.

15) 지방공무원임용령 제27조의5 (지방자치단체간의 인사교류)

① 법 제30조의2의 규정에 의하여 지방자치단체 상호간에 인사교류를 할 수 있는 경우는 다음 각호와 같다. 다만, 제3호에 의하는 경우에는 본인의 신청 또는 동의가 있어야 한다.

1. 지방자치단체간 인력의 균형있는 배치와 지방행정의 균형있는 발전을 위하여 5급 이상 공무원 또는 6급 기술직렬공무원을 교류하는 경우

2. 행정기관 상호간의 협조체제증진 및 공무원의 종합적 능력발전을 위하여 인접 지방자치단체간 교류하는 경우

3. 5급이하 공무원의 연고지 배치를 위하여 필요한 경우

16) 하지만 지방공무원임용령 제27조의5 제1항은 기본권제한의 측면에서 치명적인 법치국가원리적 문제점을 안고 있다.

17) 대법원 2008.9.25. 선고 2008두5759판결은 이를 분명히 하였다: "지방공무원법 제30조의2 제2항에 정한 인사교류에 따라 지방자치단체의 장이 소속 공무원을 전출하는 것은 임명권자를 달리하는 지방자치단체로의 이동인 점에 비추어 반드시 당해 공무원 본인의 동의를 전제로 하는 것이고, 따라서 위 법 규정의 위임에 따른 지방공무원 임용령 제27조의5 제1항도 본인의 동의를 배제하는 취지의 규정은 아니라고 해석하여야 할 것이다" 이에 대하 평석으로 박연욱, 지방공무원법 제30조의2 제2항에 정한 인사교류에 따라 지방자치단체의 장이 소속 공무원을 전출하는 경우, 본인의 동의가 필요한지 여부, 대법원판례해설 제78호(2008 하반기)(2009.07), 94면-105면. 그러나 이 판결은 접근방식 등에서 여러 문제점을 안고 있다.

18) 국가공무원법의 경우 전입은 1964.5.26.에, 인사교류는 1965.10.20.에 신설되었다. 그런데 국가공무원법상

우 먼저 인사교류제가 시행되었다. 즉, 1972.12.26. 법개정에서, "내무부장관은 지방자치단체 상호간의 인사교류의 필요가 있다고 인정될 때에는 인사교류계획을 수립하여 지방자치단체의 장에게 그 실시를 명할 수 있다"(제30조의2)고 신설되었다. 지금과 같은 권고형 인사교류제는 1978.12.6.의 개정법에서 마련되었다. 특기할 점은 1978.12.6.의 개정에선 제2항에서 "서울특별시장 · 직할시장 · 도지사는 당해 지방자치단체간의 인사교류의 필요가 있다고 인정할 때에는 다른 지방자치단체의 장과 협의하여 인사교류를 할 수 있다"고 규정하였다. 반면 "자치단체의 장은 다른 지방자치단체의 장의 동의를 얻어 그 소속공무원을 전입할 수 있다"고 규정한 지방공무원법 제29조의3은 1981.4.20.에 신설되었다.

인사교류계획에 의한 전입전출이건, 인사교류계획과 무관한 (기왕의) 전입전출이건 법적으로 문제가 되는 것은 바로 人事高權이다. 해당 공무원에 대한 (해당 지방자치단체의 장의) 인사고권의 소멸과 발생이 동시에 일어난다. 이런 인사고권상의 문제를 해결하기 위한 단초가 관계 자치단체장의 동의이며, 이 동의는 개별구체적으로 또는 일반적으로 행해질 수 있다. 지방공무원법 제29조의3이 전자의 경우라면, 동법 제30조의2에 의한 인사교류제는 후자의 경우라 하겠다. 즉, 후자에선 인사교류계획의 성안에 지방자치단체의 장은 나름의 의견을 반영할 수 있으며, 현행법상 인사교류안에 따른 권고에 대한 해당 자치단체장의 수용을 전출자치단체장의 동의와 동일시할 수 있다.[19] 여기서의 수용은 다름 아닌 (전입지방자치단체의 장은 물론) 전출지방자치단체의 장의 교류임용(사실상 전임)에 대한 사전적 · 일반적 동의인 셈이다. 그 결과 권고의 수용이 후에 행해지는 전입전출에서 −전출지방자치단체의 장의− 개별적 동의절차가 생략되어 버린다. 비록 차원은 다르지만, '공무원 인사기록 · 통계 및 인사사무처리 규정'(대통령령) 제17조는 이런 점을 분명히 하고 있다.[20]

한편 사안에서 보건대, 약간 시간적으로 근접하였지만 사안에서의 전입전출의 과정은 지방공무원법 제30조의2 제2항에 의한 인사교류차원에서 행해지지 않았다. 더군다나 동조에 의한 인사교류안이 아직 확정되지도 않았다. 사정이 이러함에도 불구하고, 항소심과 대상판결이 지방공무원법 제30조의2 제2항에 의한 인사교류만을 상정하

의 인사교류는 지방공무원법상의 그것과는 다소간 차이점이 있음을 유의하여야 한다. 전자는 행정기관안에서의 문제이기에, 해당 행정기관의 의사에 관계없이 실시할 수 있다.

19) 지방자치제가 제대로 시행되지 않은 경우엔 지방자치단체의 인사고권이란 성립하지 않기에, 동조항의 제정 당시엔 하명적 인사교류가 규정된 것이다.

20) (전출 · 전입 요구) 임용권자, 임용제청권자 또는 소속 기관 공무원의 전보권을 가진 사람이 소속 공무원을 다른 기관으로 전출시키거나 다른 기관의 소속 공무원을 임용제청 또는 전입시키려고 할 때에는 해당 기관의 장의 동의를 받아야 한다. 다만, 법 제32조에 따라 소속 장관이 다른 고위공무원단에 속하는 공무원을 임용제청할 때와 법 제32조의2에 따른 인사교류계획에 따라 전입하거나 전출할 때에는 그러하지 아니하다.

여 문제에 접근한 것은 사실관계에도 전혀 부합하지 않는다 하겠다.

Ⅸ. 當該事案에서 人事交流處分 즉, 轉出決定의 效力

하자있는 전출결정의 효력여하는 매우 중요한 문제이다. 왜냐하면 행정행위의 공정력으로 인해 단순위법이냐 무효이냐에 따라 전출결정이후에 진행된 후속조치(전입결정과 불응시의 징계처분 등)의 법적 운명이 갈리기 때문이다. 항소심과 대상판결은 지방공무원법 제30조의2 제2항에 의한 인사교류를 위하여 전출결정에 앞서서 시 · 도지사의 인사교류의 수립, 인사교류위원회의 심의, 인사교류안에 의한 실시의 권고 등은 법령상 반드시 선행되어야 하는 행위로서, 위와 같은 행위는 위 조항에 의한 인사교류에 있어서 중대하고 본질적인 내용이라고 보았다. 또한 피고가 법령에 의하여 처분할 권한을 적법하게 부여받지 않았거나 처분을 할 근거 없이 처분을 한 경우 그 하자가 중대하고 객관적으로도 명백한 것이라고 판시하였다.

그런데 전출결정에 선행된 일련 행위는 해당 공무원에 대해 공권력주체와 관련한 의미를 갖긴 하나, 해당 공무원에 대한 지방자치단체의 인사고권의 교환(소멸 · 발생)이라는 점에서, 행정내부절차적 성격도 갖는다.[21] 行政內部事에서 곧바로 대국민적 법효과의 발생을 도출하는 것은 매우 생경하다. 어떤 근거로 동조에 의한 인사교류에서 이들 과정(절차)이 무효를 초래할 절대적 절차인지 분명한 논거가 제시되어야 한다. 더군다나 통상 절차하자의 경우 단순위법으로 보는 것이 일반적 경향이다. 따라서 무효론의 경우엔 설득력을 제고시킬 수 있는 세밀한 논증이 요구된다. 그럼에도 불구하고, 그런 모색이 전혀 강구되지 않았다. 나아가 전출지방자치단체의 장으로선 해당 공무원에 대한 任免權을 갖는 점을 도외시하고, '無權限 無效의 原則'이 동원될 수 없는 사안에 동원칙을 그대로 투영시킨 점 역시 비판에서 자유롭지 못하다.

한편 사안을 지방공무원법 제29조의3에 의거하여 접근한 제1심은 항소심과 대상판결과는 달리 당해 전출결정이 단순 위법한 데 불과하다고 판시하면서, 그 논거로 "이 사건 처분이 지방공무원법 제29조의3과 제30조의2 제2항 중 어느 규정에 근거한 것인지 여부가 외관상 명백하지는 않을 뿐 아니라, 지방공무원법 제29조의3에서는 '지방자치단체의 장은 다른 지방자치단체의 장의 동의를 얻어 그 소속 공무원을 전입할 수 있다'고만 규정하고 있을 뿐 당해 공무원의 동의가 필요한지 여부에 관하여 명시적으로 규정하고 있지 아니한 점"을 든다.

---

21) 이에 관한 상론은 졸저, 행정법기본연구Ⅱ, 248면 이하 참조.

생각건대 공무원임용에서 동의나 신청의 결여는 그 임용행위의 무효를 초래하는 하자이다. 그런데 전출결정의 본질을 '의원면직'으로 설정하면 이미 그 자체에서 당해 공무원의 동의가 전제되어 있다. 따라서 당해 공무원의 동의의 의미를 새삼 논의할 필요가 없거니와 전입전출에서 당해 공무원의 동의의 결여는 당연히 무효의 효과를 초래한다.[22] 한편 독일의 경우 법률이 달리 규정하지 않는 한, 행정절차법 제45조 제1항 제1호로부터 도출되어야 하는 것처럼, 관련 시민의 필요한 협력 없이 발해진 행정행위는 원칙적으로 무효가 아니라고 본다.[23] 특히 요신청 행정행위가 아무런 신청이 없었을 때 그러하다.[24] 그러나 공무원임명이나 귀화허가에서처럼, -신청이 동시에 결정을 위해 본질적이고 불가결한 동의를 함께 포함하는- 소위 '쌍방적' 행정행위의 경우 일부 문헌은 단순위법으로 보지만,[25] 독일의 판례와 많은 문헌은 이런 경우 협력이 -행정행위가 어떤 상황에도 법질서와 일치한다고 여겨질 수 없을 정도로- 중요함을 이유로 무효로 본다.[26]

그런데 이런 무효도그마틱은 탄력적인 행정조직의 구축이라는 측면에선 자칫 장애가 될 수 있다.[27] 따라서 de lege lata적 접근과 함께 de lege ferenda적(입법정책적) 접

---

22) 동지: 대법원 2008.9.25. 선고 2008두5759판결. 한편 여기서의 물음과 관련해서 사인의 공법행위의 하자와 그 행정행위의 효력을 둘러싼 논의에서 어떤 입장을 취하더라도 동일하다. 이에 관해선 김남진/김연태, 행정법 I, 2010, 133면 이하 참조.

23) Schmidt-De Caluwe, Zur Anfechtung privater Willenserklärungen im öffentlichen Recht, insbesondere im Sozialrecht, Jura 1993, 399(405).

24) VGH Kassel NVwZ 1985, 499; Knack/Busch/Clausen/Henneke/Klappstein/Möllgaard, Verwaltungsverfahrensgesetz Komm., 7.Aufl., 2002 §44 Rn.15; Wolff/Bachof/Stober, Verwaltungsrecht II, §49 Rn.42; Stelkens/Bonk/Sachs, Verwaltungsverfahrensgesetz Kommentar, 7.Aufl., 2008, §44 Rn.107. 무효로 보는 견해로 BSG 12, 268; 52, 245; Ule/Laubinger, Verwaltungsverfahrensrecht, 4.Aufl., 1995, §57 Rn.13. 이와 다르게 유동적 효력불발생으로 보는 견해로 Lorenz, Der Rechtsschutz des Bürgers und die Rechtsweggarantie, 1973, S.281

25) Kopp/Ramsauer, Verwaltungsverfahrensgesetz Kommentar, 10.Aufl., 2008, §44 Rn.21.

26) BVerwG DÖV 1972, 174; Stelkens/Bonk/Sachs, VwVfG Komm., §44 Rn.108.

27) 한편 최근의 우리 판례는 무효사유에 대해 과도하게(?) 적극적인 입장을 취하고 있기에 우려된다. 대표적으로 환경영향평가불실시의 하자를 무효사유로 본 대법원 2006.6.30. 선고 2005두14363판결이다:「구 환경영향평가법(1999. 12. 31. 법률 제6095호 환경 · 교통 · 재해 등에 관한 영향평가법 부칙 제2조로 폐지) 제1조, 제3조, 제9조, 제16조, 제17조, 제27조 등의 규정 취지는 환경영향평가를 실시하여야 할 사업(이하 '대상사업'이라 한다)이 환경을 해치지 아니하는 방법으로 시행되도록 함으로써 당해 사업과 관련된 환경공익을 보호하려는 데 그치는 것이 아니라, 당해 사업으로 인하여 직접적이고 중대한 환경피해를 입으리라고 예상되는 환경영향평가대상지역 안의 주민들이 전과 비교하여 수인한도를 넘는 환경침해를 받지 아니하고 쾌적한 환경에서 생활할 수 있는 개별적 이익까지도 보호하려는 데에 있는 것이다. 그런데 환경영향평가를 거쳐야 할 대상사업에 대하여 환경영향평가를 거치지 아니하였음에도 불구하고 승인 등 처분이 이루어진다면, 사전에 환경영향평가를 함에 있어 평가대상지역 주민들의 의견을 수렴하고 그 결과를 토대로 하여 환경부장관과의 협의내용을 사업계획에 미리 반영시키는 것 자체가 원천적으로 봉쇄되는바, 이렇게 되면 환경파괴를 미연에 방지하고 쾌적한 환경을 유지 · 조성하기 위하여 환경영향평가제도를 둔 입법 취지를 달성할 수 없게 되는 결과를 초래할 뿐만 아니라 환경영향평가대상지역 안의 주민들의 직접적이고 개별적인 이익을 근본적으로 침해하게 되므로, 이러한 행정처분의 하자는 법규의 중요한 부분을 위반한 중대한 것이고 객관적으로도 명백한 것이라고 하지 않을 수 없어, 이와 같은 행정처분은 당연무효이다」. 이 판결은 환경영향평가의 不實施와 不實을 기본적으로 절차하자에 연동시켜 접근하면서 환경적 중요성을 강조하여 무효성 논증을 전개하였다. 그러나 무효인정에 따라 야기될 도그마틱적 대가가 너무나 크다. 환경영향평가의 不實施 역

근도 강구되어야 한다. 가령 독일의 경우 1997년의 공직법개혁법률(Dienstrechtsreformgesetz)의 제정을 기화로 그들의 舊 공무원법기본법(공무원법대강법; Beamtenrechtsrahmengesetz) 제18조는 전출에서 해당 공무원의 동의결여의 가능성을 열어 놓았다. 그리고 동법을 대체하여 2009.4.1.부터 발효한 공무원신분법(Beamtenstatusgesetz) 제15조는 기본적으로 전출에 해당 공무원의 동의를 명시적으로 요구함과 아울러 동일한 기본급이 주어지는 경우엔 해당 공무원의 동의가 없더라도 전출이 가능하도록 규정하였다.[28)]

X. 맺으면서-行政法改革의 出發點·目標點으로서의 行政組織法

대상판결의 문제점은 사실관계를 결정적으로 오해한 점은 물론, 공무원법제상 전입전출에 중대한 난맥을 초래한 점에 있다. 필자로선 오래 전부터 대상판결에 대해 의아스럽게 여겼다. 그러나 대법원 2008.9.25. 선고 2008두5759판결에 즈음하여, 양 판결이 실제적으로 상충된다는 점을 단초로 삼아 이에 기왕의 管見을 접목시켰다. 사실 대상판결 및 항소심의 문제점은 사실관계를 잘못 파악한 데서 비롯되었다. 인사교류의 유형, 지방공무원법 제29조의3와 동법 제30조의2의 관계, 전입전출의 본질 등에 대한 충분한 논의가 殆無한 사정에서, 대상판결 등이 그처럼 오해한 것은 어쩌면 당연하게 여겨진다. 그런데 대법원 2008.9.25. 선고 2008두5759판결은 인사교류계획에 의한 전입전출에 대해, 인사교류계획과 무관한 전입전출과 구별되게 접근하지 않았기에, 만약 대상판결의 사안에 대하여 대법원 2008.9.25. 선고 2008두5759판결의 접근방식을 대입한다면 필경 대상판결과 다른 논증방식을 취해야 할 것이다. 결국 대법원 2008.9.25. 선고 2008두5759판결로 대상판결의 기조는 사실상 파기된 셈이라 하겠다.[29)] 따라서 대상판결을 전면에 제시한다거나 양 판결을 단순 병렬적으로 소개하는 것은 이런 사정을 도외시한 것일 뿐더러, 나아가 가뜩이나 혼란스럽다고 비판을 받는

시 그것의 不實과 마찬가지로 실체적 처분에 재량권 일탈·남용의 위법이 있는지 여부를 판단하는 하나의 요소로 접근하여야 한다. 나아가 절차하자의 치유에 대한 전향적 자세의 전환이 병행되어야 한다. 요컨대 하루바삐 환경영향평가의 본질이 행정절차적 성격에 있음을 분명히 하고, 행정절차와 환경영향평가가 더 이상 독립하여 존재하지 않는 것으로 보아야 한다. 이에 대한 상세는 졸고, 環境影響評價가 缺如된 行政行爲의 效力에 관한 小考, 저스티스 제114호, 2009.12, 363면 이하(본서 435면 이하) 참조.

28) 그들 연방기본법 제33조상의 공무원의 신분상의 권리와 의무에 초점을 맞춘 신법은 舊 공무원법기본법과는 달리 직접 통용되어서 주법의 전환이 필요하지 않다. 한편 舊 공무원법기본법이 신법의 발효로 폐지되긴 하나 동법 제2장과 제135조는 여전히 통용되고 있다(공무원신분법 제63조 제3항)

29) 그러나 다른 지면에서 보겠지만, 대법원 2008.9.25. 선고 2008두5759판결은 관련 규정의 해석 등에서 여러 문제점을 안고 있다(追論: 후술).

행정법도그마틱을 더욱더 임시변통적인 것으로 만들 것이다.

오늘날 날씬한 행정, 행정의 현대화를 기치로 내세운 공공부문의 구조조정 요구로 인해 더군다나 정권교체에 따른 공약이행으로 공무원법을 비롯한 행정조직법은 항상 변화가능성을 안고 있다. 이에 제도적 보장으로서의 직업공무원제가 때론 한계로 때론 장애물로 기능한다. 이제까지의 공공부문의 구조조정에서 법제도적 노력은 경주되지 않았다. 반면 독일의 경우 1997년의 공직법개혁법률의 제정을 기점으로 공무원법제상의 발본적인 변화가 초래되었다.[30] 이상에서 본 우리의 법상황과 논의는 지금 우리 행정법학의 현주소가 과연 어디인지를 여실히 보여준다.[31] 공공부문에서의 구조조정을 합리적이고 상호이해가능하게 만들기 위한 제도적 틀을 마련하는 것은 더 이상 미룰 수 없는 행정법학의 현하과제이다. 행정조직법 자체가 행정법의 출발점인 동시에 목표점이기에, 그것의 개혁이 다름 아닌 행정법개혁이다![32]

* 행정판례연구 제15집 제1호, 2010.6. 273면 이하

* 追論: 대법원 2008.9.25. 선고 2008두5759판결[33]의 問題點

서울행정법원 2007.8.14. 선고 2007구합4919판결은 지방공무원임용령 제27조의5 제1항을[34] 중심으로 사안이 동항 제2호에 해당한 즉, 대상자의 동의가 요구되지 않는다고 판시하였다. 나아가 나름의 근거에 의거하여 대상 공무원의 동의 요구는 지방자

---

30) 한편 일찍이 Philip Kunig는 공직법개혁법률을 통해 중간단계의 현대화(Modernisierung)가 공직법에 이루어졌다고 평하였으며, 아울러 공직법의 현대화의 방향은 업적주의의 강화, 인력투입결정의 용이함, 노동시간의 탄력성의 강조, 공기관의 공고한 배려부담의 경감, 부패의 퇴치라고 지적하였다. Ders., in: E. Schmidt-Aßmann(Hrsg.), Bes. VerwR, 11.Aufl., 1999, 6. Abschn. Rn. 26a.

31) 과거 필자는 이런 점을 지적하였다: 졸고, 公務員法制의 革新手段으로서의 轉出 · 轉入制度의 마련에 관한 小考, 고시연구, 2004.9. 52면 이하.

32) 이런 맥락에서 독일에선 행정법개혁의 시리즈로 Schmidt-Aßmann/Hoffmann-Riem(Hrsg.), Verwaltungsorganisatiosrecht als Steuerungsressource, 1997 이 출간되었다. 그리고 -그 서문에서 지적하였듯이- 대표적 행정법교재인 Erichsen/Ehlers(Hrsg.), Allg. VerwR, 13.Aufl., 2006이 종전에 말미에 위치한 행정조직법을 제2장으로 옮겼다.

33) 판결요지: 지방공무원법 제30조의2 제2항 규정의 인사교류에 따라 지방자치단체의 장이 소속 공무원을 전출하는 것은 임명권자를 달리하는 지방자치단체로의 이동인 점에 비추어 반드시 당해 공무원 본인의 동의를 전제로 하는 것이고 (대법원 2001.12.11. 선고 99두1823판결, 헌법재판소 2002.11.28. 선고 98헌바101, 99헌바8결정 등 참조), 따라서 위 법 규정의 위임에 따른 지방공무원 임용령 제27조의5 제1항도 본인의 동의를 배제하는 취지의 규정은 아니라고 해석하여야 할 것이다. 원심이 확정한 사실관계에 의하면, 피고는 위 규정에 의한 인사교류의 일환으로 그 소속 공무원인 원고에 대하여 그 동의를 받지 아니한 채 임명권자를 달리하는 구로구로 전출을 명하는 이 사건 전출명령을 한 점을 알 수 있고, 사정이 그와 같다면, 이 사건 전출명령은 원고의 동의 없이 이루어진 위법한 처분으로서 취소되어야 할 것이다.

34) 제27조의5 (지방자치단체간의 인사교류) ① 법 제30조의2의 규정에 의하여 지방자치단체 상호간에 인사교류를 할 수 있는 경우는 다음 각호와 같다. 다만, 제3호에 의하는 경우에는 본인의 신청 또는 동의가 있어야 한다. 1. 지방자치단체간 인력의 균형있는 배치와 지방행정의 균형있는 발전을 위하여 5급 이상 공무원 또는 6급 기술직렬공무원을 교류하는 경우. 2. 행정기관 상호간의 협조체제증진 및 공무원의 종합적 능력발전을 위하여 인접 지방자치단체간 교류하는 경우. 3. 5급이하 공무원의 연고지 배치를 위하여 필요한 경우.

치단체 상호간의 인사교류제도의 목적 달성을 저해한다고 하면서, 사안에서 전입지가 그다지 멀지 않기에 원고의 동의 없이 행한 이 사건 전출명령이 헌법상 보장된 공무원의 신분보장, 정치적 중립, 행복추구권, 직업선택의 자유, 평등권 등을 본질적으로 침해하는 것은 아니라고 판시하였다. 그것의 항소심(서울고등법원 2008.3.25. 선고 2007누22452판결) 역시 그러하였다. 반면 상고심인 대법원 2008.9.25. 선고 2008두5759판결은 대법원 2001.12.11. 선고 99두1823판결과 헌법재판소 2002.11.28. 선고 98헌바101, 99헌바8결정을 참조하여 전출명령(결정)에는 대상자의 동의가 전적으로 요구된다는 기조를 취하였다.

하지만 참조대상 판결과 결정에서 다툼의 대상은 지방공무원법 제30조의2 제2항이 아니라 동법 제29조의3 조항이었다는 점에서 2008두5759판결의 논증은 문제가 있다. 오히려 참조대상 판결로 인해 일찍이 수원지방법원 2003.8.20. 선고 2002구합5079판결과 그 항소심인 서울고법 2004.9.15. 선고 2003누15968판결은 지방공무원법 제30조의2 조항에 의한 전입전출과 동법 제29조의3 조항에 의한 전입전출을 구별하는 태도를 취하였고, 기본적으로 전자의 경우에는 해당 공무원의 동의를 요하지 않는 것으로 보았다. 아울러 2003누15968판결의 상고심인 대법원 2005.6.24. 선고 2004두10968판결 역시 드러나진 않지만 항소심의 판단을 그대로 수용한 점에서 동일한 맥락에 서 있다고 봄직하다. 사실 지방공무원임용령 제27조의5 제1항이 당사자의 동의요구를 사실상 예외적 상황에 두고 있기에, 동의요구에서의 이원적 접근은 나름의 근거를 갖는다고 할 수 있다. 그러나 지방공무원법 제29조의3 조항에 의한 전입전출 역시 인사교류의 한 방식이다. 따라서 지방공무원법 제30조의2 조항에 의한 인사교류를 (일반적)포괄적 · 개괄적 인사교류로, 지방공무원법 제29조의3 조항에 의한 인사교류를 개별적 인사교류로 볼 수 있으며, 아울러 –인사교류의 방식인 전입전출을 대입하여– 지방공무원법 제30조의2 조항은 인사교류계획에 의한 전입전출로, 지방공무원법 제29조의3 조항은 인사교류계획과 무관한 전입전출로 설정할 수 있다.

이처럼 일원적으로 접근하면서, 동시에 임용을 동의를 필요로 하는 행정행위로 보는 것을 바탕으로 전출결정을 –전입결정자의 '특별임용'이 예정된– 의원면직으로, 전입결정을 특별임용으로 보는 필자의 입장에 서면, 지방공무원법 제30조의2 제2항에 의한 인사교류의 경우에도 당사자의 동의는 필수적 요청이다.

신분관계의 기본에는 변함이 없더라도 전출에 의한 기존 귀속관계의 해소는 앞으로의 경력관리나 승진 등에서 치명적 영향을 미치기에, 전출 그 자체만으로도 직업의 자유와 같은 기본권과 밀접한 관련성을 가진다. 따라서 과거의 전통적인 특별권력관계이론이 더 이상 통용되지 않는다고 하면, 지방공무원법 제30조의2 조항이 명시적으로 당사자의 동의불요가능성을 언명하지 않는 이상, 그것의 위임명령인 지방공무원 임용령 제27조의5 제1항에서 同意要否를 규정한 것은 법치국가원리에 반한다. 따라서 적어도 -비록 설득력이 있는 논거를 제시하진 않았지만- 2008두5759판결처럼 동항에 대해 본인의 동의를 배제하는 취지의 규정은 아니라고 해석하지 않으면, 동항은 위헌성을 면할 수가 없다. 그런데 2008두5759판결의 이런 태도는 절반의 성공이라 할 수 있다. 왜냐하면 2008두5759판결의 관점을 지방공무원 임용령 제27조의5 제1항에 바로 대입하면, 규범통제의 문제가 되어 동조항의 위헌 · 위법성이 바로 도출되고, 이에 동조항의 개정이 요구되기 때문이다. 나아가 이런 과정에서 모법률에서의 명시적인 동의요구까지도 자연스럽게 미칠 수 있다.[35)]

35) 상세는 졸고, 人事交流計劃에 의한 轉出命令의 問題點에 관한 小考, 법률신문 제3852호, 2010.6.28. 참조.

제 3 장

都市計劃條例의 規律(規定)範圍의 問題點에 관한 小考

Ⅰ. 처음에 – 문제의 입법상황

「국토의 계획 및 이용에 관한 법률」에 근거한 동법시행령은 많은 경우에 일정한 범위를 정하여 조례에 위임(수권)하고 있다. 그리하여 행위제한을 보자면, 용도지구 및 용도구역안에서의 행위제한과 관련해선, 가령 동법시행령 제72조 제2항: 「경관지구안에서의 건축물의 건폐율 · 용적률 · 높이 · 최대너비 · 색채 및 대지안의 조경 등에 관하여는 그 지구의 경관의 보호 · 형성에 필요한 범위안에서 도시계획조례로 정한다」처럼, 대개 구체적인 범위를 정하여 조례에 위임하고 있다(이밖에도 동법시행령 제73조 등). 그러나 용도지역안에서의 행위제한의 경우에는 그렇지 않다. 즉, 동법시행령 제71조 제1항은, “법 제76조 제1항의 규정에 의한 용도지역 안에서의 건축물의 용도, 종류 및 규모 등의 제한은 다음 각 호와 같다. 1. 제1종 전용주거지역안에서 건축할 수 있는 건축물: 별표 2에 규정된 건축물 … 14. 보전녹지지역 안에서 건축할 수 있는 건축물: 별표 15에 규정된 건축물 …”이라고 규정하고 있다. 전적으로 행위제한의 내용형성이 별표에 맡겨져 있고, 그 별표는 공히 제1호(건축할 수 있는 건축물)와 제1호(도시계획조례가 정하는 바에 의하여 건축할 수 있는 건축물)를 구분하여 규정하고 있다. 즉, 해당 별표의 제1호는 –당연히 허용되는– 건축할 수 있는 건축물을 규율한 반면에, 동

제2호는 '도시계획조례가 정하는 바에 의하여' 건축할 수 있는 건축물을 규율한다. 전자의 경우에는 층수제한 이외에는 도시계획조례를 통해서 더 이상의 제한을 가할 순 없다. 반면 후자의 경우에는 '구체적 범위를 정함이 없이' 해당 건축물의 건축가능성이 전적으로 도시계획조례에 맡겨지는 것과 같은 모습을 띤다.

그런데 이처럼 「국토의 계획 및 이용에 관한 법률 시행령」 제71조 제1항과 관련한 [별표2] 내지 [별표22]는 물론, 동 시행령 제78조와 관련한 [별표23], 동 시행령 부칙 제13조 제1항과 관련한 [별표27]이, 당연히 건축가능한 건축물과 조례에 의해 건축가능한 건축물을 구분하여 규율하고 있는 결과, 후자의 경우엔 각 지방자치단체의 도시계획조례의 정함에 따른 상이한 법상황이 빚어진다. 가령 현행 부산광역시 도시계획조례(2005.6.8.에 조례 제4008호로 개정된 것) 제30조 제14호상의 '보전녹지지역안에서 건축할 수 있는 건축물'에 관한 [별표14]를 보면, 「국토의 계획 및 이용에 관한 법률 시행령」 제71조 제1항 제14호 관련 [별표15]를 그대로 답습하고 있다. 그러나 가령 성남시 도시계획조례 제45조 제2항은, 동 제2호 각 목에 규정된 건축물들을 대부분 그대로 규정하거나 일부 건축요건에 제한을 두어 규정하고 있으면서, 오직 '다. 목'(건축법시행령 별표1 제4호의 제2종 근린생활시설 중 종교집회장)과 '라. 목'(건축법시행령 별표1 제5호의 문화 및 집회시설 중 동호 가.목 및 마. 목에 해당하는 것)에 대하여는 조례 제정 당시부터 항목 자체를 누락하고 있다.[1)]

요컨대 가령 성남시 도시계획조례 제45조 제2항으로 말미암아, 「국토의 계획 및 이용에 관한 법률 시행령」 제71조 제1항 제14호 관련 [별표15] 제2호의 다와 라 목에 규정된 건축물은 애초에 건축이 금지되는 결과가 초래된다. 즉, 해당 건축물에 대한 건축의 자유가 완전히 박탈되는 셈이다. 직면한 입법상황이 심지어 완전히 상이하다 하더라도, 그것이 나름의 정당한 근거와 이유를 갖는다면 하등의 문제가 되지 않는다. 즉, 입법자가 조례의 정함을 통해 각 지방자치단체 나름의 상황과 여건이 투영될 수 있도록 의욕하였다면, 그 규율상의 다른 취급은 수인할 수밖에 없다. 그러나 권리행사가 일정한 제한을 받는 정도가 아니라, 애초에 그것이 금지되어 불허되는 경우에는 전혀 다른 차원의 논의가 기다린다. 즉, 당해 도시계획조례의 규율(규정)범위가 문제된다. 여기에는 도시계획조례의 법적 성격에 관한 고찰이 선행되어야 한다.

---

1) 참고로 성남시 도시계획조례 제45조 제2항은 2004.11.22.자 개정을 통해선 누락된 항목들을 조례에 포함시켰으나, 그 뒤 2005.3.18. 자 개정을 통해서 이들 항목들이 다시 삭제되었다.

Ⅱ. 都市計劃條例의 法的 性格 및 그 本質

원래(진정한) 조례는 자치사무를 대상으로 한 자치조례이고, 이는 일반적, 포괄적 위임에 터 잡아 제정된다. 그러나 문헌과 판례는 원칙과 예외의 관계를 설정하면서 자치조례 말고도 '위임조례'의 존재를 인정하고 있다. 즉, 판례는 "기관위임사무가 원칙적으론 자치조례의 제정범위에 속하지 않지만, 기관위임사무에 있어서도 그에 관한 개별법령에서 일정한 사항을 조례로 정하도록 위임하고 있는 경우에는 위임받은 사항에 관하여 개별법령의 취지에 부합하는 범위 내에서 이른바 위임조례를 정할 수 있다"고 판시하였다.[2] 따라서 「국토의 계획 및 이용에 관한 법률」(2002.2.4. 법률 제6655호로 제정되어 2003.1.1.부터 시행된 것), 동법시행령과 동법시행규칙상의 관련규정에서 보건대, 도시계획조례는 '위임조례'에 해당한다. 이 점은 각 지방자치단체의 동 조례의 제1조(목적)에서도 확인되며, 여기선 구태여 해당 사무의 성격을 논할 필요가 없다.

한편 자치조례에 대해서 예외적 존재인 위임조례의 본질이 규명되어야 한다. 그것은 조례란 외피를 갖지만, 자치권의 내용인 자주입법권에 의거하여 생성된 것이 아니라, 법규범체계에서 상위법령을 시행하기 위하여 상위법령으로부터 자신의 존재가 비롯된 하위적 법규범에 해당한다.[3] 따라서 위임조례에 관한 논의는 기본적으로 위임명령에 터 잡아 행해져야 한다. 그런데 이런 위임명령으로서의 위임조례의 본질로 말미암아, 위임조례는 조례이되, 조례가 아닌 二重性(Ambivalenz)을 지님을 유의하여야 한다. 이런 이중성으로 말미암아 위임조례의 인정에 따른 관련 논의(특히 제정범위에 관한 것)에서 난맥이 초래되어, 실상 그것의 존재 자체에 대한 공법적 의문점이 증폭되곤 한다. 가령 판례는 위임조례를 일반 행정법규범(행정입법)상의 위임한계와 관련하여 접근하기보다는, 자치조례와 마찬가지로 포괄위임의 전제하에 법령우위의 문제만을 그저 거론하곤 한다.[4]

---

2) 대법원 2000.5.30. 선고 99추85판결 : 지방자치법 제15조, 제9조에 의하면, 지방자치단체가 자치조례를 제정할 수 있는 사항은 지방자치단체의 고유사무인 자치사무와 개별법령에 의하여 지방자치단체에 위임된 단체위임사무에 한하는 것이고, 국가사무가 지방자치단체의 장에게 위임된 기관위임사무는 원칙적으로 자치조례의 제정범위에 속하지 않는다 할 것이고, 다만 기관위임사무에 있어서도 그에 관한 개별법령에서 일정한 사항을 조례로 정하도록 위임하고 있는 경우에는 위임받은 사항에 관하여 개별법령의 취지에 부합하는 범위 내에서 이른바 위임조례를 정할 수 있다.

3) 동지: 조정찬, 위임조례위주의 조례입법 극복방안, 지방자치법연구 제4권 제2호, 2004.12, 39면.

4) 가령 대법원 1997.4.25. 선고 96추251판결. 그러나 위임조례의 경우에 지방자치법 제15조 단서에 의거한 모색은 체계모순적이다. 요컨대 조례에 의한 차고지확보제도가 법률의 위임이 있어야 하는지 여부를 지방자치법 제15조 단서에서 모색한 동 판결은 이 점에서 문제가 있다.

Ⅲ. 委任條例의 認定의 公法的 問題點

위임조례란 자치조례와 대비시키기 위해 고안된 명칭이고, 그 규율대상 역시 자치조례와 전혀 다르다. 사정이 이럴진대 위임조례란 명칭은 일단 일반적, 개괄적 위임에 터 잡은 조례의 본질을 훼손할 수 있다. 이런 명칭상의 문제점과 별개로, 본질은 하위 위임명령에 해당하는 위임조례가 과연 공법상의 법규범(행정입법)체계에서 허용될 수 있는지 여부가 검토되어야 한다. 요컨대 위임조례의 규율대상이 기관위임사무인 점에서, 지방자치단체의 기관(장)에게 사무처리가 위임된 사무를 그 지방자치단체의 다른 기관이자 주민대표기관인 지방의회가 조례의 형식으로 규율한다는 것은 타당하지 않다. 가뜩이나 위헌성시비로부터 자유롭지 않은 지금의 기관위임사무에 대해서, 그 처리와 집행은 지방자치단체의 장에게, 그것과 관련한 일정한 사항의 일반적 추상적 규율을 지방의회에게 맡긴다는 것은, 해당 지방자치단체 전체를 국가기관으로 삼는 것과 다르지 않다.

조례제정권이란 자치의 본질적 요소라고 정당하게 표현한 독일 연방헌법재판소의 결정[5]을 상기할 때, 사실상 위임조례는 지방자치제의 제도적 보장의 의미를 훼손시킨다. 우리의 경우 심지어 자치사무의 경우에도 조례로 제정하도록 위임하는 것이 일반적이며, 또한 자치사무에 관한 사항이라 하더라도 그 사무처리방식을 완전히 조례에 맡길 수 없기 때문에 법령에서 먼저 손을 대고 나머지는 조례로 위임한다는 생색내기용으로 위임근거를 규정하는 경향도 있다고 한다.[6] 전체 자치단체(수행)사무 가운데 자치사무가 겨우 24%에 불과할 정도로, 자치사무와 자치조례에 비해 기관위임사무와 위임조례가 압도적으로 많은 현실에서, 새삼 지방자치제의 제도적 보장으로서의 의미는 그저 口頭禪에 지나지 않다고 하여도 과언이 아니다. 더욱이 위임조례의 경우에는 언필칭 '조례'라 하여 위임입법의 한계와 관련한 통제마저도 주효하지 않고 있다.

그런데 위임조례에 관한 規範統制의 不全과는 다른 차원에서, 국가가 조례위임사항을 효과적으로 관철하기 위하여 이른바 표준조례(과거의 조례준칙)를 발한다. 포괄적 위임에 따른 난맥을 줄이기 위한 궁여지책에 해당하는 이런 표준조례는, 각 부처에 의해 임의로 제정되어서 적지 않은 내용적 문제점은 물론, 위임입법의 법리상의 문제점을 배태하고 있다. 이 같은 문제 상황은 위임조례의 인정에 기인하여 마치 고양이가 털실에 얽힌 형국처럼 이러지도 저러지도 못하는 형국에 다름 아니다.[7]

---

5) BVerfGE 12, 319(325).
6) 조정찬, 앞의 글, 35-36면.

한편 이런 위헌스러운 위임조례제도를 대체시킬 수 있는 방법이 있다. 바로 법령에 의한 개별 · 구체적 위임에 터 잡아 지방자치단체의 장이 제정할 수 있는 규칙이다(지방자치법 제16조). 물론 가장 손쉬운 방법은, 지금의 기관위임사무 자체를 폐지하고 그것을 단체위임사무로 바꾸는 것이다.[8] 이렇게 바꾸면, 지금과 같은 자치입법권에 전혀 걸맞지 않는 위임조례는 존재하진 않지만, 자치사무에서와는 달리 위임의 근거법령의 범위안에서 제정될 "다른 의미의" 위임조례가 출현할 수 있다. 이런 관점에서 보자면, '지방분권 5개년 종합실행계획(수정본)'이 제시한 방안-법률에서 직접 조례로의 위임 방안-은, 기관위임사무제도가 온존한 이상, 조례제정의 범위를 실질적으로 확대하기보다는, 지방자치단체는 물론 지방의회를 지금보다 더 확실하게 국가의 하급행정기관으로 속박시킬 우려가 있다.

Ⅳ. 都市計劃條例의 規律(規定)範圍의 물음

1. 물음의 소재

委任條例의 이중성으로 말미암아 그것의 법적 취급이나 접근 역시 제각기 행해져서 특히 제정범위와 관련하여 난맥상이 빚어질 수도 있다. 그리하여 이와 관련한 논의를 통해서 委任條例의 公法的 問題點이 결정적으로 해소될 필요가 있다. 본시 자치조례의 경우엔 국가법에 적용되는 일반적인 위임입법의 한계가 적용될 여지가 없다.[9] 그러나 위임조례의 경우엔 그 내용은 개별 법령이 위임하고 있는 사항에 관한 것으로서 개별 법령의 취지에 부합하는 것이라야만 하고, 그 범위를 벗어난 경우에는 위임조례로서의 효력도 인정할 수 없다.[10] 따라서 이상에서 본 성남시 도시계획조례 제45조

---

7) 한편 기존의 자치법규들을 통일된 원칙과 기준에 의해 정비하고 새로운 자치법규들의 질을 높이기 위하여 이런 작용을 지도할 기본조례로서 '자치법규기본조례'가 필요하다고 한다. 이에 관해선 선정원, 자치법규기본조례와 자치입법권의 보장, 지방자치법연구 제4권 제2호, 2004.12, 59면 이하 참조. 여기에는 그것의 법형식적 물음과 더불어 그것의 적용영역적 물음이 제기될 수 있다. '자치법규기본조례'를 표준조례로 바꾸기는 어렵다.

8) 이에 관해선 졸고, 地方分權政策의 公法的 課題, 공법연구 제33집 제5호, 2005.6, 389면 이하(행정법기본연구Ⅱ, 272면 이하); 地方自治法上 團體委任事務制度의 再認識에 관한 小考, 고시연구 2005.9, 14면 이하.

9) 대법원 2000.11.24. 선고 2000추29판결: 지방자치법 제9조 제1항과 제15조 등의 관련 규정에 의하면 지방자치단체는 원칙적으로 그 고유사무인 자치사무와 법령에 의하여 위임된 단체위임사무에 관하여 이른바 자치조례를 제정할 수 있는 외에, 개별 법령에서 특별히 위임하고 있을 경우에는 그러한 사무에 속하지 아니하는 기관위임사무에 관하여도 그 위임의 범위 내에서 이른바 위임조례를 제정할 수 있지만, 조례가 규정하고 있는 사항이 그 근거법령 등에 비추어 볼 때 자치사무나 단체위임사무에 관한 것이라면 이는 자치조례로서 지방자치법 제15조가 규정하고 있는 '법령의 범위 안'이라는 사항적 한계가 적용될 뿐, 위임조례와 같이 국가법에 적용되는 일반적인 위임입법의 한계가 적용될 여지는 없다.

10) 대법원 1999.9.17. 선고 99추30판결: 기관위임사무에 있어서도 그에 관한 개별 법령에서 일정한 사항을 조례로 정하도록 위임하고 있는 경우에는 지방자치단체의 자치조례 제정권과 무관하게 이른바 위임조례를 정할 수 있다고 하겠으나 이 때에도 그 내용은 개별 법령이 위임하고 있는 사항에 관한 것으로서 개별 법령의 취지에 부합하는 것이라야만 하고, 그 범위를 벗어난 경우에는 위임조례로서의 효력도 인정할 수 없다.

제2항처럼, 도시계획조례가 「국토의 계획 및 이용에 관한 법률 시행령」 제71조 제1항 제14호 관련 [별표15] 제2호상의 건축물(다. 목, 라. 목에 규정된 건축물)을 배제한 경우를 논의의 대상으로 삼아서, 위임조례의 제정범위에 관한 위임입법의 법리상의 물음을 살펴보고자 한다.

2. '包括的 委任의 禁止' 및 '白紙再委任'과 관련한 문제

(1) 관련 법규정상의 위임방식의 문제점

위임입법의 법리에서 가장 핵심적이며, 실제로도 가장 논란이 되는 것이 바로 '포괄적 위임의 금지'에 관한 것이다. 여기선 관련 법규정의 전체적인 구조를 살펴 볼 필요가 있다. 즉, 「국토의 계획 및 이용에 관한 법률」 제76조 제1항이, "제36조의 규정에 의하여 지정된 용도지역 안에서의 건축물 그 밖의 시설의 용도, 종류 및 규모 등의 제한에 관한 사항은 대통령령으로 정한다."라고 규정하였고, 동법시행령 제71조 제1항은, "법 제76조 제1항의 규정에 의한 용도지역 안에서의 건축물의 용도, 종류 및 규모 등의 제한은 다음 각 호와 같다. … 14. 보전녹지지역 안에서 건축할 수 있는 건축물: 별표 15에 규정된 건축물 …"이라고 규정하고 있다. 이에 동법시행령 제71조 제1항 제14호 관련 [별표15]는 제1호(건축할 수 있는 건축물)와 제2호(도시계획조례가 정하는 바에 의하여 건축할 수 있는 건축물)를 규정하고 있다.

「국토의 계획 및 이용에 관한 법률 시행령」 제71조 제1항 제14호 관련 [별표15] 제2호상의 이 같은 위임방식은 다분히 '白紙再委任'에 해당할 수 있다. 포괄적인 '백지재위임'은 전적으로 허용되지 않는다는 점에서,[11] 이 같은 위임방식은 위임입법의 법리에서 요구되는 '포괄적 위임의 금지'에 명백히 위배될 소지가 크다. 요컨대 만약 동법시행령 제71조 제1항 제14호 관련 [별표15] 제2호와 관련해서, 도시계획조례가 건축가능한 건축물의 항목을 처음부터 규율하지 않거나 삭제함으로써 대상 건축물의 건축을 원천적으로 봉쇄하는 것이 허용된다면, 동 규정상의 조례에로의 위임은 −위임입법의 법리상 금지되는− '포괄적 위임'이자 '백지재위임'일 수밖에 없다. 그리고 이런 판단을 그대로 수용하면, 위임근거규정인 「국토의 계획 및 이용에 관한 법률 시행령」제

11) 헌법재판소 2002.10.31. 2001헌라1 전원재판부결정: 법률에서 위임받은 사항을 전혀 규정하지 않고 모두 재위임하는 것은 '위임받은 권한을 그대로 다시 위임할 수 없다'는 복위임금지의 법리에 반할 뿐 아니라 수권법의 내용변경을 초래하는 것이 되고, 대통령령 이외의 법규명령의 제정 · 개정절차가 대통령령에 비하여 보다 용이한 점을 고려할 때 하위의 법규명령에 대한 재위임의 경우에도 대통령령에의 위임에 가하여지는 헌법상의 제한이 마땅히 적용되어야 할 것이다. 따라서 법률에서 위임받은 사항을 전혀 규정하지 아니하고 그대로 하위의 법규명령에 재위임하는 것은 허용되지 않으며 위임받은 사항에 관하여 대강(大綱)을 정하고 그 중의 특정사항을 범위를 정하여 하위의 법규명령에 다시 위임하는 경우에만 재위임이 허용된다.

71조 제1항 제14호 관련 [별표15] 제2호 뿐만 아니라, -가령 성남시 도시계획조례 제45조 제2항처럼- 해당건축물의 건축가능성을 배제한 도시계획조례의 관련 규정 역시 위법, 무효임을 면치 못한다.

따라서 관련 법규정 전체에 심대한 영향을 미치는 '포괄적 위임의 금지' 및 '백지재위임'의 문제를 피하기 위해선, 해당 위임규정(「국토의 계획 및 이용에 관한 법률 시행령」 제71조 제1항 제14호 관련 [별표15] 제2호)은 물론 관련 상위법령으로부터 위임의 나름의 구체적 범위가 도출되지 않으면 아니 된다.

(2) 관련 법규정에 대한 목적론적, 체계적 접근

법해석자는 법문의 상호관계, 법문에 규정된 사안과 정상 및 기타 법문의 의미 중에서 중요한 증표로서 평가될 수 있는 상황을 고려하여 가장 적절한 의미내용을 선택해야 한다.[12] 그리하여 역사적 사실로서 존재하는 입법자 등의 주관적 의사가 아니라, 그것과 무관하며 경우에 따라선 벗어나는 객관적인 規範目的에 바탕을 두고서 법률을 해석하고자 한다. 즉, 法律의 解釋에 있어서 法文에 내재하는 立法趣旨(ratio legis)를 추구한다. 또한 개개의 法文의 의미는 대개 그것이 속한 규율의 부분으로서 고찰될 때 비로소 밝혀진다. 개개의 법규정간에 事實的 合致가 존재한다고 승인될 수 있는 한, 이해증진과 같은 맥락의 일반적 기능을 넘어서 法律의 意味關聯性(Bedeutungszusammenhang)은 법률해석을 위하여 광범한 역할을 수행하게 된다. 따라서 개개 규정들간의 事實的 合致의 승인을 바탕으로 한 體系的 解釋이 필요하게 된다.

판례 역시 포괄적 위임의 存否의 물음에서, 다분히 목적론적, 체계적 접근을 한다. 즉, 판례는 위임조항 하나만에 의거하여 판단하기보다는 그 위임조항이 속한 법률이나 상위명령의 전반적인 체계와 취지 · 목적, 당해 위임조항의 규정형식과 내용 및 관련 법규를 유기적 · 체계적으로 종합 판단하여야 하며, 나아가 각 규제 대상의 성질에 따라 구체적 · 개별적으로 검토하여야 한다고 판시하였다.[13] 그렇지만 상위법령이 위임의 구체적 범위를 정하지 않은 입법상황에서, 이 같은 접근 자체가 자칫 위임입법의 법리를 왜곡시킬 우려가 있다. 하지만 목적론적 접근에 따른 이런 우려는 판례상으로

12) 金亨培, 法律의 解釋과 欠缺의 補充, 고대 법률행정논집 제15집(1977), 13면.

13) 대법원 2004.7.22. 선고 2003두7606판결; 2002.8.23. 선고 2001두5651판결 등: 위임명령은 법률이나 상위명령에서 구체적으로 범위를 정한 개별적인 위임이 있을 때에 가능하고, 여기에서 구체적인 위임의 범위는 규제하고자 하는 대상의 종류와 성격에 따라 달라지는 것이어서 일률적 기준을 정할 수는 없지만, 적어도 위임명령에 규정될 내용 및 범위의 기본사항이 구체적으로 규정되어 있어서 누구라도 당해 법률로부터 위임명령에 규정될 내용의 대강을 예측할 수 있어야 하나, 이 경우 그 예측가능성의 유무는 당해 위임조항 하나만을 가지고 판단할 것이 아니라 그 위임조항이 속한 법률의 전반적인 체계와 취지 · 목적, 당해 위임조항의 규정형식과 내용 및 관련 법규를 유기적 · 체계적으로 종합 판단하여야 하며, 나아가 각 규제 대상의 성질에 따라 구체적 · 개별적으로 검토함을 요한다.

이미 해소되어 있다. 즉, 국민의 기본권을 제한하거나 침해할 소지가 있는 사항에 관한 위임에 있어서는 그 구체성 내지 명확성이 보다 엄격하게 요구된다는 것이다.[14] 그리하여 이런 판례의 태도에 의거한 목적론적, 체계적 접근을 하자면, 포괄적 위임의 存否의 물음에서 벗어나기 위해선, 위임조례를 근거지운 직접적인 근거규정(「국토의 계획 및 이용에 관한 법률 시행령」 제71조 제1항 제14호 관련 [별표15] 제2호)을 비롯한 관련 법령에서 먼저 위임의 구체적 범위가 도출되어야 하고, 이에 위임조례가 이것의 범위를 넘지 않아야 한다.

그런데 명시적으로 '구체적 범위를 정함'이 없는 이상, 위임조례의 경우에는 '당해 조례의 정하는 바'가 위임의 구체적 범위와 밀접한 상관관계를 갖는다. 오히려 관건은 '당해 조례의 정하는 바'이기에, '조례의 정함'(조례유보)의 본질 및 한계가 규명되어야 한다. 그리하여 여기서의 '조례의 정함'이 전적으로 창설적 의미의 것인지 여부가 문제된다. 만약 이것이 긍정된다면, 「국토의 계획 및 이용에 관한 법률 시행령」제71조 제1항 제14호 관련 [별표15] 제2호상의 대상 건축물의 건축가능성은 전적으로 조례에 좌우되는 셈이 된다. 이는 결과적으로 동 규정상의 조례에로의 위임을 '포괄적 위임'으로 만든다. 따라서 '포괄적 위임의 금지'의 문제를 피하기 위해선, '조례의 정함'을 전적으로 창설적 의미의 것으로 파악하여선 아니 된다.

기본권과 관련하여 법률유보의 의미는, 헌법제정자가 기도한 목적에 따라서 기본권제한적 법률유보, 기본권형성적 법률유보 및 기본권구체화적 법률유보로 나뉜다고 한다.[15] 이런 법률유보의 구분에 견줘 여기서의 '조례의 정함'(조례유보)의 의미를 규명할 수 있는데, 관건은 건축의 자유(Baufreiheit)의 인정여부이다.[16] 독일에선 일찍이 프로이센상급행정법원 이래로 연방행정법원은 물론, 연방대법원까지도 건축자유를 인정하고 있는데, 특히 연방헌법재판소를 비롯한 모든 법원들은 건축주가 자신의 토지

---

14) 대법원 2000.10.19. 선고 98두6265전원합의체판결 : 헌법 제75조의 규정상 대통령령으로 정할 사항에 관한 법률의 위임은 구체적으로 범위를 정하여 이루어져야 하고, 이 때 구체적으로 범위를 정한다고 함은 위임의 목적 · 내용 · 범위와 그 위임에 따른 행정입법에서 준수하여야 할 목표 · 기준 등의 요소가 미리 규정되어 있는 것을 가리키고, 이러한 위임이 있는지 여부를 판단함에 있어서는 직접적인 위임 규정의 형식과 내용 외에 당해 법률의 전반적인 체계와 취지 · 목적 등도 아울러 고려하여야 하고, 규율 대상의 종류와 성격에 따라서는 요구되는 구체성의 정도 또한 달라질 수 있으나, 국민의 기본권을 제한하거나 침해할 소지가 있는 사항에 관한 위임에 있어서는 위와 같은 구체성 내지 명확성이 보다 엄격하게 요구된다.

15) 홍성방, 헌법학, 2003, 331면 이하 참조. 여기서 홍성방 교수는 기본권구체화적 법률유보(Regelungsvorbehalt)를 입법자에게 기본권의 내용을 자세하게 규정하거나 기본권의 행사를 규제하는 권한을 유보하는 경우로 파악하여 특히 후자의 경우를 기본권규제적 법률유보로 설정한다. 여기서의 '구체화'는 규율, 규정에 해당하는 'Regelung'을 옮긴 것인데, 본래의 그것의 참뜻이 더 자세한 내용을 규율하거나 규정하는 데 있음을 그렇게 옮김의 이유로 들었다. 그리하여 그 '구체화'의 의미가 기본권으로 보장된 내용을 양식과 절차를 통하여 사용할 수 있도록 만들 순 있지만, 그 내용을 변경하거나 축소해선 안된다는 것을 뜻한다고 한다. 'Regelung'의 이 같은 의미는 여기서 문제가 된 '조례의 정함'의 바른 이해에 도움을 준다.

16) 이런 사정은 vgl. W. Leisner, Baufreiheit oder staatliche Baurechtsverleihung?, DVBl. 1992, S.1065ff.; Finkelnburg/Ortloff, Öffentliches Baurecht, Bd. Ⅱ. 4.Aufl.1998, S.119ff.

에 법률의 범위안에서 건축할 권리가 기본법 제14조 제1항의 재산권보장에 의해서 보호된다는 식으로 건축자유를 기본법 제14조로부터 직접 도출하고 있다.[17] 지배적 입장 역시 동일한 태도를 취한다. 이처럼 건축의 자유를 인정할 때, 그 건축허가는 '공법상의 염려(의문의 여지)없음의 표시'(Unbedenklichkeitserklärung)로서, 건축계획안이 허가절차에서 심사된 공법규정에 합치한다는 점을 구속적으로 확인하는 기능을 지니며, 아울러 이에 따라 건축을 허용하는 처분적 기능을 갖는다(건축허가의 확인적 부분과 처분적 부분).[18] 반면 소수 입장에선, 건축실체법이 광범한 제한을 통해서 건축의 자유의 원칙을 역전시킨다는 점에서 '건축의 자유'의 존재가 의심스러울 뿐만 아니라, 건축허가의 법적 본질은 바로 실체적 권리의 확인이 아니라, 건축권을 비로소 '창설적으로 (konstituitv)' 부여하는 데 있다고 다수 입장을 비판한다. 독일에서의 판례와 다수 입장과 마찬가지로, 우리의 경우에도 본래 건축의 자유는 개별법령에 의해서 비로소 창설되는 것이 아니라, 헌법상의 재산권보장에서 근거지워져 있는 것으로 보아야 한다. 왜냐하면 그렇게 하여야만, 일반적인 건축허가와 관련하여 판례와 문헌이 법정외 거부사유의 인정에 있어서 인색하거나 엄격한 태도를 취하는 것이 정당화되기 때문이다.

결국 '조례의 정함'의 본질은 건축가능한 건축물을 구체화한다는 점에서 형성적 의미를 갖되, 결코 이로부터 해당 건축물의 건축가능성이 비롯된다는 식으로 시원적으로 창설하는 의미를 가져선 아니 된다. 다시 말해, 여기서의 '조례유보'는 기본적으로 건축자유를 제한하는 것이 그 지향점이 아니다. 건축의 자유가 훼손되어선 아니 된다는 점에서, 당연히 '조례의 정함'의 한계는 대상 건축물의 건축가능성을 배제하지 않는 데 있다고 하겠다.

요컨대 도시계획조례가 정할 수 있는 대상(가. 목 내지 자. 목)이 다름 아닌, 「국토의 계획 및 이용에 관한 법률 시행령」 제71조 제1항 제14호 관련 [별표15] 제2호가 위임한 구체적인 규율의 대상이자 범위 및 그 한계에 해당한다 하겠다. 따라서 가령 성남시 도시계획조례 제45조 제2항과 같이 도시계획조례가 「국토의 계획 및 이용에 관한 법률 시행령」 제71조 제1항 제14호 관련 [별표15] 제2호상의 건축물 가운데 일정한 것을 규율제외를 통해서 배제한다면, 이는 기본적으로 자신을 근거지운 상위법령의 수권(위임)에서 벗어나는 셈이 되어, '포괄적 위임의 금지'에 정면으로 위배된다. 뿐만 아니라, 「국토의 계획 및 이용에 관한 법률 시행령」 제71조 제1항 제14호 관련 [별표15] 제2호상의 조례에로의 위임을 -금지된- 하위명령에의 '백지재위임'으로 만들어 버린다.

---

17) 대표적으로 BVerfGE 58, 300(335f.); 70, 35(52f.).

18) BVerwGE 48, 242(245); 69,1. 그런데 구속효과의 범위도 정하는 셈이 될 건축허가의 이러한 확인적 효과는 확인적 행정행위의 경우에는 부인되어야 함을 유의해야 한다. Vgl. Held, Deregulierung von bauaufsichtlichen Genehmigungsverfahren durch Landesrecht, 1999, S.139.

3. 법률유보의 원칙과 관련한 문제

「국토의 계획 및 이용에 관한 법률 시행령」 제71조 제1항과 관련한 [별표2] 내지 [별표22]는 물론, 동 시행령 제78조와 관련한 [별표23], 동 시행령 부칙 제13조제1항과 관련한 [별표27]은, 지방의회가 전혀 개입할 수 없는 건축물과 그것이 가능한 건축물로 구분하여 규율하고 있다. 그런데 법규정상으로 이 같이 구별하여 규율하여 얻을 수 있는 결과가 무엇인지 탐문하여야 한다. 후자의 경우에 해당하는 건축물을 살펴본 즉, 다소의 相違함은 있지만 대개 주민다수의 이해와 관련이 있는 건축물이다. 여기서 조례를 통한 주민의 대표기관인 지방의회의 개입은, 용도지역안에서의 행위제한은 물론 도시관리계획 자체에 대해 나름 정당성 및 주민설득력을 제고시키는 데 기여한다. 그리고 이에는 지방자치단체의 계획고권에 대한 나름의 입법적 배려도 있다고 하겠다. 따라서 지방의회가 도시계획조례를 통해서 해당 건축물에 개입함에 있어선, 차별적 규율에 따른 위임목적에 유의하여야 한다.

그런데 이 같은 차별적 규율은 해당 건축물에 대한 계획고권의 전면적 인정으로 볼 수도 있다. 그리하여, 이를 착안점으로 삼아 도시계획조례에서 해당 건축물의 건축을 배제하는 것이 아무런 문제가 없다고 주장할 수도 있다.

그러나 이런 논증은 조례에로의 위임(수권)의 존재만을 염두에 둘 뿐, 위임입법의 법리 및 법률유보의 원칙을 간과하고 있다. 위임입법의 법리에서 핵심인 '포괄적 위임의 금지'로 인해, 상위의 위임(수권)법규정이 "구체적 범위를 정함으로써" 어느 정도로 위임하느냐가 관건이긴 하지만, 정작 핵심적인 것은 해당 위임(수권)법규정 자체가 중요한 관련 내용을 규율하고 있어야 한다는 점이다. 법률유보의 원칙과 관련하여, 독일의 판례와 다수 문헌은 本質事項留保說(내지 중요사항유보설)을 전개, 발전시켰다.[19] 이에 의하면, 국민의 기본권실현과 관련하여 중요사항 내지 본질적 사항(wesentliche Sachfragen)은 반드시 법률의 근거를 요한다. 다시 말해, 의회가 스스로 결정을 하여야 한다. 법률유보의 원칙과 관련하여 주창된 종래의 학설(가령 침해유보설이나 사회유보설 등)은, 입법사항의 하위명령에의 위임의 문제에 대해서 분명한 답을 제공하지 못하였다. 이에 반해 본질사항유보설은 본질적 사항이란 결코 하위 법규범(행정입법)에 위임(수권)하여선 아니 되고, 전적으로 의회에 맡겨져 있다는 점(委任禁止: Delegationsverbot)을 분명히 한다. 이러한 논의는 우리의 경우에도 판례[20]와 문헌[21]에서 그대로 수

19) BVerfGE 33,1(10ff.); 33, 125(158f., 163); 33, 303(307, 346); 34, 165(192f.); 41, 251(259f.); 45, 400(417f.); 47, 46(78f.); 58, 257(268).

20) 헌법재판소 1999.5.27. 98헌바70 전원재판부결정 : 오늘날 법률유보원칙은 단순히 행정작용이 법률에 근거를 두기만 하면 충분한 것이 아니라, 국가공동체와 그 구성원에게 기본적이고도 중요한 의미를 갖는 영역, 특히 국민의 기본권실현과 관련된 영역에 있어서는 국민의 대표자인 입법자가 그 본질적 사항에 대해서 스스로 결정하여

용되고 있으며, 특히 위임입법의 한계에 관한 논의에 주효하고 있다.[22)]

건축의 자유는 개별법령에 의해서 비로소 창설되는 것이 아니라, 헌법상의 재산권 보장에서 근거지워져 있다. 따라서 이상의 '포괄적 위임의 금지' 및 '재위임'과 관련한 문제에서도 살펴 본 것처럼, 건축의 자유를 조례에 의해서 창설적으로 제한 · 금지한다는 것은 그 자체가 법률유보의 원칙에도 정면으로 반한다. 설혹 건축의 자유에 대해서 비판적인 입장을 취한다 하더라도, 건축이 기본권실현과 밀접히 관련한다는 점에서 마찬가지의 결론에 도달한다.

따라서 지방자치단체의 계획고권 등을 착안점으로 삼아, 도시계획조례와 같은 위임조례에 의한 건축배제는 이것의 근거규정(위임규정)이 존재하기 때문에 법리상 별 문제가 되지 않는다는 식의 논증은 극복하기 어려운 다음의 물음에 봉착한다. 즉, 도시계획조례와 같은 조례에 건축금지가능성을 위임(수권)한 근거규정(「국토의 계획 및 이용에 관한 법률 시행령」 제71조 제1항 제14호 관련 [별표15] 제2호)은 물론, 동 근거규정의 근거가 된 상위 법령규정 자체가 법률유보의 원칙에 위반되어 버린다.

V. 補論 - 위법인 조례에 대한 권리구제의 방도

한편 위법인 조례에 대하여 어떤 방도로 권리구제를 도모할 수 있는지가 문제된다. 우리 현행 법제상으로 조례와 같은 법률하위적 법규범(이른바 행정입법)에 대해선 원칙적으로 항고소송이 아닌 규범통제를 통해서 권리구제를 도모하여야 한다. 그리고 여기서의 규범통제는, 해당 규범을 직접적으로 대상으로 하는 직접적(본원적) 규범통제가 아니라, 규범의 집행행위를 대상으로 하면서 선결문제로서 해당 규범의 위법성을 다툴 수 있는 부수적, 구체적 규범통제이다.[23)] 그런데 최근 판례는 조례(두밀분교폐지

야 한다는 요구까지 내포하고 있다(의회유보원칙). 그런데 텔레비전방송수신료는 대다수 국민의 재산권 보장의 측면이나 한국방송공사에게 보장된 방송자유의 측면에서 국민의 기본권실현에 관련된 영역에 속하고, 수신료금액의 결정은 납부의무자의 범위 등과 함께 수신료에 관한 본질적인 중요한 사항이므로 국회가 스스로 행하여야 하는 사항에 속하는 것임에도 불구하고 한국방송공사법 제36조 제1항에서 국회의 결정이나 관여를 배제한 채 한국방송공사로 하여금 수신료금액을 결정해서 문화관광부장관의 승인을 얻도록 한 것은 법률유보원칙에 위반된다.

21) 특히 김철용, 행정법Ⅰ, 2005, 34면 이하; 유지태, 행정법신론, 2005, 55면 이하; 홍정선, 행정법원론(상), 2005, 52면 이하; 김성수, 일반행정법, 2004, 40면 이하 참조.

22) 참조: 헌법재판소 1994.7.29. 92헌바49,52 전원재판부결정 : 토초세법상의 기준시가는 국민의 납세의무의 성부(成否) 및 범위와 직접적인 관계를 가지고 있는 중요한 사항이므로 이를 하위법규에 백지위임하지 아니하고 그 대강이라도 토초세법 자체에서 직접 규정해 두어야만 함에도 불구하고, 토초세법 제11조 제2항이 그 기준시가를 전적으로 대통령령에 맡겨 두고 있는 것은 헌법상의 조세법률주의 혹은 위임입법의 범위를 구체적으로 정하도록 한 헌법 제75조의 취지에 위반되나, 아직까지는 대부분의 세법규정이 그 기준시가를 토초세법과 같이 단순히 시행령에 위임해 두는 방식을 취하고 있으며, 이는 우리의 오래된 입법관례로까지 굳어져 왔는바, 이러한 상황에서 성급하게 위 조문을 무효화할 경우 세정전반에 관한 일대 혼란이 일어날 것이므로 위 조항에 대해서는 위헌선언결정을 하는 대신 이를 조속히 개정하도록 촉구하기로만 한다.

조례)의 경우 이에 대한 직접적인 항고소송의 가능성을 인정하였다. 즉, "조례가 집행행위의 개입 없이도 그 자체로서 직접 국민의 구체적인 권리의무나 법적 이익에 영향을 미치는 등의 법률상 효과를 발생하는 경우 그 조례는 항고소송의 대상이 되는 행정처분에 해당한다."고 판시하였다.[24)]

요컨대 해당 건축물의 건축가능성을 봉쇄한다는 점에서, 제정 당시부터 일부 항목 자체를 누락시킨 가령 성남시 도시계획조례 제45조 제2항은 그 자체로서 직접 국민의 구체적인 권리의무나 법적 이익에 영향을 미치는 등의 법률상 효과를 발생시킨다고 볼 수 있다. 해당 항목에 속하는 건축물이 2004.11.22.자 개정과 2005.3.18. 자 개정을 통해서 조례에 포함되거나 다시 삭제되었다. 이런 입법적 변화는 대민적으로 특히 관련한 당사자에게는 당연히 매우 심각한 법적 결과를 초래한다. 결론적으로 현행 판례와 다수의 문헌의 입장에 비추어, 성남시 도시계획조례 제45조 제2항처럼 건축가능성을 배제하는 도시계획조례규정은 위법한 것으로 항고소송의 대상이 될 수도 있다.

'두밀분교폐지조례(엄밀히 말하자면 "상색초등학교 두밀분교장"란을 삭제하는 것으로 개정된 조례) 사건'은 우리 행정법에 덜컥 措置的 條例[25)](Maßnahmesatzungen)이란 話頭를 던진 채 이미 기억의 저편으로 사라진 듯한데,[26)] 다행스럽게도 최근에 깊이 있는, 새

---

23) 그런데 일반적으로 통용되는 구체적, 추상적 규범통제의 나눔은 규범통제의 실질을 제대로 반영하지 못하는 구석이 있다. 규범통제에서 핵심은 심사 · 심판이후의 대상규범의 효력 문제이다. 이에 바르게 접근하기 위해선, 선결물음의 소재 여부보다는 심사 · 심판권과 관련하여 대상규범에 대한 직접적 판단을 내릴 수 있는가가 관건이다. 따라서 규범의 심판 · 심사주체의 지위를 분명히 할 수 있는 본안적(본원적, 직접적) 규범통제(eine prinzipale Normkontrolle)와 부수적 규범통제(eine inzidente Normkontrolle)로 나눔이 바람직하다. 양자의 구분에 관해선 vgl. M, Gerhardt, in: Schoch/ Schmidt- Aßmann/Pietzner, VwGO, Komm. Bd. I, 1999, §47 R.7; H.-J. Papier, Normkontrolle(§47 VwGO), in: FS C.-F. Menger, 1985, S.517(518f.). 다만 Gerhardt는 본래적 규범통제 개념을 추상적 규범통제 개념과 동의어로 사용하기도 한다.

24) 대법원 1996.9.20. 선고 95누8003판결: 조례가 집행행위의 개입 없이도 그 자체로서 직접 국민의 구체적인 권리의무나 법적 이익에 영향을 미치는 등의 법률상 효과를 발생하는 경우 그 조례는 항고소송의 대상이 되는 행정처분에 해당하고, 이러한 조례에 대한 무효확인소송을 제기함에 있어서 행정소송법 제38조 제1항, 제13조에 의하여 피고적격이 있는 처분 등을 행한 행정청은, 행정주체인 지방자치단체 또는 지방자치단체의 내부적 의결기관으로서 지방자치단체의 의사를 외부에 표시한 권한이 없는 지방의회가 아니라, 구 지방자치법(1994.3.16. 법률 제4741호로 개정되기 전의 것) 제19조 제2항, 제92조에 의하여 지방자치단체의 집행기관으로서 조례로서의 효력을 발생시키는 공포권이 있는 지방자치단체의 장이다.

25) 대부분의 문헌이 독일 문헌상의 'Entscheidung', 'Verfügung' 그리고 'Maßnahme'를 각기 '결정', '처분' 그리고 '조치'라고 옮긴다. 그럼에도 불구하고 독일 문헌상의 'Maßnahmegesetze'를 이제까지 의례적으로 처분(적) 법률로 옮겼고, 그 연장에서 독일의 'Maßnahmesatzungen'에 해당하는 여기서의 대상이 된 조례를 '처분적 조례'라고 부른다. 법학에서 개념과 용어가 지닌 무시할 수 없는 定義力를 고려 할 때, 이들에 관한 현재의 명칭은 적절하지 않다. 독일 행정절차법 제35조상의 '행정행위'의 정의에서 나타나듯이, 처분, 조치 그리고 결정은 상위개념인 '행정행위'의 하위개념이어서, 처분이든 조치이든 별반 다르지 않다고도 볼 수 있겠지만, 우리의 경우 강학상의 행정행위를 실무상으론 행정처분으로 통칭하여 부르기에 처분이란 개념은 조치에 비해 곧바로 행정행위성을 연상케 한다. 日人學者(山田晟)의 "ドイツ法律用語辭典"(1984)에서도 'Maßnahmegesetz'을 措置法으로 바르게 옮겨 놓고 있다(p.251). 조치적 법률 및 집행적 법률 등에 관한 상세는 정하중, 법률의 개념-처분적 법률, 개별적 법률 그리고 집행적 법률에 대하여, 공법연구 제24집 제2호, 1996.6., 179면 이하; H. Maurer, Vollzugs-und Ausführungsgesetze, in: FS für K. Obermayer z. 70. Geburtstag, 1986, 95ff. 참조.

26) 참조: 김남진, 초등학교의 폐지조례 및 폐지조치와 권리보호, 고시연구, 2002.10, 82면 이하; 김동희, 조례

로운 논의의 일단이 보인다.[27] 이 판례를 근거로 措置的 條例의 존재를 통해 조례에 대한 취소소송의 가능성이 제공되었다는 점을 거의 모든 문헌이 秋毫의 의문없이 시인하고 있다.[28] 그러나 관련 판례는 소위 조치적 조례의 존재 및 그에 대한 취소소송의 제기가능성을 긍정하는 데 그치지 않고, 행정의 작용형식의 체계 전반을 顚倒할 중대한 법문제를 내포하고 있다. 즉, 조례의 법형식을 무시하고 그것의 실질에 전적으로 의거하여 그것의 처분성을 인정하는 것은 입법자의 의사에 반할 뿐만 아니라, 법규범과 처분을 嚴別하는 행정소송체계에도 배치된다.[29] 어떤 행정결정과 관련하여 입법자가 어떤 법형식을 정한 이상, 이는 입법자가 택한 법형식을 통해서 그 행정결정에 대한 司法的 권리보호의 방법을 정한 셈이 된다.[30] 독일의 지배적 입장 역시 이런 법형식적 기준이 권리구제의 길을 정한다고 주장한다. 요컨대 법규명령에 속하는 대통령령이나 조례에 대한 권리구제는 일반 항고소송이 아닌 규범통제에서 강구되어야 한다. 그리고 그 토대로서 선결물음에 해당하는 행정소송의 유형이 각 행정작용에 걸맞게 마련되는 것이 요망된다.[31]

Ⅵ. 맺으면서-委任條例의 二重性에 대한 바른 이해

위임조례에 해당하는 都市計劃條例의 規律(規定)範圍의 물음은, 위임조례의 본질에

(법규명령)의 처분성, 판례월보 제322호(1997.7), 22면 이하; 홍준형, 판례행정법, 1999, 1213면 이하. 김동희 교수는 대법원 1996.9.20, 95누8003 판결을, 홍준형 교수는 1996.9.20, 95누7994 판결을 논의 재료로 삼았다.

27) 참조: 이상훈, 조례의 사법적 통제제도에 대한 법리적 고찰, 법제 2005. 6-7. 여기서 이상훈 서기관은 조치적(처분적) 법규범에 대한 법원에 의한 일원적 관할권을 인정하되, 그것은 동 법규범의 후속행위의 처분성을 확대하는 것을 바탕으로 한 규범통제방식이어야 함을 주장한다.

28) 한편 대법원 2003.10.9. 자 2003무23 결정에서 특정-다른 집행행위의 매개 없이 그 자체로서 직접 국민의 구체적인 권리의무나 법률관계를 규율하는 성격을 가지는- '고시'의 처분성이 인정되었다. 그런데 '고시'의 법적 성질은 우선 그것의 성립근거규정에 의거해서 논의하여야 하지, -법규명령이든, 행정규칙이든, 행정처분이든- 어느 하나에 고정하여 一義的으로 설정하는 것은 피해야 한다. 요컨대 국민건강보험법 제39조제2항 및 동조 제3항의 규정에 따른 「국민건강보험요양급여의 기준에 관한 규칙」(보건복지부령)이 해당 고시(항정신병 치료제의 요양급여 인정기준에 관한 보건복지부 고시)의 제정을 위임하고 있으므로, 이 고시는 일종의 비법정의 위임명령(법규명령)에 해당한다. 따라서 措置的 條例에 관한 판례에 대한 비판이 그대로 통용될 수 있다. 당해 결정에 대한 동지적 평석으로는 박해식, 고시의 처분성과 제약회사의 당사자적격, 대법원판례해설 제47호, 2003. 하반기, 642면 이하 참조. 追論: 본서 165면 이하 참조.

29) 한편 대상조례를 행정처분으로 보았다면, 행정처분에 대해서 요구되는, 가령 법률유보의 원칙이나 절차법적 요청 등이 더불어 논의되었어야 한다. 특히 후자와 관련해선 현행 행정절차법 제3조 제2항 1호에 따른 적용배제 문제가 심도있게 논구되었어야 한다.

30) A. Mutius, Rechtsnorm und Verwaltungsakt, in: FS für H.J. Wolff z.75. Geburtstag, 1973, S.181.

31) 95누7994 · 95누8003판결의 문제점에 관해선, 졸고, 措置的 命令 내지 個別事件規律的 命令에 대한 權利保護에 관한 小考, 법조, 2002.11. 90면 이하(행정법기본연구Ⅰ, 434면 이하); 명령(법률하위적 법규범)에 대한 사법적 통제에 관한 小考, 고시연구, 2004.6, 159면 이하 참조. 김남진 교수님 역시 법규명령이나 조례가 '처분'의 성질을 갖는다 하더라도, '규범통제'라는 正道를 통해 문제를 해결해야 함을 역설한다. 동인, 행정상 확인소송의 가능성과 활용범위, 고시연구, 2005.5, 22면 주15).

따라서 위임명령의 법리에 의거하여 접근하여야 한다. 앞에서 본 것과 같은 각 지방자치단체의 都市計劃條例의 상이한 규율로 인해 빚어진 문제의 입법상황은, 사실 하위명령에의 '백지재위임'의 문제가 논의의 기본 출발점이다. 따라서 상위법령의 하위명령에 대한 위임의 존부와 그것의 일탈여부에 관해서 당연히 엄격한 태도가 요구된다. 「국토의 계획 및 이용에 관한 법률」 및 동법시행령이 일정한 건축물에 대해서 건축배제가능성을 특별히 언급하지 않는 이상, 위임조례인 도시계획조례는 이들 일정한 건축물(가령 「국토의 계획 및 이용에 관한 법률 시행령」 제71조 제1항 제14호 관련 [별표15] 제2호상의 건축물)에 대해, 일정한 제한을 가할 수는 있지만, 원천적인 건축금지와 같은 결과를 도모하여선 아니 된다.

그리고 현행법의 해석을 통해서 도출된 이상과 같은 결론을 제도화하기 위한 입법정책적 개선–조례규율범위의 구체화–이 하루바삐 이루어질 필요가 있다. 지금껏 조례제정권에 관한 논의는 법현실상으론 소수이자 예외적 존재라 할 수 있는 자치조례에 맞춰져 있다. 위임조례가 다반사인 법현실에 비추어 관련 논의는 당연히 원천적, 대상적 한계를 갖는다. 심지어 '조례'란 존재형식만을 염두에 두고서 관련 논의를 대입시킨 나머지, 위임조례의 법적 문제점이 감춰지거나 무마되는 결과도 빚어진다. 따라서 하루바삐 조례제정권에 관한 논의의 방향을 위임조례 그 자체나 그것과 자치조례를 아우르는 데에 두어야 한다. 요컨대 委任條例의 二重性에 대한 바른 이해가 그 출발점이다.

* 법제 576호(2005.12)., 23면 이하 소수.

제 3 편 個別行政法 Ⅱ (建築行政法 등)

제 1 장

山林毁損許可의 法的 性質

-對象判決 : 大法院 1997.9.12. 선고 97누1228判決-

Ⅰ. 事實의 槪要

원고가 그 소유의 임야에 관하여 형질변경용도를 근린생활시설(일반음식점)으로 한 산림형질변경허가(산림훼손허가)신청을 하였다(1차 신청). 그러나 피고(화성군수)는 신청의 각 임야가 해안선과 연접된 지역으로 암석절개지가 그 주위를 감싸고 있어 산림훼손시 해안선 경관이 저해될 것으로 판단되고, 또한 신청지가 만조 해안선 100m 이내의 지역으로서 그 대부분이 암석지여서 산림법 시행규칙 제90조 제1항 제7호 소정의 산림훼손시 채석장화할 우려가 있다는 사유로 신청을 반려하였다. 이에 원고가 이 반려처분에 대해 행정심판청구를 제기하였으나 기각재결이 내려졌다. 그러자 원고는 처음의 신청지 가운데 해안선과 직접 연접하지 아니한 부분에 대해서만 산림형질변경허가신청(이 사건 신청)을 다시 하였다. 그러나 피고는 이 사건 신청은 같은 사유로 이미 반려되고 행정심판청구가 기각된 1차신청과 같은 내용이어서 허가할 수 없다는 이유를 들어 반려(이 사건 처분)하였다.

Ⅱ. 原審(서울고법 1996.12.10. 선고 96구16799판결)의 要旨

이 사건 임야를 포함한 주변 일대의 임야는 서식하는 수목의 가치가 크지 않고, 경관도 수려하지 않으며 더욱이 이 사건 임야는 주변 임야 가장자리에 위치하고 있는 점, 이 사건 임야의 면적, 형질변경을 필요로 하는 사업의 내용, 규모 등에 비추어 볼 때 형질변경을 허가한다고 하여 산림의 자연경관이 크게 훼손되거나 임야 전체의 형상이 변하게 된다고 보기 어렵고, 또한 원고의 사업계획서에 의하면 하수처리가 가능하다고 보이므로 자연환경을 파괴하거나 수질오염의 우려가 있다고 볼 수도 없어 이 사건 신청을 허가할 경우 원고의 이익에 비추어 중대한 공익상의 침해가 있다고 인정되지 아니하고, 이 사건 임야와 주변 일대 임야 소유자들이 산림형질변경허가를 신청할 우려가 있다는 사유만으로 달리 볼 수도 없으므로 원고의 형질변경허가신청을 반려한 이 사건 처분은 위법하다 할 것이다.

Ⅲ. 對象判決의 要旨

산림훼손행위는 국토의 유지와 환경의 보전에 직접적으로 영향을 미치는 행위이므로 법령이 규정하는 산림훼손 금지 또는 제한지역에 해당하는 경우는 물론 금지 또는 제한지역에 해당하지 않더라도 허가관청은 산림훼손허가신청 대상토지의 현상과 위치 및 주위의 상황 등을 고려하여 국토 및 자연의 유지와 환경의 보전 등 중대한 공익상 필요가 있다고 인정될 때에는 허가를 거부할 수 있고, 그 경우 법규에 명문의 근거가 없더라도 거부처분을 할 수 있으며, 산림훼손허가를 함에 있어서 고려하여야 할 공익침해의 정도 예컨대 자연경관훼손정도, 소음 · 분진의 정도, 수질오염의 정도 등에 관하여 반드시 수치에 근거한 일정한 기준을 정하여 놓고 허가 · 불허가 여부를 결정하여야 하는 것은 아니고, 산림훼손을 필요로 하는 사업계획에 나타난 사업의 내용, 규모, 방법과 그것이 환경에 미치는 영향 등 제반 사정을 종합하여 사회관념상 공익침해의 우려가 현저하다고 인정되는 경우에는 불허가할 수 있는 것이다.

이 사건 임야는 주변의 임야와 더불어 주거지역으로 이용되는 인근의 광활한 간척지에 산림이라는 천혜의 자연환경을 제공하여 주는 중요한 역할을 하고 있을 뿐 아니라, 천연 암석이 자연스럽게 절개된 해안선을 따라 소나무, 해송 등의 수목이 서식하고 있는 등 그 자연경관을 원상태로 보존할 가치가 있다고 보임에 반하여, 원고가 이 사건 임야의 형질변경과 더불어 추진하고자 하는 사업은 비교적 대규모의 근린생활시설(일반음식점) 부지조성사업으로 그 사업계획상 위와 같은 자연환경을 보전하고자 하는 최소한의 계획마저 포함되어 있지 않는 것으로 판단되며, 원고의 이 사건 형질변경 신청을 허가할 경우에는 인근 임야에 대한 형질변경신청도 일부 허가할 수밖에 없어 결국은 아직까지 자연상태 그대로 보존되어 있는 이 사건 임야 및 인근의 임야 전체가 훼손되는 결과를 초래하게 될 것이므로, 피고가 이 사건 형질변경 허가신청을 거부한 것은 이 사건 임야의 현상과 위치, 주위의 상황 및 원고의 사업계획에 나타난 사업의 내용, 규모, 방법과 그것이 환경에 미치는 영향 등에 비추어 국토 및 자연의 유지와 환경의 보전 등 중대한 공익상의 필요에 의한 것이라고 봄이 상당하다.

Ⅳ. 評 釋

1. 問題의 提起

구 산림법(1995.12.29. 법률 제5079호로 개정되기 전의 것) 제90조 제1항은 「산림안에서 입목의 벌채, 산림의 형질변경 또는 임산물의 굴취 · 채취를 하고자 하는 자는 농림수산부령이 정하는 바에 따라 시장 · 군수 등의 허가를 받아야 한다」고 규정하고 있다-현행 법 역시 석재 · 토석의 굴취 · 채취를 제외할 뿐 동일하다-.[1] 실정법상으로 표현된 허가, 면허, 특허, 인가, 승인 등의 용어가 강학상의 그것에 언제나 합치되진 않는다. 판례가 일련의 사건에서 산림훼손허가란 용어를 별다른 의문점 없이 일관되게 사용하고 있음은, 법원이 이를 강학상의 허가이외의 것으론 전혀 생각하지 않고 있음을 확고히 보여준다. 당해 행위를 허가로 본다면, 당해 행위와 관련한 법적 문제는 허가에 대해서 통상 논의되고 있는 법이론을 바탕으로 하여 전개되어야 한다. 여기선 원고가 수정하여 새로이 허가를 신청하였음에도 대법원이 국토유지와 환경보전에 중대한 영향을 미치는 것으로 판단한 사실 자체보다는, 대법원이 관련 법령과 관련해서 행한 해석 · 적용 그 자체에 초점을 맞춰 논의해야 한다. 따라서 이하에선 이러한 관점에서 이 사건 판례를 검토하고자 한다.

2. 山林毁損許可가 裁量行爲인지 여부

대법원은 산림훼손허가를 재량행위로 판단하여 이를 거부할 수 있다고 본다. 산림법상의 근거법규(동법 제90조 제1항)는 형질변경 등의 산림훼손행위를 하고자 하는 자는 소정의 허가를 받아야 한다는 식으로 행정청의 권한에 관해 간접적으로 규정하고 있다.

이 문제를 검토하기 전에 먼저 기속행위와 재량행위의 구별기준에 관한 일반적 논의를 살펴볼 필요가 있다.[2] 대부분의 행정법문헌은 일단 근거법규의 성격이 '…할 수

---

1) 追論: 산림법은 명칭이 「산림자원의 조성 및 관리에 관한 법률」로 바뀌었고, 해당 조문은 동법 제36조 제1항이다.

2) 한편 행정재량과 관련해서 최근 대법원이 재량에 기속이니 자유니 하는 부가어를 덧붙이지 않고 단순히 재량

있다'는 식의 가능규정(Kann-Vorschriften)인지 아니면 '…하여야 한다'는 식의 의무규정(Muß-Vorschriften)인지에 의거해서 판단을 내리고 있다. 아울러 이 사건처럼 허가취득과 관련하여 행정청의 권한을 간접적으로 규율하여(식품위생법 제22조 제1항, 건축법 제8조 제1항 등) 근거법규의 성격이 분명하지 않으면, 당해 행위의 성질(부담적인지, 수익적인지), 나아가 당해 행위의 기본권과의 관련성에 의거해서 판단해야 한다고 기술하고 있다.[3] 특히 후자와 관련해선, 설령 근거법규가 가능규정이라 하더라도 이는 권한의 소재를 규정한 데 불과하기에 당해 행위를 기속행위로 보아야 한다고까지 주장되고 있다.[4] 그러나 당해 행위의 성질이나 기본권적 관련성은 재량축소의 動因에 해당할 뿐, 기속 · 재량의 구별기준은 될 수가 없다; 근거규정이 재량규범인 이상 당해 행위는 여하튼 재량행위이지 기속행위가 될 순 없다. 이 점에서 행정청의 권한을 간접적으로 규율한 경우와 관련해서 법규의 규정방식이 자칫 도외시 될 우려가 있음은 바람직스럽지 않다. 물론 대부분의 문헌들처럼 재량축소가 있으면 재량행위가 기속행위로 轉化된다고 보면, 이러한 문제지적은 관점의 차이에 불과할 뿐 별문제가 되지 않을 것이다.[5]

구별기준과 관련하여 대법원은 과거엔 행정행위의 성질에 초점을 맞추었으나, 최근에는 "당해 처분의 근거가 된 규정의 형식이나 체재 또는 문언에 따라 개별적으로 판단하여야 한다"[6]고 하여 변화의 모습을 보인다. 그러나 기본적으론 여전히 과거와 마찬가지로 이른바 효과재량설의 입장에서 침익적 행위는 기속(재량)행위로, 수익적 행위는 (자유)재량행위로 보고 있다.[7] 요컨대 성질설에 바탕을 둔 판례의 기준은 오늘날 그 차이점이 완화되고 있는 허가와 특허에 대해서 일관되게 통용되지 못할 뿐더러, 양자의 공통점을 애써 간과하려는 경향을 초래하였다.

한편 행정청의 권한을 간접적으로 규율하고 있는 경우와 관련한 대법원의 입장은 일관되지 않는다. 대법원은 건축허가에 대해 "그 신청이 법정요건에 합치하는 경우에는 특별한 사정이 없는 한 이를 허가하여야 하며, 공익상 필요가 없음에도 불구하고 요건을 갖춘 자에 대한 허가를 건축법 · 도시계획법 등 관계법규에서 정한 제한사유 이외의 사유를 들어 거부할 수는 없다"고 판시하였고,[8] 대중음식점영업허가에 대해선

행위란 표현을 많이 사용하고 있는 점은 바람직하다(대법원 1998.4.14. 선고 98두984판결 등). 그러나 여전히 자유재량과 기속재량이란 표현을 사용한 예(대법원 1998.1.23. 선고 96누12641판결; 1997.12.26. 선고 97누15418판결 등)가 있음은 아쉽다.

3) 김남진, 행정법 I, 232면; 홍정선, 행정법원론(상), 280면; 류지태, 행정법신론, 65면 등.

4) 김동희, 행정법 I, 230면.

5) 행정재량의 축소에 관해선 졸고, 행정재량의 축소에 관한 고찰, 현대공법학의 재조명, 고려대학교 법학연구소 법학논집 특별호, 1997, 57면(행정법기본연구 I, 212면) 이하 참조.

6) 대법원 1997.12.26. 선고 97누15418판결; 1995.12.12. 선고 94누12302판결 등.

7) 대법원 1998.3.13. 선고 98두1321판결;1997.3.14. 선고 96누16698판결;1996.10.11. 선고 95누9020판결 등.

"이는 성질상 일반적 금지에 대한 해제에 불과하므로 허가권자는 허가신청이 법에서 정한 요건을 구비한 때에는 허가하여야 하고, 관계법규에서 정하는 제한사유 이외의 사유를 들어 허가신청을 거부할 수 없다"고 판시하였다.[9] 그리고 약사법 제26조에 따른 허가사항변경허가행위의 성질을 기속재량으로 보았다.[10] 하지만 대법원은 구 자동차운수사업법(현행 여객자동차운수사업법)에 따른 개인택시운송사업면허의 경우엔 그것이 특정인에게 권리나 이익을 부여하는 점을 들어 일관되게 재량행위로 보고 있다.[11] 아울러 대법원은 '액화석유가스의안전및사업관리법'에 따른 프로판가스충전업허가에 대해선 「그것이 행정법상의 이른바 허가로서 일반적 금지를 특정한 경우에 해제하는 것이고, 그 행정행위의 본질상 금지의 해제나 그 해제를 다시 철회하는 것은 공익성과 합목적성에 따른 당해 행정청의 재량행위라 할 것이다」고 판시하였고,[12] 구 유기장업법(현행 공중위생법)에 따른 유기장영업허가에 대해선 "그것이 유기장경영권을 설정하는 설권행위가 아니고 일반적 금지를 해제하는 영업자유의 회복이라 할 것이므로, 그 영업상의 이익은 반사적 이익에 불과하고 행정행위의 본질상 금지의 해제나 그 해제를 다시 철회하는 것은 공익성과 합목적성에 따른 당해 행정청의 재량행위라 할 것이다"고 판시하였다.[13]

이 사건에서 대법원이 산림훼손허가를 재량행위로 봄은, 허가취득과 관련하여 행정청의 권한을 간접적으로 규율한 경우에 그 허가를 원칙적으로 기속행위로 새기는 대부분의 문헌에는 일단 배치된다 할 수 있다. 허나 대법원의 종전입장에 배치되는지 여부는 一義的으로 말하긴 어렵다. 이상에서 보았듯이, 대법원이 설정한 기준 자체가 불분명하기 때문이다. 이러한 점은 프로판가스충전업허가 · 유기장영업허가가 강학상의 허가에 해당함을 분명히 하면서도 건축허가 · 대중음식점영업허가와 전혀 다른 법적 성격을 부여한 데서 극명히 드러난다.[14]

생각건대 허가취득과 관련하여 행정청의 권한을 간접적으로 규율한 경우에 그 허가의 성질을 일률적으로 기속(구속적)행위나 재량행위로 가늠하기엔 무리가 따른다. 오히려 해제여부를 결정함에 있어 당해 해제행위의 근거규범이 기본권적 보호를 받는 자연적 자유의 회복(私益)에 비중을 두고 있는지 아니면 사익보다 공공복리의 증진에

---

8) 대법원 1992.12.11. 선고 92누3038판결.

9) 대법원 1993. 5.27. 선고 93누2216판결.

10) 대법원 1987.2.24. 선고 86누376판결.

11) 대법원 1998.4.14. 선고 98두984판결 등.

12) 대법원 1987.11.10. 선고 87누462판결.

13) 대법원 1985.2.8. 선고 84누369판결.

14) 대법원의 이러한 태도는 허가에 관한 일반적인 이해로부터 벗어나 논리전개상의 모순을 드러낸다. 그리고 사실 개인택시운송사업면허와 관련해선 대법원은 이를 강학상의 허가가 아닌 특허(특허기업의 특허)로 바라본다 할 것이다.

비중을 두고 있는지를 살펴보아야 한다. 이는 해제여부를 결정함에 있어 관련 기본권을 어느 정도로 고려해야 할 것이냐 하는 것이다. 이러한 논의는 비록 관련 법규가 명백히 재량규범일지라도 그대로 통용된다 할 것이고, 궁극적으로 행정재량의 축소의 문제에 이른다.

한편 입법정책적으로 보건대, 이처럼 행정청의 권한을 간접적으로 규율하고 있는 행정법규는 정비되어야 한다. 오늘날 행정당국과 국민은 협력관계에 있다 할 수 있는데, 이러한 규정방식은 자칫 일방적으로 국민에 대해서만 허가 등을 받게끔 의무를 지우는 듯한 느낌을 준다. 관련 허가의 제한사유 등을 시행령 · 시행규칙에 상세히 적시하고 있기에 더욱 그러하다. 따라서 아래에서 자세히 살펴보겠지만, 관련 법령에서 당해 규정이 가능규정인지 아니면 기속규정인지가 확연히 나타나도록 입법의 정비가 하루속히 이루어져야 한다.

3. 實定法的 根據없이 山林毁損許可를 拒否할 수 있는지 여부

산림법시행령 제88조 제2항에 의하면, 산림형질변경허가신청서를 받은 시장 등은 형질변경금지 및 제한지역에 해당하는지 여부와 신청지내의 임황과 지황을 조사 확인하여 허가함이 타당하다고 인정될 때에는 허가증을 교부하여야 한다. 그리고 산림법시행규칙 제90조는 산림형질변경허가제한(사실상 금지)지역을 규정하고 있는데, 특히 동조 제1항 제7호는 「시행령 제79조 제2항 각호의 1에 해당하는 지역(토석매각금지지역)으로서 산림의 형질변경의 허가를 할 경우 실질적으로 채석장화할 우려가 있다고 판단되는 지역」을 들고 있다.

원심은 이 사건 임야가 산림법시행규칙 제90조 제1항 제7호 '소정의 지역' 기타 법령이 규정하는 산림훼손의 제한 또는 금지지역에 해당하지 않음을 먼저 전제한 다음, 이 사건 형질변경을 허가한다고 하여 해안선의 경관을 저해할 것으로 인정되지 않으며, 여러 사정에 비추어 이 사건 임야에 대하여 형질변경을 불허할 중대한 공익상의 필요(침해)가 있다고 볼 수 없음을 들어 당해 거부처분이 위법하다고 판단하였다.

그러나 대법원은 산림훼손행위가 국토유지와 환경보전에 직접적으로 영향을 미치는 점을 강조한 다음, 법령이 규정하는 산림훼손의 금지 또는 제한지역에 해당하지 않더라도 허가관청은 국토유지 등의 중대한 공익상 필요가 있다고 인정되면 허가를 거부할 수 있으며, 이 경우 법규에 명문의 근거가 없더라도 무방함을 판시하였다-사실 원심 역시 판단의 시작에서 대법원의 기존 입장(대법원 1993.5.27. 선고 93누4854판결)을 그대로 인용 · 참조하였다-. 대법원이 산림훼손허가와 관련하여 이렇듯 실정법을 도외시하는 태도는 과연 어디서 연유한 것인가? 필자가 관련 판례를 거슬러 살펴보니,

대법원이 1992.4.10.에 토석채취허가신청의 반려처분사건에 대해서 내린 판단(대법원 91누7767판결)이 별다른 가감 없이 지금까지 그대로 통용되고 있다.[15] 심지어 대법원은 1995.9.15. 판결에서 이상의 태도가 산림법시행규칙 제88조 제2항의 취지임을 분명히 하였다.

물론 이 사건의 원심처럼 허가신청지역이 소정의 허가제한구역에 해당하지 않는 점과 토석채취불허가처분에 관한 중대한 공익상의 필요가 없는 점 등을 들어 토석채취불허가처분의 위법성을 확인한 예도 있다.[16] 그러나 이들 원심 역시 기본적으론 대법원의 입장에 바탕을 두고서, 형질변경에 따른 중대한 공익상의 침해가 존재치 않음을 논증하기 위해서 관련 지역이 허가제한구역에 해당하지 않음을 지적한 듯하다.

국토 및 자연의 유지와 환경의 보전 등과 같은 중대한 공익상의 필요를 명문의 실정법적 근거보다 앞세우는 대법원의 태도는 문제가 있다. 대법원이 이 사건에서 산림훼손허가를 함에 있어 고려해야 할 공익침해의 정도(자연경관훼손정도, 소음의 정도 등)를 반드시 수치에 의거한 기준에 따라야 하는 것은 아니고, 사업내용 등의 제반사정을 종합하여 사회관념상 공익침해의 우려가 현저하다고 인정되는 경우엔 불허가할 수 있다고 판시한 점에서 더욱 그러하다. 자칫 법치주의에 배치될지 모름에도 불구하고, 리딩판례가 특별한 논증 없이 견해를 표하고 일련의 판례가 墨守하듯이 판시한 점에 아쉬움이 크다-이와 유사한 예를 행정행위의 철회의 법적 근거에서도 찾을 수 있다-.[17]

한편 이 사건의 대법원 재판부는 도시계획구역 내의 토지에 대한 형질변경허가신청에 대한 불허가와 관련해선 "도시계획법시행령 제5조의2에 의하면 추상적으로 당해 토지의 합리적인 이용이나 도시계획사업에 지장이 될 우려가 있다는 것만으로는 부족하고 구체적으로 건설부령인 위 규칙이 정하는 기준에 적합하지 아니한 경우에 한하여 불허가의 대상이 된다"고 판시하였다.[18] 동일한 재판부가 판단의 기본태도에서 이렇듯 차이를 보이는 점이 의아스럽게 여겨진다.

대법원은 종래 통제허가에 해당하는 건축허가(대법원 1992.12.11. 선고 92누3038판결)와 대중음식점영업허가(대법원 1993.5.27. 선고 93누2216판결)와 관련해서, 허가신청이 법정요건을 구비하면 허가해야지 관계법규에서 정하는 제한사유 이외의 사유를 들어 거부할 수 없음을 분명히 하였다(물론 전자의 경우엔 특별한 사정이나 공익상의 필요에 따른 허가거부의 가능성을 시인하였다). 심지어 농촌지역에 이른바 러브호텔과 같은 숙박시

15) 대법원 1995.9.15. 선고 95누6113판결; 1993.5.27. 선고 93누4854판결; 1993.4.23. 선고 92누7726판결; 1992.11.10. 선고 92누1025판결; 1992.10.27. 선고 92누2745판결.

16) 대구고법 1992.1.22. 선고 91구415판결.

17) 대법원 1992.1.17. 선고 91누3130판결 등.

18) 대법원 1997.9.12. 선고 96누18380판결.

설이 마구 들어서 사회적으로 크게 문제되었음에도 불구하고, 대법원은 "관계법규에서 정하는 건축허가제한사유에 해당하지 않는 이상 법규상 아무런 근거가 없는 농촌지역의 향락과 퇴폐분위기 확산 등의 이유를 들어 숙박시설건축을 불허할 수 없다"고 판시하였다.[19]

대법원의 이러한 입장이 산림훼손허가에 대해선 왜 통용되지 않는가? 대법원이 재량행위성의 문제와 법정외거부사유의 문제에서 산림훼손허용행위를 여타 다른 통제허가와 달리 취급함에도 불구하고, 그것을 그대로 허가로 본다는 것은 문제이다. 즉, 그러한 허용(해제)행위가 종래의 통제허가인지, 예외적 승인인지, 특허인지를 염두에 두고서, 이들의 법리가 왜 수정되어 적용되는지를 논증해야 한다.[20]

생각건대 이 사건에서 대법원이 산림훼손허용행위를 허가로 본 이상, 법적 요건을 갖추었다면 법정외 거부사유를 인정해선 아니 된다. 오늘날 실정법이 숙명적으로 지니는 불완전성을 감안해서 법관에 의한 실제적인 법형성기능을 한층 높이 평가하지 않을 순 없지만, 그것 역시 법률에의 구속성을 한계로 한다.[21] 요컨대 법원은 관련 법규의 불충분함을 입법자에게 주지시켜 그들로 하여금 자신의 소임을 하게 함이 바람직하다.

4. 山林毁損許可의 制限事由의 立法化 問題

산림법 제90조 제1항은 행정청의 권한을 간접적으로 규율할 뿐이고, 산림훼손허가의 제한사유 즉, 산림의 형질변경허가제한(금지)지역은 농림부령인 동법 시행규칙 제90조가 규율하고 있다. 통제허가와 관련한 대부분의 법령이 취하고 있는 이러한 규율의 태도는 문제가 없는가? 대법원은 과거 이상의 산림법시행규칙 제88조 제2항이 허가관청에 무한정의 재량을 부여한 것은 아니라 하여, 동규정이 모법인 산림법의 위임의 한계를 벗어난 무효의 규정이라고 볼 순 없다고 판시하였다.[22] 그래서인지 이 사건을 비롯한 산림훼손허가사건에서 동법 시행규칙 제90조의 문제점이 전혀 거론되지 않았다.

시행규칙은 통상 위임명령과 집행명령 모두를 포함하는데, 산림법시행규칙 제90조

19) 대법원 1996.2.13. 선고 95누10594판결.

20) 행정법상의 예외적 승인에 관해선 졸고, 행정법상 억제적 금지에 대한 예외적 승인, 저스티스 47호, 1998.3, 133면 이하 참조. 追論: 행정법기본연구 I, 249면 이하 참조.

21) 이 점에서 주택건설사업계획의 승인이나 산림형질변경허가와 같은 수익적 행정행위의 경우 법률에 명문의 근거가 없더라도 부관을 붙일 수 있다는 판례의 태도(대법원 1997.3.11. 선고 96다 49650판결; 1998.6.12. 선고 98두6180판결)에는 문제가 있다. 수익적 행정행위가 기본권구체화적 성격을 지님을 소홀히 한 듯싶다. 물론 독일처럼 행정절차법에 부관에 관해 규율되어 있으면 사정이 다르다.

22) 대법원 1995.9.15. 선고 95누6113판결.

는 동규칙 제88조와 마찬가지로 위임명령에 해당한다. 먼저 수권규정인 산림법 제90조 제1항을 보면, 개별 · 구체적인 위임이어야 한다는 위임의 한계가 전혀 나타나 있지 않다. 대법원은 "비록 법률규정 자체에 위임의 구체적 범위가 명확히 규정되어 있지 않더라도, 법률의 전체적인 체계와 취지 · 목적 등에 대한 해석을 통해서 내재적인 위임의 범위나 한계를 객관적으로 분명히 확정할 수 있으면 충분하다"[23]고 봄으로써, 일반적 · 포괄적 위임을 극히 제한적으로 인정하려는 태도를 견지하고 있다. 법률상의 명시적 수권의 요구를 완화해서 받아들이는 대법원의 태도가 기본적으론 타당할지라도, 자칫 헌법 제75조에 의한 위임입법의 한계를 形骸化할 우려가 있다.[24] 생각건대 통제허가가 자연적 자유의 회복에 관계되는 점을 감안한다면, 개별 · 구체적인 위임이 되기 위해선 산림법 제90조 제1항에 설혹 그 정도가 완화될지언정 대상의 한정성과 기준의 명확성을 담아야 할 것이다.

이상에서 본 포괄적 위임의 금지 문제와 함께, 산림법이 산림훼손허가요건이나 그것의 제한사유를 전혀 규정하지 않고 법률종속명령에 전적으로 맡긴 점이 문제된다. 일반적으로 법률의 위임이 있으면 예외적으로 법률종속명령에 의해서 기본권을 제한할 수 있다고 본다. 하지만 비록 이러한 일반론을 수긍한다 하더라도, 산림법의 관계규정은 명확성의 원칙에 반하기에 설득력이 약하다. 엄밀히 말하면, 구태여 헌법 제75조를 거론치 않더라도 헌법 제37조 제2항에 배치될 수 있다 하겠다. 한편 법률유보의 원칙과 관련해서 의회유보를 가늠짓는 본질사항유보설에 의거해서 판단할 것 같으면, 산림법의 관계규정의 문제점은 한층 분명해진다. 허가의 참뜻이 자연적 자유의 회복에 있음에 비추어 그것의 요건과 제한사유는 설령 대강일 망정 반드시 법률로 정해야 한다(본질사항의 위임금지의 원칙).[25] 여기선 "병의 복무기간은 국방의무의 본질적 내용에 관한 것이어서 이는 반드시 법률로 정하여야 할 입법사항에 속한다"고 판시한 대법원의 판례[26]와 "토초세법상의 기준시가는 국민의 납세의무의 성부 및 범위와 직접적인 관계를 가지고 있는 중요한 사항이므로 이를 하위법규에 백지위임하지 아니하고 그 대강이라도 토초세법 자체에 직접 규정해야 한다"고 판시한 헌법재판소의 결정[27]을 상기할 필요가 있다.

23) 대법원 1996.3.21. 선고 95누3640판결.
24) 동지: 홍준형, 위임입법의 한계, 고시계, 1996.12, 45면.
25) 김남진, 앞의 책, 173면.
26) 대법원 1985.2.28. 선고 85초13판결.
27) 헌재 1994.7.29, 92헌바49병합.

5. 맺으면서

요컨대 예외적 승인이 넘어서는 아니 될 선을 넘어섬을 허용하는 셈이라면, 허가는 자유로운 통행을 위해서 길을 차단하는 울타리(예방적 금지)를 높이 올린 셈이다. 따라서 허가제를 다룸에 있어, 금지에 발을 딛고 있지만 자연적 자유의 회복을 지향하는 자세를 항상 취해야 한다. 오늘날 행정규제의 혁파, 신뢰행정의 구축이 시대정신으로 강조되고 있다. 허가 · 특허 · 인가제도 자체를 폐지하기 전에도, 그것의 본연에 바탕을 두면서 그간에 발전된 법이론(예컨대 행정재량의 축소 등)을 적용하면 소기의 규제완화를 얻을 수 있을 것이다. 우리의 현재를 살펴 보건대, 산림과 자연의 소중함은 다른 것에 비할 수 없다. 하지만 그 소중함을 지켜나가기 위한 국가의 행위에는 나름의 정당성이 확보되어야 한다. 결론적으로 이러한 관점에서 보면, 이 사건에서의 대법원의 입장은 추구목적의 당위성에 사로잡힌 나머지 자신의 존립기반인 법률에의 구속성으로부터 일탈한 구석이 있다. 그리고 대법원의 선의에 찬 태도가 자칫 불실한 입법상황을 온존시킬 우려가 있다.

행정행위의 대명사격인 허가를 여기서 새삼 문제를 삼은 데에는 허가제와 관련한 문헌과 판례의 태도가 과연 오늘날 별다른 의문 없이 통용될 수 있을까 하는 소박한 의구심에서 비롯하였다. 가령 허가는 원칙적으로 기속행위이고 특허는 원칙적으로 재량행위라는 식의 주장은 법령의 규정방식을 사실상 도외시 할 우려가 있다. 허가를 언제까지 의미에 맞지 않게 명령적 행정행위에 포함시켜야 할런지 궁금하다. 허가, 예외적 승인 및 특허를 지금처럼 단선적으로만 비교하여 그들의 차이점을 애써 강조하려는 태도는 이제 지양되어야 한다. 그들의 시발을 잊어선 아니 되지만, 관련 법규정에 천착하면서 그간에 발전된 법이론을 투영시켜 문제해결을 강구해야 할 것이다.

* 판례월보 1998년 9월호, 34면 이하 소수.

제 2 장

採石許可에 따른 適地復舊上의 山林所有者의 法的 地位에 관한 小考

-對象判決 : 大法院 2006.6.30. 선고 2004두701判決-

Ⅰ. 事實關係

(산림소유자인) 원고는 '이 사건 임야'에 대한 채석허가명의자인 소외 김용으로부터 채석허가명의를 양도받은 후, 수차례 연장허가를 받아 채석을 하여 오던 중, 1994.8.2. 채석허가 명의를 소외 창석개발주식회사로 변경하여 동 회사로 하여금 토석을 채취하게 하였다. 그 후, 원고는 위 창석개발주식회사의 채석허가기간이 만료되자 1997.2.18. 피고(강화군수)로부터 이 사건 임야에 대하여 토석채취 및 반출기간을 1997.2.18.부터 1998.2.28.까지로 하는 채석허가를 받았다. 그런데, 원고는 1997.2.24. 소외 주식회사 서경산업과 이 사건 임야에 대하여 채석허가명의를 변경하여 주기로 하는 내용의 임대차계약을 체결하였으나, 소외 효신개발주식회사와 이 사건 임야에 대한 전대계약이 체결됨에 따라, 위 채석허가권을 효신개발에게 양도하였다. 채석수허가자 명의가 효신개발로 변경되었다. 그런데, 그 후 이 사건 임야에 인접한 임야의 소유자인 소외 김평겸이, 위 채석허가지의 토석채취 작업으로 인하여 그 임야에 소재한 분묘가 훼손될 우려가 있다고 피고에게 민원을 제기함에 따라, 피고는 1997.7.18. 효신개발에 대하여 부분적지복구를 명하였으나, 효신개발이 이를 계속 지연하던 중 이 사건 임야에 대한 채석허가기간이 만료되었다. 위 채석허가기간이 만료

될 경우 효신개발은 복구설계서를 제출하여 피고의 승인을 받은 다음 적지복구공사를 시행하여야 하나 이를 이행하지 아니함에 따라 피고는 1998.10.28. 복구설계서를 작성하여 효신개발에 대하여 적지복구를 명하였다. 그러나 효신개발이 다시 이를 이행하지 아니함에 따라 피고는 1999.3.10. 위 채석허가자 명의변경신청 당시 효신개발이 예치하여 두었던 적지복구비 금 215,326,000원을 한국보증보험주식회사로부터 인출한 다음 효신개발이 지정하는 자로 하여금 적지복구를 대행하게 하기 위하여 효신개발에 사업시행자지정을 통보하였다. 그러자, 효신개발은 서경산업에 적지복구시행자의 지정을 위임하였고, 서경산업은 1999.5.17. 피고에게 소외 태궁임업주식회사를 적지복구시행자로 지정하여 보고하였다. 그에 따라 피고는 위 태궁임업에게 적지복구명령을 하면서 적지복구설계서의 제출을 명하자, 태궁임업은 복구설계서를 제출하여 피고로부터 승인을 받은 다음 위 설계서에 따라 복구공사를 시행하였다. 그 후, 피고는 적지복구공사가 완료된 후 1999.12.17. 태궁임업으로부터 하자보증서 및 이행각서를 제출받은 후 적지복구준공통보를 하였다. 그 후, 원고는 2002.5.경 위 태궁임업이 제출한 복구설계서는 당초 효신개발이 적지복구명령을 받은 부분을 포함하지 않았음에도 피고에 의하여 승인을 받았고, 복구설계서에 따른 시공 또한 제대로 이루어지지 않았음에도 복구준공통보가 되었다며 피고에게 위 태궁임업에 대한 복구설계서의 승인 및 복구준공통보(이하 '복구준공통보등'이라 한다)를 취소하여 줄 것을 요구하였으나, 피고는 2002.5.24. 이를 거부하는 내용의 회신을 하였다.

II. 對象判決의 要旨

산림법령에는 채석허가처분을 한 처분청이 산림을 복구한 자에 대하여 복구설계서 승인 및 복구준공통보를 한 경우 그 취소신청과 관련하여 아무런 규정을 두고 있지 않고, 원래 행정처분을 한 처분청은 그 처분에 하자가 있는 경우에는 원칙적으로 별도의 법적 근거가 없더라도 스스로 이를 직권으로 취소할 수 있지만, 그와 같이 직권취소를 할 수 있다는 사정만으로 이해관계인에게 처분청에 대하여 그 취소를 요구할 신청권이 부여된 것으로 볼 수는 없다. 따라서 처분청이 위와 같이 법규상 또는 조리상의 신청권이 없이 한 이해관계인의 복구준공통보 등의 취소신청을 거부하더라도, 그 거부행위는 항고소송의 대상이 되는 처분에 해당되지 않는다.

Ⅲ. 問題의 提起

사안에서 원고가 '복구준공통보등'에 대해 직접적인 취소소송을 구할 수 있음에도 불구하고, 그렇게 하지 않고 그것에 대한 직권취소를 구한 다음 그 거부를 소송대상으로 삼았다. 즉, 원고가 행정청으로 하여금 제3자(여기선 태궁임업)에 대해서 일종의 행정개입('복구준공통보등'에 대한 직권취소)을 할 것을 구한 것이다(3극관계). 사안에서 관건은 거부처분의 성립여부이다. 여기서 판례는 대법원 1984.10.23. 선고 84누227판결 이래 확고한 거부처분의 인정공식(신청대상행위의 처분성+대상행위에 관한 신청권의 존재)에 의거하여 논증을 한 즉, 신청권의 결여로 거부처분의 존재를 부인한다. 사실 법원은 거부처분취소소송에서 대상적격성의 물음과 원고적격성의 물음을 混入시켜 그 자체론 후자를 문제 삼지 않는다. 그리고 부작위위법확인소송의 경우에도 기본적으로 양자를 연계시켜 논증하고 있다.[1] 거부처분을 신청권의 존재에 연계시킨 데 대해선, 행정법문헌상 심대한 비판이 가해진다. 대법원이 마련한 행정소송법개정안에선 나름의 개선방안이 강구되긴 하나, (신청권의 존재를 거부처분인정에 연계하든 전적으로 원고적격의 물음으로 보든) 여기서의 관건은 신청권의 존부 여부이다. 왜냐하면 거부처분의 위법성을 다툴 수 있는 자격을 판단함에 있어선 당연히 그 신청의 자격을 논구하여야 하기 때문이다.

Ⅳ. 原告의 申請權의 存否에 관한 檢討

제1심인 인천지방법원 2003.2.11. 선고 2002구합2448판결은, "산림법의 입법목적이나 형질변경된 산림의 복구에 관한 제반규정에 비추어 볼 때, 채석허가를 받고자 하는 자에 대하여 복구비용을 예치하게 하고, 채석허가에 따라 형질변경된 산림에 대하여 채석허가자나 그 대행자로 하여금 복구설계서를 제출하게 하여 이를 승인하고, 복구준공검사를 하는 것은 채석허가에 따른 산림의 형질변경으로 인해 우려되는 낙석이나 토사유출 등 재해위험을 방지하고, 자연경관을 보호하고자 하는 것일 뿐 산림의 소유자의 생명, 신체상의 위해나 재산권을 보호하고자 하는 규정은 아니라고 할 것이므로, 가사 복구설계서나 복구준공에 하자가 있다 하더라도 산림의 소유자가 그 복구설계서의 승인이나 복구준공통보의 취소를 요구할 수 있는 권리가 법규상 또는 조리상

1) 참조: 대법원 2000.2.25. 선고 99두11455 판결 등.

있다고 볼 수는 없다"고 판시하였고, 이를 항소심(서울고등법원 2003.12.4. 선고 2003누4609판결)과 대상판결이 그대로 따랐다.

산림복구에 관한 제반규정이 산림소유자와 같은 사인의 이익을 위한 보호규범으로 작용하지 않는다는 것을 바탕으로 신청권의 결여를 논증하였다. 이는 두 가지 측면(보호규범론과 행정개입청구권)에서 검토되어야 한다. 전자와 관련해선, 이들 복구관련 규정 자체의 사익보호성여부의 물음과는 별도로, 산림소유자가 과연 그 보호범주에 들어가는지 여부가 검토되어야 한다. 채석허가는 자연생태계의 현상을 심각하게 훼손한다는 점에서, 문언상의 표현(허가)에도 불구하고 일종의 예외적 승인에 가깝다. 그것의 금지지향적인 성격을 감안한 즉, 국토나 자연보전과 같은 공익은 물론 주민의 주거나 환경상의 이익과 같은 사익을 뒤로 물릴 수 있는 상황만이 그것의 발급을 정당화시킨다. 따라서 그 요건에서 주민의견의 수렴절차를 두고 있듯이(구 산림법 제90조의2 제6항 제3호), 채석허가는 물론 복구와 관련한 제 규정이 전적으로 공익만을 보호한다는 것은 용인되기 어렵다. 즉, 인근 주민으로선 아무런 문제없이 채석허가는 물론 '복구준공통보등'을 다툴 수 있다. 문제는 산림소유자가 복구관련 규정이 보호하는 인적 범주에 포함되는지 여부이다. 산림소유자가 채석허가명의자이자 적지복구책임자인 경우는 당연히 논외이지만, 채석허가의 양도에 따라 양자간에 분리가 일어난 경우는 사정이 다르다. 구 산림법시행규칙 제95조 제1항 제3호나 현행 산지관리법시행규칙 제24조 제1항 제3호는 공히 채석허가의 신청에 '산림의 소유권 또는 사용 · 수익권을 증명할 수 있는 서류 1부'를 요구한다. 따라서 채석허가는 기본적으로 산림의 소유권에서 비롯되지만, 동시에 허가명의변경을 통한 양도가 허용된다. 이런 법체계에서 산림소유자로선 형질변경된 산림의 복구와 관련해선 당연히 직접적 이해를 갖는다. 즉, 복구관련 규정이 보호하는 인적 범주에 산림소유자도 포함된다. 다만 신의 · 성실의 원칙상 산림소유자의 경우엔 인근주민보다 권리남용의 비난가능성이 더 높을 수 있다. 가령 모순된 행위를 한다거나(禁反言의 原則), 보호규범의 위반이 전체적으로 미미한 정도라서 보호할 만한 그 어떤 이익도 없음이 명백한 경우('생트집금지': Schikaneverbot)가 그에 해당한다.

행정개입청구권과 관련해선 우선 개입수권의 근거가 문제되지만, 개입의 방식이 행정행위의 취소인 경우에는 그렇지 않다. 왜냐하면 위법한 행정행위를 취소함에 있어서 특별한 근거가 요구되진 않기 때문이다. 결국 이 물음은 行政行爲의 廢止(취소 · 철회)에 따른 (광의의) 재심사의 문제가 되어 버린다. 行政行爲의 廢止와 그에 따른 재심사는 원칙적으로 행정청의 재량에 속하며, 不可爭力의 발생과도 무관하다. 오늘날 독일의 다수 경향은 주관적 공권과 그것의 요건에 관한 논의에 바탕을 두고서 (원고적격의 물음을 위한 단초로서의 의미만을 지닌) 무하자재량행사청구권의 성립을 당연히 인정하되, 주관적 공권상의 관련성을 그 요건으로 든다.[2] 그들로선 재심사의무와 재심사청구권을 발생시키는 '재량 영으로의 축소'가 어떤 경우에 성립하는지 여부가 주된 관심사다. 그리하여 선행 행정행위의 위법성만으론 취소·철회의무를 성립시키는 데 충분하지 않고, 당초 결정의 유지가 전적으로 수인할 수 없는 경우에 그것이 인정되었다.[3] 이와는 달리 우리의 경우엔 취소에 관한 신청권의 부재를 이유로 초입단계에서 이미 논의가 원천봉쇄되어 버린다.[4]

Ⅴ. 맺으면서-拔本的 自己否定을 기다리며-

일찍이 필자는 새만금판결(대법원 2006.3.16. 선고 2006두330판결 등)을 두고서, 행정개입청구권의 법리를 명시적으로 언급하진 않았지만, 개입수권규정에 대한 접근에서 결과적으로 기왕의 입장(대법원 1997.9.12. 선고 96누6219판결; 1999.12.7. 선고 97누17568판결)에서 벗어났다고 호평하였다. 아울러 行政介入請求權과 行政行爲의 再審의 法理에 관한 단초가 제공되는 모멘텀이 마련되었다고 예측하였다.[5] 그러나 이들 法理를 원천 부정하는 셈인 96누6219판결과 97누17568판결을 적시하여 참조한 대상판결에 즈음하여, 새만금판결조차도 법원의 용기 있는 自己否定에서 비롯되었다기보다는 일회적인 자기일탈의 소산으로 느껴진다. 바로 거부처분 및 부작위를 대상으로 한 소송에서의 원고적격의 문제가 제대로 규명되지 않았음이 그 根源이다. 설령 의무이행소송을 도입하더라도, 신청권에 관한 기왕의 이해가 拔本的으로 바뀌지 않고선, 그것을 통한 권리보호의 효과는 별반 크지 않다. 왜냐하면 어제의 법원이, 오늘의 법원일 뿐만 아니라, 내일의 법원이기도 하기 때문이다.

* 법률신문 제 3563호, 2007.6.18. 소수.

---

2) Vgl. Kopp/Ramsauer, VwVfG, 8. Aufl., 2003, §48 Rn.51.
3) BVerwG NVwZ 1985, 265.
4) 대법원 1997.9.12. 선고 96누6219 판결.
5) 追論: 이에 관한 상세는 행정법기본연구 I, 87면 이하 참조.

제 3 장

建築許可擬制的 建築申告와 一般的인 建築申告의 差異點에 관한 小考

-對象判決 : 大法院 1999.10.22. 선고 98두18435判決-

Ⅰ. 對象判決의 要旨

원심(서울고법 1998.10.22.선고 97구20573판결)은, 참가인이 1996.7.1. 피고에게 서울 성북구 성북동 15의 96. 대 641㎡(이하 '이 사건 토지'라고 한다) 지상에 철근 콘크리트조 슬라브즙 차고 48.6㎡를 증축하는 내용의 증축신고를 하고, 1996.10.4. 피고는 이를 수리하였는데, 참가인이 이 사건 토지를 독점적 · 배타적으로 사용 · 수익할 권리가 없음에도 이 사건 토지 상에 차고를 증축하는 것은 원고를 비롯하여 이 사건 토지를 통행하는 인근 토지 소유자나 주민들의 권리를 침해하는 것이므로, 피고가 참가인의 증축신고를 수리한 것은 위법하다고 하여 피고의 수리처분의 취소를 구하는 원고의 이 사건 청구를 인용하였다.

그러나 항고소송의 대상이 되는 행정처분은 행정청의 공법상 행위로서 특정사항에 대하여 법규에 의한 권리의 설정 또는 의무의 부담을 명하거나, 기타 법률상 효과를 발생하게 하는 등 국민의 권리 의무에 직접 관계가 있는 행위를 가리키는 것이고, 상대방 또는 기타 관계자들의 법률상 지위에 직접적인 법률적 변동을 일으키지 아니하는 행위는 항고소송의 대상이 되는 행정처분이 아니며, 구 건축법(1996.12.30. 법률 제5230호로 개정되기 전의 것, 이하 같다) 제9조 제1항에 의하여 신고를 함으로써 건축허가를 받은 것으로 간주되는 경우에는 건축을 하고자 하는 자가 적법한 요건을 갖춘 신고만 하면 행정청의 수리행위 등 별다른 조치를 기다릴 필요 없이 건축을 할 수 있는 것인바(대법원 1995.3.14. 선고 94누9962판결 등 참조), 위와 같은 차고의 증축은 건축법 제9조 제1항에 규정된 신고사항에 해당하여 건축주인 참가인이 건축법에 의한 신고를 한 이상 참가인은 피고의 수리 여부에 관계없이 이 사건 토지 상에 차고를 증축할 수 있으므로, 피고가 참가인의 증축신고를 수리한 행위가 참가인은 물론 제3자인 원고 등의 구체적인 권리 의무에 직접 변동을 초래하는 행정처분이라고 할 수 없다. 따라서 원고의 이 사건 소는 부적법한 것이어서 각하하여야 함에도 불구하고, 원심은 피고가 증축신고를 수리한 행위가 항고소송의 대상이 되는 행정처분이라고 보아 본안에 들어가 판단하였으니, 원심판결에는 행정처분에 관한 법리를 오해함으로써 판결에 영향을 미친 위법이 있고, 이 점을 지적하는 상고이유의 주장은 이유 있다. 그러므로 피고와 참가인의 나머지 상고이유에 나아가 살펴볼 필요 없이 원심판결을 파기하여 원고의 이 사건 소를 각하한다.

Ⅱ. 問題의 提起

대법원은 원심(서울고법 1998.10.22, 선고 97구20573판결)과는 달리 행정법상의 신고에 관한 종전의 공식인 수리행위의 불처분성을 확고히 하였다. 하지만 대법원은 건축법 제9조 제1항상의 건축신고가 행정행위의 효과를 의제시킨다는 점과 그것이 신고인은 물론 隣人에게 어떤 의미를 갖는지 전혀 고려하지 않았다. 무엇보다도 이 판결의 중요성은, 신고와 관련한 제3자 보호문제가 처음으로 나타났다는 점에 있다. 하지만 대법원이 행정법상의 신고에 관한 스트레오타입적 시각에 의거하여 관련 문제를 바라보았음은 참조 판례(大法院 1999.4.27.선고 97누6780判決)가 증명한다. 이하에선 建築許可擬制的 建築申告와 一般的인 建築申告의 差異點을 擬制的 行政行爲란 법형상을 중심으로 살펴보고자 한다. 그런데 선행·병행해야 할 행정법상의 신고의 문제점은 다른 곳에서 전반적으로 다루기로 하고, 여기선 부분적으로 언급함에 그칠 뿐이라는 점을 밝혀둔다.[1)]

---

1) 이 글에서의 신고는 '정보제공적'과 같은 특별한 부가어가 없는 한 예방적 금지를 해제하는 신고를 의미한다. 追論: 대상판결은 필자가 오래 전부터 주장하여 온 것을 반영한 대법원 2010.11.18. 선고 2008두167전원합의체판결에 의해 변경되었음을 유의하여야 한다(후술).

III. 建築申告의 법도그마틱적 位相과 建築法 제9조상의 建築申告의 法的 性質

건축신고를 행하고 나서 비로소 소정의 건축행위를 할 수 있다. 신고절차에서도 허가절차와 마찬가지로 행정당국의 사전통제(심사)를 가능케 하기 위해서, 건축행위가 예방적으로 금지되어 있다. 해서 형식적인 건축금지의 울타리를 신고를 통해서 국민이 스스로 열어버린 셈이다.[2] 물론 절차유보에 반해서 즉, 신고 없이 착공하면 위법한 건축물로서 일정한 조치가 내려질 수 있다(건축법 제69조 제1항). 요컨대 우리의 경우엔 독일처럼 대기기간제도가 없기에 수리가 거부되지 않는 한-판례상으론 수리가 거부되더라도-, 신고절차에선 건축행위에 관한 예방적 금지가 신고와 동시에 해제된다. 일단 건축법상의 건축신고절차는 법기술적으로 (예방적) 금지해제적 신고이다.

신고절차에서 형식적 합법성을 출발점으로 삼을 수 있는 한, 이러한 합법성은 절차법적 측면만을 갖는다. 즉, 신고절차상 요구되는 신고를 함으로써, 절차가 적법하게 집행되었다는 점만을 의미한다. 통상 (독일에선) 건축허가에 대해선 합법화효과가 인정되는 것과는 달리, 신고 그 자체로선 철거명령과 같은 금지가 저지되지 않는다.[3] 건축법 제69조는 동법 등을 위반한 경우에 행정개입의 수권을 제공한다. 해서 신고의무이행에 따른 허용은 금지유보부 허용에서처럼 개별경우에 금지가 유보되어 있다. 요컨대 신고유보부 금지는 법기술적으로 '신고유보부 예방적 금지'로 파악해야 하고, 이 경우 절차의무이행에 따른 허용은 '금지유보부 허용'처럼 개별 · 구체적인 금지의 유보하에 있다. 결론적으로 건축법 제9조와 주택건설촉진법 제38조 제2항 단서상의 신고절차는 일단 허용(해제)유보부 예방적 금지와 금지유보부 허용(해제)의 중간에 위치한다.[4]

그런데 특별한 언급이 없는 주택건설촉진법 제38조 제2항 단서와는 달리, 건축법 제9조 제1항은 '신고함으로써 건축허가를 받은 것으로 본다'고 규정하고 있다. 따라서 동조항상의 신고로서 의제적 건축허가가 성립한다.[5] 다시 말해, 건축법 제9조 제1항

---

2) Schick, Das Verbot mit Anzeigevorbehalt, BayVBl. 1967, S.341(341).

3) 건축허가로 인한 건축주의 존속보호는 건축허가의 합법화효과에서 기인하기에, 철거명령 등의 적법성은 건축허가의 폐지의 유보하에 있다는 독일에서의 일반적 논의가 우리의 경우에도 당연히 통용되어야 한다. 하지만 실정법상으로 허가취소와 철거명령이 단순히 선택적 관계에 놓일 뿐만 아니라, 판례 역시 건축물의 철거를 구하는데 있어서 건축허가처분의 취소가 필요한 것은 아니라 하였다. 대법원 1994.1.14. 선고 93누20481판결. 그런데 여기서 만약 그 신고에 허가의제적 효과가 발생하는 경우에는 법상황이 다르다(후술).

4) Maurer, Allgemeines Verwaltungsrecht, 13. Aufl., 2000, §9 Rn.54; Fluck, Anzeige statt Genehmigung, in; Rückzug des Ordnungsrechtes im Umweltschutz, UTR Bd. 48, 1999, S.165(170).

5) 왜 이처럼 달리 규정한 것인지는 검토되어야 한다. 그런데 독일의 경우에 의제적 건축허가가 심사범위와 요

상의 건축신고는 건축허가의제적 건축신고이다.

Ⅳ. 擬制的 行政行爲에 관한 槪括的 理解[6)]

1. 擬制的 行政行爲의 內容 및 그것의 行政行爲性 여부

법학에서 의제(Fiktion)라 함은 실제로 존재하지 않는 사안을 인정하도록 법률상으로 확정되어 있는 것을 의미한다. 일찍이 의제적 행정행위에 관해 효시적 논문을 쓴 Müller는 명문의 규정에 의해서 인용·부인 결정이 내려진 것으로 여겨질 때 의제적 행정행위가 존재한다고 보았다.[7)] 즉, 어떠한 상황의 발생과 더불어 행정행위가 발해진 것으로 간주된다는 식으로, 법률이 행정행위의 발급을 결정주체의 의사와 무관한 상황의 발생으로 대체하는 경우에 그 행정행위는 의제적 행정행위가 된다.[8)] 의제규정의 효력은 허가발급의 절차를 대체시키는 데 있지, 허가의 내용이나 실체적 위법의 부재에 관한 언명과 같이, 절차법적 기능을 넘어서는 의미는 부여되지 않는다. 다시 말해, 의제의 발생으로 신청자에게 마치 행정행위가 발급된 것인 양되지만, 결코 통상의 명시적 행정행위보다 나은 법적 지위가 주어져선 곤란하다.[9)]

독일의 판례에 의하면, 의제적 허가는 명시적인 통상의 행정행위와 동일하고 후자에 통용되는 행정절차법상의 관련규정에 의해서도 제거될 수 있다고 한다.[10)] Obermayer 등은 의제적 행정행위를 행정행위로 보는 데 반대하면서도, 법효과상으론 통상의 행정행위의 그것과 동일하게 한다.[11)] 행정행위의 징표에서 보자면, 의제적 행정행위의 성질이 의문스러운 점은 당연하다. 행정청이 아무런 행위도 하지 않은 채 있는 상태를, 우리나 독일의 행정절차법의 처분개념상의 '법집행으로서의 공권력의 행사'나 '조치'로 파악하기란 곤란하다. 의제적 법적 행위에는 행정청의 표시가 없다. 의

건이 축소된 '간소화된 허가절차'에서 성립하는 데 대해서, 우리 건축법 제9조를 보면, 신고대상건축물이 원칙적으로 허가대상건축물에 속한다.

6) 졸고, 의제적 행정행위에 관한 소고, 법제 2001.4, 53면(행정법기본연구 I, 340면) 이하 참조.

7) Ders., Über den fiktiven Verwaltungakt, DÖV 1966, S.704.

8) Jachmann, Die Fiktion im Öffentlichen Recht, 1998, S.249ff.

9) Steiner, Bindungswirkung und Bestandskraft der fingierten Bodenverkehrsgenehmigung, DVBl. 1970, S.34(39).

10) BVerwGE31, 274(276); 48,81 · 87; VGH München BayVBl.1992, S.341. 동지: Stelkens, in: Stelkens/Bonk/Sachs, VwVfG, 5.Aufl. 1998, §35 Rn.43; Kopp/Schenke, VwVfG, 11.Aufl. 1999, §35 Rn.12. 그러나 OVG Münster는 의제적 행정행위 자체를 전면적으로 부인하였다. OVG Münster DÖV 1968, S.58(59). 追論: 최근 독일의 경우 개별법상으로 허가의제는 오래 전부터 인정되어 왔지만, 하지만 행정절차법은 여태까지 허가의제에 관한 규율을 두지 않았다. 그러나 역내시장에서의 서비스제공에 관한 유럽지침(2006/123/EG)을 전환하기 위해 2008.12.11.에 의결된 제4차 행정절차법개정을 통해 일반적인 허가의제규정이 명문화되었다(동법 제42조의 a). 의제적 행정행위의 존재에 관한 일각의 의문은 이제 완전히 가셨다.

11) Ders., VwVfG, 3.Aufl. 1999, §35 Rn.22; Meyer, in: Meyer/Borgs, VwVfG, 2.Aufl. 1982, §35 Rn.23.

제로 인한 법효과는 행정청 스스로가 만든 것이 아니라, 특히 일정 기간경과후에-우리 건축법 제9조의 건축허가의제적 건축신고의 경우에는 신고와 동시에- 자동적으로, 다시 말해 행정청의 의사와는 무관하게 발생한 것이다. 따라서 통상의 행정행위가 지닌 개별화 · 구체화의 징표가 여기엔 없다. 나아가 의제규정이 통상 법문상으로 "발급된(받은) 것으로 본다"고 규정하고 있는 점에서도, 오로지 그 법적 상황을 허가의 효력과 동일하게 보아야 한다. 이 점에서, 의제를 통해서 행정행위 자체가 아닌 그것에 통용되는 법규정만이 준용되는 셈이다.[12] 결국 행정행위와 관련한 규정(특히 하자 · 폐지규정)이나 법리를 적용하되, 그 적용은 유추적용이어야 한다.

2. 擬制的 行政行爲의 無效 · 廢止

여기선 행정청이 여러 이유에서 신청의 적법성을 개략적이나마 심사할 수 없음에도 불구하고, 존속력 있는 법효과가 생겨나는 점을 고려해야 한다. 행정행위의 무효규정(예: 독일 행정절차법 제44조)이나 그 법리의 유추적용이 본질에 비추어 절대적으로 필요하다. "중대한 하자"가 있는 신청의 경우에는 의제적 행정행위가 애초에 무효로 된다. 그리고 제출한 신청(신고)이 의제적 행정행위의 내용을 정하는 점에서, 불명료성과 명백한 흠결에 대해서도 무효를 인정하여야 한다. 건축법 제9조상의 건축허가의제적 건축신고의 문제점, 특히 인인보호와 관련해서 이러한 논의는 매우 유용하다.[13]

실체적 법규정을 위배한 즉, 위법한 신청(신고)과 적법한 의제의 경우에도 취소 · 철회규정(예: 독일 행정절차법 제48조와 제49조)이나 그 법리가 알맞게 유추 적용됨으로써, 의제적 행정행위의 폐지의 경우에도 신뢰보호의 원칙이 고수될 수 있다. 수범자가 의제적 행정행위의 존속을 믿고서 건축시공 등의 일정한 행위를 하였다면, 자신에게 책임이 없는 한 그것의 폐지로 인한 재산상 손실은 당연히 보상을 받아야 한다. 주택건설촉진법 제38조 제2항 단서와 같은 일반적인 신고절차의 경우, 건축주는 행정청의 사후 개입을 감안하지 않으면 아니 되기에, 의제적 행정행위에 비견되는 신뢰보호를 누리지 못한다. 여기선 계획안의 사후적 위법성의 리스크가 원칙적으로 그 자신에게 지워진다.[14]

---

12) Jobst-Wagner, Anzeige und Anzeigeverfahren in der Verwaltungsrechtsordnung, 1996, S.134.

13) 물론 의제적 규정을 담고 있지 않은 주택건설촉진법 제38조 제2항 단서의 경우에는 이상의 논의가 당연히 통용되지 않는다.

14) 이는 건축신고절차에서 통상 행정청이 개입을 했어야 했는데 지연하여 건축주 등이 이미 건축을 착공 · 완공한 경우에도 문제가 된다. 공사중지 · 철거명령과 같은 사후의 개입에 대해선 앞서의 취소 · 철회규정의 손실보상청구권이 강구될 순 없다. 물론 관련인에게는 경우에 따라선 직무상 불법행위에 대한 국가배상청구권이 인정될 수 있다. 이 점에서 원칙적으로 존속보호 · 신뢰보호를 누리는 '행정행위의제적 신고'와 그러한 보호를 인정할 근거가 없는 '일반적 신고'는 당연히 구별되어야 한다.

3. 擬制的 行政行爲와 受範者(建築主 등)保護

그런데 의제적 행정행위에 높은 폐지의 리스크가 결부되어 있고, 행정청의 사후적 통제(심사)의무가 광범하게 인정되면, 의제규정이 수범자인 건축주에게 늘 이로울까? 통상의 행정행위에 비해서, 의제적 행정행위의 수범자는 법적 안정성과 관련해서 명백한 불리를 겪게 된다. 그의 열악한 지위는 제3자가 의제적 행정행위에 대해 행정쟁송을 하는 경우에도 확인된다. 의제적 행정행위에선 통지가 전혀 없기에, 취소쟁송의 제소기간 등이 애초 적용될 수 없다. 따라서 여기선 전적으로 실권의 법리가 통용되고, 수범자로선 당연히 의제이후에도 자신의 계획안에 대한 취소쟁송의 가능성을 염두에 두지 않으면 아니 된다. 비록 관련 규정이나 법리가 유추 적용된다 하더라도, 절차의 공식적 주지(周知)의 부재란 결정적인 이유에서, 의제적 행정행위의 경우에는 통상의 행정행위보다 존속보호가 저하된다. 물론 그마저 존재치 않는 경우(예: 주택건설촉진법 제38조 제2항 단서)에 비하면, 저하될망정 존속보호를 어느 정도는 누린다.[15)]

한편 의제를 통해서 어느 정도 법적 안정성을 도모할 수 있다 하더라도, 수범자로 하여금 시간적 절감과 그에 따른 리스크라는 비용 · 편익의 형량을 통해 자기선택과 자기책임을 부담케 하기 위해서, 정식의 통상의 허가절차를 밟을 수 있는 가능성을 열어주는 것이 바람직하다(예: §69 Abs.1 BbgBauO). 우리의 건축법 제9조에 따른 건축신고의 경우에도 건축주가 제8조에 의거하여 건축허가를 신청할 수 있을까? 아직은 이런 물음이 생소하나, 신고제와 의제적 행정행위에 관한 새로운 이해가 구축되면 당연히 제기될 것이다. 건축주에게 건축신고와 건축허가 양자의 선택권이 부여되어 있다고 보아야 한다. 왜냐하면 건축법 제8조와 제9조의 구조상으로, 신고대상건축물은 허가대상건축물의 진부분집합에 해당하기 때문이다.

4. 擬制的 行政行爲와 第3者保護

의제적 행정행위가 제3자효를 발생시킬 경우에 제3자보호가 문제되나, 여기서 그 제3자효 행정행위가 통상의 것인지 의제적인 것인지는 전혀 중요치 않다. 따라서 취소소송이 올바른 소송형태이다. 의제적 행정행위는 통지가 불필요하기에, 당사자는 물론 특히 제3자에게 당연히 알려지지 않는다. 이 점에서 제소기간과 관련한 상황은, 통지되지 않은 건축허가를 다루는 인인소송에서의 그것에 비견될 수 있다. 즉, 失權의 법리가 적용된다.[16)]

---

15) 가령 건축허가의제적 건축신고의 경우에는 의제적 행정행위의 폐지를 밟은 다음에 비로소 철거명령을 발해야 한다. 그러나 이는 독일에서의 논의에 따른 것이다.

16) BVerwGE 44, 339(343)에 의하면 실권이란 禁反言(venire contra factum proprium)의 亞種에 해당한다. 우

우선적인 실권의 대상은 쟁송법적 법적 지위, 즉 제소권 등이다. 이러한 쟁송법상의 실권의 효과는 제소된 행정소송의 불허용성 즉, 각하판결 바로 그것이다. 쟁송법상의 실권과 실체적 실권은 구별되어야 하는데, 왜냐하면 후자는 실체적 법적 지위의 상실 그럼으로써 권리구제의 이유없음(즉, 기각판결)을 초래하기 때문이다.[17] 의제적 건축허가의 경우에는 통지가 전혀 없기에 당연히 실체적 실권만이 통용된다. 실권은 시간적 요소와 상황적 요소를 필요로 한다. 전자는 법적 지위를 주장할 수 있는 충분한 시간이 무용하게 지나쳤다는 점을 요건으로 하고, 후자는 권리보유자의 전체 행위와 시간적 경과로 장애유발자인 건축주 등에게 유리하도록 보호할만한 신뢰의 바탕이 조성되어 있음을 요구한다. 양 요소는 당연히 구체적인 상황속에서 객관적으로 보아, 피해를 입은 인인이 자신의 권리를 더 이상 주장하지 않으리라는 인상을 자아내야 한다. 그런데 다극적인 공법적 인인법상의 실권은, 국민과 행정청의 양극관계와 비교해서 어떠한 수정이 가해져야 한다.[18] 실권의 바탕이 된 禁反言(원칙)은 우선적으로 인인의 행정청에 대한 관계가 아니라, 인인상호간의 관계를 지향해야 한다. 그 결과 실권의 시간적 요소와 관련해서 비교적 짧은 시간적 경과로서 충분하다.[19] 상황적 요소와 관련해선, 건축주 등에게 보호가치가 있는 신뢰가 성립하였는지 여부를 목표로 삼아야 한다. 추가로 신뢰보호성립이 인인에게 귀속될 수 있어야 한다.

V. 對象判決의 개개의 問題點 檢討

1. 擬制的 行政行爲의 不認識-참조판결(大法院 1999.4.27.선고 97누6780判決)의 問題點

여기서 대상이 된 사안은 행정청이 통상과는 달리 건축신고의 수리거부이후에 실체법적 위반을 이유로 철거명령을 발한 사건이다. 대법원은 건축신고와 관련한 자신의 입장을 견지하는 연장에서, "주택건설촉진법 제38조 제2항 단서 등의 규정들에 의하면, 공동주택의 소유자 등이 건설부령이 정하는 경미한 사항으로서 신고대상인 건축물의 건축행위를 하고자 할 경우에는 그 관계 법령에 정해진 적법한 요건을 갖춘 신고만을 하면 그와 같은 건축행위를 할 수 있고, 행정청의 수리처분 등 별단의 조처를 기다릴 필요가 없다고 할 것이며, 또한 이와 같은 신고를 받은 행정청으로서는 그 신

리 판례(대법원 1988.4.27. 선고 87누915판결)는 신의성실의 원칙에 바탕을 둔 파생원칙으로 이해한다.

17) 허나 독일에서도 용어사용이 통일되지 않아 실체적 실권만을 실권개념에 포함시키기도 한다.

18) Bauer, Die Verwirkung von Nachbarrechten im öffentlichen Recht, DV 1990, S.211(219f.).

19) Bauer, a.a.O., S.211(220).

고가 같은 법 및 그 시행령 등 관계 법령에 신고만으로 건축할 수 있는 경우에 해당하는지 여부 및 그 구비서류 등이 갖추어져 있는지 여부 등을 심사하여 그것이 법규정에 부합하는 이상 이를 수리하여야 하고, 같은 법 규정에 정하지 아니한 사유를 심사하여 이를 이유로 신고수리를 거부할 수는 없다"고 판시하였다. 그리고 적법한 요건을 갖춘 신고인 이상, 수리행위 등의 별단의 조치를 기다릴 필요 없이 -나아가 수리거부가 되더라도-그 신고의 효력이 발생하였기에, 그 신고에 따른 적법한 대문에 대한 철거명령은 당연 무효이고 그것의 후행행위인 계고처분 역시 당연 무효(!)라 판시하였다.

물론 예방적 금지를 해제시키는 신고제의 본질에 비추어 신고수리행위의 비처분성은 견지해야 한다. 그러나 이 판결은, 신고에 관한 통념화된 사고-신고에 대한 행정청의 심사부인과 그에 따른 수리거부의 무의미성-가 법원으로 하여금 실체법위반마저 무시하게 함으로써, (예방적) 금지해제적 신고를 정보제공적 신고로 轉化시켜버렸음을 잘 보여준다. 이런 식의 논리전개라면, 수리거부의 처분성 여부를 문제삼을 필요가 있겠는가? 만약 행정당국이 실체법위반 등을 감안하여 수리를 거부했다 하더라도, 법원의 현재의 입장에 비추어 그 수리거부는 당연히 아무런 저지의 효과를 발생시키지 못한다. 의제적 행정행위의 존재도 몰랐지만, 신고에 관한 기존 이해의 연장에서 대법원이, 명문의 차이에도 불구하고 주택건설촉진법 제38조 제2항 단서상의 일반적인 건축신고와 건축법 제9조 제1항상의 건축허가의제적 건축신고의 차이점을 인식하려는 구석이 전혀 없었음은 당연한 귀결이다. 결국 이상에서 살핀 의제적 행정행위에 관한 이해를 바탕으로 보자면, '수리' 가 아닌 수리로 인한 법효과인 의제적 행정행위를 대상으로 하여 취소소송을 제기할 수 있다. 신고절차상의 인인보호의 취약점(후술)을 감안하면, 望外의 입법적 배려일지 모를 건축허가의제적 건축신고를 대법원이 하루바삐 인식하길 기대한다.

2. 일반적인 建築申告상의 隣人保護 問題

대상판결의 원심(서울고법 1998.10.22, 선고 97구20573판결)이 증축신고수리를 처분으로 본 까닭이 토지에 대해 독점적이고 배타적인 사용수익권이 없는 자의 위법한 증축으로부터 인인을 보호하기 위함인지는 몰라도, 수리 자체는 결코 처분이 될 수 없다. (예방적) 금지해제적 신고의 경우 그것의 수리는 일종의 절차작용에 불과한 반면 그것의 수리거부는 금지해제를 저지하는 셈인 금지하명이다.[20] 따라서 대법원이 대상 판결에서 증축신고의 수리행위가 전혀 제3자의 구체적인 권리의무에 직접 변동을 초래

20) 동지: 김남진, 건축신고반려조치의 법적 성질, 법률신문 제2942호(2000.12.28).

하는 행정처분이라 할 수 없다고 판시한 점은 정당하다. 그런데 혹시 이것이 대법원이 건축신고절차에선 제3자 보호문제가 전혀 생길 수 없다고 판단한데 따른 것인가? 우리에게 아직 생소한 이 문제는, 독일에선 건축법의 탈규제화와 민간화의 예기치 못한 부산물로서 활발히 논의되었다.[21] 여기선 독일에서의 논의를 간략히 언급하고자 한다.

신고절차에서의 건축허가의 不在는 인인보호에 중대한 결과를 초래한다. 이 경우 인인은 취소쟁송을 통한 허가방지청구권의 주장과 같은 전통적 방법을 사용할 수 없고, 기껏해야 건축법상의 개입에 관한 보호청구권을 주장할 수 있다. 그런데 재량영으로의 축소의 예외성에서 인인의 보호청구권이 원칙적으로 무하자재량결정에 관한 단순한 청구권에 그친다면, 인인으로선 전통적 허가절차에 비해 불리한 처지에 놓인다. 건축허가의 경우, 인인이 승소하기 위해선 인인보호규범의 위반을 효과적으로 제시하는 것으로 충분하다. 반면 (특히 독일의 경우에) 의무이행소송으로 추구하는 개입청구권은, 재량영으로의 축소가 일어나지 않는 한, 원칙적으로 새입장표명판결(지령판결)로 귀착한다(원칙 · 예외관계).[22] 독일의 판례와 대다수 문헌은 이런 인인보호상의 취약점을 재량행사시의 행정청의 개입수위를 낮춤으로써 보완하고자 하였다. 즉, 신고절차를 거쳐 완공 · 시공된 건축물이 보호규범을 위배하고, 인인의 이익을 사소한 정도보다는 많이 저해한 경우에는, 인인에게 유리하게끔 재량이 원칙적으로 영으로 축소한다고 판시하였다(원칙 · 예외관계의 역전).[23]

3. 사실상 공물의 존재의 불인식

엄밀히 말하면 이 사건에서 먼저 염두에 두어야 할 점은, 일찍부터 대법원이 사유지가 종전부터 자연발생적으로 또는 도로예정지에 편입되어 사실상 一般公衆의 교통에 공용되는 도로로 사용되고 있는 경우, 그 토지소유자가 스스로 그 토지를 도로로

21) Jäde의 논문(Das Zweite Gesetz zur Vereinfachung und Beschleunigung baurechtlicher Verfahren, BayVBl. 1998, S.7ff.)의 주3은 이러한 점을 여실히 보여준다.

22) 한편 독일의 일부 판례와 문헌은 인인보호규정이 위배되면 바로 재량영으로의 축소가 있다고 주장한다. Vgl. OVG Münster NJW 1984, 883(884); Finkelnburg/Ortloff, Öffentliches Baurecht, Bd.Ⅱ, 4.Aufl.1998, S.258ff.; Mampel, Zum Anspruch Dritter auf bauaufsichtliches Einschreiten, DVBl. 1999, S.1403(1407f.).

23) VGH Mannheim BauR 1995, 219(220); Kraft, Entwicklungslinien im baurechtlichen Nachbarschutz, VerwAch 89(1998), S.264(287f.); Uechtritz, Nachbarrechtsschutz bei der Errichtung von Wohngebäuden im Freistellungs-, Anzeige- und vereinfachten Verfahren, NVwZ 1996, S.640(643f.). 그러나 이러한 원칙 · 예외관계의 역전에 대해서 Preschel 등은 인인보호의 일방적 강조, 재량 영으로의 축소의 예외성을 근거로 반대하고, 이러한 입법상의 변화를 -점진적이긴 하나-종전의 민사적 인인보호의 우위로 선회한 것으로 받아들이고자 한다. Preschel, Abbau der präventiven bauaufsichtlichen Prüfung und Rechtsschutz, DÖV 1998, S.45ff. 追論: 그러나 우리의 건축법상의 건축신고는 허가의제적 신고이기에, 이상의 독일 논의를 그대로 대입할 순 없다. 별다른 반려가 행해지지 않고 신고가 그대로 수리되었다면 그 이후의 상황은 허가발급과 동일한 상황이라 하겠다. 즉, 의제적 행정행위의 문제이다.

제공하여 인근 주민이나 一般公衆에게 무상으로 통행할 수 있는 권리를 부여하였거나 그 토지에 대한 독점적이고 배타적인 사용수익권을 포기한 것으로 해석하였다는 점이다.[24] 아마도 원심은 이런 사정을 감안하여 인인보호를 위하여 신고수리의 처분성 인정이란 타당치 않은 설정을 통해서나마 나름의 노력을 하지 않았는가 싶다. 반면 원심이 본안에 들어가서 '수리처분'의 적법성을 판단함에 대해 강한 비판을 적시한 대법원은, 사실상의 公道인 경우에 그 소유자의 독점적 · 배타적 사용수익권을 부인한 자신의 기존 입장을 전복시켰을 뿐만 아니라, 무엇보다도 대상토지가 공물적 성격을 지님[25]을 간과하였다. 이러한 태도 또한 신고에 관한 대법원의 그릇된 공식-수리여부와 신고대상행위의 무관련성, 수리여부 특히 수리거부의 무의미성 등-에서 연유한 듯싶다.

* 판례월보 2001년 5월호, 13면 이하 소수.
* 건축신고와 관련한 참고문헌: 정남철, 건축신고와 인인보호: 독일 건축법제와의 비교법적 고찰을 겸하여, 법조 제645호, 2010. 6., 250면 이하.
* 追論: 建築申告의 許可擬制效果에 관한 再論

서울행법 2009.4.9. 선고 2009구합1693판결은 건축신고를 일단 이른바 자기완결적 신고로 보되, 건축법상의 건축신고의 의제효과를 매개로 여기서의 신고를 이른바 수리를 요하는 신고로 봄과 동시에 그 신고수리거부에 대해 처분성을 인정하여 본안판단까지 나아갔다(제2심인 서울고등법원 2009.12.30. 선고 2009누11975판결 역시 그러하다).[26] 효과적인 권리보호의 보장이라는 측면에서 보자면, 본안판단을 행한 대상판결은 호평을 할 법하나, 기왕의 판례는 물론 문헌상의 이해와의 심각한 충돌이 존재한다. 우선 건축신고를 수리를 요하는 신고로 접근한 것은 물론, (논증을 위해 동원된) 집중효적 논거가 과연 설득력을 갖는가? 건축법 제14조 제1항, 제11조 제5항에 따라 건축허가 내지 신고로 인하여 건축법 제11조 제5항 각 호에 정한 허가 또는 인가 등을 받은 것으로 의제하는 효력을 과연 집중효라 말할 수 있는가?

---

24) 대법원 1998.5.8. 선고 97다52844판결; 1997.12.12. 선고 97다27144판결.

25) 여기서 검토해야 할 사항은 도로의 공용지정과 같이 실정법이 그 공고를 규정한 경우에 묵시적 행위에 의해 공용지정이 성립할 수 있는가의 문제인데, 여기선 관습법에 의한 공용지정을 상기할 필요가 있다.

26) 要旨: 일반적으로 건축법상의 건축신고는 행정청의 수리를 요하지 아니하여 그 신고가 행정청에 도달된 때에 효력을 발생하는 것이고, 만일 행정청이 실체적 사유에 기하여 그 신고수리를 거부하였다고 하더라도 그 거부처분이 신고인의 법률상 지위에 직접적으로 아무런 법률적 변동을 일으키지 아니하므로 항고소송의 대상이 되는 행정처분은 아니다. 다만, 건축신고시 건축법 제14조 제1항, 제11조 제5항에 따라 이른바 건축법상의 집중효(건축허가 내지 신고로 인하여 건축법 제11조 제5항 각 호에 정한 허가 또는 인가 등을 받은 것으로 의제하는 효력을 말한다)가 발생하는 경우에는 그 건축신고는 행정청의 수리를 요하는 신고로 봄이 타당하고, 따라서 그 신고를 거부하는 행위는 항고소송의 대상이 되는 처분이다.

2009구합1693판결이 소송요건적 물음을 피하기 위해 수리를 요하는 신고에 관한 나름의 인정근거를 제시하였지만, 기왕의 법도그마틱과는 배치된다. 건축법상의 건축신고가 보여주듯이, 법효과의 의제는 행정청의 행위(신고수리)가 아닌 법률규정에 의해 비로소 성립한다. 따라서 이를 수리를 요하는 신고로 접근할 것 같으면, 신고수리 자체가 법효과를 발생시킨다는 결과가 빚어진다. 이처럼 수리를 요하는 신고로 접근할 경우엔, 그런 논증이 수리행위의 법적 의의는 물론 의제규정에 대해 어떠한 결과를 낳을지 숙고하여야 한다. 사실 필자처럼, 수리거부의 처분성을 착안점으로 삼아 구성된 종래의 도식(자기완결적 신고와 수리를 요하는 신고)에서 벗어나 수리 그 자체는 처분이 아니지만 수리거부는 대상행위의 금지하명적 처분으로 보면, 사안에서의 반려(수리거부)를 처분으로 보는 데 의제규정과의 마찰은 전혀 생기지 않는다.

2009구합1693판결은 건축법 제14조 제1항, 제11조 제5항에서의 허가(효과)의제적 효과를 집중효의 관점에서 접근하였다. -앞에서 본 것처럼- 법학에서 의제(Fiktion)라 함은 실제로 존재하지 않는 사안을 인정하도록 법률상으로 확정되어 있는 것을 의미한다. 이와는 달리 집중효제도는 계획확정절차상의 절차의 신속화를 도모하기 위해 계획확정결정이 내린 다음에는 다른 법률상의 허가 등의 절차가 반복되지 않도록 하기 위해 고안된 법제도이다. 의제규정의 효력은 허가발급의 절차를 대체하는 데 그치기에, 그것에 절차법적 기능을 넘어선 의미가 부여되진 않는다. 그런데 집중효의 법적 의의 역시 독일의 통설과 판례에 의하면 통상 절차생략의 차원에서 절차적 집중효를 의미하기에, 의제와 집중효, 양자를 동일하게 볼 수도 있다. 그러나 기본적으로 의제가 (허가)절차의 전환적 대체라면, -독일의 경우를 보자면- 집중효는 다른 행정청의 허가 등의 절차의 통합적, 수렴적 대체인 점에서 엄연히 구분된다. 비록 우리 법제가 독일과는 달리 하나의 허가나 신고에 다수의 의제적 효과를 결부시켜서(복수의제), 오해할 충분한 소지가 있긴 해도, 2009구합1693판결의 집중효에 관한 이해와 표현은 분명 법도그마틱은 물론 향후 관련 법제의 정비에도 난맥을 초래할 수 있다.

독일 주건축법상의 '건축허가로부터의 결별'은 크게 허가를 전제로 하지 않은 신고(허가면제)절차와 그것을 여전히 전제한 간소화된 허가절차의 두 차원에서 행해져 왔다. 특히 신고절차의 경우 대기기간제를 도입하여 -특별한 금지하명이 없는 한- 그 기간경과와 동시에 건축을 할 수 있게 하였고(사실 독일에서 건축신고절차상으로 예방적 금지를 해제하는 연결점은 건축신고가 아니라, 공사금지처분의 부작위와 (혹은) 대기기간의 경과이다), 후자의 경우엔 특히 일정 결정기간의 경과와 동시에 건축허가의 효과가 의제되도록 하였다. 법제상의 다소간의 차이점은 있지만, 의제적 행정행위를 성립시키는 우리의 건축허가의제적 신고제는 결과적으로 독일에서의 이원적 법제기조가 융합(?)

된 셈이다.

절차민간화의 일종으로 여겨지곤 하는 신고제가 늘 이롭지만은 않아 –앞에서 지적한 것과 같은– 신고인과 인인에 대한 신고제의 마이너스효과를 효과적으로 상쇄할 수 있는 것이 바로 건축허가의제적 신고이다. 신고인과 관련해선, 비록 절차적 의미를 지녀 통상의 행정행위에 비하면 미약하긴 해도 존속보호나 신뢰보호를 주장할 근거가 존재한다는 점이 고무적이다. 또한 인인으로서도 굳이 판례상 인정도 되지 않는 행정개입청구권을 강구할 필요도 없이 –독일의 경우와는 달리– 의제적 행정행위를 대상으로 한 취소소송을 통해 손쉽게 대응할 수 있다. 우리의 법제가 복수의제나 –건축신고가 초래하는– 증폭의제를 많이 규정하고 있으며, 일각에선 간소화차원에서 의제 자체를 확대하고자 하지만, 의제규정의 확대는 법률집행을 전적으로 행정의 임의에 맡겨버리는 것임을 유의하여야 한다. 즉, 유효한 법효과를 발생시키는 것이 전적으로 행정청에게 맡겨지는 셈이 되어 그에 관한 통제가 사실상 포기되는 결과를 초래할 수 있다. 요컨대 입법기술로서의 擬制가 疑心스런 制度(疑制)로 變換되어선 아니 된다.[27] 사실 대법원 2010.11.18. 선고 2008두167전원합의체판결로 인해 서울행법 2009.4.9. 선고 2009구합1693판결의 접근방식은 유지될 수 없게 되었다.

* 追論: 대법원 2010.11.18. 선고 2008두167전원합의체판결의 意義

이제까지 판례와 대부분의 문헌에 의하면, 건축신고의 경우 행정청의 수리는 물론 수리거부 역시 처분성을 인정하지 않았다. 그리하여 적법한 신고를 한 이상 수리여하에 상관없이 신고대상행위를 할 수 있다고 하였다. 그러나 대법원 2010.11.18. 선고 2008두167전원합의체판결 대상판결은, 필자가 관련 문헌에서 오랫동안 주장한 것과 같이 신고반려의 처분성을 인정하여 기왕의 관련 판례 모두를 변경하였다. 이제 건축신고인으로선 건축신고반려가 내려지면 금지하명으로서의 그것을 먼저 다투어야지 그것을 무시하고 나아갈 수 없게 되었다. 이로써 이른바 '자기완결적 신고'는 그 인정근거를 상실하게 되었다. 건축신고가 신고제의 대표인 점에서 대상판결은 신고제에 관한 패러다임의 교체를 시사한다. 대상판결은 신고제에 관한 拔本的 改革의 시발이다. 다른 영역에서의 이른바 자기완결적 신고에 대해서도 이같이 향상된 인식이 반영되어야 하고, 나아가 典據가 의심스러운 이른바 '수리를 요하는 신고' 역시 하루바삐 修理하여야 한다.[28]

---

27) 상세는 졸고, 建築申告의 許可擬制效果에 관한 小考, 법률신문 제3837호, 2010.5.3. 참조.

28) 상세는 졸고, 申告制와 관련한 코페르니쿠스적 轉換에 관한 小考, 법률신문 제3894호, 2010.12.6.

제 4 장

管理處分計劃에 관한 總會決議의 爭訟方法

-對象判決 : 서울고등법원 2008.10.2. 선고 2008나12943判決-

Ⅰ. 對象判決의 要旨

이미 인가된 관리처분계획에 대한 다툼을 행정소송이 아니라 민사소송에 의한 방법으로, 그리고 관리처분계획 자체가 아닌 그 관리처분계획을 결의한 주택재건축조합의 총회결의가 무효라는 이유로 민사소송을 제기한 경우, 그 관리처분계획에 관한 총회결의에 대하여 민사소송으로 무효확인판결을 받더라도, 그 판결에 따라 관리처분계획의 내용이 당연히 변경되지도 않고, 그 반면 행정소송으로 관리처분계획 자체의 취소판결을 받으면 관리처분계획은 그 판결의 범위 내에서 소급하여 그 효력을 상실하게 되므로, 인가된 관리처분계획에 대하여 그 관리처분계획에 관한 총회결의의 효력을 민사소송으로 다투는 것은 관리처분계획에 관한 분쟁을 해결하는 데에서 법률상 유효하거나 적절한 수단이 될 수 없다.

Ⅱ. 問題의 提起-행정법도그마틱의 休耕地로서의 認可論

「도시 및 주거환경정비법」(이하 '도정법'으로) 제24조 제3항 제10호와 제48조 제1항에 따라 총회결의로 수립(변경)된 관리처분계획은 행정청의 인가를 받아야 한다. 구 도시재개발법상으로도 동일한 메커니즘을 설정하였다. 이런 법상황에 대해서 판례는 기왕의 인가론을 대입하여 접근을 하였다.[1] 통상 인가론에서 인가와 별도로 그 기본행위를 다툴 수 있다고 한다. 그런데 서울중앙지방법원 2007.12.18. 선고 2005가합84346 판결을 그대로 인용한 대상판결은 이 점을 분명히 거부하고 도리어 오로지 인가처분을 대상으로 삼아 행정소송의 차원에서 다투어야 한다는 입장을 견지하였다. 특히 서울고법 2008.5.27. 선고 2007나73262, 73279판결은 인가처분의 공정력이 발생한 경우에는 민사소송으로 결의의 무효확인만을 구하는 것은 우회적인 권리보호수단에 지나지 아니하여 특별한 사정이 없는 한 부적법하다고 보아야 한다고 강조한다. 이에 대해서, 총회결의상의 하자에 대한 독립된 민사소송의 가능성을 적극적으로 모색하려는 입장도 있다.[2] 이런 상반된 경향을 어떻게 바라보아야 할지는 전적으로 관련 법제상의 법상황 및 인가론에 의거하여 판단하여야 한다. 현하의 행정법도그마틱적 상황은 인가에 관해 충분한 이해를 제고하기엔 턱없이 부족하다. 따라서 인가에 관한 공론의 장을 기대하면서 문제에 접근하고자 한다.[3]

Ⅲ. 認可的 接近에 따른 檢討事項

관리처분계획인가에 관해 인가적 접근을 한 후, 대법원 1996.2.15. 선고 94다31235 전원합의체판결은 (인가된) 관리처분계획을 행정처분으로 판시하였고, 인가이후 관리처분계획을 둘러싼 다툼에 관한 민사쟁송의 가능성을 봉쇄하였다.[4] 무릇 인가의 대상인 기본행위는 법률적 행위이어야 한다. 그렇다면 관리처분계획인가는 행정처분에 대한 인가인 셈이다. 보충행위이자 완성행위인 인가에 의해서, 대상이 되는 기본행위는 행위당시로 소급하여 법적 효력이 발생한다. 기본행위시점과 인가시점 사이에는 일종의 유동적 효력불발생(이른바 유동적 무효)의 상황이 존재한다.[5] 그래서 인가여부를 고려하지 않은 채, 관리처분계획을 완성된 행정처분으로 설정하는 것은 자칫 오해를 빚을 수 있다. −만약 관리처분계획을 행정처분으로 본다면− 총회결의에 수립된 관리처

---

1) 대법원 1994.10.14. 선고 93누22753판결; 2000.9.5. 선고 99두1854판결; 2001.12.11. 선고 2001두7541판결 등.

2) 홍득관, 주택재건축사업과 관련된 법적 제 문제, 법조 제635호, 2009.8.1., 355면 이하.

3) 인가제의 상세에 관해선 선정원, 인가론의 재검토, 행정법연구 제10호, 2003.10, 171면 이하; 김종보, 강학상 인가와 정비조합 설립인가, 행정법연구 제10호, 2003.10, 325면 이하; 졸저, 행정법기본연구 I, 2008, 271면 이하; 졸고, 住宅再建築 整備事業施行認可의 法的 性質에 관한 小考, 법률신문 제3737호(2009.4.13.); 私權形成的 行政行爲−行政行爲에 의한 直接的 私權形成−, 공법학연구 제10권 제3호, 2009.8., 229면 이하(본서 96면 이하).

4) 동지: 대법원 2002.12.10. 선고 2001두6333판결 등.

5) 다만 인가거부에 따른 효과 즉, 기본행위의 무효는 법률에 의해서(kraft Gesetzes) 발생하지, 인가거부처분의 규율효과로서 발생하진 않는다.

분계획은 인가이전에는 내부적으로만 효력을 발생한다든지, 또는 일종의 행정처분안적 성격을 가져야 한다든지 할 것이다.[6] 안철상 부장판사 역시 비슷한 맥락에서 관리처분계획의 인가를 총회결의에 대한 인가로 접근한다.[7]

그런데 행정처분이 공법행위인 점에서, 과연 공법행위에 대해 인가란 통제메카니즘이 적절한지 세심한 검토가 필요하다. 대부분의 국내문헌들은 인가대상이 되는 법률적 행위에는 私法行爲는 물론 公法行爲도 당연히 포함되는 것으로 기술한다(예: 공공조합의 설립인가, 공공조합의 정관변경 등). 사법의 영역에선 사적 자치의 존재로 말미암아 국가의 개입은 적잖이 후견적 성격을 가져야 하며, 완성행위로서의 인가(추인)는 그 같은 성격을 여실히 보여준다. 인가는 공법과 사법의 조종수단으로서 '共同的 私權形成的(privatrechtsmitgestaltend) 行政行爲'이기에, 인가의 대상은 사법관계에서 당사자간에 행한 私法行爲에 국한하여야 한다. 요컨대 '카오스이론의 초기조건'인 양, 관리처분계획의 처분성인정은 관리처분계획인가에 관한 인가적 접근과는 어울리지 않을 뿐 더러 기왕의 인가론마저 혼란에 처하게 하였다(후술).

Ⅳ. 管理處分計劃案(총회수립 관리처분계획)에 대한 民事訴訟의 可能性

총회에서 결의된 차원의 관리처분계획에 대해서 인가이전은 물론 나아가 인가이후에도 민사소송의 가능성을 적극적으로 모색하려는 입장에선, 인가이전의 관리처분계획과 인가이후의 그것을 구분하고자 한다. 그리하여 안철상 부장판사는 인가이전의 관리처분계획을 내부적 단계의 것으로 보아 그에 관한 무효확인을 구하는 민사소송을 제기할 수 있다고 본다. 그리고 특히 홍득관 판사는 총회결의(관리처분계획안)와 그것의 인가를 행정처분인 관리처분계획의 요건으로 설정하고서 전자의 민사적 성격을 독립되게 논증하여 인가이후에도 그에 대한 민사구제가 허용되어야 한다고 주장한다. 나름의 설득력이 있을 수 있는 이런 논증은, 관리처분계획의 처분성과 이에 대한 인가적 접근을 견지하는 것과는 부합하지 않는다. 왜냐하면 인가제는 대상행위의 법적 효력의 발생여하를 통제하는 방식으로 私的 自治에 대해 개입하는 모델이지, 대상행위의 법적 성질의 變化를 통제함으로써 그것을 추구하진 않기 때문이다. 따라서 관리처분계획인가에서 기왕의 인가제를 고수하는 한, 관건은 기본행위인 管理處分計劃의 법

---

6) 그리하여 홍득관 판사는 인가이전 총회결의차원의 것을 '관리처분계획안'으로, 인가이후의 것을 '관리처분계획인가'로 구별한다. 동인, 앞의 글, 361면 주 42).

7) 동인, 행정소송과 민사소송의 관계, 법조 제616호, 2008.1., 326면-327면.

적 성질의 물음이다.

Ⅴ. 管理處分計劃의 法的 性質

1. 都整法 이전의 상황

우선 '도정법'의 제정이전엔, 분양처분의 법적 성질과 결부시키면서, 관리처분계획과 관련한 구 도시재개발법상 여러 규정에 비추어 판단할 수 있었다. 즉, 법규정상 '대지 및 건축시설에 대한 권리의 확정'은 관리처분계획이 아닌 분양처분에서 직접 발생하였다. 여기서 관리처분계획은 행정처분인 분양처분의 근거이자 기준의 기능을 하며, 분양처분은 관리처분계획을 집행하는 셈이 된다. 판례 역시 분양처분을 '항고소송의 대상이 되는 처분'으로[8] 또는 '공법상 처분'으로[9] 본다. 이를테면 분양처분이 일종의 單獨的 私權形成的 行政行爲인 셈이다. 관련 판례의 입장을 따르면, 관리처분계획=조합이 행한 행정처분, 관리처분계획인가=관리처분계획에 대한 법률상의 효력을 완성시키는 보충행위, 분양처분=공법상 처분의 등식이 성립한다. 그런데 법효과의 직접적, 종국적 발생을 근거로 분양처분의 처분성을 인정한다면, 그것의 근거이자 기준인 셈인 관리처분계획에 대해서 처분성을 인정하는 것은 모순이다. 이 점에서, 관리처분계획의 처분성을 인정한 94다31235 전원합의체 판결은, 법규정은 물론 분양처분의 처분성 인정과도 배치된다. 분양처분의 출발점인 관리처분계획 그 자체가 소유자에게 구체적이고 결정적인 영향을 미치는 것은 당연하다. 하지만 이를 법적 성질을 가늠하는 데 바로 결부시키는 것은 무리가 있다.[10]

2. 都整法에서의 상황

현행 '도정법'은 분양처분제도를 명시적으로 규정하지 않는다. 따라서 분양처분의 존재를 매개로 하지 않는 논증이 요구된다. 기왕의 인가론처럼 공법행위도 기본행위가 될 수 있다고 보면 그다지 문제가 되지 않겠지만, 필자처럼 인가를 전적으로 私權形成的 行政行爲로 자리매김할 경우엔 사정이 다르다. 그런데 여기선 재건축조합설립인가 및 재건축조합설립행위에 관한 논의가 참고가 된다. 판례는 재건축조합설립행위

8) 대법원 1989.9.12. 선고 88누9763판결.

9) 대법원 1995.6.30. 선고 95다10570판결.

10) 追論: 이런 식의 처분성논증을 함으로써 행정법도그마틱을 난처하게 만든 대표적인 예가 공시지가결정의 처분성 인정이다. 공시지가결정의 처분성을 인정하지 않았다면 무리한 하자승계의 문제가 생기지 않았을 것이다. 이에 관한 상세는 본서 161면 이하 참조.

를 기본행위로, 인가를 그에 대한 보충행위로 구성하며,[11] 문헌 역시 이를 특별히 문제 삼지 않는다. 재건축조합이 민법상의 조합처럼 전적으로 사법적 지위를 갖는다면, 인가를 보충행위로 설정하는 식의 법도그마틱이 나름대로 설득력을 가질 순 있지만, 이는 현행법상의 재건축조합의 법적 지위(공공조합, 공법상의 사단으로서의 공행정주체)와 맞지 않다. 당연히 인가 그 자체가 관련 법률관계의 형성에서 중심축이 되어야 한다. 따라서 재건축조합설립인가는 재건축조합에 대해 법인격을 부여한다는 점에서 특허에 해당하여야 한다(물론 대상사업의 차이에 따라 주택재건축조합은 주택재개발조합에 비해 약한 공공조합으로서의 지위를 갖는다).[12] 이처럼 인가에 대해 창설적 성격을 부여하여 보충행위성을 부인하면, 종전에 기본행위로 일컫는 조합설립행위의 법적 성격이 문제된다. 그러나 재건축조합설립인가를 특허로 접근하면, 당연히 조합설립행위는 인가의 대상인 기본행위가 될 수 없고, 그 자체로서 (특허)요건으로서의 독립된 의의를 지닌다. 의당 조합설립행위를 둘러싼 다툼은 민사적 성격을 지니되, 그것의 하자를 이유로 재건축조합설립인가처분에 대해 그것의 요건을 문제 삼아 행정소송을 제기할 수도 있다.

요컨대 관리처분계획은 조합구성원들의 합의의 산물로서 총회에서 의결된 자치규약의 일종으로 볼 수 있다. 따라서 그것은 정관마냥 당연히 구속력을 갖으며, 실질은 조합설립행위처럼 *私法的 行爲*에 해당한다.

VI. 맺으면서-初期條件의 교정

*私法行爲*에 대한 보충행위로서의 인가의 경우, 그것이 내려지면 사법행위가 효력을 발생하기에 당연히 논의의 장은 사법영역에로 이전되는 셈이 되어 버린다. 그렇다고 하여 과거 독일의 통설인, 認可廢止不可論의 연장에서, 주장된 "인가이후엔 그 사적 법률행위가 '소위 사법에로 해방된다(ins Privatrecht entlassen)'"는 것을 그대로 수긍하는 것은 아니다. 인가처분의 존재와 무관하게 기본행위상의 하자가 존재한다. 따라서 인가적 접근을 버리지 않거나 기왕의 인가론과 전혀 다른 인가제를 논증하지 않는

11) 대법원 2005.4.29. 선고 2004다7002판결; 2002.3.11. 자 2002그12결정; 2000.9.5. 선고 99두1854판결.

12) 追論: 필자는 종전부터 이런 주장을 하였는데(행정법기본연구 I, 311면 이하), 최근 판례는 이를 수용하였다. 즉, 구 도시정비법상 주택재개발정비사업조합의 설립인가신청에 대한 행정청의 조합설립인가처분은 단순히 사인들의 조합설립행위에 대한 보충행위로서의 성질을 갖는 것이 아니라 법령상 일정한 요건을 갖출 경우 행정주체(공법인)의 지위를 부여하는 일종의 설권적 처분의 성격을 갖는 것이라고 봄이 상당하다. 따라서 이 인가신청에 대하여 행정청의 조합설립인가처분이 있은 이후에 조합설립결의에 하자가 있음을 이유로 재개발조합 설립의 효력을 부정하기 위해서는 항고소송으로 조합설립인가처분의 효력을 다투어야 하고, 특별한 사정이 없는 한 이와는 별도로 민사소송으로 행정청으로부터 조합설립인가처분을 하는 데 필요한 요건 중의 하나에 불과한 조합설립결의에 대하여 무효확인을 구할 확인의 이익은 없다고 보아야 한다(대법원 2009.9.24. 자 2009마168,169 결정 등).

한, 기본행위의 하자를 민사쟁송의 장이 아닌 행정소송의 장에서 반드시 다투어야 한다는 것은 가뜩이나 빈곤한 認可論을 더욱더 혼란에 처하게 만든다. 公法과 私法의 越境的, 境界的 법형상인 인가제는 실로 행정법도그마틱의 '고르디오스의 매듭'이다. 행정법상의 법제도는 실질과 명칭이 相符하지 않는 것이 상례이어서 그것의 법적 성질을 논구하는 것이 행정법도그마틱의 소임이다. 초기조건의 교정인, 관리처분계획의 처분성 부정이 그 첫 걸음이다.

* 법률신문 제3775호, 2009.9.7. 소수.

* 追論: 그러나 이 글이 발표된 후 열흘 뒤에 대법원 전원합의체는 필자의 입장과는 반대로 기왕의 관리처분계획의 처분성을 재차 공고히 하면서 아울러 그에 관한 다툼 역시 공법사건임을 확고히 하였다.[13)]

13) 대법원 2009.9.17. 선고 2007다2428 전원합의체 판결의 요지: [1] 도시 및 주거환경정비법상 행정주체인 주택재건축정비사업조합을 상대로 관리처분계획안에 대한 조합 총회결의의 효력 등을 다투는 소송은 행정처분에 이르는 절차적 요건의 존부나 효력 유무에 관한 소송으로서 그 소송결과에 따라 행정처분의 위법 여부에 직접 영향을 미치는 공법상 법률관계에 관한 것이므로, 이는 행정소송법상의 당사자소송에 해당한다. [2] 도시 및 주거환경정비법상 주택재건축정비사업조합이 같은 법 제48조에 따라 수립한 관리처분계획에 대하여 관할 행정청의 인가·고시까지 있게 되면 관리처분계획은 행정처분으로서 효력이 발생하게 되므로, 총회결의의 하자를 이유로 하여 행정처분의 효력을 다투는 항고소송의 방법으로 관리처분계획의 취소 또는 무효확인을 구하여야 하고, 그와 별도로 행정처분에 이르는 절차적 요건 중 하나에 불과한 총회결의 부분만을 따로 떼어내어 효력 유무를 다투는 확인의 소를 제기하는 것은 특별한 사정이 없는 한 허용되지 않는다.

제 5 장

用途廢止公共施設의 無償讓渡申請의 拒否에 관한 小考

-對象判決 : 大法院 2007.4.26. 선고 2005두11104判決-

Ⅰ. 事案의 槪要

피고가 2002.11.5. 원고들에게 주택건설사업계획에 대한 사업계획승인을 하면서 다음을 포함한 54개 항목의 승인조건을 부가하였다: 사업계획부지 내에 포함된 도로는 행정재산 용도폐지 후 사업주체가 착공 전까지 매매계약을 체결할 것(제16항), 사업부지에 포함되어 있는 국·공유지는 착공신고 전까지 소유권을 확보할 것(제32항). 그런데 원고들은 사업부지 내 국공유지를 매수하여 착공신고 전까지 매수하여 소유권을 확보하라는 이들 승인조건과 관련하여, 2003.7.24. 피고에게 사업시행지에 속해 있는 피고 소유의 별지목록 기재 각 토지를 무상으로 양도하여 달라는 신청(이하 '이 사건신청'이라 한다)을 하였다. 이에 피고는 2003.8.25. 원고들에게, 용도폐지 토지의 무상양도 여부는 피고의 재량인 점, 사업부지 내 국·공유지의 유상으로 매수한다는 이 사건 승인조건을 수용할 것을 전제로 사업계획승인을 신청하여 이에 따라 이 사건 승인조건이 부가된 점, 관내 다른 사업장과의 형평성 및 유사 민원의 재발 우려가 있다는 점을 들어, 무상양도를 거부함과 아울러 기존의 이 사건 승인조건대로 사업부지 내 국·공유지를 조속히 매입하라고 통지하였다.

Ⅱ. 對象判決의 要旨

행정청이 국민의 신청에 대하여 한 거부행위가 항고소송의 대상이 되는 행정처분으로 되려면, 행정청의 행위를 요구할 법규상 또는 조리상의 신청권이 국민에게 있어야 하고, 이러한 신청권의 근거 없이 한 국민의 신청을 행정청이 받아들이지 아니한 경우에는 그 거부로 인하여 신청인의 권리나 법적 이익에 어떤 영향을 주는 것이 아니므로 이를 항고소송의 대상이 되는 행정처분이라 할 수 없다(대법원 1984. 10. 23. 선고 84누227 판결 등 참조). 그리고 제소기간이 이미 도과하여 불가쟁력이 생긴 행정처분에 대하여는 개별 법규에서 그 변경을 요구할 신청권을 규정하고 있거나 관계 법령의 해석상 그러한 신청권이 인정될 수 있는 등 특별한 사정이 없는 한 국민에게 그 행정처분의 변경을 구할 신청권이 있다 할 수 없다.

Ⅲ. 問題의 提起

해당 조건(제16항과 제32항)을 부담으로 인식한 대상판결과 그 원심은[1] '이 사건신청'을 주택건설사업계획승인조건의 변경요청으로 받아들여, 일단 부담의 사후변경의 차원에서 접근을 하였다. 그리하여 대상판결과 그 원심은 (부담의)독립된 행정처분의 인정에서 비롯된 불가쟁력의 발생을 연계시켜, 행정행위의 재심(폐지)가능성의 물음과 관련해서 소극적 입장을 천명하고, 사안에서 거부처분의 성립을 부인하였다. 반면 제1심은[2] 전혀 다른 논증을 통해 거부처분의 존재를 인정하였다. 사안을 부관(부담) 및 그것의 변경과는 유리된 차원에서 접근하여 불가쟁력의 측면을 분명히 배제하였으며, 구 주택건설촉진법 제33조 제8항의 준용규정에 따른 「국토의 계획 및 이용에 관한 법률(이하 국토계획법)」 제65조 제2항의 공공시설의 무상귀속의 위헌적 요소를 결정적인 착안점으로 삼았다. 이하에선 양자의 구분된 접근방식에서의 문제점을 살펴보고자 한다.

Ⅳ. 事案上의 該當條件의 法的 性質

여기서 당초의 사업계획승인조건(제16항, 제32항)이 과연 사업계획승인처분의 효력

1) 서울고법 2005.8.18. 선고 2004누22154판결.
2) 서울행정법원 2004.10.12. 선고 2003구합35625판결.

발생과 무관한 의미를 가지는 부관 즉, 부담인지 의문이 든다. 주택건설사업계획승인처분을 통해 사업계획의 적합성을 확인받고 합법적으로 건설시공을 할 수 있다는 점에서, 그것(주택건설사업계획승인처분)은 건축허가마냥 주택건설허가인 셈이다.[3] 그리하여 건축허가와 마찬가지로 주택건설허가 역시 그 허가권자로선 해당 사업부지 전체에 관한 權原을 가져야 한다. 만약 사업부지의 일부라도 권원이 없다면 허가적격성이 결여된다. 나아가 사안처럼 그 사업부지 내에 도로에 제공된 토지(공물)가 존재할 때, 그 토지가 공용폐지가 되지 않는 한, 설령 아파트가 완성된다 하더라도 아파트의 소유관계는 불완전할 수밖에 없다. 허가적격성의 차원에서 보면, 해당 승인조건은 건설허가로서의 승인처분이 형성효(건설시공)를 의문 없이 갖게 하는 계기가 된다.

요컨대 여기서의 승인처분조건은 본체인 행정행위를 보충하는 의미의 부담은 아니며, 본체인 행정행위의 효력을 좌우하는 의미의 조건에 해당한다. 구체적인 조건의 양태는 보는 관점에 따라 다를 수 있지만, 승인처분이 건설허가로서 형성효과를 지니며, 조건이행의 시점이 공사착공 이전까지인 점에서, 사안의 조건은 정지조건이라 하겠다.[4] 이처럼 정지조건의 차원에서 출발하면, '이 사건 신청'을 승인조건에 바로 연계시키지 않고, 별 어려움 없이 그 취지-대상토지의 무상양도요청- 그대로 이해할 수 있다. 즉, '이 사건 신청'은 승인조건을 나름대로 이행하기 위한, 또는 착공 전에 사업부지 전체에 대한 소유권을 확보하여 승인조건을 사실상 실효시키기 위한 방편으로 강구된 것이다. 따라서 '이 사건신청'을 승인처분의 일부(부관)의 변경을 구하는 것으로 볼 순 있겠지만(이를 제2심은 명백히 부정한다), 독립된 부담으로서의 승인처분조건의 변경요청으로 바라보는 것은 문제가 있다.

V. 독립된 無償讓渡申請의 차원에서의 접근

원고는 국토계획법 제65조 제2항 후단부분을 착안점으로 삼아 무상양도를 신청하

3) 追論: 사실 엄밀히 말하자면 여기서의 승인결정은 -사업계획대로 사업을 시행하는 것을 허용한다는 점에서- 허가적 측면과 -매도청구권을 성립시킨다는 점에서- 특허적 측면을 함께 지닌다. 구 도시계획법 제23조 등이 규정한 도시계획사업의 실시계획에 관한 인가 역시 그렇게 접근하여야 한다. 이에 관해선 행정법기본연구 I, 314면 이하 참조. 한편 '도시 및 주거환경정비법'상의 사업시행(계획)인가 역시 주택법상의 사업계획승인 마냥 허가적 측면과 설권적(특허적) 측면을 함께 지닌 허용행위로 보는 것이 바람직하다. 하지만 대법원 2008.1.10. 선고 2007두16691판결은 사업시행인가를 보충행위로서의 인가적 차원에서 접근하였다. 이는 바람직하지 않다(졸고, 주택재건축 정비사업시행인가의 법적 성질에 관한 소고, 법률신문 제3737호(2009.4.13.). 이 자리에서 필자가 구 토지구획정리사업 제9조상의 시행인가와 주택재건축정비사업 시행인가를 단지 허가로 접근한 것(행정법기본연구 I, 310면 이하; 법률신문 제3737호(2009.4.13.))을 수정하고자 한다.

4) 반면 부담으로 보는 견해로 盧垌泌, 불가쟁력이 발생한 행정처분의 변경을 구할 조리상 신청권이 인정되는지 여부, 대법원판례해설 제68호, 2007.12., 418면.

였다. 기왕의 거부처분인정공식(행정행위의 신청+신청권의 존재)에 의하면, 대상행위의 처분성, 그에 관한 신청권이 인정되어야 한다. 그런데 제1심은 전자의 물음과 관련해서, 용도폐지된 행정재산(일반재산: 잡종재산)의 양도나 매각이 원칙적으론 私法行爲이지만, "행정청이 공권력의 주체라는 우월한 지위에서 법령이 정한 바에 따라 일정한 요건을 갖춘 특정한 상대방에게 경제적 합리성을 갖는 통상적인 가격에 현저히 미치지 못하는 가격이나 무상으로 국 · 공유재산을 양도할 수 있는 내용의 재량권을 가진 경우", 그에 따른 현저히 낮은 가격이나 무상으로 양도하는 행위는 행정처분이 된다고 판시하였다. 매우 의미로운 논증이긴 하지만,[5] 결정적으로 대부국유임야대부 · 무상양여 및 그 거부와 폐천부지양여의 처분성을 부인하는 대법원 1983.8.23. 선고 83누239판결과 1985.3.26. 선고 84누736판결을 넘어서긴 어렵다.

생각건대 일반재산(잡종재산)의 양여에 관한 기왕의 논증을 벗어나기 위해선, 오히려 "「국유재산법」과 「공유재산 및 물품 관리법」에도 불구하고"라는 국토계획법 제65조 제2항 후단부분에 주목할 필요가 있다. 이를 私法的 관점을 수정하는 착안점으로 삼고, 아울러 공법귀속의 문제에서 實體的 相關關係理論을 적용하면, 동규정상의 무상양도를 공법적으로 접근하는 데 크게 어렵지 않다.[6] 요컨대 여기서의 무상양도결정은 私法的 효과(소유권의 무상이전)를 발생시키는 행정처분에 해당한다.[7] 그리고 대법원 1983.8.23. 선고 83누239판결 등의 사안은 공공시설의 무상귀속과는 무관하다.

私的 사업자로선, 유상양도를 설정한 사업계획승인조건의 부가에 즈음하여 무상양도의 가능성을 나름대로 모색하는 것이 자연스럽다. 그러나 이미 대법원 1998.11.24. 선고 97다47651판결은, 국토계획법 제65조 제2항 후단부분에 상응하였던 구 도시계획법 제83조 제2항 후단부분에 대해서, "문언에 반하여 '무상으로 양도하여야 한다'는 취지의 기속규정으로 해석할 근거가 없다"고 판시하였다. 여기선 국토계획법 제65조 제2항에 관한 섬세한 검토가 필요하다. 전단부분이 신설 공공시설의 무상귀속을 통한 일종의 國庫的 特權(Fiskusprivilegien)을 규정한 것이라면, 후단부분은 그에 대응한 것이다. 그럼에도 불구하고 무상양도여부를 전적으로 재량사항으로 보면, 私的 사업자의 지위는 매우 열악한 처지에 놓인다.[8] 따라서 용도폐지공공시설의 무상양도를, 신

---

5) 이런 논증에 호감을 표한 문헌으로, 崔桂暎, 용도폐지된 공공시설에 대한 무상양도신청거부의 처분성, 행정법연구 제14호, 2005.10., 429면 이하.

6) 追論: 공법귀속의 가늠에 관해선 본서 96면 이하 참조.

7) 이런 單獨的 私權形成的 行政行爲의 또 다른 예가 금융감독위원회의 계약이전결정이다. 대법원 2002.4.12.선고 2001다38807판결 참조. 追論: 私權形成的 行政行爲에 관한 상세는 본서 96면 이하; 행정법기본연구 I, 271면 이하 참조.

8) 공공시설 무상귀속의 위헌문제에 관해선, 헌법재판소 2003.8.21. 선고 2000헌가11, 2001헌가29(병합) 결정 참조.

설공공시설의 무상귀속에 대한 일종의 제도적 방어기제로 바라보아야 한다. 양자간의 균형추가 신설공공시설의 설치비용범위이다. 이런 식의 접근을 하면 무상양도여부의 재량은 자연스럽게 축소될 수 있으며, 그 귀결은 -제1심이 취하였듯이- 거부처분의 인정공식에서 요구하는 신청권의 인정이다(무상양도의무의 성립은 별개이다). 제1심 역시 동항의 위헌적 요소를 제거하기 위한 방편으로, 무상양도에 관한 조리상의 신청권의 존재를 정당하게 논증하였다.[9]

VI. 負擔의 變更申請의 차원에서의 접근

한편 대상판결과 그 원심은 '이 사건 신청'을 기왕의 승인조건(부담)에 연계시켜 부담변경신청으로 접근한다. 그리하여 그것의 거부는 기왕의 부담(행정행위)의 변경신청에 대한 거부인 셈이고, 관건은 不可爭的 행정행위의 변경신청권의 존부이다. 허나 그런 변경신청권을 명시한 예가 없을 뿐더러, 판례상으로도 공사중지명령해제요구권[10]과 국토이용계획변경신청권[11]에서나 예외적으로 인정되었을 뿐이다. 사정이 이럴진대, 비록 상례적인 탈출구(관계 법령의 해석상 그러한 신청권이 인정될 수 있는 등 특별한 사정이 있는 경우)가 있긴 해도, 판례의 기조는 소극적일 수밖에 없다.

우리의 경우 독일 행정절차법 제51조(不可爭的 행정행위의 재심사)와 같은 명문규정이 없는 이상, 독일에서의 광의의 재심사에 착안하여 행정행위의 폐지(취소 · 철회)의 일반론에 의거하여 접근할 수 있다. 참고로 독일의 경우 行政行爲의 廢止와 그에 따른 재심사는 협의의 재심사(행정절차법 제51조)와는 달리 원칙적으로 행정청의 재량에 속하는데, 오늘날 다수 경향은 과거와는 달리 이러한 재심사에 대한 무하자재량행사청구권과 (재량축소의 경우엔) 재심사청구권의 성립을 인정한다. 그리하여 어떠한 경우에 재심사의무와 재심사청구권을 발생시키는 재량영으로의 축소가 성립하는지가 문제된다.[12] 설령 負擔變更으로 접근한다 하더라도, 제1심의 전향적 논의를 최대한 반영하여 不可爭力의 문제를 불식시키려는 시도가 강구되지 않은 점이 아쉽다.

---

9) 반론: 盧坰泌, 앞의 글, 420면.

10) 대법원 1997.12.26. 선고 96누17745판결.

11) 대법원 2003.9.23. 선고 2001두10936판결.

12) 따라서 독일의 경우 행정행위의 폐지요구에 대한 행정청의 불응(부작위나 거부)에 대해서 의무이행소송을 제기하는 데 아무런 문제가 없다. 즉, 소송요건의 원고적격상의 장애가 존재하지 않는다. 이에 관한 상론은 졸저, 행정법기본연구 I, 2008, 242면 이하 참조.

Ⅶ. 맺으면서-行政法發展의 停滯

일찍이 새만금판결이[13] 행정개입청구권과 행정행위의 재심사의 법리에서 접근하였지만,[14] 행정개입청구권의 법리는 이미 대법원 2006.6.30. 선고 2004두701판결에서,[15] 행정행위의 재심사의 법리는 대상판결에서 확실히 消失되어 버렸다. 부관의 사후부가에 대해 매우 관대한 입장인 점에서,[16] 판례가 부관의 사후변경을 통한 행정행위의 변경에 대해 지나치게 엄격한 태도를 취한 것도 조화되지 않는다. 대법원 1984.10.23. 선고 84누227판결에서 비롯된 (소송요건의 차원에서의) 신청권에 관한 기왕의 판례입장이 바뀌지 않는 한, 행정법으로선 이론적 停滯를 피할 수 없고, 司法으로서도 효과적인 권리보호기능을 다할 수 없다. 과연 언제쯤 행정행위의 폐지를 통한 재심사가 우리 행정법의 학문적 자산이 될 수 있을까?

* 법률신문 제3761號, 2009.7.13. 소수.

---

13) 대법원 2006.3.16. 선고 2006두330전원합의체판결.

14) 追論: 이에 관한 상론은 행정법기본연구 I, 87면 이하 참조.

15) 동판결의 문제점에 관한 상세는 拙稿, 채석허가에 따른 적지복구상의 산림소유자의 법적 지위, 법률신문 제3563호, 2007.6.18.(본서 315면 이하) 참조.

16) 대법원 1997.5.30. 선고 97누2627판결.

제 4 편 個別行政法 Ⅲ(科學技術行政法 등)

제 1 장

公法上의 리스크操縱

-고권적 감시와 규율된 자발성의 사이에-

Ⅰ. 리스크操縱의 槪念[1)]

공법상의 '리스크操縱'(Risikosteuerung)에 관해 말하기 위해선, 우선 (그것이) 용어상으로 정당하다는 증명이 필요하다. 19세기의 법치국가적 위대한 업적 가운데 하나가, 바로 내부적 안전보장이란 국가임무를 '위험방지'로 되돌렸다는 것과 이를 법률유보, 확고한 책임귀속 및 비례원칙과 같은 완화조항을 통해서 도그마틱적으로 규율하였다는 것이다. 하지만 간과할 수 없는 사실은, 급부국가의 강력하고 가시지 않는 앙가쥬망 이후엔, 국가활동이 안전보장의 관점에서 새롭게 두드러지게 확장되었다는 점이다.[2)] 그리고 이런 확장은 법적 계수와 개념상의 새로운 방향설정을 요구한다. 건강배려, 기술적 안전성의 조성, 그리고 자연적 생활근거의 보호에 이바지하고자 하는 법률이 현저히 증가함으로써, 새로우면서도 적절한 일반적 레테르를 붙일 필요성이 초래되었다. 일련의 여러 제안이 풍미하고 있다. '事前配慮國家'(Vorsorgestaat),[3)] '豫防國

1) 이 글은 독일 본(Bonn)대학교 법과대학 교수이자 연방헌법재판소 재판관인 Udo Di Fabio 교수(Professor Dr.iur. Dr.sc.pol. Udo Di Fabio)가 Hoffmann-Riem/Schmidt-Aßmann(Hrsg.), Öffentliches Recht und Privatrecht als wechselseitige Auffangordnung, 1996, S.143ff.에 실은 'Risikosteuerung im öffentlichen Recht'을 옮긴 것이다. 본문상의 법률이나 법원은 독일의 것이어서 특별한 부가어를 덧붙이지 않았음을 밝혀 둔다.

2) 국가의 내부적인 안전보장의 제한과 부흥의 경과에 관해선 Di Fabio, Risikoentscheidungen im Rechtsstaat, 1994, S.27ff.

家'(Präventionsstaat),[4] '環境國家'(Umweltstaat),[5] '保護國家'(Schutzstaat),[6] '訓育(教育, 啓導)國家'(präzeptoraler Staat)[7]라고 일컫고 있다. 이에 반해서 사회학은 국가가 아니라 사회를 위해, 지극히 효과적이면서도 심지어 열망적으로 수용된 개념 즉, '리스크사회'(Risikogesellschaft)란 개념[8]을 만들었다.

하지만 법률가는 리스크에 관해 마지못해 언급하는데, 그 이유는 리스크의 배후엔 모호한 개념이 숨겨져 있기 때문이다. 이 모호한 개념은 법적으론 어떤 확고한 윤곽을 획득하지 못하지만, 法外的으론 맥락에 결부된 外生的 意味(Fremdbedeutungen)를 획득한다. 이런 모호한 개념의 특징은, 그것들이 법학적 체계상으론 아직 도그마틱화되지 않았다거나 혹은 근본적인 이유에서 오랜 시간이 흘러도 체계에 맞춰질 수가 없다는 점이다. 초경계적 개념-개념상의 越境者(Grenzgänger)-은 철학이나 정치학과 같은 다른 학문분야로부터 많은 핵심내용을 借用하였기에, 필경 법학적 체계에선 여전히 비전문적인 것에 머문다. '정의'나 '평등'과 같은 개념이 이런 초경계적 개념의 문제점을 실례로 보여준다.[9]

합리화전략의 의미에서의 '리스크'에 관해선, 여태 보험수학자, 엔지니어[10], 경제학자[11]가 언급하였다. 이들 모두는 蓋然性과 算定을 갖고서 연구한다. 이들은 -손해발생 개연성과 방지비용과 관련해서, 또는 불확실성의 조건하에서의 기대이득과 기대손실과 관련해서- 합리적인 미래사정을 수행하기 위한 방법과 모델을 사용한다.[12] 70년대에 핵기술시설의 안전성의 평가가 문제되었다. 공법은 이보다 더 광범한 분야에서 이런 이용수단을 알게 되었다.[13] 리스크개념은 이런 논쟁으로부터 독일 헌법과 행정법에

---

3) Francois Ewald, Der Vorsorgestaat, 1986, deutsch 1993. Vgl. auch Schmitt, Der Staat der Umweltvorsorge, DÖV 1994, 749ff.

4) Denninger, Der Präventions-Staat, KJ 1988, 1ff.; Grimm, Verfassungsrechtliche Anmerkungen zum Thema Prävention, KritV 1986, 38ff.

5) Kloepfer, Interdisziplinäre Aspekte des Umweltstaats, DVBl.1994, 12ff.; ders., Auf dem Weg zum Umweltstaat, in: ders., (Hrsg.), Umweltstaat, 1989, S.47ff.

6) Hans A. Hesse, Der Schutzstaat, 1994.

7) Di Fabio, Grundrechte im präzeptoralen Staat, JZ 1993, 689ff.

8) Beck, Risikogesellschaft. Auf dem Weg in eine andere Moderne, 1986. 다음의 문헌도 참조: Luhmann, Soziologie des Risikos, 1991; Beckmann, Risiko als Schlüsselkategorie der Gesellschaftstheorie, KritV 1991, 212ff.; Di Fabio, Risikoentscheidungen im Rechtsstaat, S.52ff.; Laduer, Das Umweltrecht der Wissensgesellschaft, 1995, S.51ff.

9) 헌법상으로 정의에 관한 초실증적 개념에 관해선: Breuer, Staatsrecht und Gerechtigkeit, in: Festschrift für Redeker, 1993, S. 11(20ff.).

10) 리스크를 공학에서 다룸에 관해선: Compes (Hrsg.), Risiken komplizierter Systeme – ihre komplexe Beurteilung und Behandlung, 1982.

11) 합리적 리스크산정의 근원에 관해선: Krüger/Daston/Heidelberger(Hrsg.), The Probabilistic Revolution, Vol. 1: Ideas in History, Cambrige (Mass.)/London, 1987.

12) 이 때 리스크를 합리화하고 이와 관련한 결정논리를 전개하는 것이 실제적으로 가능하지 여부는 論外이다. 참조: Baecker, Rationalität oder Risiko?, in: Glagow u. a.(Hrsg.), Gesellschaftliche Steuerungsrationlität und partikulare Handlungsstrategien, 1989, S.31ff.

그의 길을 내었다. 한편으론 -학문적 지식의 선까지 미친- '필수적인 훼손(손상)배려'와, 다른 한편으론 -실천이성을 통해서 배제되는 손해발생개연성의 영역에서의- '감수가능한 잔여리스크(Restrisiko)'[14]는, 원자력법과 관련하여 행정법원과 헌법재판소의 결정을 중심적으로 인도하는 데까지 이르렀다.[15] 그런데 오히려 법학적 체계에선 리스크개념의 의의가, 동 개념이란 특별한 판단 · 결정상의 불확실성을 위한 단순한 문제점지표로서 성립하였다는 식이 되어 버렸다. 반면 算定的으로 진행되는 학문분야에선, 동 개념은 특히 불확실성을 합리적인 활동전략으로 바꾸기 위한 개념적 상징(Begriffssymbol)으로 사용되고 있다.[16] 따라서 공법상의 리스크조종의 개념은 항상 이중적 의미를 갖는다: 본질적으론 제3자의 보호법익을 고려한 리스크축소가 관건이다; 이에 발해져야 할 입법 · 집행상의 결정 역시 지식의 불확실성 때문에 결정주체 즉, 국가를 위해서도 숙명적으로 리스크와 연관되어 있다.[17]

법률상으로 훼손방지와 연관해서 일정한 활동, 시설 또는 제품에 관한 계획적이고 체계적인 감시가 이루어지는 곳에선, 훼손(발생)리스크에 관한 고권적 규율화는 언제나 매우 심도있다. 이런 체계적 리스크조종의 事物的 對象들은 異質的이다: 몇 개만 들면, 원자력발전소, 식물보호약품(농약), 음식점, 공작기구, 의약품 또는 유전공학적 시설. 그런 사물영역을 고려한 즉, 이 점에 있어서 '操縱'(Steuerung)이라 말할 수 있다. 왜냐하면 해당 분야의 법률이 경찰법상의 개괄조항에 의거한 조치와는 달리, 전체 경제분야와 공업분야를 훼손예방의 관점에서 계획성 있게 형성하고 있기 때문이다.[18] 조종객체(대상)의 道具化의 방향으로[19] 共鳴하는 '操縱'이란 표현의 內包와는 반대로,

---

13) Vgl. nur Ossenbühl, Kernenergie im Spiegel des Verfassungsrechts, DÖV 1981, 1ff.

14) 이 때 필수적인 리스크 사전배려와 시민이 감내해야 할 잔여리스크간에 구분한다는 것은 결코 법학적 개념성으로선 행해질 수 없었고, 그 때문에 실천이성의 규준이란 곤경해소책이 소용될 수밖에 없었다. 아무튼 훼손가능성에 관해 더 이상 규명이 불가능한 불확실성이 지배하는 곳에서, 리스크개념의 나름의 영역이 발견되었다. Vgl. Scholz, Technik und Recht, in: Festschrift zum 125jährigen Bestehen der Juristischen Gesellschaft zu Berlin, 1984, S.691(694).

15) 특히 BVerfGE 49, 89(134ff.); 53, 30ff.

16) 이 점에 있어선 참조: Joerges, Rationlisierungsprozesse im Recht der Produktsicherheit, UTR 27 (1994), 141(146).

17) Di Fabio, Risikoentscheidungen im Rechtsstaat, S.463.

18) 조종개념에 관해선: König/Dose, Klassifizierungsansätze staatlicher Handlungsformen, Speyerer Forschungsberichte Nr.83, 1989; Schuppert, Verwaltungsrechtswissenschaft als Steuerungswissenschaft, in: Hoffmann-Riem/Schmidt-Aßmann/Schuppert(Hrsg.), Reform des Allgemeinen Verwaltungsrechts, 1993, S.67ff.; Hoffmann-Riem, Reform des Allgemeinen Verwaltungsrechts: Vorüberlegungen, DVBl. 1994, 1381(1383). ※ 역자주: 한편 Oliver Lepsius는 시스템(체계)이론적 모델의 채용이란 기본법을 통해서 예정된 규범적 질서와 합치하지 않음을 강조하며, 아울러 현재의 조종논의가 사회의 시스템이론적 채용과 그로부터 비롯된 법적 규율에 관한 확신을 제 것으로 하는 한, 그 논의는 誤導된 것이라고 주장한다. 그는 조종논의가 시스템이론과 함께, 그릇된 세계화관점을 공유하고 있다고 강변한다. Oliver Lepsius, Steuerungsdiskussion, Systemtheorie und Parlamentarismuskritik, 1999.

19) 이 점에 있어 타당하게 비판하는 것으로: Schmidt-Aßmann, Zur Reform des Allgemeinen Verwaltungsrechts, in: Hoffmann-Riem/Schmidt-Aßmann/Schuppert(Hrsg.), Reform des Allgemeinen Verwaltungsrechts,

리스크규율화의 특징적 소재는 다음과 같은 점을 보여준다. 즉, (그것의) 필연적인 복잡성은 조종참여자로 하여금 특히 스스로 일종의 束手無策의 상황으로 내몰며, 그리고 국가로 하여금 이에 대응하여 다시금 결정책임을 위임하도록 만든다.[20]

Ⅱ. 公法的 리스크操縱의 類型

건강과 환경에 대한 훼손리스크를 공법적 수단으로써 操縱한다 함은, 관찰자로선 광범하게 세분화된 규율체계로서 마주하게 된다. 이 규율체계는 부분적으론 세부사항에 몰두하는 식으로 만들어졌지만, 종종 형체가 없다는 감도 준다. 다양한 모습을 띄기 때문에 주제별 포착은 범주화에 의거한다.

예방적 설비통제를 망라하는 리스크특유한 감시절차가 영업자유의 보장을 위하여 보충적으로 형성되었듯이, 이런 감시절차가 중심적 관심사이다.[21] 重商主義的인 特許(Konzession)的 思考에 쫓아서, 허가유보부 예방적 금지가 도입되었다. 이는 벌써 리스크와 연관된 행위의 앞 부분에서 배려적, 체계적 위험방지를 가능케 하며, 그리고 추후의 지속적 감시를 용이하게 하였다. 원자력법, 연방오염방지법, 의약품법이나 유전공학법과 같은 특별법에 자리매김한 이런 감시타입을, 전문적, 고권적 리스크 操縱이라 부르고 싶다.[22] 그래서 이런 감시타입을 가령 건축상세계획의 발함이나 장거리도로의 건축과 같은 포괄적인 조치와는 구분하고 싶다. 후자의 경우에도 리스크가 중요한 방법으로 형성되어지긴 하나, 이런 목적이 지배하진 않는다.[23]

그런데 근대국가는 자신의 안전임무를 다음과 같은 식, 즉, 전문적 감시절차를 확대 · 강화한다거나, 또는 리스크법적으론 그 자체 포괄적인 행정절차에 대해 안전과 환경의 관심사를 눈에 띄게 부여하는 것을 확대 · 강화하는 식으로만 이행하지는 않는다. 근대국가는 완전히 새로운 길로도 나아간다. 그리하여 간접적이고, 사회의 다른 하위체계와 관련하여 보완적인 조종노력이 공법적 리스크 조종의 세 번째 범주로서 논의될 것이다.[24]

네 번째의 규율범주는 유럽의 제2차법적 행위(부차법적 행위)(Sekundärrechtsakte)의

1993, S.11(18).

20) 협력적 국가활동의 이런 근원에 관해선 참조: Ernst-Hasso Ritter, Das Recht als Steuerungsmedium im kooperativen Staat, in: Grimm (Hrsg.), Wachsende Staatsaufgaben-Sinkende Struerungsfähigkeit des Rechts, 1990, S.69ff. 규범대체적 협상에서의 공법과 사법간의 振動의 문제점에 관해선: Brohm, Rechtsgrundsätze für normersetzende Absprachen, DÖV 1992, 1025ff.

21) Gröschner, Das Überwachungsrechtsverhältnis, 1992, S.5ff.

22) 참조 아래 Ⅲ.

23) 참조 아래 Ⅳ.

24) 참조 아래 Ⅴ.

차원에서 성립한다고 본다. 여기선 사적 주체에서 시작된 경제일치(통일)화에 공적인 안전과 환경의 관심사가 입력되며, 동시에 많은 측면에서 규율된 탈규제(regulierte Deregulation)로서 여겨지는, 공법과 사법의 새로운 혼합형이 성립한다.[25] 이런 네 번째 범주에 따라서, 공법적 리스크 조종의 수준이 그려지고, 민법과의 관련점이 강조될 것이다.

Ⅲ. 專門的 監視節次

1. 리스크 縮小를 위한 專門的 行政節次의 民事法的 關聯點

전문적으로 리스크에 의거한 (허가유보부) 行政禁止는, 19세기의 제분기 · 고압보일러 · 증기기관에 관한 통제에서 비롯하여, 기술상의 안전성 및 설비관련한 안전성의 전 분야를 거쳐서 확대되었다.[26] 그것의 범위는 숙박업으로부터 원자력발전소에까지 미친다. 물론 건축허가와 판매가능한 물품의 판매허용 역시 특별한 危險防止(Gefahrenabwehr)의 중요한 영역에 속한다. 비록 예방적 허용과 지속적인 감시를 통한 위험방지의 모델이 고전적인 介入行政으로 간주될 수 있다 하더라도,[27] 이런 규율유형과 사법적 조직형식간의 생래적, 긴밀한 관계는 무시되지 않아야 할 것이다. 이미 오래전에 국가는 技術規定(공업규정, Die Regeln der Technik)과 −사법적으로 성립한− 技術(工業)監視協會(TÜV)의 개입을 참조하도록 지시함으로써(참조: 오늘날의 공작기기법 제14조), 본래의 감시임무 및 안전성기준의 설정을 免하였다.[28] 만약 기술감시협회의 노력이 없다면, 독일에서의 자동차 및 원자력발전소에 관한 통제는 오늘날에도 여전히 생각하기 어려울 것이다.

국가와 기술감시협회간의 분업화된 설비감시란 협력적 토대를 뛰어 넘어서, 소위 監視法關係(Überwachungsrechtsverhältniss)를 기능적으로 민사법을 겨냥하여 설정하는 것, 즉 행정법적으론 오히려 중요하지 않게 여겨졌던 방향설정이 존재한다. 요컨대,

---

25) 참조 아래 Ⅵ.

26) 기원에 관해선 알기 쉽게는: Sonnenberg, Hundert Jahre Sicherheit. Beiträge zur technischen und administrativen Entwicklung des Dampfkesselwesens in Deutschland von 1810 bis 1910, 1968.

27) 공법적 리스크조정의 고전적인 −종종 질서법적이라 표현되는− 구상은 오늘날엔 공작기기안전법(GSG, Gerätesicherheitsgesetz): 공작기기법(Gesetz über technische Arbeitsmittel)에 잔존하고 있는데, 동법은 −감시필요적 설비를 포착하는− 영업법(GewO) 제24조를 계승하였다.

28) 증기기관의 설비와 사용과 관련한 '최고내각령의 시행훈령'을 통한 최초의 고권적 설비표준설정은, 벌써 1831년에 중소기업을 위한 (공업)기술위원회의 감정평가서에 의거하였다. Kloepfer, Zur Geschichte des deutschen Umweltrechts, 1994, S.40. 위원회제도(Deputationswesen)의 발전에 관해선 다음 문헌도 참조: Sonnenberg, Hundert Jahre Sicherheit. Beiträge zur technischen und administrativen Entwicklung des Dampfkesselwesens in Deutschland von 1810 bis 1910, S.125f.

특히 다음의 사정이 고권적 리스크규율의 중요성을 광범하게 증대시키는 데 이바지하였다. 즉, 경영자조차도 모든 경제적 자유주의를 저버리고, 隣人의 民事的 防止請求權(Abwehransprüche)에 대한 *存續保護*를 사권주체우위적 주체를 통해 투자의 전단계에서 획득하는 것에 대해서, 중대한 관심을 가졌다.[29] 따라서 가령 연방오염방지법 제14조에서 나타난 것처럼, 국가에 의해서 강구된 시민의 보호를 제외하고선, 예방적 허가절차는 가령 (독일) 민법 제1004조, 제906조로부터의 不作爲請求權(Unterlassungsansprüche)이 배제되거나 전환될 정도로 경제촉진인 셈이었다. 오늘날 통상 복합적인 계획확정절차는 排除效 및 계획확정결정에 의해서 매개된 *存續保護*와 *投資保護*를 담고 있는데, 만약 이런 계획확정절차가 없다면, 공간충돌을 야기하는 대형프로젝트를 위한 안전한 경제투자란 극히 생각할 수 없을 것이다. 따라서 監視法關係란 원래 양극적이게 만들어져 있은 것은 아니며, 심층구조상으론 3각관계로 판명된다.[30] 이 3각관계에서 국가는 리스크주체의 주관적 권리에의 개입을 통해서 훼손(손상)가능성을 축소하긴 하나, 실은 그와 동시에 관련 隣人에게도 리스크를 기대하고 감내하도록 의무를 지운다. 안전이익을 고려하는 경제촉진과, 경제이익을 고려하는 위험방지 사이를 왔다 갔다 하는 이런 방법으로써, *立法者*는 적어도 부분적으로 *私法*을 驅逐하였다. *私法*은 구상으론 균형이 잡힌 질서이긴 하지만, 사권주체와 관련한 단순한 평등을 전제로 하는 점, 구체적인 결정잣대가 불충분한 점으로 말미암아, 산업사회의 이익충돌에 충분히 맞추어서 만들어지진 않은 질서이다. 그렇지만 완전히 *私法*이 내쳐지진 않는다. 특히 오염방지법은 공법과 사법적 부작위청구권간의 경합상황을 배제하지 아니 한다[31]; 이 점에 있어선, 民事法이 *補充的 秩序*와 *包容的 秩序*(Komplementär- und Auffangsordnung)로서 제 기능을 여전히 발휘한다.[32]

2. 專門的 리스크操縱體系上의 一次的, 質的 變位

특별한 *危險防止*를 위하여 전문적으로 리스크를 조종하는 법률은, 그런 법률의 양적 증대와 내부적 성질변화를 통해서, 독립화 및 안전목표에 관한 한층 야심찬 설정을 특징으로 하는 발전과정을 돋보이게 한다. 고도기술적이고 복합적인 사회에선 국가적

---

29) 기술통제를 위한 전문법률상으로 눈에 띄는, '기술촉진과 기술제한간의 갈등관계'가 이로부터 비롯되었다; Murswiek, Die Bewältigung der wissenschaftlichen und Technischen Entwicklung durch das Verwaltungsrecht, VVDStRL 48 (1990), 207(209).

30) Vgl. Bauer, Altes und Neues zur Schutznormtheorie, AöR 113 (1988), 582(624f.).

31) 참조 아래 IV.

32) Schmidt-Aßmann, Öffentliches Recht und Privatrecht als wechselseitige Bezugs-, Ergänzungs- und Auffangordnungen- Entwicklungsperspektiven, in: Hoffmann-Riem/Schmidt-Aßmann(Hrsg.), Öffentliches Recht und Privatrecht als wechselseitige Auffangordnung, 1996, 7ff.

안전보장을 제공하라는 요구가 점점 더 강력히 제기되는데, 이런 요구로 말미암아, 입법자로선 보호목표와 보호임무를 광범하게 규율하도록 강제된다. (그런데) 이 보호목표와 보호임무는 행정과 행정법을 공법적 형성력의 가장자리까지 다다르게 함으로써, 숨겨지거나 미확정된 대피행동의 경우 私法에게로 되돌려 환기시킨다.

복합적인 원인과 효능의 양상을 지닌 대규모테크놀로지 즉, 핵기술설비나 화학산업의 대규모설비의 경우엔, 보호법익범위와 관련한 일차적인 확대의 움직임 및 개입수위의 저하에도 불구하고, 설비와 관련한 危險防止의 구상(Konzept)은 벌써 완연한 한계에 봉착하였다. 전문적 기술상의 설비리스크나 제품리스크를 防止(Abwehr)하는 것이 문제되기보다는, 자연적 생활토대에 대한 복합적 영향미침을 판단하는 것이 문제되거나 토양과 수질의 유지에 대한 개개의 화학물질이나 식물보호약품(농약)의 지속적 영향을 판단하는 것이 문제되는 경우엔, 危險防止의 규율적 세계가 더욱더 불충분한 것으로 판명되었다.[33)]

그처럼 법률상으로 요구된 리스크결정으로 말미암아, 집행부(행정)는 훼손(손상)가능성을 원자력법에서처럼 경험적 또는 이론적 지식의 한계까지 사정하여야 하고, 또한 집행부는 지식이 결정을 더 이상 충분히 지지하지 못하는 경우엔 형량적 평가를 하여야 한다.[34)] 그리고 판단의 시간적 범주가 암시적으로 이례적으로 길게 늘어져 있는 경우엔, 극히 인식하기 어려운 장기적 영향도 리스크사정에 포함될 것이다. 기본법 제20조의a에 의해서, 미래세대의 연장된 시간적 관점에서의 자연적 생활근거의 보호가 국가목표로까지 격상되었다. 이를 통해서, 동조는 이런 (리스크사정의) 확장이 환경입법의 헌법적으로 의욕된 통례가 되게끔 만들었다.

3. 高權的 리스크決定에서의 脫公共化 傾向(Entpublifizierungstendenzen)

많은 사람들은 국가목표 및 행정청의 권한 · 권능을 확대하는 것을, 保護國家的 構造의 發興과 法治國家的 世界의 遮斷으로 여긴다.[35)] 이런 확대는, 국가적 리스크규율의 전통적인 모델에 있어 주목할 만한 과잉요구현상과 대피행동을 초래하였다.

가령 행정절차에서의 事案調査와 관련해서, 고유한 국가적 활동의 후퇴가 지적되

---

33) 예컨대 식물보호약품(농약)의 허용(승인)은 행정절차에 해당하는데, 여기선 전체 자연계에 관한 장기간의 영향미침을 조사하고 사정하는 것이 관건이다. 이에 관한 상세는 Di Fabio, Risikoentscheidungen im Rechtsstaat, S.137ff und S.154ff. 식물보호법(농약법) 제15조 제1항 3호 b)는 특히 광범하고 분명히 평가의존적인 성립요건을 위한 예를 제공한다. 이에 따라서 식물보호약품(농약)은 과학지식의 수준에 비추어 타당성이 없는 기타의 영향을 자연계에 미쳐선 아니 된다. Vgl. BVerwGE 81, 12ff.

34) 식물보호법(농약법) 제15조, 유전공학법 제16조 제2항 또는 의약품법 제25조 제2항 제5호와 같은 허가성립요건에서, 법률상으로 요구되는 효능 · 리스크의 분석(타당성이 있는 것의 판정)이 눈에 띈다.

35) Hans A. Hesse, Der Schutzstaat, 1994.

어야 한다. 행정절차법 제24조의 기본모델에 의하면, 결정과 관련이 있는 사안을 행정청이 조사한다. 이에 반해 이례적으로 정보의존적인 리스크행정절차의 경우엔, 사안규명이 被監視者에게로 광범하게 이전하는 것이 그 특징이다. 被監視者에게 과해진 책무와 행정적 의무는 전문법률상의 모습에 따라서 성립한다. 즉, 이들은 기술적, 과학적 데이타 및 경험상으로 확고하게 된 시험결과를 승인(허용)절차에서 제출하는 것(가령 연방오염방지법 제10조 제1항 제2문과 제3문, 의약품법 제22조)에서부터, 경험상의 자료에 관한 전문가들의 자체평가(가령 의약품법 제24조)를 거쳐서, 오염방지법에서처럼 자율감시의 방법으로 지속적인 측정하는 것(동법 제29조)과 의약품법에서처럼 지속적인 정보제공의무(동법 제29조)에까지 이른다. 시험비용과 시간소요를 고려한 즉, 承認義務와 申告義務는 안전을 위한 그 밖의 부담금과 비용의 부담과 더불어 새로운 독립된 負擔(Belastung)이 되었다. 가령 화공품법, 유전공학법, 의약품법, 식물보호약품법(농약법)에서와 같은 서류심사의 범주에선, 실제 행정청은 납득가능성심사(통제)와 무작위추출검사로 후퇴한다. 탈규제적 사고와 결합하여서 숙고되는 것이 바로, 이런 착안점이 사법적 기원의 품질감시단체를 본보기로 한 운영자의 自己統制(Eigenkontrolle)에로 강화될 것인지 여부이다. 자기통제는 그저 국가적으론 울타리가 쳐진 데 불과한데, 이런 숙고와 더불어 기업체 내부에까지 이르는 私보험업체의 他者統制(Fremdkotrolle)까지도 보험의무와 위험책임을 통해서 고려된다.[36)]

리스크조종을 위하여 질서법적 착안점을 보호법익과 관련하여 확장시키는 것은, 전체적으로 보아 다음의 사실 즉, 질서법적 체계에서 민간화요소가 더욱더 강화될 수 밖에 없다는 사실을 초래한다. 事案調査義務를 被監視者 스스로에게 – 그가 그 역할에서 서류심사절차에서의 신청인이든 연방오염방지법 제26조 내지 제31조에 따른 감시대상이든 상관없이– 轉嫁시키는 것만이, 고권적 리스크감시의 신중한 脫公共化의 부분은 아니다. 그것은 (사안조사)의무자가 채권법상의 위임관계의 설정의 방법으로 受任 제3자를 감시와 리스크조사에 포함시키기 때문에, 특히 그러하다. 안전이나 환경보호를 위하여 권한을 갖는 다수의 運營(운전, 가동)受託者(Betriebsbeauftragte) 역시 비슷한 의의를 갖는다. 하천보호수탁자(水管理法 제21조의 a), 폐기물수탁자(폐기물법 제54조, 제55조), 오염방지수탁자 및 원전사고수탁자(연방오염방지법 제53조, 제58조의a) 또는 의약품법 제63조의a에 의한 임상시험수탁자(단계계획 수탁자)를 법률상으로 도입함으로써, 기업체의 피고용자(수탁자)는 公務受託私人(Beliehene)이나 行政補助人(Verwaltungshelfer)이 아니면서도 국가적 감시행정청과 지속적으로 친근한 관계에 선

---

36) 이에 관해선 Bohne의 제안을 참조하는데, 이는 Bülow에 의해서 인용된다. Bülow, Reform des Verwaltungsverfahrensrechts, UPR 1993, 245.

다. 개인적으로 수탁자에겐, 국가에 대한 일종의 특별한 성실의무가 요구된다; 수탁자들의 심사임무와 조언임무를 참작한 즉, 이들은 기업체내의 감시행정청의 -비록 힘이 아주 세진 않지만- 확장된 팔이 된다. 가령 원전사고수탁자는 연방오염방지법 제58조의b 제1항 제2문에 의해서,[37] 설비안전성의 향상에 영향을 미치는 것, 운영자에게 위험과 관련한 장해를 알리는 것, 그리고 해당 법규정과 행정청의 (부관으로서의) 負擔(Auflage)에 관한 준수를 감시하는 것과 관련해서, 의무와 함께 권능도 갖는다. 운영진에 대한 通報는 의도된 것인데, 이는 책임법적으로 책임을 지게 만들며, 입증목적을 위하여 認知時點을 기록하게 만든다. 추가로 의약품법의 임상시험수탁자는 해당 감시행정청에게 의약품리스크를 신고할 의무를 이행하는 데 있어서, 개인적으로 그리고 형벌로 보강되는 식으로 책임을 진다(의약품법 제63조의a 제1항 제3문).[38] 기업주와 운영수탁자간의 근로관계는, 수탁자를 고권적 감시목적에 특별하게 구속시킴으로써, 그리고 경영진으로부터의 영향미침에 대응해서 수탁자에 대해 노동법의 관점에서 제도적으로 안전조치를 강구함으로써, 약간 公共化되게 된다. 기업체의 증대된 자기감시의 思考는 공법과 사법간에 경계를 짓는 것이 불분명해진다는 점을 명백히 촉진시킨다. 경비가 많이 드는 사안조사에서 행정청이 뒤로 물러선다는 점만이 리스크사정이란 복합적 결정의 특징은 아니며, 리스크를 평가하기 위해서 그리고 법률상의 리스크기준을 구체화함에 있어서도 국가외적 세력, 즉 외부전문가에 의존한다. 법률이 과학, 과학과 기술의 수준, 기술규정을 참조하도록 지시한 경우에 있어선, 해당분야의 전문가가 결정과정에 편입된다거나 혹은 다른 어떤 곳에서 실증된 그들의 결과물이 수용되기도 한다. 확고한 자문위원회나 사전결정위원회의 방식으로 외부전문가를 행정절차에 연계시킴으로 말미암아, 공·사법의 분리의 관점에서 모호하게 된 중첩영역이 조직상으로도 생겨난다. 원자력공학기술상의 위원회, 유전공학적 안전성을 위한 핵심위원회(ZKBS), 그리고 의약품법상의 승인(허용)위원회에서 활동하는 전문가들은 행정청의 고용직원도, 공무수탁사인도, 행정보조인도 아니다. 이들의 조직상의, 기능상의 독립화의 정도에 대해선, -ZKBS의 예처럼- 이들 위원회가 이들의 '모행정청'(母行政廳, Mutterbehörde)에 대해서도 나름의 권능을 행사할 때에는, 이들 위원회를 부분적 권리능력이 있다고 간주하는 것[39]이 고려될 수 있다.[40]

---

37) 폐기물법(Krw-/AbfG) 제54조와 제55조에 의한 폐기물수탁자가 원전사고수탁자의 이런 모델에 합치한다.

38) 기업체수탁자에 관해선: Schmitt Glaeser/Mackenprang, Zur Institution des öffentlichrechtlichen Beauftragten, VerwArch. 1991, 15ff.; Kloepfer, Umweltrecht, 1989, S.152.

39) Di Fabio, Das Arzneimittelrecht als Repräsentant der Risikoverwaltung, Verw. 1994, 345(353). ※ 역자주: 이 글은 졸고(역), 리스크행정의 대표인 醫藥品法에 관한 소고, 법학연구(충북대 법학연구소), 제8권, 1997, 215면 이하(본서 369면 이하) 참조.

40) Di Fabio, Risikoentscheidungen im Rechtsstaat, S.133f.

행정법적 전문법률이 행정청의 승인결정의 구속력을 다른 법영역에 대해선 없애거나 제한할 경우에는, 고권적 우위요구를 행정절차를 넘을 정도로 실질적으로 폐기한 것으로 지적되어야 한다. 가령 의약품법에선 비록 광범하게 규정된 예방적 통제에도 불구하고, 국가는 자신의 고유한 책임인수와 관련해서도 자신의 의약품판매승인으로써 뒤로 물러나 있다; 의약품법상의 승인은 제조자를 위해선 아무런 合法化效果(Legalisierungswirkung)를 갖지 못한다. 즉, 동법 제25조 제10항, 제5조에 의해서 제약회사의 무제한적인 민·형사적 책임에는 전혀 변함이 없다. 그러나 이것의 배후에는, 리스키한 리스크결정에 대한 국가책임의 두려움만이 존재하는 것이 아니라, 안전목적을 촉구하기 위해 모든 법적 자원을 유동화하려는, 그리하여 행정법적 감시 말고도 민·형사법을 보충적으로 介在시키려는 노력 역시 존재한다 -아마도 이것이 무엇보다도 먼저일 수 있다-. 설비허가나 시장진입허가가 지닌 가능하고 領域逾越的인 합법화효과 및 구속효과[41]를 제한하기 위한 경향은, 이미 공법적으로 까다롭게 그리고 세밀히 규율된 대상을 위하여 민사법적 조종잠재력이 보충적으로 이용되는 사정에서도 인식할 수 있다. 여기선 종종 책임법이 중심이 되는데, 왜냐하면 예측된 예방동기화란 의미에서의 민사법적 리스크조종은, 경제적 책임리스크와 관련해서 기능하기 때문이다. -원자력법상으로 운영자보호에서 희생보호까지 이르는 것과 같은(§§25ff. AtG)[42]- 특별책임성립요건의 지속적 전개, 보전배려의무의 도입, 그리고 -제조물책임법이 규정하고 있는 것과 같은- 안전과 관련한 무과실책임이 이에 속한다. 공법적으로 규정된 전체적인 시설설비법은 環境責任法(UmweltHG)에 의해서 추가보완되고 있는데, 이 환경책임법은 민사법적 손해배상청구권의 성립을 위한 성립요건상의 요청을, 무과실책임과 원인추정을 통해서 명백하게 저하시키고자 한다.[43]

環境責任法은 동법이 마치 행정법적 설비통제와 병행해서 시행되도록 만들어졌다. 가령 연방오염방지법에 대한 환경책임법의 보충적 기능은, 환경책임법 제6조와 같은 규정을 통해서 분명하게 된다. 환경책임법 제6조 제1항에 따른 원인추정은 손해배상소송에서 설비운영자에겐 부담적인데, 이 원인추정은 해당설비가 특별한 운전(가동)의무(Betriebspflichten)를 고려하면서 규정에 맞게 운영된 경우에는 없어진다. 특별한 운

41) 행정청허가의 형법상의 구속효에 관해선: Ossenbühl, Verwaltungsrecht als Vorgabe für Zivil- und Strafrecht, DVBl. 1990, 963ff.

42) 특히 위험책임 및 책임최고한도금액의 삭제가 희생보호에 기여한다. 이에 관한 상세는 Pelzer, Überlegungen zur Novellierung des atomrechtlichen Haftungs- und Deckungsrechts in den 90er Jahren, in: Lukes (Hrsg.), Reformüberlegungen zum Atomrecht, 1991, S.455(460f.).

43) 환경책임법에 관해선 참조: Landsberg/Lülling, Umwelthaftungsrecht, 1991; Schmidt-Salzer, Umwelthaftungsrecht, 1992; Paschke, Kommentar zum Umwelthaftungsgesetz, 1993; Salje, Umwelthaftungsgesetz, 1993; Reuter, Das neue Gesetz über die Umwelthaftung, BB 1991, 145ff.; Seibt, Grünbuch der Kommission zur zivilrechtlichen Umwelthaftung, PHI 1993, 124ff.

전의무는 환경책임법 제6조 제3항에 따라서, 행정법적 승인결정의 내용과 負擔(Auflage)으로부터 또한 집행가능한 지시와 법규정으로부터 생겨난다. 이를 통해서 환경책임법은 한편으론 환경법에서의 증가한 집행밀도를 강구하기 위한 노력에서 보조임무를 수행한다. 왜냐하면 민사소송에서의 불이익을 피하기 위하여, 설비운영자는 자신의 행정법적 의무와 책무를 지속적으로 이행하도록 잘 조언을 받고 있기 때문이다. 다른 한편으론, 환경책임법을 통해 그 이상으로 일반적인 훼손(손해)배려를 고려하기 위한 독립된 조종목표가 추구되는 한에 있어서는, 허가행정청에 의한 운전의무의 구체화가 민사적 손해배상소송을 위한 중요한 도움을 제공한다.

시설설비허가의 효력범위에서, 특히 제품승인의 경우에 있어선, 행정청, 시설설비운영자 그리고 隣人간에 성립하는 전술한 전통적인 三角關係와는 주목할 만한 간격이 존재한다. 고권적인 리스크규율화는 시설설비운영자에게 의무를 과할 뿐만 아니라, 동시에 隣人에게도 수인되어야 할 리스크정도를 구속적으로 정한다. 이런 고권적인 리스크규율화는 안전보장과 경제촉진간의 균형이라는 의미에서의 그것의 원래적 성격을 부분적으로 상실한다. 사전배려적으로 성립한 危險防止(임무)가, -기술상 가능하고 경제적으로 타당성이 있는 한에 있어서- 리스크를 위험경계이상으로 축소시킬 (국가의 독립되고 근원적인) 임무로 바뀐다. 협소한 범위의 危險防止가 더 이상 가동되지 못하고, 배려와 리스크형성이 가동되는 곳에선, 隣人의 주관적으로 귀속가능한 법적 지위는 축소된다. 구체적인 隣人利益을 위하여 더 많이 포착가능한 건강보호로 말미암아, 隣人에게 소송방식의 관철가능성을 부여하는 것이 정당화되는데, 사전배려를 위해 확대된 위험방지를 통해선 이런 건강보호가 더 이상 영위되지 않는다. 정반대로 보호영역에서의 설비운영자나 제품제조자를 위한 존속보호의 정도는, 개연성예측상의 요청을 저하시킴으로써 벌써 축소된다. 그 결과 이런 이유에 의해서도 고권적 '調停評決'(Schlichtungsspruch)은 리스크조성자와 리스크관련자의 이익충돌의 갈등영역에서 그 영속성을 상실하게 된다.

행정행위는 지속을 목표로 하고 수정이 곤란하다. -隣人의 관점에서 보건대- 잠정적인 허용은 隣人의 법적 지위에 대해 이런 행정행위보다도 덜 개입한다.[44] 화공품법에서처럼 간단한 신고절차의 경우,[45] 가능한 제3자효과는 고권적 허용결정의 결여로 말미암아 결코 더 이상 고려되지 않는다. 하지만 식품, 생필품, 공작기기, 의약품에서

44) 잠정적 행정행위에 관해선: BVerwGE 67, 99ff.; PrOVGE 77, 333(338f.) Vgl. auch Kemper, Der vorläufige Verwaltungsakt, 1990; Di Fabio, Risikoentscheidungen im Rechtsstaat, S.314ff. 追論: 본서 411면 이하 참조.

45) 화공품법의 제2차 개정에 의한 신고절차의 마련에 관해선 참조: Theuer, Neuere Entwichlungen im Chemikalienrecht, NVwZ 1995, 127ff.

의 그 밖의 제품감시 또한 이제까지 인인보호를 전혀 인식하지 않는다. 왜냐하면 모든 이가 잠재적으로 소비자이기 때문이다.[46] 확장된 질서법상의 리스크조종이란 새로운 발전에서 관찰될 수 있는 것이, 바로 개별법상의 제3자지위의 상대적 후퇴인데, 이런 후퇴가 기본권적 보호의무에로 손을 뻗치게 하는 경향을 촉구한다. 새로이 출현하거나 새로이 발견된 리스크를 위한 개별법이 거의 제3자보호적 법규를 준비하고 있지 않다는 점과, 사전배려의 착안점은 -그것이 적용되는 한에 있어선- 결코 아무런 제3자보호를 매개하지 않는다는 점이, 전자파리스크에 관해 열린 法的 論爭[47]을 통해서 여러 번 증명된다. 비록 제소하는 隣人에게 입증책임이 과해지는 民事法的 不作爲請求權과 防止請求權이 전자파의 작용모습의 불명료성 때문에 실패로 돌아간다고 하더라도, 다음과 같은 비난이 비등하다. 즉, 생명과 건강의 기본권을 위태롭게 하는 것까지도 기본권제한의 前段階에서 적합한 보호규범의 제정을 통해서 방지할 의무가 있음에도 불구하고, 입법자가 보호를 구하는 시민을 그냥 방치하였다는 것이다.

Ⅳ. 包括的인 公(法)的 리스크操縱

입법자가 특별한 리스크규율화를 포기하는 곳에선, 공법이 그럼에도 불구하고 조종효과를 발휘하긴 하나, 이 때 항상 민사법과 모호한 경합관계에 빠진다. 건강보호와 환경적 관심사를 둘러싼 隣人간의 충돌을 위한 중요한 事前決定은 국가계획의 중요한 분야에 해당한다.[48] 연방장거리도로의 계획, 석유화학산업체의 이주를 가능케 하기 위한 지역개발계획, 그리고 건축상세계획은 공간과 관련한 隣人關係를 단지 형성하는데 그치는 것이 아니라, 도리어 건강보호와 환경보호의 관점하에서도 결정적으로 형성한다. 포괄적인 리스크조종의 분야에선, 리스크와 관련한 갈등처리를 특히 계획절차에 맡기는 경향이 존재한다. 최근 (독일) 연방행정법원은 계획행정청으로선 갈등을 스스로 계획에서 처리하고, 후속적 행정활동에로 이행하지 않을 의무를 진다고 상기시켰다.[49] 하지만 계획과정에 대해 사전배려적 리스크형성의 원칙이 너무나 강하게

46) Gröschner, Das Überwachungsrechtsverhältnis, S.229.

47) Blümel/Pfeil, Gesundheitsbeeinträchtigung durch elektromagnetische Felder? – Über die rechtliche Relevanz des ≫Elektrosmogs≪ –, VerwArch. 85(1994), 451; Gassner, Fragen der baurechtlichen Zulässigkeit von Mobilfunk-Sendeanlagen, NVwZ 1993, 1045; Di Fabio, Rechtsfragen zu unerkannten Risiken elektromagnetischer Felder, DÖV 1995, 1ff.; Ossenbühl/Di Fabio, Rechtliche Kontrolle ortsfester Mobilfunkanlagen, 1995.

48) 환경계획법의 발전경향에 관해선: Schmidt-Aßmann, Struktur und Gestaltungselemente eines Umweltplanungsrechts, DÖV 1990, 169ff.; Gassner, Neuere Planungsansätze im Umweltschutz, NuR 1993, 358ff.

49) BVerwG, DÖV 1995, 33f.

과해지는 경우엔, 지역개발계획이나 건축상세계획을 발하는 것이 곤란하게 된다. 공법상 계획이 리스크형성적으로 수립되면 될 수록, 민사법적 리스크규율화의 자율에 대한 물음은 더욱더 분명히 제기된다.

(독일) 최고법원(BGH)은 민사법적 판단척도와 공법적 판단척도의 통일화에 관심을 표하긴 했지만,[50] 그밖에는 민법 제1004조와 제906조로부터의 防止請求權과 不作爲請求權의 자율을 주의깊게 옹호하고 있다.[51] 이에 대해선 공법적 관점에서도 찬성되어야 할 것 같다. 隣人간의 충돌이 점점 더 公共化(Publifizierung)됨에도 불구하고, 民事法은 *補充的 法秩序*와 *包容的 法秩序*로서 무관한 채 있을 수 있으며, 또 그리 해야 할 것이다.[52] 이는 공법적 규율규준이 구체적인 리스크기준을 다양하게 사용하긴 하나, 실은 개별경우에 적합하게 결정을 내리기에는 종종 너무나 개괄적이기 때문에 그러하다.[53] 이런 異議는 특히 건축상세계획과 건축허가와 관련이 있는데, 이들은 그들의 구체적인 문제해결가능성은 물론 그들의 실체적 구속의 범위에서도 늘 과대평가되고 있다. 유해물질공해와 소음공해가 문제되는 한에 있어서, 결정발견을 위해 사용가능한 한계치에 관한 법관의 탐구가, 민사법에서도 행정규칙과 기술규정집이 예측된 전문가감정서로서 동원되었다는 식으로 통일화를 초래했다고 과거에는 여겨졌다.[54] 개정물권법과 민법 제906조의 개정조항을 통해서 이런 통합경향이 법률적으로 확립되었다.

그럼에도 불구하고 공(법)적 환경법과 민사법적 방지청구권 · 부작위청구권간의 타협이 얼마나 어려운지는, 정원연못의 개구리집단의 건강유해적 소음에 관한 BGH의 판결[55]이 여실히 보여준다. 동 판결은 여러 측면에서 가장 주목할 만하다. 중대한 소음침해 및 지방적 관례의 부재를 근거로 하여, 그 자체적으론 民法 제1004조와 제906조에 따른 피해 隣人의 부작위청구의 허용이 요구된다는 식인데, 이런 허용은 피해를 끼친 개구리들이 연방자연보호보법(BNatSchG) 제20조 F항의 제1호의 보호에 의해서 포착된다는 사정에 배치되었다. 동 조항에 의하면, 이런 동물을 추적하고 그들의 생활터전을 훼손하는 것이 특히 금지되어 있다. 따라서 고권적 연원의 환경법적 禁止規範은 인인관계에서의 건강보호에 관한 (민사법적으론 본래 획기적인) 청구권에 배치되는 셈인데, 이로 말미암아 신청대로 판결이 내려질 수가 없었다. 하지만 연방자연보호법

50) 이런 목표에서 법원은 주민축제소음에 관해 판단함에 있어서, 행정법적 법상황과의 비교를 행하였다. 그렇지만 이 비교는 논증적으로 보족적인 데 불과하다. BGH, NJW 1990, 2465(2466).

51) 1982.12.17.자 BGH판결, WM 1983,176(테니스장판결)에서 분명히 나타난다.

52) Vgl. Hoffmann-Riem, DVBl. 1994, 1381(1387).

53) 타당한 것으로: Hagen, Probleme und Erfolge richterlicher Rechtsfortbildung im privaten Immissionsschutzrecht, UTR 21 (1993), 49(61f.).

54) BGH, NJW 1990, 2465(2466). Vgl. auch Tettinger/Kleinschnitter, Aktuelle Rechtsprobleme im Konfliktfeld von Sport und Umweltschutz, JZ 1992, 109(111f.).

55) BGH, NJW 1993, 925.

제31조에 따라 (금지를 극복하는) 면제신청을 제기할 가능성이 존재한다. 그 결과 피해를 초래한 피고토지소유자에 대해서 해당 신청을 하도록 판시하는 것이 고려될 수 있었다. 하지만 여기서 원고의 권리보호이익이 존재하는지 여부는 극히 의심스러웠다. 이유인 즉, 그 역시 스스로 자연보호행정청에 대해 신청권능을 가졌으며, 그런 신청을 하지 않았기 때문이었다.[56] 공법적 리스크조종과 사법적 리스크조종간의 관계를 위해 이 판결에서 주목할 만한 점은, 바로 (독일) 최고법원(BGH)은 연방자연보호법 제31조의 면제요건의 存否를 선결물음적 권한의 의미에서 독자적으로 결정내리는 것이 事實審의 의무라고 여긴다는 점이다.[57] 그런데 공법적 관점에서 우선적으론 놀라움을 주는 이런 입장을 취함에 있어서, 약간의 疑懼를 품은 것 같았는데, 즉, (독일) 최고법원은 事實審이 이런 것과 관련해서 먼저 해당 행정청에게 '행정청의 교시(Behördenauskunft)'를 구하는 것이 의무라고 여긴다.[58] 법원이 아무런 면제가능성이 존재하지 않는다고 결론에 도달하면, 부작위소송은 각하되어 버린다. 왜냐하면 극복불가능한 법적 장애는 그 자체 주어진 민사법적 청구권에 대해 방해가 되기 때문이다. 하지만 면제가능성이 존재한다는 견해라면, (독일) 최고법원의 견해에 좇아서 事實審法院은 不作爲하도록 판시할 수 있는데, 여기에는 행정청에 의해 발해질 면제(의 가능성)가 유보되며, 이 유보는 강제집행절차에서 고려되어야 한다. 이런 유보결정은 (독일) 연방행정법원에 의해서 전개된 事前配慮的 行政行爲(vorsorglicher Verwaltungsakt)에 일치하는데, 사전배려적 행정행위는 행정행위의 발급을 위한 요건인 행정청의 다른 측면의 결정이 아직 내려지지 않은 경우에도 발해질 수 있다.[59] 그런 행정결정이 내려지도록 촉구하기 위하여, 피고에게 해당 신청을 하도록 판시될 수 있다. 첫눈에 보기에 원고는 그런 유보판결로써 빵 대신 오히려 돌을 가진 셈이었다. 그 이유는 민사법원에서의 승리에도 불구하고, 독립적으로 결정을 내리는 자연보호청에 의존한다는 사실에는 변함이 없기 때문이다. 그러나 (독일) 최고법원이 취한 복잡한 방도의 나름의 의미는, 민사법관이 행정청의 결정을 상정하듯이, 자연보호청에 대해 분명한 신호를 보내는 데에 있다고

56) BGH, NJW 1993, 925(926).

57) a.a.O.

58) BGH, NJW 1993, 925(927).

59) BVerwGE 81, 84ff. 근로자의 중장애자자격에 관해 이것의 확인을 맡은 원호청(Versorgungsamt)이 아직 전혀 결정을 내리지 않은 경우에, 중앙사회복지사무소(Hauptfürsorgestelle)가 중장애자보호법 제12조와 결합하여 동법 제18조에 따른 특별해고보호절차에서 중장애자에게 유리하도록 자신의 권리를(여기선 해고를 위한 동의의 거부) 주장할 수 있는지 여부의 물음이 문제되었다. 원호청의 결정이 아직 나오지 않는 한, 근로자의 해고에 동의하는 중앙사회복지사무소가 유효하게 거부하기 위한 법률적 요건의 충족이 결여되고 있다. 원호청의 확인권한으로 말미암아 중앙사회복지사무소 스스로 중장애자자격과 관련한 불확실성을 제거할 수 없다. BVerwG의 견해에 의하면, 이런 불확실성이 아무런 결정이 내려질 수 없다는 것을 초래하진 않을 것이라 한다. 오히려 중앙사회복지사무소가 동의거부를 표하는 '사전배려적' 행정행위를 발할 권능이 있다고 한다.

여겨진다. 이런 점에 있어서, 고권적 환경보호와 토지소유자의 민사법적 건강보호간의 충돌을 해결함에 있어서, (독일) 최고법원은 민사법원과 행정법원의 (통일과 분리를 동등하게 존중하는) 협력관계를 목표로 삼고 있다.

V. 間接的으로 행해지는 리스크操縱

공법상의 리스크조종의 핵심적 바탕은 전술한 秩序法的 監視技法인데, 이는 예방적 금지 및 위험지향적이고 지속적인 시설설비감시와 제품감시를 내용으로 한다. 안전과 환경에 특유하면서 시험을 거친 이런 착안점은, 일련의 최고도의 바람직스러운 안전성획득을 책임진다. 즉, 그것은 이념에 사로잡히지 않은 모든 사람을 위하여, 역동적인 국민경제에서 자연적인 생활근거를 보호하는 데 현저한 공헌도 하였다.[60] 그럼에도 불구하고 소위 질서법은 비판에 처하는데, 이 때 공격점은 완전히 상이한, 부분적으론 대조적인 문제관점에서 비롯되고 있다. 환경법에선 질서법이 '終末'(End of the Pipe)의 협소한 사고로서 간주되고 있다; 오히려 환경적 관심사를 이미 개발과 생산의 과정에서, 내지는 경제주체의 행동계산에서까지 보완하는 것이 관건이며, 그리하여 환경보호와 건강보호가 지속적으로 보장될 수 있다고 한다.[61] 이런 관점에서 경제계는 종종 질서법을 둔중한 것으로, 관료적인 것으로, 고비용적인 것으로 여긴다. 이 뿐만 아니라 질서법의 민족국가적 바탕을 이유로, 경제계는 秩序法이 유럽역내시장과 세계시장에서 競爭沮害的이라고 여긴다.

따라서 리스크조종을 위하여, 입법자가 강력히 영향을 미치면서 간접적으로 동원되는 수단을 사용하는 것이, 놀라운 일은 아니다. 이런 소위 경제적인 수단은 정책적인 건강목표와 환경목표를 경제적인 收支打算으로 전환시킬 것인데, 이런 수단은 多數에게 건강과 환경을 장기간 효과적으로 보호하기 위한 王道로서 간주되고 있다.[62]

---

60) OECD에 의해 독일 환경정책에 대해서 확인된 결과는, 적지 않은 부분에서 질서법적 수단에 귀속되어야 한다. 독일 환경정책의 구체적 평가에 관해선 다음의 문헌 참조 OECD-Prüfbericht ≫Deutschland≪, OECD, Environmental Performance Reviews-Germany, Paris, 1993.

61) 지속적 환경보호에 관해선 가령 다음 문헌 참조: Harborth, Dauerhafte Entwicklung statt globaler Selbstzerstörung - Eine Einführung in das Konzept des ≫sustainable development≪, 1991; Zwischenbericht der Enquete-Kommission ≫Schutz des Menschen und der Umwelt - Bewertungskriterien und Perspektiven für umweltverträgliche Stoffkreisläufe in der Industriegesellschaft≪ des 12. Deutschen Bundestages, 1993, S.27ff.; Huber, Ökologische Modernisierung: Zwischen bürokratischem und zivilgesellschaftlichem Handeln, in: von Prittwitz (Hrsg.), Umweltpolitik als Modernisierungsprozeß, 1993, S.51(62ff.)

62) Vgl. Kloepfer, Alte und neue Handlungsformen staatlicher Steuerung im Umweltbereich, in: König/Dose (Hrsg.), Instrumente und Formen staatlichen Handelns, 1993, 329(336ff.). 나에게는 경제학자들의 애호가, 부담금이란 기타의 환경정책과는 대조적으로 경제적 모델견적에서의 요인으로서 잘 적응될 수 있다는 사실과도 상관된다고 여겨진다; 재정을 갈망하는 정치인의 부담금에 관한 애호는 상론이 필요치 않다.

여기선 환경정책에서 성립한 負擔金[63]이 우선적으로 거론된다.

소위 國家的 情報活動(Informationshandeln)은 이제껏 특히 警告(Warnungen)와 勸告(Empfehlungen)의 예로 논의되어 왔는데, 이 역시 영향을 미치는 수단의 범주에 속한다.[64] 가령 공작기기안전법(GSG) 제6조 제1항 제2문이 보여주듯이, 가령 고권적 경고와 같은 정보행위는 환경법률과 안전법률에서 처음으로 채용되었다. 일종의 정보정책은 -그것이 환경연방청과 같은 전문행정청에서 비롯되며, 또한 종종 목표지향적인 정보를 통해서 전체 연방의 행정조직차원에서 지방의 건설국에까지 미치는 것처럼- 꼭 公衆의 날카로운 시선에서가 아니라, 전적으로 그 본질상 효과가 없지 않다.[65] 정보활동은 고권적으로 행해지고, 종종 그 자체로선 비구속적인 것이라 표방하는데, 그럼으로써 더 강력한 책임인수를 免하게 된다. 이 같은 정보활동은 공법적 작용형식체계상으로 효과를 발휘할 뿐만 아니라, 종종 사법적 거래에서도 인식되어지고, 늘 계약기준이 되곤 한다. 고권적 정보활동은 거래의무를 사법적으로 결정함에 있어서도 주효할 수 있다. 연방환경부가 PVC사용에 관해 다른 행정청에게 행한 勸告는, 건축가가 건축주에게 계약에 맞춰 조언하였는지 여부의 물음을 위하여 중요할 수 있다. -오랫동안 리스크가 부인되었던 이후[66]- 舊 연방보건부가 아말감(Amalgam)을 사용함에 있어서 건강리스크를 참조하도록 지시한 이후에는, 치과의사가 그럼에도 불구하고 도자기와 같은 충전물과 비교해본 즉, 아말감의 리스크가 덜하다고 판단하고 그에 따라 조언할 경우엔, 그로선 의료책임소송을 더 진지하게 감안하지 않으면 아니 된다.

광범한 새로운 구상은 환경정책적 사고의 옛날 구조와 絕緣한다. 폐기물법의 중요한 환경부문에선 책임환원적이면서 보충적인 착안점이 자국적, 유럽적 차원에서 편성되어 있다.[67] 환경법의 原因誘發(負擔)의 原則(Verursachungsprinzip)을 전환시킴에 있어선, 환경책임과 제거리스크를 원인유발자 내지 전략적인 제품결정을 내린 자에게로

63) 조정적인 환경특별부담금의 적법성에 관해선 가령 다음 문헌 참조: Kirchhof, Verfassungsrechtliche Grenzen von Umweltabgaben, in: ders.(Hrsg.), Umweltschutz im Abgaben- und Steuerrecht, DStJG Bd. 15, 1993, S.3ff.; Köck, Die Sonderabgabe als Instrument des Umweltschutzes, 1991; Müller, Möglichkeiten und Grenzen der indirekten Verhaltenssteuerung durch Abgaben im Umweltrecht, 1994, S.150ff.; Selmer/Brodersen, Rechtliche Probleme der Einführung von Straßennutzungsgebühren, 1994.

64) 숱하게 많은 문헌 가운데: Ossenbühl, Informelles Hoheitshandeln im Gesundheits- und Umweltschutz, UTR 3 (1987), 27ff.; Philipp, Staatliche Verbraucherinformationen im Umwelt- und Gesundheitsrecht, 1989; Robbers, Behördliche Auskünfte und Warnungen gegenüber der Öffentlichkeit, AfP 1990, 84ff.; Schulte, Informales Verwaltungshandeln als Mittel staatlicher Umwelt- und Gesundheitspflege, DVBl. 1988, 512ff.; Heintzen, Staatliche Warnungen als Grundrechtsproblem, VerwArch.81, 1990, 532ff.; Lübbe-Wolff, Rechtsprobleme der behördlichen Umweltberatung, NJW 1987, 2705ff.

65) Di Fabio, JZ 1993, 689ff.

66) 아말감과 관련한 리스크지식의 항상 불분명한 수준에 관해선: FAZ vom 11. Jan. 1995, Nr. 9, S. N 3.

67) Di Fabio, Die Verfassungskontrolle indirekter Umweltpolitik am Beispiel der Verpackungsverordnung, NVwZ 1995, 1ff.

소급적으로 이전시키는 것이 강구된다. 이에 상당하는 작용수단이 바로 返品(還拂)義務(Produktrücknahmepflichten)의 명령이다. 그밖에 순환구상은 경제계의 자율규제력을 활성화함을 목표로 하고, 그럼으로써 환경법의 協力의 原則 역시 실현시킨다.[68] 반품의무와 상세히 표기된 재활용의무를 통해서, 흡사 환경관점이 경제시스템에 접목된다. 包裝令(VerpackV)이 맨처음 이런 방도를 취하였는데, 최근에 가결된 EG지침과 연방의 폐기물법(KrW-/AbfG)은 이런 방도를 진척시킨 것이다.

그런데 포장령의 규율체계로 인한 첫 경험은 다음의 사실을 시사한다. 즉, 제거문제점을 경제계의, 사법적 거래의 분야로 세련되게 되돌려 놓는다는 牧歌的 情景이, 결코 公法으로 하여금 이런 사안영역과 결별하도록 초래하진 않는다는 것이다. 독일의 이원시스템 유한회사(die Duales System Deutschland GmbH, 독일 폐기물방지 및 고물수집을 위한 유한회사, DSD)는 순전히 사법적으로 활동하기에, 결코 폐기물관리의 自治體(Selbstverwaltungseinheit)로 여겨져선 아니 된다[69]; 또한 그것의 활동이 行政私法[70]으로 여겨져서도 아니 되나, 실은 영향의 강도 및 국가의 통제요구가 가령 自治體에 관한 適法性監督을 최소한 상기시킨다. 특히 州의 一般處分으로써 행해진 면제부여를 통해서, 그리고 포장령 제6조 제4항에 따른 항시적인 철회가능성을 통해서, 공권력은 영향을 미치는 負擔(Auflage)과 지속적인 감시를 위한 확실한 지렛대를 보유한다. 이에 따라 DSD는 유사국가적(parastaatlich) 조직체로 발전한 것으로 여겨지며, 아무튼 명령제정자와 감시하는 州는 강력하게 조종하는 데 혹은 관대히 신중하게 행동하는 데 근거를 갖는다. 그럼으로써 여기선 공법과 사법의 시스템적 경계면(Systemzäsur)이 瓦解되는 것에 관한 또 다른 예가 존재한다. Schmidt-Aßmann은 이런 瓦解를 새로운 일반행정법의 발전적 징표 가운데 하나로 강조하였다.[71]

VI. 高權的 리스크操縱의 유럽화

개인적 법익에 관한 리스크를 축소하기 위한, 그리고 자연적 생활토대를 보호하기 위한 두 가지 모델-전문적, 질서법적 조종과 간접적, 경제보완적 조종-이 여태 병렬

68) 이 점에 있어선, 환경보호를 위한 책임이 국가로부터 국가와 사회의 이원적 책임공동체로 옮겨짐에 관한 요청이 방향을 제시한다. Kloepfer, Umweltinformationen durch Unternehmen, NuR 1993, 353.

69) 그러나 이런 방향으론 Scholz/Aulehner, Grundfragen zum Dualen System, BB 1993, 2250(2251f.). ※ 역자 주: 한편 독일의 DSD는 1997년까진 유한회사(GmbH)의 형태였지만, 지금은 주식회사(AG)의 형태이다.

70) 행정사법에 관해선: Wolff/Bachof, Verwaltungsrecht Ⅰ, 9.Auflage 1974, § 23 Ⅱ b; Ehlers, Verwaltung in Privatrechtsform, 1984.

71) Schmidt-Aßmann, Zur Reform des Allgemeinen Verwaltungsrechts, in: Hoffmann-Riem/Schmidt-Aßmann/Schuppert(Hrsg.), Reform des Allgemeinen Verwaltungsrechts, 1993, S.11(41f.).

적으로 존재하였지만, 오늘날에는 더 이상 별도로 自國的인 작용선택수단으로 여겨질 수 없으며, 또한 완결적 작용체계로서도 여겨질 수 없다. 두 가지 조종상의 착안점은 유럽법적 개방과 과대형성을 겪고 있다. 유럽의 리스크규율이란 새롭게 두드러지게 나타난 구상(Konzept)이 높은 주목을 받고 있다. 증대된 국가적 규제에 관한 변화가 여기서 일어나지만, 그 변화는 유럽의 조종목표와 특별한 규율상의 어려움이 이런 작용차원에서 명료하게 드러나는 경우에만, 비로소 알맞게 파악될 수 있다.

농업분야이외에서 존재하는, 압도적 다수의 유럽의 제2차법적 행위(부차법적 행위)(Sekundärrechtsakte)는, 상품과 용역을 위하여 기능을 발휘하는 域內市場을 만드는 것을 목표로 삼는다. 이런 목적을 위해선, 相違한 내국법질서를 조정하여야 한다. 우선 자국의 경제정책과 관세정책에 의한 직접적인 상거래장애를 제거하는 것이 중요하였다. 그런데, 유럽연합안에서 쉽게 계획할 수 있으며 효과적인 상품거래를 가능케 하기 위해선, 건강보호와 환경보호의 이유에서 제기되었던 자국의 製品上 要請(Produktanforderungen)을 일치시키는 것이 필수적이라고 점차 판명되었다. 유럽법적 관점에서 보자면, 우선 회원국가의 기술적 안전법이 상거래의 장애물이라고 여겨진다.[72)]

특정장소에 고정된 설비의 경우, 제품과 비교하면 一致(調和)의 必要性(Harmornisierungsbedarf)이 본질적으로 매우 낮았다. 이 경우엔, 오히려 바로 독일과 같은 고도규제국가의 경제계가, 생산입지의 유럽전역의 경쟁공평을 조성하기 위하여 시설기준을 일치시키도록 촉구한다. 여태 공동체법의 리스크조종적 공헌은 특히 시설설비와 관련한 환경보호의 분야에선, 그때그때의 자국법질서와 통합적 착안점을 위한 개개조항상의 규준에 따라서 구분되어 질 수 있다. 전자는 특히 가령 측정절차와 심사절차와 관련해선 한계치와 기술적 지침의 형식을 띄며,[73)] 후자는 생태자율심사령(Öko-Audit-Verordnung), 환경정보지침(Umwelt-Informationsrichtlinie)[74)]이나 친환경심사지침(UVP-Richtlinie)[75)]처럼 부드러운 것이라고 주로 칭해진다. 협의단계에 있는 IPC지침은 다른 즉, 직접적인 조종의 성격을 가질 것 같다.[76)]

---

72) Tünnesen-Harmes, Die CE-Kennzeichnung zum Abbau technischer Handelshemmnisse in der Europäischen Union, DVBl. 1994, 1334(1335).

73) 유럽환경정책과 독일환경법간의 갈등상황에 관해선: Breuer, Entwicklungen des europäischen Umweltrechts - Ziele, Wege und Irrwege, 1993.

74) 이에 관해선 참조 Breuer/Kloepfer/Marburger/Schröder(Hrsg.), Freier Zugang zu Umweltinformationen, UTR 22 (1993).

75) 친환경심사지침과 친환경심사법의 구상에 관해선: Erbguth/Schink, Gesetz über die Umweltverträglichkeitsprüfung, Kommentar, 1992, Einl.; siehe auch Hoffmann-Riem, Von der Antragsbindung zum konsentierten Optionenermessen, DVBl. 1994, 605ff.

76) Sellner/Schnutenhaus, Die geplante EG-Richtlinie zu ≫Integrated Pollution Prevention and Control [IPC]≪, NVwZ 1993, 828ff.

제품규율을 위한 모습은 완전히 다르다: 안전기준과 환경기준을 규정함에, 상품제조의 비용구조 및 세계시장에서의 기업의 경쟁능력을 위한 중요한 경제적 의의가 부여되기 때문에,[77] 소비자보호와 안전의 중요성을 공히 담고 있는 일반적인 제품상 요청을 통일화하는 데, 특히 노력이 경주된다. 제품상 요청을 공동체의 제2차법(부차적법)(Sekundärrecht)을 통해 직접적으로 일치시키는 것은 대단한 차원에서의 헛수고일 것이다.[78] 때문에 공동체는 새로운 일치화구상으로써,[79] 제품규격화에 관한 자국에서 입증된 방도를 취하였다. 하지만 공동체는 그리함으로써, 이런 간접적인 조종형식이 지닌, 이미 국내적으로 존재하는 겹침과 수용의 문제점까지도 넘겨받았다.[80]

(공업)기술적 規格化(Normung)는 공산품과 여타 제품과 관련한, 제조자 자신의 規格合致性表示(Konformitätserklärung) 및 認證節次(Zertifizierungsverfahren)를 동반하는데, 이 같은 기술적 규격화는 오늘날 (기술)규정제정의 半國家的(halbstaatlich) 형식과 자율규제적 감시로 발전하였다. 이 때 이목을 끄는 점은, 공법에서의 실질적인 리스크조종이 私的 규격화위원회의 성과를 목표로 삼는 반면에, 정반대로 사적 규격화작업은 점점 더 공적, 국가적 참여와 위임에 복종하게 된다는 것이다.[81] 유럽의 규격화절차와 인증절차는 유럽경제구역(EWR)과 같은 유럽의 역내시장에서의 자유로운 상품거래를 강화할 것인데,[82] 벌써 국내적으로 전환된 이런 규격화절차와 인증절차는 시멘트로부터 조립식주택에 이르기까지의 건축제품을 위하여, 실제 모든 종류의 기계를 위하여, 의료기 · 전기제품 · 가스사용설비 · 가압탱크 · 장난감을 위하여, 그리고 공작기기를 위하여 규정되어 있다. 域內市場論據와 결부지어서 점차 脫規制化(Deregulierung)[83]에 대한 지지의사가 표명되며, 실제적으로도 열광적으로 바뀌었

---

77) 자국의 이질적인 제품상 요청으로 상거래에서 곤란함이 발생하는데, 이 곤란함은 공동체의 위원회에 의해서 설득력있게 기술되었다. Vollendung des Binnenmarktes, Weißbuch der Kommission an den Europäischen Rat, Juni 1985, S.17.

78) 위원회는 유럽규격화확대를 위한 1991년의 자신의 보고서(綠書)에서, 옛날의 구상에 의한다면 소기의 일치화성과에 이르기 위해선 1000개 이상의 지침이 필요하게 될 것이라는 점을 설득력이 있게 지적하였다. Grünbuch der EG-Kommission zur Entwicklung der europäischen Normung, KOM(90) 456 endg., ABIEG Nr. C 20/3 v. 28.1.1991.

79) 새로운 일치화구상을 위해선 참조 Die Entschließung des Rates vom 7. Mai 1985 über die neue Konzeption auf dem Gebiet der technischen Harmonisierung und der Normung, ABIEG Nr. C 136/1 ff. v. 4.6.1985; siehe auch Entscheidung der Kommissin, 90/230/EWG v. 3.5.1990, ABIEG Nr. L 128 v. 18.5.1990, S. 15 sowie Grünbuch der EG-Kommission zur Entwicklung der europäischen Normung, KOM (90) 456 endg., ABIEG Nr. C 20/1 ff. v. 28.1.1991.

80) 참조 Di Fabio, Produktharmonisierung und Produktkontrolle im europäischen Binnenmarkt.

81) 이 때 유럽의 규격화작업은 특별한 관심을 끈다. 이에 관해선: Marburger/Enders, Technische Normen im Europäischen Gemeinschaftsrecht, UTR 27 (1994), 333ff.

82) 소위 환경자율심사 예컨대 자발적인 기업체인증은 기업의 차원에선 실질적으로 비슷하다. Kloepfer, NuR 1993, 353ff.; Lübbe-Wolff, Die EG-Verordnung zum Umwelt-Audit, DVBl. 1994, 361ff.; 다음 문헌도 볼 것: Breuer/Kloepfer/Marburger/Schröder(Hrsg.), Umweltschutz und technische Sicherheit im Unternehmen, UTR 26, 1993.

다.[84] 철도와 우편과 같은 공임무를 民間化(私的化)하는 것이 심대한 구조변화로서 시작되었다는 사실만이 아니라, 안전법과 환경법을 위해서도 고권적 감시의 부분적인 후퇴의 가능성이 분명하게 된다. 국가가 시설설비, 사업, 제품에 대해서 豫防的 許可留保를 통해 취하는 고전적인 감시(모델)는, 국가의 인적, 재정적 자원과 관련해서는 물론 실체적인 결정문제점과 관련해서도 곧바로 장애물에 맞닥친다. 이에 반해서 規格合致性表示시스템에서의 기준확정은, 고권적으론 단지 영향을 받는 데 그치는 私法的인 規格化를 통해 일어나는데, 이 규격화는 장차에는 유럽 수준에선 가령 CEN/CENELEC에 의해서 주로 당연히 행해진다.[85]

규격화단체 특히 CEN/CENELEC는 브뤼셀에 위치한 벨기에법의 私法的 團體이다. 아울러 회원으로서 자국의 규격화단체가 출현하는데, 가령 독일의 경우엔 CEN에선 독일 규격화기관(DIN)이, CENELEC에선 독일 전자기술위원회(DKE)가 그에 해당한다.[86] C EN/CENELEC 및 1988년 3월에 창설된 통신규격을 위한 독립된 유럽기구(ETSI)에 의한 내부적 업무는 私的인 定款에 의해서 규율된다; 대외적으로 활동의 근거가 되는 것은, 특히 EG(그리고 EFTA)와 유럽규격화단체간에 발해진 協定인데, 이들은 Marburger와 Enders에 의해 사법적인 것으로 여겨진다. 뿐만 아니라 나아가 규격화단체간의 協力規約 또한 그런 근거가 된다.[87]

제조자 스스로 제품에 붙인 'CE 표시'는 제품이 해당 지침의 기본적 요청에 일치한다는 점을 입증하는데, 이 요청은 통상 기술적 규격기준에서 확정되어 있거나 앞으로 확정되어져 있을 것이다. 規格合致性表示와 規格合致性認證이란, 전술한 기술상 요청에 일치함을 일종에 입증하는 것이다. 사적 인증기관이 발한 규격합치성인증서는 물론, 생산자 스스로 교부한 간단한 규격합치성표시 또한 고권적 · 예방적 허가에 대한 기능적 대체물로 되는 경향을 띠는데, 그래서 -CE 표시의 형태로선- 국내의 질서행정청의 주의가 요구된다.[88] 고전적인 국가적 감시는 이런 분야에선 재귀적으로 진정한 危險狀況과 관련이 있게 된다. 왜냐하면 정당하게 표시된 제품에 대해서 행정청은 위험상황이 존재하는 경우에만 대처할 수 있기 때문이다.[89] 현재의 발전수준을 참작

83) Funk, Deregulierung aus rechts- und verwaltungswissenschaftlicher Sicht, in: Oberndorfer (Hrsg.) ≫Deregulierung≪, 1992, S.25ff.

84) Schoch, Privatisierung von Verwaltungsaufgaben DVBl. 1994, 962ff.

85) 유럽규격화단체의 발전역사에 관해선 vgl. auch: Grünbuch der EG-Kommission zur Entwicklung der europäischen Normung, KOM (90) 456 endg.,ABlEG Nr. C 20/8 v. 28.1.1991.

86) 참조 Marburger/Enders, UTR 27 (1994), 333(347f.).

87) Marburger/Enders, UTR 27 (1994), 333(349). 協力規約에 관해선 참조: Grünbuch der EG-Kommission zur Entwicklung der europäischen Normung, KOM(90) 456 endg., ABlEG Nr. C 20/10 v. 28.1.1991.

88) 이런 의무의 한계에 관해선: Di Fabio, Produktharmonisierung und Produktkontrolle im europäischen Binnenmarkt(im Erscheinen) Kapitel E.

하여 보건대, 새로운 유럽의 일치화구상이 건강법적(보건법적), 환경법적 예방의 경우 市場의 自己形成力과 監視力에 맡기는 반면에, 국가적 공권력은 순전히 危險防止라는 그것의 본연에로 회귀하거나 또는 공동체법에 의해서 그쪽으로 밀리는 것 같다.

Ⅶ. 結　論

근대 국가형성과 더불어 성립하였으며, 19세기말엽 경에 의식적으로 심화되었던 公法과 私法간의 垓字는, 국가적 리스크형성의 분야에선 점점 더 메워지게 된다. 질서법으로써 과시적으로 활동하며, 아울러 국민에겐 보호 몸짓으로써 보호를 부여하는 셈인 국가는 결코 사라지지 않을 것이로되, 기술적, 과학적 리스크의 앞으로의 형성은 사법과 공법사이에서 주저함이 없이 넓어지는 협력관계에서 점차 더 많이 일어날 것으로 여겨진다. 유럽의 제품안전법에서의 이런 전개는 새로운 일치화구상에 따라 아주 분명하게 나타난다.

그러나 이 때 경제주체의 -존재하고, 고권적으로 규율된- 자기규제(자율)는 결코 투명하지 않다. 고무된 자기규제, 영향을 받은 자기규제, 그리고 강요된 자기규제의 뒤범벅인 상황에선, 국가가 고권적인 구조적 규준과 認證을 통해 중요한 영향을 미치긴 하지만, 국가에로의 책임귀속은 특별한 공법적 합리성의 보장만큼이나 더 어렵게 된다. Walter Leisner가 진단내린 '不可視的 國家'(Der unsichtbare Staat)[90]에로의 움직임은, 고권적 근원의 리스크조종을 위한 모든 것에 의해서도 확인될 수 있다.

不可視的 國家(눈에 보이지 않는 국가)는 조용하지만 효과적으로 행동한다; 그 국가는 체계상으로 사권주체와 상호작용을 하며, -늘 상징적일 뿐인- 고전적 개입국가란 권력의 전형을 비켜간다. 그런데 법의 양대 범주(私法과 公法)의 交互的 開放이란 점점 더 분명해지는 현상과, 특히 고권적, 사법적 행정구조란 혼합형태의 성립은 다음의 사실을 증명한다. 즉, 원칙적으로 탈규제화는 물론, 복지국가와 배려국가의 新重商主義的 思考로부터의 선회 또한 결코 문제가 되지 않는다는 것이다. 오히려 경찰상으로 정해진 보호목표를 효과적으로 달성하기 위해 입법자가 행사할 수 있는 모든 수단을, 철저히 이용하는 것이 중요한데, 이 때 고권적 작용형식, 사법적 수단과 형법적 수단은 항상 重疊的으로 동원된다. 다른 한편, 一致化를 필요로 하는 域內市場의 여건하에선, 그리고 제1차법적(우선법적)으로(primärrechtlich) 부여되는 경제적 기본자유하에선, 순

---

89) 예로서: §26 Abs. 3 und 4 des Gesetzes über Medizinprodukte vom 2. Aug. 1994, BGBl. 1994 Ⅰ, 1963. Vgl. auch allgemein Keßler, Produktsicherheit im europäischen Binnenmarkt, EuzW 1993, 751ff.

90) Leisner, Auf dem Weg zum unsichtbaren Staat, in: Festschrift für Herbert Schambeck, 1994, S. 295ff.

전히 고권적인 리스크조종이 가능하기란 점점 더 어려워지기 때문에, 전술한 제품안전시스템이 공법과 사법간의 경계영역에서 성립하게 된다. 공법적 리스크조종의 형성된 시스템을 고찰하는 자는, 행정법이 광범한 분야에서 새로이 도그마틱화되지 않으면 아니 된다는 불안한 인식을 피할 수가 없다. 공법과 사법에 관한 시스템적 경계면을 改革하는 것 또는 이런 시스템적 경계면과 점차적으로 訣別을 고하는 것까지도 중요한 역할을 할 것 같다.

* 중앙법학 제6집 제3호 2004.10., 457면 이하 소수.

* 참고문헌: 윤혜선, 리스크의 관점에서 본 담배규제의 법적 쟁점, 행정법연구 제27호(2010.8.), 105면 이하.

제 2 장

리스크行政의 대표인 醫藥品法에 관한 小考

Ⅰ. 머 리 말[1)]

醫藥品法은 임무상으로 *危險防止法*(Gesetz der Gefahrenabwehr)에 해당한다. (독일의) 의약품법(Arzneimittelgesetz; AMG)[2)]의 목적은 인간과 동물에게 적법하게 의약품을 공급하기 위하여 안전을 배려하기 위함인데(§1 AMG), 이 점은 유럽공동체의 의약품지침(65/65/EWG)[3)] 역시 마찬가지이다. 우월한 법익을 보호하기 위한 의약품법의 重要性은 명백하다; Contergan 재난은 잊을 수 없는 불길한 前兆(Menetekel)이다.[4)] 의약품법

---

1) 이 글은 Udo Di Fabio 교수(Professor Dr.iur. Dr.sc.pol. Udo Di Fabio)의 "Das Arzneimittelrecht als Repräsentant der Risikoverwaltung"(DV 1994, S.346ff.)을 옮긴 것이다. 본문상의 법률이나 법원은 독일의 것이어서 특별한 부가어를 덧붙이지 않았음을 밝혀 둔다.

2) 의약품감시에 관한 새로운 법규정은 1976.8.24.자 신의약품법(Gesetz zur Neuordnung des Arzneimittelrechts)에서 생겨났는데, 동법은 1990년에 제4차 개정이, 1994년에 제5차 개정이 있었다. 다만 본 논문이 인쇄될 때까지 제5차 개정의 내용은 알려지지 않았다. 동법은 1961년의 의약품법을 -전면 개정하여- 대체한 것이다. 그런데 동법의 제1조가 운위되는 한, 동법은 의약품법(Arzneimittelgesetz, AMG)으로 불린다. 참고로 의약품법(Arzneimittelgesetz)의 정식명칭은 의약품유통에 관한 법률(Gesetz über den Verkehr mit Arzneimitteln)이다(역자주).

3) 제2차 의약품지침(75/319/EWG)도 보라. 그런데 동 지침은 마지막으로 지침(92/27/EWG)에 의해서 개정되었다. 여태껏 의약품법은 일치하였으나, 실은 회원국에게 지침법내에서 넓은 형성여지를 부여하고 있다. 이들 형성여지는 행정집행의 분야에 중점을 두고 있다. 리스크결정의 어려운 규범화가능성에 직면해선, 공동체의 입법(부)은 처음부터 소극적으로 접근하여 공동체헌법(EGV) 제235조에 의거하여 EG명령을 통해서 유럽의 핵심적 허가절차를 도입하였다.

4) Thalidomide는 임산부에 있어 태아의 기형을 초래하여, 수천 건의 기형아출산을 야기하였다. 이에 관한 문헌으로는 Justin Westhoff, Contergan- Nach dem Sündenfall: Dazugelernt?, Bild der Wissenschaft 1987(6), S.97ff.

이 이처럼 인간의 건강보호를 위하여 행하는 두드러진 역할과 비교해서 보건대, 特別行政法과 一般行政法간의 갈등 · 충돌관계를 위해서 전문(부문)법률(Fachgesetz; 여기서는 의약품법)의 중요성을 인식하는 데 더 자세히 주목할 필요가 있다.

국가의 의약품감시는 危險防止라는 전통적인 국가임무로부터 발전되어온 행정유형을 대표하는데, 나는 이러한 행정유형을 '리스크行政'(Risikoverwaltung)이란 개념으로써 달리 쓰고 싶다.[5] 이러한 새로운 행정유형은 환경법, 과학기술상의 안전법 그리고 건강보호를 위한 제조물감시 등에서 중요한 역할을 수행한다. 그것의 두드러진 특징은 그때그때의 안전상의 중요점을 특별하게 확장함에 있다. 리스크사회(Risikogesellschaft)[6]로 표현되는 과학기술문명으로 국가에 대해 인식가능한 위험의 순간적 방지보다 더 이상이 요구되고 있다. 이러한 요구에 응하여 '위험방지'라는 국가임무를 전문법률상으로 새로이 규율할 경우 여러 가지 측면에서 변화가 초래된다. 그리고 이러한 변화는 다시금 一般行政法에서의 적응이라는 문제를 발생시키는 원천이 된다.

① 인식론적 측면에서 보아, 손해가 개연성이 있는 것(wahrscheinlich)으로 뚜렷이 나타날 때까지 기다려선 아니 되고, 오히려 의혹(Verdacht, 혐의)이 있는 경우에는 인식가능한 손해발생의 前段階에서 이미 조치를 취해야 한다. 이 점과 관련하여 사용되는 표제어가 豫防(Prävention)과 事前配慮(Vorsorge)이다. 행정법적 용어로 바꾸면, 감시적 법률관계에서 개입경계선을 현저히 낮추는 것이라 말할 수 있다.[7]

② 그 수가 날로 증가하는 안전과 관련한 사회부분영역을 방임하는 것 역시 오늘날의 안전성요구와는 일치하지 않다고 여겨진다. 원칙적으로 사회를 국가적 통제로부터 자유로이 내버려 두며, 개개경우에 위험상황이 발생할 때만 자유를 제한하면서 개입할 수 있다고 보는 것이 종전의 자유주의적 관념인데, 특히 최근 20년 사이에 그러한 관념을 신봉하는 사람들은 자취를 감추었다. 오히려 전문법률로 인해 행정청은 항상 전 영역을 리스크관점하에서 체계적으로 형성해야 할 임무를 맡게 되었다. 리스크를 감소시키는 것이 행정의 새로운 형성임무로 나아간다. 오염방지법, 원자력법, 유전공학법(Gentechnikrecht) 그리고 의약품법 등이 리스크형성을 위해서 그러한 임무가 과해

5) Di Fabio, Risikoentscheidungen im Rechtsstaat, 1994, S.5f., 115f., 445ff. 다음 것도 참조 Wolfgang Köck, Technische Risiken und Recht, Die rechtliche Bewältigung technischer Risiken, KJ 1993, S.125(133ff.); Arno Scherzberg, Risiko als Rechtsproblem, VerwArch. 84(1993), S.484(500ff.).

6) Ulrich Beck, Die Risikogesellschaft:Auf dem Weg in eine andere Moderne, 1986; Niklas Luhmann, Soziologie des Risikos, 1991; ders., Risiko und Gefahr, in: ders., Soziologische Aufklärung Bd. 5, 1990, S.131ff.; Karl-Heinz Ladeur, Risikowissen und Risikoentscheidung, KritV 1991, S.241ff.; Gotthard Bechmann, Risiko als Schlüsselkategorie der Gesellschaftstheorie, KritV 1991, S.212ff.

7) 감시법관계의 개념과 내용에 관해선 Rolf Gröschner, Das Überwachungsrechtsverhältnis, 1992.

진 예에 해당한다.

③ 인식론적 측면에서 危險防止를 앞당기고, 아울러 그것을 개별조항적인(punktuell) 데 그치는 개입에서 전체적인 경제활동부분의 형성에로 확장함에 따라, 행정의 엄청난 정보결핍이 나타난다. 정보결핍이 없을 순 없지만, 이미 개념정의상으로 리스크결정에서의 지식부족은 두드러진다. 행정의 정보요구와 더불어 공개요구가 더해져서, 그 결과 리스크정보의 제공 또한 예측치 못한 公衆의 공감으로 인해 쉽게 느낄 수 있는 일이 되었다.

Ⅱ. 醫藥品法上의 리스크決定의 構造

의약품감시를 통해서 행할 임무는 의약품의 安全性配慮이다. 앞에서 본 의약품법(AMG) 제1조의 법률목적을 문리적으로 해석하면, 필경 불가능한 것을 행정에 대해 요구하는 셈이 된다. 의약품은 의사와 환자가 원하는 목표한 치료상의 효과가 발생하지 않을 수 있으며, 유해한 부작용이 전혀 없을 수도 없다. 동법은 안전성징표를 강조함으로써, 동법의 목적을 정확하게 규정하고 있다. 특히, 인간의 건강이라는 법익을 고려하여, 의약품이 꼭 필요한 성질을 제시하고, 치료효과가 있으며, 의혹이 없이 안심될 때 비로소 안전한 것으로 여겨진다(의약품법 25조 제2항 제3호부터 제5호까지). 이들 세 가지 징표는 EG가 의약품법상의 준칙을 만들 경우에도 기초가 되며, 아울러 과학기술적으로 고부가치인 의약품의 허가와 관련하여 새로이 도입된 유럽의 중심적 행정절차에서도 그러하다.[8] 이러한 세 가지 요구를 이행하였는지 여부는 자국의 허가절차와 (1995년 1월부터는) 유럽의 허가절차에서 처음에는 예방적으로(소위 市販前節次; Vormarktverfahren) 심사되고, 그 후 의약품승인이후에는 소위 市販後節次에서(Nachmarktverfahren) 지속적으로 심사되고 있다. 의약품법 제25조 제2항에 따른 품질, 치료효과(유효성), 그리고 의혹이 없음(안심됨)이 충족되지 않으면, 승인거부사유가 되며, 아울러 승인취소요건이 된다(의약품법 제30조 제1항).

실체적인 측면에서 보면, 이러한 징표를 다룸에는 사안조사상의 어려움, 형량상의 문제점 그리고 개연성요청의 저하가 두드러진다. 특히 유효성과 의혹이 없음과 같은 不確定法概念을 적용할 때, 이는 허가절차상의 예측적 판단으로서 장애에 봉착한다.

새로운 작용물질(Wirkstoffen)의 경우, 장기간에 걸쳐 광범하게 치러진 임상시험후에 비로소 그것의 유효성과 부작용에 대해 믿을만한 보고를 할 수 있다. 따라서 승인

---

8) 그 동안 의혹이 없음(Unbedenklichkeit)은 재차 안전성(Sicherheit)으로 바꿔 사용되고 있다. 1965년 공동체지침(65/65/EWG)의 제4조; 1993 공동체명령(Nr. 2309/93)의 제11조 제1항 등.

절차상의 유효성확인은 과학적으로 확증된 豫測決定에 해당하는데, 이러한 결정은 蓋然性評價에 의거한다.[9] 비록 의약품에 효능이 없어 환자가 전혀 치유되지 못할 위험이 야기되더라도, 유효성문제는 국가의 의약품감시에 의해서 신중히 다루어져야 한다. 유효성입증에 관한 요구를 규정할 경우, 특별한 치료견해와 치료방향뿐만 아니라,[10] 이미 입증된 유효한 약제가 의약품의 의문스러운 적응증세에 대해서 사용될 수 있는지 여부까지도 고려해야 할 것이다. 유효성입증에 관한 요구가 규정되어 있지 않으면, 어쩌면 효과를 발생시킬 수도 있는 의약품의 승인여부를 행정청이 심사해야 한다. 이 경우 판단대상인 약제(Medikament)의 부작용리스크를 고려해야 하되, 동일한 적응증세를 지닌 이미 알려진 의약품의 부작용리스크 또한 고려해야 한다. 하지만 부작용리스크를 판단하는 것은 어렵다. 적용사례의 1%에 나타나는 부작용을 95%이상의 신뢰도로 조사하기 위해선, 300명의 환자를 감시해야 한다. 대부분의 부작용은 주로 사례의 1% 미만에서 발생하기 때문에, 95% 이상의 신뢰도를 얻기 위해선 아마도 약 40.000건의 치료사례를 반드시 관찰하지 않으면 아니 된다.[11] 일반적으로 의약품의 임상시험은 그 정도의 범위에서 행해지지 않으므로, 새로운 의약품의 부작용리스크에 관한 예측은 확고한 것이 못 된다; 약제가 지닌 예상치 못한 드문 효과에 대해선 아무런 지식을 사전예방적으로 얻을 수 없다.[12] 부작용리스크를 판단하기 위한 임상시험상의 자료는 시간이 지나서, 그리고 작용물질의 대량적인(종종 전세계적인) 사용의 범주에서 비로소 얻어진다. 이러한 점에서 승인결정을 暫定決定(vorläufige Entscheidung)으로 여기고, 아울러 존속보호의 지속력을 정지하지 않으면서 繼續的 可逆性(Reversibilität)을 가능하도록 할 수밖에 없다.[13]

의약품법에 의하면, 정당화될 수 없는 부작용에 관한 근거있는 혐의만으로도 승인을 거부·폐지하는 데 족하다고 한다. 이러한 사실로 말미암아 리스크사정이 지닌 임상경험상 부족함은 의약품의 안정성 판단을 위해서 추가로 중요하게 되었다. 의약품법 제5조 제2항과 제25조 제2항 5호에서 "근거 있는 혐의"(begrüdeter Verdacht)라는 개념을 사용함은, 국가의 위험방지를 개연성의 경계선(Wahrscheinlichkeitsschwelle)에서

9) Di Fabio(FN 5), S.175.

10) 유효성심사에서 특정한 방식을 규정함은 상이한 치료견해를 둘러싼 다툼에서 국가가 한쪽 편을 드는 것과 견줄 만하다: 위원회보고서, BT-Drs. 7/5091, S.15. 입법자들은 이러한 학문적 토의에 의약품법상의 감시절차로 한쪽 편을 들면서 개입하려 하지 않는다: 위원회보고서, BT-Drs. 7/5091, S.6.

11) Ellen Weber, Beobachtung und Bewertung von unerwünschten Arzneimittelwirkungen in der Bundersrepublik Deutschland, in: 25 Jahre Arzneimittelgesetz, Symposium des Bundesverbandes der Pharmazeutischen Industrie, 1986, S.56(58).

12) Gerd Glaeske, Gefährdungen für die Arzneimittelsicherheit, in: ders/Greiser/Hart, Arzneimittelsicherheit und Länderüberwachung, 1933, S.22(32)에서 통계적인 관계도식을 보라.

13) 의약품법상의 리스크결정의 잠정성에 관해서는 Di Fabio(FN 5), S.307ff. 推論: 본서 411면 이하.

벗어나 앞당기는 것(前置함)을 나타낸다. 이러한 개입요건(혹은 거부이유)의 의미에서, 단순한 추정에 의거하는 식의 막연한 유해성 혐의 정도로는 부족하고, 오히려 그 혐의가 학술적 지식이나 경험을 통해서 확증되어야 한다.[14] 원자력법과 유전공학법에서와 마찬가지로 의약품법에서도 근거 있는 혐의의 존재를 인정하기 위해선, 있음직한 유해발생에 관해서 과학적 · 이론적 근거를 제시하면 충분하다.[15] 의약품법 제30조(승인의 폐지)의 적용과 관련하여 중대한 유해의 혐의를 긍정하기 위해선, 유해발생의 미미한 가능성이 있다는 사실만으로도 충분한 것으로 간주된다.[16]

따라서 유효성과 부작용리스크에 관한 인식적 조사가 이미 의약품법상의 판단문제에 해당한다면, 쉽지 않은 형량문제가 평가영역에 추가적으로 덧붙여진다. 부작용이 감수될 수 있는지(이 점을 의약품법 제25조 제2항 제5호는 '정당화될 수 있는'(vertretbar) 정도로 규정하고 있다) 여부는 약물에 대해 어떠한 치료효과기대를 담을지에 좌우된다.[17] 감기약의 경우 신장기능장애는 정당화될 수 없는 부작용으로 간주되는 데 반해서, 생명을 위협할 정도의 질병을 격퇴시킬 수 있는 약제의 경우에는 그 정도의 부작용은 정당화될 수 있는 것으로 간주되고 있다.[18] 이는 일종의 어림법칙(Faustregel: rule of thumb)으로 여겨진다: 리스크가 큰 경우에는 (발생할) 효능이 큰 것이 더 중요할 수 있는 데 반해서, 효능이 경미한 경우에는 경미한 리스크라도 더 이상 받아들여져선 아니 된다. 하지만 그것이 받아들여질 수도 있다.[19]

효능과 리스크의 비교정산(Nutzen-Risiko-Bilanz)[20]은 의약품법 제25조 제2항 제5호와 제5조 제2항에 의해서 의학적 지식의 규준에 의거하여 작성되어야 한다. 복잡한 효능 · 리스크 정산은 실제 사정상 의학적 · 약학적 지식에 의거해서만 행해질 수밖에 없으며, 아울러 학술적 지식발전의 역동성에 부단히 맞추어야 한다. 입법자가 효능 · 리스크 정산의 衡量規準을 의학적 지식으로부터 차용함은 이러한 사정을 고려한 것이

14) 의약품법 제29조 제1항 제2문에 따른 부작용, 다른 물질과의 상호작용, 그리고 의약품남용에 관한 징후에 대한 연방보건성의 공고를 참조하라.

15) 광범한 적용사례가 없어 승인결정에는 정보가 부족하기 때문에, 승인결정시 혐의분석과 관련해선 이론적으로 확증된 고찰만이 특별한 중요성을 지니게 된다.

16) VG Berlin von 15. Jan. 1979 - VG. 14A. 4/79-(Clofibrat), ESZA, §30 Nr.1, S.3.

17) Günter Lewandowski, Sicherheitsentscheidungen im Zulassungsverfahren und bei der Risikoabwehr-Rechts-und Verfahrensfragen, PharmaR 1980, S.132ff.

18) 덧붙여 (1961년의 舊의약품법에서와는 달리) 거의 드물게 발생하거나 특별한 상황에서 파생된 부작용 역시 효능 · 리스크 정산에 포함시켜야 하는데, 그 부작용은 負擔이나 심지어는 의약품(판매)금지까지 정당화시킬 수 있다. Axel Sander, Arzneimittelrecht, Kommentar, §5 Anm.4. 그런데 의약품을 규정에 맞게 사용한 데 따른 부작용만이 효능 · 리스크 정산에서 고려되어야 한다(의약품법 제5조 제2항). 가령 현저히 과다한 복용에 따른 부작용은 무시해도 괜찮다. 하지만 그에 상응한 경고지시는 필요하다.

19) Peter S. Schönhöfer, Wie Kann zwischen Nutzen und Risiko bei Arzneimitteln abgewogen werden?, PharmaR 1982, S.125.

20) 그것에서 효능은 치료상의 유효성을, 리스크는 예상하지 않은 유해효과를 보증한다. Dieter Hart, Eigenständige Wirksamkeitsbeurteilung durch die Transparenzkommission, AMI-Heffe 2/1991, S.14.

다. 단순히 중대성과 빈도수만으로 부작용을 목록에 올려, 그것을 상응한 치유가능성과 비교하는 식으로 대비시켜서는 아니 된다. 중대성, 빈도수, 위협성, 가역성에 따른 평가 그리고 예기치 않은 부작용이 자연소멸하거나 치료상의 영향을 미칠 수 있는 경향까지도 구별하여 고찰해야 한다. 아울러 부작용을 임상증상이나 실험실검사를 통해 조기에 포착하여 경우에 따라선 치명적일 수 있는 위험발생을 피할 수 있는지 여부 또한 중요하다.[21]

의약품승인은 일반화된 언명을 지닌 품목승인에 해당한다. 이러한 사정으로 말미암아, 의약품법상의 승인행정청과 감시행정청은 결정을 내릴 때 더욱 곤란함을 겪는다.[22] 환자자신이 처방내린 경우를 제외하고서 의사와 환자간에 행해진 개개의 사용결정은 실제적인 의약품안정성과 관련해선, 적어도 품목승인과 마찬가지로 결정적으로 중요하다.[23] 많은 약물은 조심스럽게 또한 검사를 거쳐서 사용될 필요가 있는데,[24] 이러한 사용은 최종적으로 발생하는 예상하지 않은 부작용을 특별히 관찰하면서 행해진다. 특별한 사정으로 처치의 필요성이 있을 때, 개개사안에서 의사가 덜 유효하거나 더 큰 부작용리스크를 지닌 약물을 투여하는 것 역시 의사가 갖는 治療自由(Therapiefreiheit)의 일부에 해당한다. 약물을 판매금지하는 식의 국가의 의약품감시는 의사의 행위가능성마저 축소시킨다. 따라서 의약품감시에는 이러한 영향이 효능 · 리스크의 형량에서 고려되어야 한다.

21) Paul Schölmerich, Interpretation und Auswirkungen epidemiologischer Studien – Medizin- ische Aspekte –, in: Prinzipien und Aussagekraft epidemiologischer Studien zur Beurteilung der Arzneimittelsicherheit, Symposium Berlin 1977, Hrsg. von der medizinisch-wissenschaftlichen Abteilung der Schering AG, 1978, S.77(78).

22) 유형과 관련해서 내려지는 예방결정의 경우, 구체적인 위험상황과의 차이가 존재한다. 그로 인해 논의대상인 제품을 사용함에 있어 머지않은 장래 과연 어느 시점에 유해를 고려해야 하는지 여부가 문제된다. 이에 관해선 BVerwG DVBI. 1973, S.857(859)을 참조하라.

23) 의약품의 예상하지 않은 효과를 유발하는 요인은 여럿 있다. 본초학, 약물운동역학, 약물동력학 등을 거쳐 만들어진 의약품은 그 중의 하나에 불과하다. 잘못된 투여, 잘못된 복용, 생활관습, 환자의 잘못된 행동, 환경적 영향 등이 중요한 리스크요인에 해당한다. 이에 대해선, Ellen Weber, Beobachtung und Bewertung von unerwünschten Arzneimittelwirkungen in der Bundersrepu- blik Deutschland, in: 25 Jahre Arzneimittelgesetz-Fortschritte der Arzneimittelsicherheit, Sym-posium des Bundesverbandes der Pharmazeutischen Industrie e,V., 1986, S.56(68).

24) 藥事制度에서 행위조종적 성격을 지닌 안전성규범에 관해선 Karl-Heinz Hohm, Arzneimittel- sicherheit und Nachmarktkontrolle, 1990, S.60ff.

Ⅲ. 決定의 複雜性이 行政廳組織, 行政節次 그리고 司法審査에 미친 結果

1. 학술적 언명에의 의존

의약품법상의 리스크결정의 구조를 앞에서 개관함으로써 그 결정의 복잡성은 분명하게 되었다. 그 복잡성은 행정청조직 및 의약품법상의 행정절차를 법률적으로 형성하는 데 영향을 미쳤다. 의약품법상의 안전성결정이 학술지식수준에 의존하는 점에서, 전문가를 절차에 권위 있게 참여시킬 것과 외부전문가를 조직상으로 행정청에 접합시킬 것이 요구된다. 리스크사정의 토대가 되는 임상경험상의 (리스크에 관한)기초정산에는 지속적이고 광범한 정보수요가 초래된다. 정보의 풍부함과 적합한 리스크데이타의 조사에 드는 비용을 감안하여, 입법자는 사실설명의 가능한 많은 부분을 의약품제조업자에게 넘겼으며, 승인절차를 서류심사절차로 발전시켰다. 앞당겨서 내려지는 혐의결정(Verdachtsentscheidungen)과 중간에 행해지는 효능 · 리스크 형량을, 만족할 만큼 법적으로 사전에 규율한다는 것은 불가능하다. 그로 말미암아 리스크사정을 규율하는 데는 法規命令 · 行政規則 · 勸告 등에 의한 구체화가 중요한 역할을 한다. 행정절차에 학술전문가를 포함시키고, 행정절차를 국가에 의해 조종된 協力的 決定體系로 바꿀 경우, 의약품법상의 리스크결정에 관한 사법심사의 정도와 가능성 문제가 중요하게 된다.

2. 학술적 행정청으로서의 藥事機關

행정결정을 학술적인 리스크사정에 현저히 의존케 함은 외부전문가를 행정절차에 참여시키는 것과 같은 새로운 형상을 초래하는데, 이는 전통적인 간단한 자문(Beratung)을 분명히 넘어선 것이다. 가령 원자로안전위원회나 핵기술위원회 같은 것이 (원자로와 관련한) 일정 시설기준을 정할 때 중요한 역할을 수행한다는 점을 모든 사람들이 잘 알고 있다. 그럼에도 불구하고 원자력법처럼 리스크조정을 다룬 종래의 전문법률에는 전문가참여에 관한 명문의 규정이 없다.[25] 이에 반해서 의약품법과 유전공학법과 같은 새로운 법률은 결정절차에 참여하는 전문가를 두드러지게 강조하고 있다(의약품법 제25조 제6항, 유전공학법 제4조 · 제5조); 그들의 참여가 제도화되고, 그들의

25) 원자로안전위원회와 핵기술위원회의 역할에 관해선 Peter Marburger, Atomrechtliche Schadensvorsorge, 2.Aufl.1985, S.137f. und 142f.: Klaus Vieweg, Atomrecht und technische Normung. Der Kerntechnische Ausschuß und die KTA-Regeln, 1982, S.131ff.

투표행위에 事實的(實體的, 內容的) 拘束效(Bindungswirkung)가 부여되고 있다: 전문가위원회의 투표는 근거 있는 예외적 경우에만 관계행정청에 의해서 간과될 수 있어야 한다.[26] 자문위원회(Beratungsgremien)는 조직상으론 행정청에 구속되나, 그것의 지시로부터는 자유로우며 사실상의 결정권능을 갖고서 활동한다. 그런데 이들 자문위원회의 법적 성질에 관한 자세한 규정은 명확하지 않다. 1953년 Otto Bachof가 제시한 제안이 일종의 지침이 될 수 있는데, 이 안은 그가 영업법(GewO) 제24조에 따른 지표적 역할을 수행하는 위원회를 위하여 만든 것이다. 그에 의하면, 독립된 자문위원회는 부분적 권리능력이 있는 公法團體에 해당한다.[27] 그에 의하면, 의약품법상의 승인위원회와 선별위원회는 유전공학법 제4조에 따른 위원회와 마찬가지로 권리능력이 있을 것이다. 왜냐하면 그들은 법적으로 주어진 권리 · 의무의 주체이기 때문이다. 그렇지만 이 경우 부분적 권리능력(Teilrechtsfähigkeit)만이 관계된다. 왜냐하면 법률상으로 이러한 법적 지위가 전문가위원회에 대해 부여되어 있되, 실은 그것이 위원회 전체집단이 아닌 위원(전문가)개인에 대해 부여되어 있기 때문이다.[28] 전문가위원회를 부분적 권리능력이 있는 공법단체로 보면 다음의 사실이 명백해진다. 즉, 위원회의 활동은 공법적 성질을 지닌다는 점, 물론 법률적 형성에 따르겠지만 어쩌면 행정청과의 내부관계에서 제한적으로 관철할 수 있는 법적 지위가 위원회에게 인정된다는 점이다. 전문가위원회를 이렇듯이 상대적으로 독립시킴으로써, 리스크행정을 특징을 지우는 決定過程의 二元化가 발생한다. 법률이 명백히 의도한 것에 의하면, 내부관계에서는 개인적으로 국가행정에 속하지 않는 전문가가 결정을 내리는 반면에, 외부에 대해서는 행정청이 여전히 책임을 지고 그리하여 실제론 개개사건에서도 결정에 대해 영향을 미칠 수 있다. 확실히 -유감스러운 어조로써- 이러한 경향을, 고권행정은 리스크결정의 복잡성에 직면해선 스스로 물러서서 개개결정은 물론 전술한 역동적인 리스크관념의 전개까지도 외부전문가에게 맡기지 않을 수 없다는 식으로 여길지 모른다. 그러나 기본적으로 종래의 경찰행정청과 상공행정청이 '학술적 행정청'(wissenschaftliche Behörde)이 된다. 이들 행정청과 이들이 실행하는 행정절차의 특징은 協力的 同調體系를 조직화함에 있는데, 이러한 조직화는 특히 리스크정보에 관한 포착과 평가를 지향하고 있다; 의약품법 제62조는 이러한 조직상의 거점을 명문화하였다. 궁극적으로 서류심사절차에 피감시자와 전문가를 참여시킴으로써, 그리고 행

26) 행정청과 가령 유전공학법 제4조에 따른 유전공학위원회와 같은 전문가위원회 간에 있을 수 있는 권한문제에 관해선 Di Fabio(FN 5), S.133f.

27) O. Bachof, Teilrechtsfähige Verbände des öffentlichen Rechts, AöR 83(1953), S.208(263ff.).

28) 구별기준에 관해선 Bachof, ebd., S.264. 이러한 분류로 말미암아 전문가위원회는 그들의 공법적 권한을 당해 행정청에 대해 주장할 수 있다.

정청이 지속적인 자체 감시와 독립된 정보조사를 수행할 의무에 의해서, 이러한 행정절차는 협력적인 삼각관계로 확대되며, 대외적으로 행해진다. 학술적 행정청은 조직상의 중간에 서서, 외부전문가위원회와 감시대상인 기업의 정보원천과 사전결정원천을 개발한다.

의약품과 의료제품을 위한 종전의 연방보건성 및 새로운 연방기관과 같은 학술적 행정청이 조정 · 평가 · 결정의 중심이 된다. 관련 법률에 나타난 형태에서 보건데, 이들 행정청은 계층적 지시와 개인적 복종의 형식으로 법률집행이 행해지는 전통적인 관료제적 모델과는 전혀 딴판이다.[29] (獨任制에 따른) 장관책임의 원칙은 명확히 예측가능한 책임준칙에 의거하는데, 이 준칙에 관한 윤곽이 아마도 그럼으로써 상실되어 버리는 셈이 된다. 이 점이 입법자로 하여금 연방보건성이 갖는 독자성을 규모가 작은 학술적 행정청(기관)으로 다양화함으로써 축소하는 결정을 내린 동기도 된다.[30] 이러한 맥락이 계기가 되어 연방의회는 이들 기관의 학술적 자유를 강조하였다(결정 12/7419); 의회는 그럼으로써 학술적 행정청으로서의 이들 기관의 성격을 강조하였다.[31]

리스크결정의 복잡성을 다루기 위한 행정유형은 국가차원을 넘어서 공동체법내에 전파되기 시작했다. 이 경우 국내의 이원화된 행정청구조로 인해, 공동체적 감시절차의 구축에 있어 계속적으로 조정해야 할 임무가 증대된다. 의약품법상의 새로운 공동체절차에 관한 EG명령(EG-Verordnung)에 의해서 유럽의약품판정기관이 설립되었다. 이러한 독립된 公法人(EG의약품명령 제59조, 제62조)은 약품전담위원회와 동물약품위원회를 통해서 자신의 조정업무와 리스크사정업무를 수행한다. 모든 회원국들이 이들 위원회에 두 명의 위원을 파견하는데, 이들은 의약품판정의 역할과 경험에 의거해서 선출된다(EG의약품명령 제52조). 한편 이들이 전문적 지식을 갖춘 행정청 대표자에 해당하는지 아니면 가령 독일의 승인위원회와 선별위원회와 같은 위원회의 외부전문가에 해당하는지 여부는 여전히 미해결로 남겨져 있다. 그러나 의약품판정기관이 행정청의 기능을 수행하는 점에 비추어, 국가행정청에 속한 대표자를 파견하는 것이 합당하고 필요하다 하겠다. 회원국들은 자국감시체계에 투입된 행정청밖의(외부) 전문가를 유지하면서 그들을 공동체절차에 포함시켰다. EG의 의약품명령은 이러한 사정에서 유래하였으며, 그에 따라 유럽의약품판정기관에 대해 조정업무가 부여되어 있다(EG의

---

29) 특히 위험방지를 위한 조직형태와 행정임무간의 상관관계에 관해선 Rainer Wahl, Die Aufgabenabhängigkeit von Verwaltung und Verwaltungsrecht, in: Hoffmann-Riem/Schmidt- Aßmann/Schuppert(Hrsg.), Reform des Allgemeinen Verwaltungsrechts, 1993. S.177(192ff.).

30) Gesetz über die Neuordnung zentraler Einrichtungen des Gesundheitswesens(GNG), beschlossen am 24. April 1994, BR-Drs. 362/94.

31) 하지만 앞으로도 적합한 조직형태로써 학문의 자유를 보장하는 것이 혹시 더 좋지 않을 수 있는지 여부가 문제로 제기된다.

약품명령 제49조 제2항).

3 의약품법상의 행정절차의 特徵인 감시의 지속과 사실설명의 이전

의약품법상의 행정절차의 두드러진 특징은 승인결정의 暫定性 및 제약회사의 지속적인 자체감시의무와 신고의무이다. 유난히 정보에 의존하는 리스크행정절차가 지닌 본질적인 특징은 사안설명(Sachverhaltsaufklärung, 실체석명)을 피감시자에게 광범하게 맡긴 데 있다. 의약품제조자가 의약품법상의 감시절차에서 행하는 역할의 두드러진 특징은, 그에게 의무가 현저히 부과되어 있는 점이다. 그에게 부과된 책무와 의무는, 승인절차에서 광범한 신청서류를 제출할 것(의약품법 제22조), 임상자료에 대해 자체 평가할 것(동법 제24조), 업무수탁자를 선임할 것(동법 제63조 a), 부작용리스크의 발생에 관해 의약품행정청에게 지속적으로 정보를 제공할 것(동법 제29조) 등이다. 의약품제조자는 의약품법상의 행정절차이외에서 의약품법 제5조의 一般的 義務(Generalpflicht)를 부담한다; 국가의 승인에는 合法化效果(Legalisierungswirkung)가 결여되어 있다. 부정적인 효용 · 리스크 정산에 관해 알게 되었음에도 불구하고, 의약품제조자가 (이미)승인받은 의약품을 시판했을 경우, 그는 처벌받을 수 있다(동법 제95조 제1항 제1호).

의약품에 대해선 지속적인 검사가 행해지며, 그에 따라 의약품은 국가의 지속적인 감시하에 있다. 이러한 사정은 소위 段階的 計劃節次(Stufenplanverfahren)를 둘 때에도 고려되었다. 관계 연방장관이 발한 행정규칙을 매개로 한 단계적 계획절차(동법 제63조)[32]는 시판후영역에 통용되며, 특히 현존한 협의사례가 있을 때 행정청이 취할 대처방안을 규정하고 있다.[33] 이 절차는 그 진행에서 정식적 행정절차와 흡사하다. 즉, 더 자세한 사안설명이나 본건규율에 관하여 결정을 내리기에 앞서, 행정청은 논증적으로 치러진 토의에서 관계자와 전문가의 의견을 듣는다.

여태 의약품의 작용물질(약물)에 관한 행정청의 판단은 소위 선별연구논문에 의해서 사전에 권위적으로 내려져 있는 셈인데, 이 선별연구논문은 이미 알려진 약물의 현재 시판을 유효성 및 부작용리스크에 관한 정당화가능성(Vertretbarkeit)의 측면에서 규명해야 한다. 개개의 작용물질에 관한 기록은 의약품법 제25조 제7항에 따른 선별위원회에 의해서 만들어져, 관련 전문분야(예: 학술전문단체, 의료단체, 제약업단체)의 견해 표명이 있은 다음 관계행정청에 의해서 연방관보로 공표된다. 공표의 前段階에서의

---

32) 의약품법 제63조에 의한 의약품리스크에 관한 관찰 · 수집 · 평가(단계적 계획)를 위한 일반적인 행정규칙.

33) 협의사례에 대한 행정청의 대처에 앞서 리스크를 관찰 · 수집함에 관한 규정은 단계적 계획의 제1호부터 제4호까지에서 지극히 일반적으로 고려되고 있을 뿐이다.

지식과 견해의 교환은 이러한 영역에서도 행해졌으며, 현재도 행해지고 있다. 그리고 관련 의약품제조자가 공표의 전단계에 꼭 참여해야 한다. 연구논문은 개개경우에서의 효능 · 리스크판단이 의거할 수 있는 지식의 토대를 이루는데, 이들의 도움으로 비교와 적응은 더 쉬울 수 있다. 의약품법의 제5차 개정으로,[34] 선별위원회는 선별작업의 완료이후에도 의약품법 제105조상의 상응하는 자문임무를 맡게 되었다. 그런데 특별한 치료 · 치유에 관해 동위원회가 행한 감정(소견)은 의약품법 제25조 7항의 새 조항에 의해서 연방상급행정청에 대해 사실적 구속효를 그 이후에도 지닌다.

여기선 의약품감시의 조직과 절차의 모습을 단지 개략적으로 서술하였지만, 그러한 모습에서 의약품감시에서 내려진 리스크결정에 관해서 행정법원의 심사가 어떠해야 하는지가 중요한 문제로 제기된다. 많은 사람들은 유사한 리스크결정과 마찬가지로 의약품법상의 리스크결정을 행정의 判斷餘地(Beurteilungsspielraum)와 標準設定餘地(Standardisierungsspielraum)가 인정된 특별한 종류의 법집행으로 여기는 데 찬동한다. (판단여지와 관련하여 근래에 내려진) 연방헌법재판소결정은 시험결정과 관련하여 내려졌는데, 이 결정은 연방행정법원으로 하여금 장차 행할 판단여지에 대해 판례상으로 제한적 태도를 취하게끔 하였다.[35] 환경행정법과 리스크행정법상의 행정법원의 심사정도에 관한 논의는 이제야 숙성했다 할 수 있다. 그래서 이러한 논의가 (판단여지와 관련한) 연방헌법재판소결정으로 인해 종료되어 버렸다고 함은 사실이 아니다. 적어도 의약품법처럼 전문법률이 리스크사정과 리스크평가가 지닌 인식론적 불충분함때문에 협력적 행정절차를 규정하고, 또한 권위있게 참여한 외부전문가위원회의 감정에 사실적 구속효를 부여하는 그러한 영역에서는, 사법심사가 전통적인 경찰법영역에서와 마찬가지로 행해질 수는 없다.[36]

보건제도의 핵심시설을 새로이 조직하는 법률을 가결할 때, 입법자는 부가적 결의로써 행정청이 행하는 決定過程의 二分化는 물론, 그에 따른 可分性까지도 전제로 하였다. 조정기능과 리스크파악기능을 갖는 학술적 행정청에 대해선 '학문의 자유'를 부여하는 데 반해서, (조직법상으론 연방보건성보다 의약품기관에 더 가까운) 연방장관에 대해선 학술적 활동의 우선을 확정하는 데, 그리고 학술연구결과에 관해서 결론을 내리는 데 국한해야 한다. 그러한 부가적 결의가 의회입법에 비해서 지닌 일체의 애매성에

---

34) 1994년 5월 19일에 연방의회가 의결하였다.(BR-Drs. 465/94).

35) 예컨대 다음의 문헌을 보라. Helmuth Schulze-Fielitz, Neue Kriterien für die verwaltungsrechtliche Kontrolldichte bei der Anwendung unbestimmter Rechtsbegriffe, JZ 1993, S.772ff.; Horst Sendler, Über richterliche Kontrolldichte in Deutschland und anderswo, NJW 1994, S.1518ff.

36) 의약품법상의 법률집행과 흡사한 식물보호법상의 승인결정과 관련한 연방행정법원의 판례(BVerwGE 81, 12(17))가 있다.

도 불구하고, 행정청의 학술적 활동에 관한 바른 이해가 바탕이 된다. 하지만 그것은 기본법 제5조 제3항의 학문의 자유를 고려하는 것과는 관계가 없다. 왜냐하면 행정청은 결코 基本權主體가 아니기 때문이다. 오히려 자유여지(Freiraum)라고 바꿔 말해지는데, 사실 이러한 자유여지는 그때그때의 전문법률이 행정청조직, 협력적 결정절차 및 과학지식의 참조 등을 규정함으로써 열어둔 것이다. 법률이 의도하는 행정청의 그러한 자율은 "학술적 자유"로 달리 불리기도 하는데, 이는 학술적 물음에서 판단권능과 구체화권능을 부여한 것과 다름없다. 적어도 법률이 행정청에 대한 관계에서 (전문가위원회가 행한 리스크사정의) 사실적 구속효를 규정하는 한, 법원 역시 의약품법 제25조 제6항과 제7항의 위원회와 같은 전문가위원회가 행한 리스크사정을 받아들여야 하며, 또한 사법심사를 효능 · 리스크정산의 사실적합성(Sachgerechtigkeit)과 납득가능성(Plausibilität)에 국한하여야 한다.[37)]

행정계획법에서와 비슷하게 리스크수집(형량자료의 완전성)의 사법심사는 완전히 법원에 의해서 재심사될 수 있지만, 리스크관념(소위 학술적 행정청이 갖는 안전성철학)의 선택은 오로지 일관성과 납득가능성의 측면에서, 의약품법의 안전성목표 및 (EG지침상의) 상위의 리스크관념과의 일치의 측면에서만 심사되어야 한다. 그밖에 효능 · 리스크형량이 협력적 동의절차와 전문가위원회에서 토의를 통해 성립한 경우에는, 행정법원의 판례는 형량의 핵심부분에서는 심사강도를 낮추지 않으면 아니 된다. 이러한 사실은 특히 다음의 이유에서 필요하다. 즉, 만약 그렇지 않다면 전문법률이 규정하고 있는 절차상의 합리성은 공허해 질 수 있기 때문이다. 計劃決定이나 裁量決定의 심사와 비슷하게 권리구제가 효과적으로 되기 위해선, 행정청은 통일된 리스크관념을 창안하여 지속적으로 사용하는 데 특별한 주의를 기울여야 한다. 왜냐하면 그러한 틀이 없다면, 판단여지를 갖는 리스크결정이 법적 한계를 준수하였는지 여부에 관한 사법심사는 실현가능한 방법으로 행해질 수 없기 때문이다.

Ⅳ. 一般行政法에 대한 刺戟(源)인 리스크行政

학술지식에 의존하며 리스크형성적인 실체결정을 지향하는 행정절차가 지닌 특수성은, 종래의 고찰을 통해서는 단지 손을 대는 데 그쳤다. 그러나 오랫동안 조건적으로 조종된 법률집행의 요건이 개입행정에서 얼마나 많이 변화하였는지는, 복잡한 리스크결정이 지닌 전술한 특수성과 아울러 조직 · 절차에 관한 전문법률상의 모습에 의

37) 의약품법상의 판단여지에 관한 자세한 것은 Di Fabio (FN 5), S.265ff. 참조.

해서 분명하게 된다; 많은 것들이 衡量委任의 개방성에서 계획적 특징이 가미된 결정을 생각나게 한다. 이러한 사정에 근거하여, 판단여지에 관한 행정법적 논쟁을 수정적으로 속행해야 할 필연성이 제기된다. 하지만 그것만이 일반행정법에 미친 유일한 결과는 결코 아니다. 행정법학은 Schmidt-Aßmann의 말처럼, 학술적 행정청, 외부전문가위원회 그리고 결정절차에 관련한 피감시자간에 협력적으로 성립한 삼각관계(Dreiecksverhältnisse)를 '국가책임의 상이한 정도'를 고려하여 새로이 만들어 내지 않으면 아니 된다.[38] 행정법의 行爲形式 역시 장차 새로이 고찰되어야 한다. 리스크기준, 리스크조사기술, 시험절차 등을 행정입법적으로 규율할 경우, 法源論보다는 行爲形式論에서 특별한 고찰과 접목이 필요하다. 행정행위와 행정계약이 종래의 구조로 리스크결정의 역동성에 충분히 적응하고 있는지 여부[39]를 판단하기 위해선, 종래 잠정적 행정행위와의 상관관계에서 행해진 것보다 더 집약적인 고찰이 요구된다. 정보획득을 위한 행정청의 조치와 정보제공을 위한 종합적 관찰을 촉진하기 위한 얼마간의 노력은 여전히 필요할 것이다. 한편, 정보행위에 관한 개입적 성질을 더 자세히 형성하는 것이 필요하다. 특히 최종적으론 시장효과를 지향하는 정보행위에 대해선, 그것의 개입적 성질을 성급히 부정함으로써 사법심사프로그램에서 빠지지 않도록 하는 것이 필요하다.[40] 다른 한편, 정보행위를 수권한 법률에 대해선 明確性의 要請을 너무 엄격히 파악해서는 아니 된다. 개입적 정보행위의 적법성은 궁극적으로 比例原則을 영역에 맞춰 특수하게 적용하는 데 좌우된다. 일반행정법의 다른 부분에서처럼 여기서 상호의존적인 자극이 행해질 수 있도록, 전문법률상의 발전을 지속적으로 관찰할 필요가 있다. 그런데 이러한 발전은 환경행정법, 리스크행정법, 경제행정법 그리고 과학법처럼 특히 역동적인 소재를 지향해야 한다.

* 법학연구(충북대법학연구소) 제8권, 1997.9., 215면 이하 소수.

---

38) Eberhard Schmidt-Aßmann, Zur Reform des Allgemeinen Verwaltungsrechts - Reformbedarf und Reformansätze, in: Hoffmann-Riem/Schmidt-Aßmann/Schuppert(FN 29), S.11(30).

39) 행정행위와 행정계약간의 결합가능성과 보완가능성에 관해선 Schulze-Fieltz, Kooperatives Recht im Spannungsfeld von Rechtsstaatsprinzip und Verfahrensökonomie, DVBl. 1994, S.657(662f.).

40) 개입확인의 범주에서 목적성 징표를 중요하게 고려하는 것에 관해선 BVerwGE90, 112(121); Andreas Roth, Verwaltungshandeln mit Drittbetroffenheit, 1991; Di Fabio, Grundrechte im Präzeptoralen Staat, JZ 1993, S.689ff.

제 3 장

醫藥品法의 諸 決定에서의 判斷餘地에 관한 小考

Ⅰ. 責任歸屬問題를 위한 指標로서의 科學에의 適用指示[1)]

1. 리스크결정을 위한 最終責任의 原則的 意義

(독일) 의약품법 제25조 제2항 제5호는 (의약품시판)承認決定은 물론, 시판후개입에 대해서도 통용된다. 이에 의하면, 有害效果의 근거 있는 혐의(ein begründetet Verdacht)는 '의학지식에 의한 타당한 정도'를 초과하여야 한다(법 제5조 제2항도 동일하다). 약의 有效性(Wirksamkeit)이란 다른 성립징표는, 신청자에 의한 불충분한 이유제시의 경우

---

1) 이 글은 독일 본(Bonn)대학교 법과대학 교수이자 연방헌법재판소 재판관인 Udo Di Fabio 교수(Professor Dr.iur. Dr.sc.pol. Udo Di Fabio)의 교수자격청구논문인 "Risikoentscheidungen im Rechtsstaat -Zum Wandel der Dogmatik im öffentlichen Recht, insbesondere am Beispiel der Arzneimittelüberwachung"(1994)의 제3장 §10(S.265-S..297)을 옮긴 것이다. 지금까지도 독일 공법학의 유행테마인 리스크의 법문제를 제대로 이해하고 소개하기 위하여, Di Fabio 교수의 글을 지속적으로 옮겨 왔다(졸고, 리스크행정에서 행정행위에 의한 개별사건규율에 관한 소고, 지방자치법연구 제6권 제1호, 2006.6.; 위험개념과 시판후통제, 중앙법학 제6권 제4호, 2004.12.; 공법상의 리스크 조종, 중앙법학 제6권 제3호, 2004.10.; 공법의 작용형식으로서의 국가정보행위, Juris Forum (충북대 법학연구소) 제2호, 2002.6; 리스크결정과 법치국가적 행정법, 법학연구(충북대 법학연구소) 제12호, 2001.12.; 리스크행정의 대표인 의약품법에 관한 소고, 법학연구(충북대 법학연구소) 제8호, 1997. 9.). 이 글 역시 전체 시도의 일환이다. 원전이 인용한대로 문헌을 적시하였고, 본문상의 법률이나 법원은 독일의 것이어서 특별한 부가어를 덧붙이지 않았음을 밝혀 둔다. 그런데 독일어 개념인 Gefahren과 Risiko를 무엇으로 옮기는 것조차 의견이 분분한 실정이다. 서양에선 인식에선 물론 일상에서조차 양자(danger, risk)의 구분이 완연하게 느껴지지만, 우리의 경우 그렇지 못하다. 더욱이 독일에서조차 개념의 파악을 둘러싼 논의가 아직 끝나지 않음을 감안할 때, 이들을 옮기는데 석연치 않은 구석은 여전히 남는다. 그 遠因은 다름 아닌 개연성적 징표가 '위험'자체에서 표출되지 않는 점에 있다. 따라서 부득이 하긴 해도 여기선 이제까지의 용례를 좇아 Gefahren은 危險으로 옮기되, Risiko는 리스크로 옮기고자 한다. IMF患亂 이후엔 리스크관리란 개념이 친숙하게 되어, 그것과 위험(danger)간엔 다소의 간격이 있음이 어느 정도 인식되고 있다고 여겨지기 때문이다.

에, '과학지식의 확고한 수준'에 구속된다(법 제25조 제2항 제4호). 그런 식으로 과학지식과 기술에 연계시키는 것이, 技術安全法(technisches Sicherheitsrecht), 環境法, 製品安全法(Produktsicherheitsrecht)을 관류한다.

의약품법의 리스크결정은 評價開放的(評價未確定的)이다. 여기에 더해 과학과의 연계가 부여된다. 이 같은 리스크결정은 리스크行政法을 위해 핵심적인 물음–법률이 리스크상황의 구속적 확정(확인)에 대한 결정적인 책임 즉, 최종책임을 누구에게 이전하고자 하였는지–을 본보기로 제기한다. 의약품법 제25조 제2항 제5호에서처럼, 과학지식에의 연계를 담고 있는 규정은 자연과학적 지식의 여지를 인정하는 것을 가리킨다고 받아들여진다.[2] '지식여지'의 인정은 헌법상 규율된 責任分配의 배경에서만 이해될 수 있다. 입법자로선 충분히 명확한 규범을 이용해서 행정으로 하여금 활동하게끔 이끌며, 행정의 조종을 위한 결정적인 책임을 진다(기본법 제20조 제3항). 司法의 기능은 이런 입법적 책임에 합치한다. 즉, 그것은 분쟁사례에서 법률의 실현을 보장하여야 한다(기본법 제20조 제3항, 제19조 제4항). 종종 운위되는 사법부의 최종책임은 단지 다음과 같은 의미에서만 주어지는데, 즉 원래 입법자의 최종책임이 문제되고, 법원으로선 그의 의사를 구속적으로 (법도그마틱적으로) 해석하고(auslegen) (법이론적으로) 해석한다(interpretieren)는 것이다.[3]

결정, 평가, 형량, 예측, 형성, 정책적 결정이나 표준화와 같은 개념으로써 현상학적으로 파악하고자 시도하는 행정의 구체화노력은, 법적으론 합리화가 곤란하거나 거의 불가능하다. 이런 행정의 구체화노력이 요구될 정도로, 행정의 법률적 조종이 불확정하게 만들어지면, 본질적인 책임문제점은 늘 성립하게 마련이다. 기술안전법상으로 그런 미확정적(개방적) 규범화를 맞닥칠 수 있는 곳은, –과학지식에의 연계가 명시된 것처럼– 위험방지를 인식가능의 한계에까지 확장하도록 법률상으로 규정된 곳이다. 이런 결정은 법적용에서 비롯된 불확실함에 구조를 부여하는 셈인데, 이에 형성적 행정과 통제적 법원간의 관계에 법적 문제점이 제기된다. 行政法으로선 통제(심사)밀도의 標題하에 이런 영원한 문제점을 다루었다.[4]

---

2) Breuer, Gerichtliche Kontrolle der Technik, NVwZ 1988, 104(103). 그렇지만 Breuer로선, 과학지식의 확고한 수준과 무관한 적용지시(Verweise)만이 지식여지를 위한 표시기라고 하는데, 이유인 즉, 과학지식의 확고한 수준과 관련한 적용지시는 증거로 사용가능하고 그래서 완전한 사법심사가 가능하기 때문이라고 한다. 그리고 "과학지식의 최전선"은, 다툼이 있고 해명되지 않은 경계적 물음을 지니는데, 이런 경우로 결정을 옮기는 적용지시을 통해서만, 여지가 부여되어 있는 셈이라고 한다. * 역자주: 여기서의 적용지시(Verweise)는 적용지시하거나 관련시키는 것을 의미하는 독일어인 'Verweisung'이나 'Bezugnahme'을 빗대어 옮긴 것이다. 이는 해당 법률 · 법규정에 없는 다른 법규정이 적용되는 것(적용, 준용)을 의미한다. 문헌상 그다지 조명이 가해지진 않지만, 입법론에서의 핵심주제이다. 이에 관한 상세는 졸고, 다른 法規範의 適用 · 準用(指示)의 公法的 問題點에 관한 小考, 법제연구 제20호, 2001, 6., 137면 이하(행정법기본연구 I, 157면 이하) 참조.

3) Papier, Zur verwaltungsgerichtlichen Kontrolldichte, DÖV 1986, S.621.

議會主義的 責任原則으로서의 適法性原則의 경우, 그 근원은 절대주의적 경찰권을 제한하려는 사고에 있었다.[5] 그러나 효과적인 危險防止의 優位는, 재량부여적 경찰개괄조항을 승인하도록 강제한다. 즉, 위험영역에선, 행정으로선 극히 미약하게 법률상으로 조종을 받고, 아울러 개입과 취할 조치의 합목적성과 관련한 책임을 넘겨받았다. 危險防止란 國家目的의 제한이, 법률구속의 그런 식의 완화를 작게 유지하는 데 특히 이바지한다. Max Imboden는 다음과 같이 말하였다: “하지만 개괄조항의 추구되고 (부분적으론) 실현되기도 한, 이런 ‘축소과정’에도 불구하고, 여전히 다음의 점은 강하게 문제된 적이 거의 없는 公理이다. 즉, 그것은 바로 경찰행정분야에선 그 본질상 완전한 규범적 관철에 접근할 수 없다는 것이다.”[6] 危險防止란 國家目的이 형성적 리스크조종에로 –본 연구에선 단지 부분적으로만 묘사된 데 그쳤지만– 광범하게 확대됨으로써, 법치국가적 법률조종이란 과거엔 오그라진 근본문제가, 재차 행정법의 가장 위험한 문제로 되어버렸다.

입법자는 자신의 책임을 委任할 수 있다. 이때 (외부전문가 및 사회세력으로 구성된 위원회를 포함한) 넓은 의미의 행정이 고려된다. 이런 식으로 행정에 책임을 이전하는, 주지의 도그마틱적 형상이, 바로 재량이다. 여기서도 책임의 이전으로서 司法權(裁判權)은 고려에 들어가지 않는다. 그것은 단지 법률의 최종적 책임에만 참여한다; 그것의 법률에 대한 관계는 원칙적으로 파생적이다. 그러나 불확정법개념은 법원의 파생적, 법률부수적 책임을 제기한다. 왜냐하면 윤곽이 없는 법률적 의사를 해석하는 것 역시 법원의 최종구속적인 소관이기 때문이다.[7] 이런 점에서 특히 경찰법상 개괄조항은 미

---

4) Ossenbühl, Die richterliche Kontrolle von Prognoseentscheidungen der Verwaltung, in: FS Menegr, 1985, S.731. 통제(심사)밀도의 개념에 관한 거의 개관이 불가능한 참고문헌: Schmidt-Aßmann, Funktionen der Verwaltungsgerichtsbarkeit, in: Festschrift für Menger, 1985, S.107ff.; Verwaltungsverantwortung und Verwaltungsgerichtsbarkeit, VVDStRL Band 34 (1976), S.221ff.; Fragen der Kontrolldichte verwaltungsgerichtlicher Rechtsprechung, DÖV 1971, S.757ff.; Verfassungsgerichtliche Vorgaben zur Kontrolldichte verwaltungsgerichtlicher Rechtsprechung, NVwZ 1992, S.305ff.; Breuer, Gerichtliche Kontrolle der Technik, NVwZ 1988, S.104ff.; Krebs, Walter: Zur Rechtsetzung der Exekutive durch Verwaltungsvorschriften, VerwArch. Band 70(1979), S.259.ff.; Tettinger, Überlegungen zu einem administrativen “Prognosespielraum”, DVBl. 1982, S.421ff.; Papier, Zur verwaltungsgerichtlichen Kontrolldichte DÖV 1986, 621ff.; Scholz, Verwaltungsverantwortung und Verwaltungsgerichtsbarkeit, VVDStRL Band 34 (1976), S.145ff.; Papier, Zur verwaltungsgerichtlichen Kontrolldichte, DÖV 1986, S.621ff.; Erichsen, Die sogenannten unbestimmten Rechtsbegriffe als Steuerungs- und Kontrollmaßgaben im Verhätnis von Gesetzgebung, Verwaltung und Rechtsprechung, DVBl. 1985, S.22ff.; Badura, Gestaltungsfreiheit und Beurteilungsspielraum der Verwaltung, bestehend aufgrund und nach Maßgabe des Gesetzes, in: Festschrift für Bachof, 1984, S.169ff.; Schulze-Fielitz, Neue Kriterien für die verwaltungsgerichtliche Kontrolldichte bei der Anwendung unbestimmter Rechtsbefriffe, JZ 1993, S.772ff.

5) 상세는 Di Fabio, Risikoentscheidungen im Rechtsstaat, 1994, §2 A.

6) Imboden, Das Gesetz als Garantie rechtsstaatlicher Verwaltung, 1962, S.13.

7) 아무리 불확정법개념이라 하더라도 법률개념의 해석은 사법의 고유한 임무라고, Papier, DÖV 1986, S.621(623)는 강조하였다. 덜 엄격한 입장으로: Ossenbühl, Zur Renaissance der administrativen Beurteilungsermächtigung, DÖV 1972, S.401(403).

확정의 성립요건과 관련하여, 특히 司法의 활동영역이었다. 불확실영역에서의 행정결정을 요구하는 법률상 리스크성립요건의 채택은 다음과 같은 문제점을 제기한다. 즉, 불확정법개념에 관한 심사의 기본모델이 유지가능한지 여부 및 어느 정도로 유지가능한지, 또는 법률에 의한 과학지식이나 기준에의 연계로 인해 리스크결정의 드러난, 특별한 형량비교구조에 대한 원칙적인 사고전환이 요구되지 않는지 여부가 그것이다.

2. 審判者가 누구인가(Quis judicabit): 누가 과학의존적인 리스크물음에 결정을 내리는가?

의약품시장의 리스크조종을 위해 핵심적인 전술한 두 규정(법 제25조 제2항 제4호와 제4조)과 연관해서, 행정법원의 심사범위와 관련한 다음의 중요한 물음이 제기된다. 즉, 그럼으로써 혹시나 평가와 형량이 전체적으로나 일정한 범위에서 의학과 (결정에 참여한) 의학전문가에게 건네지는 셈인지 여부8) 또는 법적으로 실행가능하고, 법규범상으로 심사가능한 가치결정이 오로지 의학상 확실한 사실판단에 의거하여 내려지는지 여부가 그것이다. 이런 문제점은, 당시의 사물대상에 걸맞게 구분된 뉘앙스를 띄면서, 모든 리스크행정영역에서 제기된다. 전적으로 자연과학적으로 판단내릴 수 있는 것과 규범적으로 판단내릴 수 있는 것과의 境界線이, (누가 무엇에 관해 최종구속적으로 결정내릴 수 있는가 하는) '權限境界'를 위한 지표를 제공할 것 같다.[9)]

그러나 그렇게 규정하면, 문제제기가 誤導된 상황에 처한다. 분명히 과학적으로 답할 수 있는 물음과, 규범적으로 평하는 답에 대응한 물음을 구분함에 있어선, 행정공무원이나 법관이 스스로 무엇을 결정할 수 있는지, 그리고 그가 언제 전문가를 행정절차상으로나 쟁송상으로 참여시켜야 하는지에 초점이 맞춰진다. 그러나 리스크결정의 특징이 인식과정상의 인지와 평가의 불가분성이다. 리스크영역에선 종종 과학 역시 (불확정법개념의 해석과 포섭을 위한) 충분히 명확한 언명을 결코 할 수 없으며, 그쪽에서 결정론으로 도피하거나 언명을 '정책적' 결정으로서 집행부에 맡길 수밖에 없다. 따라서 "심판자가 누구인가"(Quis judicabit)의 문제는, 출발점부터 인식상의 불확실성의 문제이자,[10)] (이와 결부된) 리스크결정의 평가의존성, 형량의존성, 비교의존성의 문제이

---

8) 이를 의학적 관점에서 요구하는 것으로, Dulce, Entscheidungsfuntionen im neuen Arzneimittelrecht, ZRP 1975, S.285(286).

9) "심판자가 누구인가(Quis judicabit?)"의 물음은 행정법의 핵심내용에 속한다. 이와 관련해선 '行政法의 극히 곤혹스런 질문'(quaestio diabolica), '행정권과 사법권간의 권력분배의 中心問題', '개별사례에서의 최종인식의 정당성'과 같은 시그널개념이 강력하게 표현되고 있다. Waltner, Die gerichtliche Überprüfbarkeit von Verwaltungsentscheidungen im Rahmen des sogenannten Beurteilungsspielraums, Diss. iur., München 1968. S.2; Ossenbühl, Vom unbestimmten Gesetzesbegriff zur letztverbindlichen Verwaltungsentscheidung, DVBl. 1974, S.309(310).

다. 이런 문제는, 법치국가에서의 리스크결정을 위한 행정법의 實相은 물론, 헌법적 책임분배와도 관련이 있는 일련의 물음과 연계된다.

행정청의 정지하명의 Arteparon-사건에서와 같이, 행정심판의 停止效를 명하여 의약품승인의 효력을 제지한 행정법원으로선, 설사 초법적 의미이지만 어느 정도 의약품리스크를 위한 책임을 인수한다. 가령 MPPSE Ⅰ을 함유한 약제의 투약에서 진행된 치명적인 반응에 관한 애매한 혐의요소가 장차 놀랍게도 분명히 상응한 훼손에 반영된다면(전술한 Arteparon-사건 참조),[11] 불안스런 여론이 연방보건청(BGA)은 물론 평가위원회(Aufbereitungskommission)의 전문가들에게도 책임을 지울 순 없을 것이다. 인식론적 불확실한 영역에서 司法이 나름의 평가와 형량으로써 리스크결정을 내리면 내릴수록, (위험방지와 리스크결정의 영역에서의 모든 판례에 원칙적으로 함유되어 있는) 책임인수의 정도가 더욱 커지는데, 다만 그것이 오로지 양적이지는 아니하다.

의약품법 문헌상으로 논의되는 것은, 의약품법이 연계시킨 의학지식이 법외적 기준에의 적용지시의 의미에서 사법통제를 모면하지 않는지 여부이다.[12] 리스크査定과 관련하여 달리 규정된 법 제5조 제2항(이는 근거가 있는 혐의의 물음까지도 의학지식의 당시 수준에 구속시킨다)과 관련하여, Wolz는 (조사, 기준화와 평가의 의미에서의) 유효성과 리스크의 사정이 醫學에 과해진다는 견해를 주장한다.[13] 이런 점이 타당성의 징표(Vertretbarkeitsmerkmal)내에서 효능-리스크의 분석에 대해서도 통용될지 여부를, Wolz는 약효의 수용가능성에 관한 판단규준이 의학상으로 존재하는지 여부에 좌우되게 한다.[14] 의약품법상의 리스크결정에 관한 사법통제(심사)밀도의 정도의 물음에 대한 확실한 답은, 行政的 判斷授權에 관한 일반적 논의에 의거해서만 얻어질 수 있다.

---

10) Ossenbühl은 행정과 행정재판간의 권한경계의 계획된 경계선을 언급하였는데, 이는 인식과정이 끝나고 (평가적, 계획적, 사정적) 결정론적 결정의 영역이 시작되는 곳에서 진행된다. Ossenbühl, Redebeitrag in: Götz/Klein/Starck(Hsrg.), Die öffentliche Verwaltung zwischen Gesetzgebung und richterlicher Kontrolle, 1985, S. 200. 불확정법개념을 적용함에 있어 인식의 불확실성은 제거될 수가 없다. 이로 말미암아, 완전한 사법심사가 불가능한 여지가 법률을 집행하는 행정에 부여될 수밖에 없는 결과가 빚어진다. 이런 사고를 일찍이 Reuss는 '인식론적 재량'의 개념하에 포착하고자 시도하였다. 그리하여 경계선획정을 인식과정에도 연계시켰다. Reuss, Das Ermessen, DVBl. 1953, S.585(585f.).

11) Di Fabio, Risikoentscheidungen im Rechtsstaat, §9 D. Ⅱ.4.

12) Wolz, Der begriff der "bedenklichen" Arztmittel und das Verbot ihres Inverkehrbringens in den §§95 Ⅰ Nr. 1 I.V.m. 5 AMG, Diss. iur., Kiel 1986. S.97. Hart/Reich는 규범구체화규칙의 사고에 공감한다. Hart/Reich, Integration und Recht des Arzneimittelmarktes in der EG, 1990, S.112f. 그리고 의약품법적 기준발견의 특수성을 위해서, 사후통제의 보호목적이 '발견절차의 실제상으로' 전개되는 것도 언급하고 있다. Ebda., S.113.

13) Wolz, Der Begriff der "bedenklichen" Arzneimittel, S.97.

14) Wolz, Der Begriff der "bedenklichen" Arzneimittel, S.98.

Ⅱ. 특히 技術安全法에서의 行政的 判斷餘地

1. 判斷餘地論의 하위경우로서의 法外基準에의 適用指示

입법자는 과학이나 기술에 의한 기준에의 개괄적인 適用指示(Verweisung)로써, 고유한 판단규준을 法外的 대상에로 이전하곤 한다. 입법자의 이런 방법은 특히 기술안전법에서 친숙하다.[15] 분명한 법률적 연계의 이런 경우에도, 그럼으로써 과학기술적 최종결정권한이 얼마나 광범하게 규정되어 있거나 의욕되는지가 다투어진다.[16] 그런데 法外的 規格(Normen)과 규정에 대한 법률적 적용지시 말고도, 사법통제밀도에 관한 광범한 고찰을 요구하는 그 밖의 상황이 존재한다. 왜냐하면 특히 외부 규정집이나 외부표준화절차에로 결정을 이전하기 위한 법률적 意思가 불분명하거나, 광범하게 구속적인 형식으로 분명히 의욕되지 않았기 때문이다.

과학이나 기술의 수준에의 법률적 연계(관련)는, 이런 미해결의 문제영역에 해당한다. 이것과 주제상으로 연관된 일반적인 물음이, 미확정의 과학의존적인 규격에서의 구체화권한이 어느 정도로 행정부(집행부)에게 인정되는지 하는 것이다. 그곳에서, 행정부와 소속전문가들이 어떤 작용형식으로 구체화 · 표준화의 의무를 따를지가 전개된다; 행정이 행정에 의한 법(Administrativrecht)(특히 행정규칙)의 형식으로 비교적 일반적인 구체화노력(가령 평가보고논문)[17]을, 또는 개별결정으로 평가개방적, 과학의존적인 규격을 적용가능하게 만들지 여부가 구분된다.

시판후영역상의 혐의결정의 경우 행정에게 (사법통제밀도를 제한하는) 판단여지와 형량여지가 인정되는지 여부와 그 인정의 정도에 관한 물음은, 행정적 판단여지에 관한

---

15) 이런 적용지시에 관한 원칙적인 것으로: Marburger, Die Regeln der Technik im Recht, 1979, S.379ff. 기술적, 과학적 기준에의 적용지시를 통해서, 법률은 법외적 규칙형상을 법적으로 통제받는 繼受를 명한다. 그런데 규칙형상이 과학적, 기술적 시스템에서 충분히 확고하지 않으면, 그 繼受는 항상 곤란한 것으로 간주된다. 그래서 무엇이 기준으로 간주될 수 있는지에 관한 평가적 판단이 절대적으로 필요하다. Nicklisch, Wechselwirkungen zwischen Technologie und Recht, NJW 1982, S.2633(2636). 법외기준에로의 법률적 적용지시에 관한 문헌으로: Breuer, Gerichtliche Kontrolle der Technik, NVwZ 1988, S.104(109f.); Lukes, Das Atomrecht im Spannungsfeld zwischen Technik und Recht, NJW 1978, S.241ff.; Czajka, Der Stand Von Wissenschaft und Technik als Gegenstand richterlicher Sachaufklärung, DÖV 1982, S.99ff.; Backherms, Zur Einführung: Recht und Technik, JuS 1980, S.9(10f.); Winter, Die Angst des Richters vor der Technikbewertung, ZRP 1987, S.425(428); Ladeur, "Praktische Vernunft" im Atomrecht, UPR 1986, S.361(363f.); Streinz, Die Bewältigung der wissenschaftlichen und technischen Entwicklungen durch das Verwaltungsrecht, BayVBl. 1989, S.550(551f.); Wahl, Risikobewertung der Exekutive und richterliche Kontrolldichte-Auswirkungen auf das Verwaltungs- und das gerichtliche Verfahren, NVwZ 1991, S.409(413f.).

16) Nicklisch와 Breuer간의 이와 관련한 의견대립이 대표적이다. Nicklisch, NJW 1982, 2633ff.; Breuer, NVwZ 1988, 104(109).

17) Di Fabio, Risikoentscheidungen im Rechtsstaat, §8 A. V.2.

일반론의 하위경우이다. 이 일반론은 1955년의 '판단여지, 재량과 불확정법개념'의 개념에 관한 Otto Bachof의 인상적 논문[18] 이래로 판례와 문헌의 지속적인 주제에 해당한다.[19] 이런 논쟁의 파도가 이 따끔 높게만 친 것이 아니라, 조수간만운동처럼 진행방향을 변화시키기도 한다. 찬 · 반이 항상 이데올로기적인 기본입장에서 비롯된 것 같은데, 이때 특별한 개별법적인 결정 · 통제의 문제가 시선에서 벗어나 있다. 하지만 Bachof가 기술한 핵심적 물음 즉, 법개념의 불확정성이 법적용행정청에게 '사안판단의 여지'를 허용하는지 여부와 어떤 요건하에 허용하는지가 만족스럽게 밝혀지지 않았다.[20]

2. 行政的 判斷餘地에 관한 (독일) 聯邦行政法院의 判例

(1) 起源과 事例群의 윤곽

-체계적 관철과 완결성을 요구함이 없이- 여태 연방행정법원의 판례는, 불확정법개념의 적용에 관한 완전사법심사의 원칙이 완전한 범위에서 통용되지 않는, 대단히 이질적인 事例群을 인정하였다. 소위 시험결정, 시험유사결정, 공무원법상의 근무평정과, 전문가 및 전문적인 이익대표자에 의해 구성된 독립된 위원회에 의한 평가나 형량의 일종인 결정이, 이런 예외가 된다.[21]

이미 1957년의 판단여지에 관한 첫 번째 해당(법원에 의해서도 그렇게 이해되는)[22] 판

---

18) Bachof, Beurteilungsspielraum, Ermessen und unbestimmter Rechtsbegriff im Verwaltungsrecht, JZ 1955, S.97ff.

19) Schmidt-Aßmann, in: Maunz/Dürig(Hrsg.), Grundgesetz Kommentar, Art. 19 Abs.4 Rn.184ff. 가장 광의의 입장으로 Ossenbühl, Der polizeiliche Ermessens- und Beurteilungsspielraum, DÖV 1976, S.463(466); ders., Vom unbestimmten Gesetzesbegriff zur letztverbindlichen Verwaltungsentscheidung, DVBl. 1974, S.309(313). 예측결정의 영역을 부인하는 것으론 Papier, Rechtskontrolle technischer Großprojekte, in: Bitburger Gespräche, 1981, S.81(92). 판단수권에 대한 비판일반에 관해선 : Horst Bauer, Gerichtsschutz als Verfassungsgarantie, 1973, S.135; Otto, Die neue Rechtsprechung des Bundesverwaltungsgerichts zum literarischen Jugendschutz in verfassungsrechtlicher Sicht, NJW 1972, S.1219(1221); Czermak, Behördliche Planungen und anderes Verwaltungshandeln unter gerichtlicher "Kontrolle"?, DÖV 1978, S.320(321f.); Kopp, VwGO, 8.Aufl., §114 Rn.32. Kopp이 그의 비판론을 위해 인용한 BVerfGE 64, 261(279)-복역중 휴가(Hafturlaub)건-은 불확정법개념의 완전한 (사후)심사에 관한 (다툼이 없는) 원칙을 강조하긴 해도, 실은 (상론되지 않은) 예외를 끌어대었다. 그렇지만 그 사이에 연방헌법재판소는 판단여지의 제한적 취급을 반복적으로 요구하였다. 이에 관해선 이하의 Ⅱ. 3. 광범한 증거로써 판단수권에 관한 일반론으로: Erichsen, DVBl. 1985, S.22ff. 그처럼 광범하게 진행된 논의에서 달리 기대될 수 없듯이, 상론의 특징이 분명하다. Breuer는 교착된 논의라 말한다(Breuer, Der Umweltschutz im system der Rechtsordnung, in: Umwelt, Verfassung, Verwaltung, VEnergR 50, 1982, S.37. 49); 논증의 무기들이 이미 상론된 것으로 간주하여, 다른 이들은 논의를 포기한다. Murswiek, Die staatliche Verantwortung für die Risiken der Technik, 1985, S.353.

20) Bachof, JZ 1955, 97(98).

21) 최후에 언급한 群에 관해선 특히 Greipl, Art. 19 IV GG und Entscheidungen von unabhängigen Sachverständigenausschüssen, 1988; ders., Beurteilungsermächtigungen zugunsten der Exekutive, dargestellt am Beispiel des Börsenvorstandes, DVBl. 1989, S.746ff.

22) 실체상으론 비견가능하나, Bachof와 Ule가 제안한 개념을 정확히 채용하지 않은 것으로: BVerwG v. 11.

결에서, 연방행정법원은 현재의 행정법적 리스크결정의 문제점에 거의 그대로 걸맞는 고찰을 하였다. 법원은 특히 ('인간의 인지능력의 애매한 사례에서 판단함에 있어 의당 자연적인 한계가 설정되어 있는') 평가내용의 불확정법개념의 경우엔 판단여지를 허용하고자 하였다.[23] 이때 법원으로선 특히 다음과 같은 평가를 계획한다. 즉, 일반적으로 통용되는 평가규준에 따라 행해질 수 없으며,[24] 그래서 학문적 또는 사회적 공감의 부족을 특징으로 하는 평가가 그것이다. 인식상의 불확실성영역에서의 평가는, 당연히 개인적 전문지식, 사전입장과 결정자의 주관적 선호에 좌우된다. 그래서 연방행정법원로선, 일찍이 전문가위원회의 個性起因的(persönlichkeitsbedingte) 가치판단에 관해선 사법심사가 완전히 행해질 순 없다는 사고에서, 판단수권인정을 위한 기준목록을 축적하였다.[25] 개념선택, 규정된 제 결정의 평가의존성, 결정절차의 절차상 조직상의 법률적 모습을 통해서, 입법자의 의사가 표현되는 경우에, 이런 견해는 입법자의 의사에 의거하고 근거가 지워진다. 판단여지에 관한 논의의 초기국면에서 다음과 같이 자명하게 함축되게 표현되었다: "심사결정이 법률상으로 심사자의 특정 위원회에게 이전하면, 그들만이 판단을 내려야 하고, 다른 이의 개입은 부당하다."[26] 그런데 이미 특히 제2부의, 명백히 판단여지를 찬성한 이런 초기 판결에서, 분명해진 점은, 평가위원회에 의한 결정자유를 위한 보호구역이 매우 광범하게 주어지진 않았다는 것이다. 판단여지의 한계는 裁量論의 심사원칙에 맞춰 설정되었다; 특히 개념오인, 판단여지의 법률상 한계의 일탈, 부당한 (요건)사실성립, 보편타당한 평가규준의 경시 및 실체에 반한 고려의 경우들은, 사법심사가능한 것으로 여겨졌다.[27]

특히 합의제기관이 특별한 인식절차와 결정절차에서 결정을 내리기 때문에, 연방행정법원은 '種子判決'에서, 평가하는, 형량하는, 전문지식을 요구하는 법집행을 합의제기관에 부여한 법규정에 대해 특별한 의의를 부여하였다. "기대되는 양식(재배)상의 발전에 관한 불가결한 평가는, 추가로-그에 따라 판단수권을 부여하는 데 찬성한다-

---

Okt.1956, BVerwGE 4, 89(91), BVerwG v.13. Dez.1956, DVBl. 1957, 496ff.

23) BVerwG v.29. Juni 1957-ⅡC 105.56-(김나지움에서의 수용), BVerwGE 5, 153(162). BVerwG의 先導的인 제2부와는 달리, 제6부는 맨처음엔 행정적 판단여지에 대해 더 자제적으로 입장을 표명하였고, (개념해석과 관련하여 행정재판에게 요구된 최종결정에서) '전문가의 평가상의 어느 정도의 여지'를 언급하였다. BVerwG v.27. Febr.1959-ⅥC 235.57-(공무원면직), BVerwGE 8, 192(195). 일반적인 법개념해석과 사안지향적 포섭간의 알맞은 구분이, 판단여지에 관한 논의를 오래부터 결정지었다. Vgl. 상이한 입장을 지닌 정돈된 논의로: Koch, Unbestimmte Rechtsbegriffe und Ermessensermächtigungen im Verwaltungsrecht, 1979, S.44ff.

24) 마찬가지로 명백한 것으로 BVerwG v.17. Sept.1962-ⅡC 164.61-(공무원면직), BVerwGE 15, 39(40f.).

25) BVerwG v.23. Jan.1961-ⅡC 129.59-(인사평가인위원회), BVerwGE 12, 20(28).

26) BVerwGE 15, 39(41).

27) BVerwGE 15, 39(40). 비슷한 한계설정기준으로써 처리한 것으로: BVerwGE 39, 197(204); 59, 213(218); 60, 245(246); 72, 195(201). BVerwG v.25. Juni 1981-3 C 35.80-(종자판매법), BVerwGE 62, 330(340) 역시 결정의 판단규준을 분명히 할 행정청의 의무를 덧붙이면서 확인한다.

연방품종국(Bundessortenamt) 그 자체가 아니라, 연방품종국에 설치된 전문합의체기관인 품종위원회에게로 이전하였다. 동위원회는 품종리스트상의 등재에 관한 자신의 결정을 적어도 이의절차에선 準司法的 節次로 발한다."[28)]

법률상 규정된 형식적 규정에 따라 성립한 이상과 같은 결정은, 합의제기관에서의 형량은 합의과정에서 從多數決로써 행해진다는 이유에서도 완전한 사법심사의 지배를 받지 않는다.[29)] 이런 인정의 배경은, 법이성적으로 근거가 있는 결정만이 아니라, 다수의 바른(적어도 마찬가지로 근거있는) 결정도 내려질 수 있는 법적용상 모호한 경우가 존재할 수 있다는 -광범하게 논쟁된- 과거 견해이다.[30)] 연방행정법원 제5부는 건축가리스트등록(등재)에 관한 자신의 판결에서, 다수의 결정가능성을 지닌 평가결정이 전문적인 위원회에 맡겨지면, 입법자로선 행정에 대해 判斷授權(Beurteilungsermächtigung)[31)]을 부여하는 데 방해를 받지 않는다는 것이, 법원의 지속적인 판례라고 표현하였다.[32)]

연방행정법원은 법률적 판단수권을 객관적 기준에 의거하여 찾고자 한다. 이때 개별사례에서 제 기준이 얼마나 많이 그리고 어느 정도의 범위에서 충족되어야 하는지는 미정이다. 교육평가, 시험평가와 적성평가, 禁書指定判斷과 전문가위원회의 결정에 관한 이제껏 언급된 법원의 판례에 의하면, 다음과 같은 것이 이들 기준에 속한다:

ⅰ) 개성구속적이거나 수의적 평가에 의존하는 불확정법개념의 존재,

ⅱ) 법적으로 설득하는 논거를 지닌, 적법한 하나의 결정의 원칙을 고수하는 것이, 더 이상 불가능할 정도로 타당성(정당화가능성)의 여지가 전개됨,

ⅲ) 일정한 전문가위원회나 사회적으로 다원화된 위원회가 결정을 발하거나 결정에 대해 결정적으로 영향을 미치는 특별한 결정절차에 관한 법률적 규정.

---

28) BVerwG v.25. Juni 1981-3 C 35.80-(종자판매법), BVerwGE 62, 330(339).

29) BVerwGE 62, 330(339).

30) 연방행정법원의 최초의 配布禁止判決(Indizierungsentscheidung)에서 분명하다. BVerwG v.16. Dez. 1971- Ⅰ C 31.68-, BVerwGE 39, 197(204f.). 이 판결에서 법원은, 기본법 제19조 제4항이란 단지 법적으로 가능한 一義的 判斷의 경우에만 동원된다는 자신의 입장을 분명히 하였다. "다수의 적법한 결정이 가능하면, 이들 가운데 선택을 법원이 최종책임지고 행한다는 것은 기본법 제19조 제4항에 의해서도 요구되지 않는다." Ebda., S.205.

31) 판단수권의 개념은 구속적, 법률적 위임의 의미에서 판단여지의 정립(근거지움)을 강화하고자 시도한다. 하지만 입법자의 주관적으로 그리고 충분히 명료하게 표현된 의사는 극소수의 경우에 입증될 수 있다. 그래서 입법자의 의사로서 주장되는 것을, 종종 판단수권의 개념으로써 비로소 법률에 입력할 수밖에 없다. 마찬가지로 -'입력(Hineinlesen)'의 단어를 어휘적으로 사용하면서- BVerwGE 5, 153(163). 반면에 Bachof는, 판단수권의 정립을 오로지 일정한 타입의 법률적용에서의 객관적 징표에 의거하여 허용하는 데 찬동한다. 해서 판단수권 개념에 대한 반대를 분명히 표한다: Bachof, Redebeitrag, in: Götz/Klein/Starck(Hrsg.), Die öffentliche Verwaltung zwischen Gesetzgebung und richterlicher Kontrolle, 1985, S.180.

32) BVerwG v.13. Dez. 1979-5 C 1.79-(건축가리스트), BVerwGE 59, 213(216f.). 법적으로 분명하게 근거지울 수 없는 판례와 전문가로 구성된 위원회간의 결합을, BVerwGE 39, 197(205) 역시 강조하며, 1987년 3.3. 자의 다른 배포금지판결- Ⅰ C 16.86-, BVerwGE 77, 75(84f.)도 동일한 면에서 그러하다.

상술한 제 요건이, 환경법, 기술안전법과 제조물법의 일련의 리스크결정과 협의결정에서 충족된다. 리스크결정을 요구하는 -이때 피해발생의 진행이 개연성에 구속되지 않아도 예측되어야 한다- 법률개념의 특징은 다음과 같다: 특별한 불확실성, 평가·(결정론적)결정의존성, 과학전문가의 개인적 평가 의존성. 추가로 과학의존적 리스크결정에선, 종종 전문가위원회가 절차에 참여하는데, 이들의 표결이 행정청에 대해 상이한 구속을 발생시킨다. 의약품법상의 승인결정과 시판후결정 말고도, 가령 유전공학법과 화공품법상의 분류결정, 오염방지법과 화공품법상의 한계치확정, 放出決定(Freisetzungsentscheidung)에서의 유전공학적 타당성형량, 또는 원자력법상의 안전성 판단이, 전술한 징표를 나타낸다.

연방행정법원은 매우 분명히 원자력법상의 리스크결정의 구조로부터 판단여지를 도출하였다. 연방행정법원의 Wyhl-判決 이래로, 원자력법에선 리스크사정과 리스크표준화에 관해서 전문가의 조언을 받은 행정(집행부)의 권한을 출발점으로 삼아야 한다.[33] 원자력법 제7조 제2항 제3호는 행정에 대해, 단지 이론상으로 생각가능한 손해가능성의 영역에서 법적인 위험의 한계를 넘어서 리스크를 축소하도록 명한다.[34] 이는 행정청에 대해, -법외적인 과학의 영역에 존재할 뿐만 아니라, 인식론상으로 과학자 역시 동종의 인식모습을 결코 제시하지 못할 정도로- 널리 앞으로 이전된(前置된) 결정을 강제한다. 어떤 과학적 견해에 우위가 주어져야 할지의 물음과 관련해선, 제도적인 衡量優位가 행정에게 인정된다. 이유인 즉, 立法者가 이를 사전에 예정하였으며, 행정으로선 리스크조사와 리스크평가를 위해 입법과 판례보다 더 나은 작용형식을 사용할 수 있기 때문이다.[35] 원자력법상의 행정의 평가여지는, 본질상의 변화가 없는 채, 규범구체화행정규칙에게로 확대된다. 동규칙은 약화된 개별사건의존적인 구속효를 발휘하리라는 점에서, 제한된 최종결정권의 사고에 동조한다.[36]

---

33) BVerwG v.19. Dez. 1985-7 C 65.82-, BVerwGE 72, 300(316f.). 원자력법상의 규준화여지에 관해선: Breuer, NVwZ 1988, S.104(111f.); Wahl, Risikobewertung der Exekutive und richterliche Kontrolldichte-Auswirkungen auf das Verwaltungs- und das gerichtliche Verfahren, NVwZ 1991, S. 409ff.

34) 원자력법상의 개념확대에 관해선 Di Fabio, Risikoentscheidungen im Rechtsstaat, §4 A. Ⅱ.3., Ⅲ.

35) BVerwGE 72, 300(316f.). 나중의 관점은 Winter에 의해 다투어지는데, 그는 법원에 대해, 평가와 형량을 위해 최선의 적합함을 증명하는 기관으로 여긴다. "사실상 행정에 변함없이 유보될 수 있는 특수한 경계치(한계치)에 관한 贊反의 최종결정에 앞서, 특히 법적 본질을 지니고 최종결정에 -결정론을 완화시키면서- 규범적으로 영향을 미치는 일이 존재한다. 이 일은 평가척도(규준)를 형성하고 적용하는 것인데, 그 평가척도가 실은 바탕상의 차원이 아닌 조작상의 차원에서의 것이다." Winter, ZRP 1987, S.425(428). 소위 바탕상의 차원과 조작상의 차원이 실제로 구분범주에 해당하는지 여부와 어떻게 구분기준이 진행되는지는 자세히 논구되지 않았다. 그러나 이런 경계지음이 없어서 Winter의 언명은 그 가치를 상실하였다. 이유인 즉, 그러면 일정한 분량한계치에 대해 누가 최종결정을 갖는지가, 더 이상 합리적으로 분명해 질 수 없기 때문이다.

36) 그리하여 지침은 규범구체화기능을 지니고, 규범해석행정규칙과는 대조적으로, 행정법원에 대해서 규범상의 한계안에서 구속력을 갖는다. 가령 개별사례에서 판단될 사안의 특별성을 고려하여, 이런 구속성이 얼마나 넓게 미칠지를, 존재하는 사례를 동인으로 결정내릴 필요는 없다. BVerwGE 72, 300(320f.). 규범구체화행정규칙에

연방행정법원의 Wyhl-判決이후, 判斷餘地論이 원자력법상의 리스크결정과의 구조적 유사점을 감안한 즉, 다른 리스크영역에로 확대될 것이라 기대를 품을 수 있을 것이다. 하지만 연방행정법원의 Wyhl-判決 그 자체에서도 눈에 띈 점은, 법원으로선 판단여지에 관한 자신의 확고한 판례에 도그마틱상으로 연계하지 않았으며, 그리하여 어쩌면 원자력법상의 판단상황의 特異性을 강조하려고 하였다.

(2) Paraquat-判決

전술한 Paraquat-判決을 자세히 고찰하면, 이런 인상이 심화된다.[37] 연방행정법원은 식물보호법(PflSchG: 농약법) 제15조 제1항 제3호상의 타당성(정당화가능성)결정(Vertretbarkeitsentscheidung)에 대해 완전한 사법심사가 가능한 것으로 여기고, 명시적으로 행정의 판단여지를 부인하였다. 동규정상의 성립요건적 구조는 의약품법이나 유전공학상의 협의결정과 타당성결정과 흡사하게, (과학적으로 조종된 효능 · 리스크의 형량을 전제로 한) 리스크결정을 가리킨다. "그런 식의 授權은 본문은 물론 규정의 의미로부터도 도출될 수 없다. 타당성이 없다는 판단이 다수 평가관점의 형량을 필요하게 만든다는 관점에서도, 授權은 생겨나지 않는다. 법원은 다수의 불확정법개념의 적용에서 그런 형량과 평가를 하여야 한다. 이때 이런 상관관계에서 위험과 개연성의 개념을 상기하여야 한다. 필요한 전문지식이 법원에게 부족한 점에서, 전문가의 도움을 활용하여야 한다."[38]

이런 이유제시에서 맨 먼저 눈에 띈 점은, 법원이 판단수권인정을 위한 자신의 나름의 도그마틱적 윤곽을 전혀 연계시키지 않은 점이다. 법원이 행정청의 판단여지에 관한 자신의 판결을, -지속적인 판례에서 적용된, 판단여지의 성립징표를 다루는 것이 새삼 무용할 정도로- 형성되고 확고한 것으로 아직 여기지 않는지 여부는, 여전히 미정이다. 그래도 비교가능성을 강조하는, 위험법적 개연성예측에 대한 연계는, 연방행정법원이 필시 위험도그마틱의 전체 영역에선 결코 판단수권을 받아들이지 않는다는 점을 보여준다. 그러나 기능적 의미에서 原子力法은 의심의 여지없이 危險防止의 대상에 해당하기 때문에,[39] 이런 점에서 동법은 다음과 같은 물음을 다루어야 할 것이다. 즉, 그러면 식물보호법상의 리스크결정과 원자력법상의 그것간의 차이점이 어디에 존재하는지가 그것이다.

관해선 Di Fabio, Risikoentscheidungen im Rechtsstaat, §14 C. Ⅲ.

37) BVerwG v.10. Nov. 1988-3 C 19.87-, BVerwGE 81, 12ff. 사안 및 식물보호법 제15조 제1항 제3호 b)의 해석을 위한 의의에 관해선, Di Fabio, Risikoentscheidungen im Rechtsstaat, §6 D. Ⅱ. 3.

38) BVerwGE 81, 12(17).

39) Di Fabio, Risikoentscheidungen im Rechtsstaat, §4 A. Ⅲ.1.

(위험관련하고 개연성예측에 의존하는) 불확정법개념의 적용에서 판례가 통상적으로 행하는 해석과 평가에 연계함으로써, 전통적인 위험예측과 (과학지식획득의 전선에 놓인) 새로운 리스크사정간의 체계상 차이점이 가려진다. 위험예측을 법적 판단 · 평가의 수단으로써 합리적으로 통제(심사)하는 법관의 능력은, 궁극적으로 법관이 동원할 수 있는 비교규준과 그에게 맡겨진 경험언명을 바탕으로 한다. 이런 배경에서, 전문가들의 언명에 대해서도 법관에 의한 자유심증의 테두리안에서 법적 · (실체적 증거에 의거한) 사실적 통제가 가능하다. 이런 배경에서 훼손(손상)가능성이 전문가의 도움을 받아 사정 · 평가될 수 있는 한, 행정의 判斷餘地를 인정할 아무런 動因은 사실상 존재하지 않는다.

입법자가 위험예측을 -한편으론 법관의 비교규준과 일상경험을, 다른 한편으론 충분히 확고한, 전문가에 의해 재현가능한 과학적 수준을 특징으로 하는- 지평으로부터 떼어내면, 새로운 판단상황이 성립하게 된다. 다음과 같은 특수성을 그 특징으로 하는 복잡한 因果構造를 고려되면,[40] 하나의 바른 결정이란 (위험예측에서도 토대가 된) 法的合理性의 原則은 더 이상 견지될 수가 없다.

i) 법률상으로 유형화된 嫌疑決定(Verdachtentscheidung)이 그에 해당하듯이. 豫測蓋然性의 정도가 '개연성'(Wahrscheinlichkeit)에서 '가능성'(Möglichkeit)에로 低下된다;

ii) 훼손(손상)가능성과 관련하여, 자세한 因果性의 인식이 결여된다; 과학이나 기술은 압도적으로 이론상의 리스크사정에 의거하고, 이는 과학적 논의에선 다툼의 여지가 전혀 없는 것이 아니다(認識論的 不充分).

iii) 입법자로선 분명히 위험방지 목적의 절대적 우위를 출발점으로 삼지 않고, 타당성(정당화가능성)형량 즉, 효능-리스크의 비교분석을 명하는데, 여기선 다수의 충돌법익을 상호 형량하여야 한다.

식물보호법상의 承認決定의 범주에서 이런 조건 모두가 충족되었다고 여겨져야 할지 여부는, 특히 동법 제15조 제1항 제3호의b의 훼손 · 개연성의 수위(경계)가 어느 정도 높게 설정되어 있는가에 좌우된다. Paraquat-判決에서, 연방행정법원은 이미 약한 표현('기타의 영향'이란 '불이익한 영향'을 의미한다는 식의)을 '모든' 가능한 영향미침이 관건이 된다는 식으로 더욱 약화시킴으로써, 위험도그마틱의 훼손(손상)지향적인 용어에서 벗어났다. 나아가 동법원은 개연성정도를 원자력법의 그것에 미치지 못하는 수준으로 低下시켰다. 특히 동법원은 기타의 영향미침의 존재가 확실성에 가까운 개연성

40) 농약이 특히 자연계에 미친 영향을 평가하는 것이 복잡한 판단에 해당한다는 점은, 이미 (연방행정법원이 事實審에 대해 청한) 事案釋明의 요청에 의해서 분명해진다. BVerwGE 81, 12(16). '복잡한 영향구조'로서의 자연계에 대한 영향미침과, 장기적 효과와 관련한 불가결한 예측은, -경험상- 전통적으로 가능한 정도로 입증될 수가 없을 뿐만 아니라, -이론적 모델에 의해서도- 충분한 판단상의 확실성이 존재할 정도로 묘사될 수가 없다.

으로써 배제될 수 없으면, 그것은 이미 주어진 것으로 간주된다고 설시하였는데, 이로써 가능성정도로의 저하를 재차 넘는 개연성규준이 형성되었다.[41] 동시에, 특히 토양에서의 농약의 장기존속과 관련해서, 그리고 자연계에 관한 모든 가능한 영향미침과 관련해서, 체계적인 지식이 불충분하다는 사실 역시 근거로도 삼을 수 있다. 끝으로 식물보호법 제15조 제1항 제3호의 b 역시, 농약의 보호효과와 보호법익에 대한 있을 법한 영향 간에 효능-리스크의 비교분석을 요구한다.

이로써 본 연구에서 전개된 개념에 따르면, 리스크결정이 문제이다. 그러나 리스크결정은 위험도그마틱의 좁은 영역을 벗어났고, 독립된 법구조를 나타내기 때문에, 위험개념과 위험법적 개연성예측의 완전한 사법심사에 관한, 연방행정법원의 비교하는 식의 지적은 설득력이 없다. 특히 사전위험영역에서 체계적 지식이 불충분하면 실제 어떤 결정단계에서든 결정론적 평가가 행해질 수밖에 없으며, 이때 발견된 결과는 종종 다른 것보다 더 좋게 자리매김할 수 없다고, 입법자는 보았다. 따라서 법률상의 리스크성립요건은 전통적인 *危險防止*의 체계와는 거리가 있는 법익형량의 임무를 규정한다.

이를 위해 연방행정법원이, 법원으로선 종종 불확정법개념의 해석에서 그런 식의 형량을 하도록 명을 받았다고 설시하면,[42] 이는 확실히 타당하긴 하나, 형량을 과하는 것(형량임무)의 나름의 근거로부터 벗어나 버린다. 형량임무의 나름의 근거는, 혐의영역에서의 리스크사정에 관한 *決定不可性*에 있다. 과학의 인식론적 불충분이 정책적-법적 형량을 통해서 메워진다.[43] 이런 의미에서, 의약품법상의, 유전공학법상의, 또는 식물보호법상의 결정에서의 과학지식에 대한 적용지시(Verweis)가 이해되어야 한다: 리스크사정은 결정적으로 법외적인 과학의 영역에서 행해지고, 리스크의 비교 · 평가는 과학전문가와 국가행정간의 제휴에서 행해지는 반면, 법익형량은 선행하는 두 段階에 바탕을 둔 행정청의 결정이다. "법원의 활동수단에서 보자면 법원은 적합지 않다"고 서술한 기능적 논증이, -리스크사정과 형량적 평가간의 분리가능성의 전제를 강조하면서- 마지막에 언급한 법익형량의 완전한 사법심사를 반대하진 않는다. 리스크사정과 형량적 평가가 사실상 분리가능하다는 점에서, 형량의 심사(통제)는 순수한 법적 결정에 해당한다. 그런데 그런 형량이 행해지는 과학적 토대가, -리스크사정의 과학적 의문은 전문가를 동원하여 해소할 수 있다는 연방행정법원의 단순한 생각이 종종 현실에 부합하지 않을 수도 있을 정도로- 유동적이다.[44]

41) 상세는 Di Fabio, Risikoentscheidungen im Rechtsstaat, §6 D. Ⅱ.3.

42) BVewGE 81, 12(17).

43) 유전공학상의 방출결정에 관한 상세는 Di Fabio, Risikoentscheidungen im Rechtsstaat, §8 B. Ⅵ.2.

상이한 리스크행정영역의 기능적 비교는 다음과 같은 결과에 이르렀다. 즉, 한참 앞서 존재하는 위험방지에서의 특별한 인식론적 불충분이, 법적용에서 새삼스런 실제적 문제만은 아니며, 법률의 체계성은 상이한 특징도 지닌 이런 상황을 목표로 삼는다. 여기서 특히 -법률이 명한- 私신청자, 외부전문가와 국가행정청에 의한 전형적인 제휴가 중요성을 갖는다. 의약품법, 유전공학법, 원자력법, 화공품법이나 식물보호법(농약법)과 같은 특별법이 연계시킨 협력효과의 망(Netz)은, -사안조사의무를 신청자에게 전가하는 것은 물론, 행정청의 비구속적 조언보다 더 많은 일을 하는 외부전문자의 역할과 관련해서도- 국가적 결정절차의 전통적 조직으로부터 현저히 벗어난 셈이다.

리스크조사, 리스크사정과 리스크평가 간에 놓인 이런 제휴과정은, 재판절차에서 아무런 문제없이 상당히 합리적으로 항목별 심사(통제)될 수가 없다.[45] 이유인 즉, 행정청이 내외 전문가와 협동하여 만든 리스크기준은 통상 행정청의 결정에 앞서 비교사례를 고려하면서 조사되며, 재판절차에서 개개의 다른 전문가에 의한 개별조항적 심사는 도리어 적은 신빙성을 받을 수 있기 때문이다.[46] 더해서 행정적 · 과학적으로 토대가 된 리스크조종적 구상에 구속됨이 없이, 리스크결정을 개별조항적으로 심사하면, 이 모든 심사는 평가척도의 왜곡을 초래할 위험에 빠진다.[47] 리스크결정은 넌지시 알아보는, 잠정적인, 항상 비교의존적인, 예시적으로 형성하는 특성을 지닌다. 이로 인해, 그것은 기능적으론 행정에 의한 법정립, 즉 법률의 지속적인, 탄력적인 구체화

---

44) 이미 Wolfgang Martens로선, 이 점을 -그리고 이로부터 기인한, 결정의 외부전문가에의 依存性을- 기술안전법을 위험방지의 범주로써 다루는 데 따른 핵심적 딜레마로 여겼다. Martens, Wandlungen im Recht der Gefahrenabwehr, DÖV 1982, S.89(94).

45) 복잡한 행정절차의 합리성이란 -간단한 행정절차에서와는 달리- 행정재판절차에 의해 재현될 수 없다. 성적을 산출하는 시험절차는 법원에 의한 추완이나 대체가 불가능한데, 특히 이런 시험절차와의 유사점이 생겨난다. (최근에 분명히 한 것으로 BVerfG v. 17.April 1991-1 BvR 419/81, 213/83-, BVerfGE 84, 34(Jur. Staatsprüfung, NJW 1991, S.2005(2006)). 이런 문제를 체계이론상으론 다음과 같이 표현할 수 있다. 즉, 단순한 행정결정의 심사에선, 특히 기속적 행정결정에선, 행정은 물론 법원도 다른 절차질서에도 불구하고 공히 법적 논증체계안에서 움직인다는 것이다. 그러나 여기서 서술한 종류의 복잡한 행정절차의 특징은, 흡사 법적, 과학적, 정치적 합리성을 의식적으로 결합시킨 나름의 체계형상이라는 것이다. 이런 의미에서 同旨로 Ladeur, UPR 1986, S.361(362). 재판절차는 그것의 法律附隨性으로 말미암아 고유한 또는 전래된 정책적 형성권한 없이 오로지 법적 체계에서만 논증할 수밖에 없지만, 행정영역은 이런 재판절차보다 더한 복잡성을 행사할 수 있다. 하지만 그렇다고 일정한 영역에 대해선 법적 규준이 원칙적으로 배제될 정도로, 법적 범위에서 사법통제가 줄어드는 결과가 빚어지진 않는다. 오히려 법원으로선 법률적 의사를 확인하는 범주에서, 다음의 점을 해명하여야 한다. 즉, 법률이 일정한 조직 · 절차법상의 규율을 통해서, -법적으로 접근불가능한, 과학적, 정책적 성격의 결정인자의 변동폭 안에서 법원으로선 존중할 수밖에 없는- 집행부의 결정상의 합리성을 어느 정도로 의도하였는지가 그것이다. 연방헌법재판소는 Sasbach-判決에서 이런 관점방법을 주장하였다. BVerfG v. 8.Juli 1982-2 BvR 1187/80, BVerfGE 61, S.82(114f.). 이에 관한 상세는 이 글 Ⅱ. 3 이하.

46) 이런 측면에서, 연방행정법원은 Wyhl-判決에서 과학적 자문을 받은 행정의 기능적 특권을 받아들였고, 이런 상황에 의거하여 사법심사의 축소를 지지하였다. BVerwGE 72, S.300(316f.). 이런 배경에서, Paraquat-판결에선 다음과 같은 물음에 관한 논의가 일어날 수밖에 없었을 것이다. 즉, 식물보호법상의 행정결정에 다수 전문가의 위원회를 참여시킨 것이, 사법심사를 기능적으로 제한하진 않는지 여부가 그것이다.

47) 이 점이 시험판결에선, 행정청의 평가여지를 인정케 하는 중요한 논거로서 여겨진다. 명시적으로 : BVerfG v.17.April 1991-1 BvR 1529/84. 138/87-, BVerfGE 84, 59(선다형시험)=NJW 1991, S.2008(2010).

에 흡사하다.[48] 개별결정에 의한 규범구체화의 이런 과정은 행정청과 과학전문가간의 제휴에서 실행되며, 입법자는 이들 전문가의 역할에 대해 점점 더 기능적 독자성과 독립성을 견지하도록 의도한다.[49]

식물보호법상의 승인절차와 시판후절차에선, 동법 제33조 제5항의 제 개별결정에 앞서 전문가위원회로부터 청문을 하여야 한다. 이 전문가위원회는, 식물보호, 보건, 환경보호와 자연보호의 전문분야에 종사하는, 25인의 수준 높고 독립된 과학전문가에 의해 구성된다. 연방생화학연구소, 연방보건청과 연방환경청의 대표자가 동 위원회에 더 이상 속하지 않음으로써, 동 위원회의 독립성이 나름대로 강화될 것이다.[50] 자연계에 대한 농약의 타당치 않은 기타의 영향을 동 위원회가 인정하거나 부정하면, 식물보호법의 체계성에 비추어 이런 것이 한편으론 행정과 법원에 대해 아무런 법적 구속효를 가지지 않지만, 실은 다른 한편으론 그런 위원회작업의 (법률에서 요구된) 수행이 사법통제의 범위에서 완전히 무용하진 않을 수도 있다. 여러 전문분과로 구성된 위원회에서 同調되고 토의된 판단을, -필요한 경우에- 법정에서 청취된 개개의 전문가에 대한 질의로 상쇄할 수 있다는 생각은, 다음과 같은 Why-判決의 물음을 제기한다. 즉, 과학의존적인 리스크사정 · 평가를 표명함에 있어, 과연 누가 인적으로 조직적으로 잘 채비가 되어 있는가 하는 물음이다: 외부전문가에 의해 지속적으로 조언을 받으며, 국제적 경험과 연계하고, 부분적으론 스스로 과학적 지식과정에서 육성적으로 활동하는 특별행정(가령 연방보건청, 연방환경청과 연방생화학연구소과 같은)인가, 아니면 산발적으로만 이들 문제를 다루는 행정법원인가?[51]

특별한 의무분배와 조직 및 그에 따른 결정절차를 통해, 상술한 법률들은 그 자체 (법률해석에서 탐문가능한 적법한 결정이란) 전통적인 패러다임과는 거리가 있는 국가결정에 해당한다는 점을, 그때그때 수정된 강조를 하면서 분명히 한다. 법률 스스로 구

---

48) 행정청이 외부 전문가와 다원화된 위원회에 의한 중요한 참여와 긴밀히 동조하면서 내린, (넌지시 알아보는, 규칙을 조성하는) 개개의 결정을, Lukes는 기능상 법정립과 비견가능하다고 여긴다. Lukes, Technischer Sachverstand und Rechtsentscheidung, in: Bitburger Gespräche, Jahrbuch 1981, S.117(128).

49) 이런 점에서, 이 글에서 다룬, 유전공학법 제4조상의 위원회, 위험물위원회, 의약품법상의 승인위원회와 평가정위원회의 예를 보라.

50) '農藥令'(Pflanzenschutzmittelverordnung v.28 Juli 1987, BGBl. Ⅰ 1754) 제2조 제1항 제2문에 의해서, 행정청의 대표자로선 자신이 위원회의 위원은 아니지만, 회의에 참가할 순 있다. Vgl. Lorz, Pflanzenschutzrecht, 1989, S.180.

51) 이에 대해선 일반화하여 다음과 같은 反論이 제기될 수가 없다. 즉, 판단여지란 오로지 전문가위원회의 법적 구속력이 있는 결정의 경우에만 인정된다는 식의 반론이 그것이다. 영업법(GewO) 제36조 제1항에 의한 전문가선정과 관련한 BVerwG, DVBl. 1991, 49. 오히려, 법률상 요구된 행정청의 인식행위가, 오로지 행정청과 (법률적으로 설치된) 전문가위원회간의 조직적인 협동작업상으로 행해지는지 여부에 좌우된다. 법률 그 자체로부터 다음의 점이 도출되어야 한다. 즉, 특별한 조언절차를 통해서 행정청의 비구속적 조언만이 의욕되었는지 아니면 실제적인 원칙적 구속이 의욕되었는지 여부이다. 적어도 후자는, 판단수권인정과 관련한 전문가표결의 법적 구속과 똑같이 존중되어야 한다.

체화와 규준형성을 위해 행정에 대해 명백히 이전한 것을, 법률로부터 도출하기란, 행정재판의 법률부수적 正當性으로 인해 충족되기 어렵다. 이런 점에서, (전개된) 리스크 행정은, (개개의 규범해석과 개개사례포섭을 목표로 하는) 전통적인 개념적 사고에서, (법률에 의해 의욕된 결정 · 절차의 유형을 결정적으로 목표로 하는) 체계적 법률해석으로 旋回하게 한다.52)

가령 식물보호법이나 의약품법상으로 전술한 협의결정이 들어간, (법률상으로 형성된) 법(권리)관계는, 원자력법상의 필수적인 훼손사전배려의 정도에 관한 결정과 구조적으로 비견가능하다. 이런 비견가능성으로 말미암아, -Paraquat-判決의 반박할 수 없는 논증에서 나타났던 것처럼-, 부득이 통제밀도의 문제를 상론하지 않을 수 없다. 다른 리스크행정의 대상-특히 Whyl-判決-을 상론하지 않았기 때문에, 이 판결상으로 연방행정법원이 행정법적인 리스크사정 · 평가에서 판단여지의 형상을 원칙적으로 부정하였다고 여길 순 없다. 오히려 이질적 성질은 물론, 判斷餘地論에 관한 연방행정법원판례의 논리정연성의 결여를 광범하게 예증하는 셈이 된다.53)

3. 判斷餘地에 관한 (독일) 연방헌법재판소의 判例

원자력법과 관련한 연방헌법재판소의 Sasbach-判決에서, 과학기술상의 適用指示에서의 評價餘地는 일반적으로 권력분립적 사고에 근거하는데, 관계인의 절차권의 의의와 관련하여 다음과 같이 설시되었다: "허가행정청으로선 규범적 규준과 恣意없는 조사의 테두리에서, -가령 과학기술의 수준, 훼손에 대한 사전배려의 필요성(원자력법 제7조 제2항 제3호), 장해조처나 기타의 영향미침에 대한 보호라는 규준에 의거한- 평가도 발해야 한다. 법원은 그런 확인과 평가를 오로지 적법성에서만 심사하여야 할 뿐, 그것을 자신의 평가로 대신할 순 없다. 행정절차상 제기되고 해명될 수 있었음에도 불구하고, 행정절차에서 제기되지 않거나 추후에 제기된 異議가 사법절차에서 비로소 해명되어야 할 것 같으면, 권력분립의 원칙과 일치한 이런 심사순서가 깨뜨려질 것이다…"54)

과학기술적으로 복잡한 실체적 물음과 평가적인 사전배려의 고려를 판단하는 것과 관련하여, 연방헌법재판소는 행정여지를 받아들인다. 이때 법원의 역할은 법적 한계

52) 이미 Ossenbühl, DVBl. 1974, S.309(313)에서 비슷한 고찰이 발견된다; vgl. Koch, Allgemeines Verwaltungsrecht, S.77ff.

53) Drews/Wacke/Vogel/Martens, Gefahrenabwehr, 8. Auflage 1986. S.266 는 연방행정법원의 판례를 분석한 다음, "혼란스런 광경"이라 말한다. Vgl. Gerhardt, Michhael: Normkonkretisierende Verwaltungvorschriften, NJW 1989, S. 2233.f.도 "판례상으로 이 주제에 관해선 신뢰성이 덜 하다"고 말한다.

54) BVerfG v. 8.Juli 1982-2 BvR 1187/80-(Sasbach), BVerfGE 61, 82(114f.).

의 준수에 관한 심사와 恣意심사에 국한된다. 행정여지를 부여하는 근거는 법률적인 적용지시규정에 있기보다는, 오히려 고려되는 리스크결정의 (법률적으로 마련되거나 받아들여진) 규준개방성(미확정성)에 있다. 인식론적 불확실영역에선 그리고 前置된 행정적 활동강제의 경우엔 타당성을 보장하는 아무런 결정도 존재할 수 없다는 사정이, 기술법, 환경법과 제품안전법상의 복잡한 결정에선 일반적으로 통용된다. 연방헌법재판소는 Sasbach-判決에서 묵시적으로 이런 사정을 출발점으로 삼았다. 정확히 표현하자면: 事前判斷(Ex-ante-Beurteilung)이란 일의적인 적법성 · 위법성의 판단이 합리적으로 근거지울 수 있을 정도로 확고하다 할 것인데, 리스크결정은 이런 사전판단을 결코 허용하지 않는다(많은 경우엔 걸맞는 사후판단도 그러하다). 입법자가 예정하고 객관적으로 그렇게 규범화된 미확정의 결정상황인 이런 경우에, 사법으로선 자신의 심사규준을 상실하며, 아울러 -행정에 속한 평가 · 리스크표준화의 권한을 찬탈하지 않기 위하여- 통제밀도를 축소하지 않으면 아니 된다.[55]

원자력법상의 리스크결정을 이렇게 이해함으로써, Sasbach-判決은 Kalkar-判決과 Mülheim-Kärlich-判決에 연계된다. Kalkar-判決에서, 연방헌법재판소는 맨 먼저 리스크결정에 관한 법률적 규율의 곤란함을 (자신의) 고찰의 출발점으로 삼았다. 대체적으로 多數人의 安全 · 法益과 관련한 事物對象에서도 입법자로선 불확정법개념을 사용하는 데 방해받지 않는다. 이는 행정적 구체화와 표준화를 통해서만 집행가능하게 될 수 있다.[56] 법원(헌법재판소)은 간명한 방법으로 리스크표준화권한의 행정에로의 이전이 기능적으로 불가피함을 강조하였다: "구체적 리스크를 판단내리는 것은, 오로지 모든 리스크요소의 효과상의 상관관계와 그것의 제지를 위해 가능한 사전조처를 고려하면서 행해져야 한다; 기술발전과 함께, -가령 비교적 지속적인 리스크요소에 대한, 다양하고, 상호 무관한 안전사전조처와 지속적인 감시의 가능수단과 함께- 개개의 요소의 가중치는 때때로 변할 수 있다. 여기서 리스크판단을 위해 중요한 사정을, 당시의 최신의 지식수준에 지속적으로 순응시키는 것만이, 가능한 최선의 위험방

55) 연방헌법재판소로선, 원칙적으로 또한 원자력법을 넘어서, 행정적 판단여지의 제한적 행사가능성을 긍정하였고, (그것을) 불확정법개념의 적용에 관한 完全한 司法審査의 原則(Grundsatz der vollen gerichtlichen Kontrolle)의 예외로서 허용하였다. BVerfG v. 28.Juni 1983-2 BvR 539,612/80-복역중 휴가(Hafturlaub)건-BVerfGE 63, S.261(279). 규준의 부재와 규준형성할 행정청의 수권간의 상관관계를 특히 Wahl이 강조하였다. Wahl, NVwZ 1991, S.409(411). 여기선 다른 기능적 논증맥락에서와 마찬가지로 다음의 점이 지적되었다. 행정에 대해선, 시간, 전문지식, 절차자주성, 비교경험과 특별한 작용형식이 주어져 있고, (그래서) 법원보다 행정이, 불확실한 리스크결정에서의 사정, 평가와 규준형성을 위해 채비가 더 잘 되어 있다는 것이다. Vgl. Brohm, Verwaltung und Verwaltungsgerichtsbarkeit als Steuerungsmechanismen in einem polyzentrischen System der Rechtserzeugung, DÖV 1987, S.265ff.; ders., Alternative Steuerungsmöglichkeiten als "bessere" Gesetzgebung?, in: Hill(Hrsg.), Zustand und Perspektiven der Gesetzgebung, 1989, S.217(227ff.).

56) BVerfGE 49, S.89(138f.).

지 · 리스크사전배려의 원칙을 충족시킬 수 있다. 행정으로선 그의 법적 작용형식으로, 필요한 적응을 위한 채비가 입법자보다 훨씬 더 잘 되어 있다. 리스크판단을 이런 행정의 소관에 두는 것은, 이런 점에서도 法益保護의 力動化(Dynamisierung)에 이바지한다."[57)]

Mülheim-Kärlich-判決은 행정의 判斷自由餘地에 아무런 입장을 표하지 않았다. 하지만 실은 동 판결에서 강조된, 일정한 節次權의 기본권적 관련성을, (복잡한 결정에선 前置되어야 할) 권리보호의 효과성으로써 근거를 지웠다.[58)] 행정법원의 사후심사가 허가절차상의 일정한 경과와 확정을 더 이상 완전히 뒤따르고 법적 규준에 의거하여 심사할 수 없다는 점을 출발점으로 삼을 때만, 이런 前置(앞당김)가 의미를 갖는다.

특히 판단여지론의 제한을 목표로 한, 심사결정상의 통제밀도에 관한 결정으로써, 연방헌법재판소가 분명히 한 점은, 행정의 판단여지 · 표준화여지의 부여가 원자력법상의 리스크결정에만 국한하진 않는다는 것이다. Sasbach-判決에서와 마찬가지로 법원(헌법재판소)은 먼저 행정절차의 補塡效果를 강조하였다. 사법심사가 완전히 조목조목 행해질 수 없다는 전적인 이유에서, 보전효과는 기본권적으로 요구되는 것으로 여겨진다. "반면 사법심사는 한계에 봉착한다. 이유인 즉, 평가작업이 (행정소송에선 극히 파악하기란 극히 어려우며 부분적으론 전혀 불가능한) 다수의 非計量的 사항에 의해 정해져 있기 때문이다."[59)]

불확정법개념의 해석 및 구체화를 위한 연방헌법재판소의 일반적인 서술이, 判斷餘地論을 위해 특별한 의의를 갖는다. 이때 연방헌법재판소는 분명히 행정법적 도그마틱에 입각하였다. 이에 따르면 재량결정에 관한 司法審査와 불확정법개념의 해석간에는 분명한 경계선(구분선)이 존재한다. 하지만 불확정법개념의 해석과 적용은 행정법원에 의해 무제한적으로 사후심사가 가능하다는 原則은, 연방헌법재판소의 이런 판결에서도, 例外許容附 原則으로 이해된다. "물론 불확정법개념이 피규율대상의 고도의 복잡성과 특별한 역동성으로 말미암아 너무 모호할 수 있으며, 또한 행정결정의 실행에서 그것의 구체화가 너무 어려울 수 있어서, 사법심사가 재판의 기능적 한계에 봉착할 정도이다. 그런 경우엔, 법치국가적 원칙을 위반하지 않고서, 한정된 결정(자유)

57) BVerfGE 49, S.89(138f.). 이런 문구는 직접적으론 행정과 법원간의 관계와 관련이 있지 않고, 입법자와 행정간의 관계와 관련이 있다. 그러나 연방헌법재판소는 여기서 표기된 인용문헌에 연관해서 직접적으로 행정(집행부)의 고유한 "판단영역"이라 말하였다. 이를 넘어서, 국가권력기능의 3極關係 역시 각각의 양자관계로 바로 나뉠 수 없다. 입법자가 행정에 대해 리스크기준화의 여지를 맡기면, 법원으로선 법률적 심사규준이 결여된다. 입법자가 의도한, 행정의 判斷自由는, 판례에 의해 반영되어야 한다.

58) BVerfGE 53, S.30(64f.).

59) BVerfG v. 17. April 1991-1 BvR 419/81, 213/83-(Jur. Staatsprüfung, NJW 1991, S.2005(2006)= BVerfGE 84, S.34(46).

여지(Entscheidungsfreiraum)를 법적용 행정청에 대해 부여할 수 있을 것이다."[60)]

그러나 동 판결은 행정적 결정(자유)여지의 인정을 위한 상세한 요건에 관해선 아무런 언급을 하지 않았다; 연방헌법재판소는 이것과 관련한 상론을 분명히 미정으로 내버려 두었다. 사법시험에 관한 판결에서도, 동일날짜의 선다형시험(Multiple-Choice-Prüfung)에 관한 판결에서도,[61)] 혐의영역에서의 과학의존적 리스크결정에 대해서 판단여지가 거부된다고 추론될 수 없다. 연방헌법재판소가 양 판결에서 기본법 제12조의 기본권도그마틱의 관점에서 논증을 한 점과 사안의 본질상 (비교적 엄격한 헌법통제를 요구하는) 직업선택의 자유의 주관적 제한이 문제된다는 점을 고려하면, 이런 사실은 더욱 분명해진다.[62)] 이런 표현은, (치과교육기관의 教育收容能力에 관한) 헌법재판소의 1991.10.22. 판결에 의해 확인된다.[63)] '수용능력에 관한 命令'(Kapazitätsverordnung)의 내용심사(통제) 사건에서도, 법원(헌법재판소)은 복잡한 행정결정을 조목조목 심사한다는 것이 불가능하다고 인정하였다.[64)] 그렇지만 법원(헌법재판소)으로선, 특히 연방행정법원이 命令制定者에게 인정한 형성자유여지(Gestaltungsfreiraum)의 범위에 거부감을 갖는다. 연방행정법원은 司法審査를 恣意性審査(Willkürkontrolle)에 이르기까지 축소하였다. 연방헌법재판소로선 직업선택규율적 개입에 관한 고도의 정당성요구를 감안하여, 이 점을 위헌이라 여겼다.[65)]

4. 評 價

연방헌법재판소와 연방행정법원은, 행정의 判斷餘地의 형상에 대해 항상 만족스런 윤곽을 부여하지 않는다. 이들 법원이 보여주는 경향은, 행정에 최종결정권을 대량적으로 맡기는 것-특히 試驗法에선 행정법원의 판례에 의해 연방헌법재판소의 수정에까지 실현되었다-과, 드문 예외사례에 판단여지를 국한시키는 것-이때 허용된 자유여지는 매우 좁게 할당된다- 사이를, 오락가락한다. 연방행정법원은 법률적 判斷授權에 대해 물음을 던지고, 그런 수권을 위한 느슨하게 정돈된 표시기만을 언급하는 경향을 띈다.[66)] 연방행정법원의 판결에서 규준적으로 사용된 세 가지의 指標가 여하튼 리

---

60) BVerfG NJW 1991, S.2005(2006)= BVerfGE 84, S.34(46).

61) BVerf-1 BvR 1529/84, 138/87-, NJW 1991, S.2008ff.= BVerfGE 84, S.59ff.

62) 통상 리스크결정에서 문제가 되는 직업행사규율의 영역에서, 심도 있는 司法審査의 原則은 덜 엄격하게 다루어져야 할지도 모른다. 시험법에서 연방헌법재판소는, 시험자의 평가여지에 대응한 수험자의 대답여지의 인정을, 직업선택과 관련한 규율의 특별한 근거제시필요성으로부터 도출하였다. BVerfG, NJW 1991, S.2008(2011).

63) BVerfG, -1 BvR 393, 610/85-, DVBl. 1992, S.145ff.

64) BVerfG, DVBl. 1992, S.145(146f.).

65) BVerfG, DVBl. 1992, S.145(147).

66) 이런 것은 마지막으로 BVerwG, DVBl. 1991, 49에서 분명해졌는데, 동 판결에선 체계적인 근거제시에 들어가지 않고서, 판단수권을 인정케 하는 사례가 설시되어 있다. 판단여지에 관한 비체계적 인정이나 불인정의 이유

스크결정에선 통상 충족되고 있다. 과학적으로 해소될 수 없는 불확실성의 영역에서 개념정의대로 리스크결정이 내려져야 하는 한, 그것은 隨意的(任意的) 평가 없인 나오지 않으며, 이에 따라 내용적으론 결정자의 個性에 변함없이 의존한다. 과학지식형성이란 논쟁적 전선으로 이전된 셈인 행정조치에서, '하나의' 적법한 결정을 고수한다는 것은 적어도 난처하다. 이런 특별한 사정을 입법자가 인식하고서, (특히 과학전문가의 참여와 관련이 있는) 리스크결정을 위한 (이런 사정을 목표로 한) 절차를 마련하였다.[67)]

입법자가 제시하지 않은 리스크규준을 전개하도록 법률적으로 명해진 곳에선, 즉, 법률이 (행정청과의 관계에서 실제적인 원칙적 구속(Regelbindung)을 지닌) 전문적 · 사회적으로 다원적인 전문가위원회를 마련한 곳에선, 행정에 대해 특별히 구체화를 맡겼다는 점 역시 분명하게 된다.[68)] 법원이 증가된 이유제시의 수고 없이 전문가표결을 무시할 수 있으면, 왜 입법자가 행정청의 사실적 구속을 규정하여야 하는가? 전문적 조언을 받는 행정에 대해, (많이 논의된) 규범구체화행정규칙의 형식으로 이처럼 맡긴 것은, (법원에 대해 한정된 구속효를 발생시킬 수 있는) 증명력으로 여겨졌다. 判斷餘地에 관한 논의는 행정법의 이런 작용형식을 다루는 데 있어서 지속되어야 한다. 이유인 즉, 판단여지와 규범구체화행정규칙은 밀접한 상관관계를 형성하기 때문이다.[69)]

헌법재판소는 자신의 원자력법상의 판결에서 세(三) 국가기능간의 역할분배에 대한 물음을 던지고, 행정의 일정한 사례에서, 특수한, 개방적 규범구조에서 비롯된 이유와, 이런 규범을 메우는 데 행정이 특히 적합하다는 이유로, 리스크사정 · 평가의 권한을 받아들인다. 연방헌법재판소로선 자신이 개별법적 판단수권을 조사할 권한을 갖지 않기에, 이렇게 하면서 한층 기능적인 맥락에서 논증을 한다. 전통적인 행정과 內外과학전문가간의 제휴에서 성립한, 새로운 리스크행정으로선, -적어도 잠재적으론- 광범하게 형성된 비교 · 평가의 권한을 활용할 수 있다. (하지만) 개개사례를 결정짓는 법원으로선 이런 것이 결여되어 있다. 자세히 고찰한 즉, 한층 더 제한된 행정의 판단여지의 승인을 규범해석자의 任意에 두지 않고, 실체적으로 강제하는 것이 실은 복잡한 행정결정의 사물(내용적)구조가 아닌지 여부의 물음에 대해 답하는 데 있어서, 이런 관점은 중요한 역할을 한다. 심사될 현안의 개별결정이 많은 사례에서 고립적으로 판단될 순 없다는 상황이, 이때 매우 중요하다. 이미 要素說(Faktorenlehre)은 다음과 같

에 관해선: Breuer, NVwZ 1988, S.104(111).

67) 법률적으로 행정에 이전된 결정 · 규범화의 자유여지를 補塡하기 위한, 節次의 법치국가적 특별한 중요성에 관해선: Schmidt-Aßmann, in: Maunz/Dürig(Hrsg.), Grundgesetz Kommentar, Art.19 Abs.4 Rdnr.206; Degenhart, Kernenergierecht, 2.Aufl., 1983, S.244f.

68) 적절하게: Schenke, in: Bonner Kommentar, Art.19 Ⅳ, Rdnr.249.

69) 이에 관한 상세는 Di Fabio, Risikoentscheidungen im Rechtsstaat, §14 C. Ⅲ.

이 지적하였다. 법률개념이 복잡한 사안의 판단을 목표로 삼되, 그 자체론 결코 판단여지를 인식할 수 없다 하더라도, 판단여지를 지닌 다른 요소와의 상관관계에서만 판단이 내려질 수 있으면, 판단여지가 인정된 것(법률개념)처럼 다루어져야 한다.[70] (질적으로 다른 개념이 없인 생기지 않는) 개념의 그런 '전염'을 넘어서, 판단수권은, 개개결정이 방법론적 토대에서 행해져야 하고, 필연적으로도 (행정에 의해 비로소 만들어질) 판단맥락에서 행해져야 한다는 점에 있을 수 있다. 방법론적 판단근거의 완성과 연쇄적인 판단테두리(대강)의 설정을, 법률이 특별위원회의 도움을 받는 행정에게 명백히 이전시켰을 때, 이런 맡김에 담겨진 형성권한이 개별결정에 영향을 미친다. 의약품법에서 가령 (법률에 의해 행정에 이전된) 의약품심사지침을 발할 의무(법 제26조)와 의약품상의 작용물질을 평가위원회에 의한 체계 · 비교조사를 받게 할 의무는, 규격화 · 형성화를 맡긴 것으로 여겨져야 한다.[71] 이런 맡김은 개별조치를 사법적으로 판단함에 있어서 평가되어야 한다.[72] 여기서 다룬 의미의 리스크결정은, 통상 고도로 맥락의존적이고 충족의존적이다. 즉, 이것은 사법심사에서 무시되어선 아니 될 상황이다.

判斷餘地에 관한 오랫동안의 논의의 딜레마는 특히, 다음과 같은 점에 있다. 즉, 의회법률로선 구체화의 책임 · 부담을 행정에게 이전하고자 한다는 것(의도)이 리스크행정의 대상으로 인해 분명해 짐에도 불구하고, 마치 종교전쟁에서처럼 贊反이 나뉘었다는 것이다.[73] 불확정법개념의 해석은 어떤 경우에도 법원에게 최종구속적으로 과해져야 한다고, 개념법학적 지향에서 고집하는 者가 있는데, 이들은 行政의 法律適合性의 原理에 대해 호의를 베풀려다가 오히려 피해를 준다.[74] 行政法으로선, 새롭게 이전된 행정권한을 어떤 수단으로써 법치국가원리적으로 제한하고, 법적으로 합리화할 수 있는지를 말할 임무에, 처해있다. 장차 특별행정법관계에서 면밀하게 행해질 결정 · 절차의 분석은, 개별법적의 형성에 의거하며, 판단수권을 체계적으로 인식하는 것을

70) 예로서 공무원근무평정과 관련한 판결로 BVerwGE 22, S.65(76f.). 문헌: Kellner, Der sogenannte Beurteilungsspielraum in der Verwaltungsgerichtlichen Prozeßpraxis, NJW 1966, S.857(863); Schmidt-Aßmann, in: Maunz/Dürig(Hrsg.), Grundgesetz Kommentar, Art. 19 Abs.4 Rn.202; Koch, Unbestimmte Rechtsbegriffe und Ermessensermächtigungen im Verwaltungsrecht, S.81f.

71) 구체화규칙의 발함에 의한 리스크조종과 判斷餘地論의 상관관계에 관해선, Di Fabio, Risikoentscheidungen im Rechtsstaat, §14 C. Ⅲ.

72) Schmidt-Aßmann, in: Maunz/Dürig(Hrsg.), Grundgesetz Kommentar, Art.19 Abs.4 Rdnr.202 는, 개별결정의 조직상 조치에의 의존성을 강조하며, 예로 계획과 상관관계에 있는 맥락의존성을 지적한다.

73) 판단여지의 허용이 법률(법)의 특수성에서 비롯되는 한, 그것은 기본법 제19조 제4항에 반하지 않는다. 법률만이 동조상의 사법심사의 척도가 될 수 있다. 법률이 행정의 판단여지를 규정하면, 이는 권리보호를 재량허용에서와 비슷하게 실체적 방법으로 제한한다. 기본법 제19조 제4항의 위반의 차원에서 법률만이 심사될 수 있을 뿐, (법률의 의사에 합치하는) 도그마틱적 형상은 결코 그렇지 않다. 비슷하게: Schenke, in: Bonner Kommentar, Art.19 Ⅳ, Rdnr. 351.

74) -법률이 명백히 언급하지 않으려 한다 하더라도- 대안이 없이 법률에 고정시키는 것을 독일적 질병으로 조기 진단하기 위해서, 스위스인 Max Imboden의 간극을 둔 관점을 필요로 하였다. Imboden, Das Gesetz als Garantie rechtsstaatlicher Verwaltung, 1962, S.34f.

목표로 한다. 방법론적 고찰 역시 이런 분석에 찬동한다. 立法意思의 고전적인 조사방법은 기능적으로 작동된 논증상관관계를 통해서 더욱더 확대되었다. 법률이 법학논증의 고정된 기준점인 점엔 변함이 없지만, 법률본문안에 함축성있게 담겨질 수 있는 것 이상이 그것으로부터 도출되지 않아야 한다. 리스크결정과 상관관계에서 법률이 행위(작용)를 맡기는 것은, 개념적 조종능력에 비추어 보면 빈약하다. 법의 특별한 합리성은 논증의 명백성과 설득력에서 발휘된다. 法律的 下命(Gesetzesbefehl)이 중요하면 할수록, 또는 깊은 법률적 의미가 명백하면 명백할수록, 논증의 명백성과 설득력이 더욱더 요구된다. 미확정의(개방된) 리스크성립요건은 인식론적 불확실성을 감수할 뿐만 아니라, 행정의 효능-리스크 형량을 과하기도 한다. 그런데 이런 리스크성립요건은, -상황에 따라선 다른 것보다 명료하거나 설득력있는 근거제시가 결코 없을 정도로- 법학적 논증을 우연으로 이끈다. 그럼에도 불구하고 당연히 법은 하나의 옳은 결정의 原則을 고수할 수밖에 없고, 이것은 체계이론적으로 말하자면 抛棄不可한 작동코드이다, 하지만 법적 결정을 위해 불가결한 이유제시 · 논증의 문화는, 가장 극단까지 연장되고 아마도 확장된다. 이 점에서, 재판이 개념의 본문과 (적법한 절차에 의한 정당함 도출에 관한) 신뢰 사이에 중간방도를 취하는 경우에만, 법이성적 논증맥락이 만들어질 수 있다. (필자로선) 판단여지의 형상이, 복잡한 행정결정의 요청에 맞춰 증대된 권리보호를 보장하기 위한, 항상 적합하고 필수적인 도그마틱적 케이스로 여겨진다.

물론 판단여지가 결코 권리보호의 부분적 거부를 위한 시그널로 誤解되어선 아니된다. 전체적으로 정반대로, 과학기술의 발전에 관한 국가통제로 인해 법에 대해 억지로 맡겨진(강요된) 권력분립모델상의 강조점변화를, 개관가능하고 분명한 방법으로 처리하기 위한 도그마틱적 方途가, 바로 判斷餘地이다. 다시 말해, 判斷餘地가 주어졌다고 여겨지면, 행정청의 제 義務-공감할 수 있는 사안조사, 유자격전문가의 참여, 과학적 자료의 신뢰성이 있는 작성, 발한 결정의 이유제시-가 고조된다. 충분한 법률적 심사규준이 결여되었기에 법원은 더 이상 스스로 완전하게 결정을 내려선 아니 되면, 그로선 재량결정에서처럼, 행정결정발견의 규정에 맞는 절차(이에는 결정에 맞은 관련인의 참가도 들어간다)와, 결정의 상당하고 공감가능한 이유제시 및 서술을 더욱더 주장하여야 한다.

이런 의미에서 전체적으로 보아, 복잡한 기술적 판단이 문제되는 한에 있어서, EuGH 역시 EG-위원회의 判斷餘地를 받아들였다. 하지만 동시에 이런 여지의 인정을 위한 機能的 等價物을 요구하였다: “그런데 공동체의 기관이 그런 판단여지를 행사할 수 있는 한, 더욱더 커다란 의의가 보증의 준수에 주어지는데, 이를 공동체법질서는 절차상으로 보장한다. 특히 개개사례의 모든 관련 관점을 세심하게 不偏하게 조사할 해당 기관의 의무(부과), 자신의 입장에 대해 청문을 받을 관련인의 권리, 결정의 충분한 이유제시에 관한 권리가, 이런 보증에 속한다. 그래서 법원으로선, 판단여지의 행사를 위해 규준이 되는 사실적, 법적 상황이 존재하였는지 여부를 심사할 수 있을 뿐이다."[75]

이로써 判斷餘地는 증가하는 유럽법질서에서 장래성이 있을지 모를 뿐만 아니라, 오히려 여기서 행정의 더 커다란 자유여지와 이에 상응한 행정의 커다란 의무간의 기능적 相關關係가 의미심장하게도 언급된다. EuGH가 동 판결에서 요구한 바는 다음과 같다. 즉, 복잡한 기술적 물음과 관련한 실질(내용)을 법원보다 많이 안다고 하는 행정청이, 결정의 과학적 근거를 -관련인은 자신의 권리를, 법원은 자신의 통제(심사)를, 행사할 수 있을 정도로- 명료하고 이중적이지 않게 나타내도록 하는 것이다.[76]

판단근거가 사법심사를 위해 불충분하다고 해서, 법원이 행정청의 이유제시와 사안조사의 규준에 동의하지 않으면, 이는 의약품에서 개별화된 것처럼 판단여지의 부인을 초래하지 않고, 도리어 정반대로 시인을 고무시킬 것이다. 행정법원이 최종구속적으로 그리고 과학적 다툼에 구체적으로 들어가서 결정을 내린다는 사실을, 연방보건성(BGA)이 안다고 하면, 해당 행정청으로선 자신의 리스크관리를 판결에 맞추고, 또한 (법률적 형성에 따라 의심의 여지없이 부담하는) 자신의 고유한 책임을 무시하는 식의 위험이 존재한다. 여기서 주장된 견해에 따르면, 과학의존적이고 비교의존적인 리스크결정에선 判斷餘地를 고려할 *法的 義務*가 존재한다고 한다. 이런 점에 상관없이, 행정법원이 상기한 의미의 주의의무는 더 엄격하게, 입장 · 평가의존적인 실체적 내용결정은 덜 강하게 심사한다 하더라도, 동법원으로선 실제적 이유에서 행정에 대해 유익하게 영향을 미친다.

리스크구상확정의 권한 · 책임이 어떤 사물영역에서 법률로부터 행정으로 이전하였는지에 대해, 판례가 분명한 시그널을 보냈다면, 그렇다고 비구속적 결정의 특권이 결코 인정된 것은 아니라고 분명해 질 것이다. 재량의 모습을 본 딴 사법심사로선, 행정에 대해서 다음의 것을 요구할 수밖에 없을 것이다. 즉, 일목요연하게 기록되고 충분히 조사된 사안, 공감가능한 이유제시와, 완전한 비교구상을, 우선은 결정상대방에게, 다음엔 법원에게 제출할 것이 그것이다.[77] 행정청의 리스크구상이 종종 개별결정

---

75) EuGH v.21. Nov. 1991-Rs C-269/90(TU München/Hauptzollamt München-Mitte).

76) EuGH, NVwZ 1992, S.358(359). 판단여지와 관련하여 EuGH의 판결을 영역별로 부분분석을 제공하는 것으로: Adam, Die Kontrolldichte-Konzeption des EUGH und deutscher Gerichte, 1993.

77) 판단여지의 인정으로 행정에 유리한, 업무경감적 효과가 결코 초래되진 않는다는 사실이 여러 번 간과되는 것 같다. 리스크기준화를 위한 권한은, '최종책임을 지는' 법원에게 그 확정을 넘기지 않고, 그것을 스스로 행할 의무를 포함한다. 모호한 리스크결정을 발하는 것이, 어차피 특권은 아니며, 결정자에 대한 작용상의 리스크 그 자체이다. 리스크에 관해 결정을 내리는 자에 대해, 항상 표명되는 의혹에 관해선: Luhmann, Soziologie des Risikos,

에서 훼손될 위험에 처하지만, 개별조항상의 결정도 전체구상 없인 결코 충분하게 판단될 수 없다는 사정을 감안한 즉, 그럴듯한 리스크구상이 없으면 그 이유로 협의결정에 대해 이의가 제기될 수 있다는 사실을 행정으로 하여금 알게 하는 것이 필연적일 것이다.

Ⅲ. 醫藥品法에로의 移轉可能性

1. 法律上의 判斷授權을 위한 基準

판례의 기준과 여기서 전개된 (평가의존적, 형성적인) 리스크결정의 윤곽에 의하면, 의약품법의 제 규범은, 수여된 判斷授權을 지닌 불확정법개념으로 간주될 수 있도록, 이하의 요건을 충족하지 않으면 아니 될 것이다: 고려되는 조종규범(불확정법개념)은, 그로 인해 행정청이 과학적으로 불명료함, 불확실성의 지경에까지 가야할 정도로, 개방적(미확정적)으로 형성되어 있어야 한다. 나아가 특히 효능과 리스크 간에, 분명하거나 당연한 형량필요성이 判斷授權을 찬성한다. 나아가 판단수권을 위한 하나의 기준이, 바로 결정에 중요한 규범이 구체화되거나 집행가능하게 되는 행정절차의 법률적 마련이다. 이때 이런 행정절차는 외부전문가를 중요하게 연계시키고 그에게 실제적 결정권까지 달하는 중요한 역할을 부여한다. 判斷授權의 인정은 다음의 사실에 의해서도 강화된다. 즉, 과학적 전문가들과 제휴하는 행정이, 비교와 평가의존적인 다툼문제를 결정짓는 데 司法보다 기능적으로 더 잘 채비가 되어 있다는 점이다.

이들 기준들은 (입법상의 전체구상에서 계획된) 행정청의 판단수권과 판단의무를 조사하기 위한 일반적인 심사프로그램에 해당한다. 의약품법의 논의영역에선, 이에 判斷授權的 물음에 대한 대답이 이런 기준을 이용하여 주제화될 수 있다. -유효성심사와, 승인 · 시판후의 영역에서의 타당성 없는 의약품부작용의 존재에 관한 결정에서- 의약품법이 행정적인 사정 · 표준화의 여지를 열었는지 여부의 물음은, 해당 판례에선 실제로 논구되지 않았다.[78] 그러나 입법자의 주관적 판단은 물론, (여기서 중요한) 불확정법개념의 객관적 규범구조(의약품법 제25조 제2항 제4호, 제5호)와, (그들이 놓여 있는) 기능적 상관관계가, 판단수권을 인정케 하는 動因을 제공한다.

1991, S.166.

78) 적어도 (유효성요청이나 유해부작용의 존재와 같은) 효능-리스크의 비교분석의 근거를 심사함에 있어서, 판례는 모든 불확정법개념에서와 마찬가지로 완전한 심사를 한다. Vgl. 유효성개념에 관한 최근의 예로: OVG Berlin v.6 Juni 1991-5B 27.89-(A. forte Gel), PharmaR 1991, 362ff. 확인 · 입증책임에 관한 -다툼이 있는- 설시로: BVerwG v.2 Juli 1979-1 C 9.75-(Stellungnahme Ak), BVerwGe 58, S.167(176ff.).

2. 결정적인 基準으로서의 리스크판단의 科學依存性과 構想依存性

(1) 立法者의 意思表明

신법제정과정에서 高位委員會는 효능-리스크의 비교분석(Nutzen-Risiko-Bilanz)을 '재량결정'이라 표시하였는데, 이 때 일신전속적인 평가판단이 비교분석에 유입되었다.[79] 전통적으로 특히 객관적이지 않다고 이해되는 과학적 평가에선, 특히 一身專屬的인 評價判斷이 중요하다. 과학적으로 행해진 의학(의술)은 결코 통일적인 치료와 방법상의 이해를 지니지 않는다. 따라서 강단(대학, 주류)의학적 치료견해나 (이것과) 경합하는 다른 치료견해를 기준으로 해서 나온 전문가의 일신적 입장이, 유효성판단이나 부작용사정에서든 효능-리스크의 비교분석에서든 결정적으로 중요할 수 있다.

(2) 의약품법상의 리스크판단의 科學依存性

의약품법 제25조 제2항의 제4호와 제5호는, 유효성확인과 부작용의 타당성의 물음과 관련해서, 의학수준과 의학지식에 대한 적용을 지시한다(Verweisung). 거부성립요건과 개입성립요건, 이들 양자는 구분되어야 한다. 의약품법 제25조 제2항 제5호의 과학에 대한 연계는 형량결정을 분명히 과학적 지식획득의 단계로 이전시킨다, 이런 점에서 이것은 위에서 전개된 규준에 비추어, 미확정의, 과학의존적인, 구체화필요적인 규범인 셈이다. 의약품의 有效性과 관련하여, 거부이유의 두 가지 선택수단은 구분되어야 한다. 당해 행정청이 제출된 서류가 유효성을 입증하지 못하여 허가를 거부하고자 하는 한, 그 행정청은 당시의 확고한 과학수준에 구속된다. 구조적 불확실성의 요인이 없으면, 그런 지식수준은 확인될 수 있다.[80] 그럼에도 불구하고, 여기서 의약품법상으론 평가불일치가 형성되었다고 오인해선 아니 된다. 특히 입법자로선 유효성판단을 의학의 공통된 의견에 구속시키지 않으려 하였다. 그 결과 강단의학과 경합하고 법률에 의해 경향보호가 주어진 치료패러다임과 관련해선, 결코 과학적 다수견해란 있을 수 없고, 기껏해야 당시의 治療觀에서의 다수견해가 있을 수 있다. -의약품법 제25조 제2항 제4호상으로 부여된- 유효성의 확정적 결여(와 불충분한 근거제시)경우의 승인거부가능성과 관련해서,[81] 눈에 띈 점은 이런 확인을 위한 과학에 대한 연계가 없다는 것이다. 그럼에도 불구하고 의약품유효성에 관한 판단은 과학적 맥락에서만 표명될 수 있기에, 행정청의 의거기준에 대한 물음에 대해서 법률상으로 여전히 답이 내

---

79) BT-Drs. 7/5091 S.7.

80) Breuer의 말로써, 당시에 존재하는, 밝혀진 다수견해에 해당한다. Breuer, NVwZ 1988, S.104(113).

81) 의약품법 제25조 제2항 제4호상의 두 가지 선택수단의 구분에 관해선: Plagemann, Der Wirksamkeitsnachweis nach dem Arzneimittelgesetz von 1976, 1979, S.63f.

려지지 않고 있다. 적어도 (강단의학적 방향의) 의약품의 숫자상 가장 중요한 부문을 위해서, 시험방법의 표준화는 표준화된 의약품시험방법에 의해 법률하위적으로 보완되는데, 이 시험방법은 과학지식의 당시의 수준을 행정규칙의 형식으로 구체화한다.[82)]

의약품법 제25조 제2항 제4호와 제5호상의 의약품법상 판단은, 전형적 구조를 드러낸다. 한편으로 적어도 리스크사정이나 규준형성(유효성을 입증하는데, 또는 의문스런 부작용을 인정하기 위해 어떠한 방법적 요청이 설정되어 있는지?) 역시 과학적 물음에 해당한다. 그런데 이때 특히 결정과 관련한 새로운 작용물질이나 특별한 치료견해의 경우, 司法的으로 확인가능하고 통일된 의학적 입장을 출발점으로 삼을 수 있기에는, 지식이 너무나 적거나 너무나 다투어진다. 이에 (立法意思에 따라 규준으로서 구속력이 있는) 의학지식의 표결은, 강단의학적 방향에서도 미확정(개방적)이고, 개성의존적이다. -원자력법, 유전공학법, 화공품법상으로 실행될 수 있듯이- 의약품법에서 행정청이나 법원은, 과학적 견해다툼이 있는 결정을 '의심스러우면 안전에 유리하게'의 원칙에 따라 개괄적으로 행하여선 아니 된다. 왜냐하면 의약품법상의 효능-리스크의 비교분석은 양면적이기 때문이다. 심지어 핵심적인 효능-리스크의 비교분석 역시 의학적 예비지식 및 (형량을 특징짓는) 상이한 견해와 무관하게 행해질 순 없다. (본질적으로 결정론적인) 형량결정상의 나머지가 바탕이 되는 사정의 정도에 따라 다소간에 발생할 수 있다. 이런 결정상의 나머지는, 의학의 통일적 방법론이나 이론적 언명모델에 의해 정해져 있지 않거나, 의학이 단지 이용할 수 있을 뿐이다.[83)] 효능-리스크 사정을 위한 과학적 방법론이 없기 때문에, 의학적인 근거제시가 아무런 문제없이 확고하지 않거나, 단지 체계상으로만 규정되어 있을 따름이다.[84)]

(3) 判斷授權의 指標로서의 專門家委員會의 法律上 役割

승인절차를 위해, 法律은 평가위원회 · 승인위원회의 표결에 대해 승인행정청과의 관계에서 사실적(실제적) 拘束效를 부여하였다.[85)] 이로써 특히 고위 전문가에 의해 구성된 위원회의 판단에 대해선 특별한 무게가 주어지게 될 것이다. 소관 상급 연방행정청이 근거 있는 예외적 경우에만 전문가표결에 반하여 결정을 내려야 한다면, 입법자가 행정법원의 완전한 내용심사를 의욕하였다고 여겨질 수가 없다.[86)] 의약품법과 원

---

82) Plagemann, Der Wirksamkeitsnachweis nach dem Arzneimittelgesetz von 1976, S.133f.

83) Letzel/Wartensleben, "Begründeter Verdacht" und "Jeweils gesicherter Stand der wissenschaftlichen Erkenntnisse". Zur Wissenschaftstheorie und-dynamik von zwei AMG-Begriffen, PharmaR 1989, S. 2(5).

84) Letzel/Wartensleben, PharmaR 1989, S.2(5); Granitza, Diskussionsbeitrag, in: Bewertung von Arzneimittelrisiken. Vom "Letter to the Editor" bis zum Stufenplanverfahren, Pharma-Recht-Tagung vom 10. Dezember 1983 in Frankfurt am Main, 1. Teil, PharmaR 1984, S.127f.

85) 이에 관한 상세는 Di Fabio, Risikoentscheidungen im Rechtsstaat, §8 A. V. 3.

자력법에서처럼, (행정청의) 결정이 전문가위원회의 표결에 실제적으로 구속됨을 법률상으로 규정한 것이, 判斷授權의 존재를 위한 중요한 기준이다.

-실체(본질)와 결정발견에서의 복합적 사안이[87] 문제되고, 이를 넘어 의학이 이질적인 치료견해 · 방법적 견해 · 약학적 견해를 갖기 때문에- 현저한 판단여지 · 평가여지가 의약품에 관한 안전성판단과 필연적으로 결부되어 있다는 사실이, 입법자에 대해선 엄존하였고, 입법절차는 물론 의약품법개정에서도 항상 재차 논쟁거리가 되었다.[88] 연방보건성(내지 생물의약품연방연구소, PEI)이 자신의 리스크표준화로 의학적 견해의 다양성을 없애버리지 않도록, 승인위원회와 평가위원회는 특별한 치유 · 치료견해를 위한 나름의 위원회가 존재하도록 다원화되어 있다.[89] 위원회의 다원화의 배경에서 보더라도, 집행영역에서 의약품안전성과 과학적 다원성간에 균형 맞춤이 법률상으로 제도화되어 있다는 이유에서, 입법자가 승인결정과 관련하여 행정법원의 완전한 최종판단권한을 의도하였다고는 받아들여질 수는 없다.[90]

이런 상황판단은 적어도 승인결정(신규승인이나 추후승인)에는 통용된다. 왜냐하면 여기선 위원회표결의 실제적 구속효가 법률상 규정되어 있기도 하고, 위원회의 다원화도 규정되어 있기 때문이다. 사후시판절차에선 승인절차에서와는 달리 외부전문가의 역할이 법률상으로 제도화되어 있지 않다. 이런 이유에서 적어도 시판후결정은 완전하게 사법심사될 수 있다는 견해가 있을 수 있다. 핵심적인 유효성 · 안전성판단과 관련하여 거부근거와 개입근거의 일치성이 존재한다는 사실이, 이런 견해에 배치된다. 거부근거와 개입근거의 일치성에 의해 강조된 승인예방과 시판후통제간의 긴밀한 실체적 상관관계가, 시판후결정에 대해서도 판단여지를 인정하는 데 유리하다. 시스템상 승인범주에 속하는 평가업무는 시판후개입에 대해 약간의 분명한 효과를 지닌다. 평가위원회가 부정적 보고논문을 제출하면, 이 점을 시판후행정청으로선 무시하기가 어렵다.[91]

시판후영역에서 완전한 사법심사권한을 인정한다면, 이는 한편으론 승인영역에 대

86) 비록 시판후조치의 경우 유효성과 타당성 없는 부작용의 징표와 관련하여, 승인절차의 해당 규범을 적용하도록 지시되어 있다 하더라도, 법률은 실제적 구속효를 지닌 위원회의 상당한 참가를 규정하고 있지 않다. 그러나 단계계획절차는 이와 관련하여 기능적 등가물이 된다. 하지만, 전문가표결에의 실제적 구속효를 법률적으로 규정하지 않는다.

87) Hohm, Arzneimittelsicherheit und Nachmarktkontrolle, 1990, S.211.

88) 이런 점에서 기본적으로 위원회보고, BT-Drs. 7/5091 S.5ff와 (연방의회에 보고된) 1982.2. 12.자 연방정부의 경험보고서, BT-Drs. 9/1355 S.18.

89) 특별한 치료견해를 위한 위원회의 설치는, 의학적 방법다원성을 확보하기 위한 제도적 사전조처로 이해된다. BT-Drs. 7/5091 S.6; Schwerdtfeger, Pluralistische Arzneimittelbeurteilung (Organotherapeutika), 1988, S.73.

90) 유효성요청의 확정에 의해서도 판례로선 상이한 치료견해의 학문적 다툼에 이미 개입한 셈이다. Vgl. OVG Berlin v.6. Juni 1991-5 B 27.89-(A. forte Gel), PharmaR 1991, S.362ff.

해서 영향을 미칠 것이다. 이유인 즉, 시간의 경과로 司法的 規準形成이 집행부에 의한 그것으로 대체할 것이기 때문이다. Berlin 법원과 고등행정법원의 전술한 Arteparon-判決은, 평가위원회 B2의 표결에 개입하고서, 자신의 부작용 · 유효성의 판단을 평가보고논문에 갈음한다.[92] 이런 판결이후 연방보건성(BGA)은, 평가보고논문에 의거하여 MPPSE I 작용물질을 갖는 의약품의 승인을 거부하는 것을 거의 감히 할 수가 없었다. 다른 한편으론 의약품법은 시판후영역을 위해 제63조로써 나름의 리스크조사 · 평가절차, 단계계획절차-이것의 의의는 판단여지의 거부로 저하될 것이다-를 두었다. 특히 법원의 조사절차를 본 뜬 위험단계 II의 특별회의에 의해서, 관계행정청, 전문가(가령 독일의사회의 의약품위원회이나 관련 승인 · 평가위원회), 제약회사 사이에 논의가 실현될 것인데, 이는 司法的으로 재현이나 대체가 거의 불가능하다.

-리스크결정이 의약품행정청, 관련된 외부전문가, 관련 제약사간의 극대화된 협력 속에서 생길 수 있도록- 의학지식을 법률상으로 연계시키는 것이, 결코 법외적 법칙 · 규준에 관한 규범적인 적용지시를 의미하진 않으나, 특별한 과학전문지식을 행정절차에 편입하는 것을 전제로 한다. 이 점이 이상의 배경에서 출발점이 되어야 한다. -원자력법에선 주지되고, 유전공학법에선 새로이 자리를 잡은 것처럼- 의약품법과 구체화하는 단계계획의 조직상의 사전대비는 기능적으로 중요한 측면에선 절차형성과 절차이해에 비견될 수 있다[93] 의약품법에서도 상대적으로 비용이 드는 절차가, 특히 미확정적, 평가의존적 결정의 합리성부족을 위한 補塡으로 기능한다. 의약품법 제25조 제2항 제5호상의 의약품법적 협의결정 역시 절차에 맞는, 조직상의 보전을 필요로 하는, 그런 미확정적, 평가의존적 결정에 해당한다. 따라서 고려될 법률상의 절차형성과 상관관계에서 규범구조에 비추어 보자면, -법률상으로 제한되고 법원으로선 수용하여야 할- 판단여지가 감시행정청에겐 인정된다는 점을 출발점으로 삼아야 한다는 데, 훨씬 찬동한다.

---

91) 부정적 보고논문과 시판후조치 간의 상관관계는 밀접하고, 이 점에서 (현존 시장을 전체적으로 투명하게 만들고자 하는) 평가이념에 부합한다. 평가위원회가 의심스럽다고 표한 舊制藥(Alt-Arzneimittel)은 계속적인 시장접근에 관한 존속보호적 법적 청구권을 갖지 않는다. Schwerdtfeger는 부정적 보고논문의 경우엔 행정청이 시판후조치를 취할 의무를 가진다고 여긴다. Schwerdtfeger, Pluralistische Arzneimittelbeurteilung (Organotherapeutika), S.73. OVG Berlin은 분명하게 이런 상관관계를 출발점으로 삼진 않았지만, 결과적으로 그것을 완화하였다. Vgl. Fn. 92.

92) OVG Berlin는 몇 문장에서, 시판후영역에서의 선정보고논문의 법적 의의의 문제점과, 가능한 충동문제점을 간과하였다. OVG Berlin v.16. Mai 1990-5 S 124/89-(Arteparon), ESzA §30 AMG Nr. 8 b, S.22.

93) 환경법과 기술법상의 규범구체화행정규칙의 구속효와 행정적 판단여지와 관련한 문헌상의 고찰에 관해선: Wahl, Risikobewertung der Exekutive und richterliche Kontrolldichte-Auswirkungen auf das Verwaltungs- und das gerichtliche Verfahren, NVwZ 1991, S.409(413f.). 水法을 위한 특별한 것으로 : Salzwedel, Neuere Tendenzen im Wasserrecht, NVwZ 1988, S.493ff.

(4) 리스크구상의 전개에서 행정(집행부)의 기능적인 形成上의 優位

리스크법관계의 형성이 특별한 조직과 행정실무를 만드는데, 이것은 연속적으로 만들어진 전체구상 안에서 리스크에 대해 형성적으로 영향을 미칠 것이다. 판단여지에 관한 논의에서 이미 언급한 이런 상황 역시 간과해선 아니 된다.[94] 리스크형성의 방법론을 특징짓는, 구상적, 조직상의 망에, 개개의 리스크결정은 변함없이 연계된다. 즉, 그것은 이런 특별한 의미에서 맥락의존적이다. 복잡한 개별결정을 위한 판단요건을 정하는 것, 법률에 의해 행정에게 맡겨져 있다(가령 의약품법 제26조 참조).[95] 특히 의약품법에서 분명해지는 점은, 판례가 여기서 자극을 제공할 수 있긴 하나, 실은 개별결정 자체로 점차 의약품판단을 위한 안전구상을 전개할 순 없다는 것이다. 경찰법상 개괄조항에서의 공공안녕(안전)에 대한 위험과 같은 불확정법개념을 해석을 통해 구체화하는 것이 판례상으론 가능하였다; 그런데 실은 의약품법상으론 이런 것이 비슷한 방법으로 기대될 순 없다. 더 자세히 이유를 말하면, -항목별 의약품판단이 리스크조종의 가능한 전체구상의 비교에서 조정가능하지 않는 한, 경찰법에선 보통이나, 항목별 의약품판단은 어렵듯이- 의약품법상의 결정의 숫자가 비교적 미미하다는 것만이 아니라, 특히 경험칙에 소급될 수 없기 때문이다. 이미 기능적 이유에서 -행정에 그런 구상의 전개를 맡긴 것과 다를 바 없게- 판례로서는 이 점을 경우에 따라선 독촉할 수 있거나 判斷餘地附 決定에 관한 심사의 테두리안에서 이런 리스크구상을 강조할 수 있을 따름이다.

* 강구철교수 화갑기념논문집, 2007.3., 499면 이하 소수.

---

94) 법률의 조직상의 사고는 의약품법 제62조에 의해 분명해진다. 의학분야, 실제적인 적용경험, 산업적 이익과 국제적인 정보교환 사이에서 의약품안전성의 이익을 절충적으로, 형성적으로 대변하는 조정의 임무가, 법률에 의해 연방보건청에게 맡겨진다. 단계계획절차가 이런 구상에 합치한다. Vgl. Klosel/Cyran/Feiden/Pabel, Arzneimittelgesetz, Kommentar, Loseblattausgabe, Stand: September 1990, §62 Anm.3.f.

95) 이에 관해선 전술한 Ⅱ. 4.

제 4 장

리스크行政에서 行政行爲에 의한 個別事件規律에 관한 小考

-독일 醫藥品法(Arzneimittelrecht)을 예로 삼아-

Ⅰ. 리스크행정에서 作用形式의 意義와 움직임[1)]

1. 리스크행정에서 作用形式의 意義

환경행정법과 리스크행정법에서 점차 문제가 제기되는 점은, 과연 현재의 作用(行爲)形式수준[2)]이 효과적이며, 법치국가적 활동을 보장하는 데 충분한지 여부이다.[3)]

---

1) 이 글은 독일 본(Bonn)대학교 법과대학 교수이자, 연방헌법재판소 재판관인 Udo Di Fabio 교수(Professor Dr.iur. Dr.sc.pol. Udo Di Fabio)의 교수자격청구논문인 "Risikoentscheidungen im Rechtsstaat -Zum Wandel der Dogmatik im öffentlichen Recht, insbesondere am Beispiel der Arzneimittelüberwachung"(1994)의 제4장 §11, §12를 옮긴 것이다. 지금까지도 독일 공법학의 유행테마인 리스크의 법문제를 제대로 이해하고 소개하기 위하여, Di Fabio 교수의 글을 지속적으로 옮겨 왔는데, 이 글 역시 전체 시도의 일환이다. 원전이 인용한대로 문헌을 적시하였고, 본문상의 법률이나 법원은 독일의 것이어서 특별한 부가어를 덧붙이지 않았음을 밝혀 둔다. 그런데 독일어 개념인 Gefahren과 Risiko를 무엇으로 옮기는 것조차 의견이 분분한 실정이다. 서양에선 인식에선 물론 일상에서조차 양자(danger, risk)의 구분이 완연하게 느껴지지만, 우리의 경우 그렇지 못하다. 더욱이 독일에서조차 개념의 파악을 둘러싼 논의가 아직 끝나지 않음을 감안할 때, 이들을 옮기는 데 석연치 않은 구석은 여전히 남는다. 그 遠因은 다름 아닌 개연성적 징표가 '위험'자체에서 표출되지 않는 점에 있다. 따라서 부득이 하긴 해도 여기선 이제까지의 용례를 좇아 Gefahren은 危險으로 옮기되, Risiko는 리스크로 옮기고자 한다. IMF患亂 이후엔 리스크관리란 개념이 친숙하게 되어, 그것과 위험(danger)간엔 다소의 간격이 있음이 어느 정도 인식되고 있다고 여겨지기 때문이다.

2) 作用形式의 개념에 관한 기본으로: Ossenbühl, Die Handlungsformen der Verwaltung, JuS 1979, 681ff.; Schmidt-Aßmann, Die Lehre von den Rechtsformen des Verwaltungshandelns, DVBl. 1989, 533ff.; König, Rechtliche und tatsächliche Formen des Verwaltungshandelns, VR 1990, 401ff.; Ehlers, Die Handlungsformen bei der Vergabe von Wirtschaftssubventionen, VerwArch.Bd.74(1983), 112ff.; Paul, Grundlagen einer Handlungsformenlehre im Verwaltungsrecht, in: Becker-Schwarze/Köck/Kupka/v. Schwanenflügel(Hrsg.), Wandel der Handlungsformen im Öffentlichen Recht, 1991, S.25ff.; Di Fabio, System der Handlungsformen

Kloepfer는 전통적인 위험도그마틱으로부터 리스크배려로 이행시키는 결정적인 이유로, 새로운 작용형식과 행정수단의 필요성을 들었다.[4] 개인적 귀속의 위험방지로부터 형성적 예방조치에로 나가는 식으로, 국가적 개입을 분명히 前置시킴(앞당김)은 행정에 의해 다음과 같은 수단을 동원해서 성취되어야 한다. 즉, 그 수단은 효과적이면서도 행정법내에서의 현저한 불확실성 역시 저지하는 것이다. 행정법을 법치국가원리적으로 정립하는 것은, 作用形式論(Handlungsformenlehre)이 특별행정법을 일반적 개념으로 체계화가능하게 포착할 수 있는지, 행정활동을 법적으로 명확히 한정할 수 있는지, 사법구제의 실현을 증진할 수 있는지에 좌우된다.[5]

2. 垂直的 規律移轉과 水平的 規律移轉

리스크행정의 특징은 다음과 같다. 즉, 여기선 전통적인 위험방지와는 구분되게 행정행위가 자신의 지배적인 역할에서 뒤로 밀려나 있으며, 이 때 -구체적인 규율로부터 더 추상적인 규율에로의- 행정실무의 수직적인 변화의 움직임은 분명해 진다. 환경영역과 배려영역에선 다음과 같은 경향이 관찰될 수 있다. 즉, 구체적 · 개별적 규율 대신에 추상적 · 일반적 또는 구체적 · 일반적 규율의 형식을 취한다. 이유인 즉, 그러지 않으면 위험방지의 前置를 구체적 · 개별적으로 구속된 蓋然性判斷(Wahrscheinlichkeitsurteil)을 넘어 예방의 영역에로 알맞게 전환할 수 없기 때문이다. 그에 따라서 진정한 규범의 수준보다 하위이면서, 행정행위나 행정계약의 개별규율의 수준보다는 상위인 중간의 층이 존재한다. 여기에 적용되는 형식은 다음과 같다: 규범구체화 법규명령, 분야조종적 행정규칙, 리스크구상(Risikokonzepte), 유형(모델)의 확정. 醫藥品法

und Fehlerfolgenlehre: Becker-Schwarze/Köck/Kupka/v. Schwanenflügel(Hrsg.), Wandel der Handlungsformen im Öffentlichen Recht, 1991, S.47ff. 追論: 행정법기본연구 I, 187면 이하 참조.

3) 예컨대: Hoffmann-Riem, Reform des allgemeinen Verwaltungsrechts als Aufgabe-Ansätze am Beispiel des Umweltschutzes, AöR Bd.115(1990), 400ff.; ders., Verwaltungsrechtsreform-Ansätze am Beispiel des Umweltschutzes, in: Hoffmann-Riem/Schmidt-Aßmann/Scuppert(Hrsg.), Reform des allgemeinen Verwaltungsrechts, 1993, S.115ff. Vgl. Breuer, Verwaltungsrecht;iche Prinzipien und Instrumente des Umweltschutzes, 1989; Lange, Staatliche Steuerung durch offene Zielvorgaben im Lichte der Verfassung, VerwArch. Bd. 82(1991), 1ff. 行政作用法을 핵심으로 하는 일반행정법이 개혁되어야 한다는 인상의 바탕이 되는 것은 다음과 같은 인식이다. 즉, 변화된 행정에서 경험할 수 있는 작용형식이 전통적인 법학적 중요주제로부터 벗어날 수 있다는 것이다. König, VR 1990, 401(406). 환경법에선 그곳에서 광범하게 출현한 복잡성문제로 인해, 새로운 작용형식이 논의되고 있다. 개별사건규율로써 활동하고자 하는 환경행정이 전통적인 질서의 틀에서 진행된다. 그로 인해 환경행정으로선 예방적으로, 범주포괄적으로 효과적일 임무를 극히 불충분하게 이행할 수밖에 없다. 이에 관한 일반적인 것으로 Murswiek, Freiheit und Freiwilligkeit im Umweltrecht, JZ 1988, 985(988). 오히려 비판적인 것으론 Kloepfer, JZ 1991, 737ff.

4) Kloepfer, Umwelt, S.98; ders., JZ 1991, 737.

5) 그래서 법적 통제를 행정실무의 방도에 따르도록 하기 위해, 경험적 의미상의 새로운 작용형식을 법적으로 명확히 한정된 작용형식으로 바꾸는 것을, 시간의 법칙으로 간주하는 것은 정당하다. Goerlich, Neue Handlungsformen, staatliche Umweltratschläge und Chancengleichheit im Wahlkampf, NWVBl. 1992, 159(162).

(AMG)에서 承認決定(Zulassungsentscheidungen)이 수익적 행정행위의 형식으로 발해지긴 하나, 실은 승인영역에선 이미 개별사건포괄적 유형화란 특별한 작용형식을 인식할 수 있다. 법규명령을 통해선 표준승인이 발해지거나 약사의 의무가 명해진다; 선정상의 개별연구논문의 시스템은 리스크를 평가하는 모델유형화의 성격을 지닌다.

규범프로그램이 조건적으로가 아니라 목적적으로 형성되어 있고,[6] 규준적인 개입규범이 형성개방(미확정)적 판단의 성격을 갖는 경우엔, 협력을 통한 논쟁참여 및 수용공고화의 사고가 허용된다. 이 때문에, 규율형식의 측면에서, 행정행위로부터 행정계약이나 非公式的 協約(Absprachen)에로의 수평적 변화의 움직임 역시 확인될 수 있다.

3. 暫定的 決定과 間接的 決定

醫藥品法에서 증명할 수 있듯이, 리스크결정의 영역에서 행정행위 역시 변화를 겪고 있다. 그것의 존속력은 의약품시판을 잠정적으로 허용하는 것으로 축소된다. 동법은 승인의 기한부정지(Ruhe)에 관한 규정을 통해 잠정적 행정행위를 규정하고 있다; 리스크행정의 작용형식으로서의 暫定的 行政行爲란 형상이, 과연 어느 정도로 일반적인 고찰을 받을 만한지, 해명이 필요하다. 그 다음에 또 문제되는 것은, 작용형식과 그것의 결과가 실체법상의 역동화와 존속력침식을 완화하고, 법치국가적 예상가능성을 재차 향상시킬 수 있는지 여부이다.

더 나아가 소위 非公式的 行政活動 내지 소위 간접적 영향을 미치는 事實行爲에로의 움직임이 관찰될 수 있다. 리스크행정을 수행하는 행정청의 활동엔, 종종 두려움이 특징 지워지는데, 그 두려움은 불확실한 영역에서 행정행위로써 국민에게 '그에게 정당한 것이 무엇이어야 하는지'를 분명히 그리고 구속적으로 言明하는 데 대한 것이다.[7] 이에 갈음하여, 관찰되고, 협약되고, 정보제공을 받으며, 경고를 받는다. 행정법학으로선 행정현실의 이런 현상을 피해가기가 쉽지 않다. 여기서 아마도 새로운 독립된 작용형식을 설정함이, 여하튼 임무로서 임박해 있다; 아무튼 국가적 정보를 법적으로 다룸에 따른 특수성을 고유하게 논할 가치가 있다.

---

6) 조건적 법률프로그래밍과 목적적 법률프로그래밍간의 구분은 Luhmann, Zweckbegriff und Systemrationalität, 1977, S.257ff.에서 비롯된다.

7) 행정행위의 개념정의의 테두리안에서 규율내용을 규정하는 것에 관해선 Otto Mayer, Deutsches Verwaltungsrecht, 3.Aufl. 1924, S.93.

Ⅱ. 行政行爲를 통한 個別事件의 規律

1. 行政行爲로서의 承認

(1) 承認節次에서 行政行爲의 역할

설사 리스크행정법과 의약품법상의 다른 작용형식에 유리하도록 행정행위가 그 중요성을 상실했다 하더라도, 행정행위는 여전히 동법이 개별결정을 위해 규정한 핵심적인 형성수단이다. 이러한 점은 특히 예방적 승인결정(Zulassung)에서도 마찬가지이다. 하지만 승인의 측면에서 법규명령이 행정행위와 경합한다. 의약품법 제36조에 의하면, 소관 연방(보건부)장관은 전문가의 청문을 거친 다음에 연방참의원(Bundesrat)의 동의를 얻은 법규명령을 통해서, 개개의 의약품, 의약품군이나 일정한 교부방식의 의약품에 대해서 그 승인을 면제할 수 있다. 규율적 성격으로부터 보건대, 이는 一般處分의 형식으로도 볼 수 있는, 구체적·일반적 규율에 해당한다. 免除(Freistellung)란 원칙적으로 행정행위로써 (개별사건을 심사하는) 승인결정을 포기하는 것만을 의미하고, (일반적으로 효력을 발하는) 承認은 법규명령에 의해 발해진다.[8)]

行政行爲란 作用形式은 승인에 관한 행정청의 결정에 국한된다 ; 그것은 선행절차에선 적용되지 않는다. 의약품법상의 승인결정은 서류심사절차의 형식으로 행해지며, 소관 행정청의 서류에 대한 심사권으로 형성되어 있다.[9)] 이러한 절차의 특징은, 특히 행정절차법 제24조상의 행정청의 職權調査義務(Untersuchungspflicht)를 轉嫁하는 것이다.[10)] 화공품법(Chemikalienrecht)과 식물보호법(Pflanzenschutzrecht: 농약법)에서와 마찬가지로, 소관 행정청은 일정한 조사를 추가요구하거나 유발함으로써 사안조사의 이런 과정에 영향을 미친다.[11)] 승인절차내에서 이러한 추가요구는, 독립된 규율이 되지 않는, 節次作用(Verfahrenshandlung)에 해당한다. 승인신청서류와 관련하여 흠결이 있다는 통보는 소관 행정청이 신청자에게 발하는데, 이는 결코 행정행위가 아니다.[12)] 행정청은 승인절차이외에서 광범하게 서류를 추가 요구할 수 있는데, 승인보유자가 다

---

8) 상세는 Di Fabio, Risikoentscheidungen im Rechtsstaat, 1994, §14 B. Ⅱ.

9) 상세는 Di Fabio, Risikoentscheidungen im Rechtsstaat, §8 A. Ⅱ.

10) Plagemann, Der Wirksamkeitsnachweis nach dem Arzneimittelgesetz von 1976, S.167; Kloesel/Cyran/Feiden/Pabel, Arzneimittelrecht Kommentar, 1990, §25 Anm.11.

11) 화공품신청자의 리스크조사의무에 관해선 Di Fabio, Risikoentscheidungen im Rechtsstaat, §6 C.Ⅳ.; 식물보호법에서의 조사의무와 입증책임분배에 관해선 Di Fabio, Risikoentscheidungen im Rechtsstaat,, §6 D.Ⅱ.3.

12) 다른 견해: Kloesel/Cyran/Feiden/Pabel, Arzneimittelrecht Kommentar, §27 Anm.4,는 訴를 위해 권리보호의 필요성만을 부인하고 흠결통보의 행정행위성에 대해선 의문시하지 않았다.

수인 경우에 한 승인보유자에겐 추가요구를 통지하고, 그 밖의 다른 승인보유자에 대해선 몫에 따른 비용부담을 과할 수 있다(의약품법 제24조의b). 이런 경우 법적 구속력 있는 규율로 말미암아 의문의 여지없이 행정행위에 해당한다.[13] 의약품법 제28조 제3항과 제3항의a상의 事後負擔(nachträgliche Auflagen)은 의약품제조자에게 임상시험과 과학적 데이터수집을 부과하는데, 이 역시 (아무리 승인결정과 관련이 있다 하더라도) 행정행위이고, 따라서 취소소송을 통해서 다툴 수 있다.

(2) 行政行爲의 存續力의 問題로서의 承認의 廢止와 變更

(가) 廢止와 信賴保護

승인결정의 반대행위(Actus contrarius)가 의약품법 제30조에 따른 승인폐지이다. 승인결정의 시점에 중대한 거부사유가 존재하거나 후에 존재하는 한에 있어서, 승인결정의 폐지는 행정청의 재량에 있지 않고, 기속적 행정행위이다.[14] 마찬가지로 사후부담은 아무튼 승인의 부분폐지로 간주될 수 있다. 의약품의 承認은 예측결정(Prognoseentscheidung)인데,[15] 이는 현저히 상대화된 존속력과 신뢰구속을 지닌다.[16] 의약품제조자의 신뢰보호는 행정절차법 제48조와 제49조에 의해서 그에게 성립할 것인데, 행정절차법의 일반적 규정에 우선하는 의약품법의 폐지규범(규정)은 이런 신뢰보호를 대단히 저하시킨다. 행정청이 폐지사유를 알고 난 뒤에 1년 내에만 행정행위를 폐지할 수 있다는 행정절차법 제48조 제4항 역시 적용되지 않는다고 한다.[17]

신뢰보호의 결여는 의약품안전성의 무조건적인 優位로써 정당화된다.[18] -행정절차법 제48조 제3항에 상응한- 철회나 취소로 의약품제조자가 입게 될 재산상의 손해를 보전할 의무에 대해서도 의약품법 제30조는 전혀 언급하지 않는다. 그 반대로 가령 새로운 학문적 견해에 의거해서 소관 행정청이 주지하는 부작용을 이젠 달리 판단내리고, 그럼으로써 효능과 리스크의 분석이 부정적인 결과가 되어 버려 이를 이유로 승인결정이 폐지된다 하더라도, 제약회사로선 폐지절차의 비용을 부담할 수밖에 없다고

---

13) Kloesel/Cyran/Feiden/Pabel, Arzneimittelrecht Kommentar, §24 b Anm.2.

14) 의약품법 제30조 제1항 제1문과 제2문은 '의무규정'(Muß-Vorschriften)이다. 다음의 경우엔 행정청에게 폐지재량이 부여되지 않는다. 즉, 의약품이 승인발급시점에 충분히 검사되지 않은 경우 다시 말해, 그 당시나 오늘날에 품질흠결이 성립하였거나 성립하거나, 유효성이 결여되거나, 예상치 않고 정당화될 수 없는 부작용이 성립하였거나 성립한 경우가 그것이다. Vgl. Kloesel/Cyran/Feiden/Pabel, Arzneimittelrecht Kommentar, §30 Anm.8f.

15) 상세는 Di Fabio, Risikoentscheidungen im Rechtsstaat, §8 A. Ⅰ. 및 Ⅳ.

16) 의약품법 제30조와 사후부담의 가능성이 행정절차법 제48조와 제49조와 비교해서 더 용이한 폐지가능성을 규정한 셈인데, 이런 폐지가능성이 의약품승인의 존속력을 제한한다. 존속력과 폐지가능성간의 상관관계에 관해선: Maurer, Allgemeines Verwaltungsrecht, 8. Aufl., 1992, §11 Rdnr.7. 이런 보충적(보완적) 개념사용에 관해 비판적인 것으로: Seibert, Die Bindungswirkung von Verwaltungsakten, 1989, S.155ff.

17) Kloesel/Cyran/Feiden/Pabel, Arzneimittelrecht Kommentar, §30 Anm.8.

18) Kloesel/Cyran/Feiden/Pabel, Arzneimittelrecht Kommentar, §30 Anm.8.

한다.[19]

원자력법, 식물보호법, 화공품법이나 유전공학법에서와 비슷하게, 의약품법에선 다음의 물음이 제기된다. 즉, 가령 주지하는 요소에 관한 다른 해석처럼 행정청의 안전철학의 변화가, 예컨대 의약품의 생명위협적이고 정당화될 수 없는 부작용이 갑자기 출현한 경우나 의약품제조자에 의한 의도적인 서류변조의 경우에서와 동일한 존속보호의 결과를 보여주는지 여부이다.[20] 의약품법 제30조의 특별성에 직면해서, 의약품제조자를 위한 신뢰보호가 개별법적으론 존재치 않는다고 주장되는 한, 신뢰보호를 그처럼 손쉽게 배제하는 것이 헌법적으로 성립하는지 여부의 문제점이 있다. 행정절차법 제48조와 제48조에 대해서, 늘 연방헌법재판소는 구속력이 있는 행정결정의 존속에 관한 신뢰를 법치국가원리에 바탕을 두고서 보호하는 것에 관한 개별법적인 표현이라 보았다. 연방헌법재판소는 난민추방의 폐지(취소)에 관한 자신의 결정에서, 특별법상의 규율이 행정절차법 제48조와 제49조를 어느 정도로 배격하는지의 물음은 헌법적 관점에 비추어 무시할 만한 것으로 간주하였다. 이유인 즉, 신뢰보호를 유의해야 할 의무는 이미 법치국가적 원리에서 비롯되기 때문이라고 한다.[21] 그러나 헌법적인 신뢰보호란, 행정행위의 폐지에 따른 공익과 결정존속에 따른 私益간에 형량이 행해진다는 의미에서의 최소한적 보호(Mindestschutz)만을 보장할 수 있다. 행정법적인 존속력제도를 개별법적으로 형성하는 것이 입법자의 임무이다.[22]

의약품법상의 승인의 취소와 철회와 관련해서, 승인결정의 존속력은 동법에 표현된 입법자의 의사에 비추어 심히 저하되어 있다. 이유인 즉, 폐지결정에서의 경제적 이익과 안전성의 이익간에 형량이 규정되어 있지 않기 때문이다. 이는 적법한 행정행위의 폐지로 인해 생긴 재산상의 손실의 보전과 관련해서도 그러하다. 의약품법 제5조는 의문스러운 의약품을 시판함에 대해서, 원칙적이고 형벌로 확고히 된 금지를 규정하고 있는데, 의약품제조자로선 설령 승인이 존재한다 하더라도 이 금지를 위반할 수 있다; 이런 점에 있어서, 승인결정은 궁극적인 可罰性審査(Strafbarkeitsprüfung)(의약품법 제25조 제10항)를 위한 아무런 拘束效(合法化效果, Legalisierungswirkung)를 갖지 않는다. 의약품승인은 사후부담과 관련해서도 아무런 신뢰보호적 구속효(구속력)를 갖지 않는다. 의약품법 제28조 제1항 제2문에 따라 승인이 내려진 후에 負擔이 부가될 수

19) 행정행위의 재심의 경우에 비용부담을 위한 명시적인 법률적 근거가 의약품법엔 없지만, 행정실무에 의해서 행정비용법(VwKostG) 제15조 제2항에 규정되어 있다. Kloesel/Cyran/Feiden/Pabel, Arzneimittelrecht Kommentar, §30 Anm.12.

20) 이에 관한 예로 식물보호법상의 협의결정에서의 논의를 참조. Di Fabio, Risikoentscheidungen im Rechtsstaat, §6 D.Ⅲ.

21) BVerfGE 59, 128(167).

22) Schmidt-Aßmann, Der Rechtsstaat, in: HStR, Bd. Ⅰ, 1987, §24 Rdnr.83.

있는데, 이 때 개개의 부담요건은 의약품안전성의 상이한 요청을 목표로 한다.[23] 따라서 승인은 *危險防止*의 *優位*에 따라, 대체적으로 신뢰보호를 받지 못하는 지위를 의약품제조자에게 부여하는 셈이 된다.

(나) 리스크결정에 있어서 *存續力*의 問題

승인보유자의 관점에선 존속력문제는 세 가지 측면을 지닌다. 우선 어떠한 조건하에서 행정청이 승인보유자에게 시판허용을 재차 박탈할 수 있는지가 문제된다(폐지요건). 두 번째로, 승인의 적법한 폐지나 부분폐지가 언제 손실보상의무를 발생시키는지 여부가 문제된다. 세 번째로, 승인보유자에게 불리한 다른 법적 평가에 대해서 행정청의 허가가 어느 정도로 보호를 제공하는지가 문제된다(합법화효과).[24]

맨 나중의 측면과 관련해선, 특히 오염방지법상의 시설허가의 경우엔, 허가발급시에 리스크가 분명한지(인식할 수 있는지) 또는 분명치 않은지 여부와 같은 식으로 그 차이점이 두드러진다. 허가발급시에 리스크의 잠재성이 분명하였던 한에 있어선, 一般警察法에 따라 시설운영자에게 의무를 지우는 것은 배제된다고 한다. 반면에 시설운영에서 비로소 나타나는, 분명치 않은 리스크의 경우엔, 운영자가 침해야기자(교란자, 장해유발자: Störer)로서 경찰법적으로 조치될 수 있다고 한다.[25] 오염방지법과 원자력법에 있어서 손실보상은 행정청의 안전에 관한 철학이 바뀌었을 때만이 인정될 뿐, 과학적 판단이 바뀌었을 땐 그렇지 않다.[26] 양 경계선은 정확히 설정될 수 없다; 승인보유자로선 현저한 불확실의 영역이 여전한데, 이는 예방적 위험방지의 고전적 모델에 맞춰 어차피 미약하게 형성된 법적 지위에 토대를 둔다.

이처럼 다른 영역에선 중요한 한계의 문제가 의약품법에 있어선 중요하지 않다. 그 이유인 즉, 의약품법이 승인보유자에게 상대적으로 약한 이런 존속적 지위도 결코 부여하지 않기 때문이다. 事後負擔을 위해서, 의약품법은 승인이나 시판후감시에 부합하는 리스크성립요건을 넘어서 아무런 명시적인 법적 요건은 물론, 손실보상규정도

---

23) 의약품법 제 28조 제2항은 통일적인 법요건을 규정함이 없이, 부담의 적용영역과 내용을 한정한다.

24) 허가된 행위의 다른 평가에 대한 (행정청의) 허가의 관계가 합법화효과의 개념으로 표현된다. 답을 하기 위해선, 가령 다음과 같은 물음이 제기된다. 즉, 행정법적 허가의 테두리안에서 활동한 자가 처벌가능한지 여부 또는 그럼에도 불구하고 허가된 활동이 공공의 안녕을 위한 위험이 될 수 있는지 여부가 그것이다. 裏面에는 경합적 법재료의 우위라는 어려운 물음이 존재한다. 형법과 행정법의 영역을 위해선: Ossenbühl, 강연주제: "Empfehlen sich Änderungen bezüglich der Verwaltungsakzessorietät?", Sitzungsbericht L zum 57.DJT 1988, L36(42ff.); ders., DVBl. 1990, 963ff.; Heine, Verwaltungsakzessorietät des Umweltstrafrechts, NJW 1990, 2425ff.; Papier, Zur Disharmonie zwischen verwaltungs- und strafrechtlichen Bewertungsmaßstäben im Gewässerstrafrecht, NuR 1986, 1ff.; Breuer, Konflikte zwischen Verwaltung und Strafverfolgung, DÖV 1878, 169ff.

25) Seibert, Die Bindungswirkung von Verwaltungsakten, S.450f.; Breuer, "Altlast" als Bewährungsprobe der polizeilichen Gefahrenabwehr und des Umweltschutzes-OVG Münster NVwZ 1985, 355, JuS 1986, 359(361).

26) 이에 관해선 Di Fabio, Risikoentscheidungen im Rechtsstaat, §6 D. Ⅲ.

규정하고 있지 않다.[27] 본질적인 점에서 承認의 合法化效果(Legalisierungswirkung)란 없다. 왜냐하면 의약품법 제5조로부터의 기본의무(Grundpflicht)가 승인에 관계없이 이행되어야 하기 때문이다. 핵심은 다음과 같다: 의약품안전성의 영역에서 국가는 나름의 責任引受 없이 리스크를 조직화한다. 의약품의 제조와 판매가 사회에 유해하다고 일반적으론 결코 말할 수 없을지라도, 의약품법에선 안전성사고만이 존속보호의 측면에서 통용된다. 그러나 원자력법이나 유전공학법에서처럼 분명한 증진(육성)목적은 결코 그렇지 않다. 의약품은 지속적인 시험에 처한 생산품으로 다루어진다. 의약품법상의 리스크사정과 평가의 지속적인 취소(수정)가능성은, 승인결정상에서 신뢰의 공고화, 그에 상응한 폐지상의 장애, 그리고 손실보상규정에 의해서 줄어들 것이다.

승인을 부여하는 행정행위란 작용형식은 법적 형성을 통해서 그 나름의 역동성과 잠정성을 지니는데, 이는 의약품법도 포함되는 實驗法(Experimentiergesetze)을 연상시킨다.[28] 미미한 폐지상의 장애, 협의상황의 경우에 있어 부담적 조치의 허용성, 손실보상규정의 결여는, 입법자가 의약품법상의 승인결정을 '수정에서 자유로운 것'(revisionsoffen)으로 간주하고자 하였음을 보여준다.[29] 수정에서의 자유로움(개방

27) 부담의 부가는 소관 행정청의 재량에 속한다. VG Berlin vom 1. Dez.1980-VG 14A425.79-(Alkoholwarnhinweis), ESzA §28 Nr.1, S.3; VG Berlin vom 1. Febr.1982-VG 14A 366.80-(Kindersicherung), ESzA §28 Nr.2, S.6. 그러나 동법원의 적법성심사에서 다음의 두 가지 점을 유의하여야 한다. 한편으론, 재량행사가 의약품법 제1조의 목적에 의해서 제한되고 있다; 따라서 부담은 일반적으로 의약품안전성을 증대시키는 데 적합하여야 한다. 다른 한편으로, 의약품승인은 기속적 행정결정이다. 따라서 적어도 현저한 승인제한의 경우(가령 중요한 표시제한, 분명한 위협경고표시)엔, 승인에 관한 주관적 권리를 개입(침범)하는 부담은 의약품법 제25조 제2항의 거부요건에 바탕을 두어야 한다.

28) '실험법'의 특징은 의회입법자가 다음의 사실을 안다는 것이다. 즉, 고전적인 입법의 이해에 비추어 보건데 규정화의 성숙성이 결여되어 있다는 점, 상응한 수정을 위하여 지속적인 전환관찰이 불가피하다는 점이 그것이다. 의약품법을 위해선, 1976.5.6. 자 의약품법개정법률에 관한 연방의회의 결의(BT-Drs. 7/5025) 참조. 여기선 결론을 이끌어 낼 수 있도록, 법률시행후 4년간의 신법적용의 경험에 관한 보고서가 요구된다. 실험법에 관한 일반으로: Horn, Der experimentierende Gesetzgeber, 1988; Kloepfer, Gesetzgebung im Rechtsstaat, VVDStRL 40(1982), S.62(91f.); Zippelius, Rechtsgewinnung durch experimentierendes Denken, in: FS für Hans Huber, 1981, S.143ff. Vgl. Di Fabio, Risikoentscheidungen im Rechtsstaat,, § 8 B. V. 그렇지만 실험법개념은 주의하지 않고 사용해선 아니 될 것이다. 연방헌법재판소는 다음의 경우에 실험법을 허용하고, 일정한 헌법상의 한계를 완화하였다. 즉, 위험을 개연성의 사전영역에서 대처하거나 중요한 발전을 촉진하는 것이 필요하기 때문에, 국가 입법자로선 분명 불확실성하에서 예측적으로 활동할 수밖에 없을 경우가 그것이다. Vgl. 이에 관해선 BVerfGE7, 377(408)(Apothekenurteil); 16, 147(182)(Werkfernverkehr); 25,1(17)(Mühlengesetz); 39, 210(226)(Mühlenstrukturgesetz); 43, 291(321)(Parkstudium); 49, 89(130f.)(Kalkar); 54, 173(202)(Kapazitätsberechnung). 그렇지만 사회학적으로 실험한다는 것은, 합헌성심사규준을 저하시켜 의회입법자에겐 허용되지 않는다. '실험법'에 관한 이런 이해의 경향을 보이는 것으로, Horn, a.a.O., S.252ff.

29) 적법한 결정이란 전통적 관념은, 이들 결정이 법규범의 해석을 통해서 합리적으로 완전하게 심사될 수 있다는 점을 전제로 한다. 여기서도 감지할 수 있는 사실은, 이런 전통적인 관념이 과학적 역동성과 불확실성의 영역에서 다루어질 수밖에 없는 경우엔, 내용과 관련한 측면에서 뿐만 아니라 시간적 측면에서도 설득력을 상실하게 된다는 점이다. 고정된 결정시점과 관련해선, 법률적용에서 여러 가능한 결정 가운데 어떤 것이 전적으로 적법한지를 법적으로 결정내릴 수가 없다. 해서 불확정법개념의 해석과 적용에선 판단여지란 공간적 형상이 성립하게 된다. 단선적인 시간적 흐름과 관련해선, 오늘 적법한 결정이 내일 하자있게 되고 바뀌지게 된다. 해서 법적 규율형식은 과학적 지식증대의 역동성을 뒤따라야 한다. 법률유보의 테두리안에서 과학과 기술의 규준에의 적용(준용)지시(Verweis)와 관련해서, 연방헌법재판소의 Kalkar결정이래로 외부법적 적용(준용)지시를 통한 '동적인' 기본권보

성), 가령 불확실성의 영역에서의 행정결정의 잠정성이 국가적 리스크결정의 특징이다. "불확실성, 복잡성, 시간적 압력이란 세 가지 요소에 직면해서, 위험방지와 위험배려에 관한 결정은 그것이 심사와 수정의 유보하에 있을 때만 떠맡겨질 수 있다. 새로운 지식과 새로운 리스크평가가 가능하고 유효하게 될 수 있다는 사실이 확고히 되어야 한다."[30] 의약품법상의 결정의 상황을 바라 본 즉, Hoffmann-Riem이 애당초 환경법과 관련해서 이상과 같이 내린 평가가 옳음이 분명해진다. 법치국가원리적 관점에서 결정적으로 중요한 사실은, 바로 규범정립의 역동화(연동화, Dynamisierung)처럼 행정결정에 관한 이런 역동화가 개념상으로 상당히 다듬어지고 도그마틱상으로 제한된다는 것이다.[31]

2. 의약품법상의 承認決定과 市販後決定의 暫定性

(1) 리스크결정의 實體的 暫定性과 形式的 暫定性

의약품법상의 승인의 특별한 결정상의 문제점과 미약한 존속력을 눈여겨 바라보면, 예방적 승인결정이 실체적으로 잠정적 효력만을 지닌 규율에 해당한다는 인상을 받는다. 만약 승인결정이 단지 잠정적인데 불과한 규율을 담고 있다고 하면, 제약회사를 위한 미약한 존속력과 결여된 신뢰보호와 관련한 망설임은, -말하자면 규율기술적으로- 그 토대를 상실할 것이다. 행정행위라 일컫는 규율의 내용과 관련해서만 신뢰가 조성될 수 있다. 권리나 의무가 행정행위에 의해서 잠정적으로만 확정된다면, 행정행위의 수범자는 행정청의 언명의 존속력과 관련해선 결코 신뢰를 만들어 낼 수가 없다.

행정청의 허용(Gestattungen)이란, 리스키한(위험스러운) 행위에 대한 허가를 의미하는데, 이는 항상 완화된 조건하에서만 철회가능하다. 행정청의 허용의 現時化(臨時化 Temporalisierung)가 환경법, 기술적 안전법, 공산품법(Produktrecht)상의 리스크결정의 핵심적인 특징이 되었다. 리스크행정의 법은 期限附 法(Recht auf Zeit)이다.[32] 따라서

호의 사고가 실현되고 있다. 이에 관해선 Murswiek, Die staatliche Verantwortung für die Risiken der Technik, 1985, S.181ff. 追論: 적용(준용)지시에 관해선 행정법기본연구 I, 157면 이하 참조.

30) Hoffmann-Riem, Reform des allgemeinen Verwaltungsrechts als Aufgabe-Ansätze am Beispiel des Umweltschutzes, 400(445).

31) 규범과 개별사건의 부문에 대한 역동화효과(Dynamisierungseffekt)는, 특히 독일 행정법전통에 비추어 민주주의적, 법치국가원리적 측면에서 논쟁이 될 수 있다. 실질적 민주주의 원칙의 관점에서, 가령 결정을 외부 전문가에게 사실상 이전시키는 데 따른 민주주의의 不全(不在)이, 운위되고 비판된다. 예: Hoffmann-Riem, Reform des allgemeinen Verwaltungsrechts als Aufgabe-Ansätze am Beispiel des Umweltschutzes, 400(445); Denninger, Verfassungsrechtliche Anforderungen an die Normsetzung im Umwelt- und Technikrecht, 1990, S.117ff. 법치국가원리적 측면에선, 법률상의 성립요건(구성요건)적 구속의 상실, 행정결정과 법원의 결정에 관한 예측과 예지의 가능성의 부족이, 우려를 자아내는 데 결정적인 역할을 하는 것 같다.

비교적 無知한 분야에선 행정청이 언명한 권리부여(Berechtigunen) 조차도, 더 이상 –Otto Mayer 이래로 전통적으로 행정행위를 법관의 판결과 통상적인 유사성을 가진 것으로 파악함에 따라 예정된 정도로– 확고하게 다루어지지 않는다.[33] 그렇지만 승인의 효력과 존속력의 정도가 법률적으로 형성된다고 하여, 행정행위란 작용형식이 본질에선 바뀌진 않는다. 그 변화는 실체적인 것이지, 규율의 형식과는 무관하다. 따라서 의약품법상의 승인의 잠정성에 관한 언명은 근본적으로 작용형식과는 무관하고, 수익적 행정행위의 규율내용에 관한 것이다. 그러나 의약품법은 두 가지 경우(承認의 停止下命과 迅速承認)에 행정결정의 잠정성을 강조하였다. 그 결과 이들 경우에 행정행위란 작용형식을 구상차원에서 손을 대었는지 여부가 문제된다.

(2) 暫定的 決定으로서의 承認의 停止下命

의약품청은 특별한 규율의 형식으로서 승인정지를 하명할 수 있다. 승인의 기한부 효력폐지가 '승인정지'(Ruhen der Zulassung)란 이름으로, 의약품법 제30조 제1항 제3문과 제2항 제2문에 의한 승인폐지에 비해 완화된 등가물로서 규정되어 있다. 승인의 기한부정지하명은 실제론 승인폐지와 동가치하거나 심지어 그것을 능가하는 중요성을 지닌다.[34]

승인정지하명으로 인해 승인의 규율상의 효력은 –종국적이진 않고– 당분간 상실된다. 승인정지하명은 전적으로 기한설정(Befristung)이 되진 않으면서, 기한설정의 특징을 지닌다. 기한설정이 중요하게 여겨지는데, 이유인 즉, 정지하명은 일정한 시점까지 기한이 설정되어야 하기 때문이다. 기간의 경과이후에 정지의 효과는 소멸하고, –정지하명이 연장되지 않거나 승인이 새로운 행정행위에 의해서 명백히 폐지되는 한에 있어서– 승인은 다시금 시판허가로서 효력을 발생시킨다. 그러나 날짜에 따른 확정은 최후의 종기만을 표시하는데, 종기 이전에 사안이 밝혀지고 결정이 내려져야 한다. 嫌

---

32) Heine, a.a.O., 2425(2429); Dolde, Bestandsschutz von Altanlagen im Immissionschutzrecht, NVwZ 1986, 873(874); Schröder, Zur Gegegnwartslage des Bestandsschutzes im Immissionschutzrecht, UPR 1986, 127(133); Stelkens, Verwaltungsverfahren, 1991, Rdnr. 326.

33) Otto Mayer 이래로 만들어진, 판결과 행정행위간의 전통적인 대비는, 행정행위의 존속력과 구속효에 관한 새로운 연구에서, 존속력과 구속의 논쟁에서 범한 결정적인 구성상의 하자로 여겨지고 있다. Seibert, a.a.O., S.142f.

34) 시판후조치들을 정양적 분석을 한 즉, 부담부가와 '자유의지적인' 협약(협상)이 압도적으로 광범하게 사용되었으며 그 다음으로 현저히 차이를 두고서 정지하명이고, 승인폐지는 거의 나타나지 않았다. Hart/Hilken/Merkel/Woggan, Das Recht des Arzneimittelmarktes, 1988, S.126ff. 1990년의 수치 역시 정지하명과 승인철회간의 비율을 증명한다: 20개 의약품에 대해 정지하명이 내려졌고, 36건에서 기왕의 정지하명이 연장되었고, 4건에서만 승인철회가 내려졌다. BGA–활동보고서 1990, S.330. 1988년의 활동보고서와는 전혀 다른 모습이 생겨났다. 1988년의 활동보고서에 의하면, 단 두 건 만이 정지하명이 내려졌고, 118건에서 기왕의 정지하명이 연장되었고, 229건에서 승인이 철회되었으며, 약 360건에선 제약회사가 단계계획절차에서 승인을 포기하였다. 1988년의 활동보고서, S.340.

疑(Verdacht)가 확인되거나 해소되자 말자, 행정청은 정지(하명)를 폐지하거나 승인을 철회하여야 한다. 이런 점에서, 의약품법상의 이런 作用形式은 승인결정과 다른 잠정성의 특징을 지닌다. 존속력이 승인의 경우처럼 실체적 이유에서 축소되는 것이 아니라, 작용형식 그 자체에서 구해야 될 이유에서 축소된다. 정지하명은 형식적 잠정성을 목표로 삼는다.[35] 왜냐하면 행정청은 더 진전된 사안해명에 따른 결정을 작용형식의 선택을 통해서 내려야 하기 때문이다. 따라서 기간의 경과이후에 정지하명이 失效됨(Das Erlöschen)은, 결코 期限設定(Befristung)이 아니라, 자동적으로 생긴 −정지결정의 폐지를 지향하는− 最終的 行政行爲(Endverwaltungsakt)이다.

의약품법의 이런 작용형식은, 혐의상황에서의 국가개입에 있어서 더 완화된 수단인데, 이는 어차피 비례성의 원칙을 통해서 꼭 필요할 수 있다. 특히 위험방지를 혐의영역에로 前置시킴(앞당김)이, 위험방지도그마틱상으론 여태까지 거의 인식되지 않은 리스크誘發者(原因者)의 책임강화를 초래하였기 때문에, 입법자로선 행정행위란 작용형식의 상대화가 꼭 필요하다고 여긴 것 같다. 그렇지만 리스크誘發者가 의약품법상으론 '효능제공자'이기도 한다. 이러한 의미에서 입법자 역시 의약품법의 제2차 개정을 통해서 승인정지하명의 도입영역의 확대를 정립하였다.

근거있는 혐의가 언제 존재할지의 경계는, 멀리 앞서 있다. 판례에 의하면, 어떤 종류가 되었든 중요하게 증대된 지식이, 문제의 의약품이 정당화될 수 없는(타당하지 않는), 유해한 副作用(Nebenwirkung)을 함유한다는 결론을 시사할 때, '근거있는 혐의'(ein begründeter Verdacht)가 존재하게 된다. 그런데 의약품안전성을 위하여 꼭 필요한 철회요건을 이같이 해석하는 것이, 오히려 법효과로선 승인정지에 합치된다. 혐의가 근거가 없는 것으로 판명되고 그리하여 행정청이 정지하명을 폐지하거나 정지기한이 경과하면, 제조자로선 혐의의 종국적 해명까진 승인을 사용할 순 없지만, 별도의 새로운 승인을 필요로 하지 않는다."[36]

(3) 소위 醫藥品의 迅速承認(Schnellzulassung)

예방적 허용의 잠정성은, 특별한 치료가치가 있는 의약품의 신속승인의 경우에 특별한 방식으로 나타난다. 신청자의 중요한 보충자료가 아직 나오지 않아서 효능과 리스크의 분석이 기타의 법정의 요건에 따라 실시될 수 없을지라도, 여기선 市販에 관해 결정내리는 것이 승인청에게 명시적으로 허용된다.[37] 의약품법 제28조 제3항은 소관

---

35) 가령 Kloesel/Cyran/Feiden/Pabel, Arzneimittelrecht Kommentar, §30 Anm.17; Hart/Hilken/Merkel/Woggan, Das Recht des Arzneimittelmarktes, S.112.

36) 정부초안의 제안이유서, BT-Drs. 10/5112 S.18f.

37) 여태 충분한 치료가 불가능한 중병에 대한 치료효능을 기대하는 의약품을 그처럼 특별히 취급하는 것은, 제

행정청에게 다음과 같은 가능성을 열어 놓았다. 즉, 그 자체론 필수적인 범위안에서의 임상시험을, 승인이전에 반드시 요구할 필요는 없으며, 시판승인후에 신청자에 과하는 것이다. 의약품의 효능과 부작용에 관한 완전한 심사 없이 내려진 승인은, 정식의 승인이라기보다는 (불확실한 가운데 아직 불충분하게 밝혀진 사안에 대해서 내려진) 잠정적 행정결정이다. 그러나 여기서도 (의약품법의 승인절차가 서류심사절차라서 負擔을 통해 제약회사에게 광범하게 과해지는) 특별한 사안조사의무와 의약품법 제30조 제1항 제2문 제2호의 특별한 폐지규정에 의한 결정의 수정개방성(자유로움)은, 작용형식이 아니라, 실체적 형성에 부합한다. 특히 항상 승인폐지결정을 필요로 한다; 정지하명에서처럼 자동적인 최종결정은 규정되어 있지 않다.

이러한 상태에 따라 분명해지는 점은, 행정행위의 형식이 변경에 내맡겨진 그런 행정행위만이 作用形式論(Handlungsformenlehre)을 위해 매우 흥미롭다는 것이다. 정지하명의 경우에 이런 점을 출발점으로 삼을 수 있지만, 승인결정의 경우엔 –설사 신속승인이라 하더라도– 결코 그렇지 않다. 시판영역에선, 더욱이 협의상황에서 불확실하에 결정이 내려지는 곳에선, 행정행위의 형식에 대한 영향이 가능한지 여부는 여전히 미정이다. 협의상황에서의 일방적인 고권적 규율과 관련해서, 특히 다음과 같은 고려가 나타난다. 즉, 행정결정이 暫定的 行政行爲나 일시적(假命令的) 行政行爲(einstweiliger Verwaltungsakt)에 해당할 수 있는지 여부,[38] 그리고 그럼으로써 객관적으로나 관련 개인적 법적 지위의 관점에서 법치국가원리적 성과가 성취가능한지 여부가 그것이다.

3. 暫定的 行政行爲의 도그마틱적 형상

(1) 규율의 動的化(역동화)

給付法(Leistungsrecht)에서 발전되어 온 잠정적 행정행위는, 규율의 現時化(臨時化)가 그 특징이다.[39] 잠정적 행정행위를 인정한다는 것은, –행정행위를 폐지할 것 없

4차 의약품법 개정으로써 채택된, 동법 제28조 제3항에서의 신규 부담권능에 의해서, 그리고 동법 제30조 제2항 제1문 제2호의 개정에 의해서 법률적으로 표현되고 시인되었다. Vgl. Kloesel/Cyran/Feiden/Pabel, Arzneimittelrecht Kommentar, §28 Anm.20. (잠정적 승인보다는 더 낫게 표기되었다고 할 수 있는) '신속승인'에 의해서도 분명해진 사실은, 의약품법이 진척된 안전성최적화(Sicherheitsoptimierung)에 한정되기보다는, 치료와 완화를 목적으로 하는 혁신을 분명히 증진하고자 한다는 것이다. (AIDS 치료약인) AZT가 잠정적 승인을 위한 주지의 예이다. 유효성(효능)은 물론 유해부작용과 관련해서도 충분히 시험되지 않은 이런 작용물질이, 후천성면역결핍증세에 대한 대처수단으로 승인되었다. Deutsch, Arztrecht und Arzneimittelrecht, 2. Aufl., 1991, S.352f.

38) 소송법적 절차형식을 연상하여, 일시적(假命令的) 行政行爲에 관해서도 운위될 수 있다. 예: Seibert, Altlasten in der verwaltungsgerichtlichen Rechtsprechung, DVBl. 1992, 664(669).

39) 규율(Regelung)은 가령 광의의 '법정립'에서의 법(권리)상태의 변경을 의미한다. Seibert, Die Bindungswirkung von Verwaltungsakten, S.95. 행정행위란, 법률을 과연 어떻게 이해하여야 할 것이며 그것이 구체적으로 무엇을

이- 당초 규율의 소급적 수정을 허용한 셈이다.[40] 잠정적 행정행위의 규율효과는, -부관으로서의 기한(이나 조건)이 부가될 필요 없이- 실제론 시간적으로(혹은 사항적으로) 기한이 설정되어 있다. 연방행정법원의 제3부는 1983.3.14.자 '탈지유보조금판결'(Magermilchsubventions-Urteil)에서, -특별한 수권에 바탕을 두지 않은-[41] 잠정적 행정행위란 형상을 作用形式論에 접속시켰다.[42] 당해사건에선 EG법적 농업보조금이 문제되었는데, 이 농업보조금은 시행될 경영심사의 유보하에 승인되었다. 이런 부가를 동법원은 해제조건과 철회권유보로 보지 않고, 승인결정의 규율핵심에서의 修正(Modifikation)으로 보았는데, 수정으로 본 즉, 궁극적으로 규율의 법효과는 금전급부의 그저 잠정적인 수급가능성에 관한 법적 근거를 의미할 뿐이라고 결론이 내려진다.[43] 그러면 그 이후의 거부결정이나 변경된 승인결정은 당초의 행정행위의 폐지나 일부폐지를 결코 필요로 하지 않는다. 왜냐하면 당초의 행정행위가 그것의 잠정적 규율로 인해 拘束效(Bindungswirkung)를 발생시킬 수 없기 때문이다.[44] 이유로서 다음과 같은 점이 적시되었다. 즉, 피부조자의 종국적인 수급가능성이란 과거에 있은 일의, 아직 심사 · 확인되지 않은 발생에 좌우되었다는 것이다.[45] 그에 따르면, 잠정적 행정행위는 행정청이 어떤 이유에서든 사안을 완전히 심사하지 않았다고 하여 발해졌다. 연방행정법원은 특별한, 잠정적인 규율효과를, 규율의 본질적 요소 그 자체로 간주하였지, (원칙적으로 종국적인) 규율과 (종국성을 상대화시키는) 부관의 결합으론 간주하진 않았다. "왜냐하면 두 사례에서 수익자로선 수령한 扶助를 종국적 결정이 내리기까지 단지 잠정적으로만 수급할 수 있다는 것이, 궁극적으로 행정행위의 규율내용이기 때문이

의미하는지를 말하기도(인식행위) 하지만, (그것을 넘어) 독자적인 法(權利)具體化行爲(Rechtskonkretisierungsakt)이기도 하다.

40) 잠정적 행정행위의 의미는 특히 완화된 폐지가능성에 있다. Schmmelpfenning, Vorläufige Verwaltungsakte, 1989, S.90.

41) 가령 숙박업법(GastG) 제11조나 여객운송법(PerBefG) 제20조와 같은 특별법적으로 허용된 잠정적 행정행위에 관해선: Kreßel, Der "Vorläufige" Verwaltungsakt, BayVBl. 1989, 65(67f.); Schmmelpfenning, a.a.O., S.3ff.

42) BVerwGE 67, 99ff.=DÖV 1983, 814 m. Anm. von Tiedemann=DVBl. 1983, 851 m. Anm. Henke, DVBl. 1983, 1247=NJW 1983, 2043. Götz, Die vorläufige Subventionsbewilligung, JuS 1983, 924ff.; Peine, Der vorläufige Verwaltungsakt, DÖV 1986, 849ff.; Joachim Martens, Vorläufige Regelungen durch Verwaltungsakt, DÖV 1987, 992ff.; Ferdinand J. Kopp, Verwaltungsakt unter Vorbehalt sonstige vorläufige Verwaltungsakte, DVBl. 1989, 238ff.; Schmmelpfenning, Vorläufige Verwaltungsakte, 1989, Lücke, Vorläufige Staatsakte, 1991; Kemper, Der vorläufige Verwaltungsakt, DVBl. 1989, 981ff.; Kreßel, Der "Vorläufige" Verwaltungsakt, BayVBl. 1989, 65f.; Di Fabio, Vorläufige Verwaltungsakt bei ungewissem Sachverhalt, DÖV 1991, 629ff.

43) BVerwGE 67, 99(103).

44) 가령 연방행정법원은 명시적으로 설시하였다: "그래서 그런 행정행위의 구속효는, 그 행정행위가 扶助의 최종 수급을 위한 법적 근거에 해당한다는 식으로 되진 않는다." BVerwGE 67, 99(103). 이에 관해서 OVG Münster vom 28. Sept.1990-15A 708/88-, NVwZ 1991, 588(589).

45) BVerwGE 67, 99(102). 단어선택과는 배치되게, 잠정적 행정행위는 조건의 (불확실한 사건이 장래가 아니라 과거에 존재하는) 임시적인 수정에 해당할 수 없다. 여기선 불확실성이 행정청의 영역에서 나타나는데, 왜냐하면 행정청이 사안을 충분히 밝히는 것을 지체하였기 때문이다.

다."[46]

이에 따라 추후의 종국적 규율이 유보된 채,[47] 그리하여 최종결정에 비해 구속력을 발생시키지 않는 고권적 규율이, 잠정적 행정행위의 개념에 해당한다. 이 경우 종국적인 규율이 반드시 필요한지 혹은 처분청은 바뀐, 종국적 규율을 발할 권리만을 갖는지 여부에 따라서 나뉠 수 있다.

(2) 暫定的 規律의 正當化로서의 不確實性

상술한 리딩판결의 주목할 만한 가치는, 한편으론 규율의 상대화가 상응하는 법률적 수권 없이 받아 들여졌고, 해서 作用形式論에서 순전히 도그마틱적으로 전개되었다는 점에 있다. 다른 한편으론, 연방행정법원의 착안점에 의하면, 잠정적 규율은 사안이 충분히 밝혀질 수 없는 경우에만 적합하다는 점이 눈에 띈다. 행정절차법 제24조 제2항으로부터 벗어나, 충분한 사실조사 없이 결정을 내릴 권리는, 왜 이 시점에 결정이 내려질 수 있거나 내려져야 하는지에 관한 특별한 근거제시를 필요로 한다.

1988.12.15.의 제5부 판결은,[48] 부관이 아니면서도 수정된 규율을 나타내는, 소위 事前配慮的(vorsorglich) 행정행위를 인정하기 위해서, 일반적으로 잠정적 결정과 불완전한 사안해명(밝힘)간의 긴장관계와 관련한 논거를 제시하였다. 동 사건에서 잠정적 행정행위의 인정근거로 삼은 것은, 효과적인 법익보호가 -단지 봉사적인 데 지나지 않는- 절차법적 권한분배보다 우위라는 점이다. 이런 점에서, 결정을 발하는 실체적 규범의 보호목적과 신속한 고려를 목표로 삼았다.[49]

---

46) BVerwGE 67, 99(103).

47) (행정행위를 넘어 모든 국가행위를 포괄하는 의미에서의) 일시적(가명령적) 결정이란, 추후적인, 확정적인 결정의 留保下에 행해지는 행위로 정의 내려진다. Lücke, Vorläufige Staatsakte, S.2.

48) BVerwGE 81, 84ff. 당해 사건에선 다음과 같은 물음이 문제되었다. 즉, 노동자의 중장애인해당성여부가 이런 확인을 관할하는 원호청(Versorgeamt)에 의해서 전혀 결정되지 않았을 때, 중앙사회복지부서(Hauptfürsorgestelle)가 중장애인법(Schwerbehindertengesetz) 제12조와 결합한 제18조에 따라 특별해고보호절차에서 중장애인에게 유리하게 자신의 권리(여기선 해고에 대한 동의거부)를 주장할 수 있는지 여부이다. 이와 관련해서 사안이 아직 밝혀지지 않는 한, 중앙사회복지부서가 노동자해고에 대한 동의를 효과적으로 거부하기 위한 법률적 요건은 충족되지 않았다. 원호청의 확인권한으로 말미암아 중앙사회복지부서로선 제거할 수 없는, 중장애인해당성과 관련한 불확실성이 있다 하더라도, 연방행정법원의 견해에 따르면, 아무런 결정이 내려질 순 없는 것으로 되진 않는다. 오히려 중앙사회복지부서가 동의거부를 표명하는 '사전배려적'(vorsorglich) 행정행위를 발할 수 있다고 한다. 구속효상으로 그것(事前配慮的 行政行爲)의 규율효과 또한 -이런 상대화가 부관에 의거함이 없이- 결정적으로 수정되어 있다는 점에서, 事前配慮的 行政行爲는 잠정적 행정행위에 비견되고 동일시될 수 있다. "원호청의 확인절차의 긍정적인 결과의 경우를 위해 신청된, 사전배려적 행정행위에는 다음과 같은 유보가 내재되어 있다. 즉, 중장애인해당성이 추후에 사실상 확인될 때에만, 그것에 법적 의의가 인정된다고". 잠정적 행정행위의 이런 새로운 변형의 특수함은, 불확실한 사건이 과거가 아니라, 정지조건처럼 장래에 있다는 점이다. 그렇지만 이로써 '사전배려적' 행정행위와 조건간의 구분의 문제점이 고조된다.

49) "신청되기 하였지만 아직 확인되지 않아서 규명되지 않은 중장애인해당성의 경우에, 중장애인법 제18조 제3항 제2문을 적용한 즉, 중앙사회복지부서에게 요구된, 불활동 의무와 결합하여, 중장애인법의 보호목적 및 체계성과 일치하지 않는 결과를 초래한다." BVerwGE 81, 84(94). 그러나 법률상의 성립요건의 존재가 아직 확인되지 않았을 때, 잠정적 행정행위를 발하는 것이 행정청에게 일반적으로 허용된다는 식으로, 연방행정법원은 멀리 나가진 않는다. 정반대로 법원은, 중장애인해당성이 중앙사회복지부서의 결정을 위한 성립요건적 징표가 아님을 강조하는

잠정적 행정행위나 일시적(가명령적) 행정행위의 정당화가 문제될 때, 문헌 역시 결정적으론 특별한 불확실성의 조건을 목표로 삼는다. Tiedemann는 급부행정상의 일반적 형상으로서의 잠정적 행정행위의 관념을 맨 처음으로 도입하였다. 그는 이런 작용형식의 중요한 기능적 정당화를, 해명(밝힘)상의 장애가 행정청의 활동을 방해하는 경우에서 모색하였다.[50] Joachim Martens는 잠정적 행정행위를 교량적 수단(Brückeninstrument)이라 표현하였는데, 이는 법률상 성립요건의 충족 여부가 불확실한 상태에서, 주장할 법한 행정결정을 법적, 대외적으로 효과를 발생시키는 식으로 확고히 함을 허용한다고 한다.[51] Schmmelpfennig는 단호하게 사안해명의 부전(결핍)을, 잠정적 행정행위의 정당성의 출발점으로 보았다. 모든 잠정적 규율의 기본적 일치를 찾으면서, 그 역시 잠정적 확정의 필요를 위한 특징으로서의 미해명된 사안을, 원인으로 돌렸다.[52] 이런 연관에서 그는 다음과 같은 점에 따라 범주를 나눌 것을 제안하였다. 즉, 최종결정의 시점에 아직 완료되지 않은 사안전개에 기인하여 '필연적인' 불확실성에 해당하는지 여부 또는 이미 완료된 사안을 조사함에 있어서 '절차에 기인한' 불확실성에 관계되는지 여부가 그것이다.[53]

이상에 의해, 적용영역에서 본 즉, 잠정적 행정행위는 불확실성의 조건하에 있는 행정결정[54]을 위한 −가령 특히 리스크결정과 협의결정에 있어서− 일반적으로 적용가능한 作用形式일 수 있다. 하지만 근본적 판단을 내리기 위해선, 이런 作用形式의 허용성은 물론, 그것의 도그마틱적, 법치국가원리적 성과도 탐구되지 않으면 안 될 것이다.

(3) 暫定的 規律의 許容性

잠정적 규율의 허용성의 문제는 이런 작용형식에 관한 법률적 수권근거의 문제로서 다루어지고 있다. 이미 1981년의 Tiedemann의 논문에서, 잠정적 행정행위의 허용성 문제가 필수적인 법률적 수권의 문제라고 지적되었다. 그는 수익적 행정행위를 위

데, 약간의 노력을 기울인다. 약간 부자연스럽게 효력을 발휘하는 방법으로, 중장애인해당성이 다음과 같이 私法에로 이행되어 버린다. 즉, 고용주가 중장애인해당성을 심사하여야 하는 즉, 확인리스크를 그 고용주가 지고, 중앙사회복지부서는 지지 않는다고. BVerwGE 81, 84(93).

50) 그리하여 이미 조세기본법(AO) 제164조에 따른 잠정적 조세확정을 실정법적으로 수용한 것과 그리고 나중에 일반적으로 '청구권요건의 일시적인 미해명성의' 경우가 이에 해당한다. Tiedemann, DÖV 1981, 786(786, 787).

51) Martens, Vorläufige Regelungen durch Verwaltungsakt, DÖV 1987, 992(996). Martens는 잠정적 행정행위를 '세심한 조종을 위해, 아직 완결적으로 심사되지 않은 행정법관계의 안정화에 이바지 하는' 수단으로 표현하였다. Ebda. S.997.

52) Schmmelpfenning, Vorläufige Verwaltungsakte, BayVBl. 1989, 69(70).

53) Schmmelpfenning, BayVBl. 1989, 69(70).

54) 불확실성의 조건하에 있는 행정결정의 개념에 관해선 vgl. Di Fabio, Risikoentscheidungen im Rechtsstaat, §6 A.

해선 법률적 수권이 반드시 필요하진 않다고 주장하였다.[55] 다른 학자들의 경우에도 허용성 문제는, 법률적 수권의 필요성을 둘러싸고 다루어진다.[56] 이미 Tiedemann에 의해 지적된 것과 마찬가지로, Kemper는 다음과 같이 외견상 분명하고 명백한 구분에 도달하였다. 즉, 불확실성의 조건하에 있는(즉, 아직 모든 성립요건상의 징표가 충족되었다고 확인될 수 없는), 수익적 행정행위는 법률적 수권 없이도 허용되는데, 그 이유는 국민이 그것을 통해 결정시점에 자신에게 법률상 귀속되는 것 이상을 얻기 때문이다. 반대로 불확실성의 조건하에 있는, 부담적 행정행위는 금지된다. 왜냐하면 개입(간섭)이란 법률상의 성립요건의 확실한 충족이 있은 다음에 비로소 허용되기 때문이다.[57] 결론인 즉, 법률적 수권 없인 개입적 성격의 행정결정의 영역에선 잠정적 행정행위의 작용형식이란 일반적으로 허용되지 않는다고 한다.[58]

하지만 이처럼 명료하게 여겨지는 구별에서, 실체적 개입근거와 형식적 작용형식간의 관계가 충분히 고려되지 않았다. 법률적 수권의 요건이 충족된 것으로 여겨져 행정청이 실체법에 따라 부담적 조치를 취할 수 있다고 하면, 당해 규율(의 본질)이 잠정적인 데 불과하다는 것은 국민에게 더 이익이 될 수 있다. 왜냐하면 당해규율이 더 쉽게 바뀔 수 있다거나 혹은 잠정적 행정행위의 수범자가 종국적 결정에 관한 청구권을 가지기 때문이다.[59] 법률적 개입요건이 충족되지 않았으면, 잠정적 행정행위란 작용형식은 이러한 결함을 보완하거나 치유할 수 없다. 그에 따라 -작용형식을 개입근거와 맞바꾼 것이 아니라면- 개입행정의 영역에선, 통상 잠정적 행정행위는 독립된 부담적 효과를 발휘할 수가 없다.

給付法에서 연방행정법원이 잠정적 행정행위를 처음으로 인정한 것이, 실은 (잠정적이라 여긴) 보조금의 수범자에 대한 강력한 불이익을 의미하였다는 점 역시 잊어선 아니 된다. 탈지유보조금사건(Magermilch-Subventionsfall)에서,[60] 추후 운영심사의 留保가 부관으로 해석되었다면, 그래서 동법원이 하였듯이 보조금결정(자금조성결정)이

---

55) Tiedemann, DÖV 1981, 786(790). 이유는 대체적으로 다음과 같다. 즉, 시민이 법적으로 전혀 청구권을 갖지 못할지라도, 잠정적 행정행위는 시민에게 급부를 제공한다는 것이다. 그 결과 잠정성으로 제한받는, 수익적 규율의 구속력이, 시민에 대해 負擔的이라고는 할 수 없다.

56) Schachel, Nebenbestimmungen zu Verwaltungsakten, Jura 1981, 449(451); Peine, DÖV 1986, 849(857); Schmmelpfenning, Vorläufige Verwaltungsakte, S.137ff.; Kemper, Der vorläufige Verwaltungsakt, 1990, S.94ff.; Kreßel, BayVBl. 1989, 65(68f.); Seibert, Die Bindungswirkung von Verwaltungsakten, S.560ff. Vgl. 벌써 제안된 사전행정행위(Verwaltungsvorakt)를 위해서도: Achterberg, Der Verwaltungsvorakt, DÖV 1971, 397(403).

57) Kemper, Der vorläufige Verwaltungsakt, S.96.

58) Kemper, Der vorläufige Verwaltungsakt, S.96.

59) 부담적 행정행위가 구속효를 지닌 심대한 부담에 대해 방해가 되는 경우엔 이렇지 않다. 항상 변화의 관점에서 판단이 내려지기 때문에, 더 심한 부담과 비교한 즉, 원래의 부담적 행정행위가 授益으로 여겨진다. Maurer, Allgemeines Verwaltungsrecht, §11 Rdnr.15.

60) BVerwGE 67, 99ff.

잠정적 행정행위로 해석되지 않았다면, 그 보조금결정은 더 이상 반환청구될 수 없었을 것이다. 왜냐하면 행정절차법 제48조 제4항의 배제기간이 경과하였기 때문이다.[61] 적어도 잠정적 행정행위를 나중에 받아들임이, 보조금수령자에겐 명백히 열악한 지위를 가져다 주었다. 이유인 즉, 행정절차법 제48조와 제49조의 개별법률상의 신뢰보호가 상실되어 버렸기 때문이다.[62]

作用形式이 실체법적 수권근거를 대체할 순 없다. 그러나 정반대로 실체적 의미상의 개입에 관해 법률적 수권이 있으면, 행정행위의 작용형식을 위해선 독자의 수권이란 필요치 않다.[63] 오히려 행정청은 실체적인 활동(작용)임무를 효과적인 작용형식으로써도 전환시킬 수 있다(참조. 행정절차법 제10조).[64] 역동적 규율의 영역에선 다음의 사실이 문제된다. 즉, 잠정적 행정행위란 작용형식으로 활동할 형식적 권능이나 심지어 의무까지도, 불확실성의 상황에서 실체적으로 잠정적인 조치를 발해야 할 행정청의 실체적 권능과 의무로부터 도출되는지 여부가 그것이다.

특히 土地殘廢物(Grundstücksaltlasten)과 상관관계에 있으며, 광범하게 논의되고 있는 危險嫌疑事例(Gefahrverdachtfällen)에서[65], 다음과 같은 사실이 드러났다. 즉, 危險法的 개연성예측을 목표로 한 경찰법상의 책임분배가, 혐의사례에서 통상의 개연성정도보다 下廻하여 다루어지지 않으면 아니 될 경우엔, 도그마틱적 곤란함을 초래한다

61) 행정절차법 제48조 제4항에 의해 개별법률의 형식으로 초래되는, (일반적인) 신뢰보호의 관점의 비중에 대한 비판으로: Bieback, Urteilsanmerkung, DVBl. 1988, 453(454).

62) 미해명된 청구권요건의 경우에 급부를 사전에 잠정적 행정행위를 매개로 하여 수급하는 것 또는 먼저 급부를 포기하여야 하는 것의 양자택일은 전혀 일어나지 않는다. 할부형식의 규율효과를 완전히 포기하는 것 말고, 전통적인 부관으로써 사전 급부를 제공할 가능성이 존재한다. 양자택일에 관해선: BSG DVBl. 1988, 449(451f.); F. Kopp, DVBl. 1989, 238(239ff.). 전반적으로 잠정적 행정행위에 대해 비판적이고, 이를 행정절차법 제48조, 제49조의 유보조건을 뒤엎는 방도로 평가하는 데 대해선: Erichsen, in: Erichsen/Martens(Hrsg.), Allgemeines Verwaltungrecht, §11 Rdnr.31; 비슷하게 Götz, JuS 1983, 924(925).

63) 作用形式으로서의 행정행위는 다음의 경우에만 나름의 법률적 수권근거를 필요로 한다. 즉, 개입을 위한 실체법적 수권이 존재하지 않거나, 이익을 주는데(授益) 수범자의 동의가 존재하지 않는 경우가 그것이다. Vgl. 수권의 문제점에 관해선, Erichsen, in: Erichsen/Martens(Hrsg.), Allgemeines Verwaltungrecht, §14 Rdnr.4.

64) Seibert, Die Bindungswirkung von Verwaltungsakten, S.560.

65) 殘廢物(Altlasten)과 위험조사조치(Gefahrerforschungsmaßnahmen)에서의 법적 문제점에 관해선: Bay VGH NVwZ 1986, 942(944). VGH Bad-Württ., DÖV 1985, 687f.; OVG Koblenz, NVwZ 1987, 240(241). 위험조사조치를 행할 행정청의 권능에 대해, "거의 더 이상 異議를 제기할 순 없다"고 OVG Koblenz의 판결에서 확인되었다. 위험조사적 개입에서의 수인의무에 관해선 vgl. VGH Bad-Württ., NVwZ-RP 1989, 400(401); VGH Bad-Württ., DÖV 1990, 394f.; Breuer, Altlasten als Bewährungsprobe der polizeilichen Gefahrenabwehr und des Umweltschutzes, JuS 1986, 359ff.; ders., Rechtsprobleme der Altlasten, NVwZ 1987, 751ff.; ders., Umweltschutz und Gefahrenabwehr bei Anscheins- und Verdachtslagen, in: Gedächtniss für Martens, 1987, S.317ff.; ders., Wasserrechtliche Gefährdungshaftung und Aufwendungen der Gefahrerforschung, NVwZ 1988, 992ff.; Papier, DVBl. 1985, 875ff.; Kloepfer, Die Verantwortlichkeit für Altlasten im öffentlichen Recht, NuR 1987, S.1ff.; Führen, Altlasten: Rechtsfragen sogen. Gefahrerforschungsmaßnahmen, VR 1990, 37ff.; Kickartz, Ermittlungsmaßnahmen zur Gefahrerforschung und einstweilige polizeiliche Anordnung, 1984; Seibert, DVBl. 1992, 664ff.; Schink, Amtsermittlung und Gefahrerforschung, DVBl. 1989, 1182; Knopp, Die Duldung behördlicher Untersuchungsmaßnahmen und die Kostentragung bei Verdacht von Kontamination im Boden und/order Grundwasser, BB 1988, 923ff.

는 것이다.[66] 비록 그 같은 혐의사례에서 합리적인 개연성판단을 위한 사안조사가 결여되었다고 행정청이 의식하더라도, 행정청은 이런 사안조사(위험조사)를 자세히 행하기 위해, 경찰상의 개괄조항에 의거하여 개인의 권리에 개입한다. 이것은, 위험을 먼저 조사하기 위해 경찰법적으로 벌써 위험이 시인된다는 식의 역설에 가깝다.[67] 이처럼 도그마틱적으로 불분명한 영역에서 판례는 다음과 같은 경향을 띈다. 즉, 국민에게 일방적으로 부담을 지우지 않는 식으로 개괄적 수권을 연장(확대)하기 위하여, 혐의규명에 불가결한 일정한 조사조치(Erforschungsmaßnahmen)만을 비례원칙의 엄격한 적용하에 허용한다는 것이 그것이다.[68]

이런 착안점은 이미 1922.3.20.의 프로이센 고등행정법원(PrOVG)의 잘 알려진 가구운반차판결(Möbelwagen-Entscheidung)에까지 거슬러 올라간다.[69] 당해 사건에서 경찰청은, 부인이 공동주택으로부터 가구를 훔쳤다는 혐의가 있음을 이유로, 경찰처분으로 가구운반차에 대해 잠정적인 '압류조치'(Beschlagnahme)를 발하였다.[70] 동 처분은 1794년의 프로이센일반주법(PrALR) 제10조 제2항 제17호, 즉 경찰법상의 개괄조항에 의거하였다. 프로이센 고등행정법원은 위험이 존재하였는지 여부를 확인하기 위해서, 객관적 위험(Gefahr)과 주관적으로 인정된 위태로움(Gefärdung)간의 (오늘날에는 극복된) 구별을 연관시켰다. 법적 결과와 관련해서, 동법원은 객관적 위험과 위태로움(Gefärdung)간을 다음과 같이 구분하였다: 통상의 사례에서 국가적 개입을 정당화하기 위해선, 객관적 위험이 존재해야 한다. 실제적인 손해발생의 개연성이 결코 성립하지 않았음이 나중에 밝혀지면, 동 처분은 위법하게 되어서 쟁송절차에서 폐지(취소)되어야 한다. 이에 반해, 나중에도 객관적 위험으로 판명되지 않는, 주관적으로 인정된 위태로움은, 위험상황을 확인하기 위한, 단지 잠정적일 뿐인 조치가 취해져야, 비로소 적법하게 되며, (그 경우에만) 적법할 수 있다고 한다.

"그러나 경찰이 종국적 하명을 발하는 것이 아니라, 잠정적으로만 그리고 단지 다음의 경

---

66) 이에 관한 상세는 Di Fabio, Vorläufige Verwaltungsakt bei ungewissem Sachverhalt, DÖV 1991, 629(631ff.).

67) 리스크상황에서의 개입을 허용하는, 법률적 성립요건의 설정을 통해서, 관련 위험방지를 상응하게 前置시킴(앞당김)은 결국 없는 셈이다. Di Fabio, Entscheidungsprobleme der Risikoverwaltung, NuR 1991, 353(357f.).

68) VGH Bad-Württ., NVwZ-RP 1989, 400(401); VGH Bad-Württ., DÖV 1990, 394f.; OVG Koblenz, NVwZ 1987, 240(241). Vgl. Kickartz, Ermittlungsmaßnahmen zur Gefahrerforschung und einstweilige polizeiliche Anordnung, S.264f.

69) PrOVGE 77, 333ff. 이 판결은 危險과 表見(外觀的)危險간의 구분지움, 위험혐의에 관한 고찰, 민사법적 권리구제와 공법적 권리구제간의 관계에 관한 고찰을 위한 논쟁거리를 제공하였다. 상세: Kickartz, Ermittlungsmaßnahmen zur Gefahrerforschung und einstweilige polizeiliche Anordnung, S.15f. Vgl. Drews/Wacke/Vogel/Martens, Gefahrenabwehr, 8.Aufl., 1986, S.238.

70) 형사소송법 제94조에 의한 압류조치엔 해당하지 않는다. 이에 관한 상세는 PrOVGE 77, 333(335f.).

우-경찰개입의 요건이 주어진 것으로 입증될 때, 의심스런 성립요건의 의무합당한 해명을 초래하기 위하여, 필요한 채비를 할 수 있기 위하여, 이런 것이 필요한 경우-에 한하여 개입하는 경우에, 다른 관점이 고려된다."[71] "그런 경찰처분은 본질상 전적으로 일시적(einstweilig) 處分일 수 있다; 그런 경찰처분은 현재 상태의 변경만을 제지할 수 있는 바, 가능할 듯한 위험의 실현은 현재 상태의 변경에 의해서 해소될 수 있을 것이다. 또한 그런 경찰처분은 의무합당하게 행해져야 할 광범한 조사에 의거하여 경찰위험의 存否가 확인되는 시점까지만 연장될 수 있다."[72]

이로써 이미 프로이센 고등행정법원은 본질에서 위험조사를 위한 잠정적 행정행위를 만들었다. 그 당시에 행해진, 객관적 위험과 위태로움(Gefärdung)간의 구분지움은 오늘날 극복되긴 하였지만, 실은 -분명한 유사점을 지닌- '위험'과 '위험혐의'을 구분하려는 노력으로 대체되었다. 동법원의 이런 나눔에 연계해서 오늘날 논의되는 혐의사례에 옮겨서 보자면, 다음과 같이 말할 수 있을 것이다. 즉, 여기선 행정청은 일시적인 법익확고화와 해명을 위하여, 종국적 규율효과를 지니지 않는 조치를 발할 수 있을 따름이고, 따라서 이러한 조치는 사안조사의 종료이후에 필히 규정된 심사를 필요로 한다는 것이다. 혐의상황에서의 활동의 이러한 실체적 특수성은, 잠정적 행정행위란 작용형식을 통해서 상당하게 나타날 수 있다. 잠정적 행정행위는 제한된 규율효과를, 더 광범하게 사안을 조사하여 종국적인 결정을 내릴 의무와 결합시킨다. 이런 이중 효과는 일시적 허가의 범주에서도 나타난다: 형성적인 잠정적 행정행위는 廢止의 수위(문턱)을 저하시키지만, 반면 행정청으로 하여금 수정과 변경결정을 내릴 수 있게 할 뿐만 아니라, 그렇게 하도록 의무도 지운다.

특히 특별법상으로 규율되지 않은 혐의사례에서 한층 분명해진 사실은, 개연성의 수위가 위험예측 안에서 더욱더 저하되면 될 수록, 경찰법상의 책임분배는 합사실적 결과를 더욱더 덜 야기한다는 점이다. 본질적 이유는, 혐의사례에 관해서 사전에(EX-ante) 판단하기가 어렵다는 점에 있다. 위험혐의의 책임자는 침해야기자(교란자, Störer)로서 요구를 받는데, 설사 혐의가 자신에게 행해진 조사를 통해서 제거된다 하더라도, 그는 위험도그마틱의 일반적인 원칙에 따라서 적법하게 부담을 지게 된다.[73] 경찰법의 문헌상으로 특히 Götz가, 혐의상황에서 위험조사를 함에 있어 엄격함(Rigorosität)을

71) PrOVGE 77, 333(338).

72) PrOVGE 77, 333(339).

73) 엄격한 법적 원칙을 지닌 경찰법은 분명한 양자택일을 목표로 한다. 누군가 침해야기자(교란자)이면, 그는 원칙적으로 무제한적으로 책임을 지며, 반면 그렇지 않으면, 그는 동원되지 않거나 손실보상을 받는다. 혐의상황에선 이런 엄격함이 합당하지 않고 부당하게 여겨진다. Götz, Allgemeines Polizei- und Ordnungsrecht 10. Aufl., 1991, Rdnr.128f.

-위험혐의의 확증 여부에 따라서- 사후의 수정에 맡길 것을 제안하였다.[74] 이러한 실체적 결과(성과)는 잠정적 행정행위란 작용형식을 통해서, 위험법적 도그마틱과 합치하는 형식적인 유형(형식)으로 만들어질 수 있었다.[75] 잠정적 행정행위란 행정청으로 하여금 잠정적 결정을 최종적으로 소급적으로 취소(수정)하게끔 하고, 그럼으로써 사후적(Ex-post) 책임분배를 허용한다.[76]

관련인의 법적 지위에 대한 개입을 가능한 적게 그리고 수정가능하게 하기 위해서. 위험조사사례에선 잠정적 행정행위가 법적으로 허용되는,[77] 심지어 필수적인 작용형식일 수 있다. 잠정적 혹은 일시적 행정행위란 작용형식이 행정청에게 신속한 행위를 허용할 뿐만 아니라, (수범자에게 유리한) 특별한 심사의무와 정식의 최종결정을 내릴 의무까지도 수반하면, 요구받은 국민으로선 이런 행정행위는 분명한 이익을 의미한다. 바로 혐의상황에서 특별히 중요한 비례의 원칙에 비추어, 리스크축소에 꼭 필요한 것에 실체적으로 한정하는 것이 요구될 뿐만 아니라, 또한 형식적으로 적합한 作用形式까지도 요구될 수 있다.

諸 作用形式은 行政法學의 目的指向的 創造物(Zweckschöpfung)이다.[78] 이들은 실체법의 요청에 따라야 하고, 또한 법익보호와 법적 안전성을 증진해야 한다. 리스크결정에 대해 Hoffmann-Riem이 요구한 修正留保(Revisionsvorbehalt)가, 잠정적 행정행위란 작용형식 에서 그리고 체계상의 표지점(Merkposten)에서 간직되고 있다.

(4) 醫藥品法상의 暫定的 行政行爲의 成果와 問題點

앞에서 살펴본 바에 의하면, 잠정적 규율의 특징은, 법형성이 명백히[79] 종국적이지 않게 행해진다는 점, 잠정적 규율과는 다른, 소급적인 귀속이 당초의 혐의결정의 적법성과는 무관하게 가능하다는 점이다. 잠정적 규율의 경우에, (소급적으로 수정하는 것을

---

74) Götz, Allgemeines Polizei- und Ordnungsrecht, Rdnr. 131. Vgl. Kickartz, Ermittlungsmaßnahmen zur Gefahrerforschung und einstweilige polizeiliche Anordnung, S.95f.

75) Di Fabio, DÖV 1991, 629(631ff.); Lücke, Vorläufige Staatsakte, S.22ff.

76) Di Fabio, DÖV 1991, 629(631ff.). 이런 점은 Seibert, DVBl. 1992, 664(669)에 의해서도 잠정적 행정행위의 특별한 업적으로서 여겨진다.

77) 형식적으로 잠정적인 규율을 위한 법률적 수권은, 위험개념을 더 한층 확대함으로써 얻어지진 않고, 혐의 상황의 영역에서 이미 수용된, 위험개념의 확대해석을 바탕으로 한다. 여기서처럼: Seibert, Die Bindungswirkung von Verwaltungsakten, S.562. 위험조사영역에서 개괄조항을 부인하고 이에 아무런 수권근거를 행사하지 못하는 자는, 잠정적 행정행위의 작용형식을 갖고서도 아무런 실체적 결과를 얻을 수가 없다. Lücke, Vorläufige Staatsakte, S.24.

78) Achterberg, Der Verwaltungsvorakt, DÖV 1971, 397; Ossenbühl, Die Handlungsformen der Verwaltung, JuS 1979, 681(682); Pitschas, Verwaltungsverantwortung und Verwaltungsverfahren, 1990, S.629. 작용형식의 기능에 관해 일반적인 것으로; Schmidt-Aßmann, Die Lehre von den Rechtsformen des Verwaltungshandelns, DVBl.1989, 533ff.; Krause, Rechtsformen des Verwaltungshandelns, 1974, S.14ff.

79) 규율의 잠정성은 행정행위의 해당 특징으로부터 비롯되어야 하는데, 이런 점은 행정절차법 제37조 제1항은 물론, (신뢰보호의 적법한 축소를 포함한) 일반적인 법치국가원리적 요청으로부터도 도출된다. OVG Münster vom 28. Sept. 1990-15A708/88-, NVwZ 1991, 558(589); Di Fabio, DÖV 1991, 629(637).

포함해서) 특별한 관찰의무, 사후향상의무 및 수정의무가 처분청에 대해 과해진다. 리스크형성적 개입행정에서의 잠정적 행정행위란 작용형식을, 적어도 법치국가원리적 근거에서 정당화시킬 수 있는 것은, 다름 아닌 이런 의무를 과하는 것이다. 이미 분명한 입법자에 의해서, 시판승인보유자로선 개별법적으로 행정절차법 제48조와 제49조가 예정한 존속보호와 신뢰보호를 실제로 누리지 못한다고 하면,[80] 법치국가원리의 존속보호적, 신뢰보호적 내용을 유의한 즉, 이런 효과에 대해선 승인폐지나 불이익적 변경에서의 상응하는 補塡(Kompensatiom)이 강구되어야 한다.[81]

行政의 修正義務(Korrekturpflicht)는, 최종행정행위나 다른 절차종결적 규율(행정계약)을 발할 의무 안에 포함되어 있다. 가령 소관 행정청이 혐의상황에서 의약품에 대한 조치를 취하는 식으로 행정작용을 하면, 규율의 형식적 잠정성의 인정은, 혐의가 사후에 근거없는 것으로 판명된 경우엔 행정청이 사후수정할 의무를 질 것이라는 결과를 초래한다. 나중에 불가피하지 않은 것으로 명백해진 시판후개입-가령 승인정지하명-은, 장래로(ex nunc, 행정절차법 제51조) 뿐만 아니라, 소급적으로(ex tunc)도 폐지되지 않으면 아니 된다. 이런 점에서, 결과적으로 관련 의약품제조자는 개입명목(근거) 없이 즉, 위법하게 자신의 권리에 개입(간섭)을 당한 사람과 동일하게 다루어 질 것이다. 그는 공용개입(수용)유사적 침해(enteignungsgleicher Eingriff)로부터의 손실보상을 주장할 수 있을 것이다. 그렇지만 잠정적 행정행위란 작용형식의 이런 이해는 본질적으로 법상황의 변경을 의미한다. 왜냐하면 혐의시의 개입요건(의약품법 제25조 제2항 제5호와 결합해서 제30조 제1항)에 의거하여 원래 적법한 조치가, 행정결정의 형식에 바탕을 둔 이해로 인해, 소급적으로 위법하게 되어 버릴 것이기 때문이다.[82]

그런데 행정행위를 폐지하지 않고서 (의약품법상으로 문제되는) 소급적으로 수정하는 것 말고도, 잠정적 행정행위의 형상은 다른 관점에서도 리스크결정의 특별한 역동성에 대한 상당한 반응(반향)을 허용한다. 행정행위의 적법성은 원칙적으로 처분당시의 시점에서 판단된다.[83] 예측에 바탕을 둔 계속적 행정행위의 경우, 예측이 실패하면

---

80) 잠정적 행정행위의 특징이자 법치국가원리적 문제로 여겨지는 것이, 바로 잠정적 행정행위는 가령 행정절차법 제48조 등이 예정하는 내적 존속력을 행사하지 않는 점이다. Lücke, Vorläufige Staatsakte, S.140. 이에 반해 의약품법을 일별하면 분명해지는 점은, 행정절차법 제48조와 제49조의 존속보호를 도외시하게 하는 것이, 잠정적 행정행위란 작용형식은 아니며, 실체법상황이 이를 위해 설명할 책임을 진다는 것이다. 시판후조치-가령 승인의 폐지나 부분폐지-에 국한하자면, 잠정적 행정행위는 정반대로 효력을 미친다. 즉, 그것은 신뢰를 제한하는 것이 아니라, 그 자체 신뢰보호의 형식을 나타낸다.

81) 비슷하게 Seibert, Die Bindungswirkung von Verwaltungsakten, S.563.

82) 논의되는 위험조사적 개입(Gefahrerforschungseingriff)과의 차이점은, 혐의영역에서의 위험조사적 개입의 적법성은 법률해석자에 의한 경찰개괄조항의 확대해석을 통해서 담보되는 반면에, 리스크개입의 성립요건에선 입법자가 혐의에 대한 활동의 적법성을 명시적으로 성문화한다는 점에 있다. 그런데 법치국가원리상으로 요구되는 신뢰보호의 최소한은, 논증상 법률해석자는 물론 개별 법률 그 자체에 대해서도 반대하는 논거로서 제시된다.

83) 논의현황에 관한 개관을 제공하는 것으로: Kleinlein, Der maßgebliche Zeitpunkt für die Beurteilung der

(행정행위의) 장래와 관련이 있는 부분에 대해서 부분적인 위법성이 생기게 된다고 한다.[84] 행정행위의 不可爭力이 발생한 후에 관련인에게 유리하게 사실·법상황이 바뀌면, (행정절차법 제51조에 따른) 만일의 경우에 사법적으로 관철가능한 廢止請求權(Aufhebungsanspruch)이 그에게 인정된다. 잠정적 행정행위를 인정하면, 이러한 폐지가 필요하지 않다; 혐의근거가 더 이상 고려되지 않는 다는 식으로 리스크평가의 기초가 바뀌는 시점부터, 자동적으로 행정행위가 위법하게 될 것이다. 이렇다면, 침해야기자(교란자)로선 결정적인 사정과 관련한 설명과 입증책임이 전환되는 식의 중요한 利點을 가질 것이다. 행정절차법 제51조의 경우엔, 청구권을 행사한 국민이 폐지청구권의 요건을 설명하고 입증해야 하지만, 잠정적 규율의 경우엔, 사업자가 단지 변경을 위한 수긍되는 착안점을 제시하면, 행정청으로선 결정적인 판단의 변화가 일어나지 않았음을 입증해야 한다.

법상황의 그런 변화에 따른 실제적 결과는 양면적이다. 혐의결정의 상대방을 위한, 마지막에 언급된 利點이 잠정적 행정행위의 형상에는 담겨져 있는 바, 이 利點은 혐의결정을 법치국가원리적으로 다루기 위한 한 몫으로서 역할을 할 수 있을 것이다. 요구받은 자에게도 유리하도록, 규제적인 관찰의무와 행위의무를 위한 이런 작용형식이, 불확실한 가운데 활동하는 국가에게 부가된다. 의약품의 안전성은 손상됨이 없이, 리스크결정과 관련한 제조자의 지위는 향상된다. 하지만 용이한 손실보상청구권에 처해 있다고 여긴 행정으로선, 짐작컨대 더 유의해서 행동하며, 그래서 의약품안전성에 불리할 수도 있다.[85] 그렇지만 손실보상청구권은 행정청이 활동하지 않을 때에도 성립할 수 있다. 덧붙여 정반대로 행정과 법원에서의 사후수정가능성을 아는 것이, 개입요건의 개괄적 시인을 초래할 수 있을 것이다.

법적으로 여전히 문제되는 것은, (혐의영역에서 의약품제조자에게 불리하도록 개입을 가능케 하는) 의약품법의 기본결정이 잠정적 행정행위란 作用形式에 의해 현행법의 해석상으로(de lege lata) 수정될 수 있는지 여부이다. 그렇지만 作用形式論에 관해 여기서 행해진 체계적 고찰의 관점에서, 다음과 같이 확립할 수 있다: 위험방지를 혐의영역에로 前置시킴(앞당김)과 이 경우에 나타나는 학문적으로 도외시할 수 없는 불확실성은, 행정행위의 형식을 띤 -시간경과에서 변치 않는 책임귀속을 간직한- 事前豫測(Ex-ante Prognose)과의 不一致에 빠진다. 행정행위의 변경의 필요성이 성립함으로써, 그

Rechtmäßigkeit von Verwaltungsakten, VerwArch. Bd.81(1990), 149ff.

84) Kleinlein, VerwArch. Bd.81(1990), 149(170).

85) 헌혈로 인한 후천성면역결핍바이러스(HIV-Viren)의 감염의 예를 통해서, 늦은 시판후조치의 결과가 여실히 증명된다. 감염혈액을 살균절차에 처하는 하명이 매우 늦게 내려짐으로써, 독일에서도 혈액감염으로 인한 에이즈 감염이 발생하였다. 상세: Knothe, Staatshaftung bei der Zulassung von Arzneimitteln, 1990, S.50ff.

결과 향상된 지식을 소급적으로가 아니라 장래를 위해 고려한다는 것이 행정절차법 제51조를 통한 방식이 규정한 것보다 법적으로 더 쉽게 가능하게 된다. 의약품법을 넘어서, 전형적인 리스크결정을 잠정적 행정행위로써 발하는 것과, 그럼으로써 위험법상의 事前判斷의 경직성을 저지하는 것에, 몇몇은 찬동한다. 그렇지만 이런 형상을 도그마틱적으로 견고하게 하는 것이 법치국가원리적 성과를 위한 요건일 것이며, 이런 견고화는 판례나 입법자에 의해서만 촉진될 수 있다.

4. 行政行爲와 抽象的·一般的 規律간의 過渡領域에서의 一般處分

의약품법상의 리스크조종(Risikosteuerung)은 일반화하는 作用形式을 필요로 하는데, 이 작용형식은 오로지 법규명령만으론 커버될 수 없다. 의약품승인이란 모델(유형)승인이고, 통상 일정한 작용물질(성분)이 다수의 의약품에 함유되어 있기 때문에, 종종 일정한 負擔을 구체적·일반적으로 발할 필요가 있다. 일반행정법은 이런 경우에 행정절차법 제35조 제2문에 의한 一般處分을 규정하고 있다. 그렇지만 규범과 일반처분간의 경계를 정하기란 결코 쉽지 않다.[86] 이런 점은 다음의 사례를 통해 증명된다. 즉, 연방보건성(BGA)이, 진통성분과 관련한 약품은 반드시 (DIN 규칙에 따라 만들어진) 어린이안전용 용기로만 시판할 것을, 의약품법 제28조 제2항 제5호에 따른 負擔이 되도록 하였다. 이런 하명이 연방관보에 의해서 공포되었다.[87] 예전에는 연방관보에서도 공히 부담의 초안이 공포되었고, 의견개진이 요구되었다. 이런 규율형식에 대해서, 관련 제약사는 법률상 연방보건성에게 제정수권이 부여되어 있지 않은 법규범에 해당한다는 견해로써 異議를 제기하였다. 개개의 수익적 행정행위 즉, 개개의 승인에 대한 附從性(Akzessorietät)이 더 이상 지켜지지 않았다고 하여, 負擔의 인정에 반대하였다.[88] 이에 반해서 VG Berlin은 정당하게도 다음의 점을 확인하였다. 연방관보에 공포된 하명은 一般處分의 형식으로 행해졌다. 왜냐하면 관련 내용성분을 갖는 의약품을 시판하는 인적 범주가 알려지고, 관련 규율이 그밖에 구체적 규율내용을 통해 구체적인 권리관계(법률관계)에 연계되어 있기 때문이다.[89]

기존의 승인을 위해 적절한 이런 고려는,[90] 공표된 하명이 마찬가지로 통용될 장래

86) 이 점은 특히 교통표지의 법적 성질에 관한 -변화가 심하고 거의 기이한 느낌을 주는- 논쟁을 통해서 생생하게 설명된다. 이런 점에서 참조 Maurer, Allgemeines Verwaltungrecht, §9 Rdnr.36.

87) BAnz. Nr.81 vom 28. April 1979.

88) 성립요건상의 서술로 VG Berlin vom 1. Febr.1982-VG 14A 366.80-(Kindersicherung), ESzA §28 Nr.2, S.2.

89) VG Berlin vom 1. Febr.1982-VG 14A 366.80-(Kindersicherung), ESzA §28 Nr.2, S.5.

90) 이런 점에서 集合負擔(Sammelauflage)에 해당한다. Vgl. Kopp, Verwaltungsverfahrensgesetz, 5.Auflage 1991, §35 Rdnr.64.

의 승인결정에까지도 확장된다. 왜냐하면 그것은 계속효적 행정행위이기 때문이다.[91] -그렇지 않아도 문제가 되는- 負擔의 도그마틱은, 승인을 통해 의제적 승인과 장래의 승인을 위한 계속적 부담에 대해서 추가로 지워진다. 부담의 본체인 행정행위(Grund-Verwaltungsakt)에 대한 附從性은 이런 경우에 거의 더 이상 인식될 수 없다. 기능상으로 보건대, 一般處分形式의 계속적 부담은 法規範에 해당하며, 이는 승인결정에 관한 일반적 규율내용을 구체화하고 한정한다.[92] 의약품법이 연방보건성에 대해 -일반적인 표시제한, 처방, 포장, 경고지적과 관련하여- 승인을 수정하고 구체화하는 리스크 기준을 정하도록 명령제정을 수권하는 것은, 헌법상으론 하등에 문제가 되지 않을 것이다. 一般處分形式의 예견된 負擔은, 행정행위에 의한 형성의 범위를 넘어서기에, 적합한 규율형식 즉, 규범을 필요로 한다.

* 지방자치법연구 제6권 제1호, 2006.6., 549면 이하 소수.

* 참고문헌: 선정원, 의약품 품목허가의 취소와 변경, 법제연구 제37호(2009.12.), 205면 이하.

---

91) VG Berlin vom 1. Febr.1982-VG 14A 366.80-(Kindersicherung), ESzA §28 Nr.2, S.6. 일반처분형식의 부담의 효력은 승인의제된 것으로만 간주되는 舊製의약품에도 마찬가지로 연장된다. 이 경우에도 부담의 부종성은 식별할 수 없을 정도까지 완화된다. 왜냐하면 이 경우엔 본체인 행정행위가 존재하지 않기 때문이다.

92) '수정부담'의 배후엔 종종 허가의 실체적 내용제한이 숨겨져 있다는 문제점에 관해선: Schachel, Nebenbestimmungen zu Verwaltungsakten, Jura 1981, S.449(454f.); Rumpel, Abschied von der modifizierenden Auflage im Umweltverwaltungs- und Umweltstrafrecht, NVwZ 1988, 502(504); ders., Zur Verwendung von Genehmigungsinhaltsbeschränkungen und Auflagen, BayVBl. 1987, 577ff.

제 5 장

環境影響評價가 결여된 行政行爲의 效力에 관한 小考

-對象判決 : 大法院 2006.6.30. 선고 2005두14363判決-

Ⅰ. 事件의 概要

국방부 산하 육군 제1968 부대장(이하 위 부대장을 '사업자'라 하고, 위 부대를 '이 사건 부대'라고 한다)은 1997년경 육군의 훈련장 중 · 장기 종합발전계획에 따라 사단 자체적으로 사격장을 운용하기 위하여 강원 철원군 김화읍 청양리 지역에 위치한 기존의 박격포사격장을 확장하는 방안을 모색하였으나 인근 주민들의 민원 제기 등으로 인하여 이를 포기한 후 1998.4.경 강원 철원군 김화읍 도창리 산 246 외 인근 부지에 박격포 사격장을 설치하기로 하는 "도창리 백골종합훈련장 피탄지조성사업계획(이하 '이 사건 사업계획'이라 한다)"을 수립하였다.

그 무렵 사업자가 작성한 이 사건 사업계획에 의하면, 사업부지는 민간인통제선 북쪽에 위치하고 도창리 마을로부터 3.2㎞ 떨어져 있으며 그 면적이 903,384㎡이고, 사격장 내 삼림벌목 규모는 피탄지 3개소 8,513평, 방화선 구축 8,470평을 더하여 16,983평(56,142㎡)이며, 연간 50일 내외에 박격포탄 1,300발 이하로 사격하는 것으로 되어 있다. 그 후 사업자는 아래의 사업실시계획을 피고에게 제출하였고, 이에 피고는

1999.12.4. 국방·군사시설사업에관한법률 제4조에 따라 이 사건 사업계획에 대한 승인(이하 '이 사건 승인처분'이라 한다)을 한 후 국방부고시 제1999-55호로 이를 고시하였다. 이에 따라 사업자는 1999.12.경부터 2000.11.경까지 약 13억원의 예산으로 사업부지에 대한 협의 및 보상 절차를 마친 후 표적 및 방화지대 설치작업을 실시하여 2001.8.경 설치공사를 완료하였다.

원고들은 이 사건 사업부지 인근인 도창리 마을에 거주하는 주민들로서 이 사건 사업부지에 사격장이 설치되어 사격훈련이 실시될 경우 인근 식수원에 대한 수질오염 등 여러 가지 환경오염에 노출될 위험성이 크다는 등의 이유로 이 사건 사업계획에 반대하였다. 그리하여 원고들은 이 사건 승인처분에는 다음과 같은 중대하고 명백한 하자가 있음을 이유로 그 무효확인을 구하였다: ⅰ)이 사건 사업부지 중 보전임지인 817,184㎡ 부분의 전용에 관하여 관계법령상 산림청장과의 협의를 거쳐야 함에도 이를 거치지 않은 채 피고가 이 사건 승인처분을 하였다. ⅱ)이 사건 사업계획은 구 환경영향평가법상(1999.12.31. 법률 제6095호로 폐지되기 전의 것, 이하 '환경영향평가법'이라고만 한다)의 환경영향평가대상사업에 해당함에도 환경영향평가를 전혀 실시하지 않은 채 피고가 이 사건 승인처분을 하였다.

Ⅱ. 下級審判決의 要旨

제1심판결인 서울행정법원 2004.10.8. 선고 2003구합37607판결은, "환경영향평가법 각 규정들의 취지는 환경영향평가대상지역에 해당하는 대상 사업이 환경을 해치지 아니하는 방법으로 시행되도록 함으로써 대상 사업과 관련된 환경공익을 보호하려는데 그치는 것이 아니라 당해 사업으로 인하여 직접적이고 중대한 환경피해를 입으리라고 예상되는 환경영향평가대상지역 안의 주민들이 전과 비교하여 수인한도를 넘는 환경침해를 받지 아니하고 쾌적한 환경에서 생활할 수 있는 개별적 이익까지도 보호하려는 데에 있는 것이다(1998.9.22. 선고 97누19571판결 등 참조). 그런데 사업자가 사전에 환경영향평가를 전혀 실시하지 아니한 채 사업계획이 수립·실시된 이 사건에 있어서는, 사전에 환경영향평가에 주민들의 의견들을 수렴하고 환경부장관과의 협의내용을 사업계획에 반영시키는 것 자체가 원천적으로 봉쇄되는 것이므로, 인근주민들의 직접적이고 개별적인 이익이 근본적으로 침해되었다고 보아야 할 뿐만 아니라 환경파괴를 미연에 방지하기 위하여 도입된 환경영향평가법의 입법취지 자체가 몰각되는 결과를 초래하였다고 할 것이다. 위와 같은 환경영향평가법의 목적, 의미, 기능 등을 목적론적으로 고려함과 동시에 원고들이 가지는 환경적인 이익 등 이 사건 자체의 특수성 등을 종합하여 볼 때, 이 사건 사업계획으로 달성하려는 전투력증강 등의 행정 목적과 사업부지의 토지소유자 등 제3자의 이익 등을 감안한다 하더라도, 피고가 이 사건 승인처분을 함에 있어 사전에 산림청장과의 협의를 거치지 아니하였을 뿐만 아니라 주민의 생존에 직결되는 상수원문제 등에 대한 환경영향평가를 실시하지 않은 것은 단순히 취소사유에 그치는 것이 아니라 그 하자가 중대하고도 명백하여 무효사유에 해당한다고 할 것이다"고 판시하였다. 항소심판결인 서울고등법원 2005.9.30. 선고 2004누22697판결 역시 동일한 입장을 취하였다.

Ⅲ. 對象判決의 要旨

[1] 구 환경영향평가법(1999.12.31. 법률 제6095호 환경 · 교통 · 재해 등에 관한 영향평가법 부칙 제2조로 폐지) 제1조, 제3조, 제9조, 제16조, 제17조, 제27조 등의 규정 취지는 환경영향평가를 실시하여야 할 사업(이하 '대상사업'이라 한다)이 환경을 해치지 아니하는 방법으로 시행되도록 함으로써 당해 사업과 관련된 환경공익을 보호하려는 데 그치는 것이 아니라, 당해 사업으로 인하여 직접적이고 중대한 환경피해를 입으리라고 예상되는 환경영향평가대상지역 안의 주민들이 전과 비교하여 수인한도를 넘는 환경침해를 받지 아니하고 쾌적한 환경에서 생활할 수 있는 개별적 이익까지도 보호하려는 데에 있는 것이다. 그런데 환경영향평가를 거쳐야 할 대상사업에 대하여 환경영향평가를 거치지 아니하였음에도 불구하고 승인 등 처분이 이루어진다면, 사전에 환경영향평가를 함에 있어 평가대상지역 주민들의 의견을 수렴하고 그 결과를 토대로 하여 환경부장관과의 협의내용을 사업계획에 미리 반영시키는 것 자체가 원천적으로 봉쇄되는 바, 이렇게 되면 환경파괴를 미연에 방지하고 쾌적한 환경을 유지 · 조성하기 위하여 환경영향평가제도를 둔 입법 취지를 달성할 수 없게 되는 결과를 초래할 뿐만 아니라 환경영향평가대상지역 안의 주민들의 직접적이고 개별적인 이익을 근본적으로 침해하게 되므로, 이러한 행정처분의 하자는 법규의 중요한 부분을 위반한 중대한 것이고 객관적으로도 명백한 것이라고 하지 않을 수 없어, 이와 같은 행정처분은 당연무효이다.

[2] 국방 · 군사시설 사업에 관한 법률 및 구 산림법(2002.12.30. 법률 제6841호로 개정되기 전의 것)에서 보전임지를 다른 용도로 이용하기 위한 사업에 대하여 승인 등 처분을 하기 전에 미리 산림청장과 협의를 하라고 규정한 의미는 그의 자문을 구하라는 것이지 그 의견을 따라 처분을 하라는 의미는 아니라 할 것이므로, 이러한 협의를 거치지 아니하였다고 하더라도 이는 당해 승인처분을 취소할 수 있는 원인이 되는 하자 정

도에 불과하고 그 승인처분이 당연무효가 되는 하자에 해당하는 것은 아니라고 봄이 상당하다.

Ⅳ. 問題의 提起

대상판결은 제1심인 서울행정법원 2004.10.8. 선고 2003구합37607 판결이 취한 기조를 그대로 받아 들였다. 다만 산림청장과의 협의를 거치지 않은 부분에 대해서 제1심과 제2심이 환경영향평가의 결여와 합쳐서 무효로 접근한 반면, 대법원은 양자를 분리하여 접근을 하였다. 일찍이 대법원 2001.6.29. 선고 99두9902판결이 환경영향평가를 거치지 아니 한 처분은 위법하다고 판시하였는데, 대상판결은 이보다 더 나아갔다. 환경영향평가의 결여를 무효사유를 봄으로써 환경영향평가제도의 위상과 환경의 중요성을 제고시킨 점은 분명하지만, 행정법도그마틱상으로 검토되어야 할 다음과 같은 여러 문제점이 있다: 평가대상지역 주민이 원고적격을 갖는지와 관련하여 환경영향평가법 및 해당 규정이 제3자보호규범에 해당하는지 여부, 환경영향평가상의 하자를 독립되게 취소사유를 주장할 수 있는지 여부, 그리고 환경영향평가의 결여가 실체적 처분(사업계획에 대한 승인처분)의 무효사유가 될 수 있는지 여부. 일부에서 대상판결을 두고 지극히 타당한 결론이라 평할 뿐이지,[1] 별반 의문이 제기되지 않고 있다. 그러나 이하에서 보듯이 독일의 경우는 관련 논의가 치열하다. 이 글에선 현행 법령상 환경영향평가제의 본질에 천착하여 독일에서의 논의를 참조하여 이상의 문제점을 검토하고자 한다.

Ⅴ. 環境影響評價의 本質

판례는 환경영향평가의 결여(不實施)나 不實(흠결, 하자)을 재량의 일탈과 남용에 따른 대상처분의 위법성을 판단하기 위한 하나의 요소로 보고 있다.[2] 행정행위의 하자치유를 절차 · 형식상의 하자에 한정하는 것이 다수경향인데,[3] 만약 환경영향평가의 절차적 성격을 분명히 하지 않는다면, 환경영향평가상의 하자는 자칫 하자치유의 대

---

1) 김홍균, 환경영향평가제도와 사법심사, 조해현(편집대표), 행정소송(Ⅰ), 2008, 613면.

2) 대법원 2001.6.20. 선고 99두9902판결 등.

3) 김남진/김연태, 행정법Ⅰ, 2009, 283면; 홍정선, 행정법원론(상), 2009, 402면; 홍준형, 행정행위 하자의 치유, 고시계, 2000.8., 61면. 반면 박균성 교수는 하자치유가 주로 절차와 형식상의 그것에 대해 인정되지만 내용상의 하자도 치유의 대상이 된다고 본다. 동인, 행정법론(상), 2009, 382면. 이와는 다소간 다르게 하자치유가 절차적 하자의 경우에도 엄격해야 한다는 지적도 있다. 김철용, 행정법Ⅰ, 2009, 286면.

상에서 배제될 우려가 있다. 따라서 환경영향평가의 본질의 규명은 그것의 하자의 치유가능성을 가늠하기 위한 첫 단추이다.

환경영향평가의 주안점은 환경 그 자체에 대한 사업계획의 영향을 설명, 평가하고, 또한 연계된 결정근거로서 준비하는 데 있다. 비록 관련 법제(구 환경영향평가법이나 현행 환경영향평가법 등)에서 법적 성질을 명시하진 않지만, 환경영향평가법은 그것을 동법 제4조에 따른 환경영향평가 대상사업의 사업계획을 수립하려고 할 때에 그 사업의 시행이 환경에 미치는 영향을 미리 조사 · 예측 · 평가하여 해로운 환경영향을 피하거나 줄일 수 있는 방안을 강구하는 것을 말한다고 정의하고 있다(동법 제2조 제1호). 대상판결 역시 사전에 환경영향평가를 함에 있어 평가대상지역 주민들의 의견을 수렴하고 그 결과를 토대로 하여 환경부장관과의 협의내용을 사업계획에 미리 반영하는 데 환경영향평가제도의 취지가 있음을 분명히 한다. 따라서 환경영향평가는 순전히 절차도구적 성격을 가지며, 당연히 비독립적이다.

독일의 경우에도 사정은 동일하다. 그러므로 그들 환경영향평가법(UVPG) 역시 실체법적 승인(허용)요건을 가다듬기보다는 특별한 절차법적 요청을 설정하여 이를 중심으로 구성되어 있다.[4] 그런데 환경영향평가는 실체적인 사업계획승인법(Zulassungsrecht)에 대해서도 영향을 미친다. 즉, 설령 실체적 결정기준을 바꾸진 못하더라도, 환경영향평가는 실체적 요소까지도 담고 있다. 왜냐하면 환경영향평가의 평가단계는 형량과 -계획형량의 종결단계로서 중요사항의 보전에 의거한- 고려에서 가늠하는 것을 직접적으로 목표로 하기 때문이다. 형량의 범주에서 규정에 맞는 조사와 평가에 관한 요구란 실체법적 요구에 해당한다.[5] 이런 맥락에서 뮌헨 고등행정법원(VGH München) 역시 중요사항의 조사와 평가가 전문계획행정청의 결정프로그램(형량명령)에 들어간다는 점을 이유로, 환경영향평가가 실체법에 영향을 미친다는 점을 -연방행정법원과 다른 접근을 강구하기 위한- 출발점으로 삼았다. 즉, 그런 정형화된 근거에 의거한 법구체화의 경우엔, 실체법의 규범구조에 대한 재귀적 영향이 없을 순 없다는 것이다.[6]

그러나 이런 식의 접근에 대해, Schmidt-Preuß는 입법정책적 차원에서의 논의와는 별도로 환경영향평가의 실체법적 효과를 논증하는 것은 그들 환경영향평가법의 연혁에 비추어 너무 멀리 가버렸다고 비판하였다. 나아가 행정규칙제정자조차 환경영향

---

4) BVerwGE 100, 238(Ls2)=NVwZ 1996, 788; BVerwGE 104, 236(242)=NVwZ 1998, 508; Schmidt-Preuß, Der verfahrensrechtliche Charakter der Umweltvertraglichkeitsprüfung, DVBl. 1995, 485(489).

5) Beckmann, Rechtsschutz Drittbetroffener bei der Umweltverträglichkeitsprüfung. DVBl. 1991, 358(360); Wolf, Umweltrecht, 2002, §14 Rn.892.

6) VGH München, BayVBl 1995, 304(305); VGH München, NuR 1993, 285(286); 결과적으로 비슷하게 OVG Koblenz, NVwZ 1995, 1025; 동지: Steinberg, DÖV 1996, 221(227).

평가법의 순수한 절차법적 성격을 결코 바꿀 수 없다고 강조하였다.[7] 독일 연방행정법원 역시 명시적으로 다음과 같이 반대의 입장을 취하였다: ⅰ)환경영향평가법과 환경영향평가지침(UVP-Richtlinie)에 따라 요구된 환경영향평가의 결여란 형량하자를 가리킨다는 전제는 연방법과는 일치할 수 없다.[8] ⅱ)환경법은 환경영향평가지침을 통해 결코 실체적 풍성함(공고함)을 얻지 못한다. 유럽공동체법적 규율은 실체법적 규준에서 벗어나 있으며 실체(본안)결정의 前置領域에서 절차법적 요청에 국한된다. 환경영향평가의 결과가 '허가절차의 범주에서' 고려되어야 할 경우에만, 그 실체결정이 관련성을 지닌다. 이런 고려명령이 -결정의 내용에 영향을 미치려는- 지침제정자의 의사를 나타내진 않는다.[9]

Ⅵ. 獨逸에서의 하자있는 環境影響評價節次에 대한 權利保護[10]

1. 환경권리구제법의 시행이전의 상황

(1) 독일 연방행정법원의 입장

(독일)연방행정법원의 판례는 절차하자와 관련해서 제3자를 위한 독립된 원고적격을 인정하지 않는다.[11] 독일 연방행정법원은 절차규정의 불준수 그 자체로선 계획확정결정의 폐지(취소)가 초래되지 않는다는 기조를 계속 견지하고 있다(이것의 독립쟁송(제기)가능성여부는 후술). 이에 추가하여, 절차상의 하자가 결정에 대해서 본질적으로(실체적으로) 영향을 미칠 수 있어야 한다(인과관계의 요구). 절차하자가 없었더라면 계획행정청이 다르게 결정을 내렸을 것이라는 구체적인 가능성이 그때그때 경우의 사정에 비추어 존재하는 경우에만, 그 인과관계가 인정된다.[12]

절차하자상의 일반적인 이런 인과관계론을 연방행정법원은 환경영향평가에 그대로 대입하였다.[13] 이에 따라 (독일)환경영향평가법은 다른 개별법의 절차규정마냥 독

---

7) ders., a.a.O., DVBl. 1995, 485(490): 동지: Hien, Die Umweltverträglichkeitsprüfung in der gerichtlichen Praxis, NVwZ 1997, 422(425).

8) BVerwGE 100, 370 (376) = NVwZ 1996, 1016.

9) BVerwGE 100, 238 (243) = NVwZ 1996, 788; BVerwGE 104, 236 (242) = NVwZ 1998, 508.

10) 이하의 독일논의는 환경영향평가하자의 독립쟁송(제기)가능성의 문제와도 함께 어우러져 있다. 한편 환경영향평가의 하자를 둘러싼 독일의 논의는 특히 한귀현, 환경영향평가의 하자와 제3자의 권리보호, 법제연구 제35호(2008.12.), 399면 이하 참조.

11) BVerwG, NVwZ-RR 1999, 430.

12) BVerwGE 62, 243 = NJW 1981, 2769; BVerwGE 64, 325 = NJW 1982, 1546; BVerwGE 69, 256 = NVwZ 1984, 718; BVerwGE 75, 214 = NVwZ 1987, 578; BVerwGE 85, 348 = NVwZ 1991, 364; BVerwGE 88, 286 = NVwZ 1993, 177; BVerwGE 100, 370 (379) = NVwZ 1996, 1016; BVerwG, NVwZ 1999, 67; BVerwG, DVBl. 1982, 1096.

립되게 관철가능한 절차적 지위를 결코 가져다주지 않는다. 그리하여 절차하자가 없었더라면 다른 결정이 선택되었을 것이라는 구체적인 가능성이 존재하는 경우에만, 동법규정의 위반이 결정상으로 중요하게 된다.[14] 환경영향평가법 규정의 불준수가 일정한 요건하에서 獨立加爭的 절차하자로 평가되지 않는 한, 판례의 이런 소극적 입장은 권리보호를 도모하는 자로선 권리보호의 매우 광범한 제한에 해당한다. 사업계획의 환경영향을 적절하게 평가하여야 한다는 목표가 환경영향평가법 제11조상의 종합설명의 방식으로만 실현되진 않으며, 계획행정청이 형량을 위한 중요사항을 고려하였는지 여부가 결정적이다.[15] 정식의 환경영향평가가 행해지지 않는다고 하여, 관련인의 권리침해가 바로 도출되진 않는다.[16] 다시 말해, 연방행정법원에 의하면, 정식의 환경영향평가의 결여가 곧바로 형량하자와 동일시되진 않는다.[17]

(2) 독일 고등행정법원의 입장

(가) 독일 연방행정법원과 같은 입장

연방행정법원의 판례에 연계하여 뤼네부르크 고등행정법원(OVG Lüneburg)는 2004.2.11.의 결정에서 환경영향평가절차의 시행에 관한 隣人의 권리를 부인하였다. 동법원은 환경영향평가지침 그 자체는 물론 환경영향평가법에 대해서 제3자보호성을 인정하지 않은 즉, 환경영향평가법의 의의와 목적은 효과적인 절차규정을 통해 공익을 위해 효과적인 환경상의 사전배려를 하는 것일 뿐, 특정 인적 범주의 보호에 이바지하는 것은 아니라고 판시하였다.[18] 뮌스터 고등행정법원(OVG Münster) 역시 2002.7.1.결정에서 비슷한 입장을 취하였다: 환경영향평가법은 그 규율본지에 비추어 -본안(실체)결정의 前置領域에서의 절차법적 요청으로서의- 환경영향평가의 규율에 한정된다. 환경영향평가법이 일정한 인적 범주의 보호에 이바지하도록 규정되어 있지 않기에, 동법은 隣人權과 관련한 제3자보호를 결코 매개하지 않는다. 설령 그런 것을 訴求하더라도, 제3자보호적 절차규정에서조차 인과관계와 무관한 제소가능성이 국내법상으로 주어지지 않고, 유럽법적으로 환경영향평가지침과 관련해서도 요구되지 않

---

13) BVerwG, NVwZ 1994, 688(690); BVerwG, NVwZ 1993, 565; BVerwGE 98, 339 (362) = NVwZ 1996, 381; BVerwGE 100, 238 (252) = NVwZ 1996, 788; BVerwGE 104, 236(244) = NVwZ 1998, 508; BVerwG, Beschl. v. 9. 7. 2003 - 9 VR 1/03.

14) BVerwGE 100, 238 (252) = NVwZ 1996, 788; 상세 Schoch, "Individualrechtsschutz im deutschen Umweltrecht unter dem Einfluß des Gemeinschaftsrechts", NVwZ 1999, 457(458).

15) BVerwGE 104, 236 (242) = NVwZ 1998, 508; 동지; Hien, a.a.O., 422(426); 결과적으로 비슷하게 VGH München, NuR 1994, 244 (245).

16) BVerwGE 104, 236 (239) = NVwZ 1998, 508; Kopp/Schenke, Verwaltunsgerichtsordnung Kommentar 14. Aufl. (2005), §42 Rdnr. 95.

17) BVerwGE 100, 238 (247) = NVwZ 1996, 788; BVerwGE 104, 236 (240) = NVwZ 1998, 508.

18) OVG Lüneburg, Beschl. v. 11. 2. 2004 - 8 LA 206/03.

는 이상, 그런 訴求는 별무효과일 것이다.[19] 만하임 고등행정법원(VGH Mannheim) 역시 기왕의 판례에서 환경영향평가는 개인적 권리의 보호에 이바지하지 않으며, 그것은 효과적인 환경사전배려를 고려하기 위함이라고 판시하였다.[20]

(나) 독일 연방행정법원과 다른 입장

이와는 달리, 뮌헨 고등행정법원(VGH München)은 환경영향평가가 실체법에 영향을 미친다는 점을 출발점으로 삼아, 필수적인 환경영향평가의 부작위 내지 그것의 불충분한 실시가 절차하자에 해당한다고 판시하였다.[21] 동법원은 환경영향평가의 기능이 "절차를 통한 타당성보장"에 있다고 보았다. 그런데 뮌헨 고등행정법원(VGH München)의 견해에 의하더라도, (정식의)환경영향평가가 부당하게 불실시되었다는 주장 그 자체로 제소권이 성립하진 않는다.[22] 하지만 뮌헨 고등행정법원(VGH München)은 필수적인 환경영향평가의 결여가 형량하자를 가리킨다는 점을 환경영향평가와 실체적 계획결정간의 연계로부터 도출하였으며,[23] 그에 따라 결과적으로 그런 형량하자는 원고의 권리침해를 나타낸다.[24]

비록 연방행정법원에 의해 부정되었지만, 뮌헨 고등행정법원(VGH München)의 이런 착안점은 다음의 결과를 가져다 주었다. 즉, 절차에 맞게 실시된 환경영향평가가 원고에 대해 다른 결정을 초래할 수 있는 점이 배제되지 않는 한, 허가결정은 폐지되어야 한다는 것이다. 연방행정법원과는 다른 접근을 강구한 동법원의 이런 입장에 의하면, 환경영향평가의 결여에 따른 형량흠결(Abwägungsdefizit)이 주어진 상황에 따라 -즉, 이런 하자가 없을 때- 다른 결정의 구체적 가능성을 초래할 것이라는 점은, 결정적이지 않다.[25] 그런데 동법원이 연방행정법원의 판례에 비해 엄격한 즉, 절차하자에 대해 덜 관용적인 척도를 적용하긴 하였지만, 구체적 사례에선 연방행정법원이 1995.6.8.의 판결에서[26] 도달하였던 것과 동일한 결론을 종내 취하였다. 즉, (추가적으로 시행된) 환경영향평가가 내용적, 공간적 구분에서 다른 결정을 가져다 줄 것이라는 전제가 배제되기에, 원고로선 (환경영향평가의 불실시의) 절차하자를 주장할 수 없다고 판시하였다.[27]

---

19) OVG Münster, NVwZ 2003, 361 (363).

20) VGH Mannheim, NuR 1993, 277 (278) = UPR 1993, 190. 한편 동법원은 개인이 환경영향평가절차의 시행에 관한 청구권을 갖지 못할 것으로 추정된다는 식으로 약간 여지를 두었다.

21) VGH München, Urt. v. 21. 6. 2004 – 20 N 04.1201 u.a. (juris Rdnr. 37), Leitsatz abgedr. in DVBl 2004, 1123.

22) VGH München, NuR 1994, 145.

23) VGH München, BayVBl. 1995, 304 (306).

24) VGH München, NuR 1994, 244 (245).

25) VGH München, NuR 1994, 244 (245).

26) BVerwGE 98, 339 = NVwZ 1996, 381.

(3) 유럽공동체법적 규준과 유럽최고법원의 판례

독일 연방행정법원은 공동체법은 물론 환경영향평가지침의 규정에 대해서도 개인적 권리의 내용을 부여하지 않는다.[28] 이에 반해 뮌헨 고등행정법원(VGH München)은 동지침이 지침상의 절차의 시행에 관한 직접적이고 독립된 권리를 관련 隣人에게 부여한다는 점을 출발점으로 삼았다.[29] 문헌상으로도 일부는 동지침이 제3자효를 갖지 않으며 단지 절차법적 성격을 가진다고 보는 반면[30] 일부는 제3자보호적 성격을 인정한다.[31] 그 사이 유럽최고법원(EuGH)의 2004.1.7.자 판결이 제3자의 권리보호와 관련한 미확인 물음을 밝히는 데 이바지하였다.[32] 동법원은 제3자의 권리에 대한 단순한 부정적인 영향이 동지침의 규정을 원용할 권리를 개인에게 부정하는 것을 정당화시키지 않는다고 하여, 개인이 환경영향평가지침 제1조 제2항과 제4조 제2항(환경영향평가)과 결합하여 제2조 제1항을 주장할 수 있다는 결론에 이르렀다. 다만 –이런 프로젝트에 대해 환경영향평가를 하기 위하여– 이미 발한 허가를 취소나 중지할 가능성 또는 동의시 개인이 그에게 발생한 손해의 배상을 요구할 가능성이 국내법에 따라 존재하는지 여부를 확인하는 것은, 국내법원의 일이라고 판시하였다. 이미 유럽최고법원은 1999.9.16.의 판결에서 제3자보호에 대해 우호적인 입장을 나타내었다.[33] 이에 따르면, 회원국의 입법자나 행정이 환경영향평가지침 제4조 제2항과 제2조 제1항을 통해 그에게 부여된 재량을 넘어섰을 땐, 개인은 이들 국내기관을 상대로 국내법원에서 이들 규정을 주장할 수 있다. 또한 이를 통해 이들 기관으로 하여금 동지침의 이들 규정과 일치하지 않는 국내규정이나 조치를 고려하지 않게끔 할 수 있다. 독일판례와는 배치되게 유럽공동체법적으로 진전된 상황은[34] 유럽최고법원의 2004.1.7. 판결과 더불어 분명히 인식할 수 있는 범위에서 확고해졌다. 왜냐하면 개개의 隣人이 환경영향평가시행에 관한 청구권을 갖는다는 것이 동판결로부터 도출될 수 있기 때문이다.

(4) 연방행정법원판례에 대한 비판

절차하자와 가능한 다른 결정간의 인과관계에 관한 연방행정법원의 판례는 문헌상

---

27) VGH München, NuR 1994, 244 (245).

28) BVerwGE 100, 238 (252) = NVwZ 1996, 788; BVerwGE 98, 339 (362) = NVwZ 1996, 381.

29) VGH München, NVwZ-RR 2000, 661.

30) Hien, a.a.O., 422(425); Schmidt-Preuß, a.a.O., 485(494).

31) Beckmann, a.a.O., 358(364); Steinberg, Chancen zur Effektuierung der Umweltverträglichkeitsprüfung durch die Gerichte, DÖV 1996, 221(230); Epiney, ZUR 1996, 229(234); Ruffert, DVBl. 1998, 69(74); Schoch, a.a.O., 457(466).

32) EuGH, NVwZ 2004, 593.

33) EuGH, EuZW 2001, 224 L = DVBl. 2000, 214 L.

34) 상세는 Schoch, a.a.O., 457(458f.); ders., in: Schmidt-Aßmann/Hoffmann-Riem (Hrsg.), Strukturen des Europäischer Verwaltungrechts, 1999, S. 279(295ff.).

으로 심한 비판을 받았다. 환경영향평가가 단지 절차권만 포함한다는 연방행정법원의 출발점을 Erbguth는 다음과 같이 비판하였다.[35] 환경영향평가규정이란 한편으론 절차권을 나타내고, 다른 한편으론 계획상의 형량의 범주에서의 환경적 중요사항을 조사하는 데 이바지한다. 형량의 범주에서의 (법치국가원리적으로) 규정에 맞게 조사·평가하여야 한다는 요청은 실체법의 요청에 해당한다. -다른 종류의 결정의 구체적인 가능성의 입증에 국한된- 절차하자의 결정상의 중요성을 논증하는 것은 헌법과 극히 부합할 수 없다. 왜냐하면 -추상적인 인과관계의 설명을 평결하는 것을 면하기 위해선- 본질적으로 법원쪽에서 "대체적 환경영향평가"가 시행되어야 하기 때문이다. 권력분립원리에 대한 이런 攻取는 매우 심각하게 여겨져야 한다.[36] 아울러 절차하자의 중요성의 물음을 위한 인과관계심사가 아무런 법률적 근거가 없다는 점과, 이런 방식으론 제3자관련인의 권리보호가능성이 축소된 것으로 여겨진다는 점이 비판된다.[37] 사실 원고로선 환경영향평가가 실시되었다면 계획결정이 달리 내려졌을 것이라는 점을 설명·입증하기란 어려울 것이다. 결국 환경영향평가절차에서의 하자는 환경영향평가대상 사업계획에 대한 소송절차의 출발을 위해선 아무런 의미가 없게 된다.

일부는 가령 公衆參與(Öffentlichkeitsbeteiligung)에 관한 규정을 비롯한 환경영향평가법의 일부 규정에 대해 3자보호성을 부여할 수 있다고 주장한다.[38] 이에 의하면, 우선 사업계획의 사람에 대한 영향을 조사할 의무(동법 제2조 제1항 제2문 제1호)는, 동법의 개개의 규정이 주관적 법적 지위를 부여한다는 점을 찬동한다. 하지만 조사범위에 관한 보고와 사업계획주체에 의한 서류의 제출에 관한 동법 제5조와 제6조는 절차준비적 기능을 수행한다는 점에서, 제3자보호성이 부인된다.[39] 반면 다른 행정청과 公衆의 참여에 관한 규정(동법 제7조-제9조의a)의 경우 정보베이스를 향상시킬 목적을 추구하되, 특히 공중참여의 경우는 단순한 정보베이스의 향상을 넘는다. 즉, 관련인은 이를 통해서 이의절차에서 자신이 관련성을 명백히 제시할 수 있음을 알게 되며, 아울러 사업계획에 대해서 그것의 허용성결정이 내려진 다음에 비로소 이의제기를 할 수 있기보다는 승인과정에서 先取된 권리보호를(vorgezogener Rechtsschutz) 강구할 수 있다. 그리하여 환경영향평가에서의 공중참여의 이런 확대된 목표가, 제3자권리보호를

35) Erbguth, NuR 1997, 261(265f.); 동지: Schink, NuR 1998, 173; Steinberg, a,a,O., 221(228).

36) 한편 Erbguth가 권력분립원리와 관련하여 제시한 헌법상의 의문에 대해서, Scheidler은 너무 앞서갔다고 지적한다. Ders., Rechtsschutz Dritter bei fehlerhafter oder unterbliebener Umweltverträglichkeitsprüfung, NVwZ 2005, 863(867).

37) Erbguth/Schink, Gesetz über die Umweltverträglichkeitsprüfung, 2. Aufl. (1996), Einl. Rdnr. 129b.

38) Scheidler, a.a.O., 864(865).

39) 동지: Beckmann, a.a.O., 358(361); Weber/Hellmann, Das Gesetz über die Umweltverträglichkeitsprüfung(UVP-Gesetz), NJW 1990, 1625(1632); Kollmer, Die verfahrensrechtliche Stellung der Beteiligten nach dem UVP-Gesetz, NVwZ 1994, 1057(1059).

위한 영향미침을 고려하는 것을 정당화한다. 또한 평가와 고려를 형량의 구성요소로서 대상으로 삼은 규정(동법 제12조) 역시 공중참여에 관한 규정과 마찬가지로 선행 권리보호를 보장하는 데 이바지한다. 왜냐하면 환경영향평가의 평가단계는 형량에서 가늠하는 것을 직접적으로 목표로 삼으며, 동법 제12조상의 고려는 계획형량의 세 번째와 종결 단계로서 중요사항의 균형을 목표로 삼기 때문이다.

2. 환경권리구제법의 시행이후의 상황

(독일) 연방행정법원의 판례에 의하면, 실제로 행한 절차가 환경영향평가법과 환경영향평가지침에 부합하면 환경영향평가법의 정식의 환경영향평가규정을 준수하지 않았더라도, 절차위반에 해당하지 않는다. 이런 척도에 의거할 것 같으면, 절차하자가 존재할 경우 절차하자가 없었더라면 결정이 달리 내려졌을 것이라는 구체적 가능성이 존재하여야만 제3자관련성을 효과적으로 주장할 수 있다. 결과적으로 환경영향평가는 순전히 형식적 절차로 축소되며, 평가의 실체법적 핵심은 배제되어 버린다.[40] 그 결과 독일의 경우 환경영향평가의 결여나 하자(흠결)의 독립쟁송가능성 문제는 궁극적으로 인과관계의 문제가 되어 버려, 이런 기조를 완화시키지 않는 한, 통상 제소가능성이 부정되었다.[41]

이런 사정을 결정적으로 바꾼 것이 2006.12.15.자로 발효한 독일 환경권리구제법(Umwelt-Rechtsbehelfsgesetz)이다. 동법 제4조 제1항 제1문에 의해 필수적 환경영향평가나 사전심사의 불실시(결여)는 -주관적인 실체적 권리침해를 주장할 것 없이 제소가능성이 전적으로 인정되는- 절대적 절차하자(absoluter Verfahrensfehler)가 되어 버렸다.[42] 즉, 필수적 환경영향평가 내지 개별사전심사의 실시에 관한 청구권과 -환경영향평가 내지 사전심사의 추완가능성을 유보하되- 절차하자를 이유로 한 (취소제기된) 결정의 폐지에 관한 청구권이 존재하게 되었다. 그리하여 환경영향평가의 결여를 이

---

40) Steinberg, a.a.O., 221(228).

41) 여기서 독일과 비교되는 것이 프랑스의 상황이다. 프랑스에선 중요하지 않은 형식/절차규정의 위반은 재량결정의 경우라 하더라도, 폐지가 초래되지 않는다. 그리하여 프랑스법원은 독일 연방행정법원과는 달리 환경영향평가의 결여나 하자의 경우를 실체결정을 위한 인과관계의 기준이 아니라 절차하자의 중대성에 의거하여 가늠한다. 즉, 프랑스에선 영향평가의 완전한 결여는 중대한 절차하자로서 실체결정의 폐지를 초래할 것이다. 중대한 절차규정에 대해 독립된 의의를 부여하는 프랑스의 구상은 하자절차의 봉사적 기능에 천착하는 독일행정법과는 대비된다. 물론 이하에서 보는 환경권리구제법이 시행된 다음에는 독일적 구상은 프랑스적 구상과 근사하다. 한편 Clemens Ladenburger는 그의 기본연구에서, 프랑스법은 독일법보다 절차하자를 현저히 더 엄격하게 정하지만, 실은 법원이 엄격한 하자제재와 행정능률간의 목표충돌을 절차법의 '탄력적인' 개별경우와 관련한 해석을 통해서 균형을 가져다준다는 점도 고려되어야 한다고 결론을 내렸다. Landenburger, Verfahrensfehlerfolgen im deutschen und französischen Verwaltungsrecht, 1999, S.476.

42) Sachs, Verfahrensfehler im Verwaltungsverfahren: Hoffmann-Riem/Schmidt-Aßmann/Voßkuhle, Grundlagen des Verwaltungsrechts Ⅱ, 2008, §31 Rn62.

유로 취소소송을 제기하는 데 따른 종래의 장애가 해소되어 버려, 다툼의 상황이 더 이상 소송요건차원에서가 아니라 본안차원에서 진행된다(반면 불실시가 아닌 不實한 환경영향평가의 경우에는 종전과 동일하다).[43] VGH Kassel이 바뀐 법상황에 의거하여 환경권리구제법 제4조가 환경영향평가의 하자에 대해서 어느 정도로 적용되어야 할지, 이런 절차하자가 실체(본안)결정의 적법성에 대해 어떤 영향을 미치는지에 관하여, 최초로 견해를 표명하였다.[44]

Ⅶ. 環境影響評價法制의 제3者保護規範性 問題

일찍이 용화온천사건에서 대법원 1998.4.24. 선고 97누3286판결은, "환경영향평가대상사업의 경우 시설물기본설계변경승인처분 및 허가처분을 함에 있어서는 반드시 자연공원법령 및 환경영향평가법령 소정의 환경영향평가를 거쳐서 그 환경영향평가의 협의내용을 사업계획에 반영시켜야 한다는 점을 이유로, 자연공원법령뿐만 아니라 환경영향평가법령까지도 이 사건 변경승인처분 및 허가처분에 직접적인 영향을 미치는 근거 법률이 된다"고 판시하였다. -대상판례를 비롯한 환경영향평가를 문제로 삼은 일련의 판례가 보여주듯이- 이 판결을 기화로 원고적격의 물음에서 평가대상지역의 주민으로선 환경영향평가의 결여나 不實(흠결)을 별다른 어려움 없이 쟁송으로 다툴 수 있게 되었다. 물론 환경영향평가 대상지역 밖의 주민이라 할지라도 공유수면매립면허처분 등으로 인하여 그 처분 전과 비교하여 수인한도를 넘는 환경피해를 받거나 받을 우려가 있는 경우에는, 공유수면매립면허처분 등으로 인하여 환경상 이익에 대한 침해 또는 침해우려가 있다는 것을 입증함으로써 그 처분 등의 무효확인을 구할 원고적격을 인정받을 수 있다.[45]

보호규범론의 측면에서 보자면 대법원 1998.4.24. 선고 97누3286판결은 대상보호규범을 직접적인 실체적 근거규정을 넘어 관련 절차규정(환경영향평가에 관한 법규)에까지 확대하였다. 그리하여 이를 두고서 일부에선 위법성의 준거법규와 원고적격의 근거법규가 불일치하다는 점에서 판례가 위법성 牽聯性을 명시적으로 부인하였다고 평가하고 있다.[46] 한편 관련 판례에서 환경영향평가의 절차적 성격이 가려진 점은 문제

43) 이런 사정에 관해선 특히 Ziekow, Das Umwelt-Rechtsbehelfsgesetz im System des deutschen Rechtsschutzes, NVwZ 2007, 259ff.; Kment, Das neue Umwelt-Rechtsbehelfsgesetz und seine Bedeutung fur das UVPG - Rechtsschutz des Vorhabentragers, anerkannter Vereinigungen und Dritter, NVwZ 2007, 274ff.

44) 동판결의 의의에 관해선 Schlacke, Zur Beachtlichkeit von Verfahrensfehlern nach §4 UmwRG, ZUR 2009, 80ff.

45) 대법원 2006.3.16. 선고 2006두330전원합의체판결.

46) 박정훈, 행정소송의 구조와 기능, 2006, 252면.

이지만, 독일 연방행정법원과 달리 원고적격의 물음에서 환경영향평가제도의 私益保護性을 적극적으로 연관시킨 우리 판례의 입장은 우선 바람직하다. 그리고 환경영향평가가 절차적 성격을 가진다 하더라도, 절차하자에 대해 독립쟁송(제기)가능성을 인정하는 우리 법원으로선, 그것을 원고적격의 물음에 연계시킨 것이 자연스럽다. 하지만 환경영향평가제도의 절차적 성격을 분명히 드러내지 못한 판례의 이런 접근은, 독립쟁송가능성의 문제에서 석연치 않은 구석을 낳았다(후술). 사실 독일의 경우 오히려 환경영향평가의 절차적 성격이 너무나 확고하며, 이에 절차하자에 관한 그들의 특유의 觀이 더해졌기에, -우리와는 달리- 그것의 제3자보호규범성 여부가 논란이 되었다.

Ⅷ. 環境影響評價의 缺如나 不實이 독립된 쟁송취소사유인지?

환경영향평가를 절차적 수단으로 설정하면 그것의 하자는 절차의 하자인 셈이고, 그것의 하자 문제는 절차하자의 그것이다. 독일의 경우 그들 행정절차법 제45조와 제46조를 통해 절차하자의 광범한 치유가능성을 인정하고 동시에 그것의 독립된 쟁송취소의 가능성을 축소한다.[47] 따라서 환경영향평가의 절차적 성격을 견지하는 한, 환경영향평가의 결여나 不實 역시 절차하자의 효과에 관한 특유의 시스템 차원에서 다루어진다.[48] 즉, 앞서 본 대로, 환경영향평가법을 환경법의 실체적 규준을 절차법적 요소를 통해 강화한 것으로 보는 뮌헨 고등행정법원(VGH München)의 경우 형량대상이 완전하게 통합되지 않았음을 이유로 형량과정에서의 하자(형량흠결: Abwägungsdefizit)

---

47) 동법 제45조(절차 · 형식하자의 치유: Heilung von Verfahrens- und Formfehlern)

① 절차규정이나 형식규정의 위반은, 그 위반사항이 제44조의 규정에 따라 행정행위를 무효로 만드는 경우를 제외하고는 다음 각호의 경우에 고려되지 아니 한다(논외로 한다)

1. 행정행위의 발동에 필요한 신청을 사후에 제출한 경우
2. 필요한 이유제시가 사후에 이루어진 경우
3. 필요한 참가인의 청문이 사후에 추완된 경우
4. 행정행위의 발동을 위하여 참여하여야 할 위원회의 의결을 사후에 행한 경우
5. 다른 행정청의 필요한 협력이 사후에 추완된 경우

② 제1항에 따른 행위는 행정소송절차의 종결시점까지 추후에 추완될 수 있다.

③ 행정행위에 필요한 이유제시가 결여되어 있거나 참가인의 필요한 청문이 행정행위의 발령 전에 행해지지 아니하였고, 이로 인해 적시에 행정행위의 취소소송을 제기할 수 없었던 경우에는 제소기간의 지연에 따른 책임을 지지 않는다. 제32조 제2항에 따른 절차의 재개기간을 위하여 규준이 되는 사항은 부작위의 대상인 절차행위가 추완된 시점에 발생한다.

동법 제46조(절차 · 형식하자의 효과: Folgen von Verfahrens- und Formfehlern)

제44조의 규정에 의하여 무효로 되지 아니하는 행정행위의 경우, (절차규정 등의)위반이 결정에 대해 실체적으로 아무런 영향을 미치지 아니하였다는 점이 명백한 때에는, 절차나 형식 또는 토지관할에 관한 규정을 위반하여 성립되었다는 이유만으로 그것의 폐지를 요구할 수 없다.

48) 절차하자의 효과를 중심으로 한 독일 특유의 시스템에 관해선 특히 졸저, 유럽화된 독일 행정절차법에 관한 연구, 2008, 74면 이하 참조.

로 본 반면, 독일 연방행정법원은 동법원의 이런 입장이 환경영향평가의 능력을 과대평가하였다고 비판하였다.[49] 그리하여 동법원은 행정결정이 실시하지 않은 환경영향평가의 단순한 "방법론적 불충분성"을 나타내는 경우, 또한 행정청이 본안에서 환경영향을 문제의식을 갖고서 조사하였고 그것을 형량에 포함시켰을 경우엔, 형량하자는 받아들일 수 없다고 보았다. 이밖에 형량하자와 형량결과간의 인과관계가 뮌헨 고등행정법원(VGH München)의 입장과는 달리 받아들일 수 없다고 보았으며, 동시에 -환경영향평가가 시행되었다면- 형량이 다르게 행해졌을 것이라는 구체적 가능성이 증명되어야 한다고 보았다. 물론 환경권리구제법시행 이후엔 환경영향평가의 결여는 결정내용에 아무런 영향을 미치지 않더라도 행정행위의 위법성을 가져다 주어, 그 자체로 독립쟁송가능성이 인정된다.

우리의 경우 절차하자를 독립된 쟁송취소사유(독립쟁송가능성)로 보기에, 실체적 하자가 없더라도 절차상의 하자를 이유로 대상처분의 위법성을 다툴 수 있다. 나아가 판례는 환경영향평가상의 결여나 하자를 재량의 일탈과 남용에 따른 대상처분의 위법성을 판단하기 위한 하나의 요소로 보고 있다.[50] 요컨대 우리의 경우 환경권리구제법에 의해 바뀐 독일의 현재 법상황이, 대법원 1998.4.24. 선고 97누3286판결 이래로 실현되고 있었던 셈이다.

Ⅸ. 環境影響評價의 缺如가 無效事由인지?

대법원 1998.4.24. 선고 97누3286판결을 기화로 환경영향평가의 제3자보호성이 별다른 마찰이 없이 공고화된 것은 바람직하나, 이와는 별도로 환경영향평가의 결여를 취소가능한 단순 위법이 아니라, 무효사유로 보는 데 아무런 문제가 없는가? 우선 논증방식에서 보자면, 대상판결은 "…이렇게 되면 환경파괴를 미연에 방지하고 쾌적한 환경을 유지·조성하기 위하여 환경영향평가제도를 둔 입법 취지를 달성할 수 없게 되는 결과를 초래할 뿐만 아니라 환경영향평가대상지역 안의 주민들의 직접적이고 개별적인 이익을 근본적으로 침해하게 되므로, 이러한 행정처분의 하자는 법규의 중요한 부분을 위반한 중대한 것이고 객관적으로도 명백한 것이라고 하지 않을 수 없다"고 논증하였다. 이런 논증태도가 과연 하자의 중대명백성을 논증하기 위해 법원이 제시하는 일반론에[51] 부합하는지 의문이 든다. 하자의 중대성은, 행정행위에 대해 유효한

49) BVerwG, NVwZ 1996, 1016(1018).
50) 대법원 2001.6.20. 선고 99두9902판결 등.
51) 대법원 1995.7.11. 선고 94누4615판결 등: 하자가 중대하고 명백한 것인지 여부를 판별함에 있어서는 그 법

외관이나 잠정적인 통용을 용인하는 것마저 법치행정에 관한 법치국가원리적 질서와 요청에 부합하지 않는다고 여겨질 정도이어야 인정된다고 하겠다.[52] 여기서 판단규준과 관련해선, 일정한 법규정 그 자체와의 위반이 우선되진 않고, -특히 중요한 헌법원칙에 대한 위반의 경우에도- 전체적으로나 일정한 측면에서 법질서의 바탕이 되고 이를 지지하는 목적관과 가치관에 대한 위반 및 이들에 대한 불일치(모순)의 정도가 결정적인 기준이 된다.[53] 즉, 하자의 중대명백성의 문제에선 기왕의 법상황을 처음부터 無化시키는 것을 정당화시킬 논증이 요구된다.

판례는 행정청이 침익적 처분을 함에 있어서 당사자에게 사전통지나 의견제출의 기회를 주지 않는 것을 문헌상의 경향과는 달리 단순 위법의 차원에서 접근한다.[54] 행정행위의 직접적 상대방의 직접적이고 개별적인 이익을 더 근본적으로 침해한다고 여길 법한 이런 상황과 비교하면, 아무리 환경적 가치가 우선시된다고 하더라도 제3자가 관련한 점에서 대상판결에서의 논증은 강한 설득력을 갖는다고 보기 어렵다. 또한 법원은 不實한 환경영향평가의 경우 당해 승인처분 등의 위법성을 논증하는 데 있어서 비교적 엄격한(?) 태도를 취하고 있다.[55] 대상판결을 호평하는 입장에선 환경영향평가의 不實에 관한 법원의 기왕의 태도가 엄격하다고 비판하듯이,[56] 이 점에서도 하자무효성에 관한 대상판결의 관대한(?) 태도는 어울리지 않는다. 무효의 결과는 치유의 가능성이 원천 배제되는 것이다.[57] 가뜩이나 법원이 행정의 법률적합성원칙만을 지나치게 앞세운 나머지 하자치유에 대해 매우 엄격한 입장을 견지하여 절차간소화와 신속화란 시대경향에 역행한다는 비판이 가해지고 있다. 따라서 대상판결이 치유가능성을

규의 목적, 의미, 기능 등을 목적론적으로 고찰함과 동시에 구체적 사안 자체의 특수성에 관하여도 합리적으로 고찰함을 요한다. 追論: 통설인 중대명백성설을 벗어나기 위한 시도에 관해선 본서 117면 이하 참조.

52) Knack/Busch/Clausen/Henneke/Klappstein/Möllgaard, Verwaltungsverfahrensgesetz Kommentar, 7.Aufl., 2002, §44 Rn.14.

53) BVerwGE 8, 332; BVerwG DVBl. 1985, 624; Knack/Busch/Clausen/Henneke/Klappstein/Möllgaard, VwVfG Komm., §44 Rn.14에 의하면, 하자의 중대함은 위반된 가치, (위반된 법규범의) 법에토스적 · 사회적 의의 그리고 위반의 정도에 의거하여 결정된다.

54) 대법원 2000.11.14. 선고 99두5870판결.

55) 대법원 2001.6.29. 선고 99두9902판결: 「환경영향평가를 거쳐야 할 대상사업에 대하여 그러한 환경영향평가를 거치지 아니하였음에도 승인 등 처분을 하였다면 그 처분은 위법하다 할 것이나, 그러한 절차를 거쳤다면, 비록 그 환경영향평가의 내용이 다소 부실하다 하더라도, 그 부실의 정도가 환경영향평가제도를 둔 입법 취지를 달성할 수 없을 정도이어서 환경영향평가를 하지 아니한 것과 다를 바 없는 정도의 것이 아닌 이상 그 부실은 당해 승인 등 처분에 재량권 일탈 · 남용의 위법이 있는지 여부를 판단하는 하나의 요소로 됨에 그칠 뿐, 그 부실로 인하여 당연히 당해 승인 등 처분이 위법하게 되는 것이 아니다」. 대법원 2001.7.27. 선고 99두2970판결: 「…내무부장관이 이 사건 변경처분을 함에 있어서 피고와의 협의를 거친 이상, 환경영향평가서의 내용이 환경영향평가제도를 둔 입법 취지를 달성할 수 없을 정도로 심히 부실하다는 등의 특별한 사정이 없는 한, 내무부장관이 피고의 환경영향평가에 대한 의견에 반하는 처분을 하였다고 하여 그 처분이 위법하다고 할 수는 없고…」. 한편 박균성 교수는 대법원 2001.6.29. 선고 99두9902판결에 나타난 대법원의 입장이 너무 엄격하다고 지적한다. 동인, 환경영향평가의 하자와 사업계획승인처분의 효력, 행정판례연구 제7집, 2002, 380면.

56) 김홍균, 앞의 글, 610면.

57) 대법원 1997.5.28. 선고 96누5308판결 등.

원천 배제시킨 것은 문제이다.

Ⅹ. 맺으면서-과도한 節次重視가 아닌 종합적 접근의 강구

대상판결은 환경영향평가의 不實施와 不實을 기본적으로 절차하자에 연동시켜 접근하였다. 절차의 본질에 관한 상반된 접근이 존재한다. 節次奉仕說은 절차가 봉사적 기능을 가지며, 이를 위해 전형적으로 실체법을 출발점으로 삼는다. 이런 법제에선 법이 바른 내용적 결론을 실현하는 것을 기대한다(결과지향적 사고). 반면 節次固有價値說은 절차에 대해 고유가치를 부여하고, 그 핵심구상은 바른 결론이 아니라, 공평한(fair) 절차이다. 이런 사고는 '바른'(richtig) 혹은 적합한 결론의 실현가능성에 대한 현저한 懷疑를 전제로 한다. 해당 절차이해의 중요성은 하자효과(결과)론에서 가장 강하게 드러난다. 節次固有價値說을 취하면, 절차하자는 원칙적으로 결정의 위법성에 영향을 미치고(즉, 그것은 원칙적으로 고려할만하고), 그 하자는 원칙적으로 치유불가능하다. 반면 실체법의 우위를 담은 節次奉仕說에 기초한 법질서에선, 결론이 바르다고 판단이 내려진 경우에는 절차하자의 불고려(論外)가 당연하다.[58]

우리의 경우 판례와 다수설은 節次固有價値說의 기조를 취한다.[59] 대상판결에서의 무효성논증은 여기에 환경적 중요성이 더해진 결과이다. 무효인정에 따라 지불하여야 할 도그마틱적 대가가 너무 크다. 환경영향평가의 不實施 역시 그것의 不實과 마찬가지로 실체적 처분에 재량권 일탈·남용의 위법이 있는지 여부를 판단하는 하나의 요소로 접근하여야 한다. 나아가 절차하자의 치유에 대한 전향적 자세의 전환이 병행되어야 한다. 절차형식상의 하자를 이유로 한 취소판결의 기판력이 그 뒤 절차와 형식을 밟아 내용적으로 동일한 처분을 하는 것을 저지하지 못하는 이상,[60] 법원으로서도 이

---

58) 그런데 Wahl 등에 의하면, 독일과 같은 법질서가 다른 법질서에 비해 절차권에 대해 상대적으로 낮은 의의를 둔다는 점만을 이유로, 그런 법질서를 부정적으로 평가하려는 것은 성급하다고 한다. 즉, 실체법과 단순한 절차법과의 상관관계의 의미에서, -다른 나라에 비해 상대적으로- 집중적인(심도있는) 실체적 통제가 독일에선 행해진다는 점이 고려되어야 한다고 한다. 사실 이런 실체적 통제는 절차하자의 낮은 비중과 균형을 맞추는 데 적합할 수 있다고 한다. 또한 그것은 절차법과 실체법의 중요성의 총합에서 보면, 행정작용과 위법한 행정작용을 위한 제재상의 요청에 대해 상당히 높은 수준에 도달할 수 있다고 한다. Vgl. Wahl, Das Verhältnis von Verwaltungsverfahen und Verwaltungsprozessrecht in europäischer Sicht, DVBl. 2003, 1285ff.; 졸저, 유럽화된 독일 행정절차법에 관한 연구, 88면 이하.

59) 처분의 사전통지나 의견청취의무의 위반에 대해서 판례는 단순위법으로 보지만(대법원 2000.11.14. 선고 99두5870판결), 일부문헌은 무효설을 취한다. 그런데 독일의 경우 행정절차법 제28조, 제68조 제2항, 제73조 제6항이나 다른 규정에 의해 요구되는 관련인의 청문이 행해지지 않았다는 사정은 원칙적으로 무효사유가 되지 않는다(BVerwG DVBl 1974, 565; Forsthoff, Lehrbuch des Verwatungsrecht, Bd. Ⅰ, 1973, S.236). 독일에서의 행정행위의 위법사유에 관해선 졸고, "獨逸 行政節次法上의 行政行爲의 無效의 體系에 관한 小考", 중앙법학 제10집 제4호(2008.12.), 137면 이하 참조. 追論: 행정행위하자론 전반에 관해선 본서 133면 이하 참조.

60) 대법원 1987.2.10. 86누91판결.

젠 -자칫 쟁송이 결과적으로 공허할 수도 있다는 점에서- 실질적인 권리구제의 실현의 측면과 아울러 소송경제적 측면까지도 진지하게 고민하여야 한다. 요컨대 체계상의 측면에서 행정절차와 사법적 권리보호를 내용으로 한 전체시스템을 고찰의 기본지평으로 삼아야 한다. 사실 절차하자에 대해 과도한 비중을 부여하는 것은 탈규제화 경향과도 相馳된다.[61] 독일의 경우 절차간소화의 경향에 맞춰 이미 1996년 행정절차법 개정을 통해 절차완화와 불고려 · 치유 · 배제규정의 확대를 통해서 행정절차를 신속화하고 절차하자의 법효과를 축소시켰다.[62] 행정절차와 환경영향평가는 더 이상 독립하여 존재하지 않다!

* 저스티스 제114호, 2009.12., 363면 이하 소수.

61) 이에 관한 상세는 vgl. Dolde, Verwaltungsvefahren und Deregulierung, NVwZ 2006, S.857ff.

62) 비록 그로 인해 유럽법적 차원에서 심각한 충돌이 빚어지긴 하나, 행정절차가 사법통제의 陰地에 위치한 독일 특유의 기조인 점을 유의하여야 한다.

판례색인

[대법원]

[고등법원]

[지방법원]

[헌법재판소]

[서울행정법원]

사항색인

ㅊ

ㅌ

ㅍ

ㅎ

[저자약력]

부산 출생
고려대학교 법과대학 졸업
고려대학교 대학원 수료(법학박사)
충북대학교 법과대학 조교수, 부교수
독일 München 대학교 법과대학 방문연구
미국 Indiana 대학교(Bloomington) 법과대학원 방문연구
현재: 중앙대학교 법학전문대학원 교수
　　 헌법재판소 헌법연구위원

[저　　서]

주관식 행정법(공저), 경세원, 1994
세법(공저), 법문사, 1998
지방자치법주해(공저), 박영사, 2004
조선시대의 규범이론과 규범체계(공저), 한국학술정보, 2006
행정소송(Ⅰ)(Ⅱ)(공저), 한국사법행정학회, 2008
유럽화된 독일행정절차법에 관한 연구, 한국법제연구원, 2008
행정법기본연구Ⅰ, 법문사, 2008
행정법기본연구Ⅱ, 법문사, 2009

行政法基本研究 Ⅲ

2010년 12월 30일 초판 발행
2011년 9월 23일 초판 2쇄 발행

저 자 金 重 權
발행인 裵 孝 善
발행처 도서출판 法 文 社

413-756 경기도 파주시 교하읍 문발리 526-3
등 록 1957. 12. 12 / 제2-76호(윤)
TEL 031) 955-6500~6 FAX 031) 955-6525
e-mail (영업): bms@bobmunsa.co.kr
(편집): edit66@bobmunsa.co.kr
홈페이지 http://www.bobmunsa.co.kr
조 판 법 문 사 전 산 실

정가 32,000원 ISBN 978-89-18-08305-6

불법복사는 지적재산을 훔치는 범죄행위입니다.
이 책의 무단전재 또는 복제행위는 저작권법 제136조 제1항에 의거, 5년 이하의 징역 또는 5,000만원 이하의 벌금에 처하게 됩니다.